海原年鉴

2019

海原县委党史和地方志研究室　编

方志出版社
Publishing House of Local Records

图书在版编目（CIP）数据

海原年鉴. 2019 / 海原县委党史和地方志研究室编.—
北京：方志出版社，2022.12
ISBN 978-7-5144-5251-8

Ⅰ. ①海… Ⅱ. ①海… Ⅲ. ①海原县—2019—年鉴
Ⅳ. ①Z524.34

中国版本图书馆CIP数据核字(2022)第256757号

责任编辑:王海荣
责任校对:刘玉霞
责任印制:梅中英
出 版 者:方志出版社
地　　址:北京市朝阳区潘家园东里9号(国家方志馆4层)
邮　　编:100021
网　　址:http://www.zgfzcb.cn
发　　行:方志出版社图书营销中心(010-67110500)
印　　刷:银川市昊博彩色印刷有限公司
开　　本:889毫米×1194毫米　1/16
印　　张:26.25
字　　数:561千字
版　　次:2022年12月第1版
印　　次:2022年12月第1次印刷
定　　价:298.00元

《海原年鉴(2019)》编辑委员会

《海原年鉴(2019)》编辑人员

编辑说明

一、《海原年鉴(2019)》(以下简称“本年鉴”)坚持以马克思列宁主义、毛泽东思想、邓小平理论、“三个代表”重要思想、科学发展观、习近平新时代中国特色社会主义思想为指导,坚持辩证唯物主义和历史唯物主义的立场、观点和方法,全面、系统地记载2018年海原县政治、经济、文化、社会等方面的成就、经验。本年鉴是由海原县委、县政府主办,海原县地方志办公室组织实施,各承编单位共同参与编纂出版的综合性资料性工具书。

二、本年鉴所收录的资料上限起自2018年1月1日,下限截至2018年12月31日。为了较完整地保存和积累地方文献资料,对一些史实作了简要的上溯。

三、本年鉴主要收集2018年海原县各项事业发展的基本情况。主体内容分为类目、分目、条目三个层次,少数条目下设子目,条目标题采用黑体字并加【】表示,少数包含多方面内容的条目则在文内用阿拉伯数字序号标示各段内容的主题。全书设特载、大事记、组织机构和负责人名单、海原综览、中国共产党海原县委员会、海原县人民代表大会、海原县人民政府、中国人民政治协商会议海原县委员会、纪检监察、群众团体、法治、军事、综合经济管理、农业经济、商贸流通、金融保险、城乡建设和交通运输、邮政　通信、自然资源管理和生态环境保护、文化旅游广电、教育　体育、科学技术、卫生健康、脱贫攻坚、社会管理、应急管理、乡镇(场)与街道、荣誉榜、附录。

四、本年鉴大部分资料由海原县直各部门、各单位、各镇及自治区、中卫市驻海原县有关单位提供,海原年鉴编辑部撰写了部分稿件并统纂全书。因统计时间、口径不同等原因,个别数据在不同稿件中可能不尽一致,敬请读者采用时引起注意,所有数据,均以海原县统计局资料为准。

五、本年鉴大事记采用编年体记述法,按月日依次记述,每日大事较多者,用“△”表示。

六、本年鉴数字用法、标点符号用法分别采用国家标准《出版物上数字用法》(GB/T 15835—2011)、《标点符号用法》(GB/T 15834—2011),计量单位采用国家技术监督局1993年12月发布的《量和单位》系列国家标准。

海兴开发区生态建设

海原县城南苑公园一隅

油菜花基地

① ②

③

① 南华山灵光寺天然次生林一隅

② 小茴香基地

③ 田园风光

秋杂粮——糜子

秋杂粮——荞麦

目 录

特 载

大 事 记

组织机构和负责人

海原综览

中国共产党海原县委员会

海原县人民代表大会

海原县人民政府

中国人民政治协商会议
海原县委员会

纪检监察

群众团体

法　治

军　事

综合经济管理

农业经济

商贸流通

金融保险

城乡建设和交通运输

电力供应

邮政　通信

自然资源和生态环境

教育　体育

科学技术

文化旅游

卫生健康

脱贫攻坚

社会管理

应急管理

乡镇(场)与街道

荣誉榜

附 录

特　载

海原县委十四届五次全会第一次全体(扩大)会上的讲话

海原县委书记　徐海宁

（2019年1月10日）

刚刚过去的2018年，是海原脱贫攻坚和各项事业发展中很不平凡的一年。一年来，在中央和区市党委、政府的坚强领导下，县委常委会以习近平新时代中国特色社会主义思想为指导，坚决贯彻落实党中央和区市党委决策部署，牢牢把握稳中求进工作总基调，自觉践行新发展理念，坚决打好“三大攻坚战”，全面落实自治区“三大战略”和“五个扎实推进”总体部署，以脱贫攻坚统揽全局，团结带领全县干部群众攻坚克难、锐意进取，统筹推进改革发展稳定各项工作，全县脱贫攻坚与经济社会各项事业取得了新发展、迈上了新台阶。

一、旗帜鲜明讲政治，深入学习贯彻习近平新时代中国特色社会主义思想和党的十九大精神

县委常委会坚持把党的政治建设摆在首位，坚定不移地用习近平新时代中国特色社会主义思想和党的十九大精神武装头脑、指导实践、推动工作，教育引导全县各级党组织和党员干部树牢“四个意识”，坚定“四个自信”，站稳政治立场，坚决维护习近平总书记核心地位，坚决维护党中央权威和集中统一领导，始终在思想上政治上行动上同以习近平同志为核心的党中央保持高度一致，坚决推动党中央和区市党委、政府决策部署在海原落地生根。

一是持续深化理论武装。县委常委会把

学习习近平新时代中国特色社会主义思想和党的十九大精神作为理论武装的重中之重，坚持理论学习制度，带头组织读原著、学原文、悟原理，以上率下、层层带动，先后举办县委理论学习中心组专题学习17次、理论大讲堂6次、专题学习班9期，党的十九大代表和领导干部下基层宣讲210场次，进一步深化了全县党员干部对习近平新时代中国特色社会主义思想的政治认同、思想认同和情感认同，自觉坚定地做习近平新时代中国特色社会主义思想的学习者、信仰者、践行者。特别是从去年年初开始，县委常委会按照区市党委安排部署，围绕习近平总书记视察宁夏时的重要指示精神、习近平总书记关于民族宗教工作的重要论述、习近平总书记关于扶贫工作重要论述，分层分批举办专题培训班，正本清源、校准纠偏，统一了思想认识，增强了行动自觉，确保全县各项事业沿着正确政治方向奋勇前进。

二是坚持和加强党的全面领导。认真学习贯彻《中共中央政治局关于加强和维护党中央集中统一领导的若干规定》，严格执行新形势下党内政治生活若干准则，认真落实民主集中制各项制度，坚决维护党中央一锤定音、定于一尊的权威。加强党对各项工作的领导，调整加强了县委党的建设、党风廉政建设、意识形态、统一战线、脱贫攻坚、深化改革、依法治县、扫黑除恶、巡察等工作领导小组，成立了县委实施乡村振兴战略、落实自治区“三大战略”等议事协调机构，分别召开会议，贯彻中央和区市党委部署，全面推动工作落实。县委常委会充分发挥总揽全局、协调各方作用，全年召开县委常委会会议46次，研究审定各类议题297项。严格落实《县委“三重一大”事项集体决策实施细则》，专题听取县人大常委会、政府、政协、法检两院党组工作汇报，确保党的领导落实到全县工作各领域各方面。

三是坚决贯彻落实党中央和区市党委决策部署。对党中央和区市党委召开的重要会议、出台的重要文件、部署的重要工作，县委常委会第一时间传达学习，研究贯彻意见，坚决抓好落实。2018年先后研究制定了实施“三大攻坚战”、“三大战略”和乡村振兴战略、脱贫攻坚三年行动计划等一系列管长远、管全局的工作方案，细化配套措施，强化督查检查，确保党中央和区市决策部署不折不扣落实到位。严格落实中央巡视组反馈问题整改责任，制定“1+8”整改方案，细化317条整改措施，逐项明确整改责任和时限，从严从实开展整改，目前中央巡视组点名的2个问题已经完成整改，转交的64个群众反映强烈的突出问题全部办结，梳理制定的317条整改措施一一落实，取得了巡视整改阶段性成效。自觉接受环保督察，中央环保督察组“回头看”期间交办的20件群众投诉件全部办结。自觉接受自治区党委脱贫攻坚工作专项巡视，转交的有关信访问题基本办结，后续整改正在有序开展。

二、聚焦深度贫困，坚持问题导向，精准务实打好脱贫攻坚战

县委常委会坚持把打赢打好脱贫攻坚战作为压倒一切的中心任务和全县最大的民生工程，集中人力物力财力，全面落实中央和区市三年行动计划，大力实施脱贫富民战略，强化责任、政策、工作落实，全力推进精准稳定可持续脱贫。全年脱贫出列20个贫困村、稳定退出10个深度贫困村，减贫5044户20350人，贫困面由年初的11%下降到5.57%，预计农村居民人均可支配收入由7658元增长到8462元，收入增幅高于区市平均水平，在脱贫富民上取得了更大成效。

一是坚决贯彻精准扶贫精准脱贫基本方略。坚持把习近平总书记扶贫工作重要论述作为打赢打好精准脱贫攻坚战的行动指南和力量之源，先后召开25次县委常委会会议、11次脱贫攻坚领导小组会，举办7期脱贫攻坚专题培训班，组织全县干部认真研读《习近平扶贫论述摘编》和系列重要讲话、重要指示精神，统一思想认识，指导工作实践，增强攻坚动力。严格执行党中央确立的脱贫攻坚“两个确保”“两不愁、三保障”目标标准，不降低标准、影响质量，不调高标准、吊高胃口，从严落实“六个精准”要求，精准识别动态调整贫困人口。因地制宜实施“五个一批工程”，严把脱贫攻坚进度安排，严格脱贫退出程序和质量，一个节点一个节点稳步往前推进。扎实开展脱贫攻坚政策纠偏、方法纠偏，对2016年以来所有文件资料、宣传资料、会议记录等进行清理修正，确保与党中央和区市要求保持高度一致。

二是举全县之力精准发力靶向施策。全面落实自治区脱贫富民36项政策举措，整合投入10.3亿元涉农扶贫资金，编制实施116个脱贫攻坚项目，统筹推进16项脱贫攻坚行动计划，因村因户因人因产业施策。以培育稳定可持续扶贫产业为重点，配套落实68项扶持政策，培育扶贫龙头企业12家、专业合作社110家，建立“龙头企业+合作社+基地+农户”联农带农机制，向7529户建档立卡贫困户赊销华润基础母牛23465头，优先落实特色产业到户项目、提供技术服务，确保贫困户发展产业稳定增收；突出“四大离土品牌”，培训建档立卡贫困对象10982人，转移就业8.9万人，创收13.63亿元，贫困群众工资性收入持续稳定增长。紧盯路水房等突出短板，整合项目资金，整村推进实施，建成农村公路127公里，窄路加宽65公里，新修生产道路125公里；建成农村供水点34座，完成自来水补入3740户，西海固脱贫饮水甘城支线全面通水，农村自来水普及率提高到88%；完成农村危房改造4000户，80%的存量危房改造销号。大力实施教育扶贫工程，新建、改扩建、增设农村幼儿园30所，义务教育阶段零失学，学前教育到高等教育全程资助。大力实施健康扶贫工程，建档立卡贫困人口全部参加基本医疗保险，健康扶贫户家庭医生签约服务100%，个人当年住院费用控制在5000元以内。大力实施社保兜底工程，将符合条件的建档立卡贫困人口全部纳入最低生活保障，实现“两项制度”有效衔接。大力实施金融扶贫工程，截至去年12月底，累计发放扶贫小额贷款11.97亿元，金融扶贫覆盖面达到93.4%，建档立卡贫困对象户均贷款4.33万元。大力实施生态扶贫工程，累计招录980名建档立卡贫困对象为护林员。扎实推进易地扶贫搬迁，建成移民安置房655套，回购商品房103套，完成易地扶贫搬迁739户3097人。

三是压紧压实脱贫攻坚责任。年初召开全县脱贫攻坚工作会议，定期召开领导小组会议、专题会议、推进会议、评促会议，高频次、严要求推进脱贫攻坚工作。33名县级领导包抓18个乡镇（管委会）、区市县121个部门帮扶136个贫困村、5654名干部每人帮扶4～5户建档立卡贫困户。全面加强闽宁对口扶贫协作，建立县乡村三级结对帮扶机制，落实4026万元闽宁帮扶资金，建设闽宁纺织园、菌菇产业园和6个闽宁示范村，产业、劳务、人才、招商引资等各方面交流协作向广度和深度拓展。持续深化华润集团定点帮扶，逐步建立以"华润基础母牛银行"为龙头的高端肉牛产业六大体系，开工建设华润二期20万千瓦风电项目，建成关桥华润希望小镇，华润集团"四项"帮扶措施全面落实。积极争取自治区22家企业定点帮扶24个深度贫困村，落实"一村一策"帮扶计划，"三位一体"大扶贫格局日趋明显。完善督查考核制度，开展"四抓四比双争竞赛"，每月一督查一通报、半年一评促、年底一考核，脱贫成效与工作绩效、干部任用紧密挂钩，从严整治扶贫领域作风问题，从严落实脱贫攻坚问题整改，扎实开展扶贫项目到户资金核查整改，切实以最严纪律、最严督查、最严考核推动责任落实。

三、坚持创新突破，全力推进转型追赶高质量发展，保持了经济平稳健康态势

县委常委会牢固树立新发展理念，加强经济形势分析研判，沉着应对经济下行压力，坚定不移实施创新驱动战略，积极稳妥调结构、转方式、稳增长，主要经济指标平稳回升，全县经济运行总体平稳、趋势向好。全年预计完成地区生产总值54.73亿元，一般公共预算同比增长9%，保持了平稳健康发展态势。

一是优势特色产业扩规提质增效。聚焦"一主三特"优势特色产业，按照"三带两园六基地"规划布局，狠抓新型经营主体培育、科技服务、品牌加工销售三大重点，加快构建产业、生产、经营三大体系，促进优势特色产业规模化、集约化、品牌化发展。突出种草养畜主导产业，坚持以草定畜、以草促畜，新增优质紫花苜蓿2万亩，实行机械收割、打包配送，饲草商品化率达到12%。加快推广"华润基础母牛银行"模式，全县肉牛饲养量达到25万头，高端肉牛存栏量达到7万头，带动建成10个养殖示范村、800户养殖示范户；按照一二三产融合发展思路，不断完善品种改良、母畜扩繁、饲草料加工配送、科技服务、疫病防疫、品牌和精深加工六大体系，建成高端肉牛研究院，启动建设华润高端肉牛精深加工项目。大力实施马铃薯产业提质增效计划，优良种薯覆盖率达到75%，种植面积稳定在60万亩以上。突出区域优势特色，在旱作区建成小杂粮示范带3个、千亩示范区6个，示范应用新品种、新技术、新业态、新模式，小杂粮亩均增产25%以上；在扬黄灌区和库井灌区推行高效节水灌溉与标准化栽培技术，枸杞面积稳定在6.4万亩。发展富硒功能农业，建设富硒硒砂瓜标准化示范基地1万亩，硒砂瓜面积达到5.5万亩。

在加快产业发展过程中，持续强化打基础、利长远的工作，新修水平梯田7万亩，新增高效节水灌溉1万亩，农业生产条件不断改善。争取科技扶贫"东西部合作"项目，邀请自治区44名专家教授、65名科技特派员，建立50人的高端肉牛产业研发团队，全方位开展产业指导、技术培训与推广，加快传统种养模式更新换代。出台落实新型经营主体扶持政策，农民专业合作社17家、家庭农场54家，带动产业扩规增效。完善社会化服务体系，培育11家社会化综合服务站，全面开展"代耕、代种、代管、代收、代加、代销"六代服务，带动全县农业机械化率达到49%，农业组织化程度大幅提升。大力开展品牌营销，海原马铃薯、硒砂瓜、小茴香获得国家原产地地理标志认定，"南月牌”马铃薯荣获第十六届中国国际农产品交易金奖，华润曹洼养殖基地取得活畜肉牛供港认证资质，先后在北京、上海、福建等省市开展推介宣传，极大提升了海原农产品的影响力和知名度。

二是积极培育经济发展新动能。坚持招商引资不松劲，修改完善县区招商引资优惠政策，实行领导招商、以商招商、县区一体招商，汇联光伏发电、振发光伏发电、联富汽车商贸物流园等一批投资过亿元的大项目签约落地并开工建设，新希望万头牛场项目已经签约。全年共实施招商项目29个，完成到位资金24.97亿元。出台《关于加快民营经济发展的实施意见》，激发民营经济活力，电子商务、现代物流、健康养老、文化旅游等新兴产业逐步兴起，交通运输、刺绣剪纸、特色餐饮等品牌产业不断壮大，新注册企业366户、个体工商户4175户。不断优化营商环境，实施企业登记“审核合一”制度，落实企业减税降费政策，引进宁夏银行、石嘴山银行、建设银行分支机构落地海原，截至去年12月底，全县各金融机构各项存款余额96.63亿元，贷款余额55.86亿元，新增贷款9.12亿元，扶持企业及合作社129家，缓解了企业融资难、融资贵问题，全县经济活力持续增强。

三是县区一体城乡协调发展迈出新步伐。按照市委“一带两廊”总体布局，制定《关于大力实施乡村振兴战略加快城乡一体化发展的实施意见》，明确构建“两廊两核四镇”与县区一体协调发展新格局，厘清产业布局、资源配置、要素整合基本方向，为今后一个时期城乡一体发展提供了基本遵循。县区一体化发展全面推进。制定《关于进一步加强海原县与海兴开发区县区一体融合发展的意见》《关于进一步加快海兴开发区经济社会发展的意见》，促进形成目标同向、措施一体、优势互补的县区一体融合发展新格局。县城棚改稳步推进，完成棚改任务2500套，建成东城、向阳、西湖二期安置小区，新修了一批市政道路、运动广场、休闲公园，改造提升了一批供热、排水、绿化、公共服务等基础设施，县城综合服务功能进一步提升。海兴开发区发展环境不断改善，苋麻河森林公园、人工湿地等生态项目基本建成，城市环境与品位持续提升。集中改造3个美丽集镇，打造10个美丽村庄，以点带面，示范引领。扎实开展城乡环境卫生综合整治，推行精细化管理制度，加快推进“厕所革命”，城乡面貌大幅改善。加快城乡基础设施互联互通，海同高速建成通车，G341、S204干线公路改造升级基本完成，全县道路等级和路网结构全面提升。建成农村4G网络基站1047个，网络光纤与宽带实现全覆盖。

四是有效防范和化解各类风险。牢固树立正确政绩观，坚决禁止变相举债、盲目举债、过度举债、违规举债，全面梳理政府债务，严格控制增量，积极消化存量，研究制定债务化解计划，有效化解各类债务4.1亿元，确保守住债务风险底线。全面开展非法集资排查整治，坚决打击恶意逃废银行债务，扶贫小额贷款实现零逾期，建立债权债务执行绿色通道，完善诚信体系建设，金融风险有效控制。

四、坚持生态立县，强力推进生态文明建设，实现了环境质量持续提升

县委常委会坚决学习贯彻习近平生态文明思想，牢固树立“绿水青山就是金山银山”理念，大力实施生态立县战略，全面打响污染防治攻坚战，铁腕整治环境污染，强力推进生态文明建设，加快建设绿色发展体系，干部群众生态环境保护意识明显增强，全县生态环境质量持续改善提升。

一是坚决打好污染防治攻坚战。坚持把生态环境质量只能变好、不能变坏作为必须守住的底线，纵深推进蓝天、碧水、净土“三大行动”，深入开展环境污染大排查、大整治，全面淘汰20蒸吨以下燃煤锅炉，坚决关停非法采砂场66家，严格落实“六个100%”扬尘防控措施，“零容忍”查处秸秆焚烧行为，空气优良天数保持在94%以上；49条河道全部落实“河长制”，“清河行动”“清四乱”与河道综合整治全面启动，拆除清理集中水源地无用地手续企业20家，各条河道水体水质稳定向好；农用残膜回收率达85%以上，农村面源污染得到有效控制，各类污染隐患得到彻底根治。聚焦中央环保督察组反馈问题，强化联合执法、严格执法，目前中央环保督察反馈的燃煤锅炉拆除、油气回收、南华山自然保护区污染问题全部整改到位。

二是加强生态环境系统保护修复。深刻把握海原作为国家生态功能区的重要定位，坚持保护优先、自然恢复为主，持之以恒增绿植绿，大规模开展国土绿化行动，大力实施南华山外围区域水源涵养林建设工程、新一轮退耕还林工程、移民迁出区生态修复工程、生态经济林工程和主干道路两侧绿化工程，完成营造林16.2万亩，全县森林覆盖率提高到9.42%。加强自然草场修复保护，持续巩固禁牧封育成果，全县草地综合植被覆盖度提高到65.3%。牢固树立“山水林田湖草是生命共同体”的整体系统观，统筹规划、有序推进小流域综合治理，全县水土流失治理面积达到60平方公里，治理程度提高到57%，增强了自然生态系统的稳定性。

三是加快推进绿色发展。准确把握高质量发展要求，严把环保准入关口，把建设项目环境管理作为控制新污染源的重要手段，全年共审批各类建设项目97个，环境影响评价执行率达100%。全力抓好节能减排，严格限制高污染、高耗水、高耗能产业发展，加快传统产业改造升级，鼓励企业开展清洁生产。加快推动能源资源全面节约和循环利用，大力倡导绿色生产生活方式，全县干部群众的绿色发展理念明显增强。

五、坚持问题导向，全面深化各项改革，激活了发展内生动力

县委常委会坚持把改革作为推动全县经济社会发展的根本动力、破解体制机制障碍的关键一招，保持改革韧劲，增强改革定力，聚焦转型追赶、高质量发展要求，坚定不移推进各项改革任务落实，不断释放改革红利，持续增强发展动力。

一是坚决推进重点领域改革。全年召开3次县委改革领导小组会议，及时审议重要改革方案，研究部署改革工作，健全完善改革任务落实督导机制和考核机制，有效推动各项改革任务落实。自治区下达的53项重点改革任务，基本完成51项，2项正在顺利推进。主动承担全国基层政务公开标准化规范化试点工作，以良好等次顺利通过自治区评估验收。推进“不见面、马上办”行政审批制度，实现县级550项、乡镇（街道）39项政务服务事项“全程在线”审批，不见面办理率达到80%。推进财政体制改革，实现了部门项目绩效评价结果与预算安排相挂钩，部门年度预算公开率达到100%。深化综合医改，实行药品“两监管六规范一考核三挂钩”机制，建立现代医院管理制度。推进农村产权制度改革，完成了165个村集体资产清查工作，开展农村土地承包经营权“三权分置”工作，全县各类经营主体流转土地19.4万亩。国家监察体制改革全面完成，党和国家机构改革正式启动，其他各领域改革扎实推进。

二是不断增强自主改革能力。坚持问题导向，刀刃向内开展自主改革。借鉴“河长制”成功经验，在全县范围内推行基本农田和耕地保护“地长制”，落实四级“地长”1583人，建立“横向到边、纵向到底”网格化管理体系，实现了“地长”责任清单化、巡查处置常态化、奖惩制度导向化，土地违法行为明显下降，“地长制”改革得到自治区改革办充分肯定并在全市推广。拓展提升“华润基础母牛银行”模式，创新建立助残助弱“托管代养”机制，确保特殊困难群众有稳定收入；创新建立村级集体经济“村财企管”机制，解决了全县136个贫困村集体经济“空壳”问题，得到全国政协调研组高度评价。创新开展动物防疫社会化服务改革，海原方案在全区推广。

六、聚焦民生福祉，加快推进公共服务均等普惠，人民群众获得感幸福感不断提升

县委常委会牢固树立以人民为中心的发展思想，把人民对美好生活的向往作为工作追求，聚焦群众最关心、最关注的教育医疗社保等民生问题，尽力而为、量力而行，最大限度地保基本、守底线、促均等，努力使群众获得感幸福感更加充实、更有保障、更可持续。

一是教育教学质量稳步提高。不断加大教育投入和教育保障力度，新建、改扩建中小学校及幼儿园47所，提高全县人口集中行政村幼儿园覆盖率，学前教育全面普及。实施义务教育优质均衡工程，新开办海原五中、海原七小，启动“互联网+教育”，“择校热”“大班额”问题逐步缓解，城乡、校际之间的办学差距明显缩小。全面启动普及高中阶段教育，加强与区内优质高中联合办学，群众最关注的高考上线率、升学率稳步提升。加强“双师型”教师队伍建设，深化校企合作、联合办学，职业中学办学吸引力明显增强。不断深化教育改革，推行义务教育教师“县管校聘”、校长择优选拔，推行教师队伍编制改革、校长教师培训改革，完善教师职称评审评价体系，落实乡村教师支持计划，全面推进依法治校，师德师风显著改善，教育质量稳中有进，重教兴学氛围更加浓厚。

二是医疗服务水平大幅提升。不断深化医药卫生体制改革，建成覆盖宁南医院、县级医院和10个乡镇183个村卫生室的医疗共同体，县人民医院与各乡镇卫生院远程会诊系统互联互通，促进优质医疗资源共享，降低看病就医费用。全面推行“先诊疗、后付费”制度，27家定点医疗机构实行“一站式”结算服务，极大地方便了群众就医。建立“上级检查、基层用药”机制，二级医疗机构基本药物目录和150种非基本药物目录全部下沉乡村两级使用，实现了90%门诊病人首选乡村医疗机构，90%住院病人留在县内就医。积极探索“互联网+医疗健康”服务，全县36万常住群众建立了电子健康档案。落实“全面二孩”政策，提高流动人口妇幼保健服务能力，计划生育服务管理综合覆盖率达到94%。

三是社保体系更加完善。全面实施全民参保计划，统筹提高城乡居民医疗保险财政补助标准，城乡居民养老、医疗保险人数分别达到16.23万人、38.12万人，参保人数、补助标准实现“双提升”。完善城乡低保制度，加大临时救助、医疗救助、救灾救助力度，最大程度保障困难群众基本生活。采取政府购买服务方式，实行“医养结合”模式提供优质养老服务。组建退役军人事务管理局，退役士兵安置和权益保障“清零”工作顺利推进。

七、坚持成风化人，着力加强宣传思想文化建设，唱响了团结奋进主旋律

县委常委会坚持把宣传思想文化工作摆在重要位置，聚焦“举旗帜、聚民心、育新人、兴文化、展形象”中心任务，抓住关键、重点发力，为全县脱贫攻坚和各项事业发展提供了坚强思想保障和强大精神力量。

一是严格落实意识形态责任制。旗帜鲜明坚持党管意识形态工作，县委常委会先后3次研究意识形态工作，从严落实中央《党委（党组）意识形态工作责任制实施办法》和区市党委实施细则，制定责任清单、测评细则和考核办法，坚持把意识形态工作责任制与党建工作责任制、党风廉政建设责任制、领导班子和领导干部目标管理、效能目标管理一同考核，纳入县委日常巡察和专项巡察主要内容，形成了“党委统一领导、党政齐抓共管、宣传部门组织协调、各部门积极参与”的工作体制和工作格局。全面落实网络意识形态工作责任制，规范网上信息传播，确保网上意识形态安全。

二是不断深化社会主义核心价值观建设。全面开展社会主义核心价值观“七进”和主题教育实践活动，打造主题广场3个、宣传长廊80多处、宣传牌（栏）200多个，县城独立办公场所实现宣传阵地全覆盖。扎实开展核心价值观与村规民约进农户，全县162个行政村全部组建红白理事会组织，广大干部群众自觉抵制高价彩礼、婚丧铺张浪费、大操大办等陈规陋习。广泛开展道德模范评选活动，有1人获得“全国最美乡村教师”、2人获得自治区第五届道德模范、2人获得“宁夏好人”称号；扎实开展精神文明创建活动，县卫计局被评为第五届全国文明单位、关桥乡麻春村被评为第五届全国文明村、三河镇六窑村被评为自治区先进村，带动移风易俗、引领乡风文明。全面推行公共文化服务场所免费开放，常态化举办广场文化活动，公共文化服务的档次和频次同步提升，群众精神文化生活更加丰富。

三是不断加强宣传舆论引导。结合改革开放40周年和自治区成立60周年庆祝活动，加大对外宣传力度，先后邀请20批次中央媒体采访报道，刊发稿件80篇，中央电视台大型纪录片《中国影像方志》《地理中国》专题报道海原人文风情，其他新闻媒体宣传报道2200余条，展现了海原新形象、提升了海原知名度。紧紧围绕脱贫攻坚中心任务，开设专题专栏，多形式宣传党的政策、报道先进典型，不断激发正能量、唱响主旋律，激发起全县上下奋勇前进的信心。

八、坚持依法治县，扎实推进民主法治建设，确保了社会大局和谐稳定

县委常委会坚持党的领导、人民当家做主、依法治国有机统一，坚持运用法治思维和法治方式推动发展、化解矛盾、维护稳定，保障人民安居乐业、促进社会安定有序。

一是不断加强民主政治建设。支持人大

及其常委会依法履行职能，支持政府依法行政、转变职能，支持政协依照章程履行政治协商、民主监督和参政议政职能，支持无党派人士开展调查研究、建言献策，推动形成了同德同心、同向同力的生动局面。认真组织开展群团改革工作，完成工青妇等群众组织换届，群团组织的政治性、先进性、群众性明显增强。切实加强国防动员和后备力量建设，军民融合发展开创新局面，双拥模范县创建工作通过自治区中期考评。

二是全面推进依法治县。法治政府建设取得明显成效，政府法治化水平进一步提高。人民群众对司法公平、正义的感受明显提升。司法体制改革取得阶段性成效，司法权力运行和监督机制更加完善，深入开展“基本解决执行难”攻坚战，县人民法院受理各类执行案件2035件，执结1655件，案件执行主要指标大幅提升，司法公信力不断增强。“七五”普法工作全面推进，全社会尊法、守法、用法的良好法治氛围更加浓厚。

三是不断完善社会治理体系。扫黑除恶专项斗争向纵深推进，成功收网打掉3个恶势力团伙，破获17起涉黑涉恶刑事案件，八类主要刑事案件全面下降，人民群众的安全感、满意度不断提高。安全生产责任制全面落实，安全生产大检查及专项整治持续推进，全县安全生产形势总体稳定。食品药品安全形势持续向好，以科技强警和公安信息化建设为支撑的治安防控体系更加完善，为全县经济社会发展营造了安全稳定的社会环境。

四是切实加强民族宗教工作。深入开展马克思主义民族观宗教观学习教育，举办各类培训班28期，培训党员干部、宗教界人士和寺管会人员5650人。大力实施民族团结进步创建“八大工程”和“585”行动计划，积极培育中华民族共同体意识，“三个离不开”“五个认同”思想深深扎根。扎实推进“四进”宗教场所活动，覆盖率达到51%。

九、坚持从严管党治党，全面提升党的建设质量，夯实了党在基层的执政根基

县委常委会认真贯彻新时代党的建设总要求和组织路线，坚持以党的政治建设为统领，全面推进党的思想建设、组织建设、作风建设、纪律建设、制度建设和反腐倡廉建设，切实抓好抓实每条战线、每个领域、每个环节的党建工作，扎实推进全面从严治党向纵深发展、向基层延伸，为各项事业发展提供有力的组织保证。

一是强化全面从严治党政治担当。制定《县委落实从严治党主体责任的实施意见》《党风廉政建设重点任务分工方案》，修订党风廉政建设考核办法，听取基层党(工)委述职述责和党组织书记抓基层党建、抓意识形态、抓党风廉政建设工作述职，集中开展民主测评，督促各基层党组织落实主体责任、领导干部落实“一岗双责”，层层压实责任。注重发挥县委党的建设领导小组作用，及时研究解决党建领域突出问题。严格落实“两个责任”追究办法，加大追责问责力度，推动“两个责任”落实。

二是加强干部人才队伍建设。认真落实好干部标准和“五个注重”“两个倾斜”要求，着眼事业发展选准用顺干部，制定出台了《科级后备干部培养锻炼行动计划》和《实名制推荐县委管理干部办法(试行)》，全年县委常委会研究提拔干部22名，调整交流25名；结合自治区“5123”工程，推荐优秀年轻干部144

名；推荐2名工作实绩突出的乡镇党委书记得到市委提拔重用。建立容错免责、正向激励机制，旗帜鲜明为敢担当的干部撑腰鼓劲，激励广大干部在新时代有新担当、新作为。大力实施人才强县工程，制定《海原县人才引进培养暂行办法》，建立县四套班子联系服务专家制度，全面落实人才优厚待遇，引进高层次人才8名。

三是加强基层党组织建设。牢固树立大抓基层导向，大力开展农村党建“三大三强”促脱贫富民行动和“两个带头人”工程，集中整顿软弱涣散党组织118个，培育农村“两个带头人”999人，新建、改扩建村级组织活动场所24个。大力实施机关党建“三强九严”工程，扎实开展机关党建“灯下黑”问题专项整治，建立常态化检查通报问责机制，机关党建规范化水平明显提升。规范党组织设置，理顺隶属关系，新设党组13个，明确为党组性质的党委7个，新成立党支部9个，着力构建城市党建“四联四化”机制，建立健全全县街道、社区、驻区单位四级联动机制，推动城市党建区域化建设，不断提升治理服务水平；非公企业和社会组织党组织覆盖率达到79.2%和76.5%，基层党的组织覆盖和工作覆盖有效扩大，基层党组织建设得到全面加强。

四是持之以恒正风肃纪。认真贯彻中央八项规定和实施细则精神，开展“四风”问题专项治理、专项检查，全年共查处违反中央八项规定精神问题10起，问责处理17人，先后13次对30起典型问题点名道姓曝光。保持严惩严处高压态势，聚焦“六项纪律”，运用“四种形态”，坚持“一案双查”，深化标本兼治，全年县纪检监察机关共立案174件，处分170人。成立县委巡察办，制定巡察工作规划，开展常规巡察1轮、扶贫专项巡察2轮，先后巡察6个乡镇、4个县直部门，延伸巡察47个贫困村。全面建立村级“廉情诊所”，扎实开展扶贫领域腐败和作风问题专项整治，扶贫领域问责干部303人次，基层干部作风和纪律意识明显增强。

在抓好各项工作的同时，县委常委会高度重视班子自身建设。制定《深入贯彻中央八项规定精神，进一步加强和改进县委常委会作风建设的实施意见》，带头转变作风，发挥示范表率作用。先后召开4次民主生活会，严肃党内政治生活，常态化开展批评与自我批评。县委班子各成员带头学习习近平新时代中国特色社会主义思想和党的十九大精神，带头遵守党的政治纪律和政治规矩，带头落实中央八项规定和实施细则精神，带头贯彻执行上级和县委的决策部署，自觉参加所在支部组织生活，认真履行“一岗双责”，主动开展驻村蹲点调研，精诚团结、务实苦干，为全县党员干部树立了标杆、做出了表率。

在宏观形势复杂多变、风险挑战不断增多的情况下，全县上下团结拼搏、苦干实干，各方面工作取得了可喜成绩，呈现出蓬勃向上的良好局面。成绩来之不易，这是党中央和区市党委、政府坚强领导的结果，是社会各界、方方面面及离退休老同志关心支持的结果，是全县各级各部门共同努力的结果，广大干部群众特别是工作在第一线的同志做了大量工作、付出了艰辛努力。在此，我代表县委常委会，向同志们表示衷心的感谢！

在总结工作的同时，县委常委会也清醒地看到工作中存在的差距和不足，主要表现在：一是学习贯彻习近平新时代中国特色社会主义思想和党的十九大精神还不够深入系统，抓干部理论学习的针对性、实效性还不强，离学懂弄通做实的要求还有差距。二是贯彻落实新发展理念还不够到位，一些干部思想不够解放，惯性思维和路径依赖没有根本转变，创新能力不足，推动改革发展的办法不多。三是脱贫攻坚任务依然繁重，政策、项目、资金落实不够精准，脱贫增收产业不够稳定，帮扶责任落实不够到位，脱贫政策宣传不够全面，群众满意度不够高，个别问题整改不够彻底，个别基层干部出现消极厌战情绪。四是“一主三特”产业规模化、集约化、标准化程度较低，农产品加工不足，品牌营销滞后。五是个别干部马克思主义民族观宗教观树立得不够牢固，依法管理宗教事务的能力和水平不高，宗教场所多、人员多、活动多，管理不到位。六是全面从严治党责任落实不够到位，有些基层党组织“重业务轻党建”，党的建设薄弱，新老“四风”问题仍然存在，农村软弱涣散基层党组织整治成效有待进一步加强，村级党支部书记“一大三低”问题比较突出，干部不担当不作为问题没有根本解决，扶贫领域腐败和作风问题整治还需加强，全面从严治党任重道远。这些问题，县委常委会高度重视，将采取有力措施加以解决。

海原县人大常委会工作报告

——在海原县第十七届人民代表大会第三次会议上

（2019年1月20日）

海原县人大常委会主任 罗成玉

各位代表：

我受海原县第十七届人民代表大会常务委员会委托，向大会报告工作，请予审议。

2018年工作回顾

2018年是全面贯彻党的十九大精神的开局之年，也是决胜全面建成小康社会、实施“十三五”规划承上启下的关键之年。在区、市、县党委的坚强领导和区、市人大常委会的精心指导下，县人大常委会深入学习贯彻习近平新时代中国特色社会主义思想和党的十九大精神，按照区市党委的部署要求，聚焦县委十四届三次全会提出的目标任务，始终坚持稳中求进的工作总基调，贯彻落实新发展理念，大力实施“三大战略”，持续推动“八个方面的工作”，依法履行宪法法律赋予的职责，圆满完成了县十七届人大二次会议确定的各项任务。一年来，共召开常委会会议8次，主任会议9次，听取和审议“一府两院”专项工作报告17项，开展视察、检查、执法检查和专题调研24次，依法作出决议决定12项，人事任免16人次，提出审议意见73条，为推进全县经济社会发展和民主法治建设作出了积极贡献。

一、围绕中心大局，全力服务经济社会发展

始终保持与县委同心、同向、同行、同力，聚焦打赢打好脱贫攻坚战，依法履行监督职责，凝心聚力推动县委重大决策部署的贯彻落实。

着眼经济运行加强监督。紧扣发展第一要务，对全县国民经济计划2018年上半年执行情况、“十三五”规划中期执行情况、财政预算2018年上半年执行情况和2017年财政决算、审计工作等进行了监督检查，依法作出审议意见10条，确保县十七届人大二次会议审查批准的计划、预算得到较好贯彻执行。建成预算联网监督中心，对财政预算执行情况实时进行监督，进一步提高了预算决算审查的实效性和针对性。切实提高防范政府债务风险的监督意识，及时准确掌握政府债务规模、结构和纳入预算管理情况，督促县人民政府增强风险意识，建立科学的风险防范体系，加强监控分析，确保财政资金安全高效规范。依法作出

决议决定12项,审查批准了县人民政府2018年预算调整方案和2017年财政决算,为全县经济社会稳步发展奠定了坚实基础。

聚焦脱贫攻坚加强监督。全面落实"脱贫富民"战略,及时把脱贫攻坚任务完成情况列入常委会监督检查的重点内容,组织常委会组成人员和部分人大代表对2018年脱贫攻坚工作进行了全面视察,针对存在的突出问题,依法作出审议意见11条,督促县人民政府及有关部门加强政策宣传和技能培训,加大产业培育发展和扶贫资金监管力度,激发群众内生动力,积极推动移民搬迁遗留问题的解决。

紧扣民生改善加强监督。坚持以人民为中心的发展思想,以推动解决人民群众反映强烈的突出问题为出发点和落脚点,选择群众关注的交通秩序管理、教育教学、医药卫生体制改革、农村人饮、民政救助和为民承诺实事办理等热点难点问题,有效运用视察检查、专题调研、审议专项工作报告和满意度测评等方式开展监督,依法推动公共服务均等化,不断增强人民群众的获得感和幸福感。

围绕生态环保加强监督。深入贯彻全国人大常委会《关于全面加强生态环境保护 依法推动打好污染防治攻坚战的决议》,助推"生态立县"战略的大力实施,听取和审议了县人民政府关于生态环保工作的专项工作报告,依法作出审议意见4条,督促县人民政府严格执行环保法和环保条例,继续打好蓝天、碧水、净土"三大保卫战",切实解决大气污染、水质恶化、土壤污染等突出问题。配合区、市人大开展了"中华环保世纪行——宁夏行动"跟踪调研督察和中卫环保世纪行记者团监督检查活动,进一步推动了中央和自治区环保督察反馈问题的整改落实。

助力项目建设加强监督。充分发挥自身作用,助力全县重点项目建设,对海同高速、S204和G341等干线公路建设、水利重点项目、特色产业、林业生态建设、棚户区改造等重点项目建设情况进行了检查视察和专题调研,听取和审议专项工作报告,依法作出审议意见12条,有效促进了项目建设进度、特色产业发展、农业增效和农民增收,在全县经济社会发展中发挥了积极作用。

二、强化法治引领,加快推进依法治县进程

坚持宪法和法律至上,加强和改进法律监督工作,确保宪法法律正确实施,促进"一府两院"依法行政和公正司法。

依法加强司法工作监督。立足司法公平正义,对"法检"两院工作进行了执法检查,全面了解了各类案件办理、司法体制综合配套改革、公益诉讼、队伍建设和服务经济社会发展等工作进展情况,组织常委会组成人员和人大代表参加案件评查、现场集中执行、检察开放日和旁听庭审等活动50余人次,依法确定人民陪审员名额,支持和推动"两院"深化司法体制改革,建立健全公正、高效、权威的司法工作体制机制,切实增强司法公信力。

深入推进法治社会建设。认真贯彻区、市、县党委关于加强法治宣传教育的要求,组织开展了对"七五"普法工作的执法检查,促进司法部门深化"法律八进"活动,扎实推进"七五"普法决议的贯彻实施。认真开展水法、农村扶贫开发条例、乡镇人大工作条例等法律法规贯彻实施情况的执法检查,督促县人民政府着力解决法律法规贯彻实施中的实际问题。积极配合区、市人大开展的执法检查和立法调研,进一步推动相关法律法规在我县的贯彻实施。

建立备案审查工作机制。全面贯彻落实党的十九大对加强宪法实施和监督作出的部署要求,将开展备案审查作为履行宪法监督职责的重要方式,主动加强与区市人大常委会的沟通联系,组织相关委室负责人和乡镇人大主席赴中卫市人大参加专题培训并考察学习备案审查工作经验,审议通过了规范性文件备案审查办法,进一步明确了规范性文件备案审查的范围、程序等内容,为扎实推进合宪性审查工作奠定了基础。

三、优化服务保障,积极发挥代表主体作用

坚持尊重代表主体地位,完善工作机制,提升服务保障水平,大力支持代表依法履职。

提升代表服务保障水平。加强代表的履职学习培训,先后组织区、市、县人大代表赴大连、深圳、厦门等地参加培训学习9次,参训代表100余人次,进一步提高了代表的法律政策水平和履职能力。继续扩大代表对常委会工作的参与,共邀请人大代表列席人大常委会会议以及参加视察检查、专题调研、评议机关作风、电视问政和自治区成立六十周年大庆等活动210余人次,有效激发了广大代表的履职热情。

提高建议意见办理实效。督促"一府两院"认真办理代表建议、意见是常委会工作的重要抓手,也是保障代表权利,促进"一府一委两院"工作的重要途径。县十七届人大二次会议期间,先后收集到代表关于脱贫攻坚、民生保障、教育卫生等方面的建议意见31条,通过不断完善转办督办工作机制,加大现场督办力度,截至目前已办结22件,正在办理6件,暂无条件办理3件,答复率100%。

密切与人民群众的联系。制定完善了"双联"活动实施意见,常委会组成人员同90名县级人大代表建立了联系,通过走访、电话、信函等多种方式,经常听取意见建议,认真回应代表和群众的关切。积极搭建代表联系工作平台和网络平台,建成乡镇"代表之家"17个、行政村"代表工作室"115个,建立了"海原人大"微信公众号和代表工作微信群,有效畅通了人大代表反映民意、建言献策的途径。在提升乡镇人大工作水平上持续发力,常委会分管领导和相关委室全面督导乡镇人大工作3次,进一步推动乡镇人大工作和基层代表工作规范有序。

依法行使人事任免权。坚持党管干部与依法行使任免权的有机统一,常委会实行供职承诺、会议审议、投票表决和宪法宣誓等有效监督方式,不断规范人事任免工作。一年来,共任免国家机关工作人员16人次,补选市四届人大代表3人,保证了党委人事意图的顺利实现。全面落实宪法宣誓制度,先后组织新任命国家工作人员进行宪法宣誓4场次,对彰显宪法权威、弘扬宪法精神、提高宪法意识发挥了重要作用。

四、注重自身建设,持续提升依法履职水平

坚持加强政治、思想、组织、作风、纪律建设,把制度建设贯穿其中,为各项工作顺利开展提供了保障。

强化政治理论学习。积极参加区市党委、人大举办的各类专题培训、学习研讨活动,在

厦门大学成功举办了县人大系统干部履职能力提升专题培训班，深入学习贯彻习近平新时代中国特色社会主义思想、党的十九大精神等政治理论，不断加强对宪法、地方组织法、代表法、监督法等法律法规和人大业务知识的学习掌握，深化推进脱贫攻坚工作和实施乡村振兴战略的认识，常委会组成人员和乡镇人大主席的思想认识和履职能力得到进一步提升。

主动融入中心大局。严格执行“三重一大”制度，坚持重要会议、重要工作、重大事项及时向县委请示汇报，带头自觉维护县委权威。自觉服从服务于中心工作，认真落实脱贫攻坚第一督导组、交通项目建设领导小组、政法综治信访维稳禁毒督导组以及“创新驱动、脱贫富民、生态立县”三大战略推进督导组的工作职责，主动深入基层一线开展督导检查和调查研究，有针对性地协调解决乡镇工作中所面临的困难和问题，全力促进县委重大决策部署的落实。

着力转变工作作风。坚持把纪律挺在前面，严格遵守党章党规党纪和中央八项规定精神，认真履行从严治党和意识形态主体责任，坚决整治“四风”问题。加强对人大各委室的领导，修订完善机关工作制度，规范“三会”服务保障，加大机关干部学习培训力度，使机关作风和形象进一步转变，工作效率和服务质量进一步提高。

各位代表，一年来，常委会工作取得的成绩，得益于县委的正确领导，得益于“一府一委两院”和乡镇人大的积极配合，得益于全体代表的共同努力，得益于广大人民群众的大力支持。这也是常委会全体组成人员团结协作、辛勤工作的结果。在此，我谨代表县人大常委会表示衷心的感谢！

在肯定成绩的同时，我们也清醒地认识到，常委会工作与新时代的新任务新要求相比、与宪法法律要求和全县人民的期望相比，还有一定差距。主要表现在：综合运用监督手段不够，监督实效需要进一步增强；服务人大代表的水平仍需提高，代表的主体作用有待充分发挥；常委会自身建设还需不断加强等等。对此，我们将在今后的工作中认真加以改进。

2019年主要任务

2019年是中华人民共和国成立70周年，也是决胜脱贫攻坚、实现全面建成小康社会目标的关键之年。常委会工作的总体要求是：以习近平新时代中国特色社会主义思想为指导，全面贯彻落实党的十九大、十九届二中、三中全会及中央经济工作会议精神，按照自治区党委十二届六次全会、市委四届六次全会和县委十四届四次、五次全会的部署要求，坚持党的领导、人民当家做主和依法治国有机统一，坚持稳中求进的工作总基调，贯彻落实新发展理念，以脱贫攻坚为统揽，紧紧围绕打好“三大攻坚战”、实施“三大战略”和乡村振兴战略，全面担负起宪法法律赋予的各项职责，不断提高人大工作水平，为推进全县经济社会高质量发展和民主法治建设作出新贡献。

一、坚持党的领导，着力维护工作大局

牢固树立“四个意识”，增强“四个自信”，坚决维护习近平总书记的核心地位，自觉维护党中央的集中统一领导，在思想上政治上行动上同以习近平同志为核心的党中央保持高度一致。始终站稳政治立场、把牢政治方向，严

格执行请示报告制度，坚持人大重要会议、重要活动以及监督等工作中的重大问题、重大事项，都及时主动向县委请示报告，保证人大一切工作在党的领导下扎实推进。切实增强服务大局意识，坚持以人民为中心的发展思想和新发展理念，促进区域协调发展、乡村振兴战略和“创新驱动、脱贫富民、生态立县”三大战略的大力实施，积极推进县级机构改革，充分发挥地方国家权力机关作用，依法行使好监督、重大事项决定和人事任免等各项职权，努力开创新时代人大工作新局面。

二、强化监督职能，着力增强监督实效

坚持依法监督、正确监督、有效监督，重点围绕脱贫攻坚、乡村振兴、生态环保和特色产业发展等方面，加强对相关法律实施情况的监督，推动县委重大决策部署得到贯彻落实。坚持以民为先的履职理念，围绕义务教育优质均衡发展、医疗卫生、棚户区改造、市场监管体系建设、农村人饮、行政审批等工作，适时开展监督检查和专题调研，推动事关群众切身利益的问题得到妥善解决。

在县委的领导下，建立政府向人大常委会报告国有资产管理情况制度，加强人大和全社会对国有资产的监督，推进国有资产管理公开透明。依法做好计划、预算的审查监督工作，坚持把人大预算审查监督重点向支出预算和政策拓展，加大对重点支出、重大投资项目执行情况和审计查出问题整改情况的监督力度，强化审计结果的运用，重视政府债务风险防控，积极推进预算联网监督工作，推动县域经济实现更高质量、更有效率、更可持续发展。

围绕深化司法体制改革工作，推动司法体制综合配套改革，加快推进依法治县进程。适时组织对《中华人民共和国监察法》《中华人民共和国统计法》《宗教事务条例》贯彻实施情况进行执法检查，听取和审议专项工作报告，确保相关法律法规在我县得到正确有效贯彻。积极推进县级机构改革，适时对新组建及优化职责的政府机构开展调查研究，认真听取意见建议，为推动构建系统完备、科学规范、运行高效的县级机构职能体系献计出力。

认真执行备案审查制度，依法做好县人民政府规范性文件和乡镇人大决议决定备案审查工作，努力做到“有件必备、有备必审、有错必纠”，着力维护国家法制统一，促进依法行政。加强与政府工作部门、司法机关、法律专家和人大代表的沟通联系，广泛听取意见建议，进一步提高审查工作的科学性和民主性。

完善监督工作机制，综合运用检查视察、听取审议专项工作报告、满意度测评、审议意见“回头看”和专题询问等方式，推动“一府一委两院”不断改进工作。依法规范重大事项决定权的行使程序，确保区市县党委的决策部署得到贯彻落实，确保人大及其常委会作出的每一项决定符合法律规定，体现人民意志。

三、突出主体地位，着力发挥代表作用

认真做好人大代表履职培训工作，有计划地组织常委会组成人员和基层人大代表赴外考察学习，加强代表思想政治作风建设和履职监督工作，不断提高代表履职能力和水平。深化“双联”活动，进一步推进“代表之家”和“代表工作室”规范化制度化建设，密切代表同人民群众的联系，丰富闭会期间代表活动，强化代表在脱贫攻坚工作中的示范引领作用。经常性邀请代表参加常委会会议和专题调研、视察检查等活动，有效拓宽代表知情知政渠道。

进一步加强代表建议意见办理工作,探索建立办理工作奖惩机制,突出抓好重点建议的跟踪督办,着力提高办理质量。

四、提高政治站位,着力加强自身建设

坚持把政治建设摆在首位,完善党组和常委会机关各项工作制度,全面加强思想、组织、作风、制度和廉政建设,深入开展调查研究,全面提升履职尽责的工作能力。严守政治纪律和政治规矩,认真履行从严治党和意识形态主体责任,强化纪律约束,以身作则,身体力行,坚决反对和纠正“四风”问题。扎实推进“五型机关”建设,发挥好参谋助手作用,努力提高服务保障水平。加强对乡镇人大工作的指导和支持,密切工作协同,开展工作交流,努力形成人大工作整体合力,增强人大工作整体成效。

各位代表,时代赋予的使命光荣神圣,人民寄予的期望殷切厚重!让我们更加紧密地团结在以习近平同志为核心的党中央周围,坚持以习近平新时代中国特色社会主义思想为指引,在县委的坚强领导下,不忘初心、牢记使命,奋发有为、真抓实干,为如期实现脱贫摘帽,与全国全区同步建成全面小康社会、“建设美丽新宁夏、共圆伟大中国梦”作出新的更大贡献!

政府工作报告

——在海原县第十七届人民代表大会第三次会议上

海原县县长　许正清

（2019年1月20日）

各位代表：

现在，我代表县人民政府向大会报告工作，请予审议，并请政协委员和列席会议的同志提出意见。

一、2018年工作回顾

2018年，全县上下深入学习贯彻习近平新时代中国特色社会主义思想和党的十九大精神，自觉践行新发展理念，坚持稳中求进工作总基调，坚决打好“三大攻坚战”，全面落实“三大战略”和“五个扎实推进”，以脱贫攻坚统揽全局，统筹做好稳增长、促改革、调结构、惠民生、防风险各项工作，保持了经济社会平稳健康发展。全年实现地区生产总值52.68亿元，同比增长1.5%；全社会消费品零售总额达到10.75亿元，同比增长6.8%；地方一般公共预算收入实现2.42亿元，同比增长9.9%；城镇常住居民人均可支配收入达到24047元，同比增长7.6%；农村常住居民人均可支配收入达到8511元，同比增长11.1%，节能减排降耗完成区、市下达的目标任务。

过去的一年，一些大事和喜事让我们深受鼓舞：海同高速建成通车，华润定点帮扶得到国务委员王勇同志的肯定，全国基层政务公开标准化规范化试点工作以优异成绩通过验收，我县被国务院教育督导委员会命名为全国义务教育发展基本均衡县，“南月牌”马铃薯荣获第十六届中国国际农产品交易会金奖，等等。这些成绩的取得，极大地增强了全县上下奋发有为、真抓实干的力量和干劲！

一年来，我们主要做了以下工作。

（一）坚持精准精细，脱贫成效进一步提升。落实“六个精准”“五个一批”要求，严格执行“两不愁三保障”脱贫标准，20个贫困村脱贫出列，10个深度贫困村稳定退出，减贫5044户20350人，贫困面下降到5.57%。实施产业扶贫，累计向7529户贫困户赊销基础母牛23465头，建成万亩脱毒种薯繁育基地2个，马铃薯种植面积稳定在60万亩以上，枸杞、中药材种植面积稳定在8万亩，硒砂瓜种植面积稳定在5.5万亩，建成小杂粮示范带3个、千亩示范区6个。实施就业扶贫，建成西安园河、李旺新源等扶贫车间10个，培训建档立卡贫困户10982人，转移就业8.9万人，创收13.6亿元，累计安置建档立卡贫困户公益性岗位1009人、护林员980人。实施易地扶贫搬迁，安置建档立卡贫困户739户3097人。实施教育扶贫，新建和改扩建农村幼儿园31所，建立学前教育到高等教育全覆盖的贫困学生资助体系，实现义务教育阶段零失学。实施健康扶贫，健康扶贫对象家庭医生签约服务全覆盖，个人当年住院自付费用报销比例达到92.3%，金额控制在5000元以内。实施社保兜底扶贫，符合条件的建档立卡贫困户全部被纳入低保范围。实施金融扶贫，扶贫小额贷款存量余额11.97亿元，获贷覆盖面达到93.4%。深化闽宁对口扶贫协作，建立县乡村三级结对帮扶机制，落实帮扶资金4026万元，建成闽宁产业园、菌菇园和6个示范村。强化企业定点帮扶，不断完善华润集团帮扶体系，建设高端肉牛精深加工项目，基本建成海原华润希望小镇，自治区22家企业定点帮扶24个深度贫困村，“一村一策”帮扶计划稳步推进。

（二）坚持转型追赶，产业结构进一步优化。围绕“三带两园六基地”建设，扎实推进“一主三特”产业转型升级，不断完善草畜一体化发展服务体系，打造高端肉牛养殖示范村10个，培育养殖专业合作社10个、示范户800户，肉牛饲养量达到25万头，高端肉牛存栏量达到7万头，完成活牛供港450头；培育壮大中沙绿城、四季鲜等扶贫企业12家，建成三河、曹洼饲草料加工配送厂。加快推进农业科技创新，101名自治区专家和科技工作者在我县开展科技指导，实施专项创业行动6个，培养科技示范户120户。全力促进工业经济企稳回升，聚焦新能源装备制造、特色农副产品加工、轻纺服装生产等新兴产业，加大招商引资力度，引进联富汽贸城等项目29个，实现到位资金24.97亿元，深圳汇联20兆瓦光伏项目并网发电，华电李俊堡10万千瓦、华润呱呱山20万千瓦风电项目和50个村级光伏扶贫电站开工建设，县级领导定期对重点企业及项目开展跟踪服务。加快服务业提档升级，鼓励支持民营经济发展，培育创业实体355个，建成电商策划营销中心和物流配送中心，新建村级电商示范服务点70个，销售额达1320万元。引进建设银行和石嘴山银行分支机构落户我县。举办乡村文化旅游节等系列活动，全域旅游不断深化。

（三）坚持绿色发展，生态环境进一步改善。坚决打赢蓝天保卫战，实施县城集中供热锅炉环保改造，全面淘汰城区20蒸吨以下燃煤锅炉，完成加油站油气回收设备安装，强化建筑工地、城市道路和矿山企业扬尘管控，全面完成黄标车淘汰任务，严厉查处秸秆焚烧行为，全年空气优良天数保持在94%以上。全面落实“河长制”，整治河道岸线570公里，关停涉河非法采砂企业66家。强化重点河流水质监测，加快推进清水河海原段、贺堡河综合治理，第二污水处理厂达标运行，建成海兴区人工湿地，扎实推进老城区和南坪水库水源地保护区规范化建设，清理拆除违规企业20家。创新实施“地长制”，强化土地监管，扎实推进农业面源污染治理，开展规模养殖场污染整治，大力推动农田残膜回收，积极推广化肥减量增效技术。深入开展“散乱污”企业排查整治，全面完成中央环保督察反馈问题整改和“绿盾2018”自然保护区清理整治。实施南华山外围区域水源涵养林建设、新一轮退耕还林、移民迁出区生态修复、生态经济林建设“四大工程”和城乡绿化行动，全年完成营造林16.2万亩，全县森林覆盖率提高到9.42%。持续巩固禁牧封育成果，不断加大自然草场修复保护力度，全县草地综合植被覆盖率提高到65.3%，生态环境得到进一步改善。

（四）坚持协调发展，城乡面貌进一步改观。组织实施棚户区改造2500套，建成东城安置小区并回迁入住，向阳和西湖二期安置小区基本建成，4个新建商住小区开盘销售，建成市政道路7.8公里，新建换热站6座。全民运动广场和城市休闲公园等项目顺利推进。深入开展农村人居环境整治三年行动，建成西安美丽集镇和关桥贺堡等4个美丽村庄，改造农村危房4000户。启动运营公交客运枢纽中心，升级改造国道341、省道204等干线公路98公里，建成农村公路127公里、生产路125公里、“窄路加宽”65公里。西海固脱贫饮水甘城支线建成通水，建成农村供水点15处，完成自来水补入3740户。发展高效节水灌溉1万亩，改善灌溉面积2万亩。实施树台相桐等5座骨干坝除险加固工程，完成关庄庙湾等“坡改梯”7万亩，治理水土流失60平方公里。实施电力城乡配网、农网升级改造，建成4G网络基站1047座，行政村全部通上了动力电和宽带网。

（五）坚持深化改革，发展后劲进一步增强。深化“放管服”改革，梳理确定政务服务事项1197项，构建“不见面、马上办”审批模式，实现80%的事项可不见面办理，39项便民服务事项下沉乡镇办理。清理增加企业和个人负担的证照事项132项，制定试点领域公开事项清单和标准目录13个，公布2889项行政职权事项权力清单和责任清单。深化商事制度改革，推行“多证合一”“一照一码”，新增市场主体4635户。坚决打击违法违规金融活动和非法集资行为，有序化解政府债务。深化财税体制改革，实施财政资金绩效管理，完成税收征管体制改革。启动政府部门机构改革，先期组建退役军人事务局。深化医药卫生体制改革，建成覆盖宁南医院、县级医院和10个乡镇183个村卫生室的医疗共同体。深化农村土地“三权分置”，完成农村宅基地“房地一体”确权核查8.53万宗，全面完成村集体清产核资，流转土地19.4万亩，办理农村产权抵押贷款570万元。深化其他重点领域改革，启动事业单位公车改革，推行棚户区改造房票安置方式，开展集中供热社会化运作试点，启动河湖水域岸线划界确权，完成南华山保护区边界和功能区范围核准，国有林场改革通过自治区验收。完成文工团改制和图书馆文化馆总分馆制改革。试点学前教育“公建民营”运行模式，深化教师队伍管理改革。探索“医养结合”养老模式，对欠薪企业实行“黑名单”管理，深化“交巡警合一”机制改革。

（六）坚持民生优先，群众幸福指数进一步提高。2018年12件民生实事全部办结。着力发展教育事业，投资3.5亿元，新建和改扩建中小学及幼儿园47所，建成校舍12.6万平方米，五中、七小建成招生，高考上线率稳步提升，职业教育办学吸引力显著增强。提升医疗服务水平，27家定点医疗机构实行“一站式”结算服务，二级医疗机构基本药物和150种非基本药物目录下沉乡村两级使用。扎实推进“互联网+医疗健康”服务，为36万群众建立电子健康档案。实施文化惠民工程，举办大型演出

32场次，送戏下乡100场次，放映电影2400余场次，创作编排《花香新时代》等剧目22个，150个村综合文化服务中心配备了专管员。完善社会保障体系，规范最低生活保障制度，发放各类救助7506万元。建成儿童福利院和100个“儿童之家”，农村留守儿童关爱保护和困境儿童保障示范县通过自治区验收。一二级残疾证清理核查全面完成。提高城乡居民医保财政补助标准，参保人数和补助标准实现“双提升”。

（七）坚持共治共享，社会稳定局面进一步巩固。建成农村社区服务站23个，撤销甘城周掌等村委会10个，增设海兴区凤凰、高崖振兴等村民和居民委员会5个。开展宗教领域“八项行动”，“三化”等突出问题得到有效治理，民族团结进步示范县创建有序推进。深入开展道路交通、人员密集场所等领域安全生产专项整治。严格落实县级领导接访制度，着力解决群众反映强烈突出问题，信访积案化解成效显著。实施“治欠保支”三年行动计划，政府投资类项目欠薪案件全面化解。深入推进扫黑除恶专项斗争，铲除了一批涉黑涉恶势力。同时，工会、共青团、妇女、科协、审计、统计、地震、气象、档案、县志、人武、双拥等工作都取得了新的进步。

过去一年，我们不断加强政府自身建设，坚持把学懂弄通做实习近平新时代中国特色社会主义思想和党的十九大精神作为政府工作的首要政治任务，牢固树立“四个意识”，坚定“四个自信”，坚决做到“两个维护”。全面推进依法行政，修改完善政府工作规则和政府常务会议规则，加强财政资金管理，认真落实公众参与、专家论证、风险评估、合法性审查和集体讨论决定等制度，坚持“三重一大”事项提交县委审定，政府常务会议邀请人大代表、政协委员参加，政府部门法律顾问实现全覆盖，行政决策科学化、民主化、法治化水平进一步提高。主动接受人大依法监督、政协民主监督，办理人大代表建议31件、政协委员提案56件，办复率100%。落实全面从严治党要求，持续推动“两学一做”学习教育常态化制度化。全面贯彻中央八项规定及实施细则精神，认真整改中央第八巡视组和国务院第五次大督查反馈的突出问题，坚持不懈纠治“四风”，“三公”经费下降3.9%。大力支持监察体制改革试点，严格履行党风廉政建设“一岗双责”，深入推进扶贫领域腐败和作风整治，问责处理303人，政府公信力、执行力、落实力得到进一步增强，群众满意度不断提升。

各位代表！过去的一年，我们在挑战中抢抓机遇，在困境中寻求突破，在全局中突出重点，政府各项工作取得了新业绩。这些成绩的取得，得益于区市党委、政府和县委的坚强领导，得益于人大和政协的监督支持，得益于社会各界的关心厚爱，凝结着广大干部群众的心血汗水和各位代表的智慧力量。在此，我代表县人民政府，向全县人民，向人大代表、政协委员，向各民主党派、工商联、无党派人士、离退休老同志，向公安民警、武警官兵和区市驻海单位，向所有关心支持海原发展的各界人士，表示衷心的感谢和崇高的敬意！

各位代表！发展之路，从无坦途。看到成绩的同时，我们必须清醒地认识到，全县经济社会发展和政府工作还存在一些问题和不足：固定资产投资未实现预定目标，经济总量偏小、财政实力不强、项目支撑乏力；影响和制约全县发展的短板依然较多，道路交通网络不够完善，水资源短缺，基本公共服务短板突出；发展环境不优，部分贫困群众脱贫内生动力不足；政府职能转变还不到位，一些工作人员作风不实，主动担当不够，等等。这些问题，我们将直面现实，不避不绕，强化措施，逐步破解。

二、2019年主要目标和重点任务

今年是新中国成立70周年，是全面建成小康社会关键之年，也是我县脱贫摘帽年。中央经济工作会议提出，打好脱贫攻坚战，要重点解决好实现“两不愁三保障”面临的突出问题，加大深度贫困地区和特殊贫困群体脱贫攻坚力度，减少和防止贫困人口返贫。自治区党委十二届六次全会指出，要用心用情落实好精准方略，集中力量攻难点，巩固成果提质量，坚决打好脱贫攻坚战。中卫市委四届六次全会要求，将人力、物力、财力向“一县一片”深度贫困地区倾斜，突出抓好海兴区发展、扶贫车间打造、脱贫产业发展、扶贫领域作风建设、扶贫政策落实、扶贫措施精准化，确保海原县脱贫摘帽。县委十四届五次全会发出了决战脱贫攻坚战的动员令，强调要把如期实现脱贫摘帽作为今年最大的政治任务、最大的民生工程和压倒一切的中心工作，全面进入决战状态。这些都为我们做好今年工作指明了前进方向，提供了根本遵循，增添了前进动力。我们必须凝心聚力，苦干实干，谱写新时代海原经济社会高质量发展的全新篇章。

今年政府工作的总体要求是：以习近平新时代中国特色社会主义思想为指导，深入贯彻党的十九大和十九届二中、三中全会、中央经济工作会议及自治区党委十二届五次、六次全会、市委四届五次、六次全会、经济工作会议及县委十四届五次全会精神，统筹推进“五位一体”总体布局，协调推进“四个全面”战略布局，坚持稳中求进工作总基调，坚持新发展理念，坚持推动高质量发展，坚持以供给侧结构性改革为主线，坚持深化市场化改革，继续打好三大攻坚战，接续实施好“三大战略”，全力落实“五个扎实推进”重点任务，以脱贫攻坚为统揽，统筹推进稳增长、促改革、调结构、惠民生、防风险工作，保持经济持续健康发展和社会大局稳定，确保实现脱贫摘帽，为与全国全区同步建成全面小康社会打下决定性基础，以优异成绩庆祝新中国成立70周年。

今年经济工作的主要预期目标是：全县地区生产总值同比增长7%左右，全社会固定资产投资同比增长8.5%左右，社会消费品零售总额同比增长7.5%左右，规模以上工业增加值同比增长5%左右，地方一般公共预算收入同口径增长7%左右，城镇常住居民人均可支配收入同比增长8%左右，农村常住居民人均可支配收入同比增长10%左右。完成区市下达的节能减排降碳指标任务。再退出15个贫困村，减少贫困人口1.9万人左右，贫困发生率降低到1%左右。

面对今年艰巨繁重的发展任务，我们要统筹兼顾，突出重点，把握关键，着重抓好以下几个方面工作：

（一）聚焦脱贫富民战略，打赢打好精准脱贫攻坚战。全面贯彻习近平总书记关于扶贫工作重要论述，坚决贯彻中央和区市脱贫攻坚三年行动计划，强化脱贫攻坚责任、政策、工作“三个落实”，确保到年底实现15个贫困村脱贫出列，34个深度贫困村稳定退出，错退率和漏评率均下降到2%以下，群众满意度达到

90%以上,顺利实现脱贫摘帽。

夯实脱贫摘帽工作基础。全面对标“三率一度”考核指标,以提高群众满意度为重点,对建档立卡贫困户逐户核查,全面准确掌握致贫原因,精准落实帮扶措施,逐村制定脱贫攻坚工作方案,明确问题清单、任务清单、需求清单,一项一项销号,对2014年以来脱贫工作进行“回头看”,扎实开展问题整改与查漏补缺,严格落实“三个新增”要求,着力解决深度贫困村、深度贫困对象脱贫问题。统筹做好脱贫出列村和建档立卡退出对象的巩固提升工作,落实好“脱贫不脱责任、不脱政策、不脱帮扶、不脱监管”要求,及时谋划脱贫摘帽以后的政策措施,加强与乡村振兴战略统筹衔接。实行最严格的监督制度、考评制度,确保各项脱贫举措落实落细、落地见效。

集中精力补短板强弱项。开展农村饮水安全攻坚行动,加快庭院立杆改造和自来水补入,实施老旧管网及设施维修,全面补充蓄水池或取水点,确保今年10月份之前达到贫困地区农村饮水安全评价标准。开展农村危房改造攻坚行动,逐户鉴定,摸清底数,严把质量标准和验收程序,严格控制改造档次,一户一策,分类实施,确保实现农村存量危房清零。开展易地搬迁攻坚行动,梳理遗留问题,逐项清理销号,对迁出区遗留住户归整集中。加强对接协调、政策衔接,积极稳妥解决自发移民问题。强化移民安置点产业配套、基础设施改善和人居环境提升,确保实现“稳得住、逐步能致富”。开展村组道路建设攻坚行动,新改建农村公路256公里,实施农村公路安全隐患整治130公里,加快生产道路和“窄路加宽”项目实施,升级改造干线公路85公里,积极争取海原至平川、海原至沙坡头快速通道项目。抢抓宝中铁路二线改造机遇,争取立项建设海兴区火车站。开展农村信息化建设攻坚行动,实现光纤宽带、4G网络全覆盖,进一步提高有线电视入户率。开展电网改造提升攻坚行动,投资1.8亿元,重点对高崖、海城等10个乡镇的高低压线路、设备进行改造升级,提高供电质量,确保有需求的自然村全部接通动力电。

强化精准脱贫攻坚措施。严格落实产业扶贫政策,强化产业到户项目实施,实行菜单式精准帮扶。围绕“一主三特”产业,结合贫困村分布情况,统一规划布局,建设“三带两园六基地”。深化“华润基础母牛银行”模式,引进赊销基础母牛1万头以上,建设华润屠宰加工厂,办好高端肉牛产业发展研究院,加快高端肉牛“六大体系”建设,带动群众融入产业、增收致富。严格落实就业扶贫政策,大力开展精准脱贫能力培训,扶持劳务经纪人,建立劳务基地,依托龙头企业在贫困村建设扶贫车间,方便群众就近就业。严格落实教育扶贫政策,强化控辍保学责任落实,建立更加稳定的精准资助体系,确保适龄儿童不因贫困失学。严格落实健康扶贫政策,深化基本医疗保险、大病保险、民政救助、商业保险“四重保障”制度,进一步完善县乡村“三位一体”医共体和远程会诊系统,大力推广“一站式”即时报结机制,提高家庭医生签约服务质量。严格落实社保兜底政策,加强农村低保与扶贫政策两项制度衔接,确保“应保尽保、应兜尽兜”。分类实施“五项助残脱贫行动”,确保不让一名残疾人在脱贫路上掉队。严格落实金融扶贫政策,加强信用体系建设,巩固提升小额扶贫贷款额度与覆盖率,确保有意愿、有能力、有需求的贫困群众

“应贷尽贷”。

凝聚脱贫攻坚强大合力。全面落实与漳浦县“22104”对口扶贫规划，持续深化闽宁对口扶贫协作，重点抓好招商引资、产业合作、劳务协作、人才交流和闽宁示范村建设等工作，加快闽宁产业园、菌菇园扩规提效，精准开展技能培训和定向输送，积极对接落实乡村两级“携手奔小康”协议。持续深化华润定点帮扶，拓展拉长“四项”帮扶措施，全面做好海原华润希望小镇后续工作。积极对接区市厅局帮扶，深入开展“百企帮百村”行动，强化社会帮扶成效考核，认真落实好“一村一策”帮扶措施。

（二）聚焦创新驱动战略，推进产业高质量发展。坚持把产业升级作为创新驱动主攻方向，推动一、二、三产业同向发力，加快构建现代产业体系，努力实现有质量、可持续增长。

突出抓好农业提质增效。立足“一主三特”优势产业，突出“两廊”产业带，进一步调整优化产业布局和结构。在扬黄特色产业廊上，突出发展富硒功能农业和高效节水农业，推行枸杞、蔬菜产业集中连片、标准栽培、科学管理与精深加工，新建标准化蔬菜基地1万亩，更新复种枸杞2000亩，建设富硒硒砂瓜基地1万亩，发展中药材1万亩。在脱贫富民产业廊上，突出发展草畜、马铃薯、小杂粮、小茴香等产业，坚持“稳羊增牛”，做大做强3个优质牧草产业带，新种补种紫花苜蓿2万亩，积极培育“海原高端牛肉”品牌，争取完成3000头以上供港活牛配额指标。建设南华山阴湿地区马铃薯产业带，做大做强“南月”牌马铃薯。建成荞麦、黑豆等小杂粮制种基地4个、油菜引种示范基地1个。打造小茴香标准化生产基地1万亩，建设红葱示范基地1万亩、枸杞大蒜示范基地2000亩。培育引进农业龙头企业5家、专业合作社15个、家庭农场30家。发展高效节灌1.2万亩，改善农田灌溉2万亩。

着力推动工业集聚转型。完善海兴区“一园三区”产业功能布局，大力发展新能源装备制造、特色农副产品加工、轻纺服装生产等产业。加快建设华润风电二期、华润呱呱山风电项目，全面建成104个村级光伏扶贫电站，培育2家规上企业。加大招商引资力度，加快海兴区物流产业发展，开工建设圣特保温新型一体化墙体材料、生物有机肥生产等项目，把海兴区打造成“龙头企业+物流+高端肉牛深加工”全产业链的农产品基地。推进旅居康养、商贸综合旅游等项目实施，加快深圳卡立方、新希望万头奶牛场和吉林仟客莱等项目落户建设。

加快推进服务业提档升级。整合现有资源，引进商贸流通、金融保险等大型商贸服务企业，打造特色餐饮、文化旅游等新业态。提升县级物流配送中心、乡级物流中转站和村级服务站运营水平，打通农村物流“最初一公里和最后一公里”。围绕全景全业全时全民和“旅游+”，推动扶贫开发与乡村旅游融合发展，培育发展九彩民俗文化村、李俊旅游小镇、史店田拐休闲农业、西安菜园文化和红羊天都老庄等休闲旅游项目建设，争创天都山国家AAA级旅游景区，不断提升海原旅游品牌。

（三）聚焦生态立县战略，打好污染防治攻坚战。坚持以绿色发展理念为引领，以改善生态环境质量为核心，积极推进经济发展与环境保护协同并进，积极引导绿色发展方式和生活方式，走生产发展、生活富裕、生态良好的文明发展道路。

深入实施蓝天碧水净土专项行动。扎实开展燃煤污染治理，持续推进建筑工地、道路和矿区扬尘污染治理，铁腕整治焚烧秸秆行为，坚决打赢蓝天保卫战。全面落实“河湖长制”，持续开展“清水畅河净源”行动，全面实施“携手清四乱、保护母亲河”专项行动，严厉打击涉河道违法行为，深入实施清水河、贺堡河、西河综合治理，加快海兴区污水处理厂湿地净化工程建设，在清水河沿线乡镇建设污水处理站4个，集中整治违规开采使用地下水资源行为，完成老城区和南坪水库水源地规范化建设，切实守好饮用水安全底线。深化“地长制”，加强农村土地监管，严格控制农业面源污染，提高农用残膜回收利用率，提升固体废物处置能力，加强规模化畜禽养殖场污染防治。全面完成散乱污企业排查整治，严厉打击破坏生态环境的违法犯罪行为，高质量完成中央环保督察“回头看”反馈问题整改和转办事项销号清零。

全面推进林业生态建设。实施南华山外围区域水源涵养林建设，完成退化林分改造5000亩、未成林补植补造4.1万亩、封山育林2万亩，新造人工林3.4万亩，发展经济林3200亩，实施城乡绿化1000亩。实施九彩马套、贾塘双河等小流域综合治理项目4个，完成“坡改梯”5万亩，治理水土流失60平方公里。继续推行最严厉的禁牧封育政策，加强树木抚育管护，广泛开展全民义务植树，在全社会形成植绿、护绿、爱绿的浓厚氛围。

着力推动绿色低碳发展。牢固树立和践行“绿水青山就是金山银山”发展理念，把环境保护意识贯穿到所有工作当中。建立健全生态环境保护监管、考核奖惩机制，推动生态环保“党政同责、一岗双责”责任落实。严格生态空间管控，严守生态保护红线，严格产业项目准入，从严落实“三线一单”管理。坚持节约优先，加强源头控制，转变发展方式，积极推动传统产业升级改造，科学布局生产、生活、生态空间，实现经济高质量发展、生态环境高水平保护。

（四）聚焦县区一体化发展，大力推动城乡基础设施建设。按照中卫市“一带两廊”总体布局，突出“两核四镇”建设，加快完善基础设施，配套健全政策服务体系，构建特色鲜明、产业集聚、功能互补、协调发展的城乡体系。

着力提升县城宜居水平。扎实开展棚户区改造，新建市政道路4.5公里，改造提升南门广场，建设3座湿地公园，新建垃圾处理厂和4座集中供热换热站，铺设供热管网4.6公里、供水管网6.5公里。全面推进卫生县城、园林县城、文明县城“三城同创”，不断完善城市服务功能，强化城市公厕运行管理，推行城区环境卫生网格化、精细化管理，加大违章建筑打击力度。规范城市公交运行管理，投放出租车120辆，方便群众出行。

聚力海兴区转型发展。坚持海兴区“四轮驱动”，突出招商、服务、建设和管理四大重点，加快完善海兴区公共服务体系，加大园区绿化、美化、亮化力度，完善道路、消防、通讯、治污等基础设施，全面推动工业经济、商贸物流、社会事业和文化旅游错位互补、共同发展。

有序推进特色镇村建设。启动李旺交通运输小镇、七营商贸物流小镇、西安文旅古镇和贾塘农贸小镇规划建设，不断促进产业立镇、产镇融合发展。实施曹洼、关桥2个美丽集镇和红羊村等2个美丽村庄建设改造。其他乡镇以整治提升环境、增强服务功能为重点，维持现有规模，量力而行，有序改造提升。全面开展农村人居环境整治三年行动，深化“厕所革命”，重点改造一批农村卫生厕所。

（五）聚焦保障和改善民生，统筹推进社会事业发展。坚持保基本、兜底线、促均衡，提升人民群众获得感和幸福感。

积极促进就业创业。突出“四大离土”品牌，大力开展“双创”行动，完成创业培训和农村致富带头人培训800人，发放创业担保贷款6000万元，培育创业实体300个，开发就业岗位800个，带动就业2200人以上。以纺织、建筑、家政等劳动密集型行业为重点，开展职业技能培训5500人，实现转移就业8万人，创收12亿元以上。

优先发展教育事业。完善“公立公办”与“公建民营”相结合的办园机制，实施多元普惠学前教育。优先支持和保障农村教育，合理配置教育资源，加快义务教育优质均衡发展。突出联合办学，加强普通高中特色建设。深化产教融合，创新发展职业教育。加强教师队伍建设，完善教学质量评价机制，提升教师教学水平。大力发展“互联网+教育”，实施宽带网络提速扩容工程，全面普及信息技术教学应用。

深入推进健康工程。全面建成县中医医院、妇计中心和县人民医院妇儿综合楼，进一步改善群众就医环境。扎实开展“健康促进”行动，争创区级示范县。实施“联合国儿童基金会新生儿安全项目”，提升新生儿出生安全率。健全完善分级诊疗制度，推进“互联网+医疗健康”建设，打造“智慧医疗”便民服务平台。

大力繁荣文化事业。加强社会主义核心价值观阵地建设，弘扬主旋律，传递正能量。强化县乡村三级文化场所运行管理，深化“公建民营公助”运行模式，继续推进文化馆、图书馆总分馆制。加大资金投入和培训指导，着力提升全县51个文化大院、9个业余文艺团队、129个广场舞队文艺水平。围绕新中国成立70周年，创作一批优秀文艺节目，丰富群众文化生活。

着力健全社保体系。完善城乡低保、农村五保、孤儿救助体系，加强临时救助、专项救助与社保兜底，保障困难群众基本生活。加强敬老院和“老饭桌”规范化管理，大力推广“医养结合”模式，不断提高养老服务质量。加强残疾人康复服务，新建残疾人康复中心。做好退役军人服务保障工作，确保双拥模范示范县创建顺利通过自治区验收。扩大社保参保和异地就医结算覆盖面，推动实现跨省异地就医直接结算。

（六）聚焦加强和创新社会治理，构建和谐稳定社会环境。树立和谐稳定是根本大局的理念，着力提升维护社会和谐稳定的能力和水平，为经济社会持续健康发展创造良好环境。

着力加强民族宗教工作。深入推进民族团结进步教育“八进”活动，实现国旗、宪法和法律法规、社会主义核心价值观、中华优秀传统文化“四进”宗教场所全覆盖。全面贯彻党的民族宗教政策，依法加强宗教事务管理，严格宗教场所建设和宗教活动审批管理，严厉打击非法宗教活动，坚决维护现有宗教格局，深化巩固“三化”整治成果。

深入推进扫黑除恶专项斗争。聚焦涉黑涉恶问题突出的重点地区、重点行业、重点领域，坚持把宣传发动和线索举报贯穿专项斗争始终，动员社会力量广泛参与，持续营造严打整治的高压态势和浓厚氛围。进一步健全重点地区滚动排查整治机制，完善治安防控体系，持续推进“雪亮”工程建设，加大“黄赌毒”打击力度，全面整治治安乱点。

积极营造安全有序社会环境。深化“七五”普法工作，深入开展宪法宣传教育。加强矛盾纠纷排查化解，推进依法处访，持续提升信访规范化、法治化水平。坚持和发展新时代“枫桥经验”，持续推进三级综治中心规范化建设，构建自治、法治、德治相结合的乡村治理体系。撤销和新增甘城石景等20个村民和居民委员会，加强乡镇服务能力建设，提升基层社会治理和公共服务水平。加快网格化平台建设，有序推进和谐社区创建。推行劳动保障守法诚信等级评价，维护劳动者合法权益。全面落实党政领导干部安全生产责任制，持续开展安全生产大检查，坚决防范和遏制各类安全事故发生。落实“四个最严”要求，加强食品药品安全监管，确保群众饮食和用药安全。

（七）*聚焦深化改革创新，不断激发社会发展活力动力*。以改革的办法破解难题，以创新的举措增强动力，全面发力，多点突破，纵深推进改革创新，推动各项事业取得成功。

深化“放管服”改革。以深化机构改革为契机，围绕推进治理体系和治理能力现代化，优化政府机构设置和职能配置。加快推行“不见面、马上办”审批模式，优化项目报批审批流程，推进联合审批、多图审批。深化商事制度改革，扎实推进“四十四证合一”登记改革，降低市场准入门槛，进一步激发市场活力。全面落实减税降费政策，优化营商和融资环境。扶持民营企业做大做强，鼓励民营经济依法进入更多领域，公平参与市场竞争。积极参加各类经贸交流和洽谈会，主动融入全区全市开放发展总体格局。

打好防范化解重大风险攻坚战。严守政府债务管理的红线和底线，坚决遏制隐性债务增量，积极稳妥化解政府债务存量，年内争取化解2.7亿元左右。坚决打击违法违规金融活动和非法集资行为，切实维护金融市场稳定。加快财税金融体制改革，强化财税金融支撑作用，调整优化财政支出结构，加大对脱贫攻坚、生态环保、教育和医疗等领域支持力度。

深化农业农村改革。扎实推进房地一体宅基地使用权登记颁证工作，稳步推进农村产权抵押登记试点贷款工作，巩固农村集体产权制度改革成果。加快农业水价综合改革，促进水资源节约高效利用。加快农村金融改革，不断创新金融支农信贷产品和服务方式。持续完善政策性农业保险制度，进一步扩大农业保险覆盖面和保障水平。完成农村集体经济组织成员身份界定、股权量化。深化农村土地“三权分置”制度，落实集体所有权，稳定农户承包权，放活土地经营权。

深化重点领域改革。执行政府向县人大报告国有资产管理情况制度。建立教师“县管校聘”“评聘分离”等制度，分类推进专业技术人员职称制度改革，大力引进急需紧缺高层次人才。推进公立医院管理体制、补偿机制、运行机制等改革联动。全面实施居住证制度，完善相衔接的公共服务体系。深入推进养老保险、城市管理、安全生产等领域改革。

三、全面加强政府自身建设

新思想引领新时代，新时代要有新作为。我们必须始终坚持以人民为中心的发展思想，加强政府改革创新，全面提升政府履职能力和水平，建设人民满意的服务型政府。

坚定政治方向。始终把党的政治建设摆在首位，深入学习贯彻习近平新时代中国特色社会主义思想和党的十九大精神，树牢“四个意识”，坚定“四个自信”，坚决做到“两个维护”。严守党的政治纪律和政治规矩，始终在政治立场、政治方向、政治原则、政治道路上同以习近平同志为核心的党中央保持高度一致。深入开展“不忘初心、牢记使命”主题教育，在学深悟透、务实戒虚、整改提高上持续发力。创造性贯彻落实党中央路线方针政策和区市党委、政府及县委的各项决策部署，确保政府各项工作始终沿着正确方向前进。

坚持依法行政。把政府活动全面纳入法治轨道，坚持按法定权限履行职责，依法接受县人大法律监督、工作监督，自觉接受县政协民主监督，主动接受社会和舆论监督，全面深化政务公开，确保权力在阳光下运行。坚持科学、民主、依法决策，严格执行重大行政决策法定程序，充分发挥政府法律顾问作用，认真听取工商联、无党派人士和各人民团体的意见，广泛凝聚群众智慧，切实提高政府决策科学化、民主化、法治化水平。

主动担当作为。始终把全县人民对美好生活的向往作为奋斗目标，时刻把群众最急最忧的事情放在心上、抓在手上，把功夫下到察实情、出实招、办实事、求实效上。加强和完善政府经济调节、社会管理、生态环境保护等职能，进一步增强政府公信力和执行力。扎实开展“党政机关作风建设年、干部队伍素质提升年”活动，锲而不舍抓好工作落实，切实提升政府效能。健全正向激励、容错纠错机制，大力营造愿作为、敢担当的良好风气。

强化廉政建设。认真履行党风廉政建设“一岗双责”职责，深化廉政风险防控，严防权力滥用和设租寻租，强化重点领域监督管理。巩固落实中央八项规定精神成果，持之以恒纠“四风”、转作风、树新风，严肃查处侵害人民群众利益的突出问题。支持纪检监察机关依法依规履行职责，强化巡视巡察和审计结果运用，重点围绕扶贫领域和民生领域，从严整治作风问题，以清廉的党风促政风、正行风、带民风。

各位代表！时代赋予重任，奋斗谱写华章。让我们紧密团结在以习近平同志为核心的党中央周围，在区市党委、政府和县委的坚强领导下，不忘初心，牢记使命，振奋精神，开拓进取，坚决打赢打好脱贫攻坚战，为实现经济繁荣民族团结环境优美人民富裕，确保与全国全区同步建成全面小康社会的目标而不懈努力，以建设美丽新宁夏、共圆伟大中国梦的优异成绩，向新中国成立70周年献礼！

名词解释

1.“三大攻坚战”：防范化解重大风险攻坚战、精准脱贫攻坚战、污染防治攻坚战。

2.“三大战略”：创新驱动战略、脱贫富民战略、生态立区战略。

3.“五个扎实推进”：扎实推进民主法治建设，扎实推进民族宗教工作，扎实推进文化繁荣发展，扎实推进改革开放，扎实推进全面从严治党。

4.“六个精准”：扶贫对象精准、项目安排精准、资金使用精准、措施到户精准、因村派人精准、脱贫成效精准。

5.“五个一批”:发展生产脱贫一批、易地扶贫搬迁脱贫一批、生态补偿脱贫一批、发展教育脱贫一批、社会保障兜底一批。

6.“两不愁三保障”:不愁吃、不愁穿,保障义务教育、基本医疗和住房安全。

7.“三带两园六基地”:牧草产业带、养殖产业带、马铃薯产业带;设施蔬菜园、高效农业产业园;高端肉牛繁育基地、秋杂粮种植基地、硒甜瓜基地、枸杞大蒜基地、韭菜西芹基地、菌草基地。

8.“一主三特”:草畜产业为主导产业,马铃薯、枸杞中药材和瓜菜三大特色产业。

9.“放管服”:简政放权、放管结合、优化服务的简称。

10.“三线一单”:生态保护红线、环境质量底线、资源利用上线和环境准入负面清单。

11.“三重一大”:重大问题决策、重要干部任免、重要项目投资决策、大额资金使用。

12.“多证合一、一照一码”改革:通过“一口受理、并联审批、信息共享、结果互认”,将由三个部门(工商、质检、税务)分别核发不同证照,改为通过“一窗受理、互联互通、信息共享”。

13.“四十四证合一”:在已经实现“三十三证合一”的基础上,再将11项涉企证照事项(包括企业、个体工商户、农民专业合作社)整合到营业执照上,进一步降低企业的制度性交易成本。

14.“农村土地三权分置”:农村土地所有权、承包权、经营权三权分置。

15.“农村宅基地房地一体”:将农村宅基地和集体建设用地使用权及地上的建筑物、构筑物实行统一权籍调查、统一确权登记、统一颁发房地一体不动产权证书。

16.“三率一度”:漏评率、错退率、综合贫困发生率和群众满意度。

17.“两免一补”:对农村义务教育阶段贫困家庭学生免杂费、免书本费、逐步补助寄宿生生活费。

18.“医共体”:由3家县域内二级以上医疗机构与10个乡镇卫生院183所村卫生室建立的共同医疗服务体系。

19.“两廊两核四镇”:两廊即扬黄特色产业廊、脱贫富民产业廊;两核即海原县城生态宜居文化旅游商贸中心、海兴区新能源装备及制造中心;四镇即李旺交通运输小镇、七营商贸物流小镇、西安文旅古镇、贾塘农贸小镇。

20.“五项助残脱贫行动”:政策兜底、康复救助、关爱服务、技能培训、产业帮带五项行动。

21.“‘22104’对口扶贫规划”:2即闽宁产业园、闽宁菌草产业园,2即党政干部培训基地和劳务就业创业基地,10即十个闽宁示范村,4即联席会议、结对帮扶、互学互助、信息共享四项机制。

22.“四个最严”:最严谨的标准、最严格的监管、最严厉的处罚、最严肃的问责。

中国人民政治协商会议
海原县第十一届委员会常务委员会工作报告

——在政协海原县第十一届委员会第三次会议上

海原县政协主席　郭吉武

（2019年1月17日）

各位委员、同志们：

我受政协海原县第十一届委员会常务委员会的委托，向大会报告工作，请予审议。并请与会领导和列席会议的同志提出意见和建议。

2018年工作回顾

一年来，县政协在中共海原县委的正确领导下，在县政府的大力支持下，按照县委、政府的总体部署要求，围绕中心、服务大局，积极作为、务实履职，注重效果、不断创新，全面完成了县政协十一届二次会议部署的各项任务，为全县经济社会发展作出了积极贡献。

一、坚持思想引领，在增进共识上实现提升

学习是政协的一项常规性工作，政协常委会坚持把学习作为政协工作的一项重要内容和重要基础，把加强学习、提高委员自身素质放在了政协工作的突出位置，创新学习活动载体，讲求学习效果，认真抓好委员的学习，夯实了委员履职基础，增强了委员履职能力。

一是加强理论武装，确保正确的政治方向。政协常委会充分运用政协全体会议、政协常委会议、中心组学习会、务虚会、专题讲座、举办培训班等多种形式，结合"两学一做"学习教育常态化制度化，采取个人自学与集中学习，座谈交流与举办专题培训相结合的方式，重点学习了习近平新时代中国特色社会主义思想、党的十九大精神、全国"两会"精神、中央三个（宪法、党章、政协章程）修正案和习近平总书记关于加强和改进人民政协工作的重要思想以及汪洋主席在全国政协学习习近平总书记关于加强和改进人民政协工作重要思想理论研讨会上的讲话精神，引导各族各界人士牢固树立"四个意识"，认真贯彻落实中央和区、市、县委各项工作部署，切实把实现党的政治领导、思想领导、组织领导落实到政协工作各方面和全过程。一年来，共召开务虚会及专题学习会20次、座谈研讨会2次、举办委员培训班、提升履职能力专题培训班2期，参加全

国政协业务知识培训班和区、市政协理论研讨会、务虚会4次，通过学习培训，夯实了履职的思想基础。

二是自觉接受县委领导，确保合心合力合拍。政协常委会坚持重大问题请示报告制度，主动接受县委领导。2018年以来，县委常委会（扩大）会议，分别研究了县政协党组《关于贯彻落实〈关于加强新时代人民政协党的建设工作的若干意见〉的意见》，关于贯彻落实全国政协“习近平总书记关于加强和改进人民政协工作的重要思想理论研讨会”精神、自治区党委办公厅《关于加强和改进人民政协民主监督工作的实施意见》精神，关于贯彻落实自治区政协崔波主席来海调研工作的意见。研究通过了《2018年政协常委会工作要点》《关于召开政协海原县第十一届委员会第三次会议的请示》，听取了《海原县政协党组2017年工作情况汇报》，把政协工作纳入县委工作全局，不断优化政协履职环境，确保了政协工作履职方向。

二、聚焦中心任务，在经济发展上建言献策

政协常委会始终坚持把全县工作的总体取向作为履职基本指向，把全县发展战略定位作为服务方位，在推动发展上献可用之策，在参与实践上做有益之事，努力为打赢脱贫攻坚战发挥积极作用。

一是协商议政突出实效。高度重视政协全委会议、常委会会议、主席会议的协商议政作用，积极资政建言。十一届二次会议期间，组织委员围绕政协常委会工作报告、提案工作情况报告和“一府两院”工作报告，通过分组讨论，进行全面协商议政，坦诚发表意见建议。委员们围绕经济发展、社会保障、生态环境保护等议题，提出协商意见。截至目前，共召开常委会4次、主席会9次、各种座谈会议6次，汇总整理了《海原县政协十一届二次会议委员发言情况的综合报告》通过递交提案、书面反映社情民意形式，共提出合理化建议40余条，积极为县委、县政府科学决策、民主决策提供了参考。

二是调研协商突出重点。政协常委会注重调研、协商形式和方法的创新，采取委员培训、预约委员发言的方式，注重调研与赴外考察学习相结合，先后开展“乡村振兴”战略实施、创建民族团结示范县、南华山外围区域水源涵养林提升及生态修复、基层公共文化建设、农村土地三权改革等调研活动5次，围绕小流域治理及水资源开发利用和推行河长制、民营经济发展及培育新型经营主体培育情况开展专题协商活动2次，得到了县委、县政府的重视，有关建议被县委、县政府采纳。调研“乡村振兴”战略实施、农村土地改革和民营经济及农村新型经营主体培育情况时，分别赴贵州省湄潭县、道真县，浙江义乌，福建晋江和自治区平罗县、永宁县等地学习考察，针对存在的问题，借鉴外地经验，提出“加大项目资金整合力度、补齐基础设施短板；突出规划引领，加大耕地保护工作力度、科学划定建设发展边界、合理划定生态保护红线；加强基础设施建设，搭建招商引资平台”等方面建议，得到了县委主要领导的批示：这个报告非常好！各相关单位要充分借鉴外边的好经验、好做法，强力推进改革事项落地见效。同时，积极配合完成了区、市政协来我县开展富硒农产品发展、环境保护和污染整治等专题调研9次，提出与我县有关的意见建议20余条，助力全县经济发展。

三是积极参与中心工作。政协常委会始终坚持在县委集中统一领导下开展活动，自觉服从县委的统一调配和工作安排，全力配合县委工作。今年，县政协班子成员直接担负或协同推进全县脱贫攻坚、招商引资、重大项目和联系乡镇工作，助推了县委、县政府决策的贯彻实施。招商引资工作盯紧项目落实，加大跟踪服务，助推项目落地、见效；重点项目和脱贫督导坚持深入一线，实地检查，促进了工作落实。积极完成县委交办的全县危房改造、村级集体经济发展及新型经营主体培育、全县广播电视入户及村级文化广场使用情况三项调研任务，帮助县委、县政府找差距、补短板、寻良策。

三、关注社会热点，在民主监督上注重实效

加大民主监督力度、拓宽民主监督领域是新时期对人民政协工作的要求。政协常委会围绕人民群众普遍关心的热点、难点问题，组织委员通过提案、视察、反映社情民意信息等形式，更加关注民生、反映民心、维护民利，发挥桥梁纽带作用，努力协助县委、县政府实现好、维护好、发展好最广大人民群众的根本利益。

一是注重专题视察质量。按照县委、政府阶段性重点工作部署安排，改进视察方式，采取提前培训、集中走访、明察暗访、邀请群众代表参与的方式，创新性地开展了监督性视察活动，建真言，献良策，鼓实劲，出实招，促进专题视察更具活力，更富有成效。先后开展网吧管理、食品安全管理、重点提案办理和民生实事为内容的专题视察活动4次，就未成年人上网、消防安全、畜禽屠宰管理等群众关心的热点问题，提出有针对性的意见和建议，促进有关热点问题的解决。

二是注重民主评议成效。按照组织准备、调查摸底、整改评议的运行程序，深入细致地对交通局和民政局工作进行民主评议，切实做到边评边改、以评促改、评改结合，不断提升被评单位工作水平。交通局针对“助力脱贫攻坚存在非脱贫销号村庄道路无规划、无项目，无法硬化，居民出行难”的问题，通过交通局积极争取，将部分非销号村农村公路纳入交通厅2018年第二批农村公路项目中。县民政局针对低保核查工作存在一定差距的问题，积极开展了全县城乡低保专项治理工作，确保了低保工作规范运行。

三是注重提案办理落实。政协常委会继续采取县委、县政府、政协主要领导和政协副主席领衔督办重点提案，提案委员会委员、提案人视察督办一般提案的工作机制，首次召开提案征集协商座谈会和提案提办质量互评活动，切实提高了承办单位与提案人的面商率，有效地推动了提案的办理质量和提案质量。县政协十一届二次会议期间，共征集到委员提案113件，立案47件。截至目前，提案办复率98%，办结率94%。大部分提案已产生了良好的社会效果。

四是注重反映社情民意。积极推进政协委员联系点工作，把政协各专委会、县委员纳入支撑体系，形成一张覆盖全县各乡镇、各社区的社情民意网络体系。通过开展“五个一”活动，组织委员反映《关于加大县城建筑车辆管理的建议》《关于整顿和规范市场秩序的建议》等社情民意信息6期，引起了县委、政府的重视，促进了有关问题的解决，社情民意工作的监督实效更加明显。

四、加强团结合作，在维护稳定上凝心聚力

政协常委会牢牢把握团结和民主两大主题，充分发挥团结各界、凝聚人心的作用，为全县发展形成合力作出积极贡献。

一是积极维护和谐稳定。我县是一个民族大县，具有信教群众多、宗教场所多等特点，维护大团结、大联合、大稳定的局面尤为重要。因此，县政协班子成员积极开展“五联五促”活动，深入所联系的清真寺，主动协助县委、县政府做了统一思想、协调关系、理顺情绪、减少阻力、增加合力工作，进一步增强与人民群众之间、各界别之间的紧密团结，努力促进了宗教与社会、各宗教之间、信教群众与不信教群众之间的团结和睦，从而使政协在民族团结中努力发挥凝聚人心的“黏合剂”作用。聚焦全县脱贫攻坚工作，针对新考入三本和预科大学生无人资助的实际，厚德慈善基金会共资助大学生563名，发放资助金149.3万元，实现了全县大学生资助全覆盖。

二是有序推进文史工作。政协常委会注重发挥文史资料“存史、资政、团结、育人”的作用，按照“三性”（鲜明的统战性、翔实的史料性、生动的可读性）、“三亲”（亲历、亲见、亲闻）要求，编辑出版了40余万字《海原红色记忆》，目前约30万字《闽宁扶贫协作20年海原专辑》的挖掘整理和编辑工作已基本完成，即将出版。将为对口扶贫协作提供有益借鉴对海原文化底蕴提升产生积极影响。

五、注重固本强基，在政协工作上增添活力

加强自身建设是贯彻落实习近平总书记关于加强和改进人民政协工作的要求，是不断推进人民政协履行职能的制度化、规范化和程序化建设的要求。政协常委会坚持把加强自身建设作为夯实政协工作的基础，采取有效措施，提高了队伍的整体素质。

一是抓好组织建设。坚持把加强组织建设作为党的建设的基础工程和关键环节，不断完善党的组织网络和体系，新建政协机关党组1个和各专委会功能型党支部3个，以及相关工作制度，推动党组织对政协党员委员、政协工作全覆盖。

二是抓好制度建设。适应新任务新要求，制定和完善覆盖会议组织、经常性工作、自身建设等方面的《政协常委会工作规则》《政协主席会议工作规则》《政协党组会议工作规则》《大会发言制度（预约发言）》等制度11项，不断创新优化政协管理方式，通过加大制度执行，建立了委员履职档案，年终进行考核通报，激发委员动力活力。

三是抓好机关党建和委员队伍建设。指导政协机关党支部抓好“三会一课”、组织生活会等制度的落实，积极开展“主体党日”活动，认真学习传达了自治区政协召开的各市县（区）主席座谈会议精神。同时通过组织委员参加视察调研、外出考察学习、订阅《人民政协报》《华兴时报》、印发学习资料等形式，不断丰富委员的学习内容，拓宽委员视野，提升委员素质，增强了履职能力。

2018年，县政协各项工作虽然取得了一定成绩，但同新形势新任务的要求相比还存在一

些差距和不足：一是调研、视察及社情民意等方面的意见建议落实及成果转化还有较大差距；二是协商议政的方式方法有待进一步改进、质量有待进一步提高；三是与社会各界人士的沟通和联系机制还有待进一步完善；四是政协工作制度化、规范化水平有待进一步规范提高；五是政协系统党的建设还有待进一步强化。

2019年工作意见

2019年是新中国成立70周年、人民政协成立70周年，更是打赢脱贫攻坚战的关键之年。政协工作的总体要求坚持以习近平新时代中国特色社会主义思想为指导，全面贯彻落实中共十九大和十九届二中、三中全会精神，深入贯彻落实自治区第十二次党代会和十二届六次全会的决策部署，在中共海原县委领导下，坚定地用习近平关于加强和改进人民政协工作的重要思想统揽工作全局，紧紧围绕县委十四届五次全体(扩大)会议提出的各项工作目标和任务，团结和带领广大政协委员，把提升质量贯穿履职工作全过程和各方面，着力做好思想引领、凝心聚力、建言献策、服务大局的各项工作，努力为实现经济繁荣、民族团结、环境优美、人民富裕新海原贡献智慧和力量。

一、以强化理论武装为动力，不断开创政协工作新局面

政协常委会要结合工作实际，多层次、多形式地组织和推动政协委员认真学习、深刻领会党的十九大精神和习近平新时代中国特色社会主义思想，特别是习近平总书记关于加强和改进人民政协工作重要思想，切实把思想和行动统一到十九大精神上来，把智慧和力量凝聚到落实县委提出的各项目标任务上来，真正用习近平新时代中国特色社会主义思想武装头脑、指导实践、推动工作。要以学习贯彻习近平总书记关于加强和改进人民政协工作重要思想为引领，不断推进“两学一做”学习教育常态化制度化。要进一步认真落实并不断完善学习制度体系，积极开展具有政协特色的带动式、融合式、引领式的委员学习培训活动，切实提高参政议政水平。要把学习与统战知识和人民政协重要思想、重大部署相结合，与学习新时代经济社会改革发展的最新理论知识相结合，与学习党中央治国理政新理念新思想新战略相结合，牢牢守住政治底线，不断夯实新时代团结奋斗的共同思想政治基础。

二、以打赢脱贫攻坚为中心，努力实现履行职能新作为

政协常委会要坚持在县委的领导下开展工作，制定并组织实施《2019年协商工作计划》和《2019年政协常委会工作要点》，切实就经济社会发展中的重大问题进行前瞻性调研，对县委、县政府正在推进的一些事关全局的重大事项进行广泛协商，对涉及可持续发展和增进民生福祉的工作进行补缺性调研，提出建议意见。要围绕全县如何高质量脱贫和优化营商环境政策情况，召开专题议政性常委会，创新协商方式方法，邀请有关部门负责人、部分群众代表列席旁听等形式，探索与区市政协联合开展协商资政活动，促进决策科学化。要围绕“全县土地管理法贯彻执行情况”进行专项监督、研究制定《海原县关于加强和改进人民政协民主监督工作的意见》、继续筛选2个单位开展民主评议活动、鼓励委员通过担任特邀监督员、参与检查评议活动等形式，加大民主监督力度，努力形成站位高、有深度、有效管用的监督意见，提高监督实效。要紧扣“全县农村环境综合整治、推进养老服务体系建设、学前教育管理和城乡公交运行情况”等进行专题协商，力求提出有针对性、全局性和可操作性的对策和建议。要进一步加强和改进提案工作，积极开展提案提办“互评”活动，加大对民生问题提案督办力度，真正做到“提得准”、“办得好”、见实效。

三、以构建和谐社会为目标，积极营造团结民主新环境

政协常委会要正确处理一致性和多样性关系，进一步开展“五连五促”活动，密切与民族宗教代表人士、社会各界人士等联系沟通，广泛凝聚发展共识、改革共识、法治共识、反腐败共识和价值观共识等，做到增进一致而不强求一律、尊重差异而不扩大分歧、包容多样而不弱化主导，为改革发展稳定凝聚强大力量。要加强联络交谊，加大与周边市县政协的联系交流，协助县委、政府做好宣传推介、县情通报、引资引智等工作。要发挥好文史资料存史资政、团结育人的作用，扎实做好自治区年鉴海原资料的整理工作。要进一步规范完善委员联系点活动，坚持深入了解民情，充分反映民意，架起“连心桥”，搭建“直通车”，把党委政府的决策部署“传出去”，把群众的呼声诉求“带上来”，协助县委、县政府做好释疑解惑、理顺情绪、协调关系、化解矛盾等工作，为维护安定团结的政治局面、营造加快经济社会发展的浓厚氛围作出积极贡献。要大力弘扬人文关怀精神，以庆祝人民政协成立70周年活动为契机，举办委员培训班，组织更多的政协委员积极投身脱贫攻坚主战场，以扶危济困为己任，联系群众、服务基层、多办实事，积极开展好爱心捐助、厚德慈善基金会资助等社会公益活动，为我县经济社会的和谐发展贡献政协正能量。

四、以经常性工作为基础，促进政协工作新突破

政协常委会要以经常性工作为基础，找准着力点，切实把提质增效贯穿于政协工作的全过程和各方面。要主动接受区、市政协的联系指导，上下联动，不断提高政协工作合力和整体工作水平。要健全完善制度体系。探索建立适合各专委会功能型党支部运行的党内民主、双重组织生活会的制度、党员激励等制度，修订完善部分工作制度，切实增强按章程履职的自觉性主动性。要发挥专委会的基础作用。严格按照协商计划和县政协党组会议、主席会议等安排，做好本职工作，定期向主席会议报告工作。要发挥委员的主体作用，坚持优化服务与加强管理并重，帮助委员知情明政，分期分批组织委员参加政协常委会和专题型协商议政会，引导委员做好“委员作业”，不断增强履职尽责的意识和能力，争做政协制度的参与者、实践者、推动者。要切实加强履职平台建设，逐步探索建立委员网上履职系统，开设“履职通”网络平台，积极通过网络渠道推动履职成效更好地实现。

五、以全面加强党的建设为重点，着力提高自身建设新水平

要切实发挥县政协党组把方向、管大局、保落实的作用，进一步加强政协系统党的建设。要主动接受县委领导，坚持重大问题请示报告制度，全面加强政协系统党的建设，筹备召开全县政协工作会议，推进政协工作再上新台阶。要推进党建制度落实。严格制度执行，带动全体党员委员严守党的政治纪律和政治规矩，正确处理党内民主和人民民主的关系，把握好协商议政的边界和底线，确保履职建言正确的政治方向，确保在提高质量上起到带头作用。要发挥功能性党支部的作用。组织和引导联系界别的党员委员自觉接受政协党组织教育管理和参加政协活动，加强党性锻炼。要进一步加强政协机关思想、作风和组织建设，深化各类主题教育活动。要履行全面从严治党主体责任。严格履行第一责任人责任，认真落实班子成员“一岗双责”，全面加强政协党建工作的组织领导和统筹推动，着力强化对政协党员委员和机关党员干部的教育管理，狠抓党建工作责任制落实，确保全面从严治党在政协落细、落小、落到实处。

各位委员、同志们，让我们在中共海原县委领导下，不负使命，奋发有为，善谋转型大计，广献发展良策，多建改革净言，汇聚脱贫力量，为全面建成小康海原而不懈奋斗！

大事记

1月

1日 中卫市委常委、海原县委书记徐海宁主持召开县委2018年第一次常委会(扩大)会议。

5日 海原县县长许正清主持召开县政府第24次常务会议,县委常委、副县长郭玉峰、童颢,副县长丁芳、金钟河、罗永珍、邢连平,县长助理陈阳升参加会议。县人大常委会副主任杨正福,县政协副主席米力芳应邀列席会议。

15日 中卫市委常委、海原县委书记徐海宁主持召开县委2018年第二次常委会(扩大)会议。

17—19日 县政协主席郭吉武赴深圳招商引资。

21日 自治区卫计委专家组对基本公共卫生服务项目工作进行全面绩效考核。

22日 中卫市委常委、海原县委书记徐海宁主持召开县委2018年第三次常委会(扩大)会议。

22—23日 海原县妇女第十三次代表大会召开,选举产生县妇联主席和专职、兼职、挂职副主席及执委。建立了挂职、兼职副主席管理办法。

23日 海原县县长许正清主持召开县政府第25次常务会议,县委常委、副县长韩玉江、郭玉峰,副县长丁芳、罗永珍、邢连平参加会议。县人大常委会副主任但升,县政协副主席柳璞应邀列席会议。

25日 海原县新生儿安全项目启动暨培训会召开。中国疾控中心妇幼中心儿保部副主任徐韬,自治区卫计委妇幼健康处处长张涛,县委常委、副县长郭玉峰出席了会议,自治区级专家组代表及县财政、民政、人社、妇联分管领导、各医疗卫计机构负责人、妇幼专干等110余人参加了会议。

31日 海原县开展2018年扶贫领域腐败和作风问题"3+X"专项治理工作。

2月

1日 中卫市委常委、海原县委书记徐海宁主持召开县委2018年第四次常委会(扩大)会议。

是日 海原县县长许正清主持召开县政府第26次常务会议,县委常委、副县长韩玉江、郭玉峰、童颢,副县长丁芳、金钟河、罗永珍、邢连平参加会议。县人大常委会副主任杨正福应邀列席会议。

8日　中卫市委常委、海原县委书记徐海宁主持召开县委2018年第五次常委会(扩大)会议。

是日　县政协十一届九次常委会会议在县政协会议室召开。

12日　中共海原县纪委十四届三次全体(扩大)会议召开。

13日　中卫市委常委、海原县委书记徐海宁主持召开县委2018年第六次常委会(扩大)会议。

15日　中卫市委常委、海原县委书记徐海宁主持召开县委2018年第七次常委会会议。

22日　全县领导干部“学习习近平新时代中国特色社会主义思想”培训班开班仪式在海原县委党校报告厅举行。会议由县委常委、宣传部部长田玉宝主持,全县领导干部共180余人参加。开班仪式上,县长许正清发表讲话。

25日　中卫市委常委、海原县委书记徐海宁主持召开县委2018年第八次常委会(扩大)会议。

2月26日至3月15日　县妇联以“巾帼心向党·建功新时代”为主题开展系列庆祝活动。

3月

5—8日　自治区纪委副书记殷学儒调研海原县扶贫领域腐败和作风问题专项治理工作,并于调研结束后召开扶贫领域监督执纪联席会议第一次例会。

7日　海原县县长许正清主持召开县政府第27次常务会议,县委常委、副县长韩玉江、郭玉峰,副县长金钟河、罗永珍参加会议。县人大常委会副主任但升,县政协副主席米力芳应邀参加会议。

8日　自治区教育厅副巡视员石丽文一行,在县公安局、县市场监督管理局、县消防队、县教体局负责人的陪同下,检查海原县春季开学安全工作。

12日　中卫市委常委、海原县委书记徐海宁主持召开县委2018年第九次常委会会议。

12—13日　自治区妇联家庭教育宣讲团在海原县15个乡镇59个销号村开展了21场次中共十九大精神“爱润万家·好家庭好家教好家风”宣讲活动。全县3000余名群众聆听了讲座。

13日　中卫市委常委、海原县委书记徐海宁主持召开县委2018年第十次常委会(扩大)会议。

14日　中卫市委常委、海原县委书记徐海宁一行,在县林业局、县住建局、县国环局等相关部门及单位负责人陪同下,对全县生态建设情况进行专题调研。

16日　海原县县长徐正清、副县长邢连平一行,在县林业局、县住建局、县国环局等相关单位及海城镇负责人陪同下,对县城绿化建设情况进行专题调研。

19日　中卫市委常委、海原县委书记徐海宁主持召开县委2018年第十一次常委会(扩大)会议。

20日　海原县县长许正清主持召开县政

府第28次常务会议，县委常委、副县长韩玉江、郭玉峰、童颢，副县长金钟河、罗永珍、邢连平参加会议。县政协副主席柳璞应邀参加会议。

是日 海原县人大常委会主任罗成玉主持召开第十七届人大常委会第十次会议。

23日 自治区扶贫办主任梁积裕一行7人到海源县曹洼乡南川村、老虎村，实地查看“十二五”生态移民迁出遗留情况。

26日 中卫市委常委、海原县委书记徐海宁主持召开县委2018年第十二次常委会(扩大)会议。

是日 中卫市委常委、海原县委书记徐海宁主持召开县委2018年第十三次常委会(扩大)会议。

28日 海原县召开2018年健康扶贫工作启动会。各医疗卫计单位负责人、健康扶贫工作人员共40余人参加会议。

30日 海原县县长许正清主持召开县政府第29次常务会议，县委常委、副县长郭玉峰、童颢，副县长罗永珍、邢连平、王爱强参加会议。县人大常委会副主任段成宝，县政协副主席柳璞应邀参加会议。

是日 银川南安商会考察团一行7人到海原县贾塘乡马营村调研。

4月

2日 海原县纪委监委扫黑除恶专项斗争工作领导小组成立，陈学森任组长。同日，印发《关于在扫黑除恶专项斗争中加强监督执纪的通知》。

3—5日 华润集团党委委员、纪委书记、董事单记京考察集团定点扶贫公司——海原县华润五丰有限公司。单记京带领华润集团秘书长、办公厅主任、华润慈善基金会理事长蓝屹，华润集团办公厅副主任、华润慈善基金会副理事长魏耀东，华润五丰有限公司助理总经理濮实，华润集团纪检监察部专业总监高一郎，华润集团办公厅经理、华润慈善基金会秘书长刘默涵，华润集团办公厅助理经理范乐乐在海原华润草畜一体化肉牛养殖基地实地考察草畜一体化肉牛养殖基地。

13—14日 自治区教育厅教研室主任岳维鹏带领有关专家在海原县教体局负责人的陪同下，先后深入海原一小、西安学区、海原四中等学校检查指导教学教研工作，全县各中学主管教学副校长及县教研室工作人员参加了教学教研指导工作。

16日 中卫市委常委、海原县委书记徐海宁主持召开县委2018年第十四次常委会(扩大)会议。

是日 海原县县长许正清主持召开县政府县人民政府第30次常务会议，县委常委、副县长韩玉江、郭玉峰、吴秉凯，副县长罗玉珍、邢连平，县长助理陈阳升参加会议。县人大常委会副主任杨正福，县政协副主席米立芳应邀参加会议。

20日 海原县人大常委会主任罗成玉主持召开第十七届人大常委会第十一次会议。

23日 中卫市委常委、海原县委书记徐海宁主持召开县委2018年第十五次常委会(扩大)会议。

25日 县人大常委会主任罗成玉带领人大视察组视察全县教育教学工作。县委常委、副县长韩玉江及教体部门负责人陪同视察。

26日　中卫市委常委、海原县委书记徐海宁主持召开县委2018年第十六次常委会(扩大)会议。

是日　中卫市委常委、海原县委书记徐海宁主持召开县委2018年第十七次常委会(扩大)会议。

△　农工党自治区委会主委戴秀英一行到海原督查调研脱贫攻坚工作。

27日　海原县政协主席郭吉武带领部分政协常委、委员对南华山生态水源涵养林建设提升及生态环境建设情况进行专题调研。

28日　海原县县长许正清主持召开县政府第31次常务会议，县委常委、副县长韩玉江、郭玉峰、童颢、吴秉凯，副县长罗永珍、邢连平参加会议。县人大常委会副主任杨正福，县政协副主席米立芳应邀参加会议。

是日　县人大常委会副主任但升带领人大常委会委员、部分人大代表对全县深化医药卫生体制改革工作进行专项检查，县委常委、副县长郭玉峰、卫计局主要负责人陪同检查。

4月　海原县交通警察大队、巡警大队，海兴交警大队合并组建为“海原县公安局交通巡逻警察大队”。

5月

2—3日　自治区政府副主席刘可为、自治区政府办公厅副主任范锐君、自治区扶贫办副主任刘学智、自治区交通运输厅副厅长蒋文斌、自治区政府办公厅秘书五处处长赵大勇一行到海原县调研关桥乡冯湾村硒砂瓜种植基地、贾塘乡深度贫困村双河村、后塘村肉牛养殖产业、黄坪村万亩小杂粮种植基地、海原县华润草畜一体化养殖基地、海原县闽宁纺织工业园等扶贫基地和项目。

10日　县政协十一届十次常委会会议在县政协会议室召开。

11日　海原县卫生和计划生育局举办2018年“最美十佳护士”技能竞赛评选活动，共有24个单位30名护士代表参加了技能竞赛评选。

是日　海原电视台视频新闻首次成功登顶腾讯视频新闻头条。

12日　《海原大地震》连环画丛书首发式在银川举办。

16日　中卫市委常委、海原县委书记徐海宁主持召开县委2018年第十八次常委会(扩大)会议。

是日　中卫市委常委、海原县委书记徐海宁主持召开县委2018年第十九次常委会(扩大)会议。

17日　海原县县长许正清主持召开县政府第32次常务会议，县委常委、副县长韩玉江、杨艺明、郭玉峰、童颢、吴秉凯，副县长丁芳、罗永珍参加会议。县人大常委会副主任田风梅应邀参加会议。

23日　中卫市委常委、海原县委书记徐海宁主持召开县委2018年第二十次常委会(扩大)会议。

24日　福建省漳州市漳浦县委书记戴平忠、漳浦县委常委戴文利、漳浦县副县长陈伟红等一行11人考察海原县闽宁纺织工业园、西安镇园河村扶贫车间，并慰问贫困户。

25日　海原县组织召开福建教育系统支

教队、厦门大学研究生支教队、中国科技大学研究生支教队第十九届支教教师座谈会。

27日 自治区教育厅、江苏盐城师范学院、奥鹏教育中心一行8人对海原县“国培计划”项目县的前期规划工作进行了调研并召开了座谈会。各学校、机关各股室、教师发展中心负责人及县级教研员、教师代表共60余人参加了座谈会。

28日 中卫市委常委、海原县委书记徐海宁主持召开县委2018年第二十一次常委会(扩大)会议。

31日 中卫市委常委、海原县委书记徐海宁调研全县教育体育工作,副县长丁芳及县教体、人社部门主要负责人陪同调研。

6月

3日 中卫市委常委、海原县委书记徐海宁主持召开县委2018年第二十二次常委会(扩大)会议。

5日 海原县县长许正清主持召开县政府第33次常务会议,县委常委、副县长韩玉江、童颢、吴秉凯,副县长丁芳、罗永珍、王爱强,县长助理陈阳升参加会议。县人大常委会副主任但升,县政协副主席柳璞应邀参加会议。

6日 县委正式组建县委巡察办,并召开县委巡察工作领导小组会议。

12日 自治区党委副书记、自治区政府主席咸辉到海原县调研健康扶贫工作。

是日 海原县人大常委会主任罗成玉主持召开第十七届人大常委会第十一次会议。

14日 中卫市委常委、海原县委书记徐海宁主持召开县委2018年第二十三次常委会(扩大)会议。

26日 中卫市委常委、海原县委书记徐海宁主持召开县委2018年第二十四次常委会(扩大)会议。

27日 宁夏(海原)第三届高端肉牛大赛高峰论坛在海原县委党校召开。全国畜牧推广总站总畜牧师石有龙,西北农林科技大学副校长、教授钱永华,中卫市政协主席罗成虎,中卫市委常委、副市长曾申平,海原县县长许正清等自治区、中卫市、兄弟县区的领导及专家学者出席高峰论坛,全县各部门、乡镇负责人和基层代表300余人参加高峰论坛。论坛上,县长许正清致欢迎词,县委副书记、政法委书记、党校校长汪万文主持论坛。

28日 海原县县长许正清主持召开县政府第34次常务会议,县委常委、副县长韩玉江、郭玉峰、童颢,副县长丁芳、邢连平、王爱强参加会议。县人大常委会副主任田风梅应邀参加会议。

7月

2日 中卫市委常委、海原县委书记徐海宁主持召开县委2018年第二十五次常委会(扩大)会议。

5日 自治区扶贫办副主任丁建懿一行3人到海原县检查建档立卡动态调整、反馈问题整改、2018年脱贫攻坚贫困村出列等工作进展情况。

10日 海原县县长许正清主持召开县政

府第35次常务会议，县委常委、副县长韩玉江、郭玉峰、童颢、吴秉凯，副县长丁芳、王爱强参加会议。县人大常委会副主任段成宝，县政协副主席米力芳应邀参加会议。各乡镇（街道办、管委会）、各部门（单位）负责人列席会议。

12日 自治区林业厅厅长张柏森在海原县委副书记、县长许正清，海原县林业局、南华山自然保护区负责人陪同下，专题调研海原县生态林业建设情况。

16日 中卫市委常委、海原县委书记徐海宁主持召开县委2018年第二十六次常委会（扩大）会议。

17日 海原县人大常委会主任罗成玉在县政府分管领导以及农牧、林业、水利等部门领导陪同下对农林水利工作进行检查。

26日 自治区人民医院推荐实施的“上消化道癌筛查和早诊早治技术推广应用”“低剂量CT及高分辨MRI成像对大肠病变的筛查及术前评估”两项科技惠民计划项目成功落户海原县，并召开了启动会议。自治区卫计委党组书记、自治区人民医院院长田丰年，自治区卫计委科教处处长陈勇，自治区人民医院副院长葛利军及项目组代表出席会议，海原县人民政府分管领导，海原县卫计局，自治区人民医院办公室、科教处，宁南医院、海原县人民医院负责人及培训人员150余人参加启动会开幕式，自治区人民医院副院长葛利军主持启动仪式。

31日 海原县县长许正清主持召开县政府第36次常务会议，县委常委、副县长韩玉江、童颢，副县长丁芳、邢连平、王爱强参加会议。县人大常委会副主任杨正福，县政协副主席柳璞应邀参加会议。各乡镇（街道办、管委会）、各部门（单位）负责人列席会议。

是日 海原县人大常委会主任罗成玉主持召开第十七届人大常委会第十三次会议。

△ 海原县召开“廉情诊所”监督工作机制试点工作启动会议，在西安镇试点设立各村级“廉情诊所”，把脉农村政治生态。

8月

2日 中卫市委常委、海原县委书记徐海宁主持召开县委2018年第二十七次常委会（扩大）会议。

是日 自治区扶贫办副主任刘学智一行3人到海原县检查脱贫攻坚项目库建设工作进展情况。

6日 自治区人大常委会副主任董玲一行到海原县调研贾塘乡双河村（深度贫困村）、史店乡田拐村（脱贫出列村）脱贫攻坚工作。

7日 全国学生资助管理中心副主任涂义才带领调研组就海原县生源地助学贷款情况进行调研。县委常委、副县长韩玉江及县教体部门负责人陪同调研。

9日 中卫市委常委、海原县委书记徐海宁带领四大班子督导调研海原第五中学项目进展情况。

10日 中卫市委常委、海原县委书记徐海宁主持召开县委2018年第二十八次常委会（扩大）会议。

是日 中卫市委常委、海原县委书记徐海宁主持召开县委2018年第二十九次常委会（扩大）会议。

13日 中卫市委常委、海原县委书记徐海宁主持召开县委2018年第三十次常委会(扩大)会议。

14日 海原县县长许正清主持召开县政府第37次常务会议,县委常委、副县长韩玉江、郭玉峰、童颢、吴秉凯,副县长丁芳、邢连平、王爱强参加会议。县人大常委会副主任但升应邀参加会议。各乡镇(街道办、管委会)、各部门(单位)负责人列席会议。

16日 县政协十一届十一次常委会会议在县政协会议室召开。

20日 中卫市委常委、海原县委书记徐海宁主持召开县委2018年第三十一次常委会(扩大)会议。

是日 中卫市委常委、海原县委书记徐海宁,县委常委、副县长郭玉峰一行调研全县健康扶贫工作,县人社局、县卫计局主要负责人陪同调研。

31日 中卫市委常委、海原县委书记徐海宁主持召开县委2018年第三十二次常委会(扩大)会议。

是日 为深化国家监察体制改革试点工作,18个乡镇派出监察办公室与各自乡镇纪委合署办公。

是日 国务院扶贫开发领导小组到海原督查巡查脱贫攻坚工作。审计署农业审计司副司长高宇、审计署农业审计司副处长吴璇、审计署西安特派办副处长王小军、全国工商联法律部副处长马璐瑶、审计署农业审计司主任科员杨旸、全国工商联扶贫与社会服务部副主任科员周金梅一行6人随机抽取贫困村、贫困户工作。自治区扶贫办党组成员、副主任米超,自治区扶贫办资金监督处处长武锋,中卫市委常委、副市长曾中平,中卫市扶贫办主任张冠华,中卫市委常委、海原县委书记、海兴开发区党(工)委书记徐海宁,海原县委副书记、县长许正清陪同督查。

△ 审计署党组成员、副审计长袁野一行在自治区审计厅党组书记、厅长胡仲秋的陪同下,对海原县精准脱贫进行督查,并对全县扶贫资金审计及审计队伍建设情况进行调研。

9月

5日 中卫市委常委、海原县委书记徐海宁主持召开县委2018年第三十三次常委会(扩大)会议。

是日 海原县县长许正清主持召开县政府第38次常务会议,县委常委、副县长韩玉江、郭玉峰、童颢,副县长丁芳、邢连平参加会议。县人大常委会副主任田风梅,县政协副主席米力芳,县人大代表田瑞、李金星,县政协委员马仲明、许海军应邀参加会议。各乡镇(街道办、管委会)、各部门(单位)负责人列席会议。

9日 中卫市委常委、海原县委书记徐海宁主持召开县委2018年第三十四次常委会(扩大)会议。

10日 海原县庆祝教师节暨教育工作表彰大会在县政府礼堂一楼会议室召开。县四大领导班子主要领导、分管领导,各乡(镇)党委书记及分管教育领导,县直各部门、自治区市属各单位、各群众团体主要负责人,老干部代表、党代表、人大代表、政协委员,各学校负责人及受表彰的先进集体代表和先进个人,共300余人参加了会议。

是日　全县第四次全国经济普查工作会议召开，组织学习党中央《关于深化统计管理体制改革提高统计数据真实性的意见》和《统计违纪违法责任人处分处理建议办法》，并传达自治区第四次全国经济普查领导小组组长、自治区党委常委、政府常务副主席张超超在全区第四次全国经济普查工作会议上的讲话精神；通报全县第四次全国经济普查工作进展情况，并安排部署全县第四次全国经济普查下一步工作；县委常委、常务副县长童颢出席会议并讲话。

11日　自治区验收组一行50余人到海原县教育体育局验收政务公开标准化规范化试点工作。县长许正清，县政府办负责人员、县教体局领导班子陪同验收。

12日　自治区政府研究室社会处处长张其度一行调研海原县健康扶贫工作。

19日　海原县县长许正清主持召开县政府第39次常务会议，县委常委、副县长韩玉江、郭玉峰、吴秉凯，副县长丁芳、邢连平参加会议。县人大常委会副主任但升，县政协副主席米力芳，县人大代表田应梅、王华，县政协委员刘振忠、许海军应邀参加会议。各乡镇（街道办、管委会）、各部门（单位）负责人列席会议。

25日　中卫市委常委、海原县委书记徐海宁主持召开县委2018年第三十六次常委会（扩大）会议。

29日　中卫市委常委、海原县委书记徐海宁主持召开县委2018年第三十七次常委会议。

是日　海原县人大常委会主任罗成玉主持召开第十七届人大常委会第十四次会议。

10月

10日　内蒙古自治区太仆寺旗旗长胡成东一行8人到海原县考察学习脱贫攻坚工作及“华润基础母牛银行”运行模式。

11日　海原县县长许正清主持召开县政府第40次常务会议，县委常委、副县长韩玉江、郭玉峰、吴秉凯，副县长罗永珍、邢连平参加会议。县人大常委会副主任段成宝，县人大代表苏卫明、马辉真，县政协委员武光俊、杨敏霞应邀参加会议。各乡镇（街道办、管委会）、各部门（单位）负责人列席会议。

15日　县财政局结合“不忘初心、牢记使命”主题教育，开展为民服务解难题“十个一”活动，为贾塘乡双河村九年一贯制学校的300多名学生捐赠爱心校服。

17日　中卫市委常委、海原县委书记徐海宁主持召开县委2018年第三十八次常委会（扩大）会议。

是日　海原县政府召开精准脱贫能力培训推进会，对精准脱贫工作进行安排部署。

23日　中卫市委常委、海原县委书记徐海宁主持召开县委2018年第三十九次常委会（扩大）会议。

是日　自治区文明办、自治区财政厅、自治区教育厅举办的2018年全区乡村学校少年宫项目建设推进会观摩活动走进海原县三河镇中心小学、七营第二小学。

25日　海原县县长许正清主持召开县政府第41次常务会议，县委常委、副县长韩玉江、杨艺明、郭玉峰、童颢、吴秉凯，副县长丁芳、罗永珍、邢连平，县长助理陈阳升参加会议。县人大常委会副主任杨正福，县政协副主席柳璞，自治区人大代表王华、李金星，自治区政协委员虎卫军、田兴胜应邀参加会议。各相关乡镇（街道办、管委会）、各部门（单位）负责人列席会议。

是日 海原县举办各乡镇就业服务中心主任和工作人员参加的农村贫困劳动力信息平台业务知识提升培训班。

11月

1日 厦门大学附属中山医院副院长尹震宇率第四批对口帮扶专家团一行7人到海原县人民医院开展对口帮扶工作。

5日 中卫市委常委、海原县委书记徐海宁主持召开县委2018年第四十次常委会（扩大）会议。

是日 海原县总工会召开第九次代表大会，选举产生了新一届工会委员会成员和领导班子成员。

7—11日 自治区第三方评估组一行21人到海原县开展2018年精准扶贫工作成效第三方评估调查工作，县领导丁志爱、童颢、段成宝、杨常林，县扶贫办主任穆华、调查队队长马小亮陪同。

8日 县政协十一届十二次常委会会议在县政协会议室召开。

10—11日 中共宁夏区委党校、宁夏行政学院教育长马国君带领全区市县党校行政学院办学质量督查评估组到海原县委党校检查评估，县委副书记、政法委书记、党校校长汪万文，组织、人社等部门相关领导参加评估。

13日 海原县人大常委会主任罗成玉主持召开第十七届人大常委会第十五次会议。

14日 海原县县长许正清主持召开县政府第42次常务会议，县委常委、副县长童颢、吴秉凯，副县长丁芳、罗永珍、邢连平、王爱强参加会议。县人大常委会副主任但升，县政协副主席米立芳，县人大代表田瑞、田地，县政协委员周小红、许海军应邀参加会议。各相关乡镇（街道办、管委会）、各部门（单位）负责人列席会议。

是日 北京市房山区第一医院党委书记徐学玉、副院长秦付军率第二批专家团一行5人到海原县开展对口帮扶工作。

15日 福建省漳州市卫生和计划生育委员会党组书记、主任许鹊君，人事科科长王强乔带队，协同漳州市中医院党委书记、院长、骨伤科主任医师陈鲁峰，党委副书记、内科副主任医师张维波等专家一行8人到海原县协商开展医疗卫生互学互助对口协作事宜。

22—23日 海原县妇联第十二次大会召开，选举产生了妇联主席、专兼职副主席、执委。

28日 中卫市委常委、海原县委书记徐海宁主持召开县委2018年第四十一次常委会（扩大）会议。

29日 海原县县长许正清主持召开县政府第43次常务会议，县委常委、副县长郭玉峰、童颢、吴秉凯，副县长丁芳、罗永珍、邢连平、王爱强参加会议。县人大常委会副主任段成宝，县政协副主席柳璞，县人大代表李金龙、庞明，县政协委员杨占虎、刘正忠应邀参加会议。各相关乡镇（街道办、管委会）、各部门（单位)负责人列席会议。

是日 海原县退役军人事务局挂牌成立。

12月

2日 中卫市委常委、海原县委书记徐海宁主持召开县委2018年第四十二次常委会(扩大)会议。

3日 县委办、县政府办联合转发《自治区党委办公厅 人民政府办公厅转发〈国家统计局办公室关于贯彻执行(防范和惩治统计造假、弄虚作假督查工作规定)的函〉的通知》。

5日 自治区扶贫办副主任米超带领自治区水利厅及扶贫办相关人员一行10人,到海原县督导检查脱贫攻坚工作。

9日 中卫市委常委、海原县委书记徐海宁主持召开县委2018年第四十三次常委会(扩大)会议。

13日 海原县县长许正清主持召开县政府第44次常务会议,县委常委、副县长韩玉江、童颢、吴秉凯,副县长丁芳、罗永珍、邢连平、王爱强参加会议。县人大常委会副主任杨正福,县人大代表马彦虎、王新林,县政协委员席建国、田兴胜应邀参加会议。各相关乡镇(街道办、管委会)、各部门(单位)负责人列席会议。

20日 中国发展研究基金会项目组及中国财政科学研究院课题组成员一行5人,在县教体局负责人的陪同下,先后对李旺镇小塬教学点、李旺小学、李旺中学营养改善计划实施进行调研。

24日 中卫市委常委、海原县委书记徐海宁主持召开县委2018年第四十五次常委会(扩大)会议。

是日 中卫市委常委、海原县委书记徐海宁主持召开了县委2018年第四十六次常委会(扩大)会议。

26日 自治区科协党组书记、政府主席陈红缨,自治区科协党组书记、副主席陈国顺,自治区科协机关党委专职副书记、组织部部长冉登峰,自治区科协科普部部长赵文象,宁夏科技馆馆长刘玉杰一行调研海原回中科普工作。海原县委副书记、县长许正清,县政协副主席米力芳,县科协主席田彦秀、老科协协会会长李正虎及其他工作人员陪同调研。

是日 海原县县长许正清主持召开政府县第45次常务会议,县委常委、副县长韩玉江、郭玉峰、童颢、吴秉凯,副县长丁芳、罗永珍、王爱强参加会议。县人大常委会副主任田风梅、县政协副主席米立芳,县人大代表李海东、丁德保,县政协委员李玉宝、马进福应邀参加会议。

28日 海原县人大常委会主任罗成玉主持召开第十七届人大常委会第十七次会议。

2018年 海原县委宣传部邀请中央电视台到海原县拍摄的大型纪录片《中国影像方志》专题片在台科教播出。

是年 海原县开通“海原TV”官方微信平台,每天第一时间向观众推送自办台视频和图文新闻。

组织机构和负责人

中国共产党海原县委员会

书　记　徐海宁

副书记　许正清(回族)　汪万文　隋　峰(挂职)　濮　实(挂职)

常　委　王　波　赵建云　丁志爱　韩玉江(回族,挂职)　杨艺明(挂职)　刘淑芳(女)
白　旭(回族)　田玉宝(回族)　郭玉峰(挂职)　童　颢　李彤宇

海原县人大常委会

主　任　罗成玉(回族)

副主任　但　升　田风梅(女,回族)　段成宝　杨正福(回族)

海原县人民政府

县　长　许正清(回族)

副县长　童　颢　郭玉峰(挂职)　杨艺明(挂职)　丁　芳(女,回族)
金钟河(回族)　罗永珍(回族)　邢连平　吴秉凯(挂职,4月任职)
王永军(挂职,10月任职)

县长助理　陈阳升(挂职)　廖志恒(挂职)

中国人民政治协商会议海原县委员会

主　席　郭吉武

副主席　杨常林（回族）　米力芳（女）　柳　璞

中国共产党海原县纪律检查委员会

书　记　陈学森（9月调职）　李彤宇（9月任职）

副书记　田风奇（回族）　马福俊

常　委　王国强（回族）　马　杰（回族）　杨立廷（回族）　张东雄

海原县监察委员会

主　任　陈学森（9月调职）　李彤宇（代理，9月任职）

副主任　田风奇（回族）　马福俊

委　员　王国强（回族）　马　杰（回族）　杨立廷（回族）　马　宁（回族）

海原县人民法院

院　长　王意宏

副院长　杨进生　田成国（回族）　贺小平（回族）

党组成员　张玉林　马忠义（回族）　李文珍（回族）

审判委员会专职委员　张玉林　李进华（回族）

海原县人民检察院

检察长　李彤宇（9月调职）　俞　敏（代理，女，9月任职）

副检察长 马占荣(回族) 田晓荣(回族) 王秉威
党组成员、政工科科长 李建保(回族)
党组成员、纪检组长 李应海(回族)
党组成员、反贪局局长 马 宁(回族)
党组成员、反渎职侵权局局长 罗永国(回族)
党组成员、办公室主任 马 宇(回族)
检察委员会专职委员 田风海(回族) 田 龙(回族)

中国人民解放军海原县人民武装部

部 长 赵建云
政 委 赵元学

海原县委工作部门

【办公室】
主 任 (空缺)
副主任 李小锋(回族) 田 平(回族) 顾一凡
保密局局长 李小峰(兼)
督查室主任 李小锋(兼)
机要局局长 顾一凡(兼)
档案局(馆)局(馆)长 马 廉(回族)

【组织部】
部 长 刘淑芳(女)
常务副部长 王存栋(3月任职)
副部长 田成龙(回族) 周宏财(回族) 王 成(回族)
部务委员 田彦贵(回族)
县直机关工委书记 周宏财(兼)
老干部局局长 徐 虎

【宣传部】
部　长　吴秉凯
常务副部长　石万满
副部长　刘风贵(回族)

【统战部】
部　长　白　旭(回族)
常务副部长　高　勇(回族)
副部长　王占福(回族)　王小平(回族,2月任职)

【政法委】
书　记　汪万文
常务副书记　陈富荣(回族)
副书记　田学福(回族)

【政研室】
主　任　包国成
副主任　田忠利　杨万龙(回族)

【机构编办】
主　任　石彦才(回族)
副主任　李玉孝(回族)　王彦宏(回族)

海原县委直属事业单位

【党校(行政学校)】
校　长　汪万文(兼)
常务副校长　魏克军
副校长　马占祥(回族)　李　力(回族)

海原县人大常委会工作部门

【办公室】

主　任　田　波(回族,12月调职)

副主任　常贤明(回族)

【法制工作委员会】

主　任　杨正军(回族)

【财政经济与农业和环境保护工作委员会】

主　任　马彦斌(回族)

【教育科学文化卫生工作委员会】

主　任　马彦虎(回族)

【代表联络选举与民族宗教外事侨务工作委员会】

主　任　杨林学(回族)

海原县人民政府工作部门

【办公室】

主　任　马海军(回族)

副主任　马维国(回族)　马应强(回族)　卢延春(回族,3月调职)　李　瑛(回族)

法制办主任　黎恩生(回族)

政务中心主任　赵全国(回族)

【信访局】

局　长　马应强(兼)

副局长　马彦贵(回族)

【发展与改革局】

局　长　任广业

副局长　马正祥(回族)　方成明　丁仁财(回族)　张继璐

【粮食局】

局　长　任广业(兼)

副局长　方成明(兼)

【财政局】

局　长　田晓育(回族)

副局长　单广义(回族)　柳荫祖

【农牧局(科学技术局)】

局　长　郑海明

副局长　刘一祖　高启平　虎尚琦(回族)　李永龙(回族)

【水务局】

局　长　贾治林

副局长　马应财(回族)　陈学明　田兴明(回族)

【交通运输局】

局　长　李　云(回族)

副局长　王存栋(3月调职)　田　埂(回族)　田彦虎(回族)

养路段

段　长　田　埂(兼)

副段长　冯克勇　田小武(回族,3月调职)

【住房和城乡建设局】

局　长　刘风武(回族)

副局长　李玉龙(回族)　李　静　王光明

【城市管理综合执法局】

局　长　刘风武(兼)

专职副局长　赵旭辉(3月任职)

【人防办】

主　任　刘风武(兼)

专职副主任　单进虎(回族)

【教育体育局】

局　长　马天科(回族)

副局长　刘正权　马得福(回族)　李占平(回族)　马汉学(回族)

教育督导室主任　梁文深

【民政局】

局　长　冯国虎(回族)

副局长　买玉珠(回族)　麦　荣

老龄办主任　马　骥(回族)

【社会组织党工委】

书　记　买玉珠(兼)

副书记　马月德(回族))

【安全生产监督管理局】

局　长　马守玉(回族)

副局长　冯　智　田术吉(回族)　李忠荣(回族)

【民族宗教事务管理局】

局　长　王占福(回族)

副局长　罗守义(回族)　马彦祥(回族)　马志福(回族)

【司法局】

局　长　安　云

副局长　马汉贵(回族)　杨彦虎(回族)

【公安局】

局长、党委书记　王　波

政委、党委副书记　罗廷朝

常务副局长　金　武(回族)
副局长　杨宝林　杨占奇(回族)　赵紫峰
党委委员　田玉成(回族)

【人力资源与劳动保障局】
局　长　顾世龙
副局长　田玉仓(回族)　马琳(回族)　仇建国(回族)　王红霞(女,3月任职)

【就业创业和人才服务局】
局　长　锁鹏珠
副局长　张学昌(回族)

【社会保险事业管理局】
局　长　马卫东(回族)
副局长　罗玉龚(回族)
劳动保障执法监察局局长　马晓明(回族,2月任职)

【国土资源局】
局　长　罗成礼(回族)
副局长　田建彪　李成贵(回族)　李　静

【文化旅游广电局】
局　长　李德军(回族)
副局长　胡有武　李进兴(回族)　张　荣

【审计局】
局　长　包兆武
副局长　杨平贤(回族)　李学贵(回族)　冯进寿(2月任职)

【林业局】
局　长　黄占斌
副局长　田智俊(回族)　张信平　田小武(回族,3月任职)

【扶贫办】

主　任　穆　华(回族)

副主任　束红岩　郭建巍(2月调职)　杨建军(回族,3月任职)
　　　　张静泽(回族,任至3月)

【卫生和计划生育局】

局　长　卢俊福

副局长　薛正东(回族)　田兴贵(回族)　田风总(回族)　田进生(回族)

【市场监督管理局】

局　长　单进虎

副局长　田海英(回族)　杨进林　张汉东(回族)　马玉旺(回族)

【商务和经济合作局】

局　长　李铭臣(回族)

副局长　田广龙(回族)　刘继媛(女,任至3月)　周金平(回族)

【统计局】

局　长　田进虎(回族)

副局长　李德才(回族,2月调职)　马会珍(女)

【退役军人事务局】

局　长　田　波(回族,12月任职)

副局长　马月德(回族,12月任职)

海原县人民政府直属事业单位

【地震局】

局　长　刘　刚(回族)

副局长　罗贵山(回族)　张世耀

【地方志办公室(党史研究室)】
主　任　田玉龙(回族)
副主任　张英霞(女)　段玉梅(女)

【南华山自然保护区管理处】
主　任　李　瑞(回族)
副主任　魏学理　杨文云(回族)

【机关事务服务中心】
主　任　李文平(回族)
副主任　秦　勇

海原县人民政府其他部门

【供销社】
主　任　肖东坡
副主任　杨彦林(回族)

海原县政协工作部门

【办公室】
主　任　杨文珂(回族)
副主任　闫　财

【提案与文史资料委员会】
主　任　田春宝(回族)
专职副主任　马应强(回族)

【经济法制与环境保护委员会】
主　任　马风槐(回族)
专职副主任　杨　华(回族)

【科教文卫体与民族宗教委员会】

主　任　马仲明(回族)

专职副主任　马万生(回族)

海原县群众团体

【总工会】

主　席　杨常林(回族,兼职)

常务副主席　马彩红(女)

副主席　李颖宇(女,回族)　顾　娟(女,兼职)　马治兰(女,回族,挂职)

女工委主任　李颖宇(回族,兼职)

经审会主任　张德飞

【共青团县委】

书　记　贺小军(回族)

副书记　太耀坤(2月任职)　魏世英(8月任职)

【妇女联合会】

主　席　张晓霞(女)

副主席　李文霞(女,回族)　邵淑霞(女)

【科学技术协会】

主　席　田彦秀(女,回族)

副主席　马　彪(回族)　张怀东

【工商业联合会】

会　长　田禧裕(回族)

副会长　田振国(回族)　杨守图(回族)

【残疾人联合会】

理事长　郭维廉(女)

副理事长　马志强(回族)　田贵川(回族)

【文学艺术联合会】

主　席　李存福(回族)

副主席　黄　勤　胡玉蓉(女,2月任职)

学校　医院

【海原县第一中学】

校　长　王宗龙

【海原县回民中学】

校　长　马兴旺(回族)

【海原县兴海中学】

校　长　梅金林

【海原县职业教育中心】

校　长　郭志宏

【海原县第二中学】

校　长　卢俊才(回族)

【海原县第三中学】

校　长　李彦豹

【海原县第四中学】

校　长　罗　军(回族)

【海原县第一小学】

校　长　曹　鹏

【海原县第二小学】

校　长　高学虎

【海原县第三小学】
校　长　田治锋(回族)

【海原县第四小学】
校　长　罗　毅(回族)

【海原县第五小学】
校　长　穆风虎(回族)

【海原县回民小学】
校　长　单万杰(回族)

【海原县人民医院】
院　长　黄录宁

【海原县中医医院】
院　长　马尚钰(回族)

海原县消防队、武警部队

【海原县公安消防大队】
大队长　赵东铂
教导员　冯凌波

【中卫市公安消防支队海原县中队】
中队长　韩文明
指导员　谢伟明

【中国人民武装警察部队海原县中队】
中队长　申立涛
指导员　杨小光

自治区、市属驻海原单位

【海原县国家税务局】

局　长　邓小东(回族)

副局长　夏志奎　顾学文(回族)

董新民　刘宗河

纪检组长　王志卫

【海原县气象局】

局　长　杨文宝(回族)

【海原县农调队】

队　长　马晓亮(回族)

【国家电网海原县供电公司】

经　理　马国锋(回族)

【海原县烟草专卖局(烟草公司)】

局　长(经理)　罗淑莉(女)

【中国农业银行海原县支行】

行　长　王　伟

【海原县农村信用合作联社】

理事长　张　念

主　任　穆义元(回族)

监事长　王志强(回族)

副主任　马旭生　李德忠(回族)　许海顺

纪委书记　庞　剑

【中国邮政储蓄银行海原县支行】
行　长　刘　静

【宁夏银行海原县支行】
行　长　李永刚

【石嘴山银行海原县支行】
行　长　张　鹏

【中国人寿保险公司海原分公司】
经　理　丁成果(回族)

【中国财产保险公司海原分公司】
经　理　任　佳

【海原县盐业管理局】
局　长　杨风义(回族)

【海原县邮政公司】
经　理　冶　华

【中卫住房公积金管理中心海原分中心】
主　任　包兆文

【中国电信海原分公司】
经　理　严海军

【中国移动海原分公司】
经　理　贾　辉

【中国联通公司海原分公司】
经　理　訾少强

【宁夏广电网络公司海原分公司】
经　理　马云清(回族)

【中国石油中卫销售公司海原片区】
经　理　徐建军

【海原新华书店】
经　理　邓永清

乡镇、街道、开发区

【海城镇】
党委书记　李成文(回族)
副书记、镇长　杨卫国
人大主席　田　瑞(回族)
副书记　郝新城(2月调职)
纪委书记　夏学鹏
副镇部长　李增明(回族)　任艳秀　罗宗荣(回族)
人武部长　杨有贵(回族)
组织委员　马正伟(回族)

【西安镇】
党委书记　李　创
副书记、镇长　洪兴志(回族)
人大主席　李海军(回族,2月任职)
副书记　杨志福(回族)
纪委书记　罗尚东(回族,2月调职)　苟　明(2月任职)
副乡长　胡丁香(女)　马永远(回族)　马建福(回族)
人武部部长　魏克明
组织委员　王　刚

【李旺镇】
党委书记 马建荣(回族)
副书记、镇长 李成虎(回族)
人大主席 庞 明(2月调职) 李德才(回族,2月任职)
副书记 陈锐军(回族) 马维虎(回族)
纪委书记 妥成君(回族)
副镇长 张占生(回族) 杨建强(回族) 马俊义(回族) 王 芳(女,回族,2月任职)
人武部部长 田海平(回族)
组织委员 李文福(回族)

【七营镇】
党委书记 马光智(回族)
副书记、镇长 王学勤
人大主席 杨 林(回族)
副书记 宋海山
纪委书记 黄登明
副镇长 祁国福 李金龙(回族) 郭维芳(女)
人武部部长 卢建宏
组织委员 秦卫民

【三河镇】
党委书记 宋志鹏(回族)
副书记、镇长 白向平
人大主席 田志鹏(回族)
副书记 刘 顺
纪委书记 马阳青(回族)
副镇长 蔺永平 闫青英(女) 李学虎(回族)
人武部部长 田治贵(回族)
组织委员 孙晓红(女)

【树台乡】
党委书记 麻德明(回族)
副书记、乡长 曹 昀

人大主席 余卫东
副书记 吴忠民
纪委书记 顾彦杰(回族)
副乡长 杨 立 马治琪(回族)
人武部部长 肖进明
组织委员 李 兰(女,回族)

【关庄乡】
党委书记 张信繁
副书记、乡长 刘晓强
人大主席 张汉旭
副书记 黄 富
纪委书记 王建勋
副乡长 郭军红 吴春江
人武部部长 李 军
组织委员 石洪国

【红羊乡】
党委书记 段富强
副书记、乡长 马海燕(女,回族)
人大主席 丁 毓
副书记 李广强(回族)
纪委书记 杨彦福(回族)
副乡长 马全德(回族) 田向福(回族,2月调职) 马忠玉(回族) 尹雪峰(2月任职)
人武部部长 马小军(回族)
组织委员 黄晓萍(女)

【李俊乡】
党委书记 冯 帆(女)
副书记、乡长 田应鹏(回族)
人大主席 马小虎(回族)
副书记 马运选(回族)
纪委书记 马进虎(回族)

副乡长 李进军(回族) 马晓英(女,回族)
人武部部长 魏月峰
组织委员 杨国瑞(回族)

【九彩乡】
党委书记 李进渊(回族)
副书记、乡长 陈冬子(回族)
人大主席 杨占海(回族)
副书记 马学虎(回族)
纪委书记 马忠贵(回族)
副乡长 罗建忠(回族) 罗 贵(回族)
人武部部长 沙学海(回族)
组织委员 马 青(回族)

【高崖乡】
党委书记 张广平(8月调职) 王耀玺(8月任职)
副书记、乡长 罗发强(回族,2月调职) 田 璟(回族,2月任职)
人大主席 姚治军
副书记 李海军(回族,2月调职) 马月芳(女,回族,2月任职)
纪委书记 马月芳(兼)
副乡长 马晓莉(女,回族) 张黎明(回族)
人武部部长 杨忠栋(回族)
组织委员 丁良栋(回族)

【关桥乡】
党委书记 丁生国(回族)
副书记、乡长 郭建巍(2月任职)
人大主席 刘进元
副书记 李海军(回族,2月调职)
纪委书记 董治耀
副乡长 李正庭(回族) 朱德勇 马小明(回族)
人武部部长 王有虎(回族)
组织委员 田 龙(回族)

【史店乡】
党委书记 杨生礼(回族)
副书记、乡长 祁国福
人大主席 李金星(女,回族)
副书记 刘振利(回族,2月调职) 马进中(回族,2月任职)
纪委书记 白云海
副乡长 田 璟(回族,2月调职) 张占虎(回族) 杨爱军(回族,2月任职)
人武部部长 朱杰臣
组织委员 马瑞智(女,回族)

【贾塘乡】
党委书记 金朝晖
副书记、乡长 杨永和(回族)
人大主席 田 地(女,回族)
副书记 李 强
纪委书记 李永彬
副乡长 杨 辉(回族) 蒲生荣(回族) 赵建华
人武部部长 杨如海(回族)
组织委员 李 明(回族)

【郑旗乡】
党委书记 罗发强(回族)
副书记、乡长 罗永平(回族)
人大主席 李金龙(回族)
副书记 曹国材
副乡长 田智坤(回族) 金 强 卢泽萍(女)
人武部部长 周 鹏(回族)
组织委员 马彦龙(回族)

【曹洼乡】
党委书记 周玉宁(回族)
副书记、乡长 郝新城(2月任职)
人大主席 罗尚东(回族,2月任职)

副书记　马德友(回族)

纪委书记　罗成虎(回族)

副乡长　陈　伟　王春梅(女,回族)

人武部部长　罗彦平(回族)

组织委员　周　玲(女,回族)

【甘城乡】

党委书记　张成静

副书记、乡长　李忠国(回族)

人大主席　刘康林

副书记　糟文华(回族)

纪委书记　兰生明(回族)

副乡长　马志忠(回族)　马治锋(回族)

人武部部长　李　波

组织委员　田兴国(回族)

【甘盐池开发区】

党工委书记、场长　任进文

党工委委员、社会事务科科长　贺　鹏(回族)

党工委委员、党政办主任　李凯华(回族)

计划财务科科长　贺　鹏(兼)

综合治理科科长　　俊(回族)

【海城街道】

党委书记　田风明(回族)

副书记、主任　杨　鑫(回族,1月任职)

副书记、纪委书记　马进海(回族)

副主任　田文宝(回族,3月任职)　肖希清　马宝虎(回族)　田海梅(女,回族)

【海兴开发区】

党工委书记　徐海宁

副书记、主任　张振红

党工委委员、副主任　雍　军　周宝昱　李存斌(回族)　糟会杰(回族)

海原综览

海原概貌

【地理位置】 海原县地处宁夏回族自治区南部山区之六盘山西北麓，位于北纬36°06′～37°04′，东经105°09′～106°10′。东连吴忠市同心县、固原市原州区，南毗固原市西吉县、甘肃省会宁县，西邻甘肃省白银市平川区，北靠中卫市沙坡头区。东西最大距离约108公里，南北最大距离约90公里。县人民政府驻地海城镇，北距中卫市157公里，东北距银川280公里。

【历史沿革】 海原历史悠久，早在新石器时代，先民就在此繁衍生息，创造了辉煌的"菜园文明"。春秋时期，县境为戎人牧区。战国时期，为义渠国属地。秦属北地郡。西汉元鼎三年（公元前114年），属安定郡安定属国。魏晋时先后受屠各、鲜卑等少数民族控制。十六国时，先后被前赵、后赵、前秦、后秦等割据。北魏太延二年（436年）属高平镇，正光五年（524年）属原州。隋大业元年（605年）在海原县境东部置他楼县，隶属平凉郡，为海原最早的县级建制。唐武德元年（618年），他楼县隶属原州；贞观六年（632年），唐在他楼县置缘州，领突厥降户；神龙元年（705年），唐废他楼县，以其地置萧关县（县治白草军城），属原州；广德元年（763年）陷于吐蕃。大中三年（849年）唐收复萧关；大中五年（851年），以萧关置武州，领萧关县，属关内采访使；中和四年（884年），武州侨治于潘原，萧关县废。五代时，长期受吐蕃、党项控制。北宋、西夏并列时期，今海原县称天都，长期受西夏控制。西夏在天都设南牟会（亦名瑀摩会）。北宋元符元年（1098年），宋夺取天都，次年筑南牟会新城，建西安州，属泾原路；大观二年（1108年），置怀德军于平夏城，县境东部属之；靖康元年（1126年），北宋灭亡，西夏复夺西安州。金天会八年（1130年），金占领西安州，隶渭州路（治今甘肃平凉）；天眷元年（1138年），金将西安州割隶南宋；天眷三年（1140年），西安州又被金占领，仍隶渭州路；皇统二年（1142年），改隶临洮府路；皇统六年（1146年），金以西安州等地赐西夏。南宋宝庆三年（1227年），蒙古占领西安州，属中兴府。蒙古中统二年（1261年），属西夏中兴等路行省（今银川市）；元初，海原县境东部沿袭金制，属镇戎州；至元七年（1270年），属陕西行省巩昌府路镇原州（今甘肃镇原）；至元十年（1273年），归开成府路开成县管辖。明初，海原属陕西布政司平凉府管辖，被分赐给楚、沐、韩、肃四藩王为牧场。洪武二十三年(1390年)置海喇都营。成化五年(1469年)置西安州守御千户所,成化十二年(1476年)置镇戎守御千户所,均属固原卫管辖。清初,海原县境归平凉府盐茶厅同知代管。乾隆十四年(1749年)盐茶厅同知由固原移驻海喇都(海喇都城简称海城)。同治十三年(1874年)裁厅设县,名海城,属固原直隶州。1914年,海城县因与奉天省海城县同名,被更名为海原县,隶属甘肃省平凉专区。1949年8月11日,海原解放,属甘肃定西地区。1950年6月,复归平凉专区辖。1953年12月,改属甘肃西海固回族自治州。1958年,划归宁夏回族自治区固原地区。2004年6月,海原划归新成立的中卫市管辖。

【行政区划】 2018年年底,全县行政区划总面积为6427.2平方公里。海原县下辖海城、西安、李旺、七营、三河5个镇,树台、关庄、红羊、李俊、九彩、高崖、关桥、史店、贾塘、郑旗、曹洼、甘城12个乡,甘盐池、老城区2个管委会及南华山自然保护区管理处,有村委会168个、居委会8个。

【人口发展】 2018年,全县户籍人口134709户453309人。其中:城镇户籍人口84357人,乡村户籍人口368952人。年末全县常住人口102512户403898人。其中:城镇常住人口123176人,乡村常住人口280722人,城镇人口比重为30.50%。全年出生人口0.75万人,出生率为18.59‰,死亡人口0.19万人,死亡率为4.81‰,自然增长率为13.78‰。

【文化遗存】 海原是陇山文化的重要发祥地之一,历史文化底蕴厚重,积淀了灿烂的历史文化,并形成了具有鲜明特征的新石器时期菜园文化、丝绸之路文化、边塞文化、地震文化和红色文化等多元的地域文化。其中,新石器文化遗存主要有菜园文化遗存、水冲寺遗址、柴梁遗址等。丝绸之路文化遗存有唐代石门关、石峡关和萧关县址,以及天都山、金佛沟、元龙山、龙山凤岭、玉泉山石窟等。西夏时期的遗存主要有西安州古城址、萧关古城址、天都寨址、临羌寨址、荡羌寨址、通峡寨址、九羊寨址、胜羌寨址、绥戎寨址、定戎寨址等。元时期的文化遗存有蒙古堡庙、脱烈堡等。边塞文化遗存有明代边墙、干盐池城、红古城等。1920年海原大地震遗存主要有哨马营震柳、李俊海子、唐家坡田埂错断、小山地堑等。红色革命遗址主要有关桥堡会议遗址、贺家堡红二方面军总指挥部临时驻地遗址、祁家堡子西方野战红一军团临时指挥部等。

自然环境

【地形地貌】 海原县地处黄土高原西北部,大部为陇中山地与黄土丘陵区,群山连绵,沟壑纵横,地形破碎。地势由南西向北东倾斜,东部清水河河谷平原较平坦而开阔。县境山峰主要有南华山、西华山、月亮山、庙山、瓜瓜山、凤凰山等。境内最高峰为南部的南华山主峰马万山,海拔2955米,为六盘山脉第一高峰;最低点为东北部高崖乡红古村,海拔1330米。

【气候特点】 海原气候属典型中温带大陆性季风气候,春暖迟、夏热短、秋凉早、冬寒长,气候特征明显,光能丰富;温度沿等高线分布,春季气温回升较快;降水量少且受地形影响,雨季集中,南北干湿不均;十年九旱,风大沙多;风向多为东南风,西、西北风次之,最少为东北风。2018年，全县平均气温为8.0℃，年总降水量为493.3毫米，年日照时数为2342.5小时。与历年平均值相比，气温偏高0.3℃，降水偏多134.3毫米，日照偏少360.1小时；年一日最大降水量为45.7毫米，出现在8月21日；年极端最高气温为31.5℃，出现在7月17日，比历史最高值偏低4.1℃；年极端最低气温为-20.2℃，出现在1月29日，比历史最低值偏高5.6℃。2018年度2月、3月、9月、10月降水偏少，其余各月均偏多；3月、4月、5月、6月、8月气温偏高，11月持平，其余各月均偏低；2月、3月、5月、10月日照偏多，其余各月均偏少。年内出现7次大风天气、5次扬沙天气、2次浮尘天气。

【水　文】 海原县境地表水系主要有清水河、祖厉河两大水系，其中清水河流域面积6291平方公里，占全县总面积的97.88%。主要河道有清水河、祖厉河、西河、中河、苋麻河、石景河等。河流多为间歇河，水量小，且季节变化大。地下水主要分布在南华山和西华山山前洪积扇区，水量较丰沛，埋藏浅且水质好。

【自然资源】 海原县地处宁夏中部干旱带，土地资源丰富，生产潜力大，且有分区发展农业、林业、牧业的有利条件。矿产储量少，但种类较多，主要有煤、油页岩、铜、金、铁、铅、石膏、耐火黏土、水泥用黏土、大理岩、花岗闪长岩、白云岩、硅石、沙砾石、硫铁矿、盐硝、磷、砖瓦黏土18种。全县野生植物99科415属744种。其中，木本植物27科48属124种，草本植物72科367属612种，藓菌类植物8种。野生动物主要有脊椎动物5类163种，包括鱼类6种、两栖类3种、爬行类9种、鸟类107种、哺乳类38种，节肢、软体、环节动物5种，昆虫有548种。

县域经济

【概　况】 2018年，全县地区生产总值同比增长7%左右，全社会固定资产投资同比增长8.5%左右，社会消费品零售总额同比增长7.5%左右，规模以上工业增加值同比增长5%左右，地方一般公共预算收入同口径增长7%左右，城镇常住居民人均可支配收入同比增长8%左右，农村常住居民人均可支配收入同比增长10%左右。地方财政一般公共预算收入完成2.42亿元，增长9.8%，完成年初预算的100.8%，其中税收收入完成1.32亿元，下降18%；非税收入完成1.1亿元，增长85.1%。县财政一般公共预算支出完成58.73亿元，增长13.1%，为变动预算的98.5%。政府性基金收入完成2.74亿元，增长3.8倍，为年初预算的4.5倍。政府性基金支出完成4.4亿元，增长2.58倍，完成变动预算的96.3%。全县民生类资金投入占财政总支出的75.8%。

【农业与农村经济】 2018年，全县实现农林牧渔业总产值26.84亿元，同比增长4.3%。其中，农业产值17.34亿元，同比增长4.6%；林业产值0.47亿元，同比增长40.2%；牧业产值8.11亿元，同比增长2.3%；渔业产值3.6万元，同比下降96.0%；农林牧渔服务业产值0.91亿元，同比增长3.2%。实现农林牧渔业增加值12.70亿元，同比增长4.3%。全年全县粮食作物播种面积124.05万亩，同比增长1.7%；粮食总产量25.51万吨，同比增长16.0%。其中，小麦播种面积12.90万亩，同比增长2.4%；小麦总产量1.69万吨，同比增长12.7%。玉米播种面积35.10万亩，同比下降0.9%；玉米总产量12.64万吨，同比增长23.1%。薯类播种面积41.00万亩，同比下降1.2%；薯类总产量38.00万吨，同比增长7.6%。全年全县油料播种面积8.76万亩，同比增长1.5%；油料总产量1.34万吨，同比增长6.2%。全县中草药材播种面积5.41万亩，同比增长13.9%；中草药材总产量0.56万吨，同比增长26.9%。全年全县瓜果类播种面积5.5万亩，同比增长6.9%；瓜果类总产量7.24万吨，同比增长5.5%。全年全县蔬菜及食用菌播种面积6.74万亩，同比增长6.3%；蔬菜及食用菌总产量8.54万吨，同比增长6%。年末全县牛存栏7.08万头，羊存栏43.77万只，家禽存栏25.87万羽。

【工业经济】 2018年，全县共有规模以上工业企业5家，全年工业增加值同比下降22.0%。全年全县规模以上工业实现业务收入13.55亿元，其中主营业务收入13.50亿元。实现利税总额2.04亿元。全县规模以下工业实现增加值实现1.05亿元，同比下降1.0%。

【基础设施建设】 2018年，海原县紧盯路水房等突出短板，整合项目资金，整村推进实施，建成农村公路127公里，窄路加宽65公里，新修生产道路125公里；建成农村供水点34处，完成自来水补入3740户，西海固脱贫饮水甘城支线全面通水，农村自来水普及率提高到88%；完成农村危房改造4000户，80%的存量危房完成改造后销号。县城棚改稳步推进，完成棚改任务2500套，建成东城、向阳、西湖二期安置小区，新修了一批市政道路、运动广场、休闲公园，改造提升了一批供热、排水、绿化、公共服务等基础设施，县城综合服务功能进一步提升。加快城乡基础设施互联互通，海同高速建成通车，G341、S204干线公路改造升级基本完成，全县道路等级和路网结构全面提升。建成农村4G网络基站1047个，网络光纤与宽带实现全覆盖。

【招商引资】 2018年，海原县修改完善招商引资优惠政策，实行领导招商、以商招商、县区一体招商，汇联光伏发电、振发光伏发电、联富汽车商贸物流园等一批投资过亿元的大项目签约落地并开工建设，新希望万头牛场项目已经签约。全年共实施招商项目29个，完成到位资金24.97亿元。

社会事业

【社会保障】 2018年，全县参加城乡居民养老保险人数16.28万人，城乡居民参保率达到99%。城镇职工基本养老保险参保人数3.15万人，同比增长51%。离退休人员1.24万人，同比增长34%。年末全县参加基本医疗保险人数39.76万人，同比下降0.4%（移民搬迁导致人数减少）；参加城镇职工医疗保险人数1.65万人，同比增长13.0%；参加城乡居民统筹医疗保险人数38.11万人，同比降低0.9%。参加生育保险人数1.11万人，同比增长15.6%；参加工伤保险人数1.13万人，同比增长6.6%。

【教育事业】 2018—2019学年，全县共有学校326所。其中：小学278所（县城小学9所、乡镇中心小学12所、村级小学116所、教学点141个）；中学22所（高级中学2所、完全中学1所、初级中学12所、九年一贯制学校7所）；职业技术学校1所；特殊教育学校1所；幼儿园

24所(公办幼儿园16所、民办幼儿园4所、公建民营幼儿园4所)。全县共有教学班2315个,其中小学阶段1302个(特教学校5个)、初中395个、学前幼儿447个(其中幼儿园126个)、普通高中129个、职业高中42个。全县有义务教育阶段大班额5个。全县有教职工4738人(在编4520人,特岗218人),女教职工2419人,专任教师4722人。按学校类别分,幼儿园81人、小学2547人、初中1379人、高中学校493人、特殊教育学校13人、职中112人、局机关培训中心等113人。全县共有在校学生86391人,其中女生42087人(占48.8%)、少数民族72633人(占84.1%)。小学阶段在校学生40038人(特教学校61人),其中女生19445人(特教学校23人)、少数民族34578人(特教学校47人)。初中阶段在校学生19795人,其中女生9688人、少数民族16780人。普通高中在校学生7472人(不含高三836人补习生),其中女生4009人、少数民族5697人。中等职业在校生2630人(全日制1877人、非全日制753人),其中女生1202人、少数民族2046人。学前幼儿学生16456人(小学学前班11641人、在园幼儿4815人),其中女生7743人、少数民族13532人。全县有寄宿制学校33所(小学9所、九年一贯制7所、初级中学12所、高级中学2所、完全中学1所、职业技术学校1所、特殊教育学校1所),住校生27570人(小学3337人、初中16052人、高中8181人)。全县4～6周岁幼儿20192人,入学16456人,入学率81.5%;7～12周岁适龄儿童47485人,缓免入学1人,入学47484人,小学适龄儿童入学率100%;13～15周岁初中适龄人口22043人,入学21630人,初中适龄少年入学率98.1%;16～18周岁高中适龄人口21008人,辖区高中阶段在校学生19182人,高中阶段入学率为91.3%。

【卫生事业】 2018年,全县共有各级各类卫生计生机构315家,其中自治区级医疗机构分支机构1家(宁南医院),县级卫生计生机构5家,乡镇卫生院19家,社区卫生服务站2家,村卫生室268家,民营医院4家,个体诊所16家;共设置病床1388张,每千人拥有病床2.98张;县、乡两级卫生计生机构共核定事业编制1092个,有医护人员1543人,其中:在编人员1008人,聘用人员535人,每千人口拥有医护人员3.3人;全县有在册执业(助理)医师总数577人,每千人口拥有执业(助理)医师1.24人,在册护士495人,每千人口拥有注册护士1.05人;共有村医296人,其中大专学历村医290人,占比97.97%。5岁以下儿童死亡率为12.27‰,婴儿死亡率8.30‰,产妇住院分娩比例为99.98%。

【文化建设】 2018年,实施文化惠民工程,举办大型演出32场次,送戏下乡100场次,放映电影2400余场次,创作编排《花香新时代》等剧目22个,150个村综合文化服务中心配备了专管员。投入资金450余万元,为全县16个乡镇文化站、150个村综合文化服务中心、部分文化大院采购文化和图书设备器材。完成海原县文工团转企改制、图书馆文化馆总分馆制改革2个示范点建设、电视台改革创新等改革任务,全县18个乡镇文化站“公建民营公助”模式推广工作全部完成。组织开展送图书“七进”活动。为海原县委、县政府、海原三中、三河镇六窑村、史店乡大川和前川村小学、高崖乡九年一贯制小学、海喇都广场群众,分8次送去图书5998册。为全县18个乡镇文化站、

158家村级文化服务中心、8个社区、16个流动图书室总配发图书88200册。全面推进公共文化服务场所免费开发工作,县文化馆、县图书馆、乡镇文化站、村文化服务中心全部免费开放。

【脱贫攻坚】 2018年,落实“六个精准”“五个一批”要求,严格执行“两不愁三保障”脱贫标准,20个贫困村脱贫出列,10个深度贫困村稳定退出,减贫5044户20350人,贫困面下降到5.57%。实施产业扶贫,累计向7529户贫困户赊销基础母牛23465头,建成万亩脱毒种薯繁育基地2个,马铃薯种植面积稳定在60万亩以上,枸杞、中药材种植面积稳定在8万亩,硒砂瓜种植面积稳定在5.5万亩,建成小杂粮示范带3个、千亩示范区6个。实施就业扶贫,建成西安园河、李旺新源等扶贫车间10个,培训建档立卡贫困户10982人,转移就业8.9万人,创收13.6亿元,累计安置建档立卡贫困户公益性岗位1009人、护林员980人。实施易地扶贫搬迁,安置建档立卡贫困户739户3097人。实施教育扶贫,新建和改扩建农村幼儿园31所,建立学前教育到高等教育全覆盖的贫困学生资助体系,实现义务教育阶段零失学。实施健康扶贫,健康扶贫对象家庭医生签约服务全覆盖,个人当年住院自付费用报销比例达到92.3%,金额控制在5000元以内。实施社保兜底扶贫,符合条件的建档立卡贫困户全部被纳入低保范围。实施金融扶贫,扶贫小额贷款存量余额11.97亿元,获贷覆盖面达到93.4%。深化闽宁对口扶贫协作,建立县乡村三级结对帮扶机制,落实帮扶资金4026万元,建成闽宁产业园、菌菇园和6个示范村。强化企业定点帮扶,不断完善华润集团帮扶体系,建设高端肉牛精深加工项目,基本建成海原华润希望小镇,自治区22家企业定点帮扶24个深度贫困村,“一村一策”帮扶计划稳步推进。

中国共产党海原县委员会

综　述

【概　况】 2018年，海原县委坚持把党的政治建设摆在首位，坚定不移地用习近平新时代中国特色社会主义思想和中共十九大精神武装头脑、指导实践、推动工作，教育引导全县各级党组织和党员干部树牢“四个意识”，坚定“四个自信”，站稳政治立场，坚决维护习近平总书记党中央的核心、全党的核心地位，坚决维护党中央权威和集中统一领导，始终在思想上政治上行动上同以习近平同志为核心的党中央保持高度一致，坚决推动党中央和自治区党委、自治区政府，中卫市委、政府决策部署在海原落地生根。

【理论武装】 2018年，海原县委先后举办县委理论学习中心组专题学习17次、理论大讲堂6次、专题学习班9期，中共十九大代表和领导干部下基层宣讲210场次，进一步深化了全县党员干部对习近平新时代中国特色社会主义思想的政治认同、思想认同和情感认同，自觉坚定地做习近平新时代中国特色社会主义思想的学习者、信仰者、践行者。特别是从2018年年初开始，县委常委会按照自治区党委、市委安排部署，围绕习近平总书记视察宁夏时的重要指示精神、习近平总书记关于民族宗教工作的重要论述、习近平总书记关于扶贫工作重要论述，分层分批举办专题培训班，正本清源、校准纠偏，统一了思想认识，增强了行动自觉，确保全县各项事业沿着正确政治方向奋勇前进。

【党的领导】 2018年，海原县委认真学习贯彻《中共中央政治局关于加强和维护党中央集中统一领导的若干规定》，严格执行《关于新形势下党内政治生活若干准则》，认真落实民主集中制等各项制度，坚决维护党中央一锤定音、定于一尊的权威。加强党对各项工作的领导，调整加强了县委党的建设、党风廉政建设、意识形态、统一战线、脱贫攻坚、深化改革、依法治县、扫黑除恶、巡察等工作领导小组，成立了县委实施乡村振兴战略、落实自治区“三大战略”等议事协调机构，分别召开会议，贯彻中央和自治区党委、市委部署，全面推动工作落实。县委常委会充分发挥总揽全局、协调各方作用，全年召开县委常委会会议46次，研究审定各类议题297项。严格落实《县委“三重一大”事项集体决策实施细则》，专题听取县人大常委会、县政府、县政协、县法院及县检察院党组工作汇报，确保党的领导落实到全县工作各领域各方面。

【贯彻落实上级党委决策部署】 2018年，海原县先后研究制定了实施“三大攻坚战”“三大战略”和乡村振兴战略、脱贫攻坚三年行动计划等一系列管长远、管全局的工作方案，细化配套措施，强化督查检查，确保党中央和自治区、中卫市决策部署不折不扣落实到位。严格落实中央巡视组反馈问题整改责任，制定“1+8”整改方案，细化317条整改措施，逐项明确整改责任和时限，从严从实开展整改，中央巡视组点名的2个问题已经完成整改，转交的64个群众反映强烈的突出问题全部办结，梳理制定的317条整改措施一一落实。自觉接受环保督察，中央环保督察组“回头看”期间交办的20件群众投诉件全部办结。

【脱贫攻坚】 2018年，海原县脱贫出列20个贫困村、稳定退出10个深度贫困村，减贫5044户20350人，贫困面由年初的11%下降到5.57%，预计农村居民人均可支配收入由7658元增长到8462元，收入增幅高于自治区、中卫市平均水平。

【贯彻精准扶贫方略】 2018年，海原县委先后召开25次常委会会议、11次脱贫攻坚领导小组会，举办7期脱贫攻坚专题培训班，组织全县干部认真研读《习近平扶贫论述摘编》和习近平总书记系列重要讲话、重要指示精神，统一思想认识，指导工作实践，增强攻坚动力。严格执行党中央确立的脱贫攻坚“两个确保”“两不愁三保障”目标标准，不降低标准、影响质量，不调高标准、吊高胃口，从严落实“六个精准”要求，精准识别动态调整贫困人口。因地制宜实施“五个一批工程”，严把脱贫攻坚进度安排，严格脱贫退出程序和质量，一个节点一个节点稳步往前推进。扎实开展脱贫攻坚政策纠偏、方法纠偏，对2016年以来所有文件资料、宣传资料、会议记录等进行清理修正，确保与党中央和自治区、中卫市要求保持高度一致。

【落实扶贫政策】 2018年，海原县委全面落实自治区脱贫富民36项政策举措，整合投入10.3亿元涉农扶贫资金，编制实施116个脱贫攻坚项目，统筹推进16项脱贫攻坚行动计划，因村因户因人因产业施策。以培育稳定可持续扶贫产业为重点，配套落实68项扶持政策，培育扶贫龙头企业12家、专业合作社110家，建立“龙头企业+合作社+基地+农户”联农带农机制，向7529户建档立卡贫困户赊销华润基础母牛23465头，优先落实特色产业到户项目、提供技术服务，确保贫困户发展产业稳定增收。突出“四大离土品牌”，培训建档立卡贫困对象10982人，转移就业8.9万人，创收13.63亿元，贫困群众工资性收入持续稳定增长。整合项目资金，整村推进实施，建成农村公路127公里，窄路加宽65公里，新修生产道路125公里。建成农村供水点34座，完成自来水补入3740户，西海固脱贫饮水甘城支线全面通水，农村自来水普及率提高到88%。完成农村危房改造4000户，80%的存量危房完成改造后销号。大力实施教育扶贫工程，新建、改扩建、增设农村幼儿园30所，义务教育阶段零失学，学前教育到高等教育全程资助。大力实施健康扶贫工程，建档立卡贫困人口全部参加基本医疗保险，健康扶贫户家庭医生签约服务100%，个人当年住院费用控制在5000元以内。大力实施金融扶贫工程，累计发放扶贫小额贷款11.97亿元，金融扶贫覆盖面达到93.4%，建档立卡贫困对象户均贷款4.33万元。大力实施生态扶贫工程,累计招录980名建档立卡贫困对象为护林员。扎实推进易地扶贫搬迁,建成移民安置房655套,回购商品房103套,完成易地扶贫搬迁739户3097人。

【脱贫攻坚责任】 2018年年初,海原县委召开全县脱贫攻坚工作会议,定期召开领导小组会议、专题会议、推进会议、评促会议,高频次、严要求推进脱贫攻坚工作。33名县级领导包抓18个乡镇(管委会)、自治区市县121个部门帮扶136个贫困村、5654名干部每人帮扶4~5户建档立卡贫困户。全面加强闽宁对口扶贫协作,建立县乡村三级结对帮扶机制,落实4026万元闽宁帮扶资金,建设闽宁纺织园、菌菇产业园和6个闽宁示范村,产业、劳务、人才、招商引资等各方面交流协作向广度和深度拓展。持续深化华润集团定点帮扶,逐步建立以“华润基础母牛银行”为龙头的高端肉牛产业六大体系,开工建设华润二期20万千瓦风电项目,建成关桥华润希望小镇,华润集团四项帮扶措施全面落实。积极争取自治区22家企业定点帮扶24个深度贫困村。

【经济发展】 2018年,海原县委牢固树立新发展理念,加强对经济形势的分析研判,沉着应对经济下行压力,坚定不移实施创新驱动战略,积极稳妥调结构、转方式、稳增长,主要经济指标平稳回升,全县经济运行总体平稳、趋势向好。全年预计完成地区生产总值54.73亿元,一般公共预算同比增长9%,保持了平稳健康发展态势。

【优势特色产业】 2018年,海原县委突出种草养畜主导产业,坚持以草定畜、以草促畜,新增优质紫花苜蓿2万亩,实行机械收割、打包配送,饲草商品化率达到12%。加快推广“华润基础母牛银行”模式,全县肉牛饲养量达到25万头,高端肉牛存栏量达到7万头,带动建成10个养殖示范村、800户养殖示范户。建成高端肉牛研究院,启动建设华润高端肉牛精深加工项目。大力实施马铃薯产业提质增效计划,优良种薯覆盖率达到75%,种植面积稳定在60万亩以上。突出区域优势特色,在旱作区建成小杂粮示范带3个、千亩示范区6个,示范应用新品种、新技术、新业态、新模式,小杂粮亩均增产25%以上。在扬黄灌区和库井灌区推行高效节水灌溉与标准化栽培技术,枸杞面积稳定在6.4万亩。发展富硒功能农业,建设富硒硒砂瓜标准化示范基地1万亩,硒砂瓜面积达到5.5万亩。

【经济基础】 2018年,海原县委持续强化打基础、利长远的工作,新修水平梯田7万亩,新增高效节水灌溉1万亩,农业生产条件不断改善。争取科技扶贫“东西部合作”项目,邀请自治区44名专家教授、65名科技特派员,建立50人的高端肉牛产业研发团队,全方位开展产业指导、技术培训与推广,加快传统种养模式更新换代。出台落实新型经营主体扶持政策,建成农民专业合作社17家、家庭农场54家,带动产业扩规增效。完善社会化服务体系,培育11家社会化综合服务站,全面开展“代耕、代种、代管、代收、代加、代销”六代服务,全县农业机械化率达到49%,农业组织化程度大幅提升。大力开展品牌营销,海原马铃薯、硒砂瓜、小茴香获得国家原产地地理标志认定,“南月牌”马铃薯获第十六届中国国际农产品交易金奖,华润曹洼养殖基地获得活畜肉牛供港认证资质,先后在北京、上海、福建等城市开展推介宣传,极大提升了海原农产品的影响力和知名度。

【经济发展新动能】 2018年，海原县实行领导招商、以商招商、县区一体招商，汇联光伏发电、振发光伏发电、联富汽车商贸物流园等一批投资过亿元的大项目签约落地海原并开工建设，新希望万头牛场项目已经签约。全年共实施招商项目29个，完成到位资金24.97亿元。出台《关于加快民营经济发展的实施意见》，激发民营经济活力，电子商务、现代物流、健康养老、文化旅游等新兴产业逐步兴起，交通运输、刺绣剪纸、特色餐饮等品牌产业不断壮大，新注册企业366户、个体工商户4175户。引进宁夏银行、石嘴山银行、建设银行分支机构落户海原，全县各金融机构各项存款余额96.63亿元，贷款余额55.86亿元，新增贷款9.12亿元，扶持企业及合作社129家，缓解了企业融资难、融资贵问题，全县经济活力持续增强。

【城乡协调发展】 2018年，海原县制定《关于进一步加强海原县与海兴开发区县区一体融合发展的意见》《关于进一步加快海兴开发区经济社会发展的意见》，促进形成目标同向、措施一体、优势互补的县区一体融合发展新格局。县城棚改稳步推进，完成棚改任务2500套，建成东城、向阳、西湖二期安置小区，新修了一批市政道路、运动广场、休闲公园，改造提升了一批供热、排水、绿化、公共服务等基础设施，县城综合服务功能进一步提升。海兴开发区发展环境不断改善，苋麻河森林公园、人工湿地等生态项目基本建成，城市环境与品位持续提升。集中改造3个美丽集镇，打造10个美丽村庄，以点带面，示范引领。扎实开展城乡环境卫生综合整治，推行精细化管理制度，加快推进“厕所革命”，城乡面貌大幅改善。加快城乡基础设施互联互通，海同高速建成通车，G341、S204干线公路改造升级基本完成，全县道路等级和路网结构全面提升。建成农村4G网络基站1047个，网络光纤与宽带实现全覆盖。

【风险防范】 2018年，海原县牢固树立正确的政绩观，坚决禁止变相举债、盲目举债、过度举债、违规举债，全面梳理政府债务，严格控制增量，积极消化存量，研究制订债务化解计划，有效化解各类债务4.1亿元，确保守住债务风险底线。全面开展非法集资排查整治，坚决打击恶意逃废银行债务，扶贫小额贷款实现零逾期，建立债权债务执行绿色通道，完善诚信体系建设，有效控制金融风险。

【污染防治】 2018年，海原县坚持把生态环境质量只能变好、不能变坏作为必须守住的底线，纵深推进蓝天、碧水、净土“三大行动”，深入开展环境污染大排查、大整治，全面淘汰20蒸吨以下燃煤锅炉，坚决关停非法采砂场66家，严格落实“六个100%”扬尘防控措施，“零容忍”查处秸秆焚烧行为，空气优良天数保持在94%以上。49条河道全部落实，“河长制”“清河行动”“清四乱”与河道综合整治全面启动，拆除清理集中水源地无用地手续企业20家，各条河道水体水质稳定向好。农用残膜回收率达85%以上，农村面源污染得到有效控制，各类污染隐患得到彻底根治。聚焦中央环保督察组反馈问题，强化联合执法、严格执法，中央环保督察反馈的燃煤锅炉拆除、油气回收、南华山自然保护区污染问题全部整改到位。

【生态环境系统保护修复】 2018年，海原县大力实施南华山外围区域水源涵养林建设工程、新一轮退耕还林工程、移民迁出区生态修复工程、生态经济林工程和主干道路两侧绿化工程，完成营造林16.2万亩，全县森林覆盖率提高到9.42%。加强自然草场修复保护，持续巩固禁牧封育成果，全县草地综合植被覆盖度提高到65.3%。牢固树立"山水林田湖草是生命共同体"的整体系统观，统筹规划、有序推进小流域综合治理，全县水土流失治理面积达到60平方公里，治理程度提高到57%，增强了自然生态系统的稳定性。

【绿色发展】 2018年，海原县共审批各类建设项目97个，环境影响评价执行率达100%。全力抓好节能减排，严格限制高污染、高耗水、高耗能产业发展，加快传统产业改造升级，鼓励企业开展清洁生产。加快推动能源资源全面节约和循环利用，大力倡导绿色生产生活方式，全县干部群众的绿色发展理念明显增强。

【重点领域改革】 2018年，海原县委召开3次改革领导小组会议，及时审议重要改革方案，研究部署改革工作，健全完善改革任务落实督导机制和考核机制，有效推动各项改革任务落实。自治区下达的53项重点改革任务，基本完成51项，2项正在顺利推进。主动承担全国基层政务公开标准化规范化试点工作，以良好等次顺利通过自治区评估验收。推进"不见面、马上办"行政审批制度，实现县级550项、乡镇(街道)39项政务服务事项"全程在线"审批，不见面办理率达到80%。推进财政体制改革，实现了部门项目绩效评价结果与预算安排相挂钩，部门年度预算公开率达到100%。深化综合医改，实行药品"两监管六规范一考核三挂钩"机制，建立现代医院管理制度。推进农村产权制度改革，完成165个村集体资产清查工作，开展农村土地承包经营权"三权分置"工作，全县各类经营主体流转土地19.4万亩。国家监察体制改革全面完成，党和国家机构改革正式启动，其他各领域改革扎实推进。

【农村改革】 2018年，海原县借鉴"河长制"成功经验，在全县范围内推行基本农田和耕地保护"地长制"，落实四级"地长"1583人，建立"横向到边、纵向到底"网格化管理体系，实现"地长"责任清单化、巡查处置常态化、奖惩制度导向化，土地违法行为明显下降，"地长制"改革得到自治区改革办充分肯定并在全市推广。拓展提升"华润基础母牛银行"模式，创新建立助残助弱"托管代养"机制，确保特殊困难群众有稳定收入。创新建立村级集体经济"村财企管"机制，解决了全县136个贫困村集体经济"空壳"问题，得到全国政协调研组高度评价。创新开展动物防疫社会化服务改革，海原方案在全区推广。

【教育事业】 2018年，海原县新建、改扩建中小学校及幼儿园47所，提高全县人口集中行政村幼儿园覆盖率，学前教育全面普及。实施义务教育优质均衡工程，新开办海原五中、海原七小，启动"互联网+教育"，"择校热""大班额"问题逐步缓解，城乡、学校之间的办学差距明显缩小。全面启动普及高中阶段教育，与自治区内优质高中联合办学，群众最关注的高考上线率、升学率稳步提升。加强"双师型"教师队伍建设，深化校企合作、联合办学，职业中学办学吸引力明显增强。不断深化教育改革，推行义务教育教师"县管校聘"、校长择优选拔，推行教师队伍编制改革、校长教师培训改革，完善教师职称评审评价体系，落实乡村教师支持计划,全面推进依法治校,师德师风显著改善,教育质量稳中有进,重教兴学氛围更加浓厚。

【医疗卫生】 2018年,海原县建成覆盖宁南医院、县级医院和10个乡镇183个村卫生室的医疗共同体,县人民医院与各乡镇卫生院远程会诊系统互联互通,促进优质医疗资源共享,降低看病就医费用。全面推行"先诊疗、后付费"制度,27家定点医疗机构实行"一站式"结算服务,极大地方便了群众就医。建立"上级检查、基层用药"机制,二级医疗机构基本药物目录和150种非基本药物目录全部下沉乡村两级使用,实现了90%的门诊患者首选乡村医疗机构,90%的住院患者留在县内就医。积极探索"互联网+医疗健康"服务,全县36万名常住人口建立了电子健康档案。落实"全面二孩"政策,提高流动人口妇幼保健服务能力,计划生育服务管理综合覆盖率达到94%。

【社会保障】 2018年,海原县城乡居民养老、医疗保险人数分别达到16.23万人、38.12万人,参保人数、补助标准实现"双提升"。完善城乡低保制度,加大临时救助、医疗救助、救灾救助力度,最大程度保障困难群众基本生活。采取政府购买服务方式,实行"医养结合"模式,提供优质养老服务。组建县退役军人事务管理局,退役士兵安置和权益保障工作顺利推进。

【落实意识形态责任制】 2018年,海原县委常委会先后3次研究意识形态工作,从严落实中央《党委(党组)意识形态工作责任制实施办法》和自治区党委、市委实施细则,制定责任清单、测评细则和考核办法,坚持把意识形态工作责任制与党建工作责任制、党风廉政建设责任制、领导班子和领导干部目标管理、效能目标管理一同考核,纳入县委日常巡察和专项巡察主要内容,形成了"党委统一领导、党政齐抓共管、宣传部门组织协调、各部门积极参与"的工作体制和工作格局。全面落实网络意识形态工作责任制,确保网上意识形态安全。

【社会主义核心价值观宣传】 2018年,海原县委全面开展社会主义核心价值观"七进"和主题教育实践活动,打造主题广场3个、宣传长廊80多处、宣传牌(栏)200多个,县城独立办公场所实现宣传阵地全覆盖。扎实开展社会主义核心价值观与村规民约进农户,全县162个行政村全部组建红白理事会组织,广大干部群众自觉抵制高价彩礼、婚丧铺张浪费、大操大办等陈规陋习。广泛开展道德模范评选活动,1人获得"全国最美乡村教师"称号,2人获评自治区第五届道德模范,2人获得"宁夏好人"称号。扎实开展精神文明创建活动,县卫计局被评为第五届全国文明单位,关桥乡麻春村被评为第五届全国文明村,三河镇六窑村被评为自治区先进村,带动移风易俗、引领乡风文明。

【宣传报道】 2018年,海原县委先后邀请20批次中央媒体采访报道,刊发稿件80篇,中央电视台大型纪录片《中国影像方志》《地理中国》专题报道海原人文风情,其他新闻媒体宣传报道2200余条,展现了海原新形象,提升了海原知名度。紧紧围绕脱贫攻坚中心任务,开设专题专栏,多形式宣传党的政策、报道先进典型,不断激发正能量、唱响主旋律,激发起全县上下奋勇前进的信心。

【民主政治建设】 2018年,海原县委支持县人大及其常委会依法履行职能,支持县政府依法行政、转变职能，支持县政协依照章程履行政治协商、民主监督和参政议政职能，支持无党派人士开展调查研究、建言献策，推动形成了同德同心、同向同力的生动局面。认真组织开展群团改革工作，完成工会、共青团、妇联等群众组织换届，群团组织的政治性、先进性、群众性明显增强。切实加强国防动员和后备力量建设，双拥模范县创建工作通过自治区中期考评。

【依法治县】 2018年，海原县法治政府建设取得明显成效，政府法治化水平进一步提高。人民群众对司法公平、正义的感受明显提升。司法体制改革取得阶段性成效，司法权力运行和监督机制更加完善。深入开展"基本解决执行难"攻坚战，县人民法院受理各类执行案件2035件，执结1655件，案件执行主要指标大幅提升，司法公信力不断增强。"七五"普法工作全面推进，全社会尊法、守法、用法的良好法治氛围更加浓厚。

【社会治理】 2018年，海原县扫黑除恶专项斗争向纵深推进，成功收网打掉3个恶势力团伙，破获17起涉黑涉恶刑事案件，八类主要刑事案件全面下降，人民群众的安全感、满意度不断提高。安全生产责任制全面落实，安全生产大检查及专项整治持续推进，全县安全生产形势总体稳定。食品药品安全形势持续向好，以科技强警和公安信息化建设为支撑的治安防控体系更加完善，为全县经济社会发展营造了安全稳定的社会环境。

【民族宗教】 2018年，海原县委深入开展马克思主义民族观宗教观学习教育，举办各类培训班28期。扎实推进"四进"宗教场所活动，依法加强宗教事务管理，实行宗教教职人员就近选聘、考核管理，宗教事务管理逐步走上法治化、规范化渠道。

【从严治党】 2018年，海原县委制定《县委落实从严治党主体责任的实施意见》《党风廉政建设重点任务分工方案》，修订党风廉政建设考核办法，听取基层党(工)委述职述责和党组织书记抓基层党建、抓意识形态、抓党风廉政建设工作述职，集中开展民主测评，督促各基层党组织落实主体责任、领导干部落实"一岗双责"，层层压实责任。注重发挥县委党的建设领导小组作用，及时研究解决党建领域突出问题。严格落实"两个责任"追究办法，加大追责问责力度，推动"两个责任"落实。

【干部队伍建设】 2018年，海原县委制定出台《科级后备干部培养锻炼行动计划》和《实名制推荐县委管理干部办法(试行)》，全年县委常委会研究提拔干部22名，调整交流25名；结合自治区"5123"工程，推荐优秀年轻干部144名；推荐2名工作实绩突出的乡镇党委书记得到组织提拔重用。大力实施人才强县工程，制定《海原县人才引进培养暂行办法》，建立县四大班子联系服务专家制度，全面落实人才优厚待遇，引进高层次人才8名。

【基层党组织建设】 2018年，海原县委集中整顿软弱涣散党组织118个，培育农村"两个带头人"999人，新建、改扩建村级组织活动场所24个。规范党组织设置，理顺隶属关系，新设党组13个，明确为党组性质的党委7个，新成立党支部9个。非公企业和社会组织党组织覆盖率达到79.2%和76.5%。

【正风肃纪】 2018年，海原县共查处违反中央八项规定精神问题10起，问责处理17人，先后13次对30起典型问题点名道姓曝光。纪检监察机关共立案174件，处分170人。成立县委巡察办，制定巡察工作规划，开展常规巡察1轮、扶贫专项巡察2轮，先后巡察6个乡镇、4个县直部门，延伸巡察47个贫困村。全面建立村级“廉情诊所”，扎实开展扶贫领域腐败和作风问题专项整治，扶贫领域问责干部303人次，基层干部作风和纪律意识明显增强。

重要会议

【第一次常委会会议】 2018年1月1日，中卫市委常委、海原县委书记徐海宁主持召开县委2018年第一次常委会（扩大）会议。会议传达学习自治区党委十二届三次全体会议精神、中国共产党中卫市第四届委员会第四次全体会议精神，听取了海原县迎接脱贫攻坚考核准备情况汇报。研究审定《关于闽宁纺织工业园标准化厂房和电商孵化园建设项目有关事项的请示》《全县经济工作会议筹备方案》《全县生态立县战略推进会议筹备方案》《全县农业农村暨脱贫富民战略推进会议筹备方案》《全县金融工作会议筹备方案》。

【第二次常委会会议】 2018年1月15日，中卫市委常委、海原县委书记徐海宁主持召开县委2018年第二次常委会（扩大）会议。会议传达学习了习近平总书记关于建设“四好农村路”重要指示、国务院总理李克强批示精神，研究贯彻落实意见，传达学习河北省委对张家口市及有关县扶贫领域突出问题严肃问责有关精神，传达学习中卫市第四届人大二次会议和中卫市政协第四届二次会议精神，研究审定《关于提请研究海原县加快民营经济发展实施意见的请示》《关于提请研究海原县城乡社区服务体系建设规划（2016—2020年）的请示》《关于提请研究海原县统筹推进城乡社区治理实施方案的请示》《关于提请研究海原县关于深入推进农村社区建设试点工作实施方案的请示》《关于提请研究海原县城市社区治理工作整改方案的请示》《关于提请研究海原县2018年县级领导包保重点项目五定方案的请示》《关于提请研究海原县2018年第一批计划开工项目的请示》《关于提请研究海原县党委政府及有关部门环境保护责任的请示》《关于提请研究海原县2018年度蓝天碧水净土专项行动实施方案的请示》《关于提请研究海原县2018年农村环境综合整治暨主干道大整治大绿化实施方案的请示》《关于提请研究海原县2018年生态建设实施方案的请示》《关于提请研究海原县今冬明春送温暖活动实施方案的请示》《海原县扶贫开发驻村工作队及农村基层党组织第一书记管理暂行办法》《关于推荐海原县妇女第十三次代表大会支委、常委、挂兼职副主席人员的请示》《海原县县处级以上党员领导干部2017年民主生活会实施方案》《海原县县委常委2017年度民主生活会实施方案》《拟申报全区2013—2017年社会治安综合治理先进集体及先进工作者的请示》《关于推荐全区安全生产工作先进个人的请示》《关于给予相关人员处分的处理意见》。

【第三次常委会会议】 2018年1月22日，中卫市委常委、海原县委书记徐海宁主持召开县委2018年第三次常委会（扩大）会议。会议研究审定2017年效能管理目标考核结果、《中共海原县纪委十四届三次全体（扩大）会议筹备方案》、《关于推荐军地联合表彰党管武装先进单位、个人和优秀专武干部、职工意见》和《关于给予相关人员处分请示》有关事宜。

【第四次常委会会议】 2018年2月1日，中卫市委常委、海原县委书记徐海宁主持召开县委2018年第四次常委会(扩大)会议。会议传达学习中央办公厅主任丁薛祥在中央办公厅督促监察室全体干部会议上的讲话，研究审定《中共海原县委加强新形势下党的督促检查工作实施办法》，传达学习自治区组织部长会议、全区落实党建“四个重要文件”推进会和2017年度抓基层党建工作述职评议考核会暨全市基层党建工作座谈会精神，研究贯彻落实意见，传达学习自治区统战部长会议精神，研究贯彻落实意见，传达学习中央、自治区宣传部长会议精神，研究贯彻落实意见，传达学习《关于张八五严重违纪案件的通报》。研究审定《中共海原县委2018年工作要点》《海原县党委(党组)网络意识形态工作责任制实施细则》《〈海原县党委(党组)网络意识形态工作责任制实施细则〉责任分工方案》《关于提请研究海原县2018年创建双拥模范县实施方案的请示》《关于提请研究关于金融服务实体经济防控风险深化改革工作实施意见的请示》《关于提请研究2017年度金融扶贫和信用创建工作先进单位及个人表彰奖励名单的请示》《关于提请研究海原县促进金融业发展十三条优惠政策的请示》《2018年海原县各级党委(党组)理论学习中心组学习安排》《海原县县委理论中心组2018年度专题辅导报告暨理论大讲堂安排》《2018年干部教育培训计划》《海原县庆祝三八国际劳动妇女节活动实施方案》《县委常委班子2016年度民主生活会整改落实情况的报告》《海原县委领导班子2017年度民主生活会对照检查材料》。

【第五次常委会会议】 2018年2月8日，中卫市委常委、海原县委书记徐海宁主持召开县委2018年第五次常委会(扩大)会议。会议传达学习中央和自治区农村工作会议精神，传达学习全区2018年脱贫攻坚工作会议精神，传达学习中央及自治区市纪委全会精神，研究审定《县纪委十四届三次全体(扩大)会议上的工作报告》，听取2017年安全生产工作完成情况及2018年工作计划和当前安全生产工作情况汇报，研究审定《全县扫黑除恶专项斗争实施方案》《2018年全县政法信访禁毒普法暨维稳及扫黑除恶专项斗争工作会议筹备方案》《海原县习近平新时代中国特色社会主义思想培训班实施方案》《全县组织宣传统战工作会议筹备方案》《关于提请审议县人大常委会2018年工作要点的请示》《关于提请审议县政协常委会2018年工作要点的请示》，并研究有关干部事宜。

【第六次常委会会议】 2018年2月13日，中卫市委常委、海原县委书记徐海宁主持召开县委2018年第六次常委会(扩大)会议。会议研究审定县农村暨脱贫富民战略工作会议有关事宜，主要包括《海原县乡村振兴战略实施方案》《海原县深度贫困村脱贫攻坚实施方案》《海原县2018年脱贫攻坚工作实施方案》《关于进一步加快海原县草畜产业发展的实施意见》《2018年华润带动全县高端肉牛产业发展实施方案》《关于表彰海原县农业农村暨脱贫攻坚工作先进集体和先进个人建议名单》《海原县2018年脱贫富民就业创业实施方案》《关于拟表彰2017年度离土脱贫就业创业工作先进集体和先进个人事宜》。研究审定《关于提请审议县委组织部2018年组织工作要点的请示》《关于提请审议县委宣传部2018年宣传思想文化工作要点的请示》《关于提请审议县委统战部2018年统战工作要点的请示》《全县扫黑除恶专项斗争实施方案》《关于表彰社会治安综合治理先进集体、先进个人及命名平安模范村(社区)、安全文明校园的建议》《关于召开海原县残联第七次代表大会及换届人事安排的请示》。

【第七次常委会会议】 2018年2月15日,中卫市委常委、海原县委书记徐海宁主持召开县委2018年第七次常委会会议。会议研究有关干部事宜。

【第八次常委会会议】 2018年2月25日,中卫市委常委、海原县委书记徐海宁主持召开县委2018年第八次常委会(扩大)会议。会议传达学习习近平总书记在四川成都打好精准脱贫攻坚战座谈会上的重要讲话精神及国务院扶贫开发领导小组第十二次全体会议精神,传达学习中央第八巡视组巡视宁夏工作动员会精神,传达学习自治区党委书记石泰峰《在全区领导干部学习贯彻习近平新时代中国特色社会主义思想和党的十九大精神专题学习班上的讲话》精神,传达学习自治区、中卫市关于做好全国“两会”期间维稳工作会议精神,研究贯彻落实意见。会议研究审定《县人民政府党组关于提请表彰2017年农田水利基本建设先进乡镇的建议》《拟表彰政法综治工作先进集体和个人》《拟命名(取消)平安模范村庄和安全文明校园》《拟推荐中卫市表彰的政法综治工作先进集体和先进个人》《拟推荐中卫市表彰的禁毒工作先进集体和先进个人》《中共海原县委常委班子2017年度民主生活会整改清单》。

【第九次常委会会议】 2018年3月12日,中卫市委常委、海原县委书记徐海宁主持召开县委2018年第九次常委会会议。会议研究审定《海原县人才引进培养暂行办法》《关于调整海原县人才工作领导小组组成人员的通知》《关于落实何健书记在2017年党组织书记抓基层党建述职评议考核会上点评意见的整改方案》《关于开展全面从严治党责任落实自查自纠分工方案》《中共海原县委2018年督查工作要点》《关于进一步明确督查机构设置及职责分工的通知》《中共海原县委督促检查工作问责办法(试行)》《中共海原县委常委班子2018年度专题民主生活会筹备方案》《关于提请研究海原县教育事业发展行动计划(2018—2020年)》,通报2015—2017年自治区考核海原县有关情况。

【第十次常委会会议】 2018年3月13日,中卫市委常委、海原县委书记徐海宁主持召开县委2018年第十次常委会(扩大)会议。会议听取县人大常委会、县政府、县政协、县法院、县检察院党组2017年工作及2018年工作思路汇报和党风廉政建设情况汇报,听取全县涉农扶贫领域监督执纪情况汇报,研究审定《海原县落实自治区2017年党风廉政建设检查反馈问题整改方案》。

【第十一次常委会会议】 2018年3月19日,中卫市委常委、海原县委书记徐海宁主持召开县委2018年第十一次常委会(扩大)会议。会议研究审定《中共海原县常委班子专题民主生活会对照检查材料》《关于深入贯彻中央八项规定精神进一步加强和改进县委常委会作风建设的实施意见》《关于设立有关机构的意见》。

【第十二次常委会会议】 2018年3月26日，中卫市委常委、海原县委书记徐海宁主持召开县委2018年第十二次常委会(扩大)会议。会议传达学习中央领导在新华社《国内动态清样》第58期(《民生工程为何变成“隐患工程”》)、59期(《出发点很好，就是太急了——内蒙古“十个全覆盖”工程调查与反思》)上的批示精神，传达学习自治区党委、市委关于解决群众反映强烈的突出问题情况汇报会精神，传达学习自治区、市人民政府2018年污染治理重点任务现场交办会精神，传达学习自治区党委办公厅《关于学习贯彻石泰峰同志在全区领导干部专题学习班上讲话精神的报告》上的批示和报告的主要精神、自治区十二届党委2018年第十三次常委会关于民族宗教工作会议精神。

【第十三次常委会会议】 2018年3月26日，中卫市委常委、海原县委书记徐海宁主持召开县委2018年第十三次常委会(扩大)会议。会议研究审定《关于做好集中开展解决群众反映强烈突出问题的实施方案》《海原县2018年效能目标管理考核办法》《海原县处级领导联系帮扶贫困村方案》《海原县开展2018年副处级以上领导干部驻村蹲点调研实施方案》《海原县2018年度乡镇部门(单位)卫生和计划生育工作目标管理考核办法》《海原县卫生计生与健康大会筹备方案》。

【第十四次常委会会议】 2018年4月16日，中卫市委常委、海原县委书记徐海宁主持召开县委2018年第十四次常委会(扩大)会议。会议传达学习中共中央政治局听取2017年省级党委和政府脱贫攻坚工作成效考核情况会议精神，自治区党委常委会、市委常委会会议有关精神，自治区扶贫开发领导小组2018年第三次会议精神。传达学习《中共中央办公厅关于加强调查研究、提高调查研究实效的通知》(中办发〔2018〕20号)；传达学习《石泰峰同志在听取关于集中开展解决群众反映强烈的突出问题活动情况汇报时的讲话》《石泰峰同志在调研督办解决群众反映强烈的突出问题时的讲话》精神并听取全县集中解决群众反映强烈的突出问题情况汇报，传达学习自治区党委常委、统战部部长白尚成调研民族宗教工作精神、自治区政协副主席马力调研民族宗教释义与中国文化相结合情况精神及市委督查室《对民族宗教工作暗访情况的报告》，传达学习自治区河长制第二次会议精神，传达学习《中共中央办公厅 国务院办公厅关于印发〈统计违法违纪责任人处分处理建议办法〉的通知》《自治区党委办公厅 人民政府办公厅关于深入贯彻学习〈统计违法违纪责任人处分处理建议办法〉的通知》并听取全县统计执法情况汇报，传达学习《自治区党委办公厅关于对自治区司法厅等8个部门(单位)党建工作责任追究情况的通报》《关于六起违反中央八项规定精神典型问题的通报》《中卫市纪委关于4起党员领导干部不如实报告个人有关事项案件的通报》。研究审定《中共海原县委印发〈关于加强和改进新形势下全县保密工作的实施办法〉的通知》《关于发放2017年政府效能目标管理考核奖事宜》《海原县人大系统干部履职能力提升专题培训班实施方案》《关于选派朝觐带队工作人员的请示》，听取了闽宁协作工作汇报。

【第十五次常委会会议】 2018年4月23日，中卫市委常委、海原县委书记徐海宁主持召开县委2018年第十五次常委会(扩大)会议。会议传达学习习近平总书记在十九届中央财经委员会第一次会议上的重要讲话精神、自治区党委书记石泰峰在自治区党委常委会上的讲话精神、自治区党委书记石泰峰在自治区党委常委会传达学习《中共中央办公厅、国务院办公厅关于2017年省级党委和政府扶贫开发工作考核情况的通报》时的讲话精神及市委书记何健在市委常委会会议传达学习时的讲话精神、自治区政府副主席马顺清在全区扶贫干部打好精准脱贫攻坚战专题培训班上的动员讲话精神以及与县区党政主要负责人谈话会(海原)精神,传达学习自治区政府召开的中央第八环境保护督察组督察反馈意见整改工作调度会精神,研究贯彻落实意见。研究审定《海原县2018年度效能目标管理考核办法》《关于构建"四联四化"机制加强城市基层党建工作的实施意见》《全县乡村少年宫建设实施方案》《海原县"百企帮百村"助力脱贫攻坚行动实施方案》。会议还研究了其他事宜。

【第十六次常委会会议】 2018年4月26日,中卫市委常委、海原县委书记徐海宁主持召开县委2018年第十六次常委会(扩大)会议。会议传达学习习近平总书记在十九届中央国家安全委员会第一次会议上的重要讲话精神、自治区安委会第二次全体(扩大)电视电话会精神,研究贯彻落实意见,传达学习全国网络安全和信息化工作会议精神和自治区党委2018年第16次常委会会议关于传达学习《习近平总书记在全国网络安全和信息化工作会议上的重要讲话精神》时的会议精神及市委常委会会议精神,研究审定禁毒办提交的《海原县2017年禁毒工作总结及2018年工作要点》。

【第十七次常委会会议】 2018年4月26日,中卫市委常委、海原县委书记徐海宁主持召开县委2018年第十七次常委会(扩大)会议。会议传达学习《中共中央办公厅关于严禁自行出台政策发放工资津贴补贴有关问题的通知》《自治区党委关于深入开展违反中央八项规定精神突出问题专项治理的通知》,研究贯彻落实意见。研究审定《关于贯彻落实中纪委调研扶贫领域腐败和作风问题反馈意见整改方案》《关于给予相关人员处分的请示》相关事宜。

【第十八次常委会会议】 2018年5月16日,中卫市委常委、海原县委书记徐海宁主持召开县委2018年第十八次常委会(扩大)会议。会议传达学习《中国共产党章程》《中共中央政治局关于改进工作作风、密切联系群众的八项规定》《中共中央政治局贯彻落实中央八项规定的实施细则》。传达学习自治区党委《关于深入贯彻落实中央八项规定精神进一步加强和改进自治区党委常委会作风建设的若干意见》、中卫市委《关于深入贯彻落实中央八项规定精神进一步加强和改进市委常委会作风建设的实施意见》、海原县委《关于深入贯彻落实中央八项规定精神进一步加强和改进县委常委会作风建设的实施意见》。传达学习自治区纪委《关于三起违反中央八项规定精神典型问题的通报》《关于四起违反中央八项规定精神典型问题的通报》《关于十三起违反中央八项规定精神典型问题的通报》,中卫市纪委《关于两起违反中央八项规定精神典型问题的通报》。传达学习自治区纪委监委、自治区党委组织部《关于认真召开严格执行中央八项规定精神专题民主生活会的通知》,提出贯彻落实意见。传达学习自治区党委办公厅《关于对违反中央八项规定精神突出问题专项治理自查问题整改处理意见》，并提出贯彻落实意见。研究审定《中共海原县委常委班子严格执行中央八项规定精神专题民主生活会筹备方案》及县委班子对照检查材料。

【第十九次常委会会议】 2018年5月16日，中卫市委常委、海原县委书记徐海宁主持召开县委2018年第十九次常委会(扩大)会议。会议传达学习全区民族宗教工作座谈会会议精神，研究贯彻落实意见。传达学习自治区党委办公厅、自治区人民政府办公厅《关于印发中央第八巡视组移交群众信访件办理情况督查复核报告的通知》精神及自治区政府副主席姚爱兴在海原县解决群众反映强烈突出问题办理情况座谈会上的讲话精神。研究审定《海原县安全生产"一票否决"实施办法(试行)》《关于调整艰苦边远地区津贴标准事宜》《海原县政协系统干部履职能力提升专题培训班实施方案》《关于推荐自治区第八次民族团结进步模范个人的请示》。

【第二十次常委会会议】 2018年5月23日，中卫市委常委、海原县委书记徐海宁主持召开县委2018年第二十次常委会(扩大)会议。会议研究审定《中共海原县委常委班子严格执行中央八项规定精神专题民主生活会整改清单》《2018年全县政法工作要点》《海原县2018年综治(平安建设)工作目标管理考核办法(试行)》《海原县2018年综治暨平安建设工作实施方案》《关于移风易俗工作主体责任的实施意见》《关于进一步推进公共法律服务体系建设的意见》《海原县"十二五"生态移民迁出区遗留人口安置试点工作方案》《海原县户籍制度改革实施意见》《海原县农村产权流转交易市场建设实施意见》《海原县提升干部能力素质助力脱贫攻坚专题培训班实施方案》《关于给予相关人员处分的请示》。

【第二十一次常委会会议】 2018年5月28日，中卫市委常委、海原县委书记徐海宁主持召开县委2018年第二十一次常委会(扩大)会议。会议传达学习全国生态环境保护大会精神及自治区党委常委会会议、中卫市常委会会议传达学习会议精神以及自治区市中央第八环保督察组督查反馈意见"回头看"动员会会议精神。研究审定《海原县迎接中央第八环保督察组督查反馈意见"回头看"工作分工方案》《海原县中央第八环保督察组督查反馈意见"回头看"整改落实实施方案》。传达学习公安部部长赵克志在全国公安机关深入学习贯彻习近平总书记"5·19"重要讲话精神电视电话会议上的重要讲话精神、自治区党委秘书长纪峥在自治区扫黑除恶专项斗争推进会上的讲话精神并研究了贯彻落实意见。传达学习自治区安委会第二督察组到中卫巡查动员会议精神、2018年度中卫市委第十八次常委会听取2018年上半年全市安全生产工作情况汇报会议精神、全市第一书记和扶贫开发驻村工作队工作会议精神。听取全县上半年安全生产工作情况汇报、开展违反中央八项规定精神突出问题专项治理情况汇报。研究审定《海原县迎接自治区安委会第二督察组来卫巡查工作实施方案》《海原县落实全市上半年安全生产工作"九个专项整治"行动实施方案》。研究审定《海原县拟推荐第八届全区民族团结进步模范集体和模范个人名单》《关于给予相关责任人员处分的请示》。听取白旭、罗永珍向县委常委会作的检查报告。

【第二十二次常委会会议】 2018年6月3日，中卫市委常委、海原县委书记徐海宁主持召开县委2018年第二十二次常委会(扩大)会议。会议传达学习中央第二环境保护督察组对宁夏回族自治区开展“回头看”工作动员会议精神。研究审定《海原县迎接中央第二环境保护督察组“回头看”工作方案》《自治区安委会来海原巡查安全生产工作准备情况督查方案》。传达学习《中共中卫市委员会关于开展庆祝改革开放40周年活动的通知》，研究贯彻落实意见。会议研究审定海兴开发区提交的《关于进一步加快海兴开发区经济社会发展的意见》《关于进一步加强县区一体融合发展的意见》《海原县保障性住房项目建设工程资金的请示》《关于给予相关人员处分的建议》。

【第二十三次常委会会议】 2018年6月14日，中卫市委常委、海原县委书记徐海宁主持召开县委2018年第二十三次常委会(扩大)会议。会议传达学习国务院总理李克强到宁夏考察指示精神，传达学习闽宁互学互助对口扶贫协作第二十二次联席会议精神，研究贯彻落实意见。传达学习全国省区市纪检监察工作座谈会精神、自治区十二届党委2018年第21次常委会传达学习省区市纪检监察工作座谈会精神时自治区党委书记石泰峰的讲话精神和十二届自治区党委第三轮巡视工作动员部署会和市县(区)党委巡察工作推进会精神，研究了贯彻落实意见。传达学习自治区政府主席咸辉调研海原脱贫攻坚时讲话精神，研究贯彻落实意见。传达学习了全区新时代激励干部新担当新作为暨培养选拔优秀年轻干部和女干部、少数民族干部、党外干部座谈会议精神，研究贯彻落实意见。传达学习全区综治维稳信访工作联席会议精神，研究贯彻落实意见。传达学习中共中央纪委《关于六起生态环境损害责任追究典型问题的通报》、自治区党委书记石泰峰在《关于中央环境保护督察“回头看”近期工作开展情况的专报》上的批示精神。听取海原县中央第二环境保护督察组“回头看”工作进展情况及下一步工作计划汇报。会议研究审定县政府党组提交的《关于加强乡镇政府服务能力建设的实施方案》《宁夏(海原)第三届高端肉牛大赛筹备方案》《海原县开展建党97周年系列活动实施方案》《海原县庆祝宁夏回族自治区成立60周年“文化旅游+”系列活动实施方案》《关于发放2018年第一批民族团结和谐奖的请示》《海原县2018年开斋节慰问活动筹备方案》。

【第二十四次常委会会议】 2018年6月26日，中卫市委常委、海原县委书记徐海宁主持召开县委2018年第二十四次常委会(扩大)会议。会议传达学习生态环境部副部长、中央第二环境保护督查组副组长翟青在中卫下沉督查时讲话精神、自治区党委办公厅领导批示通报(第16期)、市委常委会会议传达学习翟青讲话精神时的会议精神和银川市对灵武市再生资源循环经济示范区环保突出问题的处理情况，研究了贯彻落实意见。传达学习了自治区、市文化小康助力乡村振兴脱贫富民战略会议精神，研究了贯彻落实意见。会议研究审定《关于自治区安委会第二巡查组巡查反馈问题的整改方案》《海原县关于自治区、中卫市督查脱贫攻坚工作发现问题整改方案》《全县2018年扶贫产业观摩会筹备方案》《关于召开全县第二季度经济形势分析会实施方案》《海原县庆祝建党97周年表彰大会筹备方案》《全县

"七一"拟表彰先进基层党组织、优秀共产党员和优秀党务工作者名单》。

【第二十五次常委会会议】 2018年7月2日，中卫市委常委、海原县委书记徐海宁主持召开县委2018年第二十五次常委会(扩大)会议。会议传达学习习近平总书记在中共中央政治局第六次集体学习时的讲话精神，传达学习中国共产主义青年团第十八次全国代表大会精神、习近平总书记关于禁毒工作的重要指示精神、自治区党委第二十三次常委会议精神、自治区产业转型发展推进会精神、中国共产党宁夏回族自治区第十二届委员会第四次全体会议精神以及自治区党委书记石泰峰在自治区党委统一战线工作领导小组第5次会议上的讲话精神，研究贯彻落实意见。研究审定《海原县农村人居环境整治三年行动实施方案》《海原县县级领导联系重点企业工作方案》《自治区总工会第十二次代表大会代表候选人名单》《自治区总工会第十二次代表大会委员候选人名单》《自治区总工会第十二届经费审查委员会委员候选人预备人选名单》。

【第二十六次常委会会议】 2018年7月16日，中卫市委常委、海原县委书记徐海宁主持召开县委2018年第二十六次常委会(扩大)会议。会议传达学习习近平总书记对推进中央和国家机关党的政治建设作出的重要指示、习近平总书记在中央财经委员会第二次会议上的讲话、全国组织工作会议、自治区集中整顿农村软弱涣散基层党组织工作推进会精神，研究了贯彻落实意见。研究审定《关于推进"三大三强"行动集中整顿农村软弱涣散基层党组织的实施方案》《关于从严整治共产党员信仰宗教和参与宗教活动问题的工作方案》。传达学习自治区脱贫攻坚推进会精神、自治区主要领导批示精神及市委书记何健在《领导同志批示通报第17期》上的批示精神，研究贯彻落实意见。研究审定《关于推进"扫黄打非"基层站点规范化标准化建设实施方案》《海原县2018年全面深化非煤矿山及河道非法采砂综合整治工作实施方案》《海原县规划区房屋(土地)征收补偿安置办法》《海原县2018年旧城(棚户区)改造建设房屋土地征收实施方案》《海原县棚户区改造房屋征收房票安置实施办法》《海原县推进移风易俗奖励办法》，听取解决群众反映强烈的突出问题情况汇报。

【第二十七次常委会会议】 2018年8月2日，中卫市委常委、海原县委书记徐海宁主持召开县委2018年第二十七次常委会(扩大)会议。会议传达学习了中央第八巡视组关于巡视宁夏回族自治区的反馈意见，中央巡视工作组领导小组成员王鸿津、自治区党委书记石泰峰在中央第八巡视组巡视宁夏回族自治区情况反馈会议上的讲话精神和自治区十二届党委2018年第二十七、二十八次常委会会议精神。研究审定《中共海原县委办公室关于成立中央第八巡视组巡视反馈意见整改工作领导小组的通知》。传达学习全国实施乡村振兴战略工作推进会议精神和区市党委常委会传达学习全国实施乡村振兴战略工作推进会议精神时自治区党委书记石泰峰与市委书记何健的讲话精神，研究贯彻落实意见。传达学习中共中央办公厅印发《关于当前意识形态领域情况的通报》的通知、全区网络安全和信息化工作会议精神和全市网络信息安全处置培训及风险排查通报会会议精神，研究贯彻落实意见并研究审定《海原县2018年上半年意识形态工作总结》。传达学习全国安全生产电视电话会议精神、中卫市安全生产电视电话会议上市长万新恒的讲话精神，研究贯彻落实意见。传达学习全区科学技术奖励大会会议精神，听取全县科技工作汇报，研究贯彻落实意见。传达学习中国共产党中卫市第四届委员会第五次全体会议精神。研究审定《关于支持人民法院基本解决执行难问题的实施意见》《关于建立完善春雨型调解机制化解民间矛盾纠纷的实施意见》《海原县城区集中供热经营管理权社会化运作方案》《海原县纪念建军91周年拥军优属活动方案》《关于召开海原县工会第九次代表大会的请示》。

【第二十八次常委会会议】 2018年8月10日，中卫市委常委、海原县委书记徐海宁主持召开县委2018年第二十八次常委会(扩大)会议。会议传达学习中共中央政治局会议精神、国务院总理李克强在国务院全体会议上的讲话精神。传达学习中共中央办公厅《印发关于适应新时代新要求大力发现培养选拔优秀年轻干部的意见的通知》《关于深入学习贯彻落实有关文件精神的通知》，传达学习全区组织工作会议精神，传达学习《关于进一步规范使用有关表述和党务公开一般不实行依申请公开的提醒事项》，传达学习全市富硒产业专题会议精神，研究贯彻落实意见。会议听取国务院大督查准备工作情况汇报。研究审议《中央第八巡视组巡视宁夏反馈意见海原县整改落实工作方案》《海原县关于贯彻落实市委四届五次全体会议精神的分工方案》《海原县基本建设项目“百日攻坚战”实施方案》，还研究了其他事宜。

【第二十九次常委会会议】 2018年8月10日，中卫市委常委、海原县委书记徐海宁主持召开县委2018年第二十九次常委会(扩大)会议。会议传达学习了全区纪检监察工作推进会议精神和自治区十二届党委2018年第二十五次常委会会议精神。研究审定了《关于中央第八巡视组巡视宁夏反馈意见海原县“巡视反馈遗留问题”整改落实工作方案》《关于中央第八巡视组巡视宁夏反馈意见海原县纪律作风建设和巡视巡察方面问题的整改落实工作方案》《关于海原县监察委员会向乡镇(街道)派出监察办公室的实施方案》《关于七营镇原副镇长杨彦福有关问题的处理意见》《关于杨彦才涉嫌贪污犯罪移送检察机关的请示》。听取上半年县委落实党风廉政建设主体责任和纪委落实党风廉政建设监督责任工作报告、上半年扶贫领域腐败和作风问题专题治理工作开展情况，听取西安镇、史店乡、水务局、扶贫办党组织书记落实党风廉政建设主体责任情况汇报，听取李旺镇、关桥乡纪委书记党风廉政建设监督责任落实情况汇报，听取了县委2018年第一轮巡察工作汇报，听取了海原县深化国家监察体制改革试点工作评估报告。

【第三十次常委会会议】 2018年8月13日，中卫市委常委、海原县委书记徐海宁主持召开县委2018年第三十次常委会(扩大)会议。会议听取道路交通领域道路隐患、道路运输、道路建设，危险化学品领域加油站和长输油气管线，人员密集场所领域商贸企业安全生产专项整治工作进展情况。听取建筑施工领域水利工程、有限空间作业领域供水方面安全专项整治工作进展情况。听取建筑施工、非煤矿山、危险化学品领域加气站和民用燃气、人员密集场所领域宗教场所、有限空间作业领域市政运行方面安全生产专项整治工作进展情况。听取道路交通领域交通秩序方面安全专项整治工作进展情况、人员密集场所领域养老机构安全专项整治工作进展情况、人员密集场所领域文化娱乐场所安全专项整治工作进展情况、有限空间作业领域农牧方面安全专项整治工作进展情况以及特种设备、人员密集场所领域医疗场所安全专项整治工作进展情况。

【第三十一次常委会会议】 2018年8月20日，中卫市委常委、海原县委书记徐海宁主持召开县委2018年第三十一次常委会（扩大）会议。会议传达学习了十二届自治区党委常委会研究关于银川泰瑞制药擅自恢复生产处理意见的精神和自治区党委、政府主要领导批示精神，传达学习2018年8月11日自治区党委专题会议精神，传达学习《中共中央 国务院关于防范化解地方政府隐性债务风险的意见》《中共中央办公厅 国务院办公厅关于印发〈地方政府隐性债务问责办法〉的通知》《自治区党委办公厅 人民政府办公厅关于印发〈关于加强政府债务管理防范化解隐性债务风险的实施意见（暂行）〉的通知》以及全区地方政府隐性债务工作会议精神。听取全县防范化解政府性债务风险工作情况汇报。研究审定《海原县加强政府债务管理防范化解隐性债务风险的实施方案》《关于提请研究发放2018年第二批民族团结和谐奖的请示》。

【第三十二次常委会会议】 2018年8月31日，中卫市委常委、海原县委书记徐海宁主持召开县委2018年第三十二次常委会（扩大）会议。会议研究审定《关于在全县未设立党组的部门单位设立党组的方案》《关于成立中国共产党海原甘盐池种羊场工作委员会的请示》《海原县科级后备干部培养锻炼行动计划（讨论稿）》《海原县规范保安服务管理实施方案（送审稿）》《关于召开海原县科学技术协会第四次代表大会的请示》。

【第三十三次常委会会议】 2018年9月5日，中卫市委常委、海原县委书记徐海宁主持召开县委2018年第三十三次常委会（扩大）会议。会议传达学习《中共中央办公厅印发〈关于加强新时代人民政协党的建设工作的若干意见〉的通知》，研究贯彻落实意见。传达学习自治区党委书记石泰峰在自治区成立60周年大庆筹委会第三次会议上的讲话精神和自治区成立60周年大庆会务和接待工作动员会议精神，研究贯彻落实意见。传达学习自治区退役军人服务管理工作推进会议精神及自治区、市主要领导有关批示精神，听取海原县退役军人服务管理工作情况汇报。研究审定《海原县退役军人五级书记包联重点人员任务分工方案》《全县领导干部深入学习贯彻习近平新时代中国特色社会主义思想特别是习近平总书记对宁夏工作重要指示精神专题学习班实施方案》《海原县庆祝第34个教师节暨教育工作会议筹备方案》。

【第三十四次常委会会议】 2018年9月9日，中卫市委常委、海原县委书记徐海宁主持召开县委2018年第三十四次常委会（扩大）会议。会议传达学习全国宣传思想工作会议精神和自治区领导干部会议传达学习全国宣传思想工作会议精神时自治区党委书记石泰峰的讲话精神，研究贯彻落实意见。传达学习自治区生态环境保护大会精神，研究贯彻落实意见。听取海原县蓝天碧水净土专项行动开展情况工作汇报。传达学习自治区党委常委、政法委书记张韵声在中卫市调研时的讲话精神，传达学习了自治区党委统一战线工作领导小组会议精神，研究贯彻落实意见。研究审定《2018年海原县信访工作责任目标管理考核实施细则》《全县教育工作先进集体和县级个人的名单》《关于申请拨付有关资金的请示》《关于拟派黄占斌同志赴美国和加拿大参加拉斯维加斯国际西部植物提取物展览会暨宁夏枸杞宣传推介活动的请示》。

【第三十六次常委会会议】 2018年9月25日，中卫市委常委、海原县委书记徐海宁主持召开县委2018年第三十六次常委会（扩大）会议。会议传达学习中共中央、国务院转发《国家发展和改革委员会关于上半年经济形势和做好下半年经济工作的建议》的通知，自治区党委常委会传达学习《国家发展和改革委员会关于上半年经济形势和做好下半年经济工作的建议》时的会议精神，研究贯彻落实意见。传达学习《自治区党委关于印发〈自治区党委常委会落实全面从严治党主体责任规定〉的通知》。听取中央第八巡视组巡视宁夏反馈意见海原县整改工作进展情况。研究审定《海原县贯彻落实中央督查宗教工作的方案》《海原县贯彻落实〈中共宁夏回族自治区委员会关于牢固树立马克思主义民族宗教观加强新时代民族宗教工作的决定〉任务方案》《海原县县级党政领导安全生产包联责任制度》《关于进一步加强海原县四套班子领导同志联系服务专家工作的实施意见（送审稿）》《关于改设中国共产党国家税务总局海原县税务局委员会的请示》。

【第三十七次常委会会议】 2018年9月29日，中卫市委常委、海原县委书记徐海宁主持召开县委2018年第三十七次常委会会议。会议传达学习习近平总书记为宁夏回族自治区成立60周年的题词，中共中央、全国人大常委会、国务院、全国政协、中央军委关于庆祝宁夏回族自治区成立60周年的贺电，全国政协主席汪洋在听取自治区工作汇报时、庆祝大会上的讲话精神，军委委员苗华在中卫市考察慰问时的讲话，自治区党委书记石泰峰在庆祝大会、自治区领导干部会议上的讲话精神和自治区党委常委会传达学习时的会议精神，传达学习中央深化扶贫领域腐败和作风问题专项治理工作推进会精神，研究贯彻落实意见。传达学习了《自治区党委办公厅 人民政府办公厅关于印发〈宁夏回族自治区党政领导干部安全生产责任制实施细则〉的通知》（宁党办〔2018〕77号），研究贯彻落实意见。研究审定《中共海原县委十四届四次全体（扩大）会议筹备方案》《海原县生态环境保护工作会议方案》《关于召开中国共产主义青年团海原县第十四次代表大会的请示》。

【第三十八次常委会会议】 2018年10月17日，中卫市委常委、海原县委书记徐海宁主持召开县委2018年第三十八次常委会（扩大）会议。会议传达学习了《中国共产党党务公开条例（试行）》《中共宁夏回族自治区委员会党务公开实施细则（试行）》，传达学习了盐池县脱贫退出现场会和自治区脱贫攻坚重点工作暨对口帮扶推进会会议精神，研究贯彻落实意见。传达学习自治区党委第四轮巡视工作动员部署会会议精神，研究贯彻落实意见。听取海原县2019年项目谋划及储备情况汇报。研究审定《关于全面加强生态环境保护坚决打好污染防治攻坚战的实施意见》《打赢蓝天保卫战三年行动计划（2018—2020年）》《关于对全县乡镇环境卫生实行政府购买服务事宜的请示》《关于红羊乡张元村等14个村扶贫专项巡察情况的汇报》《关于给2017年度考核优秀等次人员嘉奖和连续三年优秀公务员记功表彰事宜》《关于发放2018年度机关事业单位职工未休年休假报酬事宜》《关于预发2018年度政府效能目标管理考核奖事宜》《中共海原县委常委班子从严整改中央巡视反馈问题专题民主生活会对照检查材料(送审稿)》,会议还研究了其他事宜。

【第三十九次常委会会议】 2018年10月23日,中卫市委常委、海原县委书记徐海宁主持召开县委2018年第三十九次常委会(扩大)会议。会议传达学习习近平总书记在中央全面依法治国委员会第一次会议上的讲话精神,研究贯彻落实意见。传达学习国务院总理李克强在国务院西部地区开发领导小组第一次会议上的讲话精神。传达学习自治区党委十二届五次全体会议精神和自治区党委办公厅、政府办公厅《转发〈中共中央办公厅 国务院办公厅关于印发〈宁夏回族自治区机构改革方案〉的通知〉的通知》精神。研究审定《关于成立海原县机构改革领导小组的请示》及贯彻落实意见。传达学习中央第二环境保护督察组对宁夏开展"回头看"情况反馈会精神,研究贯彻落实意见。传达学习自治区纪委《关于焦连新严重违纪违法案件的通报》、自治区党委《关于追授马新娟、撒风虎"全区脱贫攻坚优秀共产党员"称号的决定》、自治区总工会《关于印发〈宁夏回族自治区基层工会经费收支管理实施细则〉的通知》。研究审定《自治区党委第一巡视组专项巡视海原县脱贫攻坚工作准备方案》。听取关于自治区效能目标考核任务自查情况的汇报和海原县宗教领域问题整改落实情况汇报。研究审定《中央专项督查海原县宗教工作准备方案》《海原县党政领导干部安全生产责任制实施细则》《关于调整规范更名撤销部分海原县议事协调机构的请示》。

【第四十次常委会会议】 2018年11月5日,中卫市委常委、海原县委书记徐海宁主持召开县委2018年第四十次常委会(扩大)会议。会议传达学习全国党委秘书长会议精神和自治区党委2018年第三十七次常委会会议传达学习自治区党委书记石泰峰讲话精神、全区宣传思想工作会议精神及市委第四十次常委会会议精神、自治区纪委书记许传智在中卫市调研精神、中卫市公益诉讼工作推进会会议精神,研究贯彻落实意见。研究审定《海原县贯彻落实〈关于加强和改进新形势下反邪教工作的实施意见〉的实施方案(审议稿)》《关于海原县总工会第九届委员会主席、专职挂职兼职副主席候选人建议人选的请示》《关于共青团海原县第十四届委员会书记、专职挂职兼职副书记候选人建议人选的请示》《海原县科学技术协会第四届委员会主席、专职挂职兼职副主席候选人建议人选的请示》《关于共青团海原县委员会第十四次代表大会代表、第十四届委员会委员、候补委员、常务委员会委员候选人的请示》《关于海原县科学技术协会第四次代表大会代表、第四届委员会委员、常务委员会委员候选人的请示》《关于召开海原县工会第九次代表大会的请示》。

【第四十一次常委会会议】 2018年11月28日,中卫市委常委、海原县委书记徐海宁主持召开县委2018年第四十一次常委会(扩大)会议。会议传达学习全区市县机构改革推进会议精神。研究县编办《关于组建海原县退役军人事务局有关事项的请示》、县委组织部《关于成立中共海原县退役军人事务局党组的请示》,还研究了干部事宜。

【第四十二次常委会会议】 2018年12月2日,中卫市委常委、海原县委书记徐海宁主持召开县委2018年第四十二次常委会(扩大)会议。会议传达学习了《总书记习近平、国务院总理李克强、国务院副总理孙春兰同志在全国教育大会上的讲话》精神、自治区教育大会和自治区"互联网+教育"示范区建设启动大会精神、习近平总书记在民营企业座谈会上的重要讲话精神、自治区党委书记石泰峰在十二届自治区党委2018年第四十次常委会审议《自治区政府党组〈关于促进民营经济健康发展的若干意见(送审稿)〉》时的讲话精神、自治区党委办公厅《关于做好习近平总书记对宁夏重要指示批示精神贯彻落实"回头看"有关工作的通知》精神、全国"大棚房"问题专项清理整治行动推进视频会议精神,自治区党委常委会、市委常委会传达学习《关于陕西省委、西安市委在秦岭北麓西安境内违建别墅问题上严重违反政治纪律以及开展违建别墅专项整治情况的通报》时的会议精神,自治区政协主席崔波在到海原调研时的讲话精神,自治区党委办公厅、自治区人民政府办公厅《关于统筹规范督查考核工作的通知》精神,自治区党委办公厅《关于进一步激励广大干部新时代新担当新作为的实施方案》,研究贯彻落实意见。听取全县"大棚房"问题排查清理情况的汇报。研究审定县委组织部提交的《关于进一步激励广大干部新时代新担当新作为的实施方案》、县委办公室提交的《关于做好习近平总书记对宁夏重要指示批示精神贯彻落实"回头看"自查工作方案(送审稿)》《海原县2019年度督查检查考核工作计划(送审稿)》《海原县乡村振兴战略总体规划(2018—2020年)(送审稿)》《海原县贯彻落实中央环保督察"回头看"及水环境问题专项督察反馈意见整改方案(送审稿)》《实名制推荐县委管理干部办法(试行)(送审稿)》《海原县农村致富带头人培养扶持暂行办法(送审稿)》《关于进一步加强村务监督委员会工作的通知》《海原县2018年度效能目标管理考核工作实施方案(送审稿)》《关于"十二五"生态移民等结余结转扶贫资金调整使用计划的请示》《海原县2015年度光伏扶贫试点项目电站回购工作方案(送审稿)》《关于解决市纪委监委留置场所配套资金的请示》《关于相关人员进行处理的意见》,会议还研究了干部事宜。

【第四十三次常委会会议】 2018年12月9日,中卫市委常委、海原县委书记徐海宁主持召开县委2018年第四十三次常委会(扩大)会议。会议传达学习全国政协"习近平总书记关于加强和改进人民政协工作的重要思想理论研讨会"精神,自治区党委办公厅印发《关于加强和改进人民政协民主监督工作的实施意见》的通知,研究贯彻落实意见。传达学习中纪委《关于贯彻落实习近平总书记重要讲话精神严肃整治领导干部利用名贵特产类特殊资源谋取私利问题的通知》、自治区纪委《关于贯彻落实习近平总书记重要讲话精神严肃整治领导干部利用名贵特产类特殊资源谋取私利问题的通知》精神,传达学习自治区党委书记石泰峰在海原调研时的重要指示精神、自治区政协主席咸辉在中卫调研时的讲话精神、自治区党委常委、组织部部长盛荣华在中卫调研时的讲话精神、自治区政府副主席刘可为在海原调研时的讲话精神，研究贯彻落实意见。传达学习《自治区党委办公厅印发〈关于人大预算审查监督重点支出预算和政策拓展的实施意见〉的通知》精神。研究审定《关于大力实施乡村振兴战略加快城乡一体化发展的实施意见（送审稿）》《海原县公安机关执法勤务警员和警务技术职务序列改革方案（送审稿）》《关于化解相关单位部门工程欠款的请示》《海原县预发县直机关事业单位职工住房补贴实施方案（送审稿）》《关于召开县十七届人大三次会议的请示》《关于召开政协海原县第十一届委员会第三次会议的请示》。

【第四十五次常委会会议】 2018年12月24日，中卫市委常委、海原县委书记徐海宁主持召开县委2018年第四十五次常委会（扩大）会议。会议传达学习国务院安委会办公室《关于河北省张家口市“11·28”重大爆燃事故通报》和自治区领导批示精神，研究贯彻落实意见。听取全县信访工作汇报、县人大常委会党组2018年重点任务完成情况和2019年工作谋划情况汇报、县政府党组2018年工作任务完成情况和2019年重点工作谋划情况汇报、县政协党组2018年工作任务完成情况和2019年重点工作谋划情况汇报，听取县法院党组、县检察院党组2018年工作任务完成情况和2019年重点工作谋划情况汇报。研究审定《海原县机构改革方案（送审稿）》，研究审定县委办关于召开县委十四届五次全体会议党的筹备方案。

【第四十六次常委会会议】 2018年12月24日，中卫市委常委、海原县委书记徐海宁主持召开了县委2018年第四十六次常委会（扩大）会议，会议传达学习《许传智同志在全区扶贫领域腐败和作风问题专项治理工作例会暨加强扫黑除恶监督执纪问责工作推进会上的讲话》《刘明生同志在全市扶贫领域腐败和作风问题专项治理工作例会暨加强扫黑除恶监督执纪问责工作、进一步加大形式主义官僚主义突出问题集中整治推进会上的讲话》精神。审议县纪委提交的《关于贯彻落实习近平总书记重要指示精神进一步加大形式主义、官僚主义突出问题集中整治的实施方案》《海原县委常委会关于落实全面从严治党主任责任的实施办法》《海原县党风廉政建设责任制检查考核办法》《海原县乡镇（街道办）、部门（单位）党组织主要负责人向县委述责述廉办法（试行）》《海原县纪委监委关于加强监督工作的意见（试行）》。听取县纪委监委关于扶贫领域腐败和作风问题专项治理工作报告，听取县委落实党风廉政建设主体责任报告和县纪委落实党风廉政建设监督责任报告和《关于国务院扶贫办反馈海原县关桥乡方堡村弄虚作假违规发放牛羊补贴问题的核查情况》。

组织工作

【思想政治教育】 2018年，海原县委组织部坚持把学习领会好、贯彻落实好中央精神和自治区党委市委部署作为首要的政治任务和铁的纪律，常抓不懈，学以致用，始终在思想上政治上行动上与党中央保持高度一致。一是聚焦习近平新时代中国特色社会主义思想、中共十九大精神、自治区第十二次党代会精神、习近平总书记到宁夏视察重要讲话精神和习近平总书记关于打赢脱贫攻坚战、民族宗教等重要论述强化干部教育培训，教育引导全县党员干部旗帜鲜明讲政治，牢固树立“四个意识”，坚定“四个自信”，坚决反对“七个有之”，自觉做到“五个必须”，把讲政治体现到工作中、落实到行动上。二是推动各级党员干部坚持用习近平新时代中国特色社会主义思想武装头脑。把学习贯彻习近平新时代中国特色社会主义思想，同落实中共十九大提出的新部署新任务新举措结合起来，同推进“两学一做”学习教育常态化制度化结合起来，同做好新时代组织工作结合起来，在学中干、在干中学，学以致用、用以促学，把学习成果转化为坚决维护习近平同志在党中央和全党核心地位的政治自觉，转化为改造主观世界、坚定理想信念宗旨、锤炼坚强党性的思想自觉，转化为指导实践、推动工作、改造客观世界的行动自觉。三是深入推进“两学一做”学习教育常态化制度化。以县处级领导包抓乡镇和联系分管单位为基础，建立县处级党员领导干部联系指导基层组织开展“两学一做”学习教育常态化制度化机制，坚持定期到联系点讲党课，督促检查指导“三会一课”等党内基本制度落实情况，形成各级党员领导干部带头抓党建促党建的工作合力。突出党的政治纪律和政治规矩，以支部为单位，以“三会一课”为基本形式，党员冬季轮训为抓手，依托“扶贫大讲堂”，采取组织集中学、网络平台学、专题党课学、研讨交流学、典型教育学等多种形式，扎实做好“四项教育”，引导党员干部践行“四讲四有”要求，做“四个合格”党员。

【干部选拔】 2018年，海原县委组织部制定《关于激励全县干部想干事能干事干成事的实施方案》《县委管理领导班子和领导干部综合考核评价办法(试行)》《党员干部干事创业容错免责办法(试行)》《人才引进培养暂行办法》等政策性文件。全年共研究干部9批次，提拔干部22人，调整交流干部25人，考核试用期满干部37人，免职13人。成立县委巡察机构，选优配强巡察力量，对扶贫和退役军人事务部门领导成员进行择优配备。打通干部交流渠道，海兴开发区、甘盐池种羊场与县直部门交流干部3人，部门与乡镇之间交流7人，乡镇与乡镇之间交流6人。注重优秀年轻后备干部储备，结合自治区“5123”工程，调研推荐“女性、少数民族、非中共党员”优秀年轻干部144名，进行跟踪培养、管理和使用，为调整优化科级领导班子奠定坚实基础。制定出台《实名制推荐县委管理干部办法(试行)》，力求在更大范围更广领域选用干部。组织总工会、团委、科协圆满完成换届工作。

【干部培养】 2018年，海原县委组织部先后在厦门大学、郑州大学等高校及县委党校举办各类专题培训班12期，培训干部3000余人次。专题举办2期“全县领导干部深入学习贯彻习近平新时代中国特色社会主义思想特别是习近平总书记对宁夏工作重要指示精神学习班”，确保习近平总书记指示精神入脑入心。坚持把实践锻炼作为培养干部的根本途径，制订《海原县科级后备干部培养锻炼行动计划》，采取“上挂、下派”等措施，先后选派2名领导干部赴福建挂职锻炼，4名科级干部在扶贫、信访部门挂职锻炼，3名干部到自治区妇联、市纪委、沙坡头区纪委挂职锻炼，选派3名后备干部担任驻村第一书记或工作队员。

【干部日常监督】 2018年，海原县委组织部先后对10名科级干部进行提醒谈话和责任约谈，督促引导干部增强自律意识、更好地履职尽责。充分利用“12380”干部监督网络举报平台，查核涉干信访举报件4件。严格执行干部选任的各项监督制度，先后预审干部60人次，任前谈话60人，离任审计6人，全程纪实25人，“双签字”6人，坚决防止干部“带病提拔”。结合中央、自治区党委巡视反馈问题，深入开展退出领导岗位干部管理、因私出国(境)、经商办企业等各类专项整治，对退出领导岗位干部进行了集体提醒谈话，并签订在岗承诺书；核查科级干部违规因私出国(境)4人5次，对经商办企业的1名科级干部给予党内警告处分，组织全县公务员及参公人员签订“不经商办企业承诺书”，对86人次干部的组织处理材料及时进行了归档，对3名未按规定确定考核等次干部及时进行了纠正，取得了阶段性成效。制定《全县干部人事档案专项审核工作“回头看”实施方案》，对干部的缺项材料，及时收集整理分类归档，完成吸收录用转干情况的摸排工作，确保干部信息准确、材料完整，严防档案造假。

【村干部培养】 2018年，海原县委组织部足额落实为民服务资金、村级办公经费。村干部任职补贴提高至上年度农民人均纯收入的3倍，并建立了村干部“三险”县财政统筹保障机制，为在职村干部办理每人每年220元的意外伤害保险。严格执行村干部绩效补贴按照星级基层服务型党组织评定等次发放机制。加大教育培训力度。先后举办3期专题培训班，对全县村党支部书记、村委会主任、驻村第一书记进行了全覆盖培训，并组织部分村党组织书记赴固原市原州区实地观摩学习“两个带头人”工程经验，进一步统一了思想认识，提升了精准扶贫能力和工作水平。

【村级阵地建设】 2018年，海原县委组织部新建和改扩建村级活动场所24个，全县除13个移民搬迁村不需要改扩建外，其他149个村级活动场所面积全部达到200平方米。扎实开展村级活动场所“三化”(净化、绿化、美化)活动，为全县所有村配齐了旗杆。推行华润集团“村财企管+肉牛赊销+托管代养”肉牛养殖模式、四季鲜蔬菜基地企业产销平台经营模式，全县139个贫困村村集体经济全部实现“破壳”。

【致富带头人培养】 2018年，海原县委组织部制定出台《海原县农村致富带头人培养扶持暂行办法》，明确创业培训、金融扶持、政策扶持等，设立致富带头人产业扶持担保基金1000万元，撬动银行贷款1亿元，发放贷款1892万元，累计培养“两个带头人”999名。选树“两个带头人”典型，“七一”表彰“两个带头人”10名，在全社会形成学有榜样、带有目标的浓厚氛围。

【驻村工作队工作】 2018年，海原县委组织部严格落实《农村党组织第一书记和扶贫开发驻村工作队员召回调换办法(试行)》精神，调整驻村第一书记38名，调整充实驻村工作队员117名，并按要求落实1万~1.5万元工作经费、每人每天100元的驻村伙食补助费及交通费；启用“钉钉”信息服务平台，实行“划片一长”制，加强对第一书记考勤管理，搭建第一书记相互沟通交流平台，提高驻村工作队效率。

【农村党组织建设】 2018年，海原县委组织部对全县农村基层组织逐个“过筛子”，将2017年评为“一星级”的21个村党组织纳入整顿范围，最终确定整顿对象118个，实行整顿销号制，建立整顿问题清单，做到整顿结束一个，验收销号一个。实行包保责任制，25名县级领导联系包抓16个重点乡镇和25个重点村，477名干部组成118个整顿工作组驻村指导开展整顿整治工作。加大不胜任、不合格、不尽职村党组织书记调整撤换力度和空缺村"两委"班子成员选配力度，约谈基本称职村党组织书记37名，调整村党组织书记11名，补选配强"两委"成员空缺村14个。认真开展村"两委"换届"回头看"活动，对现任村"两委"成员进行资格联审，审查出不符合任职资格的村"两委"干部16名，清退10名。扎实开展扫黑除恶专项斗争，加强与相关部门的信息互通，共排查上报线索5条，查处涉黑涉恶人数3人，整顿黑恶势力干扰渗透村1个。实行巡回督导制，成立4个巡回督导组，一月一督导，分析研究解决问题，推动工作落实。召开了软弱涣散村级党组织整顿专题调研推进会和农村基层党建工作调研座谈会，推行"三抓"（领导干部联村抓、挂职干部驻村抓、乡镇干部包村抓）举措，县委主要领导带队深入17个乡镇143个村对集中整顿工作进行调研指导。包村县级领导定期到村调研，"解剖麻雀"，传导压力，促进落实。整顿工作组驻村开展工作，帮助整顿提升，坚持整顿不达标、后进不转化，工作组不撤离。

【机关党建】 2018年，海原县委组织部结合"五型机关"建设工作，制定印发《2018年全县机关党建工作要点》，召开2次全县机关党建工作会议，组织开展机关党建工作"互观互检互评互促"活动，推动"三强九严"工程顺利实施。进一步规范党组织设置，13个部门（单位）新设立党组，7个部门党委明确为党组性质的党委，新成立9个机关党支部；大力整治机关党建"灯下黑"问题，制定《海原县机关党支部规范化建设考核办法（试行）》，突出"六化建设"（党建工作机制规范化、支部建设规范化、组织生活规范化、学习教育规范化、组织管理规范化、工作台账规范化），考准考实机关党建工作。选优配强机关党务工作者，深化机关党员"亮身份、作表率"活动，认真开展"1+4+X"支部主题党日，不断提高机关党建服务保障中心工作的能力。全面加强中小学校和公立医院党建工作，设立县教育工委，印发《关于加强全县中小学校党的建设工作的实施意见》《关于加强全县民办教育机构党的建设工作实施方案》和《关于加强海原县公立医院党的建设工作的实施细则》，进一步规范中小学校和公立医院党建工作管理体制和运行机制。

【城市基层党建】 2018年，海原县委组织部制定下发《关于构建"四联四化"机制加强城市基层党建工作的实施意见》，认真实施"共治共建共享"行动计划，县、街道、社区、驻区单位四级联动机制进一步完善。强化基础保障，将8个社区划分为118个网格，配备了网格管理员。为每个社区落实"为民服务专项资金"5万元、社区工作运转经费7万元、党建专项经费2万元，社区工作者报酬按不低于当地最低工资标准的2倍全部落实到位，并建立社区工作者工资报酬与工作实绩挂钩机制。打造南苑社区"党建+和谐社区"和黎明社区"爱满黎明"志愿服务2个党建示范品牌。落实在职党员到社区报到制度，600余名在职党员到社区报到认领服务岗位，为社区居民开展法律援助、道德宣讲、科学普及、书法讲座等服务，党员先锋模范作用得到了有效发挥。

【非公企业和社会组织党支部建设】 2018年,海原县委组织部成立4个排查组,对全县210家非公企业和26家社会组织进行摸底排查,对已停产、注销、关停的非公企业和社会组织进行了核减。全县非公企业24家,建立党组织的20家;社会组织14家,建立党组织的10家。选派党建工作指导员24名,非公企业和社会组织党组织覆盖率达到83.33%和71.42%。

【党员队伍建设】 2018年,海原县委组织部围绕建党97周年,举办庆七一系列活动和表彰大会,表彰先进基层党组织10个、优秀共产党员30名、优秀党务工作者10名,慰问生活困难党员和离职村党支书记169名。严肃党内政治生活,以"三会一课"为基本形式,认真落实好民主生活会和组织生活会、民主评议党员、谈心谈话等制度,扎实开展农村党员示范培训、支部主题党日、党员政治生日、讲党课、重温入党誓词等活动。举办县级农村党员示范培训班1期、培训313人,组织学习1152场次,讲党课290场次,组织讨论314场次。全县共发展党员190名。认真开展退役军人党员组织关系转接工作。

【问题整治】 2018年,海原县乡村两级党组织班子成员和整顿工作组通过上门走访、电话访谈等举措,与所有党员进行了谈心谈话。编印《基层党组织工作应知应会手册》口袋书,做到党员人手一册,帮助提升党性修养。全面开展宗教场所"四进"活动和民族团结进步教育"八进"活动,举办领导干部民族宗教政策理论大讲堂和乡村干部民族宗教政策专题学习班,不断加强教育管理,筑牢思想根基。

【引才引智】 2018年,海原县委组织部赴高校公开招聘农林水等高层次人才8人,签订协议40余人。多方争取自治区直机关、企业、区外重点高校等3名党政或专业技术人才到海原县挂职县领导,指导开展工作。引进福建农业嘉田、闽宁纺织制品和宁夏中原节水塑业等企业人才30余名,引领带动当地人才发展菌菇和纺织产业,攻关环境生物降解地膜研究项目,助推脱贫攻坚。立足肉牛产业发展实际,依托华润集团和高校人才优势,建立政府、西北农林科技大学和华润五丰农业开发有限公司政校企三方战略合作框架,柔性引进西北农林科技大学昝林森教授、宁夏农科院程炳文研究员到海原指导开展工作,推动产学研结合与科技成果转化。通过"百名专家基层服务行"和"京宁、闽宁、沪宁"医疗对口帮扶等活动平台,邀请农业、医疗卫生等领域20余名专家开展服务。

【人才培养】 2018年,海原县委组织部通过"基层之星"平台,选派10名行业部门业务骨干跟班研修。推荐自治区级学术技术带头人后备人选、优秀青年后备骨干人选6名,进行跟踪培养。开展名医、名师名校长、"农业专家"评选活动,推荐中卫"名师""名校长""名医""优秀乡村医生""农业专家"13名。通过举办培训班、区市调训、开展职业技能大赛等方式,培训党政人才1500余人次、专业技术人才1100余人次、农村实用人才2200余人次,完成刺绣、纺织等各类职业技能培训1.1万余人次。2018年,海原县委组织部出台《海原县人才引进培养暂行办法》,及时落实引进人才薪酬、住房等政策,开展人才政策"八进"宣传活动,扩大政策知晓面、覆盖面、惠及面。成立宁夏科技创新专家协会海原专家工作站和海原县专家工作服务站，下设肉牛、香水梨等7个产业工作站，开展科技培训，技术咨询和服务活动。加强创新创业实践基地建设，入驻职业技能培训机构4家、技能鉴定机构2家、劳务中介机构1家。申报黑大豆、马铃薯、小杂粮3个专家服务基地和3个精准扶贫人才项目。举办第三届高端肉牛大赛暨高峰论坛，邀请5名专家、教授进行专题讲座，为海原农业产业发展提供引才聚才育才平台。

宣传工作

【概　况】 2018年，全县各级组织在县委坚强领导下，认真贯彻落实中央和自治区党委、市委、县党委各项决策部署，立足“围绕中心、服务大局”基本职责，坚持“团结稳定鼓劲，正面宣传为主”基本方针，牢牢把握“两个巩固”根本任务，紧跟时代步伐，强化政治统领，强化担当实干，大力实施“十大工程”，各项工作取得了新进展、新成效，为推动全县经济社会发展提供了坚强思想保证和强大精神力量。

【理论武装】 一是深化对习近平总书记系列重要讲话精神的学习教育。开展以自治区、市领导专家授学，县级领导讲学，党员干部互学，电化教育促学为形式的理论学习活动，举办习近平新时代中国特色社会主义思想专题培训班、中共十九大精神百姓宣讲、领导干部理论大讲堂等各类讲座120余场次，达到解疑释惑、团结鼓劲的目的，筑牢广大干部群众的思想基石。二是加强党委（党组）中心组学习。县委制定了《2018年海原县各级党委（党组）理论学习中心组学习安排》《海原县县委理论中心组2018年度专题辅导报告暨理论大讲堂安排》，加大对各级中心组理论学习督查力度。加强县委中心组的学前、学中、学后服务，加大学习频率，从每月一次调整为三个必学一个必言，即逢常委会会议必学，逢中央和自治区、市召开的重要会议、制定的重大文件精神必学，逢上级领导重要讲话精神必学，逢重大主题必开展一次交流发言。加强对各级中心组理论学习督查，截至年底，县委中心组开展集中学习研讨15次。三是开展主题教育活动。培育打造新时代农民讲习所等符合各乡镇、各部门（单位）特点的百姓宣讲队伍，定期开展宣讲活动，推动基层百姓宣讲常态化，百姓宣讲活动达50场次。组织开展“深入基层、聚焦现实、咨政建议”大调研、庆祝自治区成立60周年理论征文等活动，举办庆祝建党97周年演讲比赛、知识竞赛等主题活动，进一步激发了党员干部的爱党爱国热情。

【意识形态工作】 2018年，海原县委宣传部全面贯彻落实中央和自治区党委、市委（党组）意识形态工作责任制，县委常委会专题研究和安排意识形态工作3次，县委重新调整了意识形态工作领导小组。1月，县委常委会会议专题研究网络意识形态工作，细化《海原县网络意识形态工作分工方案》，对网络意识形态工作进行了再安排再部署。6月，县委组织召开了意识形态工作、网络安全和信息化领导小组会议工作会议，制定下发《海原县各党组织意识形态工作责任清单》《海原县各党组织意识形态工作责任制测评细则（试行）》《关于中央巡视组巡视宁夏落实意识形态工作责任制反馈意见海原县整改落实有关事项的通知》。县委将意识形态工作列为日常巡查和专项巡查主要内容,先后对6个乡镇12个村开展3批日常巡查和1批专项巡查,对意识形态工作主体责任履行不全面、不到位、不得力的党组织和领导干部进行督促整改。全年下发《舆情通报》18期,通过微信工作群转办38起,及时回复率和办结率均达到96%,确保了网络问政工作的有效落实。

【主题宣传】 2018年,海原县委宣传部紧紧围绕中共十九大精神、自治区第十二次党代会精神等,结合改革开放40周年和自治区成立60周年做好重大主题宣传,制定印发《海原县开展庆祝改革开放40周年活动实施方案》《海原县庆祝改革开放40周年宣传报道意见》《庆祝宁夏回族自治区成立60周年宣传标语及宣传进度安排》,不断壮大主流思想舆论阵地。

【县外宣传】 2018年,海原县委宣传部邀请中央电视台到海原县拍摄大型纪录片《中国影像方志》,该专题已在央视播出,提高了海原的知名度。紧密围绕改革开放40周年和自治区成立60周年,结合县委、县政府中心工作,先后主动配合顺利完成了自治区"移风易俗乡村行""砥砺奋进六十年——全国主流媒体宁夏行"等采访活动。在人民网宁夏频道制作"南华山下新绿岛脱贫攻坚揽全局"专题网页链接,在宁夏新闻网地市频道制作"建设经济繁荣民族团结环境优美人民富裕新海原"专题网页链接,适时更新刊发海原新闻稿件。挖掘整理推送新闻线索,积极邀请自治区内外主流媒体记者到海原县采访报道。新华社、人民网等中央媒体宣传报道海原稿件80篇(条),《宁夏日报》头版头条5个,自治区、市媒体刊发稿件1750篇(条)。

【县内宣传】 2018年,开通"海原TV"官方微信,每天第一时间向观众推送自办视频新闻和图文新闻。举办了提升全县脱贫攻坚移风易俗宣传工作能力培训班,规范和改进新闻报道,深化"走转改""新春走基层"等活动,以扩容、增量、提质,创办一流县级电视媒体为目标,对原有栏目进行重新整合定位、推陈出新,为全县经济社会发展营造了良好舆论氛围。

【网络宣传】 2018年,海原县委宣传部紧密围绕县委、县政府中心工作,在宁夏新闻网海原频道以及"和谐海原"客户端对应开设了"学习党的十九大精神""脱贫攻坚进行时""新征程再出发"等专题专栏,同时,结合各乡镇、各部门(单位)的工作实际,积极发布信息,并以文字、图片等形式,全方位、多渠道、及时、准确地宣传各乡镇、各部门(单位)的发展思路、目标任务和工作亮点。在各新闻媒体刊发各类新闻稿件1200余篇,其中被新华网宁夏频道转载27篇,被宁夏新闻网转载31篇。建立了县、乡两级官方微博、微信公众号等新媒体矩阵,深入开展党政机关和领导干部通过网络走群众路线,各乡镇、各部门(单位)对群众在网络平台上的留言、意见等内容及时进行回应和答复,扩大网络宣传力度。

【社会主义核心价值观宣传教育】 2018年,海原县全面开展社会主义核心价值观"七进"活动。以西湖公园、牌路山森林公园、文体广场为重点,辐射公路、街道及村镇等公共场所建设了一批核心价值观宣传阵地,普及"图说我们的价值观"公益广告宣传,设立更新宣传牌200多个、宣传长廊80余处;广泛征集"践行核心价值观 打赢脱贫攻坚战"文艺作品创作。通过把社会主义核心价值观具体化、形象化、生活化，贯穿于社会生活方方面面，内化为人们的精神追求，外化为人们的自觉行动。

【主题教育】 2018年，海原县委宣传部深入开展春节、元宵节、清明节、端午节、中秋节等“我们的节日”主题活动，深入开展“写家训、传家训”“小手拉大手”“大学生送科技 送政策 讲文明 树新风”“清明祭英烈”“优秀童谣征集”“童心向党”“传承经典 圆梦中华”“我的中国梦”“争做新时代好少年”等主题教育实践活动。

【移风易俗】 2018年，海原县委宣传部指导修订完善市民公约、村规民约，开展社会主义核心价值观与村规民约进农户，督促各乡镇健全162个行政村红白理事会，出台《关于落实移风易俗主体责任的实施意见》和《推进移风易俗奖励办法》，把移风易俗工作纳入乡镇、部门（单位）效能目标考核重要内容。扎实开展移风易俗“过筛子”行动，认真贯彻落实移风易俗测评工作，对全县19个乡镇162个村（社区）实行全覆盖督查，群众的知晓率有所提高，广大干部群众自觉抵制高价彩礼。婚丧铺张浪费、大操大办等陈规陋习已有很大的改观。

【道德模范选树】 2018年，海原县委宣传部广泛开展“各类道德模范”“移风易俗示范户”“好公婆”“好媳妇”“最美中卫人”“美德少年”“脱贫标兵”等先进典型评选推荐活动。倪金喜获评“中国最美乡村教师”，田彦花、丁永军被评为自治区第五届道德模范，黄元虎、刘红梅被评为第三届“宁夏好人”。海原县“巾帼志愿服务队”获第四届“自治区优秀志愿者组织奖”，文联社区被评为自治区“最佳学雷锋志愿服务社区”，三河镇兴荣文体大院获评中卫市“学雷锋示范点”。

【文明创建】 2018年，海原县委宣传部扎实推进文明单位、文明村镇、星级文明户、最美家庭、移风易俗示范户等创建活动，县卫计局、关桥乡麻春村分别被评为第五届全国文明单位、文明村镇，三河镇六窑村被评为自治区先进村，树台乡红白理事会被自治区级先进红白理事会，西安镇小河村、树台乡相桐村被评为市级移风易俗示范村镇，已推荐命名区级文明单位14个、区级文明村4个，届满重新确认自治区级文明单位5个，推荐命名市级文明村16个、市级文明单位9个，届满重新确认市级文明单位4个，命名县级文明单位4个、县级文明村13个。

【信息报送】 2018年，海原县委宣传部共完成高质量调研报告6篇。加强信息工作，实行归口管理、审核把关、目标责任、定向约稿等四项制度，坚持每周至少有3篇、每月至少有10篇信息上报自治区党委、市委宣传部，被自治区、市相关部门采用8条，其中《海原县“五子”齐抓激发群众内生动力》被自治区党委办公厅采用后得到市委主要领导批示，《海原县百名“脱贫攻坚示范户”既领奖金又领聘书》《海原县举办集体婚礼助推移风易俗》等还被人民网、新华网刊发。

统战工作

【概　况】 2018年，县委成立了由市委常委、县委书记任组长，县委副书记任副组长的统一战线工作领导小组，领导小组下设民族工作联席会议和宗教工作联席会议。各乡镇（部门）明确分管民族宗教工作的领导，配备专职或兼职宗教干事，村级组织分工中也明确管理民族宗教的干部，制定《海原县开展民族宗教工作“八项行动”工作方案》《关于贯彻落实自治区党委书记石泰峰在全区民族宗教工作座谈会上讲话精神的落实方案》《中央第八巡视组巡视宁夏反馈意见宗教工作方面问题整改落实工作方案》《海原县贯彻落实中央督查宗教工作自查工作方案》等文件。2018年以来，县委常委会会议研究民族工作11次，县政府常务会议研究民族工作6次。

【干部教育】 2018年，海原县委统战部把习近平新时代中国特色社会主义思想、党的民族政策宗教工作基本方针和习近平总书记视察宁夏时的重要讲话精神作为各级党委中心组、各级干部理论学习的重点内容，深入学习、融会贯通。9月17—20日，举办了2期全县副科级以上领导干部“习近平新时代中国特色社会主义思想特别是习近平总书记对宁夏工作的重要指示精神专题学习班”；举办1期全县副科级以上领导干部民族宗教政策理论大讲堂；10月21—26日，安排举办3期全县村干部民族宗教政策培训班，全县19个乡镇（街道办、管委会）举办乡村干部民族宗教政策专题学习班，进一步提高政治站位，统一思想认识。

【宗教人士管理】 2018年，海原县委统战部以学习马克思主义民族观宗教观、党的民族宗教方针政策、《宗教事务条例》、《中华人民共和国婚姻法》作为重要内容，由统战、宗教部门负责人及伊协人员组成6个宣讲组，深入全县乡镇（街道办）对宗教人士和宗教场所负责人开展集中培训活动。

【宗教场所管理】 2018年，海原县委统战部紧紧围绕习近平新时代中国特色社会主义思想和中央十九大精神，深入开展“党的十九大精神进宗教场所”活动。通过制作宣传展板、宣传彩页、“口袋书”，及时把党的政策送到全县各宗教场所。通过不同层次的培训教育，实现了党员干部、国家公职人员和宗教界人士学习党的民族宗教政策全覆盖，进一步提升了思想认识，提高准确把握党的民族宗教政策和法律法规的水平，牢固树立了马克思主义民族观宗教观，增强了做好民族宗教工作的思想自觉和工作本领。

【民族团结进步示范县创建】 2018年，各级党委、政府聚焦民族团结示范县创建，将创建工作纳入重点工作和效能目标管理考核。史店乡、县教体局、南苑社区等3个单位被自治区党委统战部、自治区民族事务委员会命名为第八届民族团结进步创建模范单位，卢俊才、代成虎、马建荣、杨生福等5人被评为第八届民族团结进步创建模范个人。史店乡田拐村、郑旗乡吴湾村、县国税局、海原五小、七营镇、红羊乡6个单位成功创建为全区民族团结进步示范单位，关桥王湾清真寺、七营井泉山寺等7座宗教活动场所被命名自治区级和谐寺观教堂。红羊乡、七营镇、李俊乡、曹洼乡、海城镇等5个乡镇成功创建为市级示范乡镇，郑旗乡吴湾村、西安镇小河村、高崖乡新民村、史店乡田拐村、李俊乡蔡祥村、曹洼乡脱烈村、七营镇张堡村等7个村成功创建为市级示范村，海城街道办建设社区、团结社区等2个社区成功创建为市级示范社区，海原县第五小学成功创建为市级示范学校，县税务局、县民政局、县教体局、县卫计局等4个政府机关成功创建为市级示范机关。关桥乡王湾清真寺等25座清真寺被命名市级和谐寺观。

【理论宣讲】 2018年，海原县委统战部结合海原县实际，广泛、深入、持久地开展党和国家民族理论政策的宣传教育，增强了广大干部群众坚持党的民族政策的自觉性和坚定性。举办民族理论政策理论大讲堂2次，全县副科级领导干部参加学习；在每个乡镇举办宗教场所负责人和宗教人士培训班，宣讲党的民族宗教政策。利用9月份“民族团结月”活动举办全县宗教人士培训班2期，全县宗教教职人员共260余人参加了培训。

【弘扬社会主义核心价值观】 2018年，九彩乡抢抓少数民族特色村寨建设机遇，以九彩坪拱北为平台，宣传民族政策，倡导宗教和顺，崇尚淳朴民风，开展民族团结进步创建活动。高崖乡坚持“回汉民族一家亲”“回汉民族共发展”思路，发展扬黄灌区经济优势，增加收入，改善民生，集中精力脱贫攻坚。史店乡、郑旗乡借少数民族发展资金撬动整合各类扶贫资金，建设美丽村庄，整村推进示范村，并与民族团结进步示范村庄创建同部署、同实施，促进了民族团结事业的新发展。西安镇、树台乡等利用老年文化活动中心宣传民族政策，创建民族团结进步示范基地，唱响民族团结进步主旋律，传递民族团结进步正能量。

【培养中华民族共同体意识】 截至2018年年底，全县建立文化书屋86处，给143个宗教场所赠送《中卫日报》《中卫日报·海原版》《中国宗教》。印制了《民族政策常识应知应会手册》5500份、新修订的《宗教事务条例》3000份，制作民族团结进步知识宣传围裙1万条、宣传口杯5万个、宣传包5000个。李旺、七营、红羊、史店等乡镇制作墙体喷绘，宣传民族政策知识，九彩坪拱北、海城城隍庙制作民族团结进步知识宣传长廊，在县城利用大型广告牌宣传民族团结进步创建的总目标：中华民族一家亲、同心共筑中国梦。

【民族团结典型引领】 2018年，海原县委统战部在史店乡田拐村培树团结带领各族群众共同致富、共同发展的典型，打造“文明乡村”创建品牌。田拐村地域面积25.8平方公里，辖9个自然村，有952户、3492人，经精准识别，建档立卡贫困户为300户、1078人。该村以经济林、种草养畜、劳务输出和交通运输为主导产业，精准发力，认真落实产业扶贫、金融扶贫、文化扶贫、教育扶贫、健康扶贫等脱贫富民措施。该村因地制宜大力发展红梅杏种植，加大旧村改造力度，脱贫产业发展和人居环境建设取得显著成效。在建设社区培树弘扬“民族团结一家亲”的优良传统、各民族水乳交融团结的典型，打造“社区邻里节”“社区老年饭桌”“四点半课堂”“卫生服务室”等社区特色服务品牌，着眼建立相互嵌入式的社会结构和社区环境，积极推动各族群众多方位、多形式地走动互访，促进交往交流交融，形成了共居、共学、共事、共乐的良好格局。在海原县第五小学培树师生互尊互学、包容友善的典型，打造“民族团结之花香溢校园”“民族团结手牵手”等育苗品牌，民族团结意识深深根植于各族学生的心田。在县税务局培树贯彻执行党的民族政策、帮助支持少数民族聚居乡村经济社会发展、为少数民族群众解决实际困难的典型，打造“结友谊对子、促共同发展”“我为基层送服务”等能力提升品牌，增强干部运用民族理论政策的能力。

【脱贫攻坚】 2018年，海原县委统战部全面落实中央和自治区扶持民族地区发展的优惠政策，用好、用足、用活国家关于扶持民族贸易和民族特需商品生产的一系列政策措施，扎实开展精准扶贫、精准脱贫，以脱贫攻坚统领民族团结进步创建，让民族团结进步创建进一步促进脱贫攻坚，打造偏远地区、民族地区、贫困地区民族团结新典范。强力推进创新驱动、脱贫富民、生态立区三大战略，各项产业协调推进，民族经济快速发展。将少数民族发展资金和其他扶贫资金整合，建立少数民族发展资金项目库，积极助力脱贫攻坚。2018年争取少数民族发展资金1633万元，全部用于12个贫困村的基础设施建设和产业发展。

机构编制

【权责清单制度】 2018年，海原县编制管理办公室对县本级政府部门和承担行政职能事业单位的行政职权事项的设定依据、行使层级进行仔细分析，逐条逐项讨论研究，对行政审批、行政处罚、行政检查和多头管理、重复执法等职权事项全面梳理和依法清理。在全面依法清理减少行政许可事项基础上，在政府网站和权力清单平台向社会公布了县政府部门保留2889项行政职权事项的权力清单和责任清单。5月初，自治区编办配合相关部门下发海原县2018年第一批权力清单指导目录，按照“三级四同”的工作要求，相关部门已梳理完毕，调整县政府部门保留行政职权事项663项（包括行政许可、行政征收、行政给付、行政确认、其他权力）。为及时对上级政府下放的管理权限做好承接落实，制定《海原县权力清单管理办法》，建立政府部门权力清单动态管理机制，规范管理权力清单。印发《海原县本级行政事业性收费目录》，对未经国务院及自治区级以上财政部门、价格主管部门批准的行政事业性收费项目，一律予以取消；对违反规定擅自提高行政事业性收费和政府性基金征收标准、扩大征收范围的，一律停止执行。

【简政放权】 2018年，海原县编制管理办公室共动态调整行政职权事项5次，涉及行政职权事项39项，取消所有县本级行政审批收费，实行“零收费”制。对涉及行政许可的中介服务事项进行清理规范，确定县级中介服务事项42项，促进中介服务市场化、社会化发展。制定《海原县政府投资项目管理办法》，优化审批流程，压缩办理时限。深化集中审批服务，全县28个部门（单位）完成了政务服务事项梳理、流程优化、时限压缩和绑定事项流程节点人员等工作，并录入进驻宁夏政务服务网（海原县）事项1199项，其中980项政务服务事项可不见面办理，达到81.7%。

【行政许可权改革】 2018年，海原县编制管理办公室梳理制定县级政务服务事项主项538项、子项1199项，进驻16个部门，进驻事项222主项、755子项（包括国税厅主项16项、子项54项和车管所主项8项、子项98项），子项进驻率62.9%。进驻事项行政审批组织协调权、审核上报权授权率均达100%。

【事业单位改革】 2018年，海原县编制管理办公室推进海原县文工团转企改制，依法组建了海原县花儿艺术演艺有限公司（花儿艺术团）。通过深入调研，拟订了《海原县文工团改革工作实施方案》，已提请县委、县政府相关会议研究审议，按照方案要求，已完成国有公司注册，并进行资产评估转租和人员过渡安置工作，文工团的转企改制工作已初显成效。协同人社和相关部门开展了人员编制信息核对工作，拟过渡人员6人，其中考试1人，参与考核5人，已将考核结果上报自治区人社厅备案。

【党政机构改革】 2018年，海原县编制管理办公室根据自治区党委十二届五次会议审议通过的《市县机构改革总体意见》，及时向县委及常委会汇报并传达学习会议精神，研究成立县机构改革领导小组，把思想和行动统一到中央和自治区党委的决策部署上来，部署启动全县机构改革工作。结合全县实际，研究草拟改革实施方案，根据自治区十二届五次全会的总体部署要求，多次与自治区机构改革领导小组办公室对接沟通，争取工作主动。

【机构编制实名制信息核对】 2018年，海原县编制管理办公室就全县党政群部门及所属事业单位、人大机关、政府部门、政协机关、乡镇及所属事业单位的机构编制信息和实有人员信息展开全面核查。于8月初全面核查完毕，进一步掌握全县编制总量及实际使用情况，实时监控机构编制动态，为领导决策、严控机构编制提供实时准确的统计数。以实名制库为依据，对全县2018年新招录的19名公务员、16名选调生、49名特岗教师、17名免费师范生以及转正的162名特岗教师及时填报入编备案表。

【党建工作】 2018年，海原县编制管理办公室共组织党员干部集中学习30余次，学习篇目70余篇。党支部书记为党员干部做专题辅导1次，讲党课2次。以脱贫攻坚、创建星级服务型党支部作为主线，全面从严治党，强化理论武装、“不忘初心、牢记使命”主题教育、改进工作作风、推进党支部制度建设、落实党建工作责任，全面推进编办党支部的思想、组织、作风和制度建设，不断提升党支部的创造力、凝聚力和战斗力。

政策研究

【文稿起草】 2018年，海原县委政策研究室起草制定《县委2018年工作要点》《关于实施乡村振兴战略意见》《2018年乡村振兴战略重点工作任务清单》《海原县生态立县战略实施方案》《2018年深化改革领导小组工作要点》《2018年效能目标管理考核办法》《乡镇和县直部门效能目标管理考核细则》等多个县委、县政府重要指导性文件。

【调查研究】 2018年，海原县委政策研究室组织有关部门先后完成《海原县工商资本下乡情况调研报告》《海原县“空心村”情况调研报告》《海原县脱贫富民产业提升调研报告》等多篇调研报告。同时，积极配合自治区党委、市委政研室，完成了对移风易俗、贫困村村级集体经济发展、自主迁徙移民、乡村振兴等各项工作的调研。

【深化改革】 2018年，海原县委政策研究室筹备召开了3次县深化改革领导小组会议，传达学习了中央和自治区、市深化改革会议精神，制定《海原县贯彻落实党的十九大报告重要举措分工方案》《海原县深化改革领导小组2018年工作要点》，谋划了今后推进的147项改革任务和2018年推进的9个领域73项改革事项。按照改革类别，对专项改革小组进行了调整，由原来的7个增加到9个，并明确了改革任务职责。对照县委年度工作要点和自治区明确的7项重点改革、3项特色改革，制定《县级领导包抓重点改革任务方案》。修改完善“两规则一细则”、《深化改革督察实施办法》、《深化改革考核办法》等制度，将各部门落实自治区、市改革任务纳入“四抓四比”双争竞赛活动，实行“一月一督查、一月一通报”，建立了改革目标常态化督查考核机制。完成深化改革全面督查2次、专项督查8次，各项改革任务推进有序。向自治区全面深化改革动态管理信息平台编写报送改革信息180余篇，其中被《宁夏改革动态》采用2篇，被《宁夏工作研究》采用3篇。改革信息报送情况位居宁夏山区九县前列。

【农业农村工作】 2018年，海原县委政策研究室多次组织召开乡村振兴工作协调会、座谈会，学习贯彻中央及自治区、市乡村振兴工作会议精神，印发《海原县乡村振兴战略实施意见》，确定海原县实施乡村振兴战略目标任务和具体措施，制定《海原县2018年农村工作要点》《2018年海原县实施乡村振兴战略重点工作清单》，将自治区、市年度任务归类梳理，谋划68项重点任务，逐项明确责任单位和完成时限。制定《海原县乡村振兴战略规划编制工作方案》，成立编制机构，明确了部门职责和任务，《海原县乡村振兴战略实施规划(2018—2022年)》已初步编制完成。充分发挥县委农村工作领导小组办公室职责，将自治区市县乡村振兴重点任务落实情况纳入“四抓四比”双争竞赛活动，实行“一月一督查、一月一通报”，建立了常态化督查考核机制。创新举措，主动作为，定期不定期开展督查，督促各部门、各乡镇加快推进农业产业化、农田水利、美丽乡村、乡村文化、脱贫攻坚等工作，切实推动了乡村振兴战略的实施。

【目标考核】 2018年，海原县委政策研究室进一步修改完善《海原县2018年度目标管理考核办法》，联合县委督查室、政府督查室制定《效能目标管理考核责任书》，由县委、县政府一把手和乡镇、部门党政一把手签订，并结合实际，制定差异化、指标化的《效能目标管理考核细则》。起草《海原县2018效能目标管理考核方案》，年底积极协调各相关部门对全县各部门、乡镇开展科学、客观、公正的考核。

【扶贫帮扶】 2018年，海原县委政策研究室按计划每月至少深入甘城乡盐湾村、郑旗乡撒台村、李俊乡联合村1次，结合乡镇和行政村的任务，主动对接所帮扶的建档立卡户，深入细致摸排情况，积极宣传脱贫富民政策，帮助贫困户制订脱贫发展计划，开展切实有效的结对帮扶工作。

中共海原县委党校

【概　况】 2018年，县委党校共设支委室、办公室、财务室、教务教研室、总务室、教员室6个内设机构。截至12月31日，党校共有职工18人(不含校长)。其中，男11人，女7人；少数民族9人；本科14人，大专4人；副科级以上干部5人；中共党员12人。

【教育培训】 2018年，县委党校按照县委统一部署和要求，围绕中共十九大精神，以学习贯彻落实习近平新时代中国特色社会主义思想、自治区第十二次党代会精神、中卫市委四届四次全会精神、县委十四届三次全会精神等主题内容，全年共举办培训班27期，培训学员5901人。会同县委组织部,举办全县学习习近平新时代中国特色社会主义思想专题培训班、全县领导干部深入学习贯彻习近平新时代中国特色社会主义思想特别是习近平总书记对宁夏工作重要指示精神专题学习班、全县村(居)干部学习“贯彻十九大精神、助力脱贫攻坚”培训班、农村党员冬季轮训示范班、入党积极分子培训班、深入推进“三大三强”行动集中整顿农村软弱涣散党组织村干部轮训班11期,培训党员干部2425人,培训课程聚焦中共十九大精神、习近平新时代中国特色社会主义思想、党章、党史、党风廉政建设、党的建设、乡村振兴战略、法律法规、移风易俗、民族宗教等专题,采取聘请区、市有关专家授课和讨论交流、观看专题片、现场教学等形式。联合县委宣传部、县委统战部、县财政局、县信访局、县林业局、县教体局、县就创局、县扶贫办、县安监局等单位开展各类主题培训班12期,培训内容丰富,形式多样,成效明显。

【干部教育培训】

表1　2018年中共海原县委党校举办的培训班情况表

时间	培训班名称	培训人数
1月13—18日	全县村(居)干部“学习贯彻十九大精神、助力脱贫攻坚”培训班3期	529人
1月19—23日	全县全村党员冬季轮训示范培训班	312人
2月22—24日	海原县“学习习近平新时代中国特色社会主义思想”专题培训班	178人
2月26—28日	全县教育系统学习贯彻党的十九大精神暨业务能力提升培训班(第一期)	178人
3月12—14日	海原县中介组织法人劳务经纪人培训班	191人
4月17—20日	全县教育系统学习贯彻党的十九大精神暨业务能力提升培训班(第二期)	100人
5月21—23日	中卫市打好精准脱贫攻坚培训班	257人
5月23—30日	海原县聚焦打好精准脱贫攻坚培训班3期	738人
5月30—31日	全县脱贫攻坚移风易俗宣传工作能力培训班	200人
6月27日	宁夏(海原)第三届高端肉牛大赛高峰论坛	300人
6月28—29日	全县安全管理人员行政执法能力提升培训班	96人
7月2—4日	2018年入党积极分子培训班	210人
7月5—6日	海原县2018年行政事业单位财务管理人员培训班	167人
8月28—29日	北京老吾老银发飘飘艺术团交流演出	260人
8月29—31日	全县教育系统学习贯彻党的十九大精神暨业务能力提升培训班(第三期)	231人
9月6日	全县信访业务培训班	72人
9月17—20日	全县领导干部深入学习贯彻习近平新时代中国特色社会主义思想特别是习近平总书记对宁夏工作重要指示精神专题培训班2期	574人
9月26—27日	海原县2018年伊斯兰教教职人员培训班	230人
10月10—11日	海原县2018年度森林防火业务培训班	138人
10月21—26日	深入推进“三大三强”行动集中整顿农村软弱涣散党组织村干部轮训班3期	622人
11月26—28日	全市农村党员轮训师范培训班(第三期)	318人

【理论宣讲】 2018年,县委党校充分利用冬季党员轮训、七一等时间节点,组织教师围绕中共十九大精神、党章、党史、条例、习近平总书记到宁讲话精神、民族宗教等内容集体备课,精心准备宣讲讲稿、课件,深入全县各乡镇、部门(单位)进行宣讲,共开展宣讲60余场

次，下基层宣讲活动累计60余场次，听课人次超过1200人次，轮训农村党员2000余人次，全面完成了全年培训目标任务。

【师资素质建设】 2018年，县委党校建立党校干部教育培训师资库，拓宽了干部教育培训渠道，实现了教学资源共享。“师资库”成员主要由县党校优秀骨干教师、县有关部门理论水平较高、实践经验丰富的党政领导干部、专家学者、劳模先进和有突出贡献的基层一线干部组成，共入选28人。积极选派教师参加全区党校系统师资培训班、全市党校系统优质课评比活动。

【教学科研】 2018年，县委党校深入开展教学和基层调研，鼓励教师通过积极开展理论下基层活动，进行专题调研、专题研讨。积极推进新型智库建设，构建教学、科研、咨政一体化的教学科研工作格局。组织全体职工围绕习近平新时代中国特色社会主义思想、习近平总书记在宁夏视察重要讲话精神、马克思主义民族宗教观等内容，完成理论征文10余篇。在自治区党校、行政学院系统“深入学习贯彻党的十九大精神推进会暨理论研讨会征文”活动中，海原县委党校教师李力获二等奖；在全市“谋求新发展，献策兴中卫”论坛征文活动中，李力的文章《关于建立海原与华润集团长期稳定合作关系的探索与思考》获一等奖。报送各类信息30多篇。

【精准扶贫】 2018年，县委党校负责七营镇杨堡村、砖窑村帮扶工作，联系帮扶建档立卡贫困户62户。年初认真制订《县委党校2018年帮扶工作计划》，明确工作职责、目标任务及具体要求。校领导带队经常深入镇、村、扶贫户家中，与村“两委”班子共谋发展之策，与帮扶户共商脱贫之计。全体教职工认真做好入户调查、表册填报、政策宣传、结对帮扶，大力鼓励发展养殖业，联系外出务工和落实贷款，切实帮助贫困户解决生产生活中的问题和实际困难。积极开展送温暖活动，为杨堡村村部办公室全部安装了窗帘，为砖窑村村部安装了监控，帮助改善办公条件。

【基础设施建设】 2018年，县委党校为满足县级党校150人同期培训住宿的要求，经县人民政府常务会议研究同意，县发改局批复立项，党校新建的2号宿舍楼全面开工并已完成主体封顶，已完成总工程量的80%。

【党风廉政建设】 1.落实主体责任。建立完善学习型、服务型、创新型党支部创建机制，持之以恒推进“两学一做”学习教育常态化制度化，积极开展“四抓四比”双争竞赛活动，坚持每月“支部主题党日”活动及“三会一课”制度，严格执行党员积分制管理，加强党员干部政治思想教育，师德师风锤炼和机关效能建设。高标准、高质量开好组织生活会和民主生活会，不断增强党校班子及个人自我净化、自我完善、自我革新、自我提高的能力。开展党员先锋岗、创先争优、承诺服务、评星定格、民主测评等活动，打造敬业奉献团队。2.党风廉政建设。校党支部全面履行主体责任，及时制订《县委党校关于加强党风廉政建设工作计划》，层层签订党风廉政建设目标管理责任书，全面落实“一岗双责”，开展警示教育、廉政承诺、廉政党课、廉政理论征文等活动，按照县委、县纪委监委工作要求，开展落实中央八项规定精神“回头看”、监督执纪“五谈两书一报告”等活动。

【精神文明创建活动】 2018年，县委党校立足践行社会主义核心价值观，以校园文化、道德讲堂等活动为载体,全面提升精神文明建设水平。着力加强全校工作人员思想道德建设,积极推动移风易俗,创建文明校园。2018年,县委党校被海原县精神文明建设指导委员会评为2018—2020年度"文明单位"。

【督查评估】 2018年,县委党校根据《关于印发〈全区市县党校 行政学院(校)办学质量督查评估办法(试行)〉的通知》(宁党校发〔2017〕137号)精神,按照评估涉及的党委政府办校、教育培训、科学研究、思想引领、决策咨询、队伍建设、办学保障、办学特色等8个一级指标和19个二级指标、28个评估要点,积极筹备、全面部署,针对2013年以来的工作,认真规范完善档案资料,进行全面自查自评,突出重点特色实效,找出问题不足,分析问题存在的原因,形成高质量的自评报告,通过以评促改,为推进党校事业发展理清思路,提供动力支撑。

【异地延伸培训】 2018年,县委党校联合中卫市扶贫办举办打好精准脱贫攻坚培训班1期,培训学员257人;配合中卫市委组织部举办全市农村党员轮训示范培训班,培训学员318人。

【交流活动】 6月27日,由自治区农牧厅支持,海原县委、海原县人民政府主办的宁夏(海原)第三届高端肉牛大赛高峰论坛在海原县党校召开,邀请全国畜牧推广总站、西北农林科技大学、自治区畜牧工作站、自治区农牧厅兽医局、宁夏农林科学院动物科学研究所、海原华润农业有限公司等领导专家结合各自研究成果和工作实践,从不同角度充分发表自己的见解,进行深入的交流,为海原高端肉牛产业发展出谋划策。为庆祝老吾老中卫海兴旅游基地落成,8月28日晚,北京老吾老银发飘飘艺术团260多名艺术家和文艺爱好者,在海原县委党校举行大型文化交流演出。

【表彰奖励】 1月15日,县委党校李力撰写的《乡村振兴战略是建设社会主义新农村的升级版》,获自治区党校、行政学院系统"深入学习贯彻党的十九大精神推进会暨理论研讨会征文"二等奖(颁奖单位:中共宁夏回族自治区委员会党校、宁夏回族自治区行政学院);8月20日,李力在"谋求新发展 献策兴中卫"论坛上提交的《关于建立海原与华润集团长期稳定合作关系的探索与思考》论文获一等奖(颁奖单位:中卫市科学技术协会、中卫市老科技工作者协会);12月4日第五个国家宪法日,李小宝、孙富惠、王剑雄在海原县依法治县领导小组办公室、海原县委宣传部、海原司法局联合举办的主题为"尊崇宪法、学习宪法、遵守宪法、维护宪法、运用宪法"知识竞赛活动中获三等奖(颁奖单位:海原县依法治县领导小组办公室、海原县委宣传部、海原司法局)。2018年,耿强的论《乡村振兴背景下农村党建工作的创新发展研究》文,发表于《智库时代》第168期。

档案管理及利用

【监督管理】 2018年,海原县档案馆坚持边培训、边指导的办法,组织业务骨干对海原县部分单位近年度文书档案及业务档案进行了检查指导,并培训业务人员16人次,共整理文书档案800余盒、土地确权档案9000余卷、扶贫档案2800余盒(册)。

【法制建设】 2018年,海原县档案馆继续推进档案行政执法检查工作,对全县机关单位和部分乡镇，特别是全县重大建设项目档案及民生档案进行了执法检查，重点加强了扶贫档案的监督检查力度，进一步规范了各单位的档案管理。

【档案利用】 2018年，海原县档案馆共接待档案利用者1311人次、提供档案资料1030盒，共1899卷、2197件，复印5680张，及时为各单位的工作开展及个人需要提供档案资料及政策法律依据。

【安全管理】 2018年，海原县档案馆认真执行《宁夏回族自治区档案安全管理暂行规定》，按照"八防"（防盗、防火、防潮、防尘、防虫、防高温、防强光、防水）的要求，落实安全管理责任人，建立严格的档案安全岗位责任制，制定安全防范预案，更换了档案库房监控设施设备，及时完善和更新了档案库房内的温湿度设备及防潮设备等，确保了馆藏档案的安全。切实加强档案库房安全保管工作，做到档案安全、规范整齐、万无一失。并对进馆报刊图书资料进行及时收集、登记、整理等工作。

【宣传教育】 2018年，海原县档案馆充分利用"七五"普法学习及"6·9国际档案日"活动，开展档案宣传教育工作。组织开展档案进社区、进农村、进学校活动。通过活动展板、发放宣传材料等方式，解疑答惑，提高了干部群众档案安全管理的知晓率。

【队伍建设】 2018年，海原县档案馆坚持"内强素质，外树形象"，努力打造"素质高、业务强、形象好"的档案干部队伍。共派出6人外出参加了档案业务培训，通过培训学习，档案管理人员的业务素质得到明显提升。通过招考调动等方式吸收年轻干部2名，为进一步做好全局各项工作提供了保障。

【档案馆新馆建设】 海原县新建档案馆占地面积5.54亩，建筑面积2168平方米，建设主体为地面三层框架结构，项目概算总投资660万元。2018年，项目主要工程已基本完成，正在开展内部装饰工作。

海原县人民代表大会

综 述

【概 况】 2018年，县人大常委会依法履行宪法法律赋予的职责，圆满完成了县十七届人大二次会议确定的各项任务。共召开常委会会议8次、主任会议9次，听取和审议“一府两院”专项工作报告17项，开展视察、检查、执法检查和专题调研24次，依法作出决议决定12项，人事任免16人次，提出审议意见73条，为推进全县经济社会发展和民主法治建设作出了贡献。

【经济运行监督】 2018年，县人大常委会对全县国民经济计划2018年上半年执行情况、“十三五”规划中期执行情况、财政预算2018年上半年执行情况和2017年财政决算、审计工作等进行了监督检查，依法作出审议意见10条，确保县十七届人大二次会议审查批准的计划、预算得到较好贯彻执行。建成预算联网监督中心，对财政预算执行情况实时进行监督，进一步提高了预算决算审查的实效性和针对性。切实提高防范政府债务风险的监督意识，及时准确掌握政府债务规模、结构和纳入预算管理情况，督促县人民政府增强风险意识，建立科学的风险防范体系，加强监控分析，确保财政资金安全高效规范。依法作出决议决定12项，审查批准了县人民政府2018年预算调整方案和2017年财政决算，为全县经济社会稳步发展奠定了坚实基础。

【脱贫攻坚监督】 2018年，县人大常委会全面落实“脱贫富民”战略，及时把脱贫攻坚任务完成情况列入常委会监督检查的重点内容，组织常委会组成人员和部分人大代表对2018年脱贫攻坚工作进行了全面视察，针对存在的突出问题，依法作出审议意见11条，督促县人民政府及有关部门加强政策宣传和技能培训，加大产业培育发展和扶贫资金监管力度，激发群众内生动力，积极推动移民搬迁遗留问题的解决。

【民生改善监督】 2018年，县人大常委会坚持以人民为中心的发展思想，以推动解决人民群众反映强烈的突出问题为出发点和落脚点，选择群众关注的交通秩序管理、教育教学、医药卫生体制改革、农村人饮、民政救助和为民承诺实事办理等热点难点问题，有效运用视察检查、专题调研、审议专项工作报告和满意度测评等方式开展监督，依法推动公共服务均等化，不断增强人民群众的获得感和幸福感。

【生态环保监督】 2018年，县人大常委会助推"生态立县"战略的大力实施，听取和审议了县人民政府关于生态环保工作的专项工作报告，依法作出审议意见4条，督促县人民政府严格执行《中华人民共和国环保法》和《宁夏回族自治区环境保护条例》，继续打好蓝天、碧水、净土"三大保卫战"，切实解决大气污染、水质恶化、土壤污染等突出问题。配合自治区、市人大开展了"中华环保世纪行——宁夏行动"跟踪调研督查和中卫环保世纪行记者团监督检查活动，进一步推动了中央和自治区环保督察反馈问题的整改落实。

【项目建设监督】 2018年，县人大常委会充分发挥自身作用，助力全县重点项目建设，对海同高速、S204和G341等干线公路建设、水利重点项目、特色产业、林业生态建设、棚户区改造等重点项目建设情况进行了检查视察和专题调研，听取和审议专项工作报告，依法作出审议意见12条。

【司法工作监督】 2018年，县人大常委会立足司法公平正义，对县法院、县检察院工作进行了执法检查，全面了解了各类案件办理、司法体制综合配套改革、公益诉讼、队伍建设和服务经济社会发展等工作进展情况，组织常委会组成人员和人大代表参加案件评查、现场集中执行、检察开放日和旁听庭审等活动50余人次，依法确定人民陪审员名额，支持和推动县法院、县检察院深化司法体制改革，建立健全公正、高效、权威的司法工作体制机制，切实增强司法公信力。

【执法检查】 2018年，县人大常委会组织开展了对"七五"普法工作的执法检查，促进司法部门深化"法律八进"活动，扎实推进"七五"普法决议的贯彻实施。认真开展《中华人民共和国水法》《宁夏回族自治区农村扶贫开发条例》《宁夏回族自治区乡镇人民代表大会工作暂行条例》等法律法规贯彻实施情况的执法检查，督促县人民政府着力解决法律法规贯彻实施中的实际问题。积极配合自治区、市人大开展的执法检查和立法调研，进一步推动相关法律法规在海原县的贯彻实施。

【备案审查】 2018年，县人大常委会将开展备案审查作为履行宪法监督职责的重要方式，主动加强与自治区、市人大常委会的沟通联系，组织相关委室负责人和乡镇人大主席赴中卫市人大参加专题培训并考察学习备案审查工作经验，审议通过了规范性文件备案审查办法，进一步明确了规范性文件备案审查的范围、程序等内容，为扎实推进合宪性审查工作奠定了基础。

【代表服务保障】 2018年，县人大常委会加强代表的履职学习培训，先后组织自治区、市、县人大代表赴大连、深圳、厦门等地参加培训学习9次，参训代表100余人次，进一步提高了代表的法律政策水平和履职能力。继续扩大代表对常委会工作的参与，共邀请人大代表列席人大常委会会议以及参加视察检查、专题调研、评议机关作风、电视问政和自治区成立60周年大庆等活动210余人次，有效激发了广大代表的履职热情。

【建议意见办理】 2018年，县十七届人大二次会议期间，先后收集到代表关于脱贫攻坚、民生保障、教育卫生等方面的建议意见31件，通过不断完善转办督办工作机制，加大现场督办力度，已办结22件，正在办理6件，暂无条件办理3件，答复率100%。

【联系群众】 2018年，制定完善了"双联"活动实施意见，常委会组成人员同90名县级人大代表建立了联系，通过走访、电话、信函等多种方式，经常听取意见建议，认真回应代表和群众的关切。积极搭建代表联系工作平台和网络平台，建成乡镇“代表之家”17个、行政村“代表工作室”115个，建立了“海原人大”微信公众号和代表工作微信群，有效畅通了人大代表反映民意、建言献策的途径。在提升乡镇人大工作水平上持续发力，常委会分管领导和相关委室全面督导乡镇人大工作3次，进一步推动乡镇人大工作和基层代表工作规范有序。

【人事任免】 2018年，县人大常委会共任免国家机关工作人员16人次，补选市四届人大代表3人，保证了党委人事意图的顺利实现。全面落实宪法宣誓制度，先后组织新任命国家工作人员进行宪法宣誓4场次，对彰显宪法权威、弘扬宪法精神、提高宪法意识发挥了重要作用。

重要会议

【第十七届人大常委会第十次会议】 2018年3月20日，海原县人大常委会主任罗成玉主持召开第十七届人大常委会第十次会议。会议传达学习中共十九届二中、三中全会精神（书面）及县委书记徐海宁在中共海原县委2018年第十次常委（扩大）会议上讲话精神；审议县人大常委会2018年工作要点（草案）、县人大常委会听取和审议2018年各项报告计划（草案）、2018年度县人大及其常委会讨论决定重大事项安排；审议人事任免议案。会议还研究了其他事项。

【第十七届人大常委会第十一次会议】 2018年4月20日，海原县人大常委会主任罗成玉主持召开第十七届人大常委会第十一次会议。会议传达学习《中华人民共和国宪法》（第一章）、《中央办公厅关于加强调查研究提高调查研究实效的通知》精神和自治区党委书记石泰峰在自治区党委常委会会议上的讲话精神；审议县人大常委会组成人员联系基层人大代表实施意见。审议《关于接受马云春辞去中卫市第四届人民代表大会代表职务的议案》《关于接受马云春辞去海原县第十七届人民代表大会代表职务的议案》《关于接受杨彦才辞去海原县第十七届人民代表大会代表职务的议案》。

【第十七届人大常委会第十二次会议】 2018年6月12日，海原县人大常委会主任罗成玉主持召开第十七届人大常委会第十二次会议。会议听取和审议县人民政府关于全县教育教学工作开展情况的报告和县人大常委会视察组的视察报告、关于全县医药卫生体制改革情况的报告和县人大常委会检查组的检查报告、关于全县“七五”普法工作开展情况的报告和县人大常委会检查组的检查报告、关于全县交通秩序管理工作的报告和县人大常委会检查组的检查报告。对教体、卫计、司法、公安4个专项工作报告进行满意度测评。审议《关于接受贺国强辞去中卫市第四届人民代表大会代表职务的议案》。

【第十七届人大常委会第十三次会议】 2018年7月31日，海原县人大常委会主任罗成玉主持召开第十七届人大常委会第十三次会议。会议传达学习全国人大常委会党组集体学习会议精神、自治区党委书记石泰峰在自治区十二届人大常委会第三次会议结束时的讲话精神、自治区人大常委会办公厅《关于继续深入开展人大常委会组成人员联系人大代表和人大代表联系人民群众活动的意见》精神。听取和审议县人民法院2018年上半年工作开展情况的报告和县人大常委会检查组的检查报告、县人民检察院2018年上半年工作开展情况的报告和县人大常委会检查组的检查报告、县人民政府关于全县特色产业发展情况的报告和县人大常委会检查组的检查报告、县人民政府关于全县水利重点工程建设情况的报告和县人大常委会检查组的检查报告、县人民政府关于全县林业生态建设建设情况的报告和县人大常委会检查组的检查报告，并对县法院、县检察院及农业、林业、水利5个专项工作报告进行满意度测评。听取和审议县人民政府关于2018年县本级财政预算调整方案（第一次）的议案。

【第十七届人大常委会第十四次会议】 2018年9月29日，海原县人大常委会主任罗成玉主持召开第十七届人大常委会第十四次会议。会议传达学习十三届全国人民代表大会常务委员会第四次会议精神及全国人民代表大会常务委员会《关于全面加强生态环境保护 依法推动打好污染防治攻坚战的决议》；传达学习《中共中央办公厅国务院办公厅关于印发〈地方政府隐性债务问责办法〉的通知》（秘密）；传达学习《自治区党委关于建立自治区政府向自治区人大常委会报告国有资产管理情况制度的实施意见》《自治区党委办公厅印发〈关于人大预算审查监督重点向支出预算和政策拓展的实施意见〉的通知》；听取和审议县人民政府关于2018年国民经济和社会发展计划上半年执行情况及“十三五”规划中期评估报告、县人民政府关于2017年财政预算执行和其他财政收支审计情况的报告、县人民政府关于2017年财政决算和2018年财政预算上半年执行情况的报告和县人大常委会财经农环工委关于2017年县财政决算的审查报告、县人民政府关于2018年县本级财政预算调整方案（第二次）的议案。对发改、审计、财政3个专项工作报告进行满意度测评。审议辞职和人事任免议案。

【第十七届人大常委会第十五次会议】 2018年11月13日，海原县人大常委会主任罗成玉主持召开第十七届人大常委会第十五次会议。会议传达学习《中华人民共和国人民陪审员法》，听取和审议县人民法院《关于提请确定人民陪审员名额的议案》。

【第十七届人大常委会第十六次会议】 2018年11月29日，海原县人大常委会主任罗成玉主持召开第十七届人大常委会第十六次会议。会议传达学习自治区扶贫开发领导小组2018年第五次会议精神。听取和审议县人民政府关于2018年脱贫攻坚工作开展情况的报告和县人大常委会视察组的视察报告、县人民政府关于2018年棚户区改造工作开展情况的报告和县人大常委会检查组的检查报告、县人民政府关于全县交通重点项目建设情况的报告和县人大常委会视察组的视察报告、县人民政府关于全县民政救助工作开展情况的报告和县人大常委会检查组的检查报告、代表建议意见和民生实事办理情况报告，并对扶贫、住建、交通、民政4个专项工作报告进行满意度测评。

【第十七届人大常委会第十七次会议】 2018

年12月28日,海原县人大常委会主任罗成玉主持召开第十七届人大常委会第十七次会议。会议传达学习习近平总书记在第五个国家宪法日之际作出的重要指示、在庆祝改革开放40周年大会上的重要讲话以及全国人大常委会委员长栗战书在第五个国家宪法日座谈会上的讲话以及县委书记徐海宁在县委2018年第四十五次常委会(扩大)会议上的讲话精神(节选)。听取和审议县人民政府关于环境保护工作的报告,并对环境保护工作专项工作报告进行满意度测评。审议县人大常委会规范性文件备案审查办法(草案)、县人民政府2018年县本级财政预算调整方案(第三次)的议案。审议接受辞职、人事任免和补选中卫市四届人大代表议案。

海原县人民政府

综 述

【概 况】 2018年，全县实现地区生产总值52.68亿元，同比增长1.5%；全社会消费品零售总额达到10.75亿元，同比增长6.8%；地方一般公共预算收入实现2.42亿元，同比增长9.9%；城镇常住居民人均可支配收入达到24047元，同比增长7.6%；农村常住居民人均可支配收入达到8511元，同比增长11.1%；节能减排降耗完成自治区、市下达的目标任务。海同高速建成通车，华润定点帮扶得到国务委员王勇的肯定，全国基层政务公开标准化规范化试点工作以优异成绩通过验收，海原县被国务院教育督导委员会命名为全国义务教育发展基本均衡县，“南月牌”马铃薯获第十六届中国国际农产品交易会金奖。

【精准脱贫】 2018年，海原县落实“六个精准”“五个一批”要求，严格执行“两不愁三保障”脱贫标准，20个贫困村脱贫出列，10个深度贫困村稳定退出，减贫5044户20350人，贫困面下降到5.57%。实施产业扶贫，累计向7529户贫困户赊销基础母牛23465头，建成万亩脱毒种薯繁育基地2个，马铃薯种植面积稳定在60万亩以上，枸杞、中药材种植面积稳定在8万亩，硒砂瓜种植面积稳定在5.5万亩，建成小杂粮示范带3个、千亩示范区6个。实施就业扶贫，建成西安园河、李旺新源等扶贫车间10个，培训建档立卡贫困户10982人，转移就业8.9万人，创收13.6亿元，累计安置建档立卡贫困户公益性岗位1009人、护林员980人。实施易地扶贫搬迁，安置建档立卡贫困户739户3097人。实施教育扶贫，新建和改扩建农村幼儿园31所，建立学前教育到高等教育全覆盖的贫困学生资助体系，实现义务教育阶段零失学。实施健康扶贫，健康扶贫对象家庭医生签约服务全覆盖，个人当年住院自付费用报销比例达到92.3%，金额控制在5000元以内。实施社保兜底扶贫，符合条件的建档立卡贫困户全部被纳入低保范围。实施金融扶贫，扶贫小额贷款存量余额11.97亿元，获贷覆盖面达到93.4%。深化闽宁对口扶贫协作，建立县乡村三级结对帮扶机制，落实帮扶资金4026万元，建成闽宁产业园、菌菇园和6个示范村。强化企业定点帮扶，不断完善华润集团帮扶体系，建设高端肉牛精深加工项目，基本建成海原华润希望小镇，自治区22家企业定点帮扶24个深度贫困村，“一村一策”帮扶计划稳步推进。

【产业结构】 2018年,海原县围绕"三带两园六基地"建设,扎实推进"一主三特"产业转型升级,不断完善草畜一体化发展服务体系,打造高端肉牛养殖示范村10个,培育养殖专业合作社10个、示范户800户,肉牛饲养量达到25万头,高端肉牛存栏量达到7万头,完成活牛供港450头。培育壮大中沙绿城、四季鲜等扶贫企业12家,建成三河、曹洼饲草料加工配送厂。加快推进农业科技创新,101名自治区专家和科技工作者在海原县开展科技指导,实施专项创业行动6个,培养科技示范户120户。全力促进工业经济企稳回升,聚焦新能源装备制造、特色农副产品加工、轻纺服装生产等新兴产业,加大招商引资力度,引进联富汽贸城等项目29个,实现到位资金24.97亿元,深圳汇联20兆瓦光伏项目并网发电,华电李俊堡10万千瓦、华润呱呱山20万千瓦风电项目和50个村级光伏扶贫电站开工建设,县级领导定期对重点企业及项目开展跟踪服务。加快服务业提档升级,鼓励支持民营经济发展,培育创业实体355个,建成电商策划营销中心和物流配送中心,新建村级电商示范服务点70个,销售额达1320万元。引进建设银行和石嘴山银行分支机构落户海原县。举办乡村文化旅游节等系列活动,全域旅游不断深化。

【生态环境】 2018年,海原县坚决打赢蓝天保卫战,实施县城集中供热锅炉环保改造,全面淘汰城区20蒸吨以下燃煤锅炉,完成加油站油气回收设备安装,强化建筑工地、城市道路和矿山企业扬尘管控,全面完成黄标车淘汰任务,严厉查处秸秆焚烧行为,全年空气优良天数保持在94%以上。全面落实"河长制",整治河道岸线570公里,关停涉河非法采砂企业66家。强化重点河流水质监测,加快推进清水河海原段、贺堡河综合治理,第二污水处理厂达标运行,建成海兴区人工湿地,扎实推进老城区和南坪水库水源地保护区规范化建设,清理拆除违规企业20家。创新实施"地长制",强化土地监管,扎实推进农业面源污染治理,开展规模养殖场污染整治,大力推动农田残膜回收,积极推广化肥减量增效技术。深入开展"散乱污"企业排查整治,全面完成中央环保督察反馈问题整改和"绿盾2018"自然保护区清理整治。实施南华山外围区域水源涵养林建设、新一轮退耕还林、移民迁出区生态修复、生态经济林建设"四大工程",开展城乡绿化行动,全年完成营造林16.2万亩,全县森林覆盖率提高到9.42%。持续巩固禁牧封育成果,不断加大自然草场修复保护力度,全县草地综合植被覆盖率提高到65.3%,生态环境得到进一步改善。

【城乡面貌】 2018年,海原县组织实施棚户区改造2500套,建成东城安置小区并回迁入住,向阳和西湖二期安置小区基本建成,4个新建商住小区开盘销售,建成市政道路7.8公里,新建换热站6座。全民运动广场和城市休闲公园等项目顺利推进。深入开展农村人居环境整治三年行动,建成西安美丽集镇和关桥贺堡等4个美丽村庄,改造农村危房4000户。启动运营公交客运枢纽中心,升级改造国道341、省道204等干线公路98公里,建成农村公路127公里、生产路125公里、"窄路加宽"65公里。西海固脱贫饮水甘城支线建成通水,建成农村供水点15处,完成自来水补入3740户。发展高效节水灌溉1万亩,改善灌溉面积

2万亩。实施树台相桐等5座骨干坝除险加固工程，完成关庄庙湾等“坡改梯”7万亩，治理水土流失60平方公里。实施电力城乡配网、农网升级改造，建成4G网络基站1047座，行政村全部通上了动力电和宽带网。

【深化改革】　2018年，海原县深化“放管服”改革，梳理确定政务服务事项1197项，构建“不见面、马上办”审批模式，实现80%的事项可不见面办理，39项便民服务事项下沉乡镇办理。清理增加企业和个人负担的证照事项132项，制定试点领域公开事项清单和标准目录13个，公布2889项行政职权事项权力清单和责任清单。深化商事制度改革，推行“多证合一”“一照一码”，新增市场主体4635户。深化财税体制改革，实施财政资金绩效管理，完成税收征管体制改革。启动政府部门机构改革，先期组建县退役军人事务局。深化医药卫生体制改革，建成覆盖宁南医院、县级医院和10个乡镇183个村卫生室的医疗共同体。深化农村土地“三权分置”，完成农村宅基地“房地一体”确权核查8.53万宗，全面完成村集体清产核资，流转土地19.4万亩，办理农村产权抵押贷款570万元。深化其他重点领域改革，启动事业单位公车改革，推行棚户区改造房票安置方式，开展集中供热社会化运作试点，启动河湖水域岸线划界确权，完成南华山保护区边界和功能区范围核准，国有林场改革通过自治区验收。完成文工团改制和图书馆文化馆总分馆制改革。试点学前教育“公建民营”运行模式，深化教师队伍管理改革。探索“医养结合”养老模式，对欠薪企业实行“黑名单”管理，深化“交巡警合一”机制改革。

【民生事业】　2018年，海原县12件民生实事全部办结。着力发展教育事业，投资3.5亿元，新建和改扩建中小学及幼儿园47所，建成校舍12.6万平方米，海原五中、七小建成招生，高考上线率稳步提升，职业教育办学吸引力显著增强。提升医疗服务水平，27家定点医疗机构实行“一站式”结算服务，二级医疗机构基本药物和150种非基本药物目录下沉乡村两级使用。扎实推进“互联网+医疗健康”服务，为36万名群众建立电子健康档案。实施文化惠民工程，举办大型演出32场次，送戏下乡100场次，放映电影2400余场次，创作编排《花香新时代》等剧目22个，150个村综合文化服务中心配备了专管员。完善社会保障体系，规范最低生活保障制度，发放各类救助7506万元。建成儿童福利院和100个“儿童之家”，农村留守儿童关爱保护和困境儿童保障示范县通过自治区验收。一二级残疾证清理核查全面完成。提高城乡居民医保财政补助标准，参保人数和补助标准实现“双提升”。

【社会治理】　2018年，海原县建成农村社区服务站23个，撤销甘城周掌等村委会10个，增设海兴区凤凰、高崖振兴等村民和居民委员会5个。开展宗教领域“八项行动”，“三化”等突出问题得到有效治理，民族团结进步示范县创建有序推进。深入开展道路交通、人员密集场所等领域安全生产专项整治。严格落实县级领导接访制度，着力解决群众反映强烈突出问题，信访积案化解成效显著。实施“治欠保支”三年行动计划，政府投资类项目欠薪案件全面化解。深入推进扫黑除恶专项斗争，铲除了一批涉黑涉恶势力。同时，工会、共青团、妇女、科协、审计、统计、地震、气象、档案、县志、人武、双拥等工作都取得了新的进步。

【自身建设】 2018年，海原县政府全面推进依法行政，修改完善政府工作规则和政府常务会议规则，加强财政资金管理，认真落实公众参与、专家论证、风险评估、合法性审查和集体讨论决定等制度，坚持“三重一大”事项提交县委审定，县政府常务会议邀请县人大代表、县政协委员参加，政府部门法律顾问实现全覆盖，行政决策科学化、民主化、法治化水平进一步提高。主动接受人大依法监督、政协民主监督，办理人大代表建议31件、政协委员提案56件，办复率100%。落实全面从严治党要求，持续推动“两学一做”学习教育常态化制度化。全面贯彻中央八项规定及其实施细则精神，认真整改中央第八巡视组和国务院第五次大督查反馈的突出问题，坚持不懈纠治“四风”，“三公”经费下降3.9%。大力支持监察体制改革试点，严格履行党风廉政建设“一岗双责”，深入推进扶贫领域腐败和作风整治，问责处理303人，政府公信力、执行力、落实力得到进一步增强，群众满意度不断提升。

重要会议

【第24次常务会议】 2018年1月5日，县长许正清主持召开，县委常委、副县长郭玉峰、童颢，副县长丁芳、金钟河、罗永珍、邢连平，县长助理陈阳升参加会议。县人大常委会副主任杨正福，县政协副主席米力芳应邀列席会议。会议传达学习了自治区领导关于公共安全工作批示精神、自治区纪委《关于全区2018年至2020年开展扶贫领域腐败和作风问题专项治理的实施方案》精神和自治区、中卫市安委会第五次全体（扩大）会议精神。会议听取了2017年全县安全生产工作汇报，安排部署了2018年全县安全生产工作。会议审议了《2018年基本建设项目计划》《海原县2018年县级领导包保重点项目“五定”方案》《海原县2018年度蓝天碧水净土专项行动实施方案》《海原县2018年农村环境综合整治暨主干道路大整治大绿化实施方案》等事项。

【第25次常务会议】 2018年1月23日，县长许正清主持召开，县委常委、副县长韩玉江、郭玉峰，副县长丁芳、罗永珍、邢连平参加会议。县人大常委会副主任但升，县政协副主席柳璞应邀列席会议。会议研究审定了《海原县行政执法公示办法》《海原县行政执法全过程记录办法》《海原县重大行政执法决定法制审核办法》《海原县2018年创建双拥模范县实施方案》《健康海原建设实施方案(2018—2020年)》《海原县推进“四好农村路”建设实施方案》等事宜。会议还研究审定了其他事项。

【第26次常务会议】 2018年2月1日，县长许正清主持召开，县委常委、副县长韩玉江、郭玉峰、童颢，副县长丁芳、金钟河、罗永珍、邢连平参加会议。县人大常委会副主任杨正福应邀列席会议。会议研究审定了《海原县2018年脱贫富民就业创业实施方案》《海原县2018年脱贫攻坚工作实施方案》《海原县2018年脱贫销号村“两规划”项目建设方案》《海原县巩固提高村项目建设方案》《海原县深度贫困村脱贫攻坚实施方案》《海原县2018年深度贫困村项目建设实施方案》《关于进一步加快海原县草畜产业发展的实施意见》《2018年华润带动全县高端肉牛产业发展实施方案》等事宜。会议还研究审定了其他事项。

【第27次常务会议】 2018年3月7日，县长许正清主持召开，县委常委、副县长韩玉江、郭玉峰，副县长金钟河、罗永珍参加会议。县人大常委会副主任但升，县政协副主席米力芳应邀参加会议。会议传达学习了自治区政府主席咸辉、副主席马力在全区安全生产电视电话会议暨2018年自治区安委会第一次全体(扩大)会议上的讲话精神。会议听取了2018年一季度全县经济运行情况汇报和“12345”民生服务热线运行情况汇报。会议研究审定了《2018年全县安全生产工作要点》《2018年县政府督查工作要点》《海原县2018年金融助推脱贫富民工作实施方案》等事项。

【第28次常务会议】 2018年3月20日，县长许正清主持召开，县委常委、副县长韩玉江、郭玉峰、童颢，副县长金钟河、罗永珍、邢连平参加会议。县政协副主席柳璞应邀参加会议。会议听取了2017年政府投资项目招标控制价审核情况和全县环境保护工作汇报。会议还研究审定了《海原县2018年统筹整合财政涉农资金使用方案》等事宜。

【第29次常务会议】 2018年3月30日，县长许正清主持召开，县委常委、副县长郭玉峰、童颢，副县长罗永珍、邢连平、王爱强参加会议。县人大常委会副主任段成宝，县政协副主席柳璞应邀参加会议。会议传达学习了全国“两会”精神及自治区政府副主席马顺清在2018年污染治理重点任务现场交办会上的讲话精神。会议研究审定了《海原县第十七届人大二次会议代表建议意见分解办理“五定”方案》《海原县政协十一届二次会议提案建议分解办理“五定”方案》《海原县人民政府工作规则》《海原县人民政府常务会议工作规则》。会议还研究了其他事宜。

【第30次常务会议】 2018年4月16日，县长许正清主持召开县人民政府，县委常委、副县长韩玉江、郭玉峰、吴秉凯，副县长罗玉珍、邢连平，县长助理陈阳升参加会议。县人大常委会副主任杨正福，县政协副主席米立芳应邀参加会议。会议研究审定了《2018年海原县基层政务公开标准化规范化试点工作“五定”方案》《关于加强政府投资项目决算和概算管理工作的通知》《海原县农村集体资产清产核资工作实施方案》。会议还研究了其他事宜。

【第31次常务会议】 2018年4月28日，县长许正清主持召开，县委常委、副县长韩玉江、郭玉峰、童颢、吴秉凯，副县长罗永珍、邢连平参加会议。县人大常委会副主任杨正福。县政协副主席米立芳应邀参加会议。会议传达自治区党委书记石泰峰、自治区政府主席咸辉就贯彻落实习近平总书记重要指示的批示精神，自治区安委会第二次全体(扩大)电视电话会议精神和《地方党政领导干部安全生产责任制规定》精神。会议听取了2018年一季度政府常务会议和县长办公会议议定事项落实情况汇报、全县控辍保学工作进展情况汇报。会议还研究了其他事宜。

【第32次常务会议】 2018年5月17日，县长许正清主持召开，县委常委、副县长韩玉江、杨艺明、郭玉峰、童颢、吴秉凯，副县长丁芳、罗永珍参加会议。县人大常委会副主任田风梅应邀参加会议。会议传达学习了国务院总理李克强在国务院第一次廉政工作会议上的讲话精神和自治区政府主席咸辉在自治区廉政工作会议上的讲话精神，研究了关于建立项目建设严督严查严管工作机制事宜，研究审定了《关于进一步加强全县动物防疫工作的实施意见》。会议还研究了其他事宜。

【第33次常务会议】 2018年6月5日，县长许正清主持召开，县委常委、副县长韩玉江、童颢、吴秉凯，副县长丁芳、罗永珍、王爱强，县长助理陈阳升参加会议。县人大常委会副主任但升，县政协副主席柳璞应邀参加会议。会议研究审定了《2018年全县“安全生产月”和“安全生产万里行”活动方案》《海原县开展打击恶意逃废银行债务和建立扶贫小额信贷等债权债务执行绿色通道工作的实施方案》。会议还研究了其他事宜。

【第34次常务会议】 2018年6月28日，县长许正清主持召开，县委常委、副县长韩玉江、郭玉峰、童颢，副县长丁芳、邢连平、王爱强参加会议。县人大常委会副主任田风梅应邀参加会议。会议研究审定了《海原县政务服务标准化建设工作方案》《关于支持社会力量提供多层次多样化医疗服务的实施方案》《海原县农村环境整治三年行动方案》《海原县规划区房屋(土地)征收补偿安置办法》《关于海原县自来水非居民生活终端水价调整方案》，以及关于开展第四次全国经济普查事宜。会议还研究了其他事宜。

【第35次常务会议】 2018年7月10日，县长许正清主持召开，县委常委、副县长韩玉江、郭玉峰、童颢、吴秉凯，副县长丁芳、王爱强参加会议。县人大常委会副主任段成宝，县政协副主席米力芳应邀参加会议。各乡镇(街道办、管委会)、各部门(单位)负责人列席会议。会议研究审定了海原县2018年政务公开工作要点、海原县城区集中供热经营项目委托管理，以及《海原县2018年全面深化非煤矿山及河道非法采砂综合整治工作实施方案》《海原县“公建民营”模式办园工作实施方案》。听取了全县上半年经济运行情况汇报及各部门固定资产投资完成情况通报。会议还研究了其他事宜。

【第36次常务会议】 2018年7月31日，县长许正清主持召开，县委常委、副县长韩玉江、童颢，副县长丁芳、邢连平、王爱强参加会议。县人大常委会副主任杨正福，县政协副主席柳璞应邀参加会议。各乡镇(街道办、管委会)、各部门(单位)负责人列席会议。会议传达学习了自治区政府副主席张超超在自治区防范和处置非法集资工作领导小组(扩大)会议上的讲话精神。研究审定了《海原县安全生产网格化监管工作实施方案》《海原县节水达标建设实施方案》《海原县加强政府债务管理防范化解隐性债务风险实施方案》，以及海原县2018年遏制重特大事故工作任务及分工。会议还研究了其他事宜。

【第37次常务会议】 2018年8月14日，县长许正清主持召开，县委常委、副县长韩玉江、郭玉峰、童颢、吴秉凯，副县长丁芳、邢连平、王爱强参加会议。县人大常委会副主任但升应邀参加会议。各乡镇(街道办、管委会)、各部门(单位)负责人列席会议。会议传达学习了国务院总理李克强在国务院全体会议上的讲话精神、国务院总理李克强在全国深化“放管服”改革转变政府职能电视电话会议上的讲话精神和自治区政府主席咸辉、副主席张超超在自治区深化“放管服”改革转变政府职能电视电话会议上的讲话精神，听取了赴福建厦门等地考察学习政务服务工作报告，研究审定了《海原县开展清水畅河净源行动实施方案》及海原县扶贫车间建设相关扶持政策。会议还研究了其他事宜。

【第38次常务会议】 2018年9月5日，县长许正清主持召开，县委常委、副县长韩玉江、郭玉峰、童颢，副县长丁芳、邢连平参加会议。县人大常委会副主任田风梅，县政协副主席米力芳，人大代表田瑞、李金星，县政协委员马仲明、许海军应邀参加会议。各乡镇（街道办、管委会）、各部门（单位）负责人列席会议。会议研究审定了《2018年海原县信访工作责任目标管理考核实施细则（送审稿）》《海原县庆祝第34个教师节暨教育工作会议筹备方案（送审稿）》《海原县农村饮水安全工程管理办法（送审稿）》。会议还研究了其他事项。

【第39次常务会议】 2018年9月19日，县长许正清主持召开，县委常委、副县长韩玉江、郭玉峰、吴秉凯，副县长丁芳、邢连平参加会议。县人大常委会副主任但升，县政协副主席米力芳，人大代表田应梅、王华，县政协委员刘振忠、许海军应邀参加会议。各乡镇（街道办、管委会）、各部门（单位）负责人列席会议。会议听取了1—8月份全县经济运行情况汇报，研究审定了《海原县县级党政领导安全生产包联责任制度（送审稿）》《海原县大型群众性文化体育慈善活动安全管理办法（送审稿）》《海原县扶贫小额信贷暂行管理办法（送审稿）》《海原县农村老饭桌管理办法（送审稿）》，以及关于对全县乡镇环境卫生实行政府购买服务事宜。会议还研究了其他事宜。

【第40次常务会议】 2018年10月11日，县长许正清主持召开，县委常委、副县长韩玉江、郭玉峰、吴秉凯，副县长罗永珍、邢连平参加会议，县人大常委会副主任段成宝，县人大代表苏卫明、马辉真，县政协委员武光俊、杨敏霞应邀参加会议。各乡镇（街道办、管委会）、各部门（单位）负责人列席会议。会议传达学习了《宁夏回族自治区党政领导干部安全生产责任制实施细则》《关于深化统计管理体制改革提高统计数据真实性的意见》《统计违纪违法责任人处分处理建议办法》《防范和惩治统计造假、弄虚作假督查工作规定》，研究审定了《海原县党政领导干部安全生产责任制实施细则（送审稿）》《关于全面加强生态环境保护坚决打好污染防治攻坚战的实施意见（送审稿）》《海原县打赢蓝天保卫战三年行动计划（2018—2020年）（送审稿）》，听取了全县安全生产工作汇报。会议还研究了其他事宜。

【第41次常务会议】 2018年10月25日，县长许正清主持召开，县委常委、副县长韩玉江、杨艺明、郭玉峰、童颢、吴秉凯，副县长丁芳、罗永珍、邢连平，县长助理陈阳升参加会议。县人大常委会副主任杨正福，县政协副主席柳璞，县人大代表王华、李金星，县政协委员虎卫军、田兴胜应邀参加会议。各相关乡镇（街道办、管委会）、各部门（单位）负责人列席会议。会议研究审定了《海原县打赢脱贫攻坚战三年行动实施方案（送审稿）》《关于解决政策性移民发展问题暨移民迁出区遗留问题实施方案（送审稿）》《关于进一步加强和规范政府采购管理工作的意见（送审稿）》《海原县退役军人和其他优抚对象信息采集工作实施方案（送审稿）》。会议还研究了其他事宜。

【第42次常务会议】 2018年11月14日，县长许正清主持召开，县委常委、副县长童颢、吴秉凯,副县长丁芳、罗永珍、邢连平、王爱强参加会议。县人大常委会副主任但升,县政协副主席米立芳,县人大代表田瑞、田地,县政协委员周小红、许海军应邀参加会议。各相关乡镇(街道办、管委会)、各部门(单位)负责人列席会议。会议传达学习了市政府常务会议专题研究全市主要经济指标推进情况会议精神、中卫市加强民营企业金融服务工作推进会议精神、中卫市农民工工资清欠领导小组会议暨全市保障农民工工资支付工作百日攻坚专项行动动员部署会议精神,听取了全县2018年保障农民工工资支付工作情况汇报,研究审定了《关于开展保障农民工工资支付工作百日攻坚专项行动方案(送审稿)》。会议还研究了其他事宜。

【第43次常务会议】 2018年11月29日,县长许正清主持召开,县委常委、副县长郭玉峰、童颢、吴秉凯,副县长丁芳、罗永珍、邢连平、王爱强参加会议。县人大常委会副主任段成宝,县政协副主席柳璞,县人大代表李金龙、庞明,县政协委员杨占虎、刘正忠应邀参加会议。各相关乡镇(街道办、管委会)、各部门(单位)负责人列席会议。会议研究审定了《海原县乡村振兴战略总体规划(2018—2022年)(送审稿)》《海原县散乱污企业整治行动实施方案(送审稿)》《海原县加强农村道路交通安全管理工作实施方案(送审稿)》。会议还研究了其他事宜。

【第44次常务会议】 2018年12月13日,县长许正清主持召开,县委常委、副县长韩玉江、童颢、吴秉凯,副县长丁芳、罗永珍、邢连平、王爱强参加会议。县人大常委会副主任杨正福,县人大代表马彦虎、王新林,县政协委员席建国、田兴胜应邀参加会议。各相关乡镇(街道办、管委会)、各部门(单位)负责人列席会议。会议传达学习了《国务院安委会办公室关于河北省张家口市“11·28”重大爆燃事故的通报》和自治区领导批示精神,研究贯彻落实意见。听取了全县扫黑除恶专项斗争进展情况的汇报。研究审定了《海原县城乡困难群众临时救助实施方案(送审稿)》《海原县天然林资源保护工程森林管护管理办法(送审稿)》。会议还研究了其他事宜。

【第45次常务会议】 2018年12月26日,县长许正清主持召开,县委常委、副县长韩玉江、郭玉峰、童颢、吴秉凯,副县长丁芳、罗永珍、王爱强参加会议。县人大常委会副主任田风梅,县政协副主席米立芳,(送审稿)人大代表李海东、丁德保,政协委员李玉宝、马进福应邀参加会议。会议研究并原则同意县人社局提交的《关于提请研究注入全民创业担保贷款基金的请示》、县财政局提交的《关于提请研究海原县加快发展农业特色优势产业贷款担保基金管理试行办法(送审稿)》《海原县加快发展农业特色优势产业贷款风险补偿基金管理试行办法(送审稿)》《海原县加快发展农业特色优势产业贷款贴息资金管理试行办法(送审稿)》《关于提请研究海原县党政机关公务人员赴外地挂职学习等期间伙食补助费交通费管理暂行办法(送审稿)》《关于提请研究海原县党政机关培训费管理暂行办法(送审稿)》《关于提请研究县卫计局等单位申请解决项目资金的请示》《关于提请研究县发改局等单位申请财政资金的请示》、县住建局提交的《关于提请研究调整城市公用事业行业供水价格的请示》,研究了关于调整城市公用事业行业供水价格事宜。会议还研究了其他事宜。

政务公开

【概 况】 海原县被列为全国100个基层政务公开标准化规范化试点单位,自2017年5月试点工作启动以来,对照试点方案中的4个"规定动作"和7个"自选动作",按期完成了试点的主要目标任务,在信息公开、平台建设、政策解读、公众参与、数据开放等环节实现新突破。政务公开制度化、标准化、规范化取得新进展,人民群众满意度显著提高,形成了一套可复制、可推广的经验和做法。

【顶层设计】 2018年,县委常委会会议、县政府常务会、领导小组专题协调会先后12次研究部署试点工作,县委、县政府主要领导和分管领导多次实地调研督导督办试点工作任务落实。市政府常务会议专题听取海原县政务公开工作汇报,有关负责人多次实地调研指导工作。制定《海原县基层政务公开标准化规范化试点工作实施方案》,并配套印发了《海原县基层政务公开标准化规范化试点工作五定方案》和《海原县基层政务公开标准化规范化试点工作推进方案》。

【组织领导】 2018年,成立县长任组长、2名副县长任副组长、50个责任部门和乡镇主要负责人为成员的全县政务公开工作领导小组,挂牌成立了县政务公开办公室,配备3名专职工作人员,具体指导全县政务公开工作,并从试点领域相关部门选调8名业务骨干,在政务公开标准化规范化试点办公室集中办公,各乡镇、街道办、管委会和政府各部门均成立了以主要领导任组长的政务公开领导机构和政务公开办公室,配备不少于1名专(兼)职工作人员负责单位政务公开工作,真正建立起上下联动、协同推进、高效运行的工作格局。

【业务培训】 2018年,积极参加自治区级政务公开工作培训班5次,举办全县政务公开工作、政府门户网站操作、政务公开智能监管平台操作培训班3次,并向政府各部门、各乡镇、街道办、管委会印发政务公开文件汇编。组织全县政务公开工作人员先后到彭阳、青铜峡学习试点工作做法和经验,赴福建厦门、漳州等地考察学习政务服务工作。

【资金保障】 2018年,县人民政府将试点工作经费150万元列入2018年财政预算,为升级改版政府门户网站、实施政府门户网站普查监测、开发政务公开智能监管平台、改造提升县政务服务中心、建设县级信息查阅点、配发触摸查询机和电子阅报屏、制作乡镇民生服务中心电子显示屏、政务公开栏等提供了强有力的资金保障。各乡镇、街道办、管委会和政府各部门累计投入资金450余万元,全力抓好政务公开各项工作任务落实。

【督查检查】 2018年,海原县将政务公开工作纳入全县效能目标管理考核,赋分4分,倒逼各部门、各单位提升公开意识,强化行动自觉。依托政务公开智能监管平台,对重点领域公开情况实时监测评估,并结合自治区、市、县三级督查督导,随时督促督办、查漏补缺。面向社会选聘30名政务公开评议监督员,统一聘任、统一培训、统一管理,加大对政务公开工作的社会监督和评议。

【事项清单】 2018年,海原县对照13个试点领域涉及的公开事项,依据各部门、各乡镇、街道办、管委会的权力清单、责任清单和公共服务事项清单、群众高度关切的事项清单，从县、乡两个层级进行梳理，形成了名称规范、分类科学、指向明确、全面精准的政务公开事项清单，做到试点领域公开事项底数清、情况明、数据准。

【标准目录】 2018年，多次深入13个试点领域涉及的部门和乡镇反复修订完善、进行合法性审查等，编制完成了试点领域公开事项标准目录13套884项、乡镇公开事项标准目录255项，并建立了动态调整机制，同时按照“三安全一稳定”“两秘密一隐私”相关要求，将公开后可能危及国家安全、经济安全、公共安全、社会稳定的48个事项纳入负面清单管理，为构建“公开是常态、不公开是例外”的新格局夯实了基础。

【建立健全制度体系】 2018年，制定《海原县政务公开工作制度》《海原县政务公开工作督查制度》《海原县政务公开工作考核制度》《海原县政府网站维护管理制度》《海原县村（居）务公开制度》《海原县校务公开制度》《海原县医务公开制度》等30项工作制度，建立完善了组织协调、公开属性审查、依申请公开、政策解读、政民互动、平台建设、考核评议、责任追究等全链条的制度体系，从基础上提升政务公开标准化、规范化建设。

【会议公开】 2018年，按照《海原县关于进一步规范公文标识政府信息公开属性有关事项的通知》，把县政府、县政府办公室公文标识公开属性贯穿于公文起草、签发、办理全流程，明确主动公开、依申请公开、不予公开等属性，做到签文稿纸、审查登记、正式发文、网上公开全统一。将“五公开”要求贯穿于会议办理全过程，邀请人大代表、政协委员及利益相关方列席政府常务会及部门办公会。同时，在县人民政府门户网站发布政府常务会研究事项会议纪要33期。

【解读回应机制】 2018年，运用数字化、图片图解、视频等可视化方式，对海原县2018年政务公开工作要点、基层政务公开标准化规范化试点工作实施方案、2018年脱贫攻坚工作实施方案、加强村务公开和民主化管理工作方案、义务教育控辍保学工作实施意见等政策性、规范性文件进行政策解读。及时通过媒体、网站等渠道主动发声，回应政务舆情、社会关注度高和群众关心的问题。整合开通“12345”政务服务热线，建立“统一平台、一号对外、集中受理、分级办理、统一回复”的工作机制，对群众的咨询建议、求助事项和意见投诉等及时转办答复，全年受理2239件，办结2200余件。

【依申请公开】 2018年，按照《海原县政府信息依申请公开制度》，建立了政府门户网站、信函、传真、政府信息查阅点、现场受理等多种政府信息依申请公开渠道，并确立了受理登记、内部审批、保密审查、办理答复、归档备案5个流程的标准格式文本，确保了依申请公开全流程规范有序、合理合法。已受理政府信息依申请公开7件，全部办结。

【政务公开平台】 2018年，升级改版了政府门户网站，优化模块设计，设置新闻中心、政务公开、办事服务、互动交流、试点专栏等35个版块，并嵌入自主开发的政务公开智能监管平台，集中展示、监管13个试点领域的政府信息。制作上线便民惠民网上地图，方便群众快速查询办事。创刊《海原县政府公报》，已发行

2期共1500份，向政务服务大厅、图书馆等政府信息公开查阅场所以及各乡镇、街道办、管委会、政府各部门赠阅，并同步在政府门户网站公布。依托县电视台“智慧海原”栏目和县政府“海原政务”微信公众号平台，开展信息发布、政策解读和办事服务等。开通“海原政务通——短信推送平台”，分受众、分事项、分时段向群众精准推送手机短信和相关事项二维码，累计发送信息2万余条。在县政务服务大厅和乡镇民生服务中心以及社区办事大厅摆放全县政务服务事项和微信公众号二维码矩阵，开设“政策宣传超市”，统一安装电子显示屏，滚动播放政务服务事项、办事指南和涉农资金发放等。在县政务服务中心、图书馆、乡镇民生服务中心建设县、乡两级政府信息查询室（点）20个，县、乡、村三级政务公开栏设置实现全覆盖，群众关心关切的扶贫资金、涉农资金、建档立卡贫困户进退等政府信息随时随地予以公布。自试点工作开展以来，海原县发布的政府信息与上年同期相比增加了5倍以上。

【政务服务大厅硬件设施】 2018年，海原县投入100余万元用于政务服务大厅升级改造工程，完善了大厅配套设施。增设了导服台、网上政务大厅自助办理区、政府信息查询室、便民查询服务点和自助办理区，配置显示屏、触摸查询排队叫号一体机和电子触摸屏查询机。同时，在大厅内配备了复印机、饮水机、填写桌椅、填写文具等服务设施，并在醒目位置设立意见箱、公示服务事项、办事流程、工作人员电话，方便了群众办事。

【公开政务服务事项】 2018年，通过宁夏政务服务网、海原县政府网、电子显示屏、触摸查询屏、掌上政务（手机App）、二维码集群、办事指南等多种形式实现了政务服务事项要素和办事指南网上可查、电话可询、微信二维码可扫。以行政审批等为重点，公示行政审批事项名称、设定依据、申请材料、办理流程、办理时限、收费依据及标准、办理地点、咨询电话等96项公开内容。同时，根据实际需要，窗口及时宣传和公开相关行政审批政策法规。

【政务服务】 2018年，将不必要的环节全部取消，所有政务服务事项承诺时限平均压缩至法定时限50%以内，申请材料减少了30%，事项办理由原来的3～5天办理变为即来即办，369项事项实现在窗口及时办结，大厅办结率达到了89.1%，基本实现“一站式”服务。持续开展“减证便民”服务，取消了所有县本级行政审批收费，实行“零收费”制，县级自行设置的证明材料全部取消，法律法规没有明确规定的申报材料，企业和群众一律不需要提交。实行企业“四十四证合一”和个体工商户“两证整合”，简化企业注销流程，实施登记注册“审核合一、一人通办”。39项便民事项全部下沉乡镇民生服务中心及代办点办理，医疗保险“一站式”结算，时限从30天压缩至5天。

【对外宣传】 2018年，县政府和政府各部门、各乡镇、街道办、管委会积极开展政务公开日、政府开放日、群众满意度测评、政务公开知识答题等形式多样的活动，向公众集中发放政务公开调查问卷和政策宣传材料20000余份，广泛征集意见建议，主动接受群众评议。在主要交通路口设立擎天柱宣传牌4块，沿街公交站牌设置宣传箱64块，打造广场大型宣传长廊1处，交通干道刷写墙体标语100余条，利用LED电子屏滚动播放、公交车（出租车）车体标语和悬挂横幅标语200余条,发放政务公开知识宣传手册和致全县人民群众的一封信2万余份、一次性宣传口杯30000个,政务公开宣传资料到处可见,群众能随时随地获取。在县政府门户网站开设试点工作专栏,制作政务公开宣传片、试点工作专题片,在海原县电视台开设政务公开专题栏目,设计全年政务公开工作要点一览图、工作宣传展板等,国务院和自治区政府网站、人民网、光明网、《光明日报》、《宁夏日报》、宁夏电视台等中央和自治区主流媒体对海原县政务公开工作进行了宣传报道。

信 访

【概　况】 2018年,全县受理来信、来访、网上信访576批次658人次,同比批次上升99.28%、人次上升1.28%。群众反映的信访问题主要有以下几类:城乡建设问题153件,主要集中在拆迁补偿、危房改造、公租房安置等;农村农业问题128件,主要集中在惠农补贴、农村饮水、土地确权等;民生民政问题102件,主要集中在低保救助、城市供暖等。全县及时受理率100%,参评率99.46%,满意率99.82%。

【重点工作完成情况】 2018年,中央第八巡视组共移交海原县信访局9批64件,其中重复件19件,全部已办结,办结率100%。国家信访局交办"四重"信访突出问题1件,已办结。自治区党委交办信访件共6件,均已办结。

【信访督办】 2018年,专门成立由县级领导带队的专项督导组,加强跟踪督办,强化清单管理,加大办结情况抽查回访力度,对思想不重视、责任不落实、办理结果群众不满意的8个乡镇通报批评,县级领导现场督办31批次,信访部门下发督办函103份、网上督办293件次,及时传导压力,形成高压态势,倒逼问题解决,确保群众反映的突出问题件件有着落、事事有回音。

【领导接访】 2018年,对中央巡视组移交的每一批信访件都专题研究、集体商讨、严格审核,问题不解决不放过、群众不满意不放过。县委、县政府主要负责人每人认领10件疑难信访件,亲自上手、现场督办,作出示范榜样、发挥引领作用。制定县级领导轮流接访约访制度,从周一到周五,每天都有一名县级领导在信访大厅接待来访群众,接访县级领导先后签批交办信访件51件,及时有效解决群众的合法合理诉求。

【规范信访秩序】 2018年,海原县以打造"法治信访"为目标,充分发挥信访部门和乡村干部密切联系群众的优势,深入开展法治宣传教育,引导群众自觉守法、遇事找法、解决问题靠法。在具体问题解决中,严格坚持法律底线、政策底线,做到合理诉求解决到位、不合理诉求解释到位、实际困难帮扶到位。

【队伍建设】 2018年,坚持把信访工作作为锻炼、考验干部的重要途径,制定出台《海原县新任领导干部到信访部门挂职锻炼工作办法》,每半年选派2名新任职干部到县信访部门挂职锻炼、"墩苗"成长。将县信访局调整为信访督办局,配齐配强力量,加强督办解决群众反映强烈突出问题的职能;在乡镇一级设立信访接访室、配备信访干事,夯实信访工作的组织体系。定期举办信访业务专题培训班,有效提高干部化解矛盾、做群众工作的能力水平。

机关事务管理

【理论学习】 2018年，海原县机关事务管理中心组织全体党员及干部重点学习《中国共产党章程》《关于新形势下党内政治生活的若干准则》《中国共产党纪律处分条例》等党规党纪；多次召开会议，积极组织干部职工，集中学习了中央八项规定、《党政机关厉行节约反对浪费条例》、《党政机关国内公务接待管理规定》等法规条例。

【公务用车改革】 2018年，海原县将应急保障用车辆和行政执法用车辆共300辆，按照要求统一采用贴膜方式涂装明显标识，并顺利完成检查验收工作。制定《海原县公务用车服务中心运行管理暂行办法》《公车服务中心司机考评工作安排》等制度和管理办法，加强管理，保障了海原县各项公务活动用车。结合自治区、市公务用车改革总体方案，建立了海原县公务用车集中管理平台，配备工作人员2名，司勤人员53名，公务用车55辆，并集中完成了部分车辆的过户和安检，对公务用车服务平台司勤人员开展安全教育培训2次。严格落实车辆统一调度、台账统一登记制度和实行车辆维修、加油、保险定点管理制度，严禁违规用车，严禁公车私用，节假日期间公务车辆一律入库，杜绝公车私用，推动公务用车管理工作规范化。

【公务接待】 2018年，海原县机关事务管理中心顺利完成全县大型接待任务及活动，共接待上级领导到海原调研、考察等活动810批次、13065人次，完成自治区国家级政务公开标准化、规范化试点验收工作、宁夏海原第三届高端肉牛大赛及高峰论坛会、海原县庆祝宁夏回族自治区成立60周年"文化旅游+"系列活动等全县大型活动共10余场次。

【办公用房清理整改】 2018年，海原县机关事务管理中心对全县办公用房进行统计、登记，配合县纪委、县政府督查室按照新标准对全县各级行政事业单位、人民团体占有、使用办公用房情况进行了2次全面核查，并进行现场指导。

【节能型单位建设】 2018年，海原县机关事务管理中心结合公共机构节水型单位建设工作推进实际，对上一年未达标及尚未开展节水型单位建设的单位，下达2018年海原县公共机构节能型单位建设任务名单，并召开节水型公共机构创建工作培训会，邀请中卫市机关事务局和中卫市节约用水办公室专职人员对海原县任务单位进行培训和指导，年底完成市里下达的行政机关65%和事业单位25%的建设目标任务。

中国人民政治协商会议海原县委员会

综　述

【概　况】 2018年，政协海原县十一届委员会围绕全县重点工作，对全县实施乡村振兴战略情况、全县公共文化服务体系建设情况、全县危房改造工作、南华山外围区域水源涵养林建设及生态修复情况、全县水资源管理利用和推行河长制情况、全县农村土地改革实施情况、全县民营经济及农村新型经营主体培育工作、全县村级集体经济发展及新型农业经营主体培育情况、全县网吧经营管理情况、全县民族团结进步示范县创建工作、全县食品安全监管工作、全县广播电视入户及村级文化广场使用情况进行了调研，并对县民政局和县交通局进行了民主评议。2月8日至12月28日，政协海原县第十一届常务委员会召开常务会议5次。至2018年年底，政协海原县第十一届委员会下设办公室及提案与文史资料委员会、经济法制与环境保护委员会、教科文卫体与民族宗教委员会3个专门委员会，编制21人，实有24人；委员由中国共产党、共青团、工商联、工会、妇联、文化艺术、科学技术、社会科学、新闻、教育、农业、宗教、经济、特邀、卫生、体育、社会福利与社会保障等17个界别组成，有委员137人。

【委员构成】 2018年，政协海原县十一届委员会有委员137人，委员由17个界别组成，其中中共12人、共青团1人、工会1人、妇联2人、工商联19人、文化艺术9人、科学技术3人、社会科学5人、经济16人、农业16人、教育10人、体育1人、新闻1人、医药卫生8人、宗教20人、社会福利和社会保障5人、特邀8人。

【理论武装】 2018年，政协常委会充分运用政协全体会议、政协常委会会议、中心组学习会、务虚会、专题讲座、举办培训班等多种形式，结合“两学一做”学习教育常态化制度化，采取个人自学与集中学习、座谈交流与举办专题培训相结合的方式，重点学习了习近平新时代中国特色社会主义思想、中共十九大精神、全国“两会”精神、“中央三个”(国家宪法、党章、政协章程)修正案和习近平总书记关于加强和改进人民政协工作的重要思想以及全国政协主席汪洋在全国政协学习习近平总书记关于加强和改进人民政协工作重要思想理论研讨会上的讲话精神，引导各族各界人士牢固树立“四个意识”，认真贯彻落实中央和自治区党委、市、县委各项工作部署，切实把实现党的政治领导、思想领导、组织领导落实到政协工作各方面和全过程。全年,共召开务虚会及专题学习会20次、座谈研讨会2次,举办委员培训班、提升履职能力专题培训班2期,参加全国政协业务知识培训班和自治区、市政协理论研讨会、务虚会4次,通过学习培训,夯实了履职的思想基础。

【建言献策】 2018年,政协常委会高度重视政协全委会议、常委会会议、主席会议的协商议政作用,积极资政建言。十一届二次会议期间,组织委员围绕政协常委会工作报告、提案工作情况报告和"一府两院"工作报告,通过分组讨论,进行全面协商议政,坦诚发表意见建议。委员们围绕经济发展、社会保障、生态环境保护等议题,提出协商意见。全年,共召开常委会会议4次、主席会议9次、各种座谈会议6次,汇总整理了《海原县政协十一届二次会议委员发言情况的综合报告》,递交提案、书面反映社情民意形式,共提出合理化建议40余条,积极为县委、县政府科学决策、民主决策提供了参考。

【调研协商】 2018年,政协常委会先后开展"乡村振兴"战略实施、创建民族团结示范县、南华山外围区域水源涵养林提升及生态修复、基层公共文化建设、农村土地三权改革等调研活动5次,围绕小流域治理及水资源开发利用和推行河长制、民营经济发展及培育新型经营主体培育情况开展专题协商活动2次,得到了县委、县政府的重视,有关建议被县委、县政府采纳。调研"乡村振兴"战略实施、农村土地改革和民营经济及农村新型经营主体培育情况时,分别赴贵州省湄潭县、道真县,浙江义乌、福建晋江和自治区平罗县、永宁县等地学习考察。针对存在的问题,借鉴外地经验,提出"加大项目资金整合力度、补齐基础设施短板。突出规划引领,加大耕地保护工作力度、科学划定建设发展边界、合理划定生态保护红线;加强基础设施建设,搭建招商引资平台"等方面建议。同时。积极配合完成了自治区、市政协到海原县开展富硒农产品发展、环境保护和污染整治等专题调研9次,提出与海原县有关的意见建议20余条,助力全县经济发展。

【专题视察】 2018年,政协常委会先后开展网吧管理、食品安全管理、重点提案办理和民生实事为内容的专题视察活动4次,就未成年人上网、消防安全、畜禽屠宰管理等群众关心的热点问题,提出有针对性的意见和建议,促进有关热点问题的解决。

【民主评议】 2018年,政协常委会按照组织准备、调查摸底、整改评议的运行程序,深入细致地对县交通局和县民政局工作进行民主评议,切实做到边评边改、以评促改、评改结合,不断提升被评单位工作水平。县交通局针对"助力脱贫攻坚存在非脱贫销号村庄道路无规划、无项目,无法硬化,居民出行难"的问题,通过积极争取,将部分非销号村农村公路纳入自治区交通厅2018年第二批农村公路项目中。县民政局针对低保核查工作存在一定差距的问题,积极开展了全县城乡低保专项治理工作,确保了低保工作规范运行。

【提案办理】 2018年,政协常委会继续采取县委、县政府、县政协主要领导和政协副主席领衔督办重点提案,提案委员会委员、提案人视察督办一般提案的工作机制,首次召开提案征集协商座谈会和提案提办质量互评活动,切实提高了承办单位与提案人的面商率,有效地推动了提案的办理质量和提案质量。县政协十一届二次会议期间，共征集到委员提案113件，立案47件。提案办复率98%，办结率94%。大部分提案已产生了良好的社会效果。

【社情民意】 2018年，政协常委会通过开展“五个一”活动，组织委员反映《关于加大县城建筑车辆管理的建议》《关于整顿和规范市场秩序的建议》等社情民意信息6期，引起了县委、县政府的重视，促进了有关问题的解决，社情民意工作的监督实效更加明显。

【维护和谐稳定】 2018年，县政协班子成员积极开展“五联五促”活动，深入所联系的清真寺，主动协助县委、县政府做了统一思想、协调关系、理顺情绪、减少阻力、增加合力工作，进一步增强与人民群众之间、各界别之间的紧密团结，努力促进了宗教与社会、各宗教之间、信教群众与不信教群众之间的团结和睦，从而使政协在民族团结中努力发挥凝聚人心的“黏合剂”作用。聚焦全县脱贫攻坚工作，针对新考入三本和预科大学生无人资助的实际，厚德慈善基金会共资助大学生563名，发放资助金149.3万元，实现了全县大学生资助全覆盖。

【文史工作】 2018年，政协常委会注重发挥文史资料“存史、资政、团结、育人”的作用，按照“三性”“三亲”要求，编辑出版了40余万字《海原红色记忆》，《闽宁扶贫协作20年海原专辑》（约30万字）的挖掘整理和编辑工作已基本完成。

【制度建设】 2018年，政协常委会适应新任务新要求，制定和完善覆盖会议组织、经常性工作、自身建设等方面的《政协常委会工作规则》《政协主席会议工作规则》《政协党组会议工作规则》《大会发言制度（预约发言）》等制度11项，不断创新优化政协管理方式，通过加大制度执行，建立了委员履职档案，年终进行考核通报，激发委员动力活力。

【机关党建】 2018年，政协常委会坚持把加强组织建设作为党的建设的基础工程和关键环节，不断完善党的组织网络和体系，新建政协机关党组1个和各专委会功能型党支部3个，以及相关工作制度，推动党组织对政协党员委员、政协工作全覆盖。指导政协机关党支部抓好“三会一课”、组织生活会等制度的落实，积极开展“主体党日”活动，认真学习传达了自治区政协召开的各市县（区）主席座谈会议精神。同时通过组织委员参加视察调研、外出考察学习、订阅《人民政协报》《华兴时报》、印发学习资料等形式，不断丰富委员的学习内容，拓宽委员视野，提升委员素质，增强了履职能力。

【调查视察】 2018年，政协海原县第十一届委员会先后组织常务委员会组成人员和部分政协委员开展调研视察12次，先后对全县实施乡村振兴战略、农村土地改革、全县民族团结进步示范县等工作情况开展了调研视察，并对县民政局、县交通局进行了民主评议。其中：3月对全县网吧经营管理情况进行视察和对全县民族团结进步示范县创建工作进行调研，4月对南华山外围区域水源涵养林建设及生态修复情况进行调研，5月对全县实施乡村振兴战略进行调研，6月对全县食品安全监管工作进行视察，7月对全县水资源管理利用和推行河长制情况和全县农村土地改革实施情况进行调研，9月对全县公共文化服务体系建设进行调研，10月对全县民营经济及农村新型经营主体培育工作进行调研，11月对全县村级集体经济发展及新型农业经营主体培育情况、全县危房改造工作和广播电视入户及村级文化广场使用情况进行调研。

【测评督办】 6月，政协常委会召开民主评议部门工作动员会，对县民政局和县交通局工作进行了民主测评。10月，督办县政协十一届二次会议提案、建议办理情况。12月，视察全县12件民生实事办理情况。

【视察调研活动】

表2　　2018年海原县政协视察调研活动情况表

时间	活动内容
1月17—19日	县政协主席郭吉武赴深圳招商引资
3月7日	县政协主席郭吉武，副主席杨常林、米力芳、柳璞在县政协会议室参加《海原红色记忆》编委（扩大）会议
3月14日	县政协主席郭吉武、副主席米力芳在政府领导王爱强和相关部门负责人陪同下，带领部分政协常委、委员对全县网吧经营管理工作进行视察
3月15—30日	县政协副主席杨常林陪同市政协副主席施润云调研全县深度贫困问题和督导检查全县部分乡镇扶贫资金问题
3月29—30日	县政协主席郭吉武、副主席米力芳带领部分县政协委员对全县民族团结进步创建工作进行调研
4月10—11日	县政协副主席柳璞督导检查全县2018年第一季度重点项目复（开）工情况
4月12日上午	县政协副主席米力芳陪同自治区政协副主席马秀珍调研卫生计生工作，县政协副主席柳璞陪同自治区政协副主席马力调研宗教工作
4月12日下午	县政协副主席米力芳陪同市政协相关人员视察云应用建设及运行情况
4月12日下午	市政协主席罗成虎在海原宾馆召开深度贫困村精准扶贫精准脱贫工作座谈会
4月27—28日	县政协主席郭吉武、副主席柳璞带领部分县政协委员调研水源涵养林提升及生态修复工程
5月20—24日	县政协主席郭吉武一行赴贵州湄潭县、道真县、武隆区考察学习乡村振兴战略实施情况
5月30日	县政协副主席柳璞陪同市政协副主席王谦一行调研海原中小微企业发展情况
5月30日至6月1日	县政协主席郭吉武一行调研海原县乡村振兴战略实施情况
6月5日	县政协副主席米力芳陪同市政协副主席张国顺一行调研全县美丽乡村建设情况
6月6日	县政协主席郭吉武、副主席柳璞参加自治政协副主席洪洋到海原征求意见座谈会
6月12日	县政协民主评议县民政局工作动员会在县财政局五楼会议室召开，县政协副主席米力芳参加动员会
6月13日	县政协视察全县食品安全情况，县政协主席郭吉武、副主席米力芳参加视察
6月13日	县政协民主评议县交通局工作动员会在交通局会议室召开，县政协副主席柳璞参加动员会
6月21—27日	县政协副主席杨常林、米力芳带领部分县政协委员及政协机关干部赴厦门大学培训学习
7月10日	县政协副主席柳璞陪同市政协副主席茹小霞一行调研富硒农产品发展情况
7月17日	县政协副主席柳璞带领部分政协委员调研全县水资源管理利用和推行河长制情况
7月23—26日	县政协主席郭吉武、副主席柳璞等一行赴浙江义乌、福建晋江市考察学习农村三权改革情况
7月26—28日	县政协主席郭吉武、副主席柳璞等在福建厦门市拜访原挂职领导、收集整理《闽宁扶贫协作20周年海原专辑》资料和赴漳州市招商引资
7月30日	县政协主席郭吉武等县领导慰问中卫市军分区官兵
7月30—31日	县政协副主席米力芳陪同市政协副主席付成林等一行调研海原县公共文化建设情况
9月6日	县政协主席郭吉武、副主席米力芳带领部分县政协委员调研全县公共文化服务体系建设情况

续表2

时间	活动内容
9月13日	县政协副主席柳璞陪同市政协相关人员调研全县河长制情况
9月17日	县政协副主席米力芳陪同市政协相关人员调研全县分级诊疗情况
9月18日	县政协副主席米力芳陪同市政协相关人员视察全县保障性住房建设和使用情况
10月9日	县政协主席郭吉武,副主席杨常林、米力芳等督办县政协十一届二次会议提案、建议办理情况
10月11—12日	县政协主席郭吉武、副主席米力芳等赴永宁县、平罗县考察学习民营经济建设情况
10月23日	县政协主席郭吉武、副主席米力芳等调研全县民营经济建设情况
11月20日	县政协主席郭吉武陪同自治区政协主席崔波调研海原县经济发展及政协机关工作
12月19日	县政协主席郭吉武,副主席杨常林、米力芳、柳璞视察全县12件民生实事办理情况

重要会议

【十一届九次常委会会议】 2018年2月8日,县政协十一届九次常委会会议在县政协会议室召开。会议传达学习了自治区"两会"精神,审议通过了《县政协常委会2018年工作要点》、《县政协关于社情民意信息办理工作实施办法》。

【十一届十次常委会会议】 2018年5月10日,县政协十一届十次常委会议在县政协会议室召开。会议传达学习了《自治区政协主席崔波在政协参加单位和界别工作座谈会上的讲话》(选自宁政协通报第五期),审议了《全县网吧管理情况视察报告》《创建民族团结示范县开展情况调研报告》《南华山外围区域水源涵养林提升及生态修复情况调研报告》《海原县政协系统干部履职能力提升专题培训班实施方案》。

【十一届十一次常委会会议】 2018年8月16日,县政协十一届十一次常委会会议在县政协会议室召开。会议传达学习了全国政协系统党的建设工作座谈会精神、中卫市委四届五次全会精神以及自治区、中卫市、海原县(市、区)政协主席座谈会精神,协商通过《关于全县实施乡村振兴战略情况调研报告》《关于食品安全监管工作视察报告》《关于全县农村土地改革实施情况调研报告》。

【十一届十二次常委会会议】 2018年11月8日,县政协十一届十二次常委会会议在县政协会议室召开。会议传达学习了《汪洋主席在习近平总书记关于加强和改进人民政协工作的重要思想理论研讨会上的讲话精神》《汪洋主席在庆祝宁夏回族自治区成立60周年大会上的讲话精神》《石泰峰书记在庆祝宁夏回族自治区成立60周年大会上的讲话精神》,听取了县政府关于县政协十一届二次会议提案办理工作情况的通报、县纪委监委工作情况通报,审议通过了《全县公共文化服务体系建设情况的调研报告》《全县民营经济及农村新型经营主体培育工作情况的调研报告》《关于全县水资源管理利用和推行河长制情况的调研报告》。

【十一届十三次常委会会议】 2018年12月28日,县政协十一届十三次常委会会议在县政协会议室召开。会议传达学习了《习近平总书记在庆祝改革开放40周年大会上的讲话》《全国政协十三届委员会常务委员会第四次会议》精神,审定了《县政协相关工作制度》《海原县政协全体会议工作规则》《海原县政协常务委员会工作规则》《海原县政协委员履职工作规则》,审议通过了《县政协民主评议县交通运输局工作报告》《县政协民主评议县民政局工作报告》,听取了部分县政协常委个人履职情况汇报。

专门委员会

【提案与文史资料委员会】 2018年,对十一届三次会议提案办理情况进行督办、视察,与承办单位沟通协商,积极开展提案催办和督办、首次召开提案征集协商座谈会和提案提办质量互评等活动;对全县实施乡村振兴战略情况、全县公共文化服务体系建设情况、全县危房改造工作进行了调研,负责收集、整理、编辑了《海原红色记忆》和《闽宁扶贫协作20周年海原专辑》。

【经济法制与环境保护委员会】 2018年,对南华山外围区域水源涵养林建设及生态修复情况、全县水资源管理利用和推行河长制情况、全县农村土地改革实施情况、全县民营经济及农村新型经营主体培育工作、全县村级集体经济发展及新型农业经营主体培育情况进行了调研;并对县交通局进行了民主评议。

【教科文卫体与民族宗教委员会】 2018年,对全县网吧经营管理情况、全县民族团结进步示范县创建工作、全县食品安全监管工作、全县广播电视入户及村级文化广场使用情况进行了调研,并对县民政局进行了民主评议,协助办公室完成了“海原县厚德慈善基金会”资助贫困大学生工作。

纪检监察

综　述

【概　况】 2018年，海原县有纪检监察机构31个，派驻纪检组4个，全县共有纪检监察干部104人，其中：乡镇、管委会55人，县纪委36人，县直机关13人。县纪委监委机关内设办公室(宣教政研室)、党风政风监督室、信访室、案件监督管理室、第一纪检监察室、第二纪检监察室、第三纪检监察室、案件审理室8个职能室和机关党支部，人员编制为37人，其中行政32人，工勤5人。县纪委领导班子有书记1名，副书记2名，常委4名(全部兼任室主任)。监委领导班子有主任1名，由县纪委书记兼任；副主任2名，由县纪委副书记兼任；委员4名，其中3名由纪委常委兼任；纪委监委共有副科级以上领导干部8人，其中副处级1人，正科级3人，副科级4人。

【政治建设】 2018年，县纪委监委坚持以习近平新时代中国特色社会主义思想指导实践、推动工作，把对党的忠诚体现在实际行动上、落实到具体工作中。对全县73个领导班子召开严格执行中央八项规定精神专题民主生活会情况进行督查指导。对6起不作为、慢作为典型案例进行通报曝光。强化政治生态建设，严把“廉政回复关”，回复征求意见函93份，涉及125个单位1261人次，廉政鉴定4人，查否20个单位83人次。举全县纪检监察干部之力，对中央、自治区党委巡视组转办的信访举报和问题线索按照“10天反馈一次办理情况，20天反馈一次办理结果”的要求，快查快结。中央第八巡视组交办的56件信访件(中卫市纪委提级办理2件)已全部办结，共问责处理干部156人。

【从严治党】 2018年，县纪委监委坚决扛起管党治党政治责任和使命担当，以永远在路上的执着深化推进全面从严治党。县委先后21次听取和研究部署党风廉政建设工作，以上率下落实管党治党政治责任。县纪委积极协助县委履行主体责任，对标自治区纪委十二届二次全会精神，结合市纪委四届三次全会精神和县纪委十四届三次全会安排部署，研究制定《2018年海原县推进全面从严治党 加强党风廉政建设和反腐败工作主要任务分工》，细化6个方面36项内容，责任落实到5个牵头单位。县纪委监委准确把握政治监督职责定位，进一步健全完善责任清单、问题清单、问责清单和“两个责任”全程纪实制度。强化监督问责，协助县委对22名县级领导分管部门班子成员违纪违法情况进行抄告；对9名党委负责人进行述责述廉，督促落实“两个责任”。

【作风建设】 2018年，县纪委监委重点对领导干部办公用房面积、公务车辆管理使用、“三公”经费管理使用及干部作风等进行监督检查，对存在问题的单位下发整改通知书72份，查处违反中央八项规定精神问题10起17人，给予党纪政纪处分9人，诫勉谈话6人，提醒谈话2人。扎实开展违反中央八项规定精神突出问题专项治理，成立5个督查组指导各单位开展自查自纠工作，追缴违规资金753.1万元，给予4名干部党纪政纪处分，对1287名相关责任人进行组织处理。全县73个领导班子召开了严格执行中央八项规定精神专题民主生活会，查摆问题1975条，提出整改意见建议2586条。开展形式主义、官僚主义等“四风”问题集中整治活动，针对检查中发现的问题下发整改通知书7份，对形式主义、官僚主义等“四风”问题突出的8个单位主要负责人进行责任约谈，对6起“三不为”问题进行严肃查处，问责47人。

【惩治腐败】 2018年，县纪委监委共受理信访举报件和问题线索834件，共问责处理482人，其中给予党纪政务处分170人，组织处理312人。紧盯重点领域，受理环保领域问题线索23件，问责处理64人。制定扶贫领域腐败和作风问题“3+X”专项治理工作方案，开展村干部违规纳入建档立卡户突出问题专项治理工作，全县18个乡镇（管委会）119名村干部主动上缴违规享受建档立卡户资金90.21万元，108名村干部退出建档立卡户，进一步增强了村干部廉洁意识。推行“廉情诊所”监督工作机制，通过“五诊”方式，强化村级监督，全县162个行政村，收集整理问题330个，协调解决问题289个，发现违纪问题3个，办结3个，给予党纪处分2人，诫勉谈话2人。严格执行扶贫领域监督执纪问责联席会议制度，长期开展跟踪督促落实，向5个部门发出监察建议书，向7名县级领导进行抄告。坚持发现问题与整改并重，针对中央、自治区纪委领导调研反馈问题，及时制定整改方案，建立整改台账，严查重处，强化震慑，确保整改到位。2018年扶贫领域共问责处理303人次，其中给予党纪政务处分89人次，给予组织处理214人次。

【监察体制改革】 2018年，县纪委监委全面落实纪委监委合署办公要求，调整优化内设机构设置、职能权限配置和编制人员配备，设内设机构8个，划转编制11名，对18个乡镇（街道办）纪（工）委、4个派驻纪检组赋予部分监察职能，新增监察对象2094名，实现监察监督全覆盖。强化监委与执法司法机关顺畅有效衔接，建立联席会议、案件督办机制等，制定《海原县人民法院支持监察体制改革办理职务犯罪案件办法（试行）》《海原县人民检察院与监察委员会办理职务犯罪案件衔接办法（试行）》《海原县公安机关支持配合深化监察委员会查办案件工作办法（试行）》《海原县司法行政机关支持配合监察委员会查办案件工作办法（试行）》4个办法。制定《海原县在查办党员和国家工作人员涉嫌违纪违法犯罪案件中加强协作配合的实施办法》，实现纪法全面贯通。

【案件查办】 2018年，县委政法委移送问题线索1件，县人民检察院移交问题线索3件，县公安局移交问题线索20件。对县法院移交判处刑罚的5名违法党员干部给予党纪政纪处分。建立《纪委监委与政法机关涉黑涉恶问题线索双向移送反馈制度》《涉黑涉恶重大案件挂牌督办制度》《涉黑涉恶重大复杂案件会商制度》等，通过例会、专题会议等方式加强与政法机关的对接，对2016年以来利用宗族势力欺压群众、操纵基层换届选举等涉黑涉恶举报信件进行大起底，共排查梳理问题线索44件（含信访举报39件），全部移送县扫黑办。

【自身建设】 2018年，县纪委监委强化工作融合，选派15名干部参加中央、自治区、市纪委培训，举办2期纪检监察业务专题培训班，开展急救知识现场实践演练，增强了县、乡镇（街道办）纪检干部办案能力和水平。建成1个标准化办案场所264平方米（4间谈话室、涉案物品管理室、档案室等），为18个乡镇（街道办）纪委配备了执法记录仪、急救箱和急救药品等，坚守执纪审查安全底线。制定《海原县纪委监委会议工作规则（暂行）》《海原县纪委监委财务管理制度》《海原县纪委监委车辆管理办法》《海原县纪委监委干部职工考勤及请销假制度》3项制度，进一步强化内部管理。完善了应急预案，规范谈话审批手续、谈话室使用管理流程等制度，层层签订安全责任书，坚守安全底线。

巡察工作

【概　况】 2018年，中共海原县委巡察工作领导小组办公室已巡察（正在巡察）6个乡镇、4个部门，延伸巡察47个行政村。围绕6个方面共发现各类问题326条，移交领导干部问题线索10条，问题线索正在处置，提交专题报告20份，建立完善制度5项。

【政治巡察】 2018年，中共海原县委巡察工作领导小组办公室研究审定全县2018年巡察工作计划、第一轮巡察工作方案及两个工作规则，保障巡察工作有序稳步开展，并针对中央第八巡视组专项检查反馈的5个方面11个问题，海原县委巡察办聚焦问题制定整改落实方案，制定17条整改措施，逐项逐件整改，切实担负起巡察工作的主体责任。始终坚持巡察政治方向，重点发现基层党建缺失、落实党风廉政建设“两个责任”不力等问题，梳理问题32个，针对巡察中发现的村级基层组织软弱涣散问题，县委研究制定《关于进一步加强农村基层党建工作的意见》和《海原县软弱涣散党组织集中整治工作实施方案》，对24个软弱涣散党组织进行专项整治。开展常规巡察1轮，涉及2个乡镇，巡察组延伸巡察4个行政村，配合市委巡察工作开展扶贫专项巡察1轮，全县118名村干部主动上缴违规享受建档立卡户资金90.21万元，108名村干部退出建档立卡户，确保扶贫政策和扶贫资金惠及贫困群众，增强人民群众的获得感。

【调整工作领导小组】 2018年，海原县委结合实际将原来的巡察工作领导小组组长由县纪委书记担任调整为由县委书记担任组长，副组长由纪委书记和组织部部长担任，成员由县纪委、县委组织部有关领导、县巡察办主任组成，发挥了巡察工作领导小组的作用。

【工作机构】 2018年，根据自治区党委《关于市县（区）党委建立巡察制度的实施意见》精神，海原县委先后4次召开常委会会议，于2018年3月19日第11次县委常委会会议审定，设立海原县委巡察工作领导小组办公室，为海原县巡察领导小组日常办事机构，设在县纪委，列入县委机构序列，机构规格为正科级，核定人员编制6名，其中巡察办主任1名（正科级），巡察办副主任1名（副科级），巡察组专职副组长2名（副科级），一般工作人员2名，所需编制统一核在巡察办。海原县巡察办人员已全部配备到位。建立完善34人的巡察组组长库和55人的巡察工作人才库。每次巡察采取“抽硬人、硬抽人”的方式抽调组织、宣传、财政、审计、人社等部门专业人才和单位骨干参加，确保巡察工作有的放矢。

【后勤保障】 2018年，为巡察办及巡察组配备独立办公用房3间，高标准配置电脑、打印机、档案柜等相应办公设备。为各巡察组配备手提电脑、便携式打印机等设备，同时，县财政下拨巡察工作经费20万元，实现了设备、经费双到位，为巡察工作的开展提供最便利的条件和强有力的保障。

【工作机制】 2018年，中共海原县委巡察工作领导小组办公室研究制定《中共海原县委巡察工作规划（2017—2021年）》《海原县委巡察工作领导小组工作规则》《海原县委巡察组工作规则》《关于被巡视单位配合县委巡察组开展巡察工作的暂行规定》《海原县委巡察工作领导小组办公室工作规则》，并根据实际印制《海原县巡察工作指导手册》和巡察干部“十不准”制度，为推动巡察工作规范有序开展提供重要依据。

【巡察质量】 2018年，海原县委始终在巡察工作中紧扣“六个围绕，一个加强”，围绕县委、县政府重大决策部署贯彻执行情况，严格程序，把握重点，确保巡察工作取得实效。每轮巡察前，县委巡察办科学合理的研究制定工作方案，明确巡察工作重点内容、方法程序、人员职责。召开动员会安排部署，进行培训，统一思想，明确任务，熟悉程序，严明纪律，向被巡察单位及时发布巡察公告，公布投诉举报电话，设置巡察意见箱。同时，征求纪委、组织、审计和信访等部门的意见，做到底数清、情况明、有准备。巡察中坚持“一听、二看、三对照”：一听领导班子汇报，全面掌握总体情况；二看会议记录、相关档案资料，做细信息点；三是采取民主评议、实地查看、明察暗访等形式，对照掌握的情况进行逐条印证，坐实信息点。每轮巡察结束后认真撰写巡察报告，经巡察领导小组会议研究后，提交县委常委会通过后形成反馈意见，及时向被巡察单位反馈，抓好整改。突出边巡边改，注重把发现问题与解决问题相结合，坚持边巡察、边移交、边督办、边整改，使“巡”“察”“改”紧密衔接、形成良性互动。开展巡察工作以来，巡察组落实边巡边改问题25条，给相关职能部门和单位提出落实整改意见建议58条。督促反馈整改，巡察结束后，对发现的问题，逐一进行分类汇总，在向县委汇报后及时向被巡察单位进行反馈，要求被巡察单位针对巡察反馈意见，制定整改实施方案，建立问题整改清单台账，落实责任人，限时推进。

【建立长效机制】 2018年，县委书记在听取巡察工作专项汇报中共点人2次、点事16件，并提出具体要求。实行“凡巡必谈”，每轮巡察反馈后，对被巡察党组织开展巡察反馈会，明确整改要求，落实全面整改措施，堵塞制度漏洞。对巡察中发现基层组织建设、重大事项决策、扶贫资金管理、村务公开等方面的存在的制度漏洞和薄弱环节，督促组织、财政等部门制定《海原县党建工作责任追究办法(试行)》《海原县统筹整合使用财政涉农资金管理暂行办法》《海原县扶贫开发驻村工作队及农村基层党组织第一书记管理办法》等多项制度,全面落实管党治党责任,构建起党员干部廉洁自律的长效机制。

群众团体

海原县总工会

【概　况】 2018年,海原县总工会深入学习领会习近平总书记系列重要讲话精神特别是关于工人阶级和工会工作重要论述,以“站排头、争一流、走在前、做表率”为目标,树立“四个意识”,增强“四个自信”,履行“四项职能”,紧扣中心工作,深化工会改革,强化队伍建设,扎实推进工会组织建设、民主管理、素质提升、建功立业、帮扶救助等工作,全面构建“常规工作经常抓、重点工作出亮点、创新工作有特色、整体工作上台阶”工作新格局。按照“促发展、保稳定、创和谐、上水平”的总体要求,扎实开展“创先争优·党建带工建”活动,着力维护职工队伍和社会稳定,着力推动构建和谐劳动关系,着力提升职工队伍整体素质,着力加强工会自身建设,各项工作取得了一定成效。

【工会改革】 2018年11月5日,海原县总工会召开了海原县工会第九次代表大会,大会总结了海原县工会第八次代表以来的工作,安排了今后5年的工会工作。大会选举产生了新一届工会委员会成员和领导班子成员。杨常林等27名代表当选海原县总工会第九届委员会委员,其中,杨常林当选海原县总工会第九届委员会主席,马彩红当选海原县总工会第九届委员会常务副主席,李颖宇当选海原县总工会第九届委员会副主席,马治兰当选海原县总工会第九届委员会副主席(挂职),顾娟当选海原县总工会第九届委员会副主席(兼职),罗永虎、李军、拓守忠当选海原县总工会第九届委员会常务委员;张德飞等5名代表当选海原县总工会第九届委员会经费审查委员会委员,其中,张德飞当选海原县总工会第九届委员会经费审查委员会主任,马安贵、张渊鹏、朱继文、田文当选海原县总工会第九届委员会经费审查委员会委员。

【基层组织建设】 截至2018年年底,全县有机关、事业、企业单位工会组织179家,工会会员28439人,女工会会员9805人,农民工工会会员13107人,女农民工工会会员4879人。其中:机关工会57家,会员7128人;事业单位工会85家,会员7155人;企业工会12家,会员551人(其中:非公有制企业工会组织9家,会员503人);其他组织工会25家,会员13605人(主要以农民工为主)。全县专兼职工会干部534人,其中女工会干部183人。工会经审组织151家,专兼职工作人员397人;工会女工组织152个,专兼职女工委员268人。全县工会组建率达96%,职工入会率达98%。

【维权维稳】 2018年,海原县总工会先后下发《海原县总工会2018年困难职工精准帮扶工作实施方案》和《关于认真开展困难职工入户登记普查加强精准帮扶工作的补充通知》。要求各基层工会根据文件精神确定新的困难职工(农民工)并进行建档,同时入户普查已建档的困难职工(农民工)。将档案库中原有困难职工,通过看、问、听、查、入户等普查方式,与职工群众面对面交谈,了解核实经济收入、实际供养人口、住房情况、子女入学情况、家庭成员就业情况、困难原因、疾病诊断和治疗费用情况等。并及时梳理汇总,根据最新信息及时更新录入帮扶管理系统,实现动态管理。对已脱贫、死亡、调离、收入超标、退休和无法联系的困难职工进行了及时注销、脱困、调整。最终留下208户建档立卡的困难职工(农民工)。

【劳动竞赛】 2018年,海原县总工会以创建"工人先锋号"为主要载体,带动了各方面的竞赛活动,形成了全方位、多层次的劳动竞赛新格局,把职工的积极性凝聚到促进发展上来,在全县掀起了学知识、练技能、提素质的热潮,为推动海原县经济社会又好又快发展作出了新贡献。坚持以"创双优"活动为主线,以班组建设为重点,大力开展创先争优劳动竞赛和职工岗位技能竞赛活动。2018年"5·12"护士节举办女职工劳动技能竞赛活动。联合县人社局举办全县装载机技能大赛,来自全县的360人参加了比赛,合格率达到95%以上,并取得了资格证书。

【民主管理】 2018年,海原县总工会组织基层单位深入开展"春季要约"和集体协商工作,共签订集体合同12份,签订率达100%,其中区域性集体合同2份,行业性集体合同1份。定期召开协调劳动关系三方会议,深入开展三方联合执法检查,扎实推进示范单位创建工作,加大对拖欠农民工工资企业处置力度。

【劳模管理】 截至2018年年底,海原县共有全国劳模4名,自治区级劳模38人,市级劳模13名;有自治区五一劳动奖章获得者11名,自治区工人先锋号2个;获中卫市五一劳动奖状1个,中卫市五一劳动奖章2个,中卫市工人先锋号1个。一是宣传2018年自治区五一劳动奖状奖章和工人先锋号。二是完善劳动模范档案库,定期对劳动模范系统予以更新,及时、准确、全面地反映劳动模范新增、调出、退休、去世等动态情况。三是在国华农机制造有限公司和万绣庄剪纸刺绣合作社创建劳模创新工作室2家(党建带工建,工建促党建模式)。四是发放了劳模慰问资金17.174万元。

【宣传教育】 2018年,海原县总工会联合宣传部、文联、团县委和县妇联举办了海原县首次集体婚礼,有15对新人参加了移风易俗集体婚礼。联合县委宣传部举办了庆祝建党97周年知识竞赛活动,来自全县30余支队伍参加了活动。积极开展以"送技能、送法律、送健康、送文化"为主题的"四送"活动,深入企业、社区、建筑工地,为职工举办普法培训、放电影、健康咨询等活动3场次,开展法律宣传5次。在全县各基层工会积极创建自治区、市级"职工之家""职工书屋"。通过系列活动,增进了广大农民工与工会干部的情感,增强了工会的凝聚力。

【职工维权】 截至2018年年底,海原县总工会慰问困难职工(农民工)313人,慰问金

28.092万元。其中大病救助13人,救助金额0.65万元,生活救助300人,救助金额27.442万元。制定下发《职工维权述职行动计划》《清理职工(农民工)工资问题专项整治工作方案》。共接待来信来电来访案件30件47人次,其中涉及工资类案件1件1人,生活救助类15件32人,下岗失业1件1人,医疗救助13件13人。成功处理16件。建立"户外劳动者之家",总面积210平方米左右,配有卫生间、职工沐浴室、职工休息室、桌椅、净化饮水机、微波炉、电视机及应急医药箱等设施设备,总投资3万多元。开展农民工双向维权工作,建立异地农民工维权工作站,更好地健全农民工异地维权工作机制。成立县总工会主席任组长的驻外农民工工作领导小组,下设了驻内蒙古农民工维权工作站和驻新疆农民工维权工作站,具体负责海原籍农民工在内蒙古和新疆务工时的合法权益的投诉案件及劳动争议的调查、调解,参与工资集体协商和劳动合同签订,提供法律咨询,办理农民工维权案件等。2018年,参与人社部门解决劳资纠纷9起,为近1899名农民工追回拖欠工资600多万元。

【自身建设】 2018年,海原县总工会有干部职工19人,其中女干部8人。有主席1人,常务副主席1人,副主席1人,经审主任1人,主任科员1人,副主任科员1人,干部2人,11名职业化工会干部。另外,设有困难职工帮扶中心,办公设施齐全,制度上墙,并配备了3名工作人员(其中职业化工会干部3人)。设有职工文化活动中心,活动中心面积1240平方米,设有健身房、乒乓球室、多功能室、职工书屋、电教室等,有工作人员2人(其中职业化工会干部1人)。

共青团海原县委员会

【共青团改革】 2018年,共青团海原县委员会全面落实常态化下沉基层任务,严格执行"1+100"团干部直接联系青年制度;坚持每季度举办1次机关开放日活动;加大非公建团力度,帮助符合建团条件的非公企业、协会建立团支部、制定工作制度、策划活动,逐步扩大海原县团组织覆盖领域;以服务海原县青少年需求为着力点,打造黎明社区、建设社区等"青年之家"平台,为青少年提供创业交流、读书分享、体育健身、维权等综合性服务;立足改革任务,优化领导班子配备,2名专职副书记、1名挂职副书记、1名兼职副书记已经配备到位;召开海原县第十四次团代会,该次代表大会的常委、委员和代表均增加了基层一线青年的比例。教育团工委正式成立。

【从严治团】 1. 夯实基础团务。认真落实《关于加强新形势下发展团员和团员管理工作的意见》,严格控制团青比例,积极推动团员成为注册志愿者、网络志愿者,广泛开展志愿服务,认真在基层团组织落实"三会两制一课"制度。2. 青年工作品牌活力提升行动。举办"两红两优""向上向善好青年""青年岗位能手""青年文明号"等评选活动,扩大团组织影响力。3. 巩固学校的战略性、基础性、源头性地位。在海原三中开展了"五个规范化"建设工作试点,在海原回小开展了少先队活动课程规范化试点,加强团教协作,在海原二中、三中常态化开展"驻校蹲班"工作,认真组织开展"微团课"大赛、"争做新时代好队员"

评选等活动，不断提升学校团组织活力。4.举办全县政治理论及共青团业务知识培训班。7月，组织全县120余名基层团干部参加培训，不断强化团干部综合素质培养。5.开展“青年大学习”行动。在全县范围内开展30余场“学习新思想 建功新时代”活动，学习覆盖学校、社区、乡镇团员青年3800余人次，大大增强了全县广大团员青年学习习近平新时代中国特色社会主义思想的实效性。6.驻点调研。团县委全面落实下基层任务，领导班子以海城镇、海原四中、海原国华农机为调研点，深入基层一线，了解基层一线青年困难与需求，更好地服务青年。

【志愿服务】 2018年，共青团海原县委员会组建“青春助力脱贫攻坚”志愿服务队，开展“关爱空巢老人”“特需青少年关爱行动”“志愿服务乡村文化旅游节活动”等志愿服务活动，结对帮扶20名空巢老人，结对帮扶特需青少年13名。

【希望工程】 2018年，共青团海原县委员会积极争取希望工程资金，资助建档立卡贫困大学新生115名，发放助学金49.5万元，资助小初高学生450名，发放助学金25万元。为海原县贾塘乡等25所农村小学1~6年级每班配备爱尔希望班级图书角，为关桥等6所农村小学援建美术教室并配备了美术器材，为李俊小学等8所中小学捐赠饮水机14台，价值30万元。联系宁夏华夏西部影视城捐款40万元，援建了西部影城海原县七营镇希望医院。

【新媒体宣传引导】 2018年，共青团海原县委员会通过平台积极宣传党的方针政策，开展党团知识竞答活动、普及法治、环保等理念，引导青少年积极践行社会主义核心价值观。利用平台开展“争做新时代好少年”等评选活动，用榜样人物的力量影响全县青少年，激励他们不畏艰难、奋发向上。通过平台发布脱贫富民政策、文化旅游项目推介、移风易俗宣传等内容，服务海原县社会事业发展。“青春海原”关注人数已超过3600人，推送信息超过1100条。

【服务青年创新创业】 2018年，共青团海原县委员会为全县20名创业青年协调贷款500万元。开展2场农村技能培训，共有200余人参加。举办海原县农村合作社与电商企业交流沙龙活动，邀请100余名农村合作社代表与青年电商企业代表针对农村合作社与农村电商企业合作前景开展交流座谈，为农村创业青年搭建交流平台。积极培育青年电商带头人，挖掘张学智、丁小龙等创业典型，带动更多青年参与电商创业。

海原县妇女联合会

【机构改革】 2018年，海原县妇联及时召开改革启动会并制定下发《海原县关于开展乡镇妇联组织区域化建设工作的实施方案》《海原县关于开展村（社区）妇代会改建妇联工作的实施方案》。于2017年年底全部完成基层妇联改革工作，建立了轮值主席制度，切实发挥基层妇联执委联系服务妇女群众的作用。经县委常委会通过《海原县妇联改革方案》，1月22—23日召开海原县妇女第十三次代表大会，选举产生县妇联主席，专职、兼职、挂职副主席，执委。制定了挂职、兼职副主席管理办法。县直部门妇委会改革正在进行中。

【基层组织建设】 2018年，海原县妇联认真贯彻落实全区村级党组织中开展的“三大三强”促脱贫富民行动和农村基层推广“两个带头人”工程经验要求，建立组织女带头人和农村致富女能手信息库，对致富女能手张春香、贾梅梅及女组织带头人谢德芳每人申请2万元的经费，进行定向培养；为乡镇（街道办、管委会）妇联每年拨付工作经费2万元、县直妇委会1万元，村（居）妇联主席工资由每月300元提高到每月400元，切实发挥乡镇村（居）妇女之家作用，建立健全妇女之家工作制度，明确组织机构，开展活动，建立档案资料，县妇联定期督查。在妇女手工制品创收基地打造巾帼扶贫车间，并成立妇委会。该基地妇委会主任主动作为，牵头组织3家手工制品协会参展中阿博览会。在旗袍协会、闽宁纺织园等建立妇女组织，进一步延伸了妇女工作手臂。开展2期全县妇联干部业务工作培训会，建立县、乡、村三级妇联执委联系群众制度，进一步扩大联系服务覆盖面。

【培育社会主义核心价值观】 2月26日至3月15日，海原县妇联以“巾帼心向党·建功新时代”为主题开展了系列庆祝活动。召开了纪念第108个三八国际妇女节大会，表彰了2017年“三八红旗集体”、“巾帼建功先进集体”、“爱妮保”工作先进集体及“三八红旗手”等56名先进个人和9名农村妇女创业贷款先进工作者，总结了2017年妇女工作，安排部署了2018年工作。举办了“弘扬中华传统美德·尊老爱老敬老孝老”演讲比赛；重阳节联合妇计中心开展了“爱老·敬老·尊老”巾帼在行动主题党日活动。开展“推进移风易俗·助力脱贫攻坚”宣传、剪纸大赛、“两癌”免费筛查义诊，旗袍秀比赛、“爱润万家·好家教好家风好家庭”宣讲、“反对家庭暴力”知识讲座，建立了巾帼志愿服务队伍，制定管理制度，统一了服饰、标识，参与各类主题活动，打造了特殊教育、马莲村2个市级巾帼志愿服务队。

【宣传工作】 2018年，海原县妇联发布妇工信息65篇，其中好家风好家训宣讲微视频在宁夏妇女网展播，入围全国“百千万巾帼大宣讲”网络评选活动，1篇信息被自治区妇联办公室采用。

【乡村振兴巾帼行动】 2018年，海原县妇联制定下发《海原县妇联乡村振兴巾帼行动实施方案》，召开动员大会，安排部署重点工作，开展家风家训宣讲、剪纸、种养殖业技能培训。组织参加宁夏巾帼创业创新大赛。指导各村建立留守妇女信息库，建立互助组，使留守妇女互帮互助，缓解生产生活压力。

【关爱帮扶】 2018年春节期间，海原县妇联争取自治区、市妇联及县财政慰问资金9.4万元，慰问孤寡老人、“两癌”患者，单亲母亲、贫困“留守妇女”、孤残儿童等贫困妇女儿童50人；六一期间为九彩乡元套村小学、贾塘乡双河村九年一贯制学校96名学生送去了价值4800元的书籍、书包、彩笔等学习用品。以庆祝建党97周年为契机，在七营镇马莲村开展了拥军优属慰问及集中宣传活动，慰问该村10户家庭中生活困难的“兵妈妈”，为每户发放慰问金300元，并在该村党支部开展了“双拥”宣传活动，为在场的群众发放了《中华人民共和国国防法》《中华人民共和国国防教育法》《中华人民共和国兵役法》，以及及各类拥军优属的宣传材料、围裙、手提袋等1000余份。

【农村妇女担保贷款】 2018年，海原县妇联争取县财政注入担保基金200万元，发放贷款

1.3亿元，其中新增贷款8887万元，1563户。自2012年以来累计注入担保基金2800万元，发放贷款60554.1万元，扶持城乡妇女15908人次，落实贴息资金3790万元，扶持带动一批妇女发展剪纸刺绣特色产业及种植养殖业。

【贫困母亲“两癌”救助】 2018年，海原县妇联开展妇女健康保健宣传，普及健康知识，提高妇女健康意识，2月26日至3月9日联合县卫计局设海原妇幼保健与计划生育服务中心和李旺卫生院两个点，开展农村妇女“两癌”免费筛查；争取自治区民生计划“两癌”救助项目54万元，已实施救助44人，救助金额44万元。联合县人寿保险公司开展“爱妮保”宣传购买工作，购买“爱妮保”382.67万元38267人，其中建档立卡户37131万元37131人。8月14日，2018年爱茉莉太平洋妆典生命“两癌”筛查项目宁夏站启动仪式在海原举行，该项目在宁夏捐资100万元，惠及海原县、隆德县、彭阳县7000名妇女，其中海原县受益妇女3000人，资金43万元。中国妇女发展基金会、爱茉莉太平洋中国公关部、自治区妇联及中卫市、海原县相关领导出席启动仪式并走访慰问2户“两癌”患者，每户发放慰问金500元，自治区妇幼保健院有关专家为300多名妇女进行“两癌”筛查健康知识讲座，详细讲解了防癌治癌的专业知识。

【小额循环项目】 2018年，海原县妇联为海原县2017年授牌命名的3个“宁夏妇女手工创意工作室”（海原县万绣庄刺绣剪纸专业合作社、海原县阿依舍手工艺有限公司、海原千珍绣民族手工艺有限公司）申请母亲小额循环项目资金15万元，扶持3个工作室发展手工制品，项目运行良好。

【家庭文明建设】 2018年，海原县妇联邀请家庭教育指导师开展“注重家庭、注重家教、注重家风”“七进”活动，常态开展寻找“最美家庭”活动，各乡镇单位推荐上报最美家庭30户，征集好家风好家训32条；2018年妇女节期间，对30户最美家庭（好婆婆、好媳妇）进行了县级表彰奖励。“5·15国际家庭日”暨母亲节举行系列活动。对5名事迹典型、表现突出的母亲进行了表彰奖励；联合特殊教育学校举办了“情暖五月·感恩母亲”主题亲子活动。为该校特殊儿童赠送了学习用品，为39名贫困特殊儿童的母亲赠送一份“爱妮保”。在七营镇马莲村开展了七月主题党日暨“最美家庭”故事会活动，该村评选出的6户最美家庭进行了表彰奖励，分别分享了她们的家庭故事，让听众感悟到优良家风的向善力量。并组织该村的巾帼志愿者们开展了“好家教好家风好家训”宣传活动，营造了和谐美好的社会氛围。在街道办建设社区、郑旗乡吴湾村打造了家风、家训长廊。“5·15”举办了“康乃馨”关爱单亲母亲“爱妮保”捐赠仪式，为社区65名单亲母亲购买“爱妮保”，并邀请保险公司负责人详细讲解了“爱妮保”相关知识。

【家庭教育】 2018年3月12—13日，自治区妇联家庭教育宣讲团在海原县15个乡镇59个销号村开展了21场次中共十九大精神“爱润万家·好家庭好家教好家风”宣讲活动，全县3000余名群众聆听了讲座。通过宣讲，倡导广大群众从自身做起、从家庭做起，积极传递社会正能量，切实营造“好家庭好家风好家训”的良好氛围。通过聆听，让广大群众深刻地认识到良好的家庭环境及家教家风的重要性，纷纷表示以后要多注重孩子的培养，不要让孩子输在家庭教育上。宣讲活动备受青睐，部分聆听宣讲的乡镇、学校负责人纷纷邀请宣讲团成员加时加课，为各乡镇、学校的职工及学生进行讲座；联合教体局制定并下发了《海原县家庭教育“十三五”规划》，建立了县级家庭教育指导师。命名海原回小为家庭教育示范点，并在全校1~5年级每个班级举办“读书，我们赢未来”亲子共读活动，六一期间，联合教体局开展了“不忘初心牢记使命 培育新时代好儿童”主题教育系列实践活动，以“童·环保”“童·风采”“童·分享”“童·传承”“童·成长”“童·乐汇”为内容开展了丰富多彩的主题活动，在“童·环保”活动中对29名获奖作品学生和17名指导教师进行表彰奖励，推荐2个家庭剧参加全市庆六一文艺会演。

【婚姻家庭矛盾化解】 2018年，海原县妇联与县司法局、县民政局联合成立县级婚姻调解委员会，建立婚姻调解室，同时在乡镇（街道办、管委会）成立了婚姻调解室，170个村（居）设立妇女儿童维权工作站，19个乡镇（街道办、管委会）、170个村（居）配备了一本信访登记簿，确保婚姻家庭矛盾就地解决，安排专人接听“12338”妇女维权热线，运行情况良好。

【普法教育及反家庭暴力】 2018年，海原县妇联，制定普法“四清单一办法”；“3·8”“4·20”“5·15”“ 6·26”“12·4”联合相关单位开展“建设法治海原巾帼在行动——百家联动送法到家”系列法制宣传，发放各类宣传彩页、画报、围裙、手提袋万余份。妇女节期间邀请县法律援助中心律师杨洁为200余名妇女作了《中华人民共和国反家庭暴力法》专题讲座；邀请宁夏和谐婚姻家庭辅导咨询中心主任李晓文为西安镇100余名群众作了“和谐婚姻”讲座，结合自身经历，就婚姻家庭方面的问题进行了传授、交流；宁夏“抵制高额彩礼·反家庭暴力法”知识讲座在海原县政府礼堂、李旺杨山村、九彩乡、贾塘乡分别开讲。为扩大巡讲活动覆盖面，确保活动取得实效，县妇联联合县委宣传部下发了《宁夏“抵制高额彩礼·反家庭暴力法”巡讲活动海原专场知识讲座的通知》，县直各单位分管领导、妇委会主任在主会场、19个乡镇（街道办、管委会）分管领导、妇联主席、司法所及派出所负责人、村“两委”成员、妇联主席及部分执委以视频会议的形式聆听了讲座，各单位积极配合，活动取得了预定的效果；县妇联联合禁毒办、教体局在县回民中学开展了“健康人生·绿色无毒”为主题的中小学生禁毒知识抢答赛活动，组织干部参观海原县禁毒教育基地。推荐8名妇女干部担任人民陪审员一职，在县法院设置妇女儿童维权合议庭，在县养老院成立了海原县家庭暴力庇护中心，由法律援助专职女律师杨洁专门受理妇女援助、调解等案件，认真处理来信来访，妇女来信来访件回复率100%。

【“两规划”实施】 2018年，海原县妇联牵头召开海原县妇儿工委“两规划”工作推进会，通报了2016年“两规划”监测数据统计情况，并就2017年“两规划”统计监测数据报表进行了讲解、培训。配合自治区妇儿工委办完成农村妇女参与组织决策管理工作调研。针对女性青壮年文盲率高的问题，专门制定措施，力促达标。

海原县科学技术协会

【概　况】 2018年，海原县科协有编制5人，2.0版农技协（联合会）15家，科普培训基地13

家，企业科协3家，2018年人均科普经费达到1.0元，科普大篷车1辆。科普助力脱贫攻坚有序开展，全年共聘请区内外专家20多人次，开展科普进农村活动专题讲座120多场次培训3000多人。海原科协实施“双扶双带双百”工程助力脱贫攻坚：2018年3月通过实施“双扶双带双百”（扶持新型农业经营主体、扶持建档立卡户；带动农村党组织，带动产业发展；培育100名“土专家”“田秀才”，100名致富带头人）工程以来，实现了资源转化合作、协同创新、技术咨询，培育一批养土科技人才，建立一支农科教、产加销一体化专业人才队伍，助推海原县特色产业发展，助推脱贫攻坚，为实施“乡村振兴战略”提供本土科技人才保障。

【科普活动】 2018年，海原县科协投入科普经费10万余元，在西安镇、西安镇园河村、郑旗乡、郑旗乡撒台村、街道办事处南苑社区、龙腾种养殖业协会、兴农草畜产业协会等点位制作科普长廊，进行科普知识宣传。投入36万元在回民中学等6所县城中学建立青少年工作室，把科普教育作为重要内容，融入日常教学之中。投入454.9万元在李旺等15所村级中学建设科技馆。投入专项经费25万元开展“科普惠农兴村计划”项目。投入6.5万元开展农技协规范化（联合会）阵地建设。投入经费15.4万元在鸿鑫马铃薯等7个科普基地建立科普e站。投资12.2万元，在科协帮扶点撒台行政村，建立了标准化“农村科普示范基地”。农技协社会化服务项目不断推进，海原县特色农产品产销协会。海原县农技协联合会进入项目实施阶段。逐步实施农产品“互联网+农产品出村”工程，中药材、枸杞、香水梨、硒砂瓜、马铃薯、牛羊肉等特色产品远销东南沿海地带。联系自治区、市、县科协开展丰富多彩的科普宣传活动，向县委、县政府建言献策16篇，并得到市县领导的批示，开展送科技下乡活动85场次，1万余人参与。

【科普宣传】 2018年，海原县科协投入科普经费25万多元，编印《农村实用技术选编》《科普知识宣传画册》《科技助力精准扶贫——种植、养殖技术选编》《健康知识宣传》《科普微知识》等技术资料3万余册，印制科普宣传资料5万余份、纸杯20万个、手提袋5000个、围裙10000个。积极争取自治区科协的支持，在南苑社区等7个有关科普基地设立了操作简单、信息量大的“科普中国e站”触摸屏，为普及科学知识、倡导科学方法，切实提升全民的科学文化素养起到了积极的促进作用。规范建立县科协微信工作群、QQ工作群，海原科协网站与广电台联合开设《科普宣传》专栏，加快“互联网+科普”行动计划实施和科普信息化建设步伐，精准满足公众个性化需求，提高科普时效性和覆盖面。强化浅俗易懂的反邪教宣传，制作科普展板80块、反邪教展板40块。

【科普宣传员队伍建设】 2018年，海原县科协充分运用各类媒体广泛开展舆论宣传，营造声势，唤起全民学科学、爱科学、讲科学、用科学的意识和热情。200多名科普宣传员加入“科技工作者日”及科技周宣传、文化科技卫生“三下乡”、青少年科学节、“全国流动科技馆”巡展、中科院“大手拉小手”、全国科普日等一系列重点科普宣传活动中。

【技术培训】 2018年，海原县科协联系区市县专家进行农业科技培训（包括种植业、养殖业、果树栽培等）共18场次，计1860人次；卫生健康培训（中老年保健）共3场次，共520人次；

中学生科普讲座(健康卫生,数学科普,防邪反邪教,心理健康成长)共5场次,约12000名学生参加;其他培训3场次,1500人次参加,总计15880人次。

【引才引智】 2018年,海原县科协聚焦全县44个深度贫困村3.5万名深度贫困对象,按产业资源"一主导三特色",聘请自治区内外高科技专家实施"双扶双带双百"基地科技创新示范工程,以关庄乡宋庄村党支部为重点,投资10万元引进马铃薯原种712660粒,发展基地1000亩,专题培训15场次、带动建档立卡户140户609人脱贫致富。以基层农技协兴农草畜产业协会负责人贾塘乡王塘村田进财为重点、举办海原第三届肉牛大赛科技展品展示,共有13家农技协20多类农产品参加展出;以产业带头人才关桥乡张湾村张成桥中药材种植基地为重点,引进国外客商,高标准种植小茴香1000亩销售德国,带动全村建档立卡户脱贫奔小康;以农村致富带头人兰明江郑旗乡撒台村满地红无公害生态枸杞示范基地为重点,聘请宁夏科技创新服务团胡忠庆、宁夏农科院退休专家马建国、沙坡头区枸杞土专家张巨明,开展理论讲堂和实操活动,与宁夏农科院建立微生物枸杞实验基地1189亩,挂靠宁夏普惠农业生物技术科技有限公司,通过微生物实验,枸杞产量亩产300公斤以上,宁杞5号、7号枸杞远销上海等地,带动94户316人建档立卡户年人均纯收入突破1万元。

【科技扶贫】 2018年,海原县科协突出发挥海原县老科协、海原专家工作站老专家作用,以提升贫困户群众技能为切入点,围绕马铃薯、硒砂瓜、香水梨提质增效和优化栽培管理技术等为主要内容,采取理论面授、座谈交流、现场解惑、入户指导等多种有效方式精心开展各类科技培训。开展了精准扶贫科技和实施创新驱动战略政策措施宣传培训、新型职业农民暨新型经营主体带头人培养工程、农产品初加工项目、巾帼扶贫行动科技培训、土地治理项目农民科技培训、创业致富带头人SYB培训等培训班9期,涉及全县10个乡21个深度贫困村821户贫困户2300人。以关庄宏鑫马铃薯协会、兴农草畜产业协会、海城镇马天宝肉牛基地、关桥香水梨基地、兴农草畜小杂粮基地、关桥姚安林硒砂瓜基地、撒台杨兴东现代化鸡场等产业基地为依托,通过互动交流、现场操作等方式开展技术指导。在贾塘乡王塘村兴农草畜协会开展"跟着总书记新春走基层""乡村振兴高层论坛"等活动,组织宁夏科技创新专家协会海原工作站的专家们开展"一对一、手把手"农村实用技术指导,解决技术难点及瓶颈问题,切实做到贫困户需要什么技术就培训什么,生产中缺少什么技术就指导什么,极大地增强了贫困户依靠科技脱贫奔小康的信心。

【产业融合】 2018年,海原兴农草畜产业协会田进财是海原科普的领头雁,示范带动全县养殖业实现"互联网+'伊农''西化山''呱呱山'牌牛肉"稳销广东、深圳、上海等沿海大中城市,年创利润300万元,辐射6个市11个县26个乡(镇)46个村,实现产业融合发展。海原县关庄乡宏鑫马铃薯协会推动科技产品"南月"牌马铃薯实现"互联网+品牌马铃薯",畅销东南沿海城市,展品走上齐鲁电视台,有力带动全乡马铃薯产业发展,使全乡建档立卡户人均纯收入突破7000元,关庄乡黄河农村银行农户存款金额占据全县第一。海原县关桥乡中药材示范基地注册“华山”牌药材，通过“互联网+基地+客商”将小茴香根、叶、茎、果实销售德国，并建立了国家中药材产业体系实验示范基地。同时，香水梨、硒砂瓜、无公害生态枸杞、生态鸡蛋、生态野兔等具有海原特色农产品通过示范带动经国家注册认证。“互联网+品牌”实现农产品出村工程，促三农发展多样化，逐步实现一、二、三产业融合发展，实现双赢，企业盈利，农民增收。海城镇南苑社区、郑旗撒台村等7家科普e站相继展现新成果。郑旗乡撒台村科普活动室科普信息员李全智通过2017年建成的乡村科普e站百度贴、微信，实现“互联网+枸杞+客户”，枸杞远销江苏、上海、黑龙江、陕西、河南、广东等地，枸杞价格分等级58元(220粒/50克)、36元(380粒/50克)，通货28元(有大有小自然晒干)上市，年发货量5吨左右。海原县农丰种养殖专业技术协会示范带动会员“互联网跨界联盟+协会+会员+基地+产品”立体营销模式，立足宁夏，面向全国巨资打造了会员商城，发展社员7万余人，涉及22个省，通过“互联网+”走出国门，有韩国会员300余人，为发展当地枸杞产业奠定良好销售基础。海原县科协共扶持合作社、家庭农场等新型农业经营主体30多家，转化规范化农技协建设13家、12个基地、7个工作站，扶持海原县关庄乡宋庄村、郑旗乡撒台村建档立卡户共234户920人如期脱贫，带动撒台村、宋庄村、南苑社区等10个农村基层党组织发展肉牛养殖、秋杂粮产业、枸杞产业、中药材产业等品牌农产品20多类，培育13名“土专家”、36名致富带头人。有力地夯实农村基层党组织“两个带头人”工程和“三大三强”工程。同时，共建成科普长廊4个，科技周、科技工作日如期开展。积极组织老专家建言献策，筛选了14篇文章完成《助力脱贫攻坚，献策海原发展》建言献策第一集文集，上报中卫市进行参赛。

海原县工商业联合会

【概 况】 2018年，海原县工商业联合会认真学习全国”两会“、全国工商联十二次代表大会、全区促进民营经济发展推进会、中央16号文件及各级党委有关会议精神，狠抓非公有制经济人士理想信念教育，把握新时代中国共产党的历史使命，围绕“领导班子好、会员发展好、商会建设好、作用发挥好、工作保障好”的创建标准，按照“四个全面”战略布局，牢牢把握两个健康工作主题，深入开展以“守法诚信、坚定信心”为重点的理想信念教育实践活动。进一步加强思想政治引领，做好经济服务工作，加快推进会员和商会建设，以“一个设立、五个有”为基本要求，积极开展“五好”工商联创建工作，引导全县非公经济人士在海原县经济发展方面作出了积极的贡献。

【班子建设】 2018年，海原县委、县政府在工商联换届工作中，严把政治关，配齐了政治觉悟高、有示范带动作用、熟悉统战和经济工作、热爱工商联事业的领导班子。制定完善《工商联会议制度及议事规则》，建立《兼职副主席(副会长)分工合作制度》《副主席(副会长)联系会员和民营企业人士制度》。领导成员和党员积极参加区市县组织的各种培训会，培训率达100%。组织班子成员认真学习中央八项规定及其实施细则精神，围绕“深入学习贯彻习近平新时代中国特色社会主义思想和党的十九大精神，严格执行中央八项规定精神”主题，召开严格执行中央八项规定精神专题民主生活会。通过自查、自找，召开座谈会、讨论会，发放调查问卷征求意见，查找自身存在的问题和不足，认真进行整改。努力建设学习型、思考性、服务性、创新型、务实性机关和干部队伍。

【引导民营企业发展】 2018年，海原县工商业联合会有会员309人（其中企业会员68个），行业商会2个（个体私营和餐饮行业商会）。经过综合评价，非公经济人士当中有2名被推荐为人大代表，22名被推荐为政协委员。非公有制经济固定资金超过20亿多元，流动资金近10.3亿元；私营企业320户，注册资金10亿多元；营销收入近18亿元；非公有制经济纳税5200多万元。非公有制经济的税收已占海原县财政收入的半壁江山。非公有制经济产业发展规模不断壮大。主要有硒砂瓜、马铃薯、葱韭蒜、交通运输业、劳务输出业。另外剪纸刺绣、清真饮食、旅店服务、皮毛加工、油料加工、马铃薯淀粉加工、商业零售等行业也形成了一定的规模。

【服务经济发展】 2018年，海原县工商联利用联系非公有制经济界人士的职能，邀请外地商协会和组织海原县非公有制企业家，积极招商引资，全国工商联十一届十次常委会暨民营企业助推宁夏创新发展大会期间，共签约项目7个，签约资金21.65亿元，完成投资8.64亿元，完成了县委、县政府下达的招商引资任务。积极打造合作交流服务平台。充分发挥商会民间性的优势，通过巩固扩大友好商会关系，加强商会和工商界人士间的联系交往。深入开展中卫市县区之间、企业之间的学习交流等会务活动，为会员企业招商引资，引进技术人才，寻找商机和市场牵线搭桥，搭建交流合作的服务平台。积极为会员排忧解难、出谋划策，解决“瓶颈”问题。组织剪纸刺绣协会参加中阿经贸博览会，并帮助推销剪纸刺绣协会作品。联系外地客商参加硒砂瓜、马铃薯洽谈会，拓宽硒砂瓜、马铃薯销售渠道。

【参政议政】 2018年，海原县工商联深入调研非公有制经济发展的热点、难点问题，把握全县非公有制经济发展的动态和非公有制经济人士思想动态，并在科学分析的基础上，向县委、县政府提出了可行性的建议。同时，注重发挥广大会员、非公有制经济代表人士，特别是调动非公有制经济领域的政协会员、人大代表参政议政的积极性，适时组织他们，就县委、县政府的工作重点，百姓关心的热点、经济发展的难点，参与座谈、讨论、听政，积极建言献策。工商联会员中的人大代表和县政协委员提出了高质量的建议、意见、提案，办结答复率100%。

【理想信念教育】 2018年，海原县工商联通过会议、座谈、走访、个别邀请等多种形式，在会员中开展以“守法诚信、坚定信心”为主题的社会主义核心价值体系教育，教育非公经济人士自觉履行法定义务、社会责任、家庭责任，在全社会形成知荣辱、讲正气、作奉献、促和谐的良好风尚。加强“四信”教育，引导非公经济界人士自觉接受中国共产党的领导，坚持走中国特色的社会主义道路，为海原县经济发展和社会和谐进步作出应有的贡献。

【“光彩”事业】 2018年，海原县工商联积极引导企业主富了不忘国家、不忘人民，把为国分忧、为民解难、回报社会作为己任，引导广大会员为灾区、家乡、社会公益事业倾注一份爱、献上一片情。非公有制经济界人士共向大病、残疾家庭、养老院捐资10余万元。联系宁夏诚信企业联合会给郑旗乡何庄小学、海城镇段源小学共捐资捐物20余万元。与自治区工商联联系，河南电位治疗仪厂为海原县141个贫困村卫生室发放治疗仪器，促进卫生室达到服务标准。

【百企帮百村】 2018年，海原县工商联干部联系包扶李俊乡李俊、冒儿沟等村27户双到户，干部每月不少于4次到双到户家中联系、访贫、协助双到户，帮助双到户脱贫。自治区党委统战部、自治区工商联安排10个企业和商会帮扶海原县10个销号贫困村。4月，召开村企对结工作会议，各项工作进展顺利，个别企业、商协会已进村入户，捐资捐物帮助贫困户解决实际问题。

【民营企业调查】 2018年，海原县工商联从所属执委的企业着手，进行摸底、调查、注册，制定全年的注册培训计划，把各企业法人和注册人员建立一个35人的微信群，把注册培训工作列入单位重要的议事日程，做到有计划、有总结。按照自治区工商联执委以上企业入库率60%的要求，海原县工商联（县工商联执委）企业17家，自治区工商联（区工商联执委）1家全部入库。加强注册工作的管理，清理“僵尸”企业。对于已入库企业（县工商联执委企业），将4家长期不配合填报调查问卷的民营企业和个体私营企业从系统中清理。

【党风廉政建设】 2018年，海原县工商联安排干部职工集中学习24次、党小组学习10次。全体干部职工严格落实“三会一课”制度，并撰写心得体会。及时规范民主生活会和组织生活会。认真制定完善了从严治党“三个清单”，认真落实主体责任和监督责任“两个责任”，填写从严治党全程纪实手册，领导与全体干部职工签订党风廉政建设责任书。组织干部职工认真研读党章、中央八项规定及其实施细则精神、习近平总书记关于加强作风建设的重要讲话精神、《自治区党委关于贯彻落实中央八项规定精神进一步加强和改进自治区党委党委会作风建设的若干意见》等相关文件精神，围绕“深入学习贯彻习近平新时代中国特色社会主义思想和中共十九大精神，严格执行中央八项规定精神 ”主题，召开严格执行中央八项规定精神专题民主生活会。通过自查、自找，开展批评与自我批评，在查找班子和班子成员在超标公务接待、违规公款吃喝、违规公款送礼、违规公款旅游、超标准配备使用办公用房及上级信访举报问题或交办情况6个方面违反中央八项规定精神突出问题专项治理问题，除对存在票据填写不规范和缺少附件及在差旅费报销违规现象外，其他方面均没有违规超标情况。会后及时制定班子整改方案和班子成员整改清单，退回培训期间多报销生活费和市内交通费用。同时对其他问题（隐患的问题），明确整改时限、责任人和整改措施。积极开展“五型机关”建设和“四述三评”工作。

海原县残疾人联合会

【落实惠残政策】 2018年，海原县残疾人联合会坚持将贫困残疾人脱贫作为残疾人事业发展重中之重，成立残疾人脱贫攻坚社会保障兜底工作领导小组，深入基层摸底调查建档立卡贫困残疾人基本需求。多次召开专题会议，研究贫困残疾人脱贫攻坚工作。制订《海原县贫困残疾人脱贫攻坚行动计划(2017—2020年)》《关于印发〈海原县贫困残疾人脱贫攻坚突出问题集中整改方案〉的通知》《海原县2018年残疾人脱贫攻坚工作实施方案》等一系列文件,认真落实残疾人“两项补贴”、教育助学、阳光助残、燃油补贴发放、精准康复服务和辅助器具适配、无障碍设施改造等项目,为贫困残疾人脱贫攻坚奠定了坚实基础。

【残疾人康复】 2018年,海原县残联先后为550名贫困残疾人开展了有针对性的康复训练指导。通过自治区民生计划和县级配套为4010名贫困残疾人免费发放了轮椅、拐杖、盲杖、洗浴坐便用椅、褥疮护理床垫等辅助器具。为150名精神病患者免费发放药品,为13名住院治疗的重度精神病患者每人报销最高1500元的住院费。为16名0~6岁贫困脑瘫、智障儿童开展集中康复训练和家庭服务指导;对132名盲人开展了定向行走培训,提高了他们的自理能力。对23名符合条件的截肢残疾人免费安装假肢,完成社区康复员培训30人。制定出台《残疾人精准康复服务行动方案》,为残疾人提供家庭医生签约服务,年底签约覆盖率达65%。通过政府购买方式为100名重度残疾人实施了居家托养。

【社会保障】 2018年,海原县残联积极与民政、扶贫部门对接,将符合条件的1020名贫困残疾人纳入社保兜底脱贫对象,做到了应保尽保;制定《关于全面落实残疾人重度护理补贴和贫困残疾人生活补贴的实施方案》,做好“两项补贴”审核工作,共有10103人享受困难残疾人生活补贴,7199人享受重度残疾人护理补贴,发放补贴资金1427.598万元,为920名三、四级肢体残疾人申报并发放残疾人燃油补贴23.92万元,为残疾人基本生活提供了有力保障。县扶贫办为全县4652名建档立卡贫困残疾人按人购买“脱贫保”险种,残疾人生活、大病医疗和意外伤害治疗得到了保障。为300户建档立卡贫困残疾人实施阳光助残项目,发放资金120万元。为50名创业就业残疾人每人发放补助资金2000元,共10万元;为110名有低保的重度和精神、智力残疾人发放150元的评残鉴定费,扶贫帮困得到了全社会的关心和关注。

【残疾人教育】 2018年,海原县残联为18名学前教育残疾儿童申请1.8万元补助资金。配合教育部门对7~15岁未入学残疾儿童少年进行摸底调查,因地制宜落实就读方案,通过入读特殊教育学校、送教上门等方式,保障了残疾儿童少年受教育权,全县三类残疾儿童少年入学率98%。为31名新入学残疾大学生申报助学补助10万元,其中建档立卡残疾大学生12名,残疾学生受教育权益得到有力保障。

【危房及无障碍改造】 2018年,海原县残联开展农村存量危房核查工作,与住建部门对接,将全县203户残疾人存量危房全部纳入危房改造计划。制定《海原县残疾人无障碍改造实施方案》,争取上级资金45万元,在西安、树台、关桥等乡镇为154名重度贫困残疾人进行了无障碍家庭改造,切实改善了贫困残疾人生活条件。

【残疾人数据动态更新】 2018年,海原县残联指导各乡镇按信息数据更新工作的相关要求和时间节点,在规定的时间内完成22987人的更新,同时结合动态更新工作对残疾人证进行清理核查,对残疾特征不明显、类别不清、等级不符的残疾人证全部进行了重新鉴定，确保精准认定，精准施策。

【宣传文体】 2018年，海原县残联利用“全国助残日”、文化“五个一”活动和残疾人文化进社区等开展系列宣传活动。深入基层走访贫困残疾人，为其免费配发轮椅和其他辅具，同时围绕残疾人重点工作开展专项宣传。印发宣传资料20000份，印制宣传手提袋、围裙5000个，在南门广场进行集中宣传，营造全社会广泛参与、关注、支持残疾人事业发展的良好氛围。结合民政、司法、卫生、人社、工青妇等部门（单位）专项政策宣传，突出对残疾人的特惠政策，使广大残疾人朋友进一步增强党和国家对残疾人惠民政策、法律法规的理解掌握。

【技能培训】 2018年，海原县残联依托社会各类培训机构，为农村贫困残疾人开展不同形式的实用技术和技能培训。结合脱贫攻坚工作，对纳入扶贫部门建档立卡范围的就业年龄段中有劳动能力和劳动意愿的农村贫困残疾人进行培训，确保每个培训的残疾人掌握1~2门生产增收的技能，切实提高残疾人接受实用技术的学习能力。通过培训，本着“宜种则种，宜养则养”的原则，先后举办残疾人实用技术培训班10期，培训残疾人500人，举办以剪纸、刺绣、盆针、串珠等为主的残疾人职业技能培训班4期，培训残疾人180人。

【残疾人就业】 2018年，海原县残联创建残疾人扶贫基地3个，并通过“合作社+基地+农户”模式，每年辐射带动70多名残疾人就业。积极与华润集团对接，通过“华润基础母牛银行+痴傻残障＝无能力养殖户托管代养”模式，为102户贫困残疾人托养基础母牛306头，每户3年分红14000元；为有劳动能力的建档立卡贫困残疾人赊销优质基础母牛，户均3~5头，每头牛提供3年无息借款6000元，切实提高了残疾人养殖积极性和自我发展能力。通过公益性岗位安置45名残疾人就业，其中建档立卡户39人，既解决了贫困残疾人就业难问题，也解决了基层工作无抓手的现状。

【残疾人证清理核查】 2018年6月开始，海原县残联下发《关于对第二代残疾人证进行清理核查的实施方案》，对全县所有持第二代残疾人证分批次进行清理核查，规范办证流程，严格办证程序，取消目测办证，增加公示环节。收回旧证，经重新鉴定后办理新证。完成鉴定的1989人中，经重新鉴定，级别未发生变化的447人，由原二级的残疾人升为一级的有45人，一级的降为二级的有51人，从一、二级降为三级的有398人，降为四级的有669人，不符合条件需注销的为153人，其余226人为多重残疾。

【倪岩先进事迹宣传】 2018年，由海原县残联推荐的残疾人倪岩获评“自治区60年感动宁夏人物”，并获“2017年度中国残疾人事业新闻人物提名奖”；10月30日，《宁夏日报》第3版刊登了倪岩“不向命运低头的领路人”的先进事迹，在社会上引起强烈反响，传递了正能量。

海原县文学艺术界联合会

【概　况】 2018年，海原县文学艺术界联合会带领全县文艺工作者以习近平新时代中国特色社会主义思想为指导，坚持以人民为中心，立足地方特色，以繁荣艺术创作、多出精品力作为己任，按照“三贴近”原则，深化文联改革，认真履行"团结引导、联络协调、服务管理、自律维权"的基本职能，积极开展各种文艺活动，发展壮大基层文艺队伍，充分调动了广大文艺工作者的积极性和创造性，为全县构建和谐社会，繁荣地方文艺事业，活跃群众文化生活，建设文化海原品牌，作出了积极贡献。

【理论学习】 2018年，海原县文联严格按照上级要求，积极组织职工及广大文艺工作者，认真学习中共十九大报告和习近平总书记新时期文艺工作的重要论述、《习近平总书记在文艺工作座谈会上的重要讲话学习读本》、自治区第十二次党代会、中卫市第四次党代会、海原县第十四次党代会精神等一批重要会议和重要讲话精神。通过学习，使文艺工作者进一步巩固了马克思主义在文艺领域的指导地位，坚持为人民服务，为社会主义服务，百花齐放、百家争鸣，坚持以人民为中心的工作导向，弘扬和践行社会主义核心价值观，最广泛最紧密地团结在党的周围，听党话，跟党走。

【队伍及制度建设】 2018年，海原县文联健全作协、书协、美协、摄影家协会，成立旗袍协会和民间协会，同时，制定出台《海原县各艺术家协会换届工作实施意见》《海原县文联文艺家协会管理制度》。成立文联深化改革领导小组，形成《海原县文学艺术界深化改革方案》，经县深化改革领导小组2018年第3次会议研究通过，为今后落实好文联改革，指明了思路，搭建了平台，制定出目标任务，使之一项一项推进，一件一件落实，确保各项改革工作有序开展，取得实效。

【文艺活动】 2018年，海原县文联组织人员到关桥乡方堡村、麻春村、海城镇王井村、三河镇六窑村等，开展送春联、送全家福、开笔会等活动，为基层群众书写赠送春联3000余副，送全家福照片100余张，举行笔会5次。

【文艺创作】 2018年，海原县共有20名作协会员的100多篇小说、散文、散文诗、诗歌等文学作品相继在《作家报》《宁夏日报》《宁夏文艺家》《银川文艺界》《中卫日报》《固原日报》《石嘴山日报》《江西散文诗》《沙坡头》《南华山》等报纸杂志上发表。摄影家协会和民间文艺家协会会员的作品刊载在《美丽中国》《视觉宁夏》《宁夏画报》《中卫日报》《沙坡头》等报刊上，向自治区党委宣传部、自治区文联投送21篇反映美丽宁夏、脱贫攻坚、民族团结、生态建设等现实题材的作品。

【文艺作品】 2018年，海原县部分作家作品分别入选《中国散文诗100年大系》《宁夏散文诗选》《微观宁夏（中英文版）》《江西散文诗2018年年选》等各种选集书系。青年作家田玉珍的诗文合集《望海原》进入出版程序，其作品《北望贺兰山》获《塞上散文诗》举办的全国散文诗大赛一等奖。青年作家陈仲伟的作品《教育均衡发展让山村教育再迈新台阶》获庆祝自治区成立60周年大庆主题征文二等奖。有4名书协会员书法作品入展宁夏回族自治区成立60大庆优秀作品展、宁夏第十届书法篆刻临摹展、首届"红寺堡杯"全区书法美术作品展、首届"固民职院杯"宁夏书法作品展，其中邓会会等人分别获得一等奖、二等奖、优秀奖。有4名美协会员的绘画作品入展庆祝宁夏回族自治区成立60周年、改革开放40周年美术、书法、摄影大型展览。潘志松书画作品入展首届"红寺堡杯"全区美术作品展览、银外杯"丝路明珠，魅力银川"全域旅游全国书画摄影大赛。在宁夏回族自治区成立60周年"美丽中卫”摄影展中，海原籍会员作品入展60幅；宁夏第五届妇女摄影作品展中，海原有5名会员的9幅作品入展。

【文艺人才培养】 2018年，海原县文联向中国文联上报7名有文艺潜质的在校学生成功申请贫困资助；海原作家、艺术家先后有40余人参加了宁夏文学院、宁夏作家协会、宁夏文艺评论家协会、《朔方》编辑部等在银川、中卫举办的学习培训及作品研讨。围绕推新人出精品，抓好特色文艺活动，县文联采用“请进来、送出去”的方式，先后两次邀请区市文联专家到海原县指导工作，三次派青年优秀作家分别到区市学习培训，不断提高写作水平。2018年，海原县有6名作家加入宁夏作家协会，居全市各县区之首。

【南华山季刊】 2018年，海原县文联共编辑出版《南华山》季刊文学杂志四期，刊载文学作品小说、散文、散文诗、诗歌等80篇(首)，近40万字；刊载书法、摄影、剪纸、刺绣等各类文艺作品80篇，每期印发1000册，已发行3期，发行范围覆盖全县各部门单位、乡镇、学校、医院、企业、当期作者及自治区内各市县区委宣传部、文联等单位和个人，使该刊物真正成为全县文艺工作者及爱好者学习交流和宣传推介海原文艺、历史文化的重要窗口。经《南华山》发表的作品被《作家报》《宁夏日报》《中卫日报》《宁夏文艺家》《沙坡头》等报纸及杂志转载和选载。

【采风活动】 2018年，海原县文联组织摄影、作家、书法、美术等协会会员到关桥古堡、香水梨基地、菜园新石器文化遗址、天都山石窟等采风点开展了文艺创作采风活动，为创作出更多深受群众喜爱的优秀文艺作品奠定了基础。

【文艺活动】 2018年，海原县文联邀请自治区文联党组书记、副主席崔晓华，副主席樊虹、张春荣、郭文斌等领导带文艺家协会到海原调研指导文艺工作。邀请市文联主席谈柱先后两次带作协、书法协会、摄影家协会等参加海原文艺活动，并指导工作，为推动文艺创新，培育文艺新人奠定基础。

【主题实践活动】 2018年，海原县文联积极参加县委主题实践活动，开展庆祝自治区成立60周年“十个一”系列活动，邀请中卫市文联及民协、美协、摄协等有关文艺家先后到海原县田拐和红羊乡文化旅游节、南华山自然保护区、天都山石窟、特色产业基地等开展了采风创作活动。并在全县征集优秀“花儿歌词”25首。

【业务培训】 2018年，海原县文联组织各协会参加中卫市文联组织的文学创作培训班；邀请了3名文艺专家到海原县，举办海原县书法、美术、摄影艺术培训班，来自全县各单位、各行业的100多名书画、摄影协会会员及爱好者参加了培训。举办少儿艺术培训班2期，参培学员300余名，培训内容涉及架子鼓、电子琴、钢琴、素描、国画、二胡、吉他、舞蹈等。

海原县伊斯兰教协会

【教职人员聘任管理】 2018年，海原县伊斯兰教协会对289名开学阿訇按程序办理了聘任手续，聘任率达到98%以上，全县办理聘任书的开学阿訇达612名，并全部进行了登记备案。严格落实《宁夏回族自治区伊斯兰教活动场所教职人员聘任实施办法》规定，对未到任期的教职人员停办聘任书，切实提高教职人员的正规化、规范化管理水平。

【规范化管理】 2018年，海原县伊斯兰教协会以爱国爱教、知法守法、团结稳定、活动有序、教风端正、管理规范、安全整洁、服务社会为标准，协助宗教部门在部分宗教场所开展了“民族团结创建”和“和谐清真寺”创建以及“四进”活动，举行了升国旗仪式，信教群众400多人参加；印发《中国伊协倡议书》1000多份。指导宗教场所建立健全民主管理、财务管理、教职人员聘任、寺管会换届等规章制度，大部分寺成立了财务监督小组，一些大的宗教活动场所开设了账户。

【学习教育】 2018年，海原县伊斯兰教协会认真联系协调各乡镇抓好每季度的“三定”学习活动，督促教职人员学中华优秀传统文化、学民族宗教政策法规、学伊斯兰教经典教义，并为他们印制了专题学习笔记，引导宗教人士加强学习，努力提高自身素质。先后组织342名宗教人士参加自治区、市、县举办的各类培训班，8月，举办伊协全体委员培训班，邀请自治区民委领导解读《宗教事务条例》；11月24—25日，组织举办全县教职人员培训班，培训教职人员170名，聘请北方民族大学专家教授讲解了中国文化与宗教方面的知识，提高了他们的学识水平。

【化解矛盾】 2018年，海原县伊斯兰教协会坚持以人为本，牢固树立大局意识、群众意识和服务意识，热情接待群众来信来访，认真解决突出问题。上半年，共接待群众来访3批次，均按有关程序进行及时认真的办理。配合统战、宗教部门妥善调处各类矛盾纠纷3起，把矛盾解决在基层，解决在当地，解决在萌芽状态。

【服务社会】 2018年，海原县伊斯兰教协会配合统战、宗教部门对全县“三化”治理。同时，利用各种机会，教育和引导教职人员和广大信教群众既要念好《古兰经》，又要念好“致富经”，鼓励穆斯林群众诚信经商。认真贯彻落实县委、县政府的各项决策部署，督促干部职工经常到帮扶对象家庭走访调研，掌握情况，出谋策划，帮助他们尽快脱贫致富。

【自身建设】 2018年，海原县伊斯兰教协会从业务工作、精神文明、综合治理等方面制定了相对完备的规章制度。坚持召开常委会（扩大）会议和全委会议，深刻领会中共十九大、自治区十二次党代会和全国、自治区宗教工作会议精神，把握核心要义，将之贯穿到教务管理之中，教育引导伊斯兰教广大教职人员和信教群众坚持走与社会主义社会相适应的道路。组织干部学习政策理论知识，不断提高机关干部的政治理论素养和贯彻执行党的民族宗教政策的能力。切实加强团结，提高伊协机关的工作效率和服务能力。

法　治

政法工作

【政治建设】 2018年，海原县委政法委推进“两学一做”学习教育常态化制度化，把学习贯彻习近平新时代中国特色社会主义思想和中共十九大精神作为重大政治任务，强化“四个意识”，坚定“四个自信”，做到“两个维护”，确保党管政法落到实处。县委、县政府多次召开县委常委会会议、县政府常务会议，专门听取相关工作汇报，研究解决工作中出现的重大问题，先后出台了关于平安建设、政法队伍建设等方面的文件，有力推动了平安海原、法治海原建设。组织各乡镇、成员单位开展政法宣传月、全民国家安全教育日等活动，加强对《中华人民共和国国家安全法》《中华人民共和国反间谍法》等法律法规的宣传力度，不断强化干部群众的保密意识和防范意识。

【打击违法犯罪】 2018年，海原县立各类刑事案件703起，破现行案件295起，破案绝对数333起；立八类刑事案件6起，破6起；立侵财类案件469起，破现行案件206起，破案绝对数237起；抓获犯罪嫌疑人180人，逃犯58人。县人民法院受理各类案件5674件，审结5198件，结案率91.61%，同比分别上升13.68%、21.8%和9.5%。其中，受理执行案件2046件，执结1765件，结案率86.27%，实际执结率为75.01%，同比分别上升15.27%、42.91%、15.9%、16.72%。县人民检察院受理审查批准逮捕案件80件108人，经审查批准逮捕61件78人。受理移送审查起诉案件120件162人，经审查提起公诉106件151人。

【安保维稳】 2018年，由县委、县政府相关领导带队，抽调县委政法委、县信访督办局、县维稳办、县禁毒办和县民族宗教局相关负责人，对全县各乡镇、各单位自治区成立60周年期间维稳工作进行了全面督查，海原县实现了自治区党委提出的“四个防止”和“三个确保”目标。

【化解矛盾纠纷】 2018年，海原县政法工作坚持发展新时代“枫桥经验”，在深入推进“三调联动”大调解工作的基础上，推行政法机关联动大调处机制。运用司法视联系统，实现重大矛盾纠纷数字化调解。县司法局与县人民法院建立联调机制，试行一般民事案件诉前调解。县人民检察院开展民事公益诉讼和行政公益诉讼工作。建立律师参与化解和代理涉法涉诉信访案件工作机制，有效地整合政法资源。建立完善春雨型调节机制，逐案化解群众反映强烈突出问题。全县18个乡镇(街道办)、19个职能部门已接入矛盾纠纷排查化解信息系统,登记矛盾纠纷580件,化解575件,化解率99.14%。

【乡镇综治】 2018年,海原县19个乡镇(街道办、管委会)综治中心全部挂牌,整合辖区内司法、法庭、公安、禁毒、土地、林业、宗教、民政等资源,纳入综治中心统筹管理,落实办公场所,配备工作人员,购置电脑、桌椅等办公设施。建立"五项工作机制"(即矛盾纠纷联调,社会治安联防,社会管理联动,平安建设联创和责任查究督查机制)和"五项工作制度"(即工作例会,首问责任,情况通报,督查督办和工作台账制度),有力地促进了基层综治工作进一步提高。

【督查考核】 2018年,海原县委、县政府主要领导、分管领导多次下基层调研、督查、指导政法综治及平安海原建设工作,为综合治理、平安创建各项工作任务措施落实起到了积极的推动作用。由县综治办牵头,抽调县公安局、县司法局、县信访局等部门(单位)骨干力量,多次深入各乡镇、各单位采取召开座谈会、查看基层综治台账资料、听取汇报和实地了解等方式,围绕全县2018年社会治理以及平安建设工作各项指标完成情况进行督查,有效推动了全县社会治安综合治理工作整体发展。经过全县上下努力,在全区社会治安综治工作考核中,由2017年宁夏山区八县第八位上升到第四位,自治区公众安全感调查位列自治区第七位,县委政法委被自治区党委政法委评为政法宣传工作先进单位。

【农民工权益保障】 2018年,全县共受理投诉案件74件,同比受理投诉案件下降23%,清欠74件,涉及809名农民工工资719.556万元,结案率为100%,清欠率为100%。

【基础设施】 2018年,海原县新建的海原县看守所、武警海原县中队和拘留所,已正式投入运行。建设违停抓拍16处、红绿灯电警7处,新建测速卡口3处,维修改造红绿灯5处,维修改造测速卡口25处,投资285万元建成多维数据采集基站5套。

【法律援助】 2018年,海原县全面推动落实"一村(社区)一警""一村(社区)一法律顾问",深化法律援助助推脱贫攻坚,办理法律援助856件,发放司法救助资金19万元,刑事被害人困难救助资金12万元。为3名见义勇为人员和家属建立人身意外伤害和病故保险。

【司法体制改革】 2018年,海原县人民法院遴选法官29名,推动实现员额法官单独职务序列管理,纵深推进审判权运行机制改革,下放裁判文书签发权,由合议庭和独任法官自主裁判,实现"让审理者裁判、由裁判者负责"。科学组建6个审判团队,配套建立"随机为主、指定为辅"的分案制度,切实优化审判资源配置。推进院庭长办案常态化,院长办案198件,庭长办案4793件,分别占结案总数的3.81%和92.21%。县人民检察院修订《检察官办案责任制暂行规定》等配套制度,完善入额院领导、员额检察官办案定期通报机制,检察官决定案件放权比例为98.5%,入额院领导带头办案149件。积极构建新型检警、检法关系,对重大疑难复杂案件提前介入引导侦查取证10件,召开庭前会议3次,组织"四类人员"出庭2次,充分发挥检察机关审前主导和过滤作用,有效防止案件"带病"进入审判程序。积极构建监委检察工作衔接机制,制定办理职务犯罪案件衔接办法，提前介入审查案件2次。

【禁毒工作】 2018年，海原县足额保障禁毒经费390万元，建成26个禁毒示范点。按照“三区一室”标准打造19个乡镇（街道办、管委会）戒毒康复工作站。常态化、规范化开展收戒打击、毒品突出问题整治、“两打两控”专项行动。全年共查获吸毒人员68人，强戒30人，破获毒品刑事案件7起，抓获犯罪嫌疑人13人。对全县旅馆、KTV、网吧等公共娱乐服务场所禁毒警示标语全覆盖，持续巩固娱乐场所涉毒案件“零发生”成果。深入实施青少年毒品预防教育“6·27”工程，不断深化宁夏青少年毒品预防教育数字化平台的应用，实现学生注册和课时完成双百成效。社区康复“8·31”工程稳中有进，全县1374名吸毒人员全部纳入管控，新增吸毒人员43人，新增率3.2%，社区戒毒康复执行率达100%，吸毒人员三年戒断巩固率达50%以上。

【法治宣传教育】 2018年，海原县政法委员会紧紧围绕全县中心工作，深入实施“法律八进活动”，以领导干部、青少年为普法对象，以乡村、社区、宗教场所、学校为重点领域，积极打造“法律八进”示范点。建立普法责任清单，明确各单位责任主体和目标任务，成立普法讲师团，在全县广泛开展法治专题辅导、系列讲座，集中培训等活动。加强送法下乡、送法进贫困村、送法进贫困户工作，提高法律精准扶贫水平。

【扫黑除恶】 2018年，海原县成立以市委常委、县委书记徐海宁为组长的扫黑除恶专项斗争领导小组，各单位（部门）层层成立领导机构，压实工作责任，开展“三长”签字背书责任制，推动形成“党委政府高度重视、主要领导亲自挂帅、专业队伍全面负责、广大群众积极参与”的扫黑除恶专项斗争强大攻势，坚决除恶务尽、深挖彻查，彻底消除黑恶势力对人民群众的威胁和滋扰，用实际成效增强人民群众的获得感、幸福感、安全感。全县共摸排各类线索104条，录入全国扫黑除恶平台73条，录入率70.2%，初核90条，初核率87%，核查办结线索65条，办结率62.5%。全县共收网打掉海城镇杨某某、曹洼乡马某某恶势力团伙2个、七营镇余某某恶势力集团1个，抓获涉恶犯罪嫌疑人13名，抓获涉恶团伙人员7名、涉恶犯罪集团人员6名，破获各类敲诈勒索、寻衅滋事等刑事案件13起，抓获九类涉恶类逃犯3名。

法治政府建设

【概　况】 2018年，海原县成立由县长任组长，常务副县长任副组长，各政府部门为成员单位的全县法治政府建设领导小组，具体负责组织实施和协调法治政府建设工作。专门召开全县法治政府建设工作会议，全面安排部署全县法治政府建设工作。将法治政府建设各项工作经费纳入财政预算。提高法治政府建设工作在全县效能目标考核中的分值。县委、县人大和县政府专门听取全县法治政府建设工作情况并提出意见和建议。

【简政放权】 2018年，海原县按照中央和自治区、市取消调整的相关文件要求。共动态调整行政职权事项5次，涉及行政职权事项39项，取消所有县本级行政审批收费，实行“零收费”制。对涉及行政许可的中介服务事项进行了清理规范，确定县级中介服务事项42项，促进中介服务市场化、社会化发展。搭建在线审批监管平台，建成覆盖县乡村的宁夏行政审批与公共服务系统和行政审批项目在线审批监管平台，政务服务和监管水平明显提高。制定《海原县政府投资项目管理办法》，优化审批流程，压缩办理时限。

【权责清单】 2018年，海原县按照“职权法定、应消必消、应合必合、能放则放”的原则，对县本级政府部门和承担行政职能事业单位的行政职权事项的设定依据、行使层级进行仔细分析，逐条逐项讨论研究，对行政审批、行政处罚、行政检查和多头管理、重复执法等职权事项全面梳理和依法清理。在全面依法清理减少行政许可事项基础上，在政府网站和权力清单平台向社会公布县政府部门保留2889项行政职权事项的权力清单和责任清单。自治区编办配合相关部门下发海原县2018年第一批权力清单指导目录，按照“三级四同”（自治区、市、县要“同一事项、同一名称、同一编码、同一标准”）的工作要求，相关部门已梳理完毕，调整县政府部门保留行政职权事项663项（包括行政许可、行政征收、行政给付、行政确认、其他权力）。为及时对上级政府下放的管理权限做好承接落实，制定《海原县权力清单管理办法》，建立了政府部门权力清单动态管理机制，规范管理权力清单。印发《海原县本级行政事业性收费目录》，对未经国务院及自治区级以上财政部门、价格主管部门批准的行政事业性收费项目，一律予以取消；对违反规定擅自提高行政事业性收费和政府性基金征收标准、扩大征收范围的，一律停止执行。

【不见面审批】 2018年，海原县按照“应进必进、应尽全进”的要求，具有公共服务职能的县运管所、县地震局、县外事办、县档案局和供电、供水、供暖等服务企业已进驻大厅，实行一体化管理和一站式服务，极大地便利了群众。按照“三级四同”的要求，梳理制定县级政务服务事项主项538项、子项1199项，进驻16个部门、进驻事项222主项、755子项（包括国税厅主项16项、子项54项和车管所主项8项、子项98项）、进驻率62.9%。海原县28个部门（单位）完成了政务服务事项梳理、流程优化、时限压缩和绑定事项流程节点人员等工作，并录入进驻宁夏政务服务网（海原县）事项1199项，其中980项政务服务事项可不见面办理，达到81.7%。

【企业经营诚信审查】 2018年，海原县严格按照国务院关于《工商登记前置审批事项目录》《企业变更登记、注销登记前置审批事项指导目录》开展审批。实行工商登记前置和后置审批事项动态管理。2017年11月，工商登记前置审批事项精简为32项。前置审批清单之外的，一律可以按规定直接办理营业执照。2018年，海原县共组织四次“双随机、一公开”执法检查，分别为对投资类企业定向抽查、工商总局定向双随机抽查、企业年报双随机抽查、个体工商户年报双随机抽查。已完成两次抽查共抽查企业和个体工商户333户，未发现问题户，弄虚作假、隐瞒真实情况14户，通过其登记的经营场所无法联系21户，发现问题已责令改正6户，对弄虚作假、隐瞒真实的户和通过其登记的经营场所无法联系的35户企业全部依法、依程序列入经营异常。上述检查结果全部通过国家企业信用信息公示系统予以公示。

【政务公开制度建设】 2018年，海原县制定《海原县政务公开工作制度》《海原县政务公开工作督查制度》《海原县政务公开工作考核制度》《海原县政府网站维护管理制度》《海原县村(居)务公开制度》《海原县校务公开制度》《海原县医务公开制度》等30项工作制度，建立完善组织协调、公开属性审查、依申请公开、政策解读、政民互动、平台建设、考核评议、责任追究等全链条的制度体系，从基础上提升政务公开标准化规范化建设。

【政务公开清单】 2018年，海原县坚持以公开为常态、不公开为例外原则，对照13个试点领域涉及的公开事项，依据各部门、各乡镇、街道办、管委会的权力清单、责任清单和公共服务事项清单、群众高度关切的事项清单，从县、乡两个层级进行梳理，形成名称规范、分类科学、指向明确、全面精准的政务公开事项清单，做到试点领域公开事项底数清、情况明、数据准。

【政务公开】 2018年，海原县编制完成了试点领域公开事项标准目录13套884项、乡镇公开事项标准目录255项，并建立动态调整机制，同时按照“三安全一稳定”“两秘密一隐私”相关要求，将公开后可能危及国家安全、经济安全、公共安全、社会稳定的48个事项纳入负面清单管理，为构建“公开是常态、不公开是例外”的新格局夯实了基础。海原县政务公开标准化、规范化试点工作顺利通过自治区验收，得到国务院政务公开调研组的高度认可。

【行政执法公示制度】 2018年，海原县制定并印发《海原县行政执法公示办法》。全县结合政府信息公开、权责清单公布、“双随机、一公开”监管等工作，主动公开行政执法主体、人员、职责、权限、随机抽查事项清单、依据、程序、监督方式和救济渠道等信息，各行政执法部门明确行政执法决定公开的范围、内容、方式、时限，建立行政执法事前、事中、事后公开机制，以各单位办事大厅、服务窗口等为载体，依法及时向社会公开有关行政执法信息。

【规范行政执法】 2018年，海原县行政执法人员从事执法活动，要佩戴或者出示能够证明执法资格的执法证件，出示有关执法文书，做好告知说明工作，及时主动向社会公布行政执法决定、行政检查结果。

【行政执法公示目录清单】 2018年，海原县制定《海原县建立行政执法公示目录清单》，各行政执法部门要根据相关法律、法规规定，完善行政执法程序，编制各自部门各类行政执法流程图，明确具体操作流程；向社会公布执法主体及执法人员信息、执法权限、执法依据、执法程序、抽查清单、执法结果、监督方式、救济途径、行政复议情况、规范性文件报备、合同公示等内容，方便群众办事。

【行政执法主体】 2018年，联合县编办在“中卫市法治政府网”，全面梳理行政执法主体共50个，其中包括乡镇在内的行政机关39个，受委托执法主体11个，执法人员364人，统一向社会公布，实现行政执法人员信息公开透明，网上可查询，随时接受群众监督。

【执法记录】 2018年，制定并印发了《海原县行政执法全过程记录办法》，印发了《海原县“6+5”行政执法文书示范文本行政执法流程图》，规范统一了法律文书及办案流程。建立行政执法全过程留痕、可回溯管理的制度。规范卷宗档案资料记录。要把行政执法文书作为全过程记录的主要载体，根据行政执法的种类、性质及流程等，规范执法文书制作，推行执法文书电子化，明确执法案卷标准，确保执法文书和案卷完整准确。推行音像记录。对现场检查、随机抽查、调查取证、证据保全、听证、行政强制、留置或公告送达等容易引发争议的行政执法活动，以及涉及人身自由、生命健康、重大财产权益的现场执法活动，全部实现监督现场执法证据同步上传录入，推行音像记录全覆盖。推进记录实效。建立健全各部门执法全过程记录信息收集、保存、管理、使用等工作制度，要求各行政执法部门加强全过程记录数据统计分析，充分发挥全过程记录信息在案卷评查、执法监督、评议考核、舆情应对、行政决策和健全社会信用体系等工作中的作用。同时，严格规范执法案卷制作，各行政执法部门积极推行执法文书和执法案卷电子化，按要求规范开展文字记录工作，按执法案卷标准制作、管理和保存执法卷宗。

【行政执法制度建设】 2019年，制定出台《海原县重大行政执法决定法制审核办法》，各部门依据权责清单，对各自部门的职权进行梳理，细化重大执法决定范围，建立各自部门《重大执法决定法制审核目录清单》，提高了法制审核的可操作性。

【法律顾问】 2018年，海原县在原来政府法律顾问团的运作模式下，探索全县普遍建立法律顾问制度。在政府法律顾问保障方面，要求政府常务会须政府法律顾问团和政府法制办固定列席，针对政府常务会研究的每一个事项一律进行合法性审查，特别是涉及征地拆迁、招商引资等方面，对情况复杂、法律顾问团成员有争议的事宜和政府重大行政决策出台前，要向本级人大常委会报告，听取政协意见。在乡镇、部门法律顾问保障方面，海原县制定了《海原县普遍建立法律顾问制度》，要求各单位必须设立法律顾问工作室，对未设立法制机构也未设立法律顾问工作室的单位，原则上至少要聘请1名具有律师资格的律师作为单位法律顾问，为该单位行政行为把好法律关，各行政单位（包括乡镇）均实现了法律顾问全覆盖。在行政裁决的执行审核方面，为保证海原县的棚户区改造工作的效率和质量和行政行为的合法性审查，切实发挥法律顾问团和法制办“守门”作用，在征地拆迁人员提出处理意见后，由法制办从执法程序、具体案情和处理恰当性三大方面进行审阅并提出审阅意见。

【规范性文件审查和备案】 2018年，海原县对拟制定的规范性文件，采取召开座谈会和讨论会、下发征求意见函等多种形式，广泛听取意见，并提交县政府常务会议进行“会审”。规范性文件出台后，及时在政府网站进行公布，提高规范性文件透明度。加强对政府合同的起草、谈判、审查、签订、备案、履行、变更、解除、终止直至失效的全过程管理。分类制定政府合同示范文本，提高政府合同文本质量，切实防范政府合同中的法律风险。截至年底，县法制办共审核政府、政办各类文件、专题会议纪要、合同等共100余件。此外，加强对部门规范性文件合法性审查和备案审查的监督和指导。截至11月底，海原县共印发行政规范性文件15件，均向社会公布。

【矛盾纠纷化解】 2018年，海原县坚持发展“枫桥经验”，以人民调解参与信访矛盾化解试点工作为契机，积极推进人民调解“四张网”，提高人民调解工作社会化、法治化、智能化、专业化水平，充分发挥人民调解在矛盾纠纷多元化解中基础性作用，努力实现矛盾纠纷不上交，着力提升人民群众的获得感、幸福感、安全感。2018年，全县各级人民调解组织参与化解各类矛盾纠纷659件，调解成功633件，成功率96.05%。化解疑难复杂类矛盾纠纷412件，受理诉前调解案件374件，调解成功84件。受理信访矛盾纠纷84件，调解成功36件。

【诉前调解】 2018年，海原县健全人民调解、行政调解、司法调解相互衔接配合的大调解工作机制，建立诉调对接的“绿色通道”，将适用人民调解的矛盾纠纷委托调委会进行调解，就地化解纠纷，防止矛盾激化。截至11月底，法院转办诉前调解案件117件，调解成功15件，调解撤诉10件，正在调解20件，调解不成转回法院72件，调解成功率21%。把矛盾、纠纷化解在诉外，解决在诉前，节省了当事人的诉讼成本，最大限度缓解了审判压力。积极引导人民调解参与化解信访积案。通过建立健全信调对接机制，积极推动人民调解参与信访工作。紧紧围绕当地党委、政府的中心工作，积极引导人民调解员介入信访案件、群体性事件等，努力化解群众热点、难点问题。对来访案件中适宜人民调解的信访案件，由司法所工作人员引导当事人通过调解解决问题。为信访群众提供“一站式”服务，打通了一条依法化解信访案件新的更加便捷的渠道。

【行政复议应诉】 2018年，海原县配备2名取得法律职业资格的工作人员办理行政复议应诉案件，共受理行政复议案件19件，审结17件，其中维持原行政机关决定6件，撤销10件，终止复议1件；行政应诉案件8件，一审法院均判令县政府胜诉，其中有1件涉及征地拆迁的案件上诉到最高人民法院，最高院终审维持原判。因复议机关维持行政机关行政决定的案件上诉至中卫市中级人民法院的1件，中院驳回诉讼请求。

【依法行政能力建设】 2018年，海原县建立政府领导定期学法制度，制订《2018年海原县人民政府领导干部学法计划》，定期组织开展《中华人民共和国宪法》等法律法规学习，切实增强领导干部依法行政、科学行政和民主行政意识，不断提高依法行政能力。健全行政执法人员岗位培训制度。完善公务员学法制度，将各类行政法律法规列入公务员培训计划，采取集中培训、专题讲座等形式，切实提高公务员依法行政能力。

公 安

【概 况】 2018年，海原县公安局深入推进反恐维稳“铁桶工程”建设，深化数据强警，强力推进实战型指挥体系建设；建立由国保部门牵头，网安、技侦、新闻宣传以及经侦、出入境等警种协调联动、合成作战的“3+1+N”预警工作体系；建立健全风险评估、应急处置机制，常态化开展矛盾纠纷排查化解，成功化解各类矛盾纠纷509起，各类不稳定因素最大限度在源头得到化解，各类涉稳隐患在第一时间得到了妥善处置。

【扫黑除恶】 2018年，全县主要领导亲自挂帅，深入督导调研指导，多部门联动会商，制定时间点和路线图，广泛宣传发动群众，对重点人员、重点行业、司法个案、信访投诉、网络舆情等方面进行全面排查，特别聚焦农村基层组织，逐一梳理排查核查收集的88条涉黑涉恶犯罪线索，对于构成涉黑涉恶的违法犯罪案件，专案攻坚，果断出手，成功打掉了杨某某、马某某等3个恶势力犯罪团伙，抓获涉恶人员13人，提前完成扫黑除恶集中收网行动督捕清零任务，全县扫黑除恶专项斗争工作在全区做经验交流。

【打击犯罪】 2018年，海原县公安局坚持将打击的锋芒对准群众反映强烈的黄赌毒、盗抢骗等突出违法犯罪行为，完善打击通信网络诈骗、涉众型经济犯罪等协作机制，以区域性、系列性、流窜性案件为重点，多警种同步上案、多手段实战应用，推动从“个案打击”到“集约打击”的转变，成功侦破“3·7”抢劫出租车司机案，系列砸车玻璃盗窃案、系列信用卡诈骗案。1—9月，立刑事案件392起，破现行案件247起，破案绝对数281起。立侵财类案件337起，破现行案件185起，破案绝对数213起，完成全年侵财任务数(210起)的101.4%，抓获嫌疑人143人，同比上年122人上升17.2%；查获吸毒人员78人，强戒29人，破获毒品刑事案件6起，抓获犯罪嫌疑人12人，其中批捕10人，取保2人，缴获毒品海洛因76.68克、冰毒75.5克。

【“天网地格”巡防体系】 2018年，海原县公安局全力构建指挥调度的可视化、数据化和最小半径化，实现了“智能指挥平台100%定位标注、100%警力报备、100%可视联通、100%指令畅通”。正在实施新建、维修智能交通四期工程建设，投资1000万元正在建设海兴区智能交通。实现了海原老城、海兴经济开发区、S101线、S202线、县道等主要路口和主要路段“天网”全覆盖。将“天网工程”与警用地理信息平台对接，依托辖区派出所、社区警务室、交巡警等力量，集报警、处置等功能于一体，快速反应，全县可防性案件大幅下降。

【综合治理】 2018年，海原县公安局充分发挥网络安全监督管理和网络技术手段等作用，开展“净网行动”，成功侦破“10·1海原县海城镇海盛国际小区东门破坏计算机信息系统案”；落实重点行业安全主体责任，对75家大小旅馆、37家KTV、28家网吧、54家寄递物流企业、38家加油站实名制管理，全面落实“三个100%”；强化危爆物品隐患排查管控，查处涉枪案件2起，非法携带管制刀具案件5起，收缴土枪4支、子弹215发、雷管7个、炸药3.2公斤；全面排查非煤矿山18家次、烟花爆竹批发单位5家次、烟花爆竹仓库2个，发现并整改安全隐患3处；检查危险化学品使用单位86家次，加油、气站146家次，发现安全隐患18处，现场整改12处，下发限期整改通知书6份，实现了危爆危化物品“零流失、零被盗、零炸响”；深入开展“清风”专项行动，查处涉赌行政案件78起，行政拘留18人，行政罚款303人，收缴赌资13.9万余元，罚款9.6万余元；查处涉黄行政案件10起，行政罚款15人，罚款金额1.73万元；组织开展打击整治食品、药品、环境领域违法犯罪专项行动，积极会同市场监管、环境保护、卫计等部门对辖区内相关违法犯罪进行打击，查处非法行医案件2起，擅自改变林地用途案件5起；积极投入蓝天保卫战，加强秸秆焚烧环境污染巡查，扑灭田间明火300余场次，训诫、口头警告110人，行政拘留4人。全面实施道路安全生命防护工程，深化道路交通隐患治理，严查超速、超载、酒驾、毒驾、涉牌涉证等严重交通违法行为，全年未发生重特大道路交通事故，交通事故四项指标数同比下降

20.45%、17.39%、23.83%、29.20%。开展常态化火灾隐患排查整治，全面加强高层建筑、地下空间、“三合一场所”等火灾高发场所综合治理，不断夯实筑牢消防安全的“防火墙”；全面落实社区戒毒康复人员“双四色管理”、“双百工程”链条式管理、青少年预防教育“数字化”管理、“全媒体”宣传等举措，禁毒示范创建工作有序推进，全县1374名吸毒人员全部纳入管控，新增吸毒人员36人，新增率2.69%。社区戒毒社区康复执行率达到99.53%（社区戒毒执行率99.04%，社区康复执行率100%），吸毒人员三年戒断巩固率达到44.95%。

【社区警务】 2018年，海原县公安局将社区警务工作上升到党委政府“一号工程”，依托“四化一满意”平台，前半年在县城8个社区和人口密集的中心村、治安复杂的重点村选定15个村，在试点推行社区警务的基础上，积极与乡镇、综治等相关部门对接，将全县168个行政村、10个社区划分为44个警务，充分利用村部（社区）阵地建设布建警务室。充实58名事业编制警务人员，增加30名辅警编制，选聘警务专干172名，按照“六建六促”构建城乡社区警务体系和“五项基础”提升城乡社区治理能力工作要求，创新“互联网+社区警务”“七点一线”工作法、“1443”警务工作模式，纵深推进和引领社区警务不断深入，构筑了维护稳定第一防线、为民服务第一阵地、治安防控第一堡垒。

【“放管服”改革】 2018年，海原县公安局全面放开城市和城镇落户限制，梳理户籍管理5个主项75个子项目录，全面公开户籍管理领域权力清单和服务事项办事流程。持续简化公安行政审批手续，认真落实预约服务、上门服务、延时服务等工作举措，推行“互联网+”公安政务服务，网上答复群众咨询3000余次，办理网上预约服务600余件，通过互联网办理不见面服务事项3件。健全交通事故快处快赔机制，推行轻微交通事故“警保联动”模式，交管“12123”平台应用已基本成熟，下放驾驶证注销恢复考试、满分受理考试、延期申请、考试作弊受理、C类机动车驾驶证科目一、二、三、四受理考试、制证归档等权限，实现了简单业务一证即办、普通业务一窗通办、个性服务自助快办。

【警务改革】 2018年4月，海原县公安局将原海原县交通警察大队、巡警大队与海兴交警大队合并，组建海原县公安局交通巡逻警察大队，内设一室（指挥调度室）、一所（车辆管理所）、六中队（案件办理中队、特勤中队、海城中队、三河中队、李旺中队、西安中队），并报请县深化改革领导小组研究通过。同时，积极整合交巡警警力，最大化充实年轻警力，使交巡警警力从原94人增加到193人；进一步明确了交巡警大队交通管理、巡逻防范、打击现行、接处警情和服务群众“五项职能”以及派出所交通管理职责。推行三级巡防制度，在城区，将巡防区域划分为3个警务区，“点线面”结合，实行全天候勤务模式。在主要干线，各中队各乡镇派出所协同联动，负责巡线和乡村道路、重点区域管理，实现了全县“三警区、二主线、五省道”的网格化全覆盖巡防。交巡警合一警务改革以来，查处交通违法行为16000余起，参与应急处突32次，接处治安警情260起，查获现行违法人员38人；配合抓获涉毒、涉恐逃犯各1人，淘汰黄标车320辆，完成各项安保任务33次。在5个镇派出所试点推行“一室引领两队”勤务工作模式，设立综合指挥室、案件查处队和社区警务队，建立以队室协作、队队协作、警组协作为主要内容的综合作战机制，确保社区民警专起来、沉下去。

【基层基础保障】 2018年，海原县公安局新建的海原县看守所、武警海原县中队和拘留所建设项目并正式投入运营。高标准新建了七营、三河和关桥派出所。筹资900余万元对海兴区原交警大队办公大楼进行了改扩建以及配套建设作为交巡警大队办公场所。加快标准化派出所迁建、改建力度，对9个老旧派出所深度改造，完成60%的改建任务，基层所容所貌得到极大改善。建成一级机要室、二级刑事科学技术室、多功能案管中心。完成12个执法办案区的智能化升级改造，为民警配发移动警务终端227部，移动警务终端配发率为100%。规范交巡警着装，统一交巡辅警着装和标识，配齐了执勤装备，配备执勤执法车16辆、巡逻警用电动车30辆、摩托车10辆。优化警力向基层配置，全局执法执勤警力占总警力的89%，15个派出所中，晋升一级派出所1个、二级9个。

【政治建警】 2018年，海原县公安局深入贯彻落实中央、自治区、市、县党委关于全面从严治党的部署要求，始终把党建工作作为公安机关队伍建设的核心和灵魂，立足“建一流队伍、创一流业绩、树一流形象”的警务战略目标，以“三强九严”工程为主线，突出重点，攻克难点，打造亮点，充分发挥公安党建工作举旗铸魂、固本培元、聚气凝神的作用，涌现出中共十九大代表1人、自治区成立60年作出突出贡献人物2人、自治区模范人民警察1人。为推动海原公安工作转型升级提供了强大的组织保障和精神动力。

【思想政治建设】 2018年，海原县公安局坚持每月中心组理论学习，各部门、各支部坚持每周深入学习中共十九大精神、习近平新时代中国特色社会主义思想不动摇，增强“四个意识”，坚定“四个自信”，始终在政治立场、政治方向、政治原则、政治道路上与党中央保持高度一致。研究制定《海原县公安局深入学习贯彻党的十九大精神“大学习”“大讨论”“大宣讲”“大提升”“大调研”活动方案》，深入开展“不忘入警初心、牢记从警使命”主题征文评选、“不忘初心、忠诚为民、勇于担当”主题演讲，举办“拥抱新时代、开启新征程”广场文艺演出，真正把学习贯彻中共十九大精神成果转化为“不忘初心、牢记使命”的思想自觉行动自觉，转化为推动改革、解决问题的实际能力，转化为创新治理、驾驭风险的高强本领。研究制定《关于开展“支部主题党日”活动的实施方案》《关于各支部开展“1+4+X支部主题党日”活动的通知》，全局13个支部根据自身实际，坚持开展了“学先进、见行动”“坚信共产党人信仰”等系列活动，解决好世界观、人生观、价值观这个“总开关”问题。建立民警思想状况定期分析制度，通过谈心谈话、调查问卷等多种形式，收集民警意见建议140余条。先后召开全局民警思想状况分析会2次，及时研判、精准施策，提出解决措施15条，解决民警实际困难50余个，消除纠正不良问题20余起；借助公安网和互联网资源，打造“海原公安微思政”微信公众号、“网上学校”等学习平台，积极打造学习警营。累计组织开展“业务知识讲座交流活动”、读书交流等活动10场次，邀请专家学者、中共十九大代表授课讲座6场次，购买《习近平谈治国理政》《习近平总书记系列重要讲话读本》等学习书籍近万册。

【党风廉政建设】 2018年，海原县公安局把党风廉政建设工作细化分解为5类重点和19项具体任务，以党风廉政建设责任状形式进一步落实到党委成员、各部门。出台《落实党风廉政建设责任实施细则》《关于进一步加强队伍“五个严格”管理规定》《“1+9”绩效考核实施办法》《2018年党建工作作战图》《纪律作风专项整顿》等系列制度。组织《中国共产党章程》《中国共产党廉洁自律准则》《中国共产党纪律处分条例》《中国共产党问责条例》等党纪党规专题学习30余次。组织听取职务犯罪人员现身说法，旁听庭审，定期通报民警违法违纪案件，并认真开展座谈讨论，引导民警引以镜鉴。组织观看警示教育片《警钟》和《失衡的权力》等。针对开展专项教育和专题民主生活会收集的、特约监督员提出的、基层民警和人民群众反映的关于作风方面的各类意见建议30余条，排查廉政风险点13个，分类整理归纳，专项整治。深入推进“五谈二会一报告”，落实党风廉政建设“过程管理”“清单管理”，召开“四述三评”会议述德述职述责述廉，开展违反中央八项规定精神突出问题自查自纠，召开了专题民主生活会，认真开展民主测评，集体责任约谈3次，责任约谈10人，提醒谈话16人，诫勉谈话3人，辞退协警8人，县纪委给予4名民警行政警告处分，作风秩序明显好转。

【能力素质建设】 2018年，海原县公安局举办各类党务干部研讨班、轮训班4期，47名党支部书记和党务干部开展专题培训，固化民警警衔晋升、基层轮训、随岗培训等常态化学习培训和考试制度，299名民警（包括事业编警务人员）全部参加公安部执法资格考试，9人取得高级执法资格，民警业务素养稳步提升。开展“一个出口”工作，移送审查起诉案件94件122人，不诉2件，占移送审查起诉案件的2.12%；提请逮捕56件83人，不捕13件，占提请逮捕件数的23.2%；推进“一所一队一教官”，建立青年民警外出跟班培训学习机制，选派基层所队14名教官分两批在自治区公安厅警察训练总队进行培训。

检 察

【概 况】 2018年，海原县人民检察院制定《充分发挥检察职能为打赢脱贫攻坚战提供有力司法保障实施意见》，助力脱贫攻坚工作；筹资6万元帮助帮扶村解决发展难题。扎实开展生态环境资源保护专项监督，主动参与打好污染防治攻坚战，针对生态环境领域突出问题发出诉前检察建议20份。坚决防范化解社会风险，净化优化营商环境，依法审查起诉非法吸收公众存款、组织领导传销活动等破坏市场经济秩序犯罪4件9人。

【扫黑除恶】 2018年，海原县人民检察院组建专业化办案团队，实行捕诉合一工作模式，坚持提前介入引导侦查取证，严把案件事实关、证据关和法律适用关，依法批准逮捕涉恶犯罪2件9人，审查起诉杨某某、余某某、马某某等恶势力犯罪3件12人。广泛开展宣传发动，摸排涉恶线索8件。对2013年以来办理的14类案件进行“回头看”，深挖彻查涉黑涉恶“保护伞”，摸排线索9件分别移送纪委监委和公安机关。

【公益诉讼】 2018年，海原县人民检察院提请县深化改革领导小组研究通过《关于支持检察机关开展公益诉讼工作，进一步推动法治海原建设的意见》，积极构建起“党委领导、人大监督、政府支持、多方协作、检察承担”的公益诉讼格局。扎实推进“保障千家万户舌尖上的安全”“农村生态环境”“食品药品安全”等6个专项监督，共立案审查公益诉讼案件22件，发出诉前检察建议29份，整改回复24份。督促行政机关收回国有土地出让金5345.39万元，恢复被破坏植被532平方米、林地23.7亩，清理河道垃圾2400余吨，疏通河道29.2公里，关停取缔非法采砂场35家。

【刑事犯罪】 2018年，海原县人民检察院共受理审查逮捕案件80件108人，批准（决定）逮捕61件78人；受理审查起诉案件120件162人，提起公诉106件151人。提前介入引导侦查取证10件，组织“四类人员”出庭2次。全面落实宽严相济的刑事政策，依法不批准逮捕19件30人，决定不起诉3件4人。

【预防和化解社会矛盾】 2018年，海原县人民检察院扎实做好矛盾纠纷排查化解工作，依法妥善处理各类信访事项106件（次），检察长接访23人（次），组织律师参与接访12人（次），对2件刑事申诉案进行公开审查。依法办理刑事被害人司法救助案16件，发放救助资金13.3万元。支持妇女儿童、老年人、残疾人等起诉维权11件，切实保障特殊群体合法权益。建成“‘12309’检察服务中心”，依托网络平台和实体大厅，紧盯庆祝改革开放40周年、全国“两会”、自治区成立60周年等重要时间节点，维护社会秩序。

【未成年人司法保护】 2018年，海原县人民检察院严格落实未成年人特殊保护制度，依法办理侵害未成年人刑事案件8件，提出纠正违法和检察建议12份。创新完善多样化、社会化未成年人观护帮教机制，筹资20余万元建成青少年法治教育基地1个、未成年人社会化观护帮教中心3个，与公安、司法、教育等部门建立帮教长效机制5项，开展观护帮教13人（次）、异地协作5人（次）。启动幼童保护专项行动，选派26名检察干警兼任法治副校长，开展法治宣讲97场（次），宣讲覆盖率80.9%；编印宣传材料9万册，组织拍摄“微电影”2部，有效提升“法治进校园”活动质效。

【刑事诉讼检察监督】 2018年，海原县人民检察院共监督公安机关立（撤）案21人，提出纠正违法和检察建议28份；对应当逮捕而未提请逮捕的追捕到案4人，其中2人被判处10年以上有期徒刑；对应当移送起诉而未移送的追诉到案5人。坚持重大疑难复杂案件抗前会商请示机制，对确有错误的刑事判决依法向法院提出抗诉1件。

【民事行政检察监督】 2018年，海原县人民检察院共办理民事、行政审判活动违法行为监督案9件、执行监督案16件，提出检察建议24份；不支持监督申请1件。办理支持当事人起诉案11件，采纳率100%。受理督促行政机关怠于履行职责案20件，提出检察建议20份。

【行政执法检察监督】 2018年，海原县人民检察院持续深化“两法衔接”工作，报请县委、县政府研究通过行政执法与刑事司法衔接工作办法和考核办法，“两法衔接”平台新录入行政执法案件371件。深入开展破坏环境资源和危害食品药品犯罪专项立案监督，监督行政执法机关移送涉嫌犯罪线索13件15人，公安机关立案侦查11件13人，移送审查起诉2件2人，为农民工追回拖欠工资114.62万元。

【刑事执行检察监督】 2018年，海原县人民检察院建立健全法院、检察、公安、司法四方联席会议工作机制，联合开展社区矫正专项检查和宣传教育8次，提出纠正违法和检察建议10份。加强羁押必要性审查，建议变更强制措施9人，提出纠正违法和检察建议8份，采纳率100%。深化财产刑执行检察监督，向法院提出检察建议4份。

【外部监督】 2018年，海原县人民检察院向县人大常委会专题报告工作2次，接受县人大依法检查25人(次)。扎实开展代表、委员专项联络工作，组织干警走访代表委员330人(次)，广泛征求意见建议13条。主动邀请38名代表委员观摩评议检察工作，参加案件公开审查听证会7人(次)。

【检务公开】 2018年，海原县人民检察院先后邀请社区工作者、人民群众、教师、学生等社会各界代表75人(次)参加主题检察开放日活动。检察院门户网站、"两微一端"公布各类工作动态820条，案件信息公开平台发布案件程序性信息227条、终结性法律文书98份、重要案件信息10条，各类报刊媒体发表新闻稿件70余篇。

【执法办案监督】 2018年，海原县人民检察院健全完善网上受案、流程监控、预警提示、督促办理等制度，共发出《办案期限预警通知书》40份、《流程监控通知书》10份，不断强化对办案工作的全程动态管理。主动向律师提供服务25人(次)，依法保障律师执业权利。加强常态化案件质量评查，积极开展专项(类案)统计业务数据分析，进一步提升办案质效。

【队伍建设】 2018年，海原县人民检察院完善党组议事规则，规范党组工作程序，专题研究"三重一大"事项16项。严格执行《政法机关党组织向党委请示报告重大事项规定》，坚持重要工作部署、重大案件及时请示报告，全年向县委、县人大、县委政法委主动请示报告4次。狠抓司法作风建设，对相关人员进行约谈、提醒谈话5人(次)。分批组织37名干警参加"弘扬红旗渠精神，不忘初心、牢记使命"专题培训，选派干警65人(次)参加各类业务培训和业务竞赛。先后有8名干警获自治区、市检察机关"优秀公诉人""业务竞赛能手""最佳辩手""优秀办案人"称号。结合开展"司法改革巩固年"活动，修订员额检察官办案责任制暂行规定等配套制度，完善入额院领导、员额检察官办案定期通报机制，公开招聘4名聘用制书记员，建立专业化办案团队6个，入额院领导带头办案149件。按照国家监察体制改革部署，划转政法编制11个，转隶检察干警6名。积极构建监委检察工作衔接机制，提前介入审查案件2次。

法 院

【概 况】 2018年，海原县人民法院牢牢把握司法为民公正司法主线，忠实履行宪法法律赋予的职责，稳步推进司法体制改革，大力锻造过硬队伍，为海原脱贫攻坚和经济发展提供有力的司法保障和优质的法律服务。共受理各类案件5670件，同比上升14.18%，结案5051件，同比上升20.7%。其中，诉讼案件收案39件，诉讼结案为3324

件,结案率为91.6%。

【维护社会安定】 2018年,海原县人民法院共受理刑事案件105件,审结95件,结案率为90.48%。依法严厉打击故意伤害、抢劫、抢夺等严重危害公民生命健康和财产安全的刑事犯罪,以及盗窃、诈骗、贩卖毒品等多发性犯罪16件30人,维护了社会稳定,提高了公众安全感。深入推进以审判为中心的刑事诉讼制度改革,严格落实罪刑法定、疑罪从无、证据裁判等法律原则和制度,依法对54名被告人被依法适用缓刑。共召开专题会议7次;共开展专项宣传2次,受宣传人数达1000余人;共收到举报线索7条,经甄别,向公安机关移送3条涉恶线索,向纪委移送1条问题线索;共受理公诉机关指控恶势力犯罪2件9人,已审结杨某某等人敲诈勒索、寻衅滋事一案,余某某等人敲诈勒索一案正在审理过程中。

【服务中心工作】 2018年,海原县人民法院共受理民商事案件3357件,审结3029件,结案率为90.23%。坚持调判结合,进一步加大调解力度,通过全程调解、全员调解等方式,努力化解各种纠纷争议,民商事案件调撤率64.01%。依法维护市场秩序,妥善办理买卖合同、金融借款、保险纠纷等案件435件,积极防范化解市场风险。建立涉民生案件快速办理"绿色通道",审结人身损害赔偿、房屋买卖、民间借贷、土地承包、劳动争议等案1064件,切实发挥民事审判保障民生的重要作用。深入推进家事审判方式和工作机制改革,努力促进家庭文明和谐和社会稳定,审结婚姻家庭继承案件884件,发出人身安全保护令3份。

【依法行政】 2018年,海原县人民法院共受理行政案件102件,审、执结94件,结案率为92.16%。审查非诉行政执行案件58件,裁定准予执行案件58件。加大交流、宣传,注重判后答疑和释法析理,引导群众合理表达诉求;建立有效沟通机制,对房屋登记、土地确权等领域行政争议,主动加强与上级法院及相关行政机关沟通联系,加大调解和解力度,从源头上预防和减少行政案件。支持与监督并重,进一步加强监督引导,积极推进行政机关负责人出庭应诉,监督支持行政机关依法行政。

【平安海原建设】 2018年,海原县人民法院从严惩处在惠农政策实施、土地征收等过程中发生的腐败犯罪,审结贪污贿赂等犯罪案件1件1人,为脱贫攻坚提供司法服务。加大单位帮扶力度,为永丰村、马湾村、韩庄村、关庄村帮扶物资达数万元,传递了司法的人文关怀。协助华润公司对"基础母牛银行"逾期赊销款进行催缴,协助已追缴收回130万元。进一步加强防范和化解扶贫领域金融风险,积极协助配合金融部门开展恶意逃废银行债务和建立扶贫小额信贷等债权债务执行绿色通道工作,对扶贫领域金融涉诉案件及时受理,快审快结快执。进一步加强移风易俗以案释法宣传,借助宁夏法治报直播平台,在贾塘乡后塘村现场直播,成功解决一起返还高额彩礼执行案件,在线观看人数达14.6万余人,在全县人民群众中引发热议和激起强烈反响。

【司法责任制】 2018年,海原县人民法院严格遴选程序,夯实司法责任制改革基础,较好地完成了第三批员额法官入额工作,共确定29名员额制法官。扎实推进法官职务序列改革工作,协调组织、人事、财政等部门,共同推动实现员额法官单独职务序列管理。纵深推进审判权运行机制改革,下放裁判文书签发权，由合议庭和独任法官自主裁判，实现“让审理者裁判、由裁判者负责”。科学组建6个审判团队，配套建立“随机为主、指定为辅”的分案制度，切实优化审判资源配置。召开专业法官会议4次，为合议庭和独任法官办案提供参考意见。减少进入审判委员会案件数量，召开审委会16次，讨论案件27件。推进院庭长办案常态化，院庭长共办结案件5036件，占结案总数的99.7%。

【矛盾纠纷调解】 2018年，海原县人民法院加大小额速裁工作力度，在立案庭设立速裁合议庭，有效缩短简单民事案件办案周期，在立案阶段共调撤处理案件199件。加强诉前联动调解工作，严格落实《关于建立完善春雨型调节机制化解民间矛盾纠纷的实施意见》，通过人民调解、行政调解、司法调解的有效衔接，最大限度地实现对社会矛盾纠纷“统一受理、集中梳理、归口管理、依法办理、限期处理”，提高调解工作效率。共委托253件，调解成功117件，调解成功率为46.25%。大力推进家事矛盾纠纷联合化解工作，与公安、司法、妇联、民政部门建立婚姻家庭纠纷联动调解机制，努力促进家庭和睦、社会和谐成效初显。

【执行工作】 2018年，海原县人民法院加强案件审限管理，杜绝超审限案件，共发送审限预警通知19次，召开案件质量评查会3次。借力三河镇片区工作人员熟悉地域、熟悉人员的优势，采取驻村集中执行、错时执行等方式，5天共执结“骨头案”36件，执行到位金额37万元，成功拘留“老赖”7人。加强与电信、移动、联通等运营商合作，为8名被执行老赖制定失信专属手机彩铃，促使2人主动履行生效法律义务。加强与公安机关的联系，委托公安机关协助查询逃避执行、长期下落不明的被执行人的行踪，以便精准定位，及时采取强制措施。引入“执行无忧”悬赏保险机制，通过低投保高赏金的方式，拓宽被执行财产发现渠道，广泛发动社会力量查找被执行人及其财产线索，促进提升执行案件质效。悬赏被执行人6名。全年受理各类执行案件2041件，执结1715件，同比分别上升15%和38.87%，执结率为84.03%，执行兑现金额7000余万元，首次执行案件实际执结率为69.08%，执行完毕率37.38%，法定期限内结案率96.28%，恢复执行案件执行完毕率为29.96%。公开曝光失信人员110人，纳入失信名单库528人，实施司法拘留206人。

【司法公开】 2018年，海原县人民法院全面落实司法公开制度，努力实现以公开促公正，以公正立公信，以公信树权威。健全完善审判流程、裁判文书、执行信息、庭审直播四大公开平台，增强司法工作透明度，保障公众知情权和监督权。在“中国裁判文书网”公布裁判文书1595份，实现互联网直播庭审77次。深入开展“法律八进”，悬挂宣传标语10幅，发放各类宣传彩页1000余份，利用法院室内电子显示屏、网站、微信等自媒体和报刊、电视等公共媒体宣传法律，积极营造全民尊法学法守法用法护法的浓厚氛围。加大人民陪审员陪审案件力度，强化人民陪审员工作机制，扩大参审范围，人民陪审员共参与审理案件587件，推进司法为民，促进司法公正、廉洁。

【司法监督】 2018年，海原县人民法院深化落实人大代表、政协委员长效联络机制，通过集中走访、电话联络、发送信息等方式实现全县212名人大代表、政协委员联络全覆盖。坚持工作报告制度，主动向人大、政协汇报法院重大工作进展、重大案件办理情况3次。以工作简报、工作汇报、情况通报等形式向地方党委、人大和政法委报告重大敏感案事件2件2次，邀请人大代表、政协委员及各界群众旁听庭审2件34人次，邀请检察长列席审判委员会2次，检察院提起抗诉案件1件，邀请“两代表一委员”观摩、见证执行10次，开展法院开放日活动4次，300余名公众代表参观走访法院并提出意见建议。

【思想政治教育】 2018年，海原县人民法院深入推进“两学一做”学习教育常态化制度化，扎实推进“不忘初心、牢记使命”主题教育，充分发挥党组织在教育培训中的主战场作用。通过网络自学、讨论集中学、讲党课引领学、教育基地现场学等形式，组织干警认真学习党章党规、深入学习中共十九大精神、扎实开展向邹碧华、王永良等先进典型学习活动，引导干警不断树牢“四个意识”，提高政治站位，不断坚定理想信念，使全体党员干警自觉维护党中央的权威，始终在思想上、政治上、行动上同以习近平同志为核心的党中央保持高度一致。引导干警不断发挥模范带头作用，提升学习能力，不断创先争优，形成了争做“四讲四有”合格党员、合格法官的生动局面。

【党的建设】 2018年，海原县人民法院党支部严格把好政审、考察、审批等党员发展程序，经党员大会、支部委员会等环节后，成功发展了3名预备党员、5名入党积极分子。共召开党员大会18次、支部委员会18次，组织生活会3次、民主生活会2次，其中违反中央八项规定精神专题民主生活会1次。成立审务督查领导小组，加大对考勤签到、请销假、集体学习等方面的督查力度，共受理、处理举报案件5件，开展纪律作风专项督查27次，审务督察6次，专项检查6次，约谈干警2人次，提醒谈话4人，诫勉谈话2人，监督业务庭评估鉴定活动7次，回访案件132件245人，向纪委报告婚丧嫁娶等重大事项2次。

【宣传工作】 2018年，海原县人民法院充分运用法院微信公众号、新闻头条、《宁夏日报》、《宁夏法治报》、《人民法院报》等媒体书面报道执行工作31次，互联网在线直播1次，为执行工作营造了良好的舆论氛围。

司法行政

【概　况】 海原县司法局下设18个司法所、2个事业单位[法律援助中心和公证处(公共法律服务中心)]。局机关设办公室、宣传教育股、基层股、社区矫正股。实有工作人员98人，其中政法专项编制64人，事业编制12人，政府购买社区矫正社会服务工作者22人。海原县司法局核定领导职数一正二副，实配科级领导职数一正二副，均为正科级。下属18个司法所核定副科级领导职数18名，现实配置副科级所长18名。全县星级司法所达标率达到100%，五星级司法所达标率达到100%。2018年3月，被自治区司法厅评为“五星级司法所创建先进集体”。被中卫市委政法委评为政法工作先进集体。2018年年初建成了海原县公共法律服务中心。11月14—15日，全区社区矫正教育管理暨“智慧矫正”现场推进会在海原县举行，经验做法受到了自治区司法厅领导和全区各级司法行政机关的一致好评。

【公共法律服务体系建设】 2月中旬，海原县司法局举办全县司法行政中层干部培训班。3月底，举办公共法律服务培训班。结合海原县实际，制定了《关于进一步推进公共法律服务体系建设的意见》《海原县公共法律服务实体平台建设实施方案》。

【法律援助】 2018年，海原县司法局建成海原县公共法律服务中心。全年共开展法治宣传教育活动30余次，提供法律咨询2000人次，办理援助案件856件，其中办理诉讼案件296件、办理公证案件560件，代写文书300份，超额完成自治区司法厅下达的600件援助案件任务。统筹推进乡（镇）、村（居）公共法律站（室）建设，同时，依托乡镇司法所建成了18个乡镇公共法律服务工作站，176个村（居）公共法律服务工作室，并为全县所有村（居）安装了法律服务明白栏。下发了《海原县一村（社区）一法律顾问工作的实施方案》。同时，在公安、法院、检察、民政、人事等部门设立了法律援助工作站8个，安排律师值班，做到随叫随到。

【矛盾纠纷调解】 2018年，海原县司法局制定下发《海原县矛盾纠纷“大调解”专项行动实施方案》，成立了领导小组，对全县开展矛盾纠纷大调解活动进行了安排部署。结合县司法行政系统扫黑除恶专项斗争，切实维护好全县经济社会和谐稳定。全县共建立各类调委会189个，其中乡（镇）调委会18个，村（居）调委会165个，专业性行业性调委6个，人民调解员1223人。全年经乡（镇）村两级人民调解委员会调处的矛盾纠纷612起，调解成功588起，调解成功率96.08%。全县无因调解不当导致的民转刑案件。组织开展人民调解员培训60场次，培训3560人次。申报区级人民调解以案定补案卷560件，下发以案定补补贴10.12万元。

【诉前调解】 2018年，海原县司法局与县人民法院联合制定下发《关于建立诉前人民调解工作机制的实施意见（试行）》《关于建立家事纠纷综合协调解决机制的实施方案》，与县人民法院、县公安局联合制定下发了《关于共同化解社会矛盾工作实施细则》，建立诉调对接的“绿色通道”。全年法院转办诉前调解案件374件，调解成功84件，调解成功率22.46%。

【信访矛盾化解】 2018年，海原县司法局与县信访局联合下发《海原县关于人民调解参与信访矛盾化解试点工作实施方案》，同时挂牌成立海原县信访事项人民调解委员会，确定五个乡镇试点设立信访事项人民调解委员会并进行挂牌。全年全县各级人民调解组织共参与化解信访类矛盾纠纷84起，已调解成功36起。

【宪法学习宣传】 4月，海原县司法局以“宪法宣传月”为契机，各单位以“与宪同行 学法尊法”为主题，以“六个一”为抓手，广泛开展不同形式的宪法学习宣传活动，海原县司法局先后订购宪法单行本、宪法修正案3万余册，全部发放至全县各机关单位、行政村、服务窗口单位及广大百姓手中。全年组织全县干部职工宪法考试一次，参考率98%，通过率100%。开展宪法微信公众号有奖答题活动，活动吸引全县5000余名干部职工参与答题。县城30余家单位在南门广场开展大型宪法宣传活动一场次。各乡镇司法所、派出所、戒毒所等站所在所属辖区开展宪法集中宣传15场次；各乡镇（街道办）、各部门（单位）邀请县普法讲师团成员或各单位法律顾问开展宪法讲座、宣讲

40余场次。

【青少年法治宣传教育】 2018年，各中小学校邀请法治副校长、派出所民警、交巡警、治安大队开展学校、幼儿园“护校安园”法治讲座、宪法宣讲、现场模拟45场次。各学校增设各类法治宣传主题教室，开展模拟法庭、班队会、专题演讲、图片展览、宣传橱窗等活动，并组织学生进行法律知识竞赛，以考促学，收到了良好的效果。

【法治文化】 2018年，海原县司法局打造高崖乡法治文化广场、七营柴梁法治文化室、郑旗撒台法治文化室等，在文化广场、文化室等添加法治元素，增加法治宣传橱窗等，使群众在休闲娱乐的同时潜移默化受到法律的熏陶。

【基层普法】 2018年，各司法所开展“法律明白人”培训、妇女培训、外出务工人员培训等60余场次，开展日常集中法治宣传活动50余场次。新媒体宣传建设取得长足进步。精心创作拍摄了一部普法栏目剧，推动移风易俗政策、《中华人民共和国婚姻法》和《中华人民共和国反家庭暴力法》等法律法规宣传，倡导树立文明新风尚，净化乡风民风。拍摄了3分钟朗读微视频《宪法，祖国的太阳》，进一步加强《中华人民共和国宪法》的宣传力度。

【特殊人群管理】 2018年，全县有在矫服刑人员198人。县司法局以“两个中心”（信息指挥中心和社区矫正中心）建设为引领，严格按照“六个一”制度加强管理，严格刑罚执行过程，不断提高工作实效。全年共利用视频会议系统举行集中点验15次，集中培训6次，重点监管4次。全县18个司法所全部建立了矫正微信群，进群的社区服刑人员占在册服刑人员数的99%。

【社区矫正中心建设】 2018年，海原县司法局在海原县看守所建成400平方米社区矫正中心和安置帮教基地。全年县司法局在社区矫正中心开展教育培训1次、集中宣告3次、心理咨询2次。联合民政、社保等部门累计为生活困难社区服刑人员发放临时救助资金合计10万余元。除此之外，各司法所积极举办暖心活动，如开展“6·1”爱心助学、为家庭困难服刑人员爱心捐款、组织服刑人员走进敬老院开展志愿劳动等。同时，下发《关于开展司法行政系统扫黑除恶专项斗争的通知》，通过采取“组织一次专项教育、实施一场视频警示点验、开展一次大走访，大调研，部署一次大排查”“四个一”活动，大力开展“扫黑除恶”专项斗争工作。县司法局18个司法所均组织辖区内服刑人员对开展扫黑除恶相关文件进行了集中学习教育。对服刑人员逐个进行走访、排查，建立了扫黑除恶专项活动档案。

军 事

人民武装部

【概 况】 海原县人民武装部(以下简称人武部)机关设军事科、政治工作科、保障科3个科,共编现役干部3名,文职人员4名。全县共设18个基层武装部,其中5个镇(海城、李旺、七营、三河、西安)、12个乡(史店、郑旗、贾塘、高崖、关桥、树台、红羊、关庄、李俊、九彩、曹洼、甘城)、1个街道办,编制武装部长18人,武装工作专干14人。营区自2017年启用,营区绿化、卫生、门卫和食堂用工均为社会化保障。

【政治建设】 2018年,海原县人武部突出政治建军,狠抓思想政治建设,学习贯彻习近平主席政治建军方略和"抓部队建设首先要从政治上看"的重要指示,大力加强人武部思想政治建设。

1.坚定自觉维护核心。人武部党委对习近平主席和军委部署的重大任务、作出的重要指示以及上级下发的重要文件,第一时间组织传达学习。深入学习贯彻军委《关于全面深入贯彻军委主席负责制的意见》、军区和军分区制定的具体措施,认真抓好贯彻落实。第三季度,对照军委主席负责制专项巡视反馈问题,查找梳理问题,制定整改措施,开展"重温誓词、不忘初心"主题党日活动,引导全体党员干部把对党忠诚落实到具体工作和实际行动中。2.着力深化理论武装。年初召开部党委会对学习贯彻中共十九大精神工作进行部署,研究制定了推进措施。组织党员干部认真研读《习近平论强军兴军》《军委主席负责制学习读本》《习近平新时代中国特色社会主义思想三十讲》等书籍,深入领会精神实质。党委中心组坚持理论学习制度,正副书记带头发言,撰写体会文章,及时安排现役干部参加上级组织的理论轮训,推动理论武装工作落实落地。3.扎实搞好主题教育。按照年度总体部署,完成好授课任务的同时,针对每个专题辅导授课内容,及时组织党支部、党小组搞好课后讨论交流,结合"三群体"扶贫帮困大走访,让干部职工和民兵骨干在上山下乡、进村入户和老红军遗孀、军烈属、退伍老兵亲切交谈中感悟革命优良传统,从中接受教育,锤炼党性、锻造忠诚。注重把部队主题教育向民兵队伍拓展,利用民兵组织整顿、民兵军兵种保障分队集训等时机,区分武装专干和普通民兵两个层次,联合党委政府有关部门负责人,围绕大家关注的热点问题解疑释惑,进一步增强了教育实效,有力促进了各项工作开展。

【练兵备战】 2018年，海原县人武部坚决贯彻习近平主席训令，坚定不移把练兵备战摆在战略位置，作为中心工作抓住不放。1.着力纠治和平积弊。部党委坚持议战议训制度，组织开展“八查”“四查”活动，紧密结合人武部和党员干部个人实际，深入检讨反思，及时校正“仗打不起来、打也轮不上”“民兵训练不好抓、难落实”等错误思想。深入查找存在的5个方面17条和平积弊，逐一制定整改措施，立起了真打实备导向。2.从严抓实整组工作。注重加强组织领导，持续加大协调力度，依据《“十三五”时期银川市民兵组织规模调整方案》，区分应急、专业、特殊三类力量，圆满完成全县民兵的调整改革编兵任务，为提升基于打赢战争和服务大局的组织动员力、快速反应力、支援保障力奠定了坚实基础。3.聚力推进战备训练。适应人少事多新常态，狠抓作战值班规范，值班秩序正规有序。密切关注辖区社情，及时协助地方政府处置南华山火灾事件。采取以演练带训的方式，组织民兵应急连、武警、消防、公安、电力、交通等部门完成了“5·12”抗震救灾军地联合演练，组织应急基干民兵进行了为期15天的共同科目、基础训练、专业训练和处置群体性上访、护路警戒、防火救灾等训练演练任务。组织人武部战备值班分队开展以战备常识、警棍盾牌术、防暴队形为主要内容的备勤训练。

【国防动员】 2018年，海原县人武部围绕军区和军分区党委确立的国防动员建设目标任务，突出重点抓实国防动员建设。1.深入动员抓好兵役登记。年初以来，扎实进行兵役登记，采取干部包乡镇、专武干部包村包片、民兵干部包人包户的方法进村入户开展兵役登记，1月完成登记任务，登记率100%。2.着眼提升“五率”做好征兵工作。按照时间节点组织征兵政策法规巡回宣讲，深入辖区3所高中学校广泛开展征兵宣传进校园活动，为全县高中学生提供了政策咨询，发放征兵宣传单、悬挂、张贴征兵宣传海报。坚持廉洁征兵，严格制度规定，圆满完成新兵征集任务。特别是为大学生开辟绿色通道，按照“随时报名、随时体检政考，合格1个、确定1个”的原则，征集大学生兵源。3.坚持多措并举推进全民国防教育。春节前夕，以加强全民国防教育，巩固军民军政团结为主题，联合县委、县政府组织“军民迎新春联欢晚会”，邀请辖区参战老兵讲述红色故事，表彰部分优秀驻军官兵和民兵，协调县四大班子成员分工带队看望慰问了光荣军属。6—7月，在县回民中学、海原一中等高中学生中开展了“中国梦、强军梦、我的梦”国防教育主题演讲比赛。结合庆祝七一，举办“传承红色基因，汇聚国防力量”主题教育活动。八一前夕，组织县委班子成员过军事日，邀请边防学院李治平教授，为全县干部职工进行国防知识讲座，进一步增强了全民国防意识。

【双拥共建】 2018年，海原县人武部针对辖区驻军多的特点，紧贴区情实际，不断深化双拥共建工作。1.浓厚从军尚武氛围。联合县民政局、县双拥办和各镇、街道为在部队表现优异、荣立三等功的军人家庭送去喜报和奖励金，悬挂光荣军属牌匾。组织社会各界干部群众和初高中300余名学生，在县文化广场进行升国旗仪式，开展缅怀英烈活动，协调县委、县政府会同民政、信访等部门出资为“两参”人员、军烈属等12类不同身份的退伍军人进行免费体检，对重点优抚对象发放优抚金及慰问金。2.突出抓好军人“三群体”脱贫帮扶、优抚解困工作。3月份起，集中利用1个多月时间，采取全员动员、合理分工，逐一上门、逐个见面、逐户建档的方式，集中力量进行“大走访”，摸清了辖区“两参”人员、现役军人军属贫困家庭、退伍老兵贫困家庭建档立卡户和因公牺牲、病故军人遗属的底数。采取走访慰问、捐资助学、发放就业培训补助、购置生活必需品、帮助发展奶牛养殖、协调申请低保和国家无息贷款、协调医院医疗救助等措施，集中力量帮扶了退伍老兵及军属。3.积极参与地方经济社会建设。2018年，积极响应县委、县政府脱贫攻坚和乡村振兴战略号召，组织民兵队伍参与绿化植树、水渠改造、生态移民搬迁等大会战，为地方经济社会建设作出了应有的贡献。助力精准脱贫，按照军区、军分区党委部署要求，持续投入5.5万元经费连续第4年对口帮建关庄乡高台村10户建档立卡户和甘城乡严湾村党支部进行项目和党建帮扶，为关庄乡高台村10户建档立卡户发展生猪养殖，为甘城乡严湾村党支部购置办公电脑、打印机、办公桌椅等基础设施。全力做好军地协调工作，确保了军区、军分区扶贫点各项工作推进顺利，迎接中央军委、军委国防动员的高标准检查验收，受到军区和军分区党委的充分肯定和社会各界广泛赞誉。

【从严治党】 2018年，海原县人武部坚持以新时代党的建设总要求为引领，认真抓好全面从严治党工作。1.注重抓教育。及时组织学习《中国共产党纪律处分条例》《军队实施党内监督的规定》《军队实行党的问责工作规定》，以张某案为反面教材开展专题教育，依据上级下发的违纪违规问题通报搞好警示教育，引导全体党员干部明规矩、知敬畏、存戒惧、守底线。2.规范抓党建。上半年，针对人武部党委班子存在缺额实际，按照上级严格落实会议制度、加强集中统一领导的措施要求，以“三好四严五规范”为目标抓了党支部建设。军委、军委国防动员、军区和军分区党的建设会议召开后，采取集中学习、专题讨论等形式，及时跟进抓好学习贯彻，组织开展“不忘初心、铸魂强军”主题党日活动，观看《回望延安》《铁纪强军》专题片，认真对照“四个不纯”“七个弱化”，深入开展反思检讨，纠治存在的问题，制定整改措施，增强了党组织的领导力和凝聚力。3.从严抓制度。4月部党委围绕“六个必须”严肃召开民主生活会，深入查找作风建设的突出问题。认真开展军队人员参加社会组织及活动、发表言论问题清理整治，深入抓好政治纪律“十不准”和军队人员使用微信“十不准”落实。引导党员干部适应作风建设新常态，从部领导做起坚决克服和纠治“微腐败”，坚持廉洁征兵，未发生违反纪律的人和事。

【安全管理】 2018年，海原县人武部按照军区“最好”“挑不出毛病”“确保绝对安全”的标准要求，扎实做好打基础保稳定的工作。1.深入学习贯彻条令。采取宣讲辅导、专题讨论等形式认真学习新条令，组织开展“贯彻落实新条令、塑造军队好样子”活动，严格抓好上级明确的移动电话和互联网使用管理、军人网络购物、新媒体使用，执行纪律、表彰管理等新的规范内容落实，调试安装军号播放系统，进一步正规了“四个秩序”。2.严格执行制度规定。坚持每季度分析一次安全形势，按照安全大检查要求，紧盯“人车枪弹密、水火电钱网、酒油黄赌毒、涉外涉地方”等17个管理要素，第一季度以来组织了两个波次的安全隐患排查整治及“回头看”。协调西夏区消防大队专业技术人员检查营区消防设施，拆除老化电路，更换灭火器5个，在厨房安装烟感报警系统和液化气报警器，夯实了安全基础。3.做好一人一事工作。2018年针对现役干部任职时间较长，改革编余、调职难度大，文职未配备、人少事多新常态等问题，专题召开思想形势分析会，深入开展“思想谈心、矛盾化解、问题反思、困难帮扶、压力缓解”活动，确保了干部和职工总体思想稳定，履职尽责较好。对核心涉密、重要岗位人员进行政治考核，对全体职工和食堂临时聘用人员进行年度政治考核复审。

武警宁夏总队中卫市支队海原县中队

【思想政治建设】 2018年1月，根据中央军委命令，整编为中国人民武装警察部队宁夏总队中卫支队海原中队。官兵政治立场坚定，“两学一做”学习教育和以“传承红色基因、担当强军重任”为主题的教育开展扎实，并创建“思想骨干工作网络”，开设“道德·法纪·安全”大讲堂。中队开展维护核心听从指挥主题教育、拥护支持改革教育活动和党史军史教育以及主题教育系列文化活动，全年开展思想隐患大排查9次。

【执行任务】 2018年，海原中队共参加勤训轮换3批、应急班驻训3次，并联合县公安局进行反恐演练2次，完成南华山大火扑灭任务节日期间常态化武装巡逻等任务。

【部队管理】 2018年，海原中队先后开展主题教育知识竞赛和作风纪律教育整顿活动以及纠正“三手”、正“三相”、练“三声”活动，并开展训练伤预防、紧急避险等安全常识教育。全年运用日有“五个一”、周有观看安全警示片、月有安全自查、季有安全检查讲评等创安载体，查找治理隐患19处。

【后勤保障】 2018年，海原中队合理搭配官兵伙食，每周征求官兵对伙食意见建议，并利用营区监墙周边闲置空地开展农副业生产。同时，每周对枪械等装备武器进行擦拭保养。中队成立物资维修小组，每月下旬对公用物资进行集中检修。

【文化活动】 2018年，海原中队先后组织官兵开展主题教育知识竞赛、“强军路上追梦人”演讲比赛、“强军梦、我的梦”主题团日等活动，并组织官兵去烈士陵园开展重温誓词、去红军长征纪念馆升旗、瞻仰红军先烈等活动。

【警民共建】 2018年，海原县中队继承和发扬部队的光荣传统，开展军民共建和拥政爱民活动。积极投身地方生态文明建设大潮中，广泛开展“把驻地当故乡，视人民为父母”活动，全年先后开展慰问敬老院老人、送温暖、献爱心、义务献血、植树造林、捐资助学、慰问困难党员、打扫公共卫生、国防军训、每月升旗等警民共建活动，并被自治区党委统战部、自治区民族事务委员会评为“民族团结进步创建活动示范连队”。

综合经济管理

宏观管理

【概　况】 2018年,海原县发展和改革局内设办公室、投资股、农村经济股、社会事业股、物价所、新能源股、造价办公室、党委办公室8个股室。局党委辖局机关、粮食物资储备中心和华润等8个党支部,全局有工作人员28名。

【主要指标完成情况】 2018年,海原县实现地区生产总值52.68亿元,同比增长1.5%;全社会消费品零售总额达到10.75亿元,同比增长6.8%;地方一般公共预算收入实现2.42亿元,同比增长9.9%;城镇常住居民人均可支配收入达到24047元,同比增长7.6%;农村常住居民人均可支配收入达到8511元,同比增长11.1%;节能减排降耗完成了自治区、市下达的目标任务。

【规划编制】 2018年,海原县发展和改革局组织实施完成《海原县国民经济和社会发展第十三个五年规划纲要中期评估报告》,编制完成《海原县乡村振兴战略规划(2018—2035年)》,正在组织编写《海原县"一带两廊"发展规划》《海原县四个特色小镇发展规划》,以及13个乡镇发展规划。

【固定资产投资】 2018年,海原县发展和改革局计划实施155个项目,开工134个,开工率86.45%。其中:农业类项目7个,完成投资1.13亿元;林业类项目6个,完成投资0.53亿元;水利水保项目36个,完成投资1.6亿元。交通项目8个,完成投资6.16亿元;市政类项目32个,完成投资6.38亿元;社会事业类项目35个,完成投资3.42亿元;新能源项目6个,完成投资7.62亿元;工业及招商引资项目4个,完成投资0.73亿元。

【脱贫攻坚】 2018年,海原县发展和改革局按照产业兴旺、生态宜居、乡风文明、治理有效、生活富裕的总要求,科学把握乡村发展规律和趋势,高标准高质量编制完成《海原县乡村振兴战略规划(2018—2020年)》,勾画出"两廊两核四镇"空间发展布局,明确了目标任务,部署了重点工程、重点计划、重点行动,细化落实政策改革措施,为乡村振兴战略的实施提供了根本遵循。聚焦"两不愁三保障",全力脱贫攻坚。紧紧围绕专项扶贫、行业扶贫、社会扶贫和市场扶贫格局,精准施策、精准脱贫。完成"十三五"易地搬迁安置2884户12016人;2018年扶贫小额贷款余额达11.97亿元,涉及27654户建档立卡户,覆盖率达93.4%,完成自治区下达任务的122.9%,户均贷款4.3万元。投入扶贫保障资金0.21亿元为建档立卡户购买“扶贫保”，理赔率达到68%。投入0.25亿元完成“雨露计划”及驾驶员、技能等各类扶贫培训11740人次。围绕“一主三特”培育产业扶贫示范村12个、龙头企业12家、专业合作社110家、致富带头人315人。推行“华润基础母牛银行”模式，累计引进西门塔尔基础母牛26184头，向7529户农户赊销23465头。投入扶贫资金0.45亿元，建设6个闽宁扶贫示范村。整合财政涉农资金10.3亿元，实施现代农业发展和农村基础设施项目121个。全年实现20个贫困村出列，10个深度贫困村退出，减贫5044户、20350人。

【物价监测】 2017—2018年，海原县发展和改革局把市场价格监管工作作为一项民生工作来抓。加强价格监测预警和形势分析，坚持每日市场价格巡查监测制度，落实物价上涨与居民收入补贴和重大节日期间牛羊肉销售补贴政策，对明码标价、牛羊肉集中定点屠宰等重点领域进行专项治理。共撰写价格信息11期，受理涉案物委托23件，认证金额24.96万元。健全民生价格稳定机制，制定客运出租车价格，规范出租车计价收费行为。对全县自来水供水成本进行定期监审，重新调整非居民生活终端水价。积极落实惠民政策，共建设平价商店9个。规范行政机关和经营服务性收费。根据自治区物价局中介服务收费、行政事业性收费、政府定价或指导价的有关政策，完善海原县行政事业性收费清单，规范了收费行为。

【粮油监测】 2018年，海原县发展和改革局对10家纳入统计范围的加工企业和粮油经营企业，进行了粮食流通经营情况统计。对城关、关庄、高崖三个乡镇的60户农户及县城社区20户居民进行粮油供需平衡调查。大力推行产销衔接的粮食订单及收购工作。落实粮食订单（玉米）1万吨，并与4家粮食收购私营企业签订粮食订单，订单面积1.4万亩。完成小麦、水稻储备各1000吨，完成了成品粮油储备700吨。

【深化改革】 2018年，海原县发展和改革局修改完善了行政单位公车制度改革方案，进一步明确了乡镇车辆保障范围，完成行政单位公车改革取消车辆处置工作，共处置车辆39辆，其中拍卖26辆，报废13辆。启动全县事业单位公车改革工作，拟定了《海原县事业单位公务用车改革实施意见》，计划于12月底完成。全面推行政务开制度，制定了县发改局政务公开工作实施方案，通过县政务公开平台对项目的建议书、可研、初设等批复进行公开。全面推行社会信用体系建设制度，通过“中国·宁夏”门户网站对“行政许可”和“行政处罚”进行双公示。全面加强项目审批工作，修改完善了《海原县政府投资项目管理暂行办法》部分条款。积极推行项目在线审批制度，对重点项目全部纳入自治区在线审批平台审批，简化了审批程序，提高了审批质量。继续实行项目控制价管理，共审查各类项目163个，送审价13.13亿元，审定价12.47亿元，审减0.66亿元，审减率5.03%，有效节约了建设资金。

财　政

【概　况】 2018年，海原县地方财政一般公共预算收入完成2.42亿元，增长9.8%，完成年初预算的100.8%，其中税收收入完成1.32亿元，下降18%；非税收入完成1.1亿元，增长85.1%。县财政一般公共预算支出完成58.73亿元，增长13.1%，为变动预算的98.5%。政府性基金收入完成2.74亿元，增长3.8倍，为年初预算的4.5倍。政府性基金支出完成4.4亿元，增长2.58倍，完成变动预算的96.3%。全县民生类资金投入占财政总支出的75.8%。

【收入征管】 2018年，海原县财政局积极加强对财政收入走势的预研预判，在落实好各项结构性税费减免政策基础上，严格实施环保税、水资源税改革，着重抓好主体税种增值税和企业所得税征收，强化资源税、印花税等小税种征管，严防"跑冒滴漏"。完善非税收入征管机制，切实抓好土地出让金、国有资源有偿使用收入的及时入库，严格执行罚没、行政性事业收费的"收支两条线"规定，非税收入完成1.1亿元，同比增长85.1%。政府性基金收入在土地成交量增加的基础上，实现大幅超收，达到历史最高水平。

【争取资金】 2018年，自治区财政下达海原县一般转移支付补助31.28亿元，增长9.9%；专项转移支付补助23.18亿元，增长19.6%。同时，积极争取自治区政府债务转贷资金10.35亿元，增长126%，用于置换到期政府债务、弥补全县重点建设项目缺口，有效缓解了财政压力。

【培植财源】 2018年，海原县财政局认真落实招商引资优惠政策，开工建成闽宁产业园，为引进闽商企业落户创造"拎包入驻"条件。支持海兴开发区完善基础设施建设，麦勒电器、大河源中药材加工等招商引资企业相继投产，培育财政收入新的增长极。加快多层次资本市场建设，开展"一司一县"合作，推动锦彩生态农业、国华农机等9家企业在宁夏股权交易中心成功挂牌，迈出了海原县构建资本市场的第一步。

【教育投入】 2018年，海原县财政局投入资金3.5亿元，支持县第五中学如期开办，实施农村义务教育阶段薄弱学校改造、高中办学条件改善、幼儿园建设、教学设备采购、中小学体育设施免费开放、运动广场新建等项目，落实了义务教育阶段学生"三免一补"、营养改善计划、职业教育学生资助等政策。

【公共卫生体系建设】 2018年，海原县财政局拨付资金1.8亿元，用于县妇幼保健计划生育服务中心及县人民医院妇儿综合楼新建、乡镇卫生院改扩建、医疗设备采购等项目。支持公立医院改革、基本药物制度改革、远程诊疗、预防接种、食品药品监督管理等公共卫生服务政策落实。

【公共文化投入】 2018年，海原县财政局安排资金7500万元，支持非物质文化遗产传承基地续建、文化馆新建、历史遗迹保护、广播电视台基础设施建设、文化旅游提升等项目实施。保障文化馆、图书馆免费开放、送戏下乡、农村电影免费放映等政策落实，丰富群众文化活动。

【落实社会保障政策】 2018年，海原县财政局统筹征缴养老、医疗等社会保险基金9.4亿元(其中财政配套7.1亿元)，确保了机关事业单位工作人员及城乡居民、失地农民等参保对象社会保障待遇的落实。安排就业创业资金0.59亿元，用于城乡劳动力技能培训、"三支一扶"、公益性岗位人员生活补助等。筹措资金1.94亿元，确保职工住房补贴等增加收入政策落实。兑付农资综合补贴、粮食直补、退耕还林等"一卡通"补贴资金1.25亿元。拨付城乡低保、医疗救助、自然灾害救助等资金6.5亿元,缓解了低保户、五保户、高龄老人、孤儿、残疾人等弱势群体的基本生活困难。落实了民政优抚、退役士兵安置等社会福利政策。

【社会管理投入】 2018年,海原县财政局支持政法部门办案技术能力建设,提高办案经费保障水平。足额落实公安协勤、社区矫正、禁毒管理、专职消防等政府购买服务经费。支持安全生产在线视频监控系统运行,促进社会管理。认真落实村级党组织"三大三强"行动要求,投入资金4080万元,全力保障村级组织及驻村工作队任职补贴、基本运转及为民服务专项资金等支出。

【基础设施建设】 2018年,海原县财政局筹措资金6.2亿元,实施县城棚户区改造、市政道路、集中供热、给排水等项目。拨付资金2900万元,用于西安、三河等美丽小城镇和特色小镇建设。投入农村公路项目建设资金2.5亿元。积极推动"引金入海",石嘴山银行已落地营业,建设银行即将开业。各银行机构在县域内累计布设ATM机85台、POS机具1138台、电话自助终端740台、便民服务终端53台,基本实现自助银行"镇镇通"、电话银行"村村通"、手机银行"户户通"。

【风险防控】 2018年,海原县财政局切实加强政府债务管理,制定《海原县政府性债务风险应急处置预案》《海原县加强政府债务管理防范化解隐性债务风险实施方案》等,坚决遏制隐性债务增长。坚持疏堵结合,将符合条件的显性债务7.3亿元,全部利用政府债券进行了置换。筹措资金4.1亿元化解政府购买服务、部门工程欠款等隐性债务。加快构建社会信用体系,积极防范金融风险,全面完成建档立卡户评级授信,支持金融机构累计释放"黑名单"2.97万户。开展防范非法集资宣传教育活动,对全县非法集资风险点进行了全方位、多角度、拉网式排查,关停宁夏金苏农业咨询服务有限公司。开展打击恶意逃废银行债务工作,建立扶贫小额信贷执行绿色通道,优化金融服务环境。

【脱贫攻坚】 2018年,海原县财政局认真落实脱贫富民战略,聚焦脱贫攻坚目标任务,对标脱贫攻坚支出需求,加大涉农资金统筹整合力度。统筹整合涉农资金规模达到10.36亿元,增长17%,其中基础设施建设方面投入5.55亿元,主要用于贫困村道路、高标准基本农田、危窑危房改造、农村饮水安全、特色村建设等项目。产业发展方面投入3.25亿元,主要用于旱作节水农业技术推广、基础母牛(羊)补栏、棚圈建设、特色产业发展等项目。其他方面投入1.56亿元,主要用于建档立卡户贷款贴息、扶贫车间、村级光伏电站建设等项目。安排"十三五"易地扶贫搬迁资金1.5亿元。扎实推进金融扶贫,全县获贷建档立卡户27646户、贷款余额11.97亿元,户均贷款4.33万元,覆盖率93.4%,贷款新增完成率122%,实现了扶贫小额贷款总额、贷款覆盖率、户均贷款额度、贷款期限"四提升"。

【污染防治】 2018年,海原县财政局全面落实生态立县战略,筹措资金2.3亿元,支持清水河治理、"三塘"水库、西海固脱贫供水工程——甘城支线等项目建设。安排资金8000万元,用于南华山外围涵养林治理、"三北"防护林建设、城乡环境绿化等生态建设项目。投入资金1.32亿元,推进“蓝天、碧水、净土”行动。实施县城水源地改造、海兴开发区湿地公园、非煤矿山整治、供热锅炉改造、垃圾无害化处理等环境保护项目,以及李俊等4个乡镇高效节水灌溉、坡改梯等土地开发整理项目,全县农田水利基础设施建设条件及生态环境进一步改善。

【创新驱动】 2018年,海原县财政局筹措产业发展资金9000万元,推动“华润基础母牛银行1+N”项目扩面运行,新增赊销基础母牛1万头。投入科技资金1000万元,用于西部高端肉牛产业发展研究院项目建设。安排一、二、三产业融合发展资金2200万元,着力支持马铃薯、硒砂瓜、葱韭蒜、小茴香、食用菌、小杂粮等县域特色优势产业良种繁育及技术推广项目,加快构建现代农业体系。全县R&D经费投入较上年增长40%。

【财政改革】 2018年,海原县财政局认真贯彻落实《中华人民共和国预算法》,主动接受预算监督。首次将社保基金预算列入预算(草案)报告,纳入审查范围。进一步完善预算定员定额体系建设,严格按照“两上两下”的程序,开展部门预算编制工作,强化预算刚性约束。认真按照“纵向到底、横向到边”的要求,加快推进国库管理改革。公务卡结算制度同步推行。积极推进党政机关厉行节约支出工作,扎实开展“三公”经费专项治理,严把“只减不增”的底线。全县“三公”经费支出1036万元,剔除乡镇公务车辆购置费用328万元后,下降3.9%。积极开展基层政务公开标准化规范化试点工作,公开财政涉农补贴资金信息711条、扶贫救灾资金信息471条。财政总预、决算及部门预、决算公开率均达到100%。全面加强国有资产管理,试编了行政事业单位经管资产、自然资源资产报告,开展了政府性债务资产清查核实工作。积极推进财政资金绩效评价和监督检查,强化财政扶贫资金监管。强化财务人员业务培训,全力推进行政事业单位内控制度和新政府会计制度改革。严格政府采购管理工作,全年组织实施政府采购项目95个,资金节约率10%。

【作风建设】 1.政治学习。扎实开展“两学一做”学习教育,认真抓好《中华人民共和国预算法》《中国共产党廉洁自律准则》《中国共产党纪律处分条例》等法规制度的学习贯彻,加强干部队伍思想政治教育、政策法纪和党风廉政教育,着力强化干部政治意识、大局意识、核心意识和看齐意识,不断改进工作作风。2.廉政建设。严格落实党风廉政建设主体责任和监督责任,落实“一岗双责”要求。扎实开展“五型”机关创建,推进服务型财政建设。全面加强预算单位内控工作,改革完善会计委派制度,强化财政干部教育培训和会计人员继续教育,规范财政性资金审批、拨付程序,从源头上抓好财政预防腐败体系建设。3.队伍建设。积极开展全县行政事业单位财务人员财政财务知识培训,邀请纪委老师讲授廉政教育;组织干部职工观看警示教育片、参观警示教育基地,以案为鉴,切实增强干部职工拒腐防变的自觉性和警觉性。

税　务

【概　况】 截至10月31日,海原县税务局共组织入库各项收入66139万元,其中组织税收收入24031万元,占年度计划28000万元的85.83%。其中:县级收入完成9150万元,占年度计划14980万元的61.08%。社保费累计收入39500万元,同比增长0.71%,增收280万元。

【商事制度改革】 2018年,海原县税务局积极做好"商事制度改革"中的外部涉税信息获取工作及"商事制度改革"中的公共资源交易信息获取及应用工作,对出现的政策执行问题、系统数据交换问题、数据提取等各方面的问题及时进行修改。

【税源大排查】 2018年,海原县税务局结合推进税收征管体制改革工作,积极与管理员、大厅工作人员协商通过多渠道多方式开展工作。根据邮政部门提出的问题对邮政代开的系统性问题进行维护,以便委托邮政"双代"业务的开展,在全县范围内确定2个邮政分公司营业网点开展委托代开发票、代征税款"双代"业务等相关的问题;与信息中心协商沟通配合做好金税三期运维管理服务平台中各人员的权限以及辅助其他人员操作金税三期运维平台。

【实名办税】 2018年,海原县税务局及时召开相关会议,明确目标、要求,分解责任和步骤,确保统筹推动、分步实施、督促检查紧密衔接,环环相扣,对于实名办税、跨区域涉税事项报告,通过办税场所LED显示屏、微信、报刊电视等平台广泛宣传,并印发宣传材料,向上级机关部门汇报,取得支持。同时,安排税收专管员、业务骨干"点对点"为纳税人答疑解惑。

【税收征管规范】 2018年,海原县税务局及时组织全体干部进行认真学习《全国税收征管规范(1.1版)》《全国税收征管规范(1.2版)》,严格按照规范要求办理涉税事项,对各类涉税事项的办理进行事后监督,并列入督查督导事项,进行不定期督导落实,发现问题及时纠正。

【增值税管理】 自5月1日起推行增值税改革新政以来,海原县税务局积极落实政策,已有100余户纳税人享受16%和10%税率的红利,较同期相比减少增值税收入1600多万元;有17户增值税一般纳税人转登记小规模纳税人。为4929户(次)的增值税纳税人减免收入88221.60万元,减免税额为2647.48万元,对41户纳税人进行增值税优惠备案。持续推进增值税开票软件升级及编码使用,通过自治区税务局下发以及与服务单位的紧密联系,及时掌握增值税开票软件的未升级以及未使用编码、未开票情况,与管理员、服务单位协作,督促纳税人及时做好增值税开票软件的升级以及编码使用。成立治理虚开专项行动团队,制定实施方案,分解工作任务,明确工作要求,完成时限和职责,启动增值税发票三级联防,成立增值税发票风险团队。针对5月份以来共设立登记的89户单位纳税人,开展信息核查工作,对其进行风险识别。利用金税三期、防伪税控、电子底账、增值税发票升级版等系统开展数据分析,共计筛选出的5户增值税发票风险企业,下发各分局(所)进行核查,重点对商贸批发、煤炭、建材、农副产品、交通运输等虚开发票高风险行业登记信息、发票领用开具、纳税申报等涉税情况进行全面核查,已经对3户企业进行核查,2户企业补缴增值税137687.73元,城建税及附加13768.76元,滞纳金7967.89元。对取得失控发票等异常增值税扣税凭证纳税人展开风险核查,对涉及的3户企业共54份认证后失控的发票均已做出补缴税款以及进项税额转出，补缴增值税额338546.96元，附加税费33854.7元，滞纳金28717.93元，进项税额转出780095.07元。

【企业所得税管理】　2018年，海原县税务局扎实做好2017年度汇算清缴工作。对辖区企业所得税查账征收企业入户摸底调查，对符合条件纳税人集中辅导，实行两级网上实时监控，及时纠错，确保纳税人已申报数据准确。2017年度，参加企业所得税汇算清缴户数733户，企业所得税已汇算清缴606户，汇缴面达82.67%，汇算清缴共实现利润总额11612.82万元。认真落实企业所得税税收优惠政策，2017年度共有小微企业587户；盈利户中享受到小微企业所得税优惠的优惠政策有220户，政策受惠面100%，共减免税额230.02万元。做好个人所得税工资薪金代扣代缴工作，成立改革工作组，落实新修订的个人所得税法，举办个人所得税政策及系统操作培训班，印发《国家税务总局海原县税务局贯彻落实个人所得税改革过渡期政策工作实施方案任务分解表》，开展自然人纳税人信息清理验证工作，完成率100%。

【地方税管理】　截至10月31日，海原县税务局共入库资源税185万元，随着城镇建设的快速发展，建筑用砂石料的销量明显增加，砂石资源税比上年同期增加55.56%，增收40万元，资源税整体较上年同期增长117.64%，增收100万元。加强房产税、城镇土地使用税的管理。及时将房地产企业取得的土地纳入城镇土地使用税的管理，房地产企业入库城镇土地使用税比上年同期也有所增加，但总体来看城镇土地使用税较上年同期增长3.61%，增收3万元，幅度并不显著，房产税较上年同期有所下降。加强印花税的管理。共计认定印花税税种754户纳税人，累计认定印花税税目2102户（次），经过审核确认，印花税税种认定率达到100%，2018年累计入库印花税243万元，同比减少17.63%，减收52.01万元。

【税收法治】　2018年，海原县税务局严格落实2018年度“七五”普法工作。按照自治区税务局、中卫市税务局要求，结合海原县法治办对2018年“七五”普法工作的安排部署，制定实施方案，与海原县依法治县领导小组签订2018年度普法依法治理工作目标管理责任书。每季度召开依法行政工作会议，研究安排部署依法行政工作。成立内部控制监督平台上线实施工作领导小组，明确工作任务和目标。邀请中卫市税务局政策法规科业务骨干对内控监督平台各个子系统进行全面培训；注重平台运用，在平台内完成无过错责任调整、增值税发票专项督察、所得税应税所得率疑点核查等工作。进一步规范行政审批和行政处罚行为，结合税收工作实际，组织人员对行政审批和行政处罚相关政策文件进行搜集，并印制成册下发基层税源管理单位。不定期对行政许可和行政处罚信息进行抽查，发现问题及时督促其整改。积极稳步推进说理式执法文书。定期对“双公示”信息进行检查。对2018年度税收执法案卷相关文书进行装订归档，税收执法案卷归档装订工作进一步规范，基层税源管理部门执法行为更加合法，有效地防范了税收执法风险。严格落实税收执法责任制，对督察、督查中发现由于执法人员随意执法造成的问题，严格执行税收执法过错责任追究制度，截至10月底，共责任追究15人（次），其中通报批评15人（次），有效地起到了警示教育作用，全体干部风险防范意识显著提高。

【优质服务】 2018年，海原县税务局办税服务厅建立长效的税法宣传和税务执法公开机制，将与纳税人有关的发票审批、定额核定、征收方式鉴定、行政处罚、减免税等税收政策及执法程序公开，提高税务执法的透明度。办税服务厅充分发挥电子显示屏、告示栏等作用，为纳税人提供政务公开查询服务。在窗口明示处罚依据、标准；设置值班窗口，为纳税人排疑解难。对增值税申报实行“一窗式”管理，将纳税人的抄税、认证和申报业务集中到一个窗口办理，并缩短办税时间，提高办事效率，极大地方便纳税人。建立以网上申报、手机App申报系统为主体的多元化申报新格局。为纳税人提供多种申报渠道，有效地缓解办税大厅的压力。实现税银联网，减少现金流通，减轻征纳双方的工作量。开设纳税服务QQ群，设立代开发票温馨提醒栏，将纳税人办理业务所需携带的资料罗列其上。在办税服务厅通过电子显示屏，循环播放各种税收法律法规、通知、公告；设置了办税指南、咨询台、公告栏、宣传栏，开通了无线Wi—Fi等便民设施，让纳税人更加快捷地进行办税。设立纳税咨询室，由业务骨干人员组成纳税服务骨干团队，由大厅值班领导统一协调指挥，负责专门咨询解决纳税人较为复杂和疑难的涉税问题，为纳税人提供个性化专属服务。通过微信群、税企QQ群等积极向社会各界宣传税收政策的最新动态，坚持做到线上宣传长流水、不断线。

【队伍建设】 3月13日，国务院机构改革方案出台后，海原县税务局召开专题会议深入学习贯彻国务院国税地税征管体制改革座谈会和上级动员部署会精神，不折不扣推进改革落地。向县委、县政府定期汇报机构改革推进部署情况，坚决落实上级和党委、政府相关部署要求，形成顺利推进税务机构改革的合力。落实“24小时”值班、“零报告”等制度，营造改革良好氛围，为有组织、有步骤、有纪律地实施税务机构改革奠定坚实基础，确保了机构改革的顺利完成。组织全体干部系统学习准则、条例、监督执纪规则等党内重要法规，及时关注清廉宁夏、宁夏法治、海原县纪委、县监察局等微信公众号，以税收工作微信群，及时传递反腐倡廉信息和工作动态，使全体干部对税收事业心怀敬畏之情，以工匠精神做好税收工作。

经济技术合作

【概　况】 2018年，自治区下达海原县招商引资到位资金目标任务5亿元，中卫市下达海原县目标任务30亿元。全年完成到位资金24.48亿元。其中自治区外资金8.72亿元，完成自治区目标任务的174.4%，完成中卫市目标任务的81.6%。1—11月，由于受到华创风能停产影响，全县规模以上工业增加值同比下降9.2%。1—9月，全县实现社会消费品零售总额8.49亿元，同比增长7.4%，预计全年可实现社会消费品零售总额11.21亿元，同比增长8%。

【项目储备】 2018年，海原县围绕新能源装备制造、农业种养殖及特色农副产品加工、轻纺服装及工业加工行业，收集整理各产业项目100多个，结合海原县实际，提炼出52个项目作为全县的重点招商引资项目和光伏发电产业的配套项目，进一步加强了招商引资项目的储备工作。

【招商宣传】 2018年，海原县将全县资源概况、经济发展现状、政策规定、服务承诺、办事流程等汇编印制图文并茂的《海原投资指南》宣传册3000份，为招商宣传和投资客商全面了解海原提供规范明晰的一手资料。精选能够准确全面反映海原经济发展、资源特点、人文环境等影像资料，制作出了高质量的宣传光碟，加强宣传推介，进一步提升海原知名度和吸引力。

【招商优惠政策】 2018年，海原县在全面贯彻落实国家西部大开发及自治区、市相关优惠政策和产业扶持政策的同时，进一步修订完善《海原县招商引资优惠政策18条》，出台《海原县扶贫车间扶持政策(暂行)》，建成10个扶贫车间，已运行8个，李旺镇新源村、西安镇园河村2个新建的扶贫车间正在对接企业入驻。

【招商举措】 截至10月底，海原县共组织各类外出招商活动15次80余人次，其中县主要领导参加9次。先后针对前期对接洽谈的农副产品加工、牛羊肉加工、特色农业种植等项目，赴北京、江苏、浙江、福建、广东、深圳等地进行实地考察，通过对接洽谈寻求更多的商机。全县分行业领域成立7个专题招商小组，各责任县领导及牵头单位与投资商积极对接联系，先后邀请企业负责人海原县考察达500余人次，联富汽贸物流园项目已落地开工，振发集团50兆瓦集中光伏发电项目已签约落地，与深圳卡立方智能科技有限公司签订了投资2亿元的智能刺绣纺织工业园项目，华润20万千瓦风力发电等项目确定投资意向。

【项目建设】 2018年，海原县安排专人牵头负责，积极协调落实招商项目在建设过程中的各类问题，全力推进项目建设进展。投资1.6亿元的汇联20兆瓦分布式光伏发电项目已并网发电；联富汽车商贸物流园项目28栋楼基础完工，部分建筑一层封顶，完成投资1.03亿元；振发集团50兆瓦集中式光伏发电项目已开工建设，正在进行组件安装；华电风力发电项目已完成投资3.65亿元，110千伏升压站设备安装已完成，安装110千伏输电线路铁塔81座，35千伏输电线路浇筑塔基86座、安装铁塔32座。

【优化发展环境】 2018年，海原县出台《海原县关于加快民营经济发展的实施意见》《县级领导联系重点企业(项目)工作方案》，为全县民营经济的健康快速发展营造良好的环境创造制度保障。经与相关部门对接协调，先后协调解决闽宁纺织工业园、华电风力发电、联富商贸物流园等项目征地、手续办理、工程建设等方面的问题50余次。

【电子商务】 2018年，海原县已建成了1600平方米电子商务县域公共服务中心，建成村级电商服务点120个，在海原县四季鲜市场租赁2890平方米营业房，建设海原县电商策划营销中心和物流配送中心，招标引进第三方机构运行，由企业负责电商平台建设、品牌打造、网络销售、物流配送等工作。培训各类电商人员1000余人次，培训孵化农村电商企业20家、服务贫困村电商农业合作社10个，孵化电商创业者50人，1—10月电商销售额达1320万元，农产品网络销售776万元。当前累计服务建档立卡人口1.77万人，带动建档立卡户人均增收38元，初步探索出一条电商扶贫的新路子。

【成品油经营】 2018年，海原县内共有加油站33家，其中中石油加油站10家，中石化加油站5家，宝塔石化加油站2家，社会加油站16家，全部完成油气回收治理改造工程，并取得油气回收装置检测报告，加油罐防渗漏工作已完成21家。联合消防、安监等部门对全县辖区内加油站进行2次安全专项联合检查，共排查解决安全隐患20余条。

经济调查

【概　况】 2018年，海原调查队在宁夏调查总队的正确领导及县委、县政府的大力支持下，深入学习贯彻习近平新时代中国特色社会主义思想和中共十九大精神，深入贯彻落实习近平总书记关于统计工作的重要指示批示精神和意见、办法、规定等重要文件精神，在全体干部职工的共同努力下，坚定夯实统计基础，全力推进服务型统计建设，努力提高调查服务质量，顺利完成了各项工作任务。

【党建工作】 2018年，海原调查队党支部认真履行党建工作主体责任，并通过签订责任书，进一步明确领导班子、支部书记，单位负责人"一岗双责"职责。召开半年组织生活会1次，召开专题组织生活会2次，年内党员缴纳党费945.4元。严格按照党员发展程序，培养发展对象1名，组织3名入党积极分子参加县委组织部专题培训3天。开展"今冬明春送温暖"活动，慰问帮扶村11名困难党员，为每人送去慰问金300元。全年组织集中政治理论学习16次，听取总队分管领导讲党课2次。开展主题党日活动11次，其中5月组织支部成员参加总队居民收支调查处、住户专项调查处联合中卫辖区调查队党支部开展的主题党日活动；6月，开展"集中观看《厉害了，我的国》纪录电影"主题党日活动；9月，开展"重走长征路，发扬艰苦奋斗精神"主题党日活动。召开组织党员干部参与系统内"不忘初心、牢记使命"主题教育党的基本知识竞赛活动1次，组织党员领导干部参加"系统领导干部学习贯彻中共十九大精神培训班"1期，支部书记讲党课1次，集中观看纪录片2部。

【农作物调查】 2018年，海原调查队顺利完成"三农普"农作物遥感测量实地调查。按照《宁夏调查总队关于开展农作物面积无人机跨区域联合调查的通知》要求，海原调查队无人机驾驶员及农业主搞人员随中卫调查队在沙坡头区、海原县进行了联合飞行，其间严格按照《宁夏农作物面积遥感调查无人机设备管理办法（试行）》和《宁夏农作物面积遥感调查无人机设备安全使用规程（试行）》进行使用和管理无人机，圆满完成了夏粮、秋粮的实割实测，并按时上报了评估报告及其他相关报表。

【居民消费价格统计】 2018年，海原调查队安排采价员实地走访，开展居民消费水平和价格指数调查，确保数据的真实准确。消费价格主搞人员组织5名采价人员召开每月一次的价格例会，在会议上指出不足，总结经验，使得消费价格调查业务能力不断提升。9月中下旬，主搞人员及采价员参加全区居民消费价格调查培训班。培训结束之后，全队迅速召开队务会议，传达巡视员赵川在培训会上的重要讲话精神，并对主搞人员和采价员提出了更高要求，要进一步提高责任意识、学习能力、业务能力，要学习其他市县队先进的工作经验，努力弥补工作中存在的不足，扎实做好居民消费价格统计调查工作。

【月度劳动力调查】 2018年，海原调查队严格按照海原调查队月度劳动力调查工作流程图开展工作，每月任务开展前召开会议提出要求并组织部署，顺利完成上报工作。10月中旬，海原队召开劳动力样本优化调整培训会议，传达学习总队关于做好劳动力样本优化调整摸底工作的具体要求，提高全队上下对摸底工作思想重视程度，明确责任分工、狠抓贯彻落实，队领导带队深入一线，与当地乡镇政府及社区(村、居委会)工作人员进行工作上的对接，取得工作支持和配合。在辅调员的协助下，调查员实地走访，勘察地形，对无人居住的院落进行重点排查，确保院落不漏不重。全队上下统筹安排，最终按时保质保量完成了摸底工作。

【基层统计】 2018年，海原调查队顺利完成基层统计调查工作现状调查任务。按照《国家统计局关于开展基层统计调查工作现状调查的通知》(国统字〔2018〕31号)精神及国家统计局宁夏调查总队制定的《宁夏调查队系统基层统计调查工作现状实施方案》要求，海原队指派专门的业务人员从事此项工作，并组织各专业人员配合完成，从而确保了上报数据能够真实反映海原队现状。为更清楚地了解基层现状提供了重要依据，认真组织实施贫困监测、农产品价格调查、中间消耗调查等专业的调查，及时、全面、高质量地完成各专业常规报表工作。顺利完成了2018年群众评议机关作风第三方测评工作。

【提高数据质量】 2018年，海原调查队定期对各专业辅助调查员提供的台账进行核实查看，发现错误及时指正，如发现刻意伪造、篡改台账的情况，立即辞退。队内业务主搞人员定期对专业数据进行自查，确保数据质量。专业负责人在数据的审核录入过程中发现问题要及时电话回访，如遇到特殊情况要实地进行核实，确保数据真实反映情况。各专业负责人要对数据质量负责，出现数据失真问题队领导直接问责，通过责任落实到人切实提高干部职工的警惕意识，始终将维护数据真实性放在首要位置。组织召开居民收支调查培训会，全年共培训400人次。对各专业基础数据和记录台账通过实地调查和电话回访相结合的方式进行核实核查，对记账户、畜禽监测点等原始报表进行了多次实地核查，并制定严格的访户记录，确保源头数据的准确。同时加强对城乡居民收入、粮食产量、消费价格、畜禽生产形势数据质量的评估，加强与有关部门交流沟通，确保数据指标趋势合理。

【调查研究】 2018年，海原调查队在做好各项业务工作的同时，充分发挥自身优势，深入一线了解情况，通过基层调研得到最真实准确的调查数据。同时紧贴领导、群众最关心关注的问题，进行调查研究，并及时撰写调查报告，实现了统计调查为经济和社会全方位发展服务的目标。2018年共完成重大调研信息19期，分析总队内网采用50篇，信息及工作简报总队内网采用39篇，县领导批示24篇。

统　计

【概　况】 海原县统计局为政府工作部门，核定编制15名，其中行政编制8名，事业编制7名，下辖事业机构普查中心。在编工作人员共11人，其中行政编制5人，事业编制6人。在编人员中研究生学历1人，本科学历7人，大专学历3人。完成了2017—2018年度国民经济核算、农业、工业、能源、建筑业、批发零售、餐饮住宿业、固定资产投资、劳动工资、人口、社会、重点服务业等专业的统计年报和定期报表工作。按时完成了限额以下商贸抽样调查以及基本单位库的维护、妇女儿童“两纲”监测、小康进程监测、生态移民监测、贫困村农民收入监测、“四众”企业调查、非公人才调查等统计调查工作。

【第四次全国经济普查】 2018年，海原县政府筹措经济普查经费60万元，成立了由14人组成的第四次全国经济普查领导小组，参照国家、自治区经济普查方案制定了海原县经济普查方案，选聘普查指导员50名、普查员200名，主要开展了电子地图绘制、经济普查对象底册清单编制及清查入户工作。

【统计改革】 一是提请县人民政府第34次常务会议审议通过并印发了《关于进一步加强和改进统计工作的实施意见》(海政发〔2018〕62号)，抓好深入优化政府统计职能、强化统计执法检查和信用体系建设、推进统计调查方法改革、建立健全责任追究机制等任务落实。二是完成了与调查队交接的规模以下工业抽样调查、个体工业抽样调查、规模以下服务业抽样调查、限额以下批零住餐抽样调查、劳动力抽样调查五项改革任务。三是2018年“三大”核算改革中，海原县不在地方资产负债表和自然资源资产负债表的核算试点范围内。统一核算改革，海原县严格按照自治区统计局核算处安排部署，每季度核算前均前往自治区统计局衔接数据。

【统计数据质量全面核查】 2018年，海原县统计局在全县范围内集中开展了统计数据质量全面核查工作。重点核查“一套表”调查单位的真实性和准确性，“一套表”联网直报数据质量，统计人员的统计行为是否规范、工作是否尽责等。通过核查，海原县30户“一套表”企业“三证合一”或者“五证合一”全部真实有效，不存在空壳单位、虚假单位、不达标单位；“一套表”联网直报数据质量不存在冒名报送和指令报送行为，企业不存在虚报、瞒报和漏报现象，但是部分企业由于对统计指标理解不到位，导致上报数据存在误差；统计人员不存在编造虚假调查对象并以其名义通过联网直报系统报送虚假数据行为，但存在企业统计人员不稳定、流动性大，导致新接替的统计人员因业务不熟悉，上报的数据存在误差；部分企业的统计法律意识淡薄，对统计工作不够了解、不够重视；企业的统计制度不健全，有待进一步完善。

【提高统计数据质量】 1. 严把“四上”企业数据质量关。坚持即报即审制度，加强对上报数据的平衡关系、逻辑关系等方面的审核，发现问题及时反馈企业修改，确保“一套表”上报数据质量。2. 乡镇及部门统计工作。督促乡镇统计工作经常化、统计资料系统化，切实从源头上保证了数据的准确性；建立健全部门统计联席会议制度，加强了对部门统计工作的业务指导和统计数据质量的监督检查。3. 统计执法检查。进一步完善和推行统计执法责任制，成立了统计执法领导小组和执法队伍，建立了一把手负总责，各专业执法人员各负其责的统计执法责任制，实施全员执法和“阳光行政”。2018年9月，在全县开展了统计执法检查，对全县20家单位进行了检查，通过统计执法检查维护了统计工作的严肃性和正常秩序，为统计工作的开展创造良好的法治环境。

【统计服务】 2018年，海原县统计局编写印发《海原县2016年全面建成小康社会监测报告》《海原县2017年生态移民监测报告》《海原县2017年国民经济和社会发展统计公报》《海原县2017年“妇儿”监测报告》《海原县2018年经济要情手册》等统计资料，定期通报全县国民经济发展状况，受理社会各界咨询，提供最新的经济运行情况，充分发挥统计部门信息资料“主窗口”的作用。

【获得荣誉】 3月，海原县统计局被自治区第三次全国农业普查领导小组办公室表彰为全区第三次全国农业普查先进集体。海原县第三次全国农业普查领导小组办公室被中卫市第三次全国农业普查领导小组表彰为中卫市第三次全国农业普查先进集体。

审　计

【概　况】 2018年，海原县审计局核定人员编制16名(公务员编制15名，工勤人员1名)，领导职数4名(局长1名，副局长3名)。实有人数17名，其中：副科级以上领导干部4名，主任科员1名，副主任科员1名，科员9名，工勤1名，合同工1名。结合自治区审计厅“审计干部队伍素质提升年”活动，完成审计项目22个，其中：2017年县本级预算执行和其他财政收支情况审计1个、部门预算执行审计4个、经济责任审计9个、政府投资审计2个、保障性安居工程跟踪审计1个、养老服务体系建设跟踪审计1个、扶贫政策措施落实情况专项审计及审计调查项目4个。经审计，发现县财政和被审计的2个预算单位存在资金支付进度过慢等问题110434.88万元，查出违纪违规和管理不规范问题资金524.78万元。提出审计建议17条。撰写审计专报、简报、信息26篇。

【财政预算执行审计】 2018年，海原县审计局按照年度审计项目计划安排，在对2017年县本级预算执行和其他财政收支情况审计的基础上，延伸审计了4个一级预算部门单位。通过审计，发现滞留财政资金、政府举债超警戒线存在风险等问题。针对存在的突出问题，向被审计单位提出了有针对性的意见和建议，促进了财政体制改革，规范了财政管理，防范了财政风险。

【经济责任审计】 2018年，海原县审计局认真贯彻落实《党政主要领导干部和国有企业领导人员经济责任审计规定》，以领导干部权力运行轨迹为切入口，核实成绩、揭示问题，真实反映领导干部任期内履职尽责情况，为规范权力运行和监督责任落实提出建议，为干部管理监督服务。按照年初县人民政府批准确定的年度审计计划和县委组织部委托，完成县农牧局、县水务局等9个单位领导干部任期经济责任审计。

【专项资金审计】 2018年，海原县审计局以解决关系群众切身利益为出发点，按照上级审计部门的安排部署，开展了涉及民生的城镇保障性安居工程跟踪审计、扶贫资金管理使用情况审计调查、基本养老服务体系建设跟踪审计等项目6个。

【政府投资项目审计】 2018年,海原县审计局完成2017年棚户区改造建设项目等政府投资审计项目2个。通过审计发现:因合同约定重复和招投标环节控制不严的问题,从源头上预防了多支付资金2106.32万元;部分投标单位未响应招标文件实质性要求、投标单位与代建单位存在关联关系、评委打分存在明显的倾向和施工单位投标报价比信息价明显偏低等问题。

【参与自治区党委巡视】 2018年,海原县审计局在认真完成财政预算执行审计、政府投资审计、经济责任审计和各项专项审计调查的基础上,抽调1名业务骨干参与自治区党委巡视组对固原市彭阳县巡视工作52天,抽调业务人员8名参与违反八项规定精神突出问题专项治理检查工作15天,先后抽调2名业务骨干参与县委巡察工作各1月,圆满地完成了巡视巡察和专项治理工作。

【自身建设】 2018年,海原县审计局以习近平新时代中国特色社会主义思想为指导,紧紧围绕中共十九大、自治区第十二次党代会确定的目标任务,认真落实支部主体责任。以开展“不忘初心、牢记使命”主题教育为契机,结合“审计干部队伍素质提升年”活动,深入学习实践中共十九大精神,扎实开展“支部主题党日”活动,坚持不懈地抓好党的思想、组织、作风、制度和党风廉政建设,始终做好意识形态工作,不断锤炼与新时代全面从严治党要求相适应的审计队伍。

市场监管

【概 况】 截至2018年年底,海原县市场监管局内设局机关岗位5个、副科级直属派出机构7个所队,在海兴开发区设有办公室1个,挂靠管理县个体私营企业协会和消费者协会2个社团组织。核定编制87名(行政62名、事业25名),有人员108人,其中在职78人(行政54人、事业24人)。另设有局党委1个、基层党支部8个,中共党员58名,占干部职工的60%,其中在职党员41名、离退休党员17名。共注册管理各类监管服务对象16161户(家),干部职工人均监管服务207户(家)。其中:注册各类企业2346家(农民专业合作社578家),注册个体工商户13815户,注册各类食品生产经营主体5115家。生产加工环节355家,其中获证企业18家、小作坊335家、定点屠宰场1家、屠宰检疫点1处;流通环节食品经营户2941户,其中批发配送30户、食杂店2839户、超市3家、其他食品店69户。已创建自治区级示范乡镇2个、食品安全示范店10家。餐饮服务环节餐饮服务单位1819家,其中餐馆684家(农家乐3家)、学校及托幼机构食堂281家、宗教活动聚餐场所643家、机关(养老院)食堂21所、建筑工地食堂7所、食品摊贩183家;注册登记特种设备使用单位106家,设备10826台、个(承压锅炉18台、电梯113部、压力容器86台、起重机械68台、厂内机动车3台、各类气瓶10538个),压力管道15.84公里;建档计量器具使用单位2245家,计量器具153582台(件);注册管理药品医疗器械保化品经营使用单位811家,其中药械批发公司1家、连锁公司1家,药品经营单位87家、医疗器械专营企业3家,医疗服务单位315家(医疗机构31家、村卫生室268家、个体诊所16家),保健食品经营户67

家、化妆品店337家。2018年新申请商标72个,注册商标50个,全县有注册商标269个,其中“宁夏著名商标”5个。

【监管机制】 2018年,海原县市场监管局将食品药品、市场管理、特种设备等工作列入部门及乡镇年度考核内容,做到“组织、措施、人员”三到位。召开2018年食品安全工作会议、全县食品安全工作推进及信息员培训等会议,制定印发《海原县一村一社区信息员工作实施方案》等文件,与各部门、乡镇签订《2018年食品药品安全目标管理责任书》等责任书,做到了责任、目标、任务“三明确”。全县根据机构设置和经济区域,共划分为7个监管区域、14个监管片区,做到监管责任到人、任务分工明确。县政府修订印发海原县食品药品突发事件应急预案,明确部门职责,加强了应急管理。加大督导力度。定期、不定期对各乡镇部门市场监管,特别是食品安全等工作多次督查,下发督办通知书41份,确保了既定任务落实。

【食品安全监管】 2018年,海原县市场监管局在重点区域、重点产品、重点环节、重点场所,坚持问题导向,强化组织领导、教育引导、监管执法、经费投入、舆论宣传“五个到位”,深入开展生产、流通及餐饮服务各环节领域执法检查和专项整治,扎实推进落实各项任务。县政府先后多次召开常务会和县长办公会,听取工作汇报并研究解决存在的问题。一年来先后共3次批复解决食品安全工作经费40万元。通过努力,海原食品安全治理水平全面提升,确保了47万名城乡群众“舌尖上的安全”。

【证照管理】 1.放宽市场主体准入。对企业住所登记不再实行场地现场勘验,并且允许“一照多址”和“一址多照”。2018年1月份开始在全县范围内落实“简化程序、提高效率”要求,实施企业登记“审核合一”制度。2.“先照后证”改革。除法律、行政法规另有规定和国务院决定保留的32项登记前置审批事项外,其他事项一律不再作为登记前置审批。前置审批事项由2013年11月的226项清理减为目前的32项。3.“多证合一、一照一码”改革。取消户外广告登记、计量检定员证,整合餐饮服务许可证、组织机构代码证办理,将二类医疗器械经营许可、食品加工小作坊生产许可改为备案。对登记环节申请材料实行形式审查,提交材料齐全、符合法定要求当场办理。全县实现企业“四十四证合一”和个体工商户“两证整合”,新发加载统一社会信用代码营业执照企业2071户,占全县企业总数的91%。

【商标品牌战略】 2018年,海原县市场监管局引导企业申请商标注册,做好“海原回绣、海原剪纸、海原香水梨等”地理商标申注筹备、材料整理提交。2018年新递交商标申请72个、注册商标50个。

【市场专项整治】 2018年,海原县市场监管局以农贸市场、城乡接合部、学校周边等为重点场所,以小作坊、小食杂店、小市场、小摊点、小饮食店、小诊所(六小)为重点对象,结合扫黑除恶专项斗争开展,通过严把准入、组织排查登记、加强抽查检查等措施,在全县各乡镇组织开展节日市场、农贸市场、红盾护农、清真概念泛化、校园周边环境等专项整治行动。检查各类市场13个、各类生产经营主体1.6万余家。查处无证无照经营主体34户,下发责令整改通知书138份,规范办照154户。进一步规范了农村消费市场。通过落实组织领导、宣传引导、准入把关、整治规范"四个到位"措施，对85家企业和个体工商户注册名称、字号做了变更规范。排查问题经营户7200余户次，下架擅打"清真"标识商品16类45种213075瓶、袋，清理去除492户餐饮服务单位内部装饰933个。配合县民族宗教局、乡镇政府更换新"清真食品"标识餐厅、个体工商户门头2491家。

【消费环境整治】 2018年，海原县市场监管局结合12315"五进"工作，引导督促县内68处学校、商场、超市完善制度落实职责，发挥"消费维权服务站"作用。受理解决消费者投诉86件，挽回经济损失43829元；组织落实食用农产品及45个批次三小食品检测240个批次、食品快速检测1129批次。组织抽检流通领域商品58个批次、14个批次不合格，对于经销不合格批次商品行为均已立案处理。在对全县各类农村市场主体2.55万户次检查中，依法查处各类经济违法违章案件62起，收缴罚款16.50万元。销毁查收假冒伪劣商品6大类49个品种、标值2.17万元。

【企业信用监管】 2018年，海原县市场监管局完善"双随机、一公开"制度改革，建立63名执法人员和各类市场主体（企业、个体工商户）名录库，明确"双随机"抽查事项清单。依托国家企业信用信息公示系统，加强了企业经营异常名录、严重违法失信企业名单管理，强化了企业自我约束。企业累计列入经营异常名录961条、移出异常名录222条。个体工商户标记为经营异常状态6213条、恢复正常状态125条。已吊销企业59家，拟吊销企业274家。对178家企业年报信息和即时信息进行抽查，其中不定向抽查78家、定向抽查100家。正常132家，异常46家，列入异常经营名录46家。抽查个体工商户400户，标记经营异常状态20户。抽查结果已录入信用监管系统公示。

【特种设备安全监管】 2018年，海原县市场监管局重点对全县公众聚集场所锅炉、电梯等重点监控设备开展专项整治，查出安全隐患48条，下达特种设备安全监察指令书32份。配合自治区安检所、自治区锅检所定期检验特种设备133台（锅炉21台、压力容器14台、电梯68台、起重机械30台），全部检验合格。办理特种设备安装告知70台、注册使用登记40台、车用气瓶过户16台、车用气瓶新证149个、补标44个。

【计量管理】 2018年，海原县市场监管局深入开展"计量惠民、计量为民"活动，对政府定点蔬菜销售店在用521台、件计量器具进行免费强制鉴定工作、没收不合格计量器具23台。加强计量基础工作，登记建档计量器具使用单位2245家，计量器具153582台、件，对全县集贸市场计量器具进行免费鉴定，鉴定计量器具2160台，鉴定合格率100%。对全县在用38家127台加油机使用的372把加油枪进行周期鉴定、鉴定合格率达100%，现场封存停用和损坏的加油机加油枪枪口18台。鉴定工程用配料秤72台、汽车衡16台、天平21台、压力表166块，鉴定合格率100%。对全县17个乡镇卫生院使用的医用计量器具免费鉴定，鉴定医用计量器具174台，检定合格率100%。抽样检查18家企业、医院纤维产品23批次，对检验质量不合格2家单位3批次的产品依法予以立案查处。

【药品医疗器械市场监管】 2018年，海原县市场监管局在9家医疗服务单位中深入开展医疗机构药械管理规范化建设工作，达到验收条件。认真做好新版药品GSP认证追踪检查和医疗器械保健食品化妆品抽检工作，对19家通过认证药品零售企业进行跟踪检查。组织完成化妆品、药品、中药饮片等抽检96批次。立案查处检验出不合格的中药饮片3批次。强化药品医疗器械不良反应/事件监测工作，将海原县人民医院确定为海原县化妆品不良反应监测哨点。全县共上报药品不良反应118例、医疗器械不良事件7例，深入开展药品专项整治、医疗器械专项整治、疫苗、成人用品、美容美发用品等专项整治行动。检查经营企业69家，下发责令改正通知书11份，监督意见书57份。

【队伍建设】　2018年，海原县市场监管局主动适应从严治党新常态，组织落实党员组织关系排查工作，党员组织关系均确认正常。投入经费40万元加强稽查大队、城关所等7个党支部党建阵地建设。以深化星级基层服务性党组织创建活动为载体，强化了基层党组织建设。创建“四星级”支部1个、“三星级”党支部2个、“二星级”基层党支部2个、“一星级”基层党支部3个。组织党员干部认真学习习近平新时代中国特色社会主义思想和中共十九大、自治区第十二次党代会等精神，加强党员干部教育管理。组织学习讨论28场次，讲党课15场次，观看专题片6场次。认真整改县委巡察反馈的问题，落实好“两个责任”，依托机关党员活动室建设廉政文化室7处。修订完善落实工作、学习、公务接待、监管执法等20余项制度。筹措资金40余万元修缮老化破损设施，局容所貌大为改观。

农业经济

综 述

【概 况】 2018年，全县共完成农作物种植202.72万亩，占计划种植面积200万亩的100.36%。其中夏粮15.26万亩（小麦10.25万亩，豆类5.01万亩），秋粮130.46万亩（玉米30.12万亩，马铃薯60.02万亩，糜谷荞40.32万亩），经济作物36.35万亩（油料15.02万亩，小茴香2.09万亩，硒砂瓜5.73万亩，中药材2万亩，葱韭蒜2.52万亩，蔬菜8.99万亩），一年生禾草20.65万亩。全县牛、羊、猪、鸡饲养量分别为25.05万头、155.28万只、15.06万头、170万只；存栏分别为12.62万头、70.99万只、6.95万头、82.6万只，同比分别增长16.8%、6.9%、-4.5%、-0.5%；出栏分别为12.43万头、84.29万只、8.1万头、87.43万只，同比分别增长19%、-1.7%、-2.9%、-0.6%。肉类总产量33848吨，同比增长16.1%；禽蛋产量5715吨，同比增长-0.8%；奶牛存栏1800头，同比增长-38.1%；牛奶产量4779吨，同比增长-28.4%。依托华润"基础母牛银行""托管代养"模式，全县高端西门塔尔基础母牛赊销9951头，增幅45%。预计实现农牧业总产值44.44亿元，纯收入17.44亿元。其中种植业总产值23.77亿元，纯收入13.31亿元；畜牧业总产值20.67亿元，纯收入4.13亿元，实现农民人均农牧业纯收入4360元，增幅4.8%。

【产业扶贫】 2018年，以20个脱贫销号村和10个深度贫困村为重点，辐射带动100个巩固提升村和其他非贫困村，围绕"一主三特"产业，配套制定68项扶持政策，统筹整合财政涉农资金29526.5万元，其中：农业产业化资金4272.6万元、县扶贫资金22153.9万元（华润基础母牛无息借款9000万元）、一二三产业融合发展资金2300万元、财政转移支付800万元。依托特色优势产业，开展休闲农业示范创建，发展"农业+休闲+旅游+生态"扶贫生态休闲农业，强化农事体验，不断拓展农业多功能多业态，带动贫困户致富。建成小杂粮"七彩梯田"休闲观光示范园区1个，成功举办庆祝自治区成立60周年"文化旅游+"系列活动；推荐自治区级休闲农业示范点建设项目2家，累计达到5家。

【示范带动工程】 2018年，巩固提升产业扶贫示范村12个，在郑旗乡郑旗村、贾塘乡后塘村、史店乡徐坪村等6个有养殖传统的村，每村培育肉牛羊规模养殖户80户，户均新（改）建标准化养殖棚圈1座，每户至少养殖5头牛或30只羊，开展畜牧科技培训提高养殖效益。在关桥推广富硒硒砂瓜栽培2000亩，种植硒砂瓜5000亩。在海城镇山门村种植优质红葱7000亩。在红羊乡安堡、关庄乡庙湾、树台乡大嘴3个村推广种植马铃薯一级种薯，通过龙头企业和合作组织开展分级分拣、包装加工、统一销售。在三河镇坪路村种植枸杞2000亩，育苗1000亩。壮大华润、四季鲜、中沙绿城、大磨坊等12家龙头企业，鼓励企业吸纳建档立卡户进企务工，每个企业吸纳建档立卡户家庭成员务工人数不少于50人次，按照中卫市人民政府扶持龙头企业政策，给予自治区级龙头企业2万元补贴，市级龙头企业1万元补贴，鼓励企业大力发展农产品精深加工，延长产业链条，提高产品附加值。脱贫销号村中培育合作社15家，巩固提升合作社40家，对获得市级示范合作社，给予1万元补贴。培育脱贫致富带头人330人，每人至少带动3~5户建档立卡贫困户增收。建立农技服务精准到户机制，发挥自治区市县专家技术服务团队的作用，分类别、分产业、分层次组织农技人员驻村入户开展草畜节本增效、瓜菜标准化生产等实用技术培训，实现脱贫销号村技术服务全覆盖。

【综治信访及安全生产】 2018年，认真贯彻落实各级政法综治、信访、普法、禁毒工作会议精神，把综治工作纳入绩效考核范畴，与业务工作同安排同部署，制定完善《海原县农牧局重大事项社会稳定风险评估制度》《法律顾问制度》等制度20余条，聘请专职法律顾问参与重大事项决策，对可预性风险提早防范。以“国家安全教育日”“安全生产宣传月”“普法宣传月”“禁毒日”等为契机，加大宣传相关法律法规及科技知识。同时，加强社会治安综合治理，结合扫黑除恶、草原执法、农资打假、兽药监管等专项行动，查处违法采砂案件1件，查处农业部第一批假兽药案件2件，取缔流动贩卖兽药摊点1家。及时有效排查化解涉农矛盾纠纷，畅通信访渠道，规范信访事项办理程序。严格落实“党政同责、一岗双责”“管行业必须管安全、管业务必须管安全、管生产经营必须管安全”的安全生产责任制，制定《农牧局安全生产网格化监管工作方案》，梳理县农牧局安全生产权力和责任清单，修订完善各类应急预案，建立重大危险源台账，依法履行安全监管职责，形成了齐抓共管的安全生产监管格局。充分发挥安委会成员单位职责，通过日常执法检查、隐患排查、宣传教育和分阶段治理等措施，草原防火、农产品质量、农机安全、农村能源沼气等重点行业领域未发生重大安全事故。

【农村改革】 2018年，开展农村土地承包经营权证变更登记工作，完成15个乡镇农村承包地确权变更登记17666户。按照农户申请登记、村级初审、乡镇审核查验、村组公示、县级核准颁证的工作步骤，颁发畜禽规模养殖场、日光温室、钢架塑料大棚、农产品储藏窖或冷库、大型农机具等农村产权证54本。出台《海原县农村集体资产清产核资实施方案》《海原县清产核资培训及指导工作实施方案》，成立农村集体资产清产核资工作领导小组和培训指导工作组。完成乡镇分管领导、乡镇代理会计、村会计集中培训198名，村干部专题培训1120名，完成165个村清产核资工作。争取自治区财政厅扶持村级集体经济试点资金800万元，选择曹洼乡脱烈村、高崖乡草场村、海城镇王井村、关桥乡关桥村4个产业相对突出、班子战斗力强的村作为2018年财政支农资金投改股试点村，壮大村集体经济。新增土地流转面积730亩，涉及农户26户，全县累计流转土地面积19.42万亩。全县累计认证绿色食品3个，海原马铃薯、海原硒砂瓜、海原小茴香等3个产品获国家原产地地理标志认定。新申报绿色产品1个、有机农产品2个。签订富硒硒砂瓜订单1.3万吨，设立富硒硒砂瓜专销区6个。建农业社会化综合服务站4个，累计建成农业社会化综合服务站13个。围绕"一主三特"产业开展社会化服务，建设小杂粮、马铃薯农机农艺融合示范园区6个，开展代耕、代种、代防、代治全程社会化服务，实现小农户与现代农业发展有效衔接，成为引领全县特色产业快速发展的助推器。与李俊乡密切配合，积极开展草原确权登记试点工作，完成自然村、行政村、乡地界公示及人口摸排工作。

【农业重点项目】 2018年，积极争取自治区各类项目15大项49小项，涉及财政资金11957.15万元，完成固定资产投资12306万元。

【农业招商】 2018年，切实加大农业招商工作力度，推进农业产业规模化、集约化发展，新建续建项目9个，其中续建项目3个，新建项目6个。项目总投资97100万元，到位资金53375万元。

【农业保障】 2018年，农业保险保额、保费、补贴标准在执行自治区有关规定的基础上，按照《中卫市政策性农业保险若干规定》和《宁夏回族自治区地方财政蔬菜价格保险条款》执行，出台《海原县2018年农业保险助推脱贫攻坚实施方案》（海政办〔2018〕14号）和《海原县2018年政策性农业机械保险实施方案》，承保范围涉及种养殖业、蔬菜、农业机械等。全县马铃薯（92098.88亩）、玉米（234838.53亩）、硒砂瓜（17344.9亩）、小麦（19971亩）、小杂粮（120799.55亩）共投保485052.86亩；基础母牛和奶牛投保31953头，涉及农户44486户，其中建档立卡贫困户34705户；农业机具投保58辆（台），保险金额共1764.9万元，赔付农业保险1172万元。

【阳光沐浴工程】 2018年，为确保15个乡镇64个行政村27901户建档立卡贫困户受益，实现全县阳光沐浴工程全覆盖，海原县农牧局成立以局长为组长，分管领导为副组长，相关单位负责人为成员的阳光沐浴工程领导小组。由分管领导赴一线监督指导，抓工程质量，促安装进度。完成太阳能热水器供货与安装27901台。根据《产品供货与安装合同》要求，除质保金外，项目资金已兑付到位。

【农产品加工业】 2018年，累计培育农业产业化农产品加工龙头企业12家，其中自治区级5家，市级7家。全县农产品加工企业达415家，其中饲料加工、特色农产品加工冷藏50家。安置农业领域就业5580人，农产品实现工业总产值4.34亿元，同期降低2.4%；实现营业收入3.68亿元，同期增长2.5%；实现利税4728万元，同期降低4.6%。

【新型农民经营主体】 2018年，华润、四季鲜、天都老庄、大磨坊、宁砂宝等新型农业经营主体发挥引领作用，采取土地流转、入股等方式，引进高端肉牛品种2个，瓜菜、小杂粮等品种28个。大力推广工厂化育苗、水肥一体化、椰糠无土栽培、测土配方、病虫害防治大处方、物联网、农机农艺融合、渗水地膜覆盖、精量穴播、膜下滴灌等提质增效技术。引进新机械，开展"一站式""托管式"全程机械化服务，进一步节约生产成本，提高服务水平，示范带动了农户发展特色优势产业。全年新增农民专业合作社16家，累计338家；新增家庭农场40家，累计282家。审核推荐涉农企业、新型农业经营主体18家，完成担保贷款16家1720万元，累计完成担保贷款7680万元。

【农产品质量监管】 2018年，围绕产地准出和市场准入开展农产品质量检测，以农产品批发市场和屠宰场为重点，开展农产品抽检。共抽检蔬菜样品680品次，合格率达到99.5%，中小学营养午餐初级农产品抽检30所2次，抽检初级农产品241品次；累计屠宰检疫各类动物0.26万头（只），回收耳标0.06万枚，回收动物产地检疫证明420张，"瘦肉精"检测1730份。全县定点屠宰动物检疫率达100%，出场肉品持证盖章率达100%。

【农药经营监管】 2018年，积极推行农药经营许可工作，对全县17个乡镇的所有农资店进行摸底调查，完成调查77户，下一步开展农资户集中培训工作。

【农机安全监理】 2018年，大力开展农机安全生产监督检查和检审验、"平安农机"创建和农机作业公司评星定级、农机驾驶人员安全宣传教育等工作，确保农机安全零事故。共完成农机培训人员537人，培训考证125人；拖拉机检验3230台；驾驶员审验换证386人；出动安全检查178人次，纠正违章53台次。

【党风廉政建设】 2018年，全面统筹落实党委主体责任和班子成员"一岗双责"责任，研究制定了党风廉政建设问题、任务、责任"三个清单"，落实党风廉政建设"两个责任"全程纪实管理，做到全程留痕、实时监控、过程管理、动态评定，确保履责有痕、倒查有据、落实有力。以"三会一课"等制度为基本形式，扎实推进"两学一做"学习教育常态化制度化。共组织党委中心组学习12次、各支部集体学习292次、讲党课活动24次、专题讨论26场次、警示教育活动2场次。召开专题民主生活会14次、专题组织生活会14场次。局属各单位召开中央八项规定专题民主生活会11次，各支部召开专题组织生活会和民主评议党员工作8次。对全局2013年以来超标准公务接待、违规差旅费报销等突出问题进行专项整治，追缴违规资金7.25万元，对涉及的109人给予党内警告1人，通报批评22人，批评教育86人。严格落实领导干部个人有关事项和婚丧喜庆"双报告"制度，全局党员干部职工婚丧喜庆"双报告"4人，抽查核实2人。进一步综合运用监督执纪"四种形态"第一种形态之"五谈两会一报告"制度，开展谈心谈话40人次，干部任前提醒谈话5人次，责任约谈3人次，诫勉谈话2人次，书面检查83人次。积极配合县纪委开展案件查办工作，共查处党员干部职工9人，其中行政警告2人，记过3人，降低岗位等级2人，党内警告1人，党内严重警告1人。对国务院第二环保督察组反馈的涉及农牧部门的生态建设与环境保护领域2起案件线索进行了调查处理，维护了生态安全。针对党员干部学习、上下班考勤、中央八项规定专项整治等各项重点工作和项目落实情况开展督查5次。

养殖业

【母畜扩繁】 2018年，实施华润基础母牛"1+N"产业扶贫模式，为有养殖能力的建档立卡贫困户赊销基础母牛，开展自繁自育；对养殖能力的建档立卡贫困户采取“托管代养”分红模式，为全县137个空壳村托管代养安格斯基础母牛4795头，每村年分红5.534万元。共引进西门塔尔基础母牛26184头，赊销23456头，其中向7385户建档立卡贫困户赊销22478头，贫困户户均养殖3头。累计引进安格斯基础母牛2449头，托管代养纯种安格斯基础母牛450头。新建海城镇堡子村、高崖乡高湾村等10个高端肉牛养殖示范村，培育规模养殖示范户800户，建设(改建)肉牛养殖棚圈800座4.8万平方米，补(存)栏牛达到4000头，培育养牛大户50户。预计年底基础母牛补栏1200头。建设贾塘基础母牛繁育场及肉牛育肥场，完成投资4400万元，投入使用产房4栋，完成双联棚3栋、母带犊双联棚1栋、单棚3栋，建成“530”赊销部办公区、隔离牛舍。场区有安格斯基础母牛2000头，产犊787头，新建牛羊规模养殖场3个，“见犊补母”2.14万头，进一步加快基础母牛繁育进程。

【肉牛改良】 2018年，全面启动社会化“530”服务站体系建设工作，移交华润农业有限公司16个服务站，开展企业化运作服务，逐步建立覆盖全县、功能齐全、良好运行的畜牧科技服务体系，促进全县肉牛养殖业向标准化、高端化方向发展，提升养殖业发展水平。

【饲草加工】 2018年，对全县赊销华润基础母牛且缺饲草料的建档立卡贫困户给予饲草料补贴，解决饲草料短缺问题。实施2016年退耕还草项目，完成紫花苜蓿种植2万亩；完成“粮改饲”青贮玉米收贮4.4万吨，其中华润公司完成青贮2万吨，打包青贮0.5万吨，规模养殖场、养殖户完成青贮1.9万吨；完成农作物秸秆收贮25.88万亩18.85万吨，其中，机械打捆12.29万亩8.82万吨。向三河、海城、树台等11个乡镇建档立卡贫困户配送压片玉米配送484户587.5吨，打包青贮配送571户3635包2906.8吨；完成李旺饲草加工中心征地95亩和土地平整等前期工作。

【科技服务】 2018年，加强“县院企”深度合作，建设西部高端肉牛产业发展研究院，组建海原县高端肉牛产业技术指导服务中心，开展肉牛改良、科技培训。完成西部高端肉牛产业发展研究院室内改造维修、院内硬化、绿化亮化配套等；完成办公用品、实验仪器设备安装。

【疫病防控】 2018年，对西安、关桥、李旺等10个乡镇兽医站进行改建维修并安装配套设施。建成并启动动物疫病防控检查站4个，其中：固定动物疫病防控检查站1个，移动动物疫病防控检查站3个。全力推进动物防疫社会化服务改革，确立17家社会组织承接动物防疫工作。成功举办自治区2018年人畜共患病宣传月暨秋防动员会。

【加工营销】 2018年，海原华润农业高端肉牛精深加工厂建设地点选定在海兴开发区固原监狱南侧，正在进行规划设计、土地报批、项目行政审批等前期工作。同时，成功举办“宁夏海原第三届高端肉牛大赛”和高峰论坛，邀请农业农村部、西北农林科技大学、自治区农牧厅及周边县市领导、专家到会参加并讲座，为促进海原草畜产业发展问诊把脉。依托华润海原曹洼养殖基地已取得活畜肉牛供港认证资质，加快与华润五丰等公司协作，把“海原牛肉”打入香港市场，已完成活牛供港9批335头。

【畜禽养殖规范化管理】 2018年，通过摸底排查,规模养殖场粪污处理设施配备完整的4个(肉牛场3个,猪场1个),其余正在整改建设中。对全县71处禁养区进行划定,通过实地测定绘制1:50000的畜禽禁养区分布图,由各部门严格把关,严禁在禁养区内从事养殖。出台了《海原县禁养区方案》,并对全县畜禽养殖场进行了摸底排查,对全县上规模的养殖场督促其建设粪污堆积场及尿液贮存池并下发了专项整改通知,规模畜禽养殖场粪设施污配套率达到80%,大型规模畜禽场粪污设施配套率达到85%。

【动物疫病防治】 2018年,按照"3511"工作模式,推行"三人小组"工作方法,以整村推进的方式开展免疫。以高致病性禽流感、口蹄疫、小反刍兽疫、新城疫、猪瘟等重大动物疫病为重点,全年累计免疫家畜(禽)211.65万头(只、羽),免疫密度100%;以布病、炭疽、包虫病等人畜共患病为重点,布病免疫羊31.36万只、奶牛1600头,包虫病免疫羊13.5万只、犬3.5万只;按照区市农牧部门和县委、县政府安排部署,全县炭疽免疫各类易感动物39万头(只);猪伪狂犬病、大肠杆菌等其他动物普通病进行区域性设防。累计调查养殖场(户)19.5万户畜禽233.3万头(只、羽)次;发放消毒药品12吨,累计消毒圈舍、交易市场、屠宰场1167万平方米。全县17个产地检疫申报点累计检疫各类申报动物2.7万头(只),屠宰检疫各类动物10.15万头(只),监督检查养殖场(户)、兽药饲料经营户等576家次,查处各类违法案件10起。动物检疫申报开展面、屠宰检疫率、病害动物无害化处理率、监管覆盖率均达到100%。

种植业

【马铃薯产业】 2018年,按照"种薯繁育、鲜薯外销"的思路,建设南华山半阴湿地区马铃薯产业带,完成马铃薯种植60.02万亩。以马铃薯脱毒种薯三级繁育推广体系为突破,引进北京中沙绿城公司,巩固提升海城段塬、曹洼脱烈2万亩高效节水种薯繁育基地。向马铃薯主产区建档立卡贫困户免费发放马铃薯原种600万粒,开展自繁自育。以马铃薯产业带、示范基地和建档立卡户为主,发放优质种薯4556.7吨,推广脱毒种薯45万亩,种薯覆盖率75%。圆满举办海原县首届"中国农民丰收节"暨2018年马铃薯特色农产品促销推介大会,加快推进马铃薯及特色产业快速发展,全面提升了市场竞争力和知名度,稳步拓宽了全县优质农特产品销售渠道,提升了产业效益,促进了农民增收,为脱贫攻坚和产业升级高质量发展夯实基础。

【硒砂瓜产业】 2018年,围绕瓜菜产业扩规、提质、增效,按照统一品种、统一肥料、统一管理、统一品牌、统一销售"五统一"管理要求,重点建设关桥西河万亩富硒硒砂瓜生产基地,全县硒砂瓜种植面积达5.73万亩。统一印制使用"香山硒砂瓜"地理标志与硒砂瓜流通组织商标"二标合一"标识,提升硒砂瓜品牌品质保护,着力打造"塞上硒谷",大力宣传推介富硒硒砂瓜农产品品牌,提升品牌效益。

【蔬菜产业】 2018年,加快西安现代设施蔬菜产业园建设进度。建成育苗日光温室10座,保温大棚120座,社会化综合服务站1个1200平方米，玻璃联动温室1座2280平方米，冷链保鲜库2000平方米，分拣包装车间1000平方米。配套建设田间学校1所600平方米、15万立方米蓄水池1座。与宁夏绿田园、北京井田公司签订订单合同，复种面积5500亩。园区共定植设施甜瓜、西瓜、番茄等120座；种植设施西甜瓜60亩、露地西甜瓜500亩，种植供港蔬菜菠菜、黄心菜、菜心等1100亩；完成郑旗河2000亩韭菜西芹产业示范基地建设；引进福建嘉田公司，在三河镇建设"闽宁菌菇扶贫"产业园，全县蔬菜种植达9万亩。

【区域特色产业】 2018年，完成特色种植46.93万亩。打造海城、西安，关桥、贾塘、史店和红羊、关庄、树台3个小杂粮产业带，种植小杂粮40.32万亩、小茴香2.09万亩、葱韭蒜2.52万亩、中药材2万亩。新建特色规模养殖场12个。

【科技支撑】 2018年，海原县深化院地合作，与自治区科技厅、自治区科协、宁夏农林科学院共同开展小杂粮栽培技术、绿色高产高效栽培技术、小杂粮全程机械化技术、秋季覆膜保墒技术、测土配方施肥技术、病虫害绿色防控技术等10个方面试验研究。在关桥、西安、郑旗布设公益性社会化服务站3个，实行农技人员蹲点指导、组建专家服务团队等模式。在关桥冯湾、西安付套新建"经营性服务和公益性服务"相结合的农业社会化服务体系，提供产前、产中、产后的"一条龙"服务。在自治区农牧厅、自治区科技厅、宁夏农林科院等项目扶持和技术支撑下，开展了不同品种、不同技术模式的试验、示范，新技术、新机械、新工艺引进研发，集成优质绿色高产高效栽培技术模式研究等工作，布设了黑大豆、油菜、糜子、谷子、荞麦五种不同作物30多个不同品种比较试验，渗水地膜穴播、普通地膜穴播、露地抗旱精量条播效果对比种植，渗水膜膜下滴灌、黑膜覆盖、白膜覆盖、抗旱保水剂等20多种技术模式试验展示进行比较鉴定。宁夏大学44名扶贫指导员与海原县65名科技特派员（"三区"人才）共同包扶44个贫困村开展科技帮扶。通过科技试验示范，海原县特色产业发展趋好，龙头企业、新型农业经营主体及农户意识显著提升。

【农资打假】 2018年，结合开展"3·15""绿剑护农""放心农资下乡""放心农资下乡进村宣传周""农产品质量安全年"等活动，加大对全县种子、农药、化肥等经营门市部整治力度，净化农资市场，防止坑农害农事件发生，切实维护了民众的合法权益。

农村环境

【草原执法】 2018年，牢固树立绿色发展理念，大力实施"生态立县"战略，深入乡村一线开展草原普法宣传，在重大节日期间，配备专人、专车，深入乡村、重点防火区进行巡查检查，开展"清山、清沟、清隐患"活动。共出动车辆130余次，出动执法人员398人次，未发现一起草原火情；审核拟征占用草原面积4.5亩；核查工矿企业43家，其中占用草原5家，已下发停工通知书，等待接受处理。认真贯彻落实禁牧封育政策，加大禁牧封育督查检查和巡查执法力度。深入开展草原灭鼠活动。

【农用残膜回收】 2018年，投入残膜回收机具182台，新建标准残膜回收网点1个，共回收残膜720吨，对保护农业生态环境、治理"白色污染"起到极大的推动作用。

商贸流通

粮 食

【粮食流通统计调查】 2018年,海原县粮食局对纳入统计范围的加工企业和粮油经营企业10家(其中:国有企业1家,私营企业4家,个体5家)进行了粮食流通经营情况统计;对城关、关庄、高崖3个乡镇60户农户及县城社区20户居民进行粮油供需平衡调查。

【粮油市场监督检查】 2018年,海原县粮食局会同市场监管等部门,对县级成品粮油的入库及农村义务教育学生营养改善计划粮油配送质量进行监管;对全县粮油加工、批发、零售等企业和重点环节经营行为进行监督;利用价格监测点,密切关注市场价格趋势,掌握市场粮油流通等情况。对县域内4家粮食收购企业收购资格证进行了年审。

【粮食订单】 2018年,海原县粮食局开展以"送政策、送订单、送农技、送服务"为主要内容的惠农服务活动,将订单收购的各项优惠政策宣传到村、组、户;落实粮食订单(玉米)1万吨,并与4家粮食收购私营企业签订粮食订单,订单面积1.4万亩。

【粮油储备】 2018年,海原县粮食局完成2000吨原粮储备任务,小麦、水稻各储备1000吨,完成640吨成品粮油储备任务。

供销合作

【概 况】 2018年,全系统有各类人员333人,其中:县社机关工作人员10人、企业下岗职工103人、离休干部2人、退休职工171人、抚恤人员47人。供销合作社设有党支部、理事会、监事会、工会。县社机关内设办公室、财务统计股、综治办。有直属企业4家、基层供销社10个(其中中心社3个,新创办3个),领办农民专业合作社11个。海原县农民经纪人协会挂靠供销合作社,有会员313人。

【供销服务】 2018年,供销社围绕全县主导产业和特色优势产业及"两个体系"建设,先后在产业集中的关桥、郑旗、关庄、三河等乡镇通过股权多元化形式,吸纳社会资金,新建9家新型基层供销合作社,其中向3家分别入股5万元,按照有关规定进行股金分红。同时配备了办公设施,价值5.5万元;向其余6家也配备了办公设施,价值3万元。充分发挥供销合作社综合服务平台,带动当地优势产业开展系列化服务,形成服务农民生产生活的良好氛围,为下一步工作打下坚实的基础。

【主要经济指标完成情况】 2018年，全系统预计实现销售总额8016万元，比上年增长21.56%.其中消费品零售额880万元，增长4.5%；售给农民的农业生产资料3066万元，增长104.5%；农副产品销售额4070万元，同比增长3%。利润总额16万元，比上年增加16万元；所有者权益5万元，与上年持平。

【农业生产资料供应】 2018年，供销社共组织购进各类化肥11767吨，售给农民各类化肥10097吨。其中碳铵3020吨、二铵2417吨、掺混肥2628吨、有机肥187吨、尿素1845吨，发挥了供销社为农服务的主渠道作用，保证了全县用肥需求。

【清理财务挂账】 2018年，供销社根据自治区供销社文件通知，对1981年以来中央政策性财务挂账和地方政策性财务挂账进行全面清理清查，共清理财务挂账127.5万元，其中，中央政策性财务挂账60.5万元，地方政策性财务挂账67万元。中央政策性财务挂账60.5万元，自治区财政和自治区供销社已拨付到位，第89次县政府专题会议已研究通过。

【队伍建设】 2018年，供销社公开招聘的5名工作人员已落实到位，并积极参与自治区、市供销社举办的各类培训和自治区供销社组织的省外培训，使县社机关工作人员的理论知识与工作经验有所提升，工作效率有所提高。共培训20人次，支付培训经费4万元。

烟草专卖

【党的建设】 2018年，海原县烟草专卖局（公司）坚持把理论武装作为头等工作来抓。在学习形式上，采取了外聘老师宣讲、领导理论导读和个人自学等形式，同时开设网上课堂，建立学习微信群、QQ群等，及时推送学习信息。学习内容上，党支部按照市烟草专卖局（公司）机关委员会学习教育安排，结合实际，开展了一系列政治理论的学习，引导党员干部把思想和行动统一到中央精神上来，统一到市烟草专卖局（公司）党组的决策部署上来，立足本职岗位作贡献。定期召开党支部会议、党员大会、党小组会议，并举行党课活动，深化“支部主题党日”活动，支部结合工作实际，从年度、季度、月度对“支部主题党日”进行计划安排，积极探索推行“支部主题党日+”，召开2次组织生活会和1次民主生活会。改选党支部委员，成立两个党小组，发挥党小组的职责作用，使党支部的领导核心作用得到了有效发挥。

【卷烟销售】 截至10月底，海原县烟草专卖局（公司）累计实现卷烟销量6441箱，同比减少48.5箱，完成全年目标7315箱的88.05%；实现销售收入18388.5万元，同比增长2.76%；实现毛利4633.4万元，同比增长3.11%。实现卷烟单条114.2元/条，同比提高3.9元/条。社会库存监测量为484.4箱，户均115条，存销比为0.82。

【品牌销售】 截至10月底，海原县烟草专卖局（公司）实现品牌宽度42.4个，同比增加6个；三类烟累计销量2773.9箱，同比增长1.29%；重点品牌销售比重85.07%，同比增长1.95%；细支烟销售占比为6.15%，同比比重增长1.86%；新品卷烟实现销量152.1箱，比重为2.36%。

【终端建设】 截至10月底，全县现代零售终端210户，占总客户数的20%；零包主导陈列推广客户数364户，占总客户数的34%；打造整店改造客户9户，业态转型客户2户；零包主导陈列推广客户的户均品牌宽度达到59.4个，同比提升11.4个；户均获利46282.4元，同比提升5042元，获利提升面达到60.9%；户均销量达到2068.5条，同比提升105.9条，销量提升面为49.3%；户均陈列面积达到2.35%，同比提升33.5%。建立吸烟点15个、消费体验区1个，开展消费体验活动3场次，建设室内吸烟室1个。组建零售户自律互助小组55个，覆盖零售户829户，覆盖面达到76.06%，组建示范小组3个。

【卷烟打假】 2018年，海原县烟草专卖局（公司）认真落实自治区《严厉打击物流寄递环节涉烟违法行为工作规定》，与市公安、邮政、商务、交通部门达成共识，基本建成社会参与、多方协同的治假格局，有效遏制辖区销售假私烟违法活动，着力净化卷烟市场环境秩序，有效维护消费者权益。先后开展“四进”专项行动进物流活动、“雷霆”卷烟市场专项整治行动、中秋国庆两节期间卷烟市场专项整治行动、“联合打击物流寄递环节涉烟违法活动专项行动”、“雷霆2018—1号”专项行动，打假屏障越筑越牢。定期分析非法寄递涉案信息，抓住重点案件线索深挖细查，查获货值5万元以上假烟案件1起。截至11月28日，海原县烟草专卖局查获各类案件154起、非法卷烟19.206万支。其中：假烟案件147起，同比上升98.65%，实物11.666万支，同比下降28.39%；真烟案件7起，同比下降72%，实物7.54万支，同比下降79.05%；查获5万元假烟案件1起、5万支或5万元真烟案件2起。

【市场监管】 2018年，海原县烟草专卖局（公司）紧盯重点对象开展整顿规范，强化销售大户监督管理，严打违法违规经营行为，依法取缔2户违法违规卖烟大户。围绕“三位一体、协同推进”的工作方向和组建率不低于70%的工作目标，严格按照自律互助小组建设实施计划，有序开展自律互助小组组建工作。截至11月底，组建零售户自律互助小组56个，覆盖面达到持证户的83.55%、正常经营户的84.82%。

【规范经营】 1—11月，海原县烟草专卖局（公司）未发生5万元以上卷烟外流案件，没有发生被上级部门通报、督查、追责的卷烟外流案件。牢固树立规范经营思想认识，逐层签订规范经营责任书和承诺书，向专卖部门反馈异常线索135条，并取缔2户违法违规经营户经营烟草专卖零售业务资格；向营销部门提出货源分配政策修改意见8条，建议调整供应量28户次。

【证件管理】 2018年，海原县烟草专卖局（公司）组织开展零售许可证规范使用和无证经营“两清”工作，针对“证人不符、证照不符、证址不符”三类问题依法依规集中进行了清理处置，许可证规范使用水平得以巩固。截至11月底，全县共有卷烟持证户1069户，持证比为2.68‰，持证户总数同比上年的1199户，下降了130户，2018年全年新办零售许可证179套，较上年全年新办143套增长了36套，2018年注销234套，全年许可证减少55套。

【安全管理】 2018年，海原县烟草专卖局（公司）把安全工作放在首位，强化责任落实，每月把安全工作与业务工作同计划、同检查，紧密结合实际，制订年度安全生产工作计划，明确任务，压实责任。严格落实全员安全生产责任制，层层签订安全目标责任书，层层分解安全责任。坚持问题导向和目标导向，开展全方位安全检查，加大考核和追责力度，严格落实安全工作“一票否决制”。全年开展了4次安全隐患大排查，每月开展驾驶员培训教育1次，每季度开展1次全员安全警示教育，开展应急演练2次。

【物流配送】 2018年，海原县烟草专卖局（公司）纳入电子结算的户数为755户，占全县卷烟经营户1053户的71.7%，电子结算次数成功率达89.49%。累计送货量6999.832箱，送货户次累计4.05万户；安全回收资金4887.08万元；累计出动送货车辆469台次；安全行车里程累计5.96万余公里。

石油销售

【概　况】 中国石油中卫分公司海原片区一共有10座加油站，其中101省道沿线有6座加油站，分别是香水、李旺、七营、韩府、黑城、鑫宝加油站；海兴开发区1座——中心加油站；海原县城有3座，分别是南门、东环、小河加油站。2018年，海原片区4座加油站双层罐改造，油品销售较2017年有所减少。片区油品全年任务为79470吨，1—10月油品销售56890吨，较上年同期减少3877吨，其中汽油减少471吨，柴油减少3406吨，减幅6.31%；片区全年非油品任务819万元，1—10月份非油销售总额为586万元，较2017年同期增加销售163万元，非油整体增幅为25%，其中店销增幅为34%。完成全年任务的72%。

【捆绑经营】 2018年，海原片区经过严谨的市场调研和分析制定了S101线6座加油站两两捆绑经营实施方案，重新调整了促销站点的布局，通过实施捆绑经营解决了员工收入差距大的突出问题，稳定了片区员工队伍。相邻2个捆绑加油站共享客户资源，共用一个员工队伍，将汽油、柴油顾客分类引导至不同站点，发挥两座站各自的优势，携起手来拓展市场。两座站的资源得以综合利用，合力施策，实现加油站经营捆绑“1+1>2”的目标，突破了促销站的销售瓶颈，有效地化解了销售难点。实行捆绑经营后片区油品销售日增加了17吨，员工收入增加了50%。

【客户开发和维护】 2018年，海原片区建立市场开发小组，成功开发2个沙场工程、1个工地，月用油80吨。建立了海原片区首个南门客户服务中心，包含了售卡充值、业务咨询、直销洽谈、促销政策宣传、非油销售和宣传、油品质量对比和宣传、增值税发票开具、开水茶水等服务。

【便利店销售】 2018年，海原片区各加油站组织人员对所辖10座加油站的便利店陈列进行了规范和优化。片区所有便利店管理和形象有了大幅度的提高。片区4座加油站进行了双层罐改造，但片区非油销售还同比增幅达到25%。打造南门、黑城2座百万元便利店，积极做自采大米的大单销售，年底完成目标。

【安全工作】 2018年，海原片区组织相关人员对片区10座加油站进行大排查，对查出的问题立即进行了整改，对不能整改的做好隐患登记台账，并采取措施进行监护，逐步进行销项整改。组织全员到海原看守所进行警示教育,对关键岗位进行廉洁从业警示教育,尤其对各岗位存在的廉洁自律的风险点进行了梳理,查漏补缺、规避风险。片区还通过现场、视频等方式稽查刷卡套现等问题,有效扼制了违规违纪的发生。6月28日,海原片区牵头,海原县政府、县安监局和县消防大队共同合作,在中心加油站进行了大型消防演练。提高了全员的安全意识。

金融保险

中国农业银行股份有限公司海原县支行

【概　况】 2018年，中国农业银行股份有限公司海原县支行各项存款313116万元，较年初增加6706万元，增幅为2.18%；各项贷款121091万元，较年初增加13117万元，增幅12.14%。实现中间业务收入1383.57万元，同比增加110.09万元，增幅8.64%，完成分行年度计划的105.66%。不良贷款余额359.10万元，占比0.3个百分点。实现拨备前利润9897万元，同比增加1125万元，增幅12.82%，完成分行年度计划的104.29%。实现拨备后利润9887万元，同比增长1462万元，增幅17.35%。实现净利润7540万元，同比增加1122万元，增幅17.48%。

【资金组织】 2018年，中国农业银行股份有限公司海原县支行各项存款313116万元，较年初增加6706万元。其中，个人日均余额141008万元，较年初增加13037万元，较同期多增3131万元。采取计价考核、匹配营销费用、活动激励以及网点PK赛等形式，建立网点负责人、大堂经理、客户经理、柜面经理和机关员工，即“五位一体”的个人存款综合考评体系，贵宾客户较年初增加14831户。年末，累计营销“汇利丰”结构性存款产品359笔、9344万元，其他各类理财产品1650笔、33590万元，大额存单2824万元；贵宾客户较年初增加972户，资产较年初增加14831万元。加强公私联动、产品联动，重点抓好代发工资、代收代付等资金源头，增加代发工资账户5户。年末，新增有效对公客户173户。加大合作性同业存款营销力度，同业存款余额359万元，较年初增加138万元。

【服务“三农”】 2018年，中国农业银行股份有限公司海原县支行人均贷款1593.3万元，较年初增加172.59万元。发放精准扶贫贷款2.87亿元，余额2.70亿元，支持、服务和带动建档立卡户13165户劳动致富，完成县政府下达包片脱贫攻坚任务的51%。把支持培育特色产业作为服务“三农”、金融扶贫的根本之策，按照“一村一品、一户一业”要求，采取“分片包干、整村推进”方式，落实政府风险补偿基金3154万元，按照1∶10的比例，共发放“政府增信”项下扶贫贷款5803笔、26196万元，发放“惠农e贷”534户、2648万元，支持农民种植紫皮蒜、鸡腿葱、硒砂瓜、西芹、枸杞和马铃薯，拓宽农民就业渠道，增加劳动收入。坚持精准定位、逐户突破，坚持“抓大不放小”的原则，积极推进惠农e通平台健康、稳健发展，扎实做好互联网金融服务“三农”工作。年末，惠农e通农户版客户数达到6127户，完成分行计划任务的102%；惠农e通平台交易额1987.78万元，完成分行计划任务的13.2%；惠农e贷业务余额2648万元，较年初增加2648万元，完成分行计划的41%。认真做好定点帮扶工作，为九彩乡马圈村718户建档立卡贫困户发放“脱贫致富贷”64户、210万元，全村建档立卡贫困户由进驻前的97户减少为28户。着力破解小微企业贷款难、融资贵难题，积极支持民营经济健康发展。新增小微企业贷款28594万元，余额34144万元，重点支持了农机修造、粮油肉深加工、正丰驾校和泰丰饭店等技术改造、产业升级，带动1800多名建档立卡贫困人员就业致富。积极应对个贷规模管控新政，抢抓项目营销和投放进度，个贷较年初增加3629万元，余额22771万元。新增消费类贷款355户、6439万元，信用卡专项分期业务新增18户、390万元。

【中间业务】　2018年，中国农业银行股份有限公司海原县支行实现中间业务收入1383.57万元，同比增加110.09万元，增幅8.64%，完成分行年度计划的105.66%。机构中间业务收入等8项指标超额完成全年任务，其中机构中间业务收入140.89万元，同比增加31.34万元，成为最主要的收入来源和最关键的补收力量。积极开展汽车分期团购营销活动、现金分期活动，实现分期收入184.61万元。推动代理保险业务转型增收，销售长期趸缴、期缴产品1063万余元，实现代理业务收入131万元，多元发展、多线支撑、多点增收格局基本形成。

【经营转型】　2018年，中国农业银行股份有限公司海原县支行新增活跃掌银客户8900户，聚合码商户933户、专业市场版收款商户17户；掌银新注册客户动户率达73.91%；信用卡有效客户3764户、有效收单商户12户，完成计划的132%、70%。做大分期业务规模，信用卡消费信贷交易额1218万元，完成计划的55.36%，自治区排名第四。扎实推进增效计划实施，实现营业收入11749万元，同比增加1160万元，完成分行年度计划的99.65%。加强网点智能化建设，新配超级柜台3台，实现网点全覆盖。推行网点“压高转岗”，压缩高柜3个，补充前台营销力量6人。将产出低效的海兴自助银行予以撤并。积极拓展超级柜台“1+N”模式，大力推进网点智能化转型。制定《自助设备考核办法》，加强网点现金类自助设备和超级柜台分流率、运行率的考核。

【风险防范】　2018年，中国农业银行股份有限公司海原县支行把防风险作为责任底线，牢固树立协调、全面、平衡、有效的风险管理理念，重点围绕运营、信贷、财务、员工行为管理等重点领域的突出问题，开展专项整治工作，堵塞管理漏洞，完善内控机制，坚决杜绝屡查屡犯问题，坚决守住经营管理的生命线。进一步完善由风险管理部牵头抓总、条线各负其责、党委共同推进落实的横到边、纵到底网络。坚持“专业例会+行办会+晨夕会”的风险会诊模式，强化条线联动、上下都动，及时化解风险隐患。全面推进“三套利”“四不当”等专项检查和综合治理。把“净表计划”攻坚之战作为健康可持续发展的“生命线”，扎实推进“砥砺耕耘 净表增效”清收活动，制定不良贷款管控9条措施，实行“停复牌”和“行领导包点、机关部室包人+集中攻坚清收+责任人自主清收+诉讼清收”责任制，坚持“抓逾期就是抓不良”，从严控制贷款本息逾期，加快不良贷款清收进度。年末，清收不良贷款本息448.58万元，其中收回信用卡透支46万元。围绕“服务质量提升年”主线，积极组织参加分行举办的“一月一学一主题”活动，启动岗位大练兵、大比武、“微讲堂”，网点服务水平、运营质效稳步提升。强化尽职监督和专项检查，直接检查发现并处理各类问题21个、责任人11人次，“四同”问题明显减少。

【转型发展】 2018年，中国农业银行股份有限公司海原县支行坚持“以收定支”，创新配置方式，计价、费用“跟着产品走、跟着活动走、跟着短板走”，将15万元费用精准配置到资金组织、“扩户工程”、信用卡、贵金属等11项业务营销之中，实现激励增收。

【成本管控】 2018年，中国农业银行股份有限公司海原县支行进一步完善定价机制，强化定价同业竞争能力。年末，存款付息率0.61%，低于自治区农行水平。加强预算控制、双重管控和单项限额管理，成本收入比18.01%，同比下降1.42个百分点，保持较低水平。年末，人均净利润99.21万元，人均经济增加值99.21万元。

海原县农村信用合作联社

【战略类指标】 2018年，海原县农村信用合作联社共发放工会卡27620张，较年初新增4084张，完成黄河银行计划任务的54.45%；个人理财产品（保本）销售余额达16055万元，较年初增加1110万元，增长7.43%，完成黄河银行计划任务的110.71%；离柜业务替代率达到90.57%，较同期增加16.93个百分点，完成黄河银行计划任务的119.17%；手机银行新增有效户4446户，完成黄河银行计划任务的444.60%；激活社保卡19741张，完成黄河银行计划任务的197.41%；信用卡新增发卡2250张，完成黄河银行计划任务的118.42%；投放金融扶贫贷款62325万元，完成黄河银行计划任务的113.32%；存量贷款44817户，较年初增加4848户，其中新增农户贷款3729户，完成黄河银行计划任务的74.58%；烟草代扣账户836户，较年初增加81户，完成黄河银行计划任务的162%。

【监管指标】 2018年，海原县农村信用合作联社拨备余额20051万元，拨备覆盖率为1008.71%，较年初提高13.43个百分点；资本充足率为19.31%，较年初提高1.91个百分点；拨贷比为5.25%，较年初下降0.85个百分点，高于监管标准2.75个百分点；其他主要指标均优于监管标准。

【贷款支农】 2018年，海原县农村信用合作联社实施扩量增收、固优增收策略，各网点以“开门红”“赢在春天”“春耕支农”等活动为契机，实施金融扶贫“增户扩面”工程，加大对县域建档立卡贫困户的信贷支持，对符合贷款条件的建档立卡贫困户应贷尽贷。同时，积极争取人民银行扶贫再贷款，壮大扶贫贷款资金实力，进一步加大贫困农户信贷支持力度，帮助更多贫困户脱贫。至年底，累计投放金融扶贫贷款6.23亿元。全面推广妇女创业、全民创业小额贴息贷款，实现了金融支持精准扶贫范围、对象、广度等多方面突破，为金融扶持辖区农户致富、顺利实现脱贫搭建了融资平台。至年底，投放各类创业贷款1262亿元，惠及创业人员2501人。瞄准县域特色产业，在辖内打造“一村一品”的金融服务措施，加大特色种植养殖产业信贷支持，推动特色产业规模化发展，带动贫困户脱贫致富。至年底，投放产业扶贫贷款6475万元，惠及各类农业经营主体147户。

【风险管理】 2018年，海原县农村信用合作联社通过实行行业负面清单，优化信贷投向；严禁新增“跨机构”授信，加速存量跨机构退出等措施，全面满足服务辖区金融需求；严格关联客户管理，严禁关联客户多头授信；严格黑名单管理，严防失信客户新增融资。严控新增贷款入口关，加强第一还款来源的核查。强化授权管理，提升信贷审批质效。牢固树立风险防范意识，严格落实贷款“三查”、信用卡“三亲见”制度及海原农村信用合作联社相关信贷制度政策，完善风险管控机制和程序，在注重第一还款来源的同时，加强第二还款来源管理，积极匹配农户生产周期，合理确定贷款期限，全面防控风险，科学处置风险。建立网点负责人负责制，强化网点负责人的责任意识和担当精神，通过组建专业清收处置队伍、打散担保链、压缩额度、依法诉讼等措施，加快不良资产清收化解力度。督促全员认真履行岗位职责，强化会计运行和信贷管理责任，严守风险底线、严防风险行为，严格落实案件防控责任制，提升全面风险管理水平，有效防范操作风险，不断提升员工的综合素质。加强各类授权制度的落实，确保了各条线转授权书合规有效。加强集中授权业务的管理，严格按照黄河银行系统“一个银行一把尺子”的标准，将特殊业务、风险业务等重点业务实现后台化、集中化管理，确保“授权业务”不走过场。于10月底成功通过黄河银行授权中心质检，将授权业务上交黄河银行统一管理。组织全辖区认真做好新系统上线的各项工作。

【渠道建设】 2018年，海原县农村信用合作联社增强各类卡、手机银行、短信银行、电话自助终端、便民服务终端、POS机、E码付、微信银行和第三方支付(微信支付、支付宝)的宣传营销力度，提升使用率，增强客户黏度和忠诚度，进而抢占市场份额，守住“三农”阵地。2018年，开通了微信银行功能，并耗资22.5万元对电话终端进行升级改造，进一步提升渠道服务质效。提升ATM机、现金循环机、在行式便民服务终端、自助填单台(开卡机)使用率。为西安、关庄、树台信用社增设了在行式存取款一体机各一台；在红羊乡设立乡村自助银行一家，安装存取款一体机一台。积极推动黄河银行系统文明规范服务标杆网点打造工作。严格按照黄河银行系统文明规范服务标杆网点考核标准，对联社营业部进行了全面的升级改造，已通过黄河银行现场检查验收。全面实施“金融+通信”工程。携手海原县移动公司为全辖14034户建档立卡贫困户发放手机(其中2018年发放7017户)，建立合作协同机制，全面实现线上扶贫与线下扶贫、金融扶贫与通信扶贫的有机结合，扩大扶贫扶智覆盖面和渗透率，全面提升金融精准扶贫质效。与县域四家医院开展“银医”系统项目建设，通过整合银行、社保、医院资源，以“互联网+医疗”模式，实现患者在医院就诊自助化、自动化、一站式服务，充分发挥海原农村合作信用联社金融产品和服务平台优势。

邮储银行海原县支行

【概　况】 海原县支行（自营网点）有员工19人，其中行领导班子1人，综合管理1人，营业中心6人，会计出纳2人，信贷5人（其中1人于2017年脱岗到海原县李俊乡红星村驻村，任第一书记；1人于2018年2月到海原县团委挂职，挂职时间1年），客户经理2人，贷后管理1人，派驻主管1人。支行45岁（含）以上员工6人，平均年龄36岁。支行所有人员均为大专以上学历，其中研究生学历2人，本科学历11人，大专学历6人。邮储银行在海原县设有金融网点3处（代理网点2家、自营网点1家），建立银行卡助农取款代理点3个，建成农村信贷受理点3个，分别位于李旺乡街道、树台乡政府和关桥乡政府。布放ATM机具2台、存取款一体机3台、POS机106台。

【业务发展】 2018年，邮储银行海原县支行个人储蓄余额13049万元，年日均净增1338万元，年时点净增1239万元，其中定期6985万元，活期6064万元，活期比例46.39%，无代发，全为自然吸储。信用卡线上进件2216张，全年发卡881张，结余2788张；ETC卡发放879张。支行有公司账户110户，余额14641万元，较年初增长6770万元。有效账户65户，其中9户为财政类账户，其余大多为POS机商户，睡眠账户为早期各乡镇开立的互助资金账户，暂无法销户。

【信贷业务】 2018年，邮储银行海原县支行发放贷款3011笔15633万元，结余4396户21068万元。其中，扶贫贷款发放2045户8131万元，结余3278户13091万元，笔数占比74%，金额占比62%，信贷人员人均管户867笔4172.4万元；个人商户贷款发放23笔339万元，结余71笔845万元；县劳动就业局和县妇联的再就业贴息贷款发放279户1584万元，结余354户2042万元；消费类贷款发放25户146万元，结余56笔244万元；个人一手房贷款发放7户252万元，结余7笔249万元。住房公积金委托贷款13笔365万元。草畜、马铃薯、枸杞中药材、瓜菜产业和牛羊养殖等产业发放贷款2180笔11001万元。支行不良贷款有22户40万元（含已核销），不良率为0.19%，自治区所有邮储银行最低。

【金融扶贫】 邮储银行海原县支行自2017年6月起负责关桥乡11个村3295户建档立卡户金融精准扶贫工作（其中65岁以上客户612户，残疾及社保兜底客户491户，可以考虑发放贷款人数仅2192户）。支行累计发放建档立卡户贷款3794笔15039.5万元（2016年放款204笔804万元，2017年放款1545笔6104.5万元，2018年放款2045笔8131万元），建档立卡户贷款结余3278笔13092万元，户均贷款4万元，一年期贷款已全部结清，现结余贷款全为2～3年期贷款。建档立卡户覆盖率达99.48%，按照2018年系统内的建档立卡户户数（3214户）计算，覆盖率为102%，剔除1103户社保兜底人员覆盖率达155.09%。

【扶贫贷款风险及防控】 2018年，邮储银行海原县支行发放的扶贫小额贷款因未及时偿还利息造成逾期，总计4笔14万元，于7月16日完成催收工作，已正常还款。24笔贷款因为将贷款用途挪用，主要用于房屋改造、娶媳妇和办理定期存款，支行将客户的五级分类调整为关注。原有风险补偿金1022万元，其中522万元在中卫市众合顺担保公司账户，因担保的5000多万贷款未到期，尚未结清，系统未解止付，担保金现无法划转。为了完成9331万元的贷款发放任务，支行积极担当作为，主动联系县财政局和海原县惠民担保公司，分别于7月底新增240万元、10月中旬新增保证金200万元，有1462万元风险补偿金。

【个人扶贫贷款】 2018年，邮储银行海原县支行下达的发放贷款目标是9331万元，年末与目标相差1208万元。支行前期号召政策，支持农户养牛降低农户还款压力，向建档立卡户发放2～3年长期贷款，现结余贷款13092万元，均为2～3年贷款，有1252户5041万元最早于2019年7月份开始陆续还款。

【涉农金融服务】 2018年，邮储银行海原县支行开办小企业贷款、个人商务贷款、家庭农场(专业大户)贷款、农民专业合作社贷款、枸杞种植和流通行业小额互助担保贷款、再就业小额担保贷款、扶贫小额信贷(惠农易贷)、硒砂瓜贷款等普惠金融贷款，产品贴近市场，惠及客户群体广泛，有效满足了不同层次客户的需求。

【行业领域市场开发】 2018年，邮储银行海原县支行主要开发农产品种植、牛羊养殖户等行业的金融服务，扩大在种植、养殖及粮食流通等行业的覆盖范围，紧紧依托涉农特色产业，进一步加强行业分析研究并积极主动开发市场，加快小额、小微新产品、新市场及新政策研发制定。同时加强与政府涉农管理部门合作交流，建立客户信息库，根据本地特色挖掘种植养殖行业潜力，实现了涉农贷款业务批量规模化、快速高效化、优质特色化的发展局面。

【农村支付体系建设】 2018年，邮储银行海原县支行通过“自助服务机具+新兴电子支付”，多渠道增设农村自助服务网点，拓宽服务范围。通过“基础设施建设+金融流动服务站”，针对辖区部分农村乡镇无金融网点、服务能力不足的问题，加强网点基础设施建设，使支付结算服务向农村有效延伸。加快推进电子渠道建设，改善农村地区支付环境，延伸金融服务最后一公里。建立“宣传引导+长效机制”，通过在营业网点增设咨询台，随时解答客户的咨询和问题，帮助客户了解和使用各种支付结算工具。

【支持创业就业】 2018年，邮储银行海原县支行启动小额担保贴息贷款工作以来，积极搭建服务平台，有效整合人力资源，有力推动了创业就业工作。累计为4964名城乡创业者发放小额担保贷款2.91亿元，其中发放城乡妇女“扶上马送一程”优惠商业贷款843笔6002万元，发放量在全区名列前茅，得到自治区、市妇联领导的肯定和客户的一致好评。

宁夏银行海原支行

【经营目标完成情况】 2018年，宁夏银行海原支行各项存款66556万元，较年初下降1.02亿元，其中储蓄存款5632万元，对公存款60512万元。日均余额49526万元。各项贷款余额30677万元，较年初增加9837万元，其中对公贷款6402万元，占比20.87%，个人贷款

24275万元,占比79.13%。

【信贷市场】 2018年,宁夏银行海原支行找准定位、瞄准客户、积极开展信贷投放。各项贷款余额30677万元,较年初增加1.19亿元,支持了急需资金的部分行业企业和客户,支持当地经济发展的工作已初见成效。

【金融扶贫】 海原县是个农业大县,缺乏自然资源和工商业企业,是宁夏深度贫困地区。海原县山大沟深,18个乡镇沟壑纵横、民俗独特。为了落实宁夏银行海原支行和县委政府关于金融精准扶贫工作的部署精神,及时打开工作局面,支行深入乡村,摸清底细,确定了海城镇为扶贫包干片区。海城镇有11个行政村,人口5.7万人。2018年建档立卡户2924户10362人,占全镇人口的18%。宁夏银行海原支行成立金融扶贫信贷工作小组,分组进村,交叉审查,实行随报随批,保障金融扶贫工作快速顺利开展。支行应贷尽贷,该镇贷款覆盖率99%,为全县各乡镇最高。

【小额贷款】 2018年,宁夏银行海原支行"养牛贷"是对"发放扶贫小额贷款、购买华润肉牛、集中托管代养、销售分成"模式的支撑,也是贷款用途为单一购买华润公司牛的"如意金扶贷"产品的别称。具体就是宁夏银行海原支行向建档立卡户每户发放5万元小额扶贫贷款,资金到户后,统一从海原华润农业公司(华润集团在海原设立的开展"基础母牛"扶贫模式的企业)购买牛,购买后由华润公司托管代养,农户不负担养殖成本,每年华润公司以销售收入向农户分成,贷款本金以牛销售收入偿还,资金闭环循环运作。2018年,扶贫小额贷款余额3684笔、1.79亿元。新增扶贫小额贷款1506笔、7425万元,完成了计划任务8488万元的87.5%。扶贫小额贷款期限以长期居多,其中3年期1895户9777万元,占比55%,2年期122户413万元,占比1%,1年期1667户7710万元,占比43%。"养牛贷"共发放1300户6500万元,促进了扶贫小额贷款的投放进度。

住房公积金管理

【住房公积金归集】 2018年,海原县累计归集住房公积金2.29亿元,完成年度目标工作任务1.6亿元的143.13%。住房公积金累计归集13.31亿元,归集余额5.95亿元。

【住房公积金扩面】 2018年,海原县新增缴存单位6个,新增缴存职工418人,完成年初确定任务300人的139.33%,分中心正常缴存单位153个。

【住房公积金提取与个贷发放】 2018年,海原县住房公积金提取额达1.49亿元,累计提取总额达7.37亿元。全县住房公积金贷款发放金额1.06亿元,发放户数331户,完成年度任务6000万元的176.67%。累计为1787户缴存职工家庭发放贷款4.29亿元。现存量贷款户数为1307户,贷款余额为2.77亿元。

【住房公积金贷款风险与资金使用率】 2018年,海原县住房公积金个贷户数逾期率为0.06‰,低于控制目标0.2‰。全县住房公积金个贷率为46.55%。

【信息化建设】 2018年,海原县住房公积金管理中心完善系统功能,业务初步实现"汇缴适时分解、提取适时入卡、贷款适时发放、资金适时调拨、账户实时监控、业务实时结账”，进一步提高工作效率。通过“12329”服务热线、短信平台、手机App、微信公众号平台、门户网站、网上业务大厅，将公积金服务渠道无限扩展，为广大缴存单位和缴存职工提供功能更齐全、更便捷、更高效、更安全的住房公积金综合服务。同时，引进银行工作人员进驻住房公积金业务大厅，实现贷款业务快速、高效办理。

【党的建设】 2018年，海原县住房公积金管理中心与每名干部签订廉政责任书，严格实施责任考核和责任追究，同时组织全体干部开展述职述廉报告，提高自警自省意识。制定分中心《2018年党风廉政建设和反腐败工作要点》《市住房公积金管理中心海原分中心全面从严治党责任清单》，进一步强化廉政制度建设。积极开展廉政教育活动，组织党员干部廉政学习、观看廉政警示教育片，家庭助廉等，进一步提高党员干部防腐拒变能力。认真贯彻全面从严治党要求，扎实开展形式主义、官僚主义等“四风”问题专项整治行动，切实推进党风廉政建设各项重点工作任务落到实处。以实施机关党的建设“三强九严”工程为中心，组织干部职工学习贯彻习近平新时代中国特色社会主义思想、中共十九大、习近平总书记系列重要讲话和党章党规等学习30余次，人均撰写学习笔记1万字以上。设置了固定的党员活动室，室内布置规范整齐，悬挂党旗，入党誓词、党的宗旨、党的纪律、党员权利、党员义务、党风廉政建设制度等内容上墙，成为党员学习的主阵地。完成分中心党支部换届选举工作，保证党的工作有序开展。组织支部书记讲党课4次，开展支部“主题党日”活动12次。抽调专人赴李旺镇马莲村开展扶贫，组织帮扶干部入户帮扶9次，帮扶工作成效显著。

保　险

【中国人保财险海原支公司】 2018年，海原支公司全种保费共7801.01万元，较上年同期增长26.78%，市场份额为58%。其中：车险保费收入5522.55万元；农险保费收入1771.07万元；非车非农险保费收入507.38万元。全种赔款支出3972.05万元，赔付率为62.83%。其中车险赔款支出2880.34万元，非车非农险赔款242万元，农险赔款金额预计年底达到849.67万元。上缴税金320万元，代收车船使用税310万元。

【中国人寿保险股份有限公司海原支公司】 1. 整体保费收入：首年期交指标1188万元，完成1199.46万元，达成率100%，剔除盛世臻品63.50万元，完成率95%；标保指标508万元，达成588.41万元，达成率115%；保障类产品指标386万元，已达成443.60万元，达成率114%；趸交指标500万元，已达成312.91万元，达成率62%；短险指标1810万元，完成2386.76万元，达成率131%。2. 个险渠道全年指标完成情况：首年期交保费指标为958万元，完成931.27万元，完成率97%；其中10年期以下保费完成420.45万元；完成预算指标836万元的50.29%；保障型保费指标356万元，实际完成362.36万元，完成率101.79%，标准保费指标428万元，实际完成482.11万元，完成率112.64%。3. 银保全年指标完成情况：

全年交保费累计实现268.19万元(剔除盛世臻品21.50万元),完成预算指标230万元的107.26%,其中渠道33.70万元,自营234.49万元;标保累计实现106.3万元,完成预算指标80万元的132%;保障性险种实现81.24万元,完成预算指标30万元的270%。4. 团险渠道全年指标完成情况:全年指标1670万元,实际完成2196万元,完成全年指标的131.50%,其中信贷险615万元,小额险50万元,“爱妮保”自营9.6万元,其他315.4万元,另外,扶贫保835万元,扶贫办出资购买“爱妮保”371万元,老龄险21万元。

城乡建设和交通运输

城乡建设

【建设规划】 2018年,海原县住建局编制完成海原县空间规划文本,并提交审定。同时对县城总体规划、县城控制性详细规划等重点规划进行修编完善,完成初稿修改,提交规委会进行初评。完成消防、供排水、停车场等专项规划,对村镇体系规划进行进一步修编。累计召开规划委员会6次,完成项目评审24个,并对规划审批后的项目跟踪监管。全年,组织实施各类项目共49个(续建32个、新建17个),计划完成投资348956万元,开工建设项目49个,开工率100%,竣工19个,正在建设30个,完成固定资产投资7.2亿元,完成任务的36%。

【棚户区改造】 2018年,海原县住建局总投资99592.35万元,对东城、华山路及向阳3个棚户区小区进行改造,东城小区和向阳小区住宅、商网已全部完工,正在进行基础设施扫尾工作,11月中旬完工并交付使用;华山路棚户区改造项目住宅楼主体已完成,正在进行装饰装修工作,商网和基础设施正在建设中,计划2019年6月底前全部建成并投入使用。

【市政道路】 2018年,海原县住建局实施的22条19.4公里市政道路项目,已完成经三路、万福路西延伸段等12条道路7.4公里。剩余东城路、西河路南段、惠民东街等10条道路均已开工,因征地拆迁等因素影响未完工,计划于2019年6月底前全部建成投入使用。

【基础设施】 2018年,第二污水处理厂基础设施项目、城区集中供热项目、南区煤棚、供暖系统改造及市政道路路灯及高压电缆项目已建成投入使用,全民运动广场已完成场内体育馆、新华书店、规划展示馆主体施工,正在进行装饰装修及附属工程建设,各项目单体整体进度均超过工程总量的50%,项目整体计划于2019年6月底建成并投入使用;休闲公园已完成广场花岗岩铺装、文化墙砌筑、园路及管理房等,正在进行游乐设施安装;华山公园已完成土方平整和定位放线,正在进行地下管道安装及古建亭基础施工;县回民小学停车场已完成毛石墙砌筑,正在进行花池及步道施工,公园及停车场项目均计划于2019年5月底建成投入使用。

【美丽乡村】 2017年,海原县住建局续建美丽集镇及美丽村庄项目已完工投入使用。2018年,自治区下达海原县美丽集镇项目1个(西安镇)、美丽村庄建设4个(贺堡村、付套村、红岸村、盖牌村)。西安镇已完成污水处理池、文化广场、道路硬化等，完成工程总量的90%。贺堡村、付套村、红岸村3个美丽村庄已建设完成，盖牌村完成给排水管网铺设及围墙改造、停车场建设，其余项目因改造方案未确定，待方案批复后于2019年建设完成。自治区下达海原县危房改造任务指标为4400户，已完成改造9544户（含2017年超额完成5544户）。

【社会投资项目】 2018年，房地产开发投资建设共5个，计划总投资198703万元，开发建设面积612095平方米。其中，富民花园计划总投资31449万元，建筑面积101682平方米，一期项目住宅及商网已全部封顶，二期也已开工建设；四季花城二期计划总投资38523万元，建筑面积109571平方米，住宅、商网主体建设全部完成并交付使用。嘉禾园计划总投资35404万元，建筑面积99075平方米，完成5栋楼主体封顶，已开盘销售，正在进行8栋住宅基础施工；格兰美景计划总投资34833万元，建筑面积124406平方米，住宅4栋主体已完成五层以上施工，办理预售，8栋正在进行1～2层施工；闽宁华府计划总投资58494万元，建筑面积177181平方米，已完成A段商业楼施工，正在进行9栋住宅主体四层施工。

【规划管理】 2018年，海原县住建局严把“两证一书”发放关，严格规划设计条件、方案编制评审及报批等各个环节管理，从源头上把好关。全年共审核发放“两证一书”162份，办理项目备案35个。

【安全生产】 2018年，海原县住建局严格落实自治区、市、县有关安全生产会议和文件精神，紧紧围绕建筑施工、危险化学品、有限空间作业、特种设备等四个领域深入开展安全生产专项整治行动4次，发现安全隐患180余处，全部督促整改到位，通报施工监理企业42家，行政处罚16起，处罚金额17万元，扣除诚信分值4起，清退1家监理企业，有力保证了建设领域安全生产稳中向好，“零事故”发生。

【城市管理】 2018年，海原县住建局围绕环境治理、卫生保洁、违建整治、保障服务，突出“集中整治”和“长期保洁”两个重点，加大城市执法力度，对蓄意违建行为进行了严厉打击。全年共出动执法人员300余人次，拆除违章建筑4600平方米，确保县城规划区内无新建、改建违法建筑，发展环境得到明显改善。

【服务民生】 2018年，海原县住建局建设供水、供热网格化管理平台，加大巡查排查频次，建立应急处置预案，确保供水供热安全、正常、到位。切实做好信访工作，截至10月底共受理自治区、市、县转办群众来信来访385件，办结383件，2件正在协调办理中，每件均按照反映事件，不拖拉、不推诿，落实责任单位，全部给予答复处理；认真落实“两案”办理工作，对县住建局负责办理7件人大建议、20件政协提案及1件民生实事，认真组织办理，除康平路拓宽（政协议案）因规划等原因未办结外，其余27件全部办结，并书面回复提案人。

【队伍建设】 2018年，海原县住建局以党支部规范化建设为抓手，着力夯实基层基础，认真履行党建工作领导责任，层层签订目标责任书。建立班子成员联系点制度，选派党建指导员1名，召开党建、党风廉政、安全生产等重点工作推进会17次，微信、QQ群推送学习资料200余篇，开展重温入党5次，讲党课10次，座谈交流4次。认真对照中央八项规定，查找问题93件。先后对5人给予责任约谈处理,追回资金5.4万元。狠抓"三强九严"工程建设,严格落实"九项"制度,使党内生活规范化、制度化、经常化。各支部累计开展"支部主题党日"活动20次,收缴党费2.41万元。坚持成熟一个发展一个的方针,认真做好发展党员工作,培养预备党员2名。结合实际修订完善了《海原县住建局机关干部考勤制度》等制度26项,干部作风明显好转。

交通运输

【概　况】 2018年,海原县交通运输工作紧紧围绕脱贫攻坚总体需求,抢抓六盘山集中连片特困地区脱贫攻坚的战略机遇,以交通基础设施建设为中心,全力推进对外通道和干线公路升级改造项目,加快实施农村公路项目,强化工程质量、公路养管和安全生产管理,促进县内公路等级、公路养管水平和交通服务水平"三个提升",为脱贫攻坚提供了坚实的交通运输保障。累计完成投资8.85亿元。请示县人民政府,为县城内24辆运营公交车解决经营亏损补贴资金,从7月份起每月补贴资金合计9万余元,保障了正常运营。

【海同高速协调服务】 海同高速公路全长48.4公里,项目总投资25.3亿元,其中直接工程费24.1亿元,征地拆迁费1.2亿元,已建成通车,累计完成投资25.3亿元,年内完成投资3.3亿元。

【干线公路升级改造】 G341下小河至史店段主体全面完成,年内完成投资0.76亿元;G341线黑城至寨科段海原县境内全长20公里,路基完成75%,桥涵完成77%,路面完成30%,完成投资1.09亿元;G341三河至海兴开发区一级公路完成工程总量的95%,完成投资0.3亿元,年内建成;S204史店至李俊段南华山自然保护区3.3公里尚未批复,未开工,九彩沟因山体滑坡另设项目处置,尚未开工,其余路段主体全部完成,正在做交安工程,年内完成,累计完成投资2.3亿元。郑旗经九彩至寺口子公路属亚洲银行贷款项目,已完成项目招投标工作,中标企业正在做开工准备,2018年计划完成投资2000万元。

【农村公路建设】 2018年,海原县交通运输局负责承建的农村公路项目共有459.44公里,其中自治区交通运输厅安排的农村公路硬化路132公里、农村公路窄路加宽项目65公里,县委、县政府规划安排的巷道硬化项目137公里、生产道路项目125.44公里。农村公路硬化路项目主体工程完成110公里,11月30日前完成路肩及标志标牌施工;窄路加宽项目全部完成,巷道硬化项目路面完成130公里,生产道路(砂砾路)路面完成106公里。关庄、红羊、树台等乡镇农村公路硬化路部分路段的混凝土边沟施工可能会受气温下降影响停止施工,计划于2019年5月31日前全面完成。关桥至草场16公里四级沥青路受前期工作制约,10月20日开标,已开工建设,年内完成路基土方、路基基层及桥涵工程施工,计划2019年6月30日前完成路面及附属工程施工。

【客运一体化建设】 2018年,海原县交通运输局建成县城客运枢纽中心,顺利完成枢纽中心与天豹公司海原汽车站置换,为群众出行提供了更安全、更便捷的条件。以招商引资方式引进宁夏联富房地产开发有限公司投资建设宁夏海原联富汽车商贸物流园项目。该项目占地132732平方米(199.10亩),总建筑面积103187.46平方米,包括汽车4S店、汽车贸易、汽车维修、配件销售、二手车交易、车辆管理分所、商务办公区、酒店等。项目总投资41974.61万元,已开工建设。

【冬春季防滑】 2018年,海原县交通运输局根据冰雪天气实际,及时启动《海原县道路除雪防滑保畅工作预案》,共投入人力850余人次、机械98台次、铺撒融雪盐6吨、融雪剂30吨、防滑砂1350立方米,确保了道路安全畅通。

【日常养护】 2018年,海原县交通运输局根据道路养护的季节性作业特点,按月下达公路养护指令性作业计划。春融季节以处置路面翻浆为重点,及时恢复路况;夏季以排水设施清理维护为重点,在汛期前完成了各项排水设施的维护清理工作,降低了水毁灾害发生率。累计清扫路(桥)面1840万平方米,清理边沟38.80万米,清理路肩194.8万平方米,整修林带15.6万平方米。

【道路安全隐患排查整治】 2018年,海原县多次普降大到暴雨,部分乡镇降雨达到80毫米以上,降雨共造成树台、关庄等11个乡镇,关桥至贾塘、曹洼至杨明、关庄至刘寨等农村公路23条152处严重水毁,造成路基土方损毁85625立方米,沥青路面损毁2065平方米,水泥混凝土路面损毁2958平方米,水泥混凝土边沟损毁9689米,浆砌片石流槽损毁876米,混凝土圆管涵167米/15道。汛情发生后,海原县交通运输局快速应对,及时启动水毁抢修应急预案,安排道路水毁抢修工作,确保了道路安全畅通,水毁抢修率达到100%。

【路政管理】 2018年,海原县交通运输局严格执行《公路路政巡查制度》,实施全天候巡查,做到了路政覆盖率县道100%、乡道85%、村道80%。持续开展超限超载治理,由于周边市县砂场停产,海原县境内拉运砂石料超限车辆大幅度增加。自3月开始,联合运管、公安交警在小红公路、盘甘公路、海同公路等重要路段持续开展联合执法,打击货运车辆超载行为,累计检查途经车辆5000余辆次,查出超限超载违法行为1400余辆次,卸载4800余吨,劝返车辆800余辆次,对严重超限超载车辆进行信息抄告,报上级单位进行处理。

【春运工作】 2018年,海原县交通运输局合理制订停发班计划,及时发布防范冰雪天气预警信息,提醒驾驶员减速慢行,春运期间,累计发车班次1.21万余次,运送旅客22.8万余人次,实现了春运期间零事故、旅客零滞留。发布冰雪天气预警信息12000余条,有效防范了安全生产事故的发生,为春运工作提供了有力的安全保障。

【打击非法营运】 2018年,海原县交通运输局共出动执法车辆500余辆次、执法人员1200余人次,共查处非法营运车辆113辆、查扣非法营运车辆76辆,有效打击了非法违法运营行为,全县客运市场非法营运势头得到遏制。

【安全生产】 2018年,海原县交通运输局深入贯彻落实自治区、市、县安全生产工作会议精神,着力抓好安全生产源头管理和各项防范措施的落实,巩固安全生产良好态势。从管人、管车、管路三方面入手,进一步完善"横向到边,纵向到底"的安全监管工作网格,促使安全生产"两个主体责任"双落实。结合季节性、重点时段的安全生产工作特点,组织开展安全生产综合大检查。全年共组织安全检查22次，对检查中发现的突出问题和事故隐患提出限期整改，督促相关单位及时落实整改措施，取得了较好的成效。

【作风建设年】 2018年，海原县交通运输局认真贯彻落实《海原县开展扶贫领域作风问题专项治理暨“脱贫攻坚作风建设年”活动实施方案》(海脱贫组发〔2018〕1号)精神，结合交通工作实际，以“正风、强责、提效”为主题，扎实开展交通运输系统“脱贫攻坚作风建设年”活动。一是认真学习习近平新时代中国特色社会主义思想，以习近平总书记重要讲话精神和中共十九大精神指导、统领交通扶贫工作；二是开展“大讨论”活动，局党委召开专题会议，研究部署“脱贫攻坚作风建设年” 活动工作，成立了党委书记、局长任组长的交通运输局“脱贫攻坚作风建设年活动”领导小组，组织、领导交通运输局“脱贫攻坚作风建设年”活动工作，协调解决工作中出现的问题，制定了《海原县交通运输局“脱贫攻坚作风建设年”活动实施方案》(海交发〔2018〕34号)，开展了加快推进外出大通道建设，巩固农村公路建设成果，全力助推脱贫攻坚为主题的大讨论活动；三是结合人大、政协调研、评议交通运输工作，扎实开展人大建议、政协提案及民生实事办理工作；四是加强作风建设督查。重点对局机关、项目建设单位、交通执法进行督查，促进交通干部职工作风建设。

【中央第八巡视组反馈问题整改】 2018年，海原县交通运输局根据县委《关于印发〈中央第八巡视组巡视宁夏反馈意见海原县整改落实方案〉的通知》(海党发〔2018〕60号)要求，研究制定了《中央第八巡视组反馈宁夏学习贯彻习近平新时代中国特色社会主义思想和中共十九大精神方面问题海原县交通运输局整改落实方案》。一是从9月初开始到年底，集中开展中共十九大精神、习近平新时代中国特色社会主义思想和马克思主义宗教观专题学习教育活动，每周专题学习不少于2小时，全体干部职工每人至少撰写10000字的学习笔记，2篇心得。二是扎实履行党委全面从严治党主体责任。严格落实党委中心组学习制度，每月中心组学习不少于2小时，读原著、学原文、悟原理，重点学习领会《关于新形势下党内政治生活的若干准则》《中国共产党党内监督条例》相关规定，学习习近平新时代中国特色社会主义思想及马克思主义宗教观，结合工作实际分领域分专题集体交流研讨，做到“四个意识”内化于心，外化于行；中心组成员专题学习笔记不少于15000字，每人撰写学习心得2篇以上；进一步完善党委议事规则、中心组学习等制度，建立长效机制，推动全面从严治党主体责任的常态化、制度化、规范化落实。认真履行党委全面从严治党主体责任工作从思想上、行动上全面得到加强，并将持续推进，长期坚持，各项制度逐步完善。三是深入贯彻落实习近平总书记关于民族工作的重要讲话精神和自治区党委十二届四次全会精神和自治区党委《关于牢固树立马克思主义民族观宗教观、加强新时代民族宗教工作的决定》及市委四届五次全会精神，坚定不移把党的政治领导、思想领导、组织领导贯穿到民族工作的全过程和各方面。

【交通方面问题整改】 2018年，省级党委和政府扶贫成效考核反馈交通方面的问题为：“工作中还发现，有的村修硬化路前，两车会车还过去，而修硬化路之后，路宽仅有3.5米，两车无法会车,类似情况要引起高度重视"。县交通运输局党委对全县路面宽度为3.5米的硬化路进行了认真、细致的调查。经排查:2010年,自治区交通厅批复海原县交通运输局实施路面宽度为3.5米的硬化路92公里,其余3.5米的硬化路项目为扶贫开发项目、财政一事一议项目和少数民族发展基金项目。针对存在的问题,海原县交通运输局积极争取农村公路窄路加宽项目,自治区交通运输厅对海原县农村公路窄路加宽项目给予了大力支持,2017年安排窄路加宽项目33公里,海原县实际完成37公里;2018年,安排农村公路窄路加宽项目65公里,项目已全部完成。扶贫开发项目,财政一事一议项目,少数民族发展基金实施的道路硬化工程,路面宽度全部为3.5米,交通部门暂时没有项目支持,海原县交通运输局将进一步加大项目争取力度,逐年对3.5米的硬化路进行加宽。

【交通扶贫问题整改】 6月,中卫市脱贫攻坚领导小组督查上半年扶贫工作时反馈的问题涉及交通方面的问题为:"项目进展缓慢"。针对存在的问题,海原县交通运输局党委认真分析,精心部署,7月9日,制定印发《打好交通建设大干180天攻坚战实施方案》(海交发〔2018〕227号),进一步明确了责任,细化了措施,促进项目按计划推进,确保完成年度项目建设任务。

【人大建议和政协提案办理】 1. 人大建议办理。2018年,县交通局负责办理的人大建议6件,其中重点建议3件,一般建议2件,意见1件,全部为农村公路建设类建议,已全部完成。2. 政协提案办理。2018年,关于维修贾塘至瓦窑河公路的提案1件。经积极争取,该项目已获自治区交通厅批复,正在做项目前期工作。关于完善农村公路养护管理体制的提案1件。制定印发了《海原县推进"四好农村路"建设实施方案》(海政办发〔2018〕12号),细化了措施,明确了职责,确保"四好农村路"建设工作扎实推进;修改完善了《海原县村道养护管理办法》,理顺农村公路管理体制,建立了农村公路养护管理长效机制,为提升农村公路通行能力和服务水平提供了政策依据,确保群众安全便捷出行。关于"村村通"公交车的提案1件。县内共布设农村公交线路154条,日发班次293个,全县168个行政村通公交车覆盖率已达到100%。还有自然村1100多个,受地方社会经济发展、农村公路网络构成、地理环境、客流量等因素限制,尚不具备自然村"村村通"公交车条件。

电力供应

国网中卫市海兴供电公司

【概　况】 2018年，国网中卫市海兴供电公司完成售电量3.29亿千瓦时，同比增长14.30%，完成中卫公司下达指标的86.57%；累计应收电费14547.61万元，与同期相比增长8.89%，电费回收率100%。线损率10.85%，上年同期线损率12.12%，与同期比下降了1.27个百分点。供电可靠率完成情况：城市99.9146%，农村99.8820%（均高于下达指标），电压合格率完成情况：99.201%线路跳闸情况：1—10月份发生八级设备事件3次，同期11次，发生设备异常29次，同期42次。截至2018年10月底，公司未发生人身、交通、消防、信息安全事件。

【安全基础管理】 2018年，国网中卫市海兴供电公司全面落实农网建设安全管理主体责任，编制海兴公司农网工程建设安全管理配套制度，并监督执行。督促参建单位、监理单位及时开展安全活动、安全培训及施工安全用具机具检查工作。全年组织供电所、施工单位开展各类安全教育培训162人次，集中对安全生产法律法规、典型经验和事故案例进行培训、剖析学习，使作业人员安全意识不断提升。引导检修、施工人员加强自我防护，主动拒绝违章作业，严肃查纠违章指挥、违章作业、违反劳动纪律和擅自扩大工作范围等违章现象。

【设备运维管理】 2018年，国网中卫市海兴供电公司定期召开运行分析会，对发生的线路跳闸和设备故障及异常，认真查找运行管理和设备存在的问题，并针对具体问题制定整改措施进行整改。结合海兴公司农配网网架结构特点，编制《国网中卫市海兴供电公司配网运维抢修方案》，明确各级管理职责、运维抢修界面。通过春、秋季安全大检查活动，完成26条10千伏线路及988个公网台区的隐患排查，共查出隐患和各类缺陷774处，消缺716处，缺陷治理率92.32%，未处理的缺陷结合后期检修计划安排消缺；抓供电所PMS2.0系统班组应用率，集中组织供电所所长、安全员、配电班长开展系统应用模块培训92人次，实时监测设备运行状况，组织供电所、运维班及时治理变压器低电压、重过载、三相不平衡等运行存在问题。

【整村推进】 2018年，国网中卫市海兴供电公司整村推进工作已完成320个自然村的配电网隐患排查和治理，发现缺陷1298处，消缺

1171处，消缺率90.22%。各供电所结合“整村推进”和“电气防火”工作，积极开展防人身触电压降隐患治理，排查各类缺陷、隐患472处，处理441处，消缺率93.43%，未处理的隐患结合配网检修计划治理。

【配网自动化】 2018年，国网中卫市海兴供电公司配电自动化设备覆盖线路24条，配电自动化覆盖率92.31%，接入配电自动化主站线路14条，接入率仅为53.85%。其中：城网C类供电区域线路两条，接入配电自动化系统两条（两条线路为二遥三遥混合方式接入），配电自动化覆盖率100%，线路接入率100%。农网D类供电区域线路24条，接入配电自动化系统12条（均为二遥方式接入，因农网线路采用无线通讯模式，不具备遥控条件，仅能实现遥测、遥信功能），配电自动化覆盖率91.67%，线路接入率仅为50%。安装自愈开关147台，自愈开关覆盖线路22条，庙山变512草场线、514香水线、513红古线3条线路完成自愈逻辑功能的投运。

【基础数据治理】 2018年，国网中卫市海兴供电公司治理高损、负损台区68台，台区合理率93.21%，提升了8.06个百分点，营配调贯通管理成效明显，高低压一致率均达到100.00%。开展“互联网+”线上远程开通及充值服务，大力推进用户使用电e宝、掌上电力缴费、国网商城、微信等缴费方式。远程充值开通率79.65%，线上缴费应用率81.5%，企业用户线上缴费应用率60.25%。用电信息采集深化应用，营业户数57391户，已接入用户数57391户，接入率100%。采集成功率为99.85%，与同期相比提升了0.17个百分点；曲线采集成功率达到了99.78%，与同期相比提升了0.71个百分点。台区可计算率98.01%，与同期相比提升了1.58个百分点。

【增供扩销】 2018年，国网中卫市海兴供电公司主动服务，简化流程，加快业扩报装速度，确保新增负荷早日接入，及时恢复报停负荷。报装户数3670户，容量35348千伏安。发挥运营监控及用电稽查作用，积极开展量价费损、警企联合打击窃电专项行动及反窃电活动，运营监控稽查追补电量22.47万千瓦时，补收电费6.10万元；查处窃电用户8户，补收电量1.24万千瓦时，补收电费及违约金2.01万元。

【优质服务】 2018年，国网中卫市海兴供电公司结合宁夏公司“降投诉、提服务”百日攻坚竞赛活动，建立投诉服务日提醒机制，每天通过电话、微信等方式将公司服务要求、服务动态等及时公告，并对当日服务工作提出要求。公司领导每周至少下供电所一次，组织营业厅、配电抢修人员召开优质服务座谈会，了解优质服务工作存在的问题并提出解决方案；针对李旺、贾塘搬迁移民点和部分村庄低压供电设备状况差的情况，对6个移民点、5个村庄的低压台区进行改造，线路安装增压器25台，避免因供电质量不高引发的投诉。共发生投诉155起，较上年同期增加28起。

【农电管理】 2018年，国网中卫市海兴供电公司深化开展供电服务“零投诉”竞赛活动，杜绝在抢修服务、业扩报装、人员服务态度等环节上引发客户投诉，以高效的工作效率及服务质量，切实提高了客户满意率。多措并举，推进星级及全能型供电所建设。按照海兴供电公司深化全能型供电所建设工作方案，及时组织人员按时参加了全能型供电所建设综合业务提升培训班,有效提升业务技能。

【安全管理】 2018年,国网中卫市海兴供电公司完成各班组、供电所2018年的安全工器具试验周期校验工作。完成天源公司海兴第一、二项目部的资质审核工作。完成9个供电所上半年安全工器具合格试验及检查工作。完成公司“六查六防”“四无”专项行动的部署及阶段性检查工作。

【党风廉政建设】 2018年,国网中卫市海兴供电公司共组织党员集中学习12次、讲党课2次。积极组织开展“主题党日活动”和“不忘初心、牢记使命”主题教育。开展主题党日活动10次、“不忘初心、牢记使命”主题教育3次。积极开展廉洁教育和警示教育,党员干部拒腐防变意识显著增强。共组织党员干部、重要岗位人员学习廉洁从业规定和中央八项规定等相关廉洁通报6次、观看警示教育片3次。

国家电网海原县供电公司

【概　况】 2018年,国家电网海原县供电公司售电量完成1.8亿千瓦时,同比上升了5.73%,实现售电收入8558.99万元,同比增长了449.10万元,售电单价完成473元/千瓦时,电费回收率100%。综合线损率完成10.22%,较上年同比下降了1.31个百分点,比中卫公司下达的指标11.3%下降了1.08个百分点。台区线损合理率达94.49%,较年初1月份79.9%提升了14.59个百分点。全年共发生八级设备事件2次,同比减少4次。设备异常10次,同比减少23次。综合供电可靠率完成99.8211%,综合电压合格率完成99.9768%,均完成公司下达指标。公司连续安全运行5297天,年内实现了3个百日安全天数。

【表彰奖励】 2018年,国家电网海原县供电公司获得中卫市人民政府安全生产先进单位和中卫市人民政府2017年度支持脱贫攻坚先进单位荣誉,塞上电力(海原)共产党员服务队荣获国家电网宁夏电力有限公司优秀共产党员服务队称号,配电运检班获国家电网宁夏电力有限公司一流班组(工人先锋号)称号,抄表班获国网中卫供电公司一流班组(工人先锋号)称号,1人获国家电网宁夏电力有限公司优秀班组长称号,1人获国家电网宁夏电力有限公司先进生产(工作)者称号,5人获国家电网中卫供电公司先进生产(工作)者称号,1人获国家电网中卫供电公司“十佳供电所”称号,3人获国家电网中卫供电公司“十佳农电员工”称号。

【安全生产】 2018年,国家电网海原县供电公司共发生配电第一种工作票25份,合格率100%。操作票52份,合格率100%。严格落实“到岗到位”“十不干”等要求,推行劳务分包队伍作业“三个必须,五个严禁”,现场管控能力得到提升,共稽查各类现场43个,发现违章现场13处,纠正处理13处,违章记分56分。结合春秋季安全大检查活动狠抓电网设备隐患排查工作,共查处各类隐患581处,消除566处,消缺率97.42%。通过持续不断的隐患排查治理工作,配网线路跳闸次数明显减少。对各班组、供电所上报的172处事故隐患按月进行评估,评估出一般事故隐患80处,按照“发现、评估、报告、治理、验收、销号”的步骤建档消除,并将治理过程及时录入事故隐患排查系统，消除率100%。

【电网建设】 2018年，公司下达农配网、生产技改大修、专项成本、业扩配套、基建等项目共60项，资金2489.78万元，新建10千伏线路25.65公里，改造10千伏线路95.57公里，新建10千伏电缆线路0.2公里，新增柱上断路器53台，新建分支箱1座，箱变2座，容量1260千伏安，新增柱上变压器7台，容量2200千伏安，新增柱上断路器53台，新建0.4千伏线路12.48公里，三相不平衡装置3台。有序推进电网建设，逐步优化配网结构，已安装自愈开关86台，涉及线路27条，10千伏线路配电自动化覆盖率达到77.14%。同时配合110千伏南华变等10千伏配出线路建设投运，对线路负荷、走径进行合理规划，优化网架结构，均衡负荷分配。线路投运后联络率提升至48.57%，环比提升37.46个百分点，N-1通过率31.43%，环比提升了24.02个百分点，大力提高了供电可靠性。

【经营管理】 2018年，国家电网海原县供电公司累计开通户数58236户，累计开通率73.59%，基本实现客户足不出户缴电费的目标。台区线损合理率达94.49%，较年初1月份79.9%提升了14.59个百分点。采集方面，加强老旧终端、4G通信卡的更换及失败表计的调试工作，更换老旧集中器178台，专变终端275台，综合采集成功率达99.87%，其中低压用户为99.91%、专变为100%、公配变为100%。处理异常电价2365户，处理表码不一致707户，一般工商业电价降价下装失败现场设置856户，更换异常表计2856块，电池欠压表计1685块，老旧模块4225块，集中器235块，专变终端268块。完成“站—线—变关系”异常处理17处，完成运检（测）中心督办的异常484户，处理二期稽查异常数据774户，完成新装客户业扩交互—辅助报装流程4953户，处理完成台区固化锁定439台。常态化开展打击窃电工作，在寺庙、村委会、学校等张贴、发放严禁窃电的通告10000份，联合海原县公安局、兴仁派出所对窃电重灾区进行窃电打击行动，尤其兴仁地区，打击窃电起到了很好的震慑作用。先后共查处窃电及违约用户96户，补收电量12.86万千瓦时，补收电费及违约金23.41万元。

【营商环境】 2018年，国家电网海原县供电公司连续第八年获得海原县2018年群众评议机关和干部作风公共服务部门第一的优异成绩。完成782户一般工商业客户降价后本地费控电能表现场电价设置工作，完成辖区内315千伏安以上及一般工商业用户的现场走访和电价政策宣传工作。实施农网低压业扩零投资1333户，完成兴仁地区新增业扩配套项目5项，新增变压器7台，彻底解决了兴仁地区2800亩枸杞地、48座烘干房的用电问题，让当地老百姓在枸杞采摘时节用电环境得到了优化，“获得电力”水平得到了提升，真正用上了“暖心电”。完成西湖安置小区、四季花城B区、东城小区、富民花园四季鲜农贸市场、十三五移民安置区等5000余户低压报装，用电容量达40兆瓦。完成海原县3座供热站、12座换热站、闽宁纺织园等政府重大项目工程和民生工程的用电报装。迁移10千伏线路11.37公里，移除电杆48基，移位0.4千伏线路28.6公里，移除道路和用户房屋旁杆基84基，受到海原县政府高度赞誉。

邮政 通信

邮 政

【概 况】 2018年,邮政海原分公司收入共计完成997.45万元,较上年同期负增长0.59%,完成年预算的85.85%。其中:代理金融收入完成632.79万元,完成年预算的95.1%,较上年同期增长6.66%,包裹快递专业实现资费收入81.6万元,同比增长18.16%,其中标准快递完成24.95万元,较上年同比增长8.81%;快递包裹完成32.24万元,较上年同比增长22.39%。邮务类业务收入共计完成225.36万元,完成年预算的74.01%,较上年同期负增长17.44%。其中:函件业务收入完成14.24万元,完成年预算的21.98%;集邮业务完成60.42万元,完成年预算的78.47%;报刊业务完成67.53万元,完成年预算的85.48%;电子商务业务收入完成14.78万元,完成年预算的65.09%。

【邮乐网平台建设】 2018年,邮政海原分公司加快推进揽投网改革,深化普遍服务转型,自提点优化8处,三日取件率达到90%以上。推进邮乐购站点选点建设,2018年新建村邮邮乐购站点30家,总计达到70家,通过了县商务局的验收,覆盖率占到全县行政村的50.7%。利用平台销售邮政产品20万元。以宁夏邮政精准扶贫米湾村为契机,积极对接公司和米湾村,开展“米湾红葱”线上销售,得到了海原县相关领导和部门的高度重视,《中卫日报》也进行了相应报道,邮乐网销售达到5000单。

【营销体系】 2018年,邮政海原分公司加强客户经理队伍建设,充分发挥专职营销队伍作用,着力培养营销队伍开发市场和客户的能力,进一步明确了专职客户经理和渠道经理岗位职责,有效支撑生肖贺岁季、粽情端午、爱的感恩季、月满中秋、函件传媒旺季生产、福至新春等重点项目营销,客户经理全年实现收入65万元。

【代理金融】 2018年,邮政海原分公司紧紧围绕“以余额为中心,以网点为据点”,抓好客户走访及邀约工作,不断扩大客群数量,全年新增价值客户500户,在秋收特训营期间组织开展中邮期缴保险活动,5天时间出单50万元,打破了海原期缴保险发展的瓶颈。强化系统应用,按照“高端客户防流失、中端客户促提升、低端客户重激活”的原则,以客户邀约、厅堂活动、积分有礼为主要抓手,在社保代发转走2000户的不利情况下,积极开展客户留存工作,实现留存客户并提升客户的目标,留存率达到80%。多专业、多渠道、多方式获取各类客群信息,进行数据分析与匹配、筛选与梳理实现精准营销,支撑邮务类与代理金融业务的联动发展,网点实现邮务类收入5.6万元,同比增长45%。

【普遍服务】 2018年,邮政海原分公司为解决营业局所业务开办不全、营业时间不规范和县乡投递能力不足的问题,努力实现农村地区普遍服务的达标,进一步提升邮政在农村市场的发展能力,紧扣"平罗模式",推进"三河模式"的推广,采取"底薪+投递提成+邮件提成"的模式,对全县行政村进行摸底,组织3条农村邮路,17个乡镇中的128个行政村实现了通邮,10个偏远的行政村签订了邮件代投协议,实现了村村通邮。

【包裹快递】 2018年,邮政海原分公司以物品寄递为组网模式,全面完成了段道优化工作,实行2个专职客户经理,3个包裹专揽专投段道,2个重点客户段道,1个自提点盘驳段道,对标顺丰和韵达,通过"线上找、线下跟、圈里寻",加快包裹快递业务的发展。

【陆运网转型】 2018年,邮政海原分公司以同城邮件次日递率、省级邮件进口达标率、省级邮件出口时限达标率、省内邮件互寄次日递率、4小时工单反馈率、投递进口邮路封车解车率等重点指标为考核,切实提高邮政邮件时限,在转型达标中,海原县分公司职责到人,具体分工,较好地完成了各项指标。

【业务培训】 2018年,邮政海原分公司召开业务制度及合规管理制度相关知识培训会议,对县分公司金融中心所有金融从业人员从"十条禁令再宣贯""集中授权考核办法""理财POS管理办法""一区双录注意事项及话术""自助银行管理办法""网点负责人履职检查"等方面进行了培训。对邮政代办点、自提点和村邮乐购站点人员开展了6场次22人次的培训。

中国电信海原分公司

【概　况】 2018年,中国电信海原分公司财务收入完成633.20万元,完成R0进度92.7%,完成R1进度86.3%,完成R2进度78.9%。移动用户新增43037户,移动用户净增8907户;宽带新装6703户,宽带净增5536户,ITV新增6961户,ITV净增5695户,融合用户到达9076户。翼校通发展1092户,年收入增长4.5万元。医保一卡通续签约178户,其中新增45户,年收入增长14.85万元。公安平安城市监控电路裸光纤新增13条,年收入增长4.68万元。光纤提速2条,新增3条,年收入增长收入10万元。

【存量客户维系】 2018年,海原维系班除维系清单级星级用户31011户,还承接了分公司的加装特权卡、协议到期等全业务派单,尤其在非长漫一体套餐签转和39元流量神卡签转用户外呼中,其中非长漫一体套餐签转率为45%,39元流量神卡签转率达到了90%以上。协同终端让利代理商,共计举办了每周"6"星级客户尊享活动32场,在活动中为未安装翼支付业务的用户下载安装翼支付并进行绑卡行为。线上、线下营销关注"中卫电信"公众号,让用户拥有一个"口袋"里的营业厅,随时知晓电信的优惠活动。

【渠道拓展】 2018年,中共电信海原分公司以他建他营补贴协议的签订、业务代理合作协议的签订、代理商业务发展补充协议签订。同时和代理商签订海原代理商十五项规定,让代理上紧跟公司发展步伐。新增渠道39个,同时清理低零渠道32个。从代理商押金缴纳、高拍仪安装、引商入店押金缴纳、代理商自动划扣指标、机补欠费、微信“1+N”平台宣传、店员奖励注册、电商服务站发展等方面做好代理商的服务支撑。海原渠道维护经营主体114个,渠道单元220个。做到每个周末都有专人值班,支撑代理商业务发展,满足代理商各项需求,处理每个周末发生的各种问题。

【安全生产】 2018年,中共电信海原分公司组织全体员工进行安全方面的教育培训,对员工消防安全、营业厅防盗抢、交通安全、线路防盗知识、线路维护安全操作规程等安全知识进行培训,进一步提高全员的安全防范意识。教育员工自觉遵守各项规章制度,定期检查安全制度的落实情况,发现问题立即整改并对当事人进行批评教育和考核,确保安全生产。加强对维护施工中劳动保护器具的检查,确保人身安全。坚持对应急车辆、电瓶车等交通工具不定期地进行检查,坚决不让车辆“带病上路”。

【网络能力建设】 截至2018年年底,中国电信海原分公司交付城乡FTTH建设端口7224个。新建800兆基站85个,2G/3G基站优化新开24个。

【客户支撑】 2018年,中国电信海原分公司完成41条电路的开通,120条光路资源核对及局站、机房、设备、光路及电路的资源录入工作,完成158条电路的网管纳管工作。党务内网、城域网割接测试、政法网割接测试工作顺利完成。完成5个海原县公安局平安城市项目新增点位电路的开通工作,配合完成平安城市项目服务器的联调工作,正在进行县公安局五期平安城市49个点位的电路开通工作。网吧专项整治工作,割接县城网吧9家,更换交换机3台,更换光路18芯,更换设备9台,并将全县网吧IP地址加入专项安全监测列表。开展司法电路整合工作,完成全县22个司法所的内外网视频电路整合接入调测工作。

【装维服务】 2018年,中国电信海原分公司完成全公司宽带12356部、ITV10938部的装移机工作。关键装维指标完成较好,24小时装通率全年平均85%,装机履约准确率达到99.9%。加强工单动态管控,大大提高了装移机效率。对于确因工作量大而忙不过来的区域,及时调派人员进行增援,较好地平衡了工作量不均衡的现象。同时,也确保装维工作的及时性,对全面提升客户满意度起到了积极的作用。组织城区装维人员与社区店负责人签订以店包片协议,打好宽带攻坚战,搞好装维服务的同时,实现随销功能。

【基础网络维护】 截至2018年年底,中国电信海原分公司组织维护外包单位改迁线路及抢修189处,其中线路倒杆换8米油杆85根。接续光缆电缆78条。提升跨路线路高度26处。FTTH光分箱光衰不达标整治,县城及各乡镇共整治20多个光分。完成FTTH二级扩容210个。完成ODF007、ODF003、GJ001、GJ002、HW-OLT0002、HW-OLT003的整治工作,配合完成资源清查工作,共整治光交13个、设备30台并完成更换二维码标签的工作。完成客户端新装20台IAD的局站、机房、设备及光路资源录入、设备开通、数据制作工作。完成海原、海兴9台OLT设备的上联扩容割接工作。

【资源资产管理】 2018年,中国电信海原分公司完成铜缆退出1.94万线对公里。录入FTTH业务号2300个、物理号2900个、FTTB业务号300个、物理号400个。对海兴和海原两个本地网的标准地址除了日常的增补和维护外,按自治区电信公司的最新要求对2到11级的标准地址逐级修改,对同音不同字,不同级别相同地址等进行合并整改,按11级地址要求把街道、路、巷子、小区、楼号、单元、楼层、门牌号等逐级归类。整改地址海兴18125条,海原34991条。把乡镇、行政村、自然村等录入资源系统建筑物群,并在标准地址管理菜单里面进行乡镇、行政村、自然村与地址的绑定/解绑等,海原录了10个乡镇77个行政村491个自然村。海兴录了9个乡镇91个行政村546个自然村。按资源录入及时、准确、完整的要求,新建楼宇、小区均采用光纤到楼共建EPON设备6台,总计300语音端口,144宽带端口,对录入光缆,设备进行核查确认,并进行系统的业务割接。对海原和海兴日常维护中零散的光分OBD有需要扩容的进行资源录入绑定以及光路等的录入,共315个;根据稽核系统提出的数据对缺失资源进行补录。对海原和海兴已经竣工的19个工程进行资源系统与文件图纸等进行核对,现场验收。民资光改建设56个点,城域网扩容海原5个光交接箱,海兴5个光交接箱;新建管道47个;政务网光缆接入113个点,普遍服务工程25个点,政企客户接入56个点等。完成数据提质1890条。响应各部门的建设需求工单,共提交29条工单,响应38条工单。

中国联合网络通信有限公司海原县分公司

【概　况】 2018年,中卫市分公司联通海原县分公司全年收入指标为2800万元,实际移网业务收入2652万元,实际固网业务收入185万元,实际完成2837万元。海原县分公司划分为两个划小单元,分别为海原城区网格和海原乡镇网格。海原城区网格内设支撑中心、渠道中心、政企中心、地推中心、营业厅,有工作人员20人;海原乡镇网格内设渠道中心和地推中心有工作人员12人。

【基础设施】 2018年,联通海原县分公司投入资金350万元,新建LTE网络基站23个。至年底,全县有通信基站233个,网络覆盖达乡镇(管委会)18个,行政村覆盖率99%,自然村覆盖率97%。

【经营举措】 2018年,联通海原县分公司先后利用劳动节、开斋节、古尔邦节、中秋节及国庆节等节假日,开展营销活动促进业务发展和品牌宣传。

【窗口服务】 2018年,联通海原县分公司为提升客户感知NPS,针对排队时长、微笑服务、投诉处理等存在的问题,以“首问负责、限时办结”为原则,极力解决。加强服务礼仪规范,不定期进行业务知识摸底考试,在全区以营业厅为单位进行业务知识及礼仪规范竞赛中获第五名,电话回访及短信测评中用户满意度排名在前。营业厅及核心渠道悬挂“百倍努力,10分满意”条幅,同时各厅内摆放服务网点受理人及电话展架,提升用户口碑。

中国移动公司海原分公司

【概　况】 2018年，中国移动海原分公司有员工36名、党员7名。截至2018年12月底，党员全部派驻分局开展帮扶工作，充分发挥基层党员的带头作用和先锋模范作用，成立驻村工作小组，对新庄村开展爱心捐赠等活动。

【客户发展】 2018年，中国移动海原分公司有效利用公司推出的资费、终端、家庭宽带方案政策，针对不同客户群体进行整合营销。通过报表或提数等手段，搜集竞争对手用户，通过广而告知的方法宣传优惠新举措；通过渠道经理和客户经理，专门针对异网用户和集团单位，宣传及制定优惠方案。

【渠道拓展】 2018年，中国移动海原分公司累计拓展泛渠道13家，新增社会渠道4家，并通过能力提升、政策引导、创新发展等手段，取得一定实效。

【优质服务】 2018年，中国移动海原分公司增加拜访次数，确保拜访质量，除了客户经理拜访外，部门经理都要一起上门拜访。将家宽业务渗入关联人家中，在服务维系中寻找信息化。每月对集团抽访低分客户，安排客户经理点对点进行回访，针对客户不满意的原因，整合现有营销资源，对客户进行正向引导，加强"10分满意"教育宣传；通过客户经理上门拜访、利用微信回访，结合集客进集团活动，提升集团成员认识度，在取得集团单位认可、服务满意的同时促进业务量增长，带动客户经理量化薪酬增长。

【党建工作】 2018年，海原分公司党支部严格落实"三会一课"制度，每月开展集中学习，每季度开展党课学习，每季度开展一次研讨活动。深入学习党的理论政策，以习近平新时代中国特色社会主义思想为指引，深入学习党员应知应会知识、中央八项规定、党章党纪等，"学与研"同开展，组织党员学习并深入开展研讨活动，结合实际工作开展研讨。党支部书记、党员开展讲党课提升党性。共开展党课2次：一是党支部书记一季度围绕公司近期发展讲授党课，二是二季度党员就视讯助力党建与业务发展深度融合的党课。党员结合公司重点经营工作份额提升、践行企业责任等开展党课活动。开展主题党日活动，坚持问题导向，认真查摆党员干部信念不坚定、宗旨不牢固、初心缺失、使命感不强、担当不力等突出问题；组织开展党员公开承诺活动，公开承诺践行入党誓词、自觉奉献担当，树立先锋。创新开展主题党日活动，丰富主题党日活动载体，活动围绕党委委员进支部指导党建、部署党建促进经营工作、党员发挥作用等方面开展，通过活动开展提高了党员的担当与奉献的精神，达到了教育与凝聚的作用。丰富学习方式，引导党员干部全面掌握习近平新时代中国特色社会主义思想的基本观点、理论体系和思想精髓，切实加强党支部思想政治建设。

自然资源和生态环境

国土资源管理

【国土整治】 2018年，海原县国土资源和环保局组织实施高标准基本农田建设项目3个，建设总规模为9000亩，预算投资1700万元，计划2019年6月底完成建设。项目紧紧围绕耕地保护和脱贫攻坚工作，重点向脱贫销号和巩固提升村倾斜，惠及项目区群众3000多户1.2万余人，其中建档立卡户717户2951人，有效改善了项目区耕地质量，扩大了国土整治支持脱贫攻坚覆盖面，提升了服务脱贫攻坚工作的能力和水平。同时，强化耕地保护责任落实，按照“属地管理、分级负责、责任到人”的原则，县人民政府与乡镇签订保护目标责任书19份，乡镇与行政村签订责任书166份。在全县范围内积极推行基本农田和耕地保护“地长制”，明确“地长”责任人1559人，其中一级地长37人，二级地长432人，三级地长1090人。完成了乡、村两级基本农田保护区分布图、乡级耕地现状图、乡级耕地自然质量等别图、乡级基本农田标识分布图等图件的制作，做到了“保护面积、责任人、工作职责”三落实。设立永久基本农田保护双立柱32个、保护碑17个、界桩100个。同时，严格执行“数量相等、质量相当”的耕地占补平衡要求，完成了三河镇辽坡村耕地占补平衡项目，总投资210.91万元，建设规模1616亩，新增耕地1400亩，确保了全县222.46万亩耕地保有量和180.3万亩基本农田保护面积不减少、质量不降低。

【保障脱贫攻坚和重大项目用地】 2018年，海原县国土资源和环保局对全县脱贫攻坚和重大项目用地逐一建立台账，主动对接服务，实行项目用地优先报征，年度计划指标优先安排，供地方案优先审查上报，涉地问题优先解决的措施，为“五通八有”项目用地提供保障。截至年底，报自治区人民政府批复建设用地8批次4105.66亩（含海同高速公路项目），完成集体土地征收770亩，兑付征地补偿款1042万元，全部通过财政“一卡通”全额及时兑付给农户，无拖欠征地补偿款的情况发生。用好用活增减挂钩政策，对海原县“十三五”易地扶贫城乡建设用地增减挂钩项目迁出区进行拆除复垦，拆旧面积3000亩，结余周转指标236.67亩，计划跨省交易97亩。完成建设用地预审26宗4028.56亩；办理设施农用地备案5宗，面积30.48亩。完成供地55宗1864亩，其中挂牌出让22宗，面积896亩；划拨供地33宗，面积

968亩，收缴土地出让金2.8亿元，做到了重大基础设施、民生及精准扶贫等项目建设用地应保尽保。

【土地利用监管】 2018年，海原县国土资源和环保局全面落实土地利用动态巡查制度，建立健全建设用地供后利用动态巡查责任体系，确保土地节约集约利用。根据自治区自然资源厅第三季度通报，海原县供地率达到91.17%，开工率达到96.02%，闲置土地处置率60%，2017年单位GDP建设用地下降率为6.46%（海原县2017年单位GDP建设用地下降目标值为6.7%，实际下降率为6.46%，与下降目标值6.7%相比，下降率实际值低于下降率目标值的3%以内，基本完成了2018年度下降目标任务）。巡查发现闲置土地5宗面积9.748公顷，其中已处置3宗面积8.793公顷，未处置2宗面积0.955公顷。

【国土资源执法监察】 2018年，海原县国土资源和环保局针对下发海原县的390个2017年度土地矿产卫片监测图斑，制定《海原县2017年度土地矿产卫片执法监督检查工作实施方案》，对变更调查确定的13个违法用地图斑全部立案查处，对8个占用基本农田的拆除图斑全部予以彻底拆除复垦。完成国土资源动态巡查121次，现场制止违法行为45起，立案查处76起，罚款金额71万元，恢复土地面积130余亩。开展县城周边违法占地违章建筑集中拆除行动，拆除违章建筑面积4万多平方米，恢复土地面积160多亩。

【矿产资源开发利用】 2018年，海原县国土资源和环保局按照中央环保督察组反馈问题的整改要求，完成了南华山自然保护区内的7个采砂场（点）的生态环境恢复治理，恢复治理总面积1020亩。积极推进“河长制”工作，对所有矿业权重新进行了划界确权，责令整改16家。修编完成了矿产资源规划调整方案，注销不符合区划要求矿业权1宗，对4家严重占用河道的砂场进行了取缔。开展重点地区非煤矿山专项整治行动，规范、整治矿山企业39家，关闭92家（处），恢复土地220亩，收缴罚款40余万元，全县非法开采势头得到了有效遏制。

【防治地质灾害】 2018年，海原县国土资源和环保局制定《海原县2018年地质灾害防治工作方案》和《海原县突发性地质灾害应急预案》，成立地质灾害防治应急指挥系统和县乡两级应急分队，组织人员对全县133个（新增2个）地质灾害隐患点进行全面排查，严格落实应急值班和专人巡查监测要求。投资9万元，完善地质灾害应急物资储备。组织气象、国土部门及时向地质灾害防治责任人、监测人及灾害区群众滚动发布预警信息，强化地质灾害防治应急指挥系统和群测群防体系建设。向受威胁群众发放地质灾害防治防灾明白卡和避险明白卡2000余份。对李俊乡联合行政村双沟自然村山体滑坡险情，进行了临时转移安置，纳入生态移民，并指派专人24小时巡查、监测，确保不发生损害群众生命财产灾害。

【不动产登记】 2018年，海原县国土资源和环保局深入推进海原县农村宅基地使用权和房屋所有权“房地一体”确权颁证工作，已完成全县85350宗农村宅基地及房屋的外业测量工作，累计公示60258宗，登簿1407宗，证书打印1520本，年底发证完成全部任务的60%，达到自治区考核要求。积极贯彻落实农村土地领域改革工作，制定了《海原县农村宅基地使用权和房屋所有权自愿退出实施办法》。截至年底，已完成不动产统一登记业务受理800余件，发放产权登记证明160张，产权证书532本。积极推进第三次土地调查工作，制定实施了《海原县第三次土地调查工作实施方案》，已完成西安镇6个行政村外业核查工作，计划12月底完成全县外业核查。

林 业

【概 况】 2018年，全县生态林业建设以习近平生态文明思想为指导，以推动人与自然和谐发展为目标，以“四大工程、三大行动”为引领，依托国家天然林保护、三北防护林建设及新一轮退耕还林等重点林业工程，全年完成营造林16.211万亩，其中南华山外围区域水源涵养林建设提升工程10万亩，移民迁出区生态修复工程1.6万亩，新一轮退耕还林工程3万亩，经济林建设工程1万亩，城乡绿化及主干道路绿化6110亩。完成投资11771.7万元。

【南华山外围区域水源涵养林建设】 2018年，全县完成人工造林3.4万亩（乔木林1.6万亩、灌木林1.8万亩），涉及月亮山林场1.4万亩、红羊乡白曲沟0.2万亩、瓜瓜山林场1万亩、西安镇白轱辘0.4万亩、贾塘乡贺川村0.4万亩。完成未成林补植补造1万亩，涉及红羊乡郑脑0.6万亩、湾湾崖0.4万亩。完成退化林分改造2万亩，涉及凤凰山林场0.5万亩、红羊乡刘套村0.9万亩、中静路0.1万亩、瓜瓜山林场整地0.5万亩。完成封山育林3.6万亩，建设地点为西华山林场。项目总投资4760万元。

【移民迁出区生态修复】 2018年，海原县林业局根据《关于加强生态移民迁出区生态修复与建设的实施意见》《宁夏生态移民迁出区生态修复工程规划》等精神，为了使海原县“十二五”以来移民迁出区生态环境得到有效治理，在2018年的生态移民迁出区生态恢复中，按照“因地制宜、适地适树”的原则，在李旺、九彩2个乡镇完成生态恢复造林1.6万亩，投资384万元。

【退耕还林】 2017年，自治区下达海原县新一轮退耕还林工程3万亩，根据县委、县政府安排，2017年海原县在关桥、西安、海城、红羊、树台、史店等乡镇完成退耕还林任务1.58万亩。2018年，主要在西安、海城、郑旗、树台、九彩、甘城、红羊、史店、关桥9个乡镇完成剩余的1.42万亩，投资568万元。

【特色经济林建设】 2018年，海原县林业局在扬黄灌区和库井灌区乡镇完成以枸杞、苹果、香水梨及核桃为主的经济林种植1万亩。其中枸杞0.7万亩，涉及三河镇0.3万亩、七营镇0.2万亩、高崖乡0.2万亩；苹果0.2万亩，涉及李旺镇700亩、七营镇700亩、高崖乡600亩；香水梨200亩（关桥乡）；核桃800亩（三河镇），投资1280万元。

【城市园林绿化】 2018年，海原县林业局以杨家沟防洪坝、荣德大寺、西山洼及海兴开发区等区域为重点，完成城市园林绿化1150亩，投资1604万元。

【美丽村镇绿化】 2018年，海原县林业局围绕美丽村庄、脱贫销号村完成苗木供应14.69万株（面积1300亩），完成西安镇付套村、高崖乡红岸村、西安镇文化广场、小河桥三角地带及四季鲜蔬菜基地等重点项目配套绿化110亩，投资350万元。

【主干道路绿化】 2018年，海原县林业局完成主干道路绿化3550亩，其中海同高速两侧绿化1800亩，王井至麻春公路两侧绿化510亩、马营至黄坪公路两侧绿化240亩、小红公路新建及补植补造绿化900亩（新建700亩、补植200亩），中静公路补植、补造100亩，投资1845.7万元。

【森林防火】 2018年，海原县林业局制定印发《关于做好今冬明春森林防火工作的紧急通知》《森林草原防火禁火令》《划定南华山自然保护区等森林防火区规定森林防火期的通告》等文件，与各防火责任单位签订森林防火目标管理责任书，对全县森林防火工作进行安排部署。充分利用各类宣传媒介，积极开展森林防火宣传，教育引导全民积极参与森林防灭火工作，全年累计发放各类宣传资料及宣传物品50000余份，森林防火理念深入人心。组织开展森林防灭火培训及演练1次，培训人数150余人，开展防火巡查48次，出动车辆48次、人员144人次，对各林场森林防火责任落实情况进行每周一次的定期检查。

【林业行政执法】 2018年，海原县林业局受理林业行政案件27起（办结22起、移交司法机关5起），查处违法毁坏林地面积750亩，处理违法行为人22人，罚款79.5万元。出动警力320人次，对县林业局负责的封山禁牧责任片区（关桥乡、高崖乡、李旺镇、甘城乡、七营镇、三河镇、郑旗乡、贾塘乡、史店乡）进行定期巡查和不定期督查，对发现的偷牧、放牧行为及时上报并通报。

【林木检疫防治】 2018年，海原县林业局累计完成鼢鼠防治面积16万亩、沟眶象防治面积380亩、松材线虫监测面积3.4万亩、经济林防治面积5000亩。利用春季造林时期开展苗木产地检疫3000亩，检疫各类苗木3500万株，复检苗木21.18万株，把林业有害生物和森林病虫害损失降到最低程度，确保森林资源健康、安全。

【树木抚育管护】 2018年，全县秋冬季树木抚育管护重点围绕县城公园、街道、公共绿地、居民小区、机关单位及县内主次干街道、村庄绿化等区域完成树木修剪、除草及涂红刷白1.36万亩（94万株），为树木安全越冬打下了坚实基础。

【国有林场改革】 截至2018年年底，海原县国有林场改革任务已全面完成，并通过自治区改革领导小组统一验收，正在准备迎接国家林业和草原局验收。改革后海原县有国有林场建设管理服务中心1个，国有林场7个，全部为公益一类事业单位。全县国有林场管护面积为146.7万亩。其中林地86.14万亩，非林地60.56万亩；国有区域96.08万亩，代管集体区域50.62万亩。

【集体林权制度改革】 截至2018年年底，海原县林业局编制印发《海原县关于完善集体林权制度实施方案》《海原县完善集体林地确权登记发证实施方案》《海原县地方公益林区划界定工作方案》，正在组织人员对集体公益林进行区划落界。

生态环境保护

【空气质量】 2018年，海原县环境空气质量有效监测天数(剔除沙尘天气)333天,环境空气质量优良天数为319天,优良天数比例为96%。PM10均值为64.66微克/立方米,较2017年下降11.2%,PM2.5均值为27.67微克/立方米,较2017年下降6.9%,达到自治区要求指标值。

【大气环境整治】 2018年,海原县燃煤锅炉氮氧化物达标治理项目7个,县供热站12月底已安装脱硝设施;封闭式煤场建设项目2个,海原县供热站东区、南区均已建成,并投入使用;清洁煤配送中心建设项目已完成土地征收工作,2018年年底完成建设;海原县2018年燃煤锅炉淘汰任务2个,海原县供暖站5月完成东区2台各20蒸吨集中供热锅炉的拆除工作。

【环境整治】 2018年,海原县委托第三方检测机构在重点河道断面开展水体水质监测工作,每月1次。监测结果显示清水河原州区与海原县交界、清水河海原段出水口水质结果为四类或劣五类,最近两次均达到地表水四类标准。每季度对海原县老城区水源地及海原县南坪水库水质进行检测,水质均达到地下水及地表水Ⅳ类标准。针对清水河水质情况,海原县建设海兴开发区污水处理厂下游人工湿地,已投入使用。同时,清水河流域重点乡镇城镇污水处理厂及人工湿地建设正在加快进行,已完成招投标工作,已开工建设。清水河重点流域河道整治工作已完成60%。除此之外,环保执法部门还进一步加强了清水河沿线的巡查力度,确保无新增直排入河的排污口。

【环保制度建设】 2018年,海原县国土资源和环保局按照"属地管理、分级负责、无缝对接、全面覆盖、责任到人"的原则,制定印发《关于印发海原县党委、县政府及有关部门环境保护责任的通知》(海党办发〔2018〕14号)、《海原县环境保护网格化监管实施方案》(海党办发〔2018〕15号),印发《海原县2018年度蓝天碧水净土专项行动实施方案》(海党办发〔2018〕6号),扎实推进大气、水、土壤"三大整治"行动,依法加强环境保护,打好重点环境问题整治攻坚战。

【主要污染物排放总量控制】 2018年年初,中卫市人民政府下达海原县主要污染物减排任务为化学需氧量消减量326吨、氨氮消减量32吨,县污水处理厂承担全县主要污染物减排任务。县污水处理厂已完成提标改造工作,并通过项目竣工环保验收,废水经处理后水质可达到《城镇污水处理厂污染物排放标准》一级A标准,可持续发挥减排效益,年底能够完成减排任务。在线监测设备与市环保局联网,数据实时上传。海原县供暖有限公司有东区、南区、西区3个集中供热站,共有20蒸吨/时以上锅炉7台,共390蒸吨,已全部安装了脱硫除尘装置。集中供热工程项目于2018年4月完成工程建设及在线监测设备验收工作,在线监测设备也已与市环保局联网,数据实现实时上传,污染物排放已达到国家大气污染物排放标准要求。同时,东区集中供热站2台各20蒸吨/时锅炉已于2018年5月完成拆除,北区集中供热站建设项目已完成建设工作,正在进行环保竣工验收工作。

【城市面源污染治理】 2018年,海原县环保局先后对向阳小区、运动广场等26处在建工地(21个房建项目和5个市政项目)进行了全面督查。对扬尘治理不达标的华山路棚户区改造等5个项目签发责令整改通知书,对"十三五”易地脱贫搬迁等7个项目签发停工整改通知书，责令责任单位对问题整改落实，经复查合格后方可恢复施工。在向阳小区、运动广场工地推广使用施工现场扬尘监控仪实时监控，采用塔吊喷淋、楼层喷淋、雾炮机喷淋相结合的方式有效抑制施工现场扬尘污染。对未采取扬尘防治相关措施的企业进行处罚，并纳入不诚信管理，确保建筑施工扬尘治理取得实效。在县城周边取土处、各工地出入口等重点路段，派驻执法分队进行专项治理。共纠正规范工程车辆抛洒滴漏行为68起、行政处罚9起。除此之外，对县城主街道进行机械化清扫作业，根据道路实际情况对运料车辆撒漏严重的外环路安排2辆干扫车进行来回清扫，对县城主干道安排4辆多功能洗扫车进行巡回洗扫，机械化清扫率由原来的45%提高到72%，产生的垃圾也能保证做到日产日清。同时，对南北街、政府街、建设路、黎明路及外环路等重点路段每天进行洒水喷雾降尘，尽力确保道路不起尘。对全县599户餐饮经营户(学校食堂238所)进行摸排。重点整改规范老城区257户，已实行煤改气或电123户，其中煤改电112户、改气11户，10月底前可全部完成。同时重点对熏、炸、烤制类餐饮场所及露天烧烤等进行检查，要求一律禁止在室外作业。

【移动源污染治理】 2018年，海原县已注销黄标车615辆，完成实际总任务的84.9%。机动车辆环保定期检测率达到90%以上，环保标志发放率达到92%以上，加强了对机动车的日常监督检查。

【畜禽养殖污染整治】 2018年，海原县国土资源和环保局制定印发《海原县加快推进畜禽养殖废弃物资源化利用工作方案(2017—2020年)》《海原县畜禽养殖禁养区划分方案》，明确各部门职责及工作目标，细化年度任务和工作清单。对不符合要求的规模养殖场下达规模养殖粪污处理利用设施整改通知，明确规模养殖场建设治污设施具体内容和标准，督促规模养殖场完成粪污处理与利用设施的建设。严格把关新建、改建、扩建畜禽规模养殖场办理手续，对全县14家养殖场进行环评手续备案办理。全县畜禽粪污产生总量达127.3万吨，利用率达100%，规模养殖场共78家，配套建设粪污处理设施56家，粪污设施配套率达到72%。

【挥发性有机物污染防治】 2018年，全县的33家加油站企业均已完成了油气回收装置的安装及运行，均已取得油气回收检测报告。制定印发《海原县加油站地下油罐更换双层罐或防渗池设置整改方案》《海原县加油站地下油罐防渗池改造三年行动计划》，按照自治区、市文件精神，要求2018年度所有民营(社会)加油站全部完成更新改造；中石油、中石化、宝塔油气优先完成建站15年以上及周边存在饮用水源等敏感目标的加油站更新改造，改造率达到60%。其余加油站在2019年年底全面完成改造任务。全县营业的33家加油站完成地下油罐更新改造的加油站有21家，其中中石油2018年完成5家，计划2019年完成5家，宝塔石化2家完成改造，其余为社会加油站。

【环保准入】 2018年，海原县国土资源和环保局完成建设项目环境影响评价审批53件，加大对水源地、生态红线、禁养区及其他严禁建设区域内建设项目的监督审批力度，严格执行新、改、扩建项目环评审批制度。

【全国第二次污染源普查】 2018年，海原县国土资源和环保局成立以县政府分管领导为组长的县第二次污染源普查领导小组，制定工作实施方案，明确目标任务，强化宣传教育，积极营造氛围，深入清查普查，完善底册，完成清查工作，年底前完成全县污染源普查工作。

【城市饮用水源地保护】 2018年，海原县国土资源和环保局制定实施了《海原县集中式饮用水水源地环境保护专项行动方案》和《海原县贯彻落实中央第八环境保护督察组督察反馈饮用水源地问题整改方案》。海原县老城区水源地保护区范围内共有违章建筑及企业25家，除5家（宁夏廷兰食品有限公司、海原国家级鼠疫监测点、养路段站房、正丰驾校、海原县农银驾校）外，均完成清除工作。老城区水源地及南坪水库规范化建设项目已完成水源地界碑、界桩及交通警示牌建设工作。

【清河行动】 2018年，海原县水务局聘请第三方监测机构，定期对海原县主要河道进行水质监测，根据监测结果及时掌握河道水质数据，及时排查产生污染的原因，并予以取缔。结合“清河行动”全面加大督查力度，截至8月底，共出动机械1021台次、人员6528人次，清理垃圾堆放点1108处，清理转运垃圾2.82万吨，累计整治河道岸线462公里。贺堡河综合治理工程完成主体工程的35%，郑旗河盖牌水库段河道治理工程和清水河综合治理项目（含中河和苋麻河入河口段）正在招标。西河西安段和高崖段、贺堡河下段河道治理工程正在做前期工作，各项工作按照施工进度计划有序进行。

【农业面源污染防治】 2018年，海原县国土资源和环保局推广测土配方施肥技术50万亩，其中马铃薯30万亩、玉米6万亩、小麦5万亩、压砂瓜3万亩、其他6万亩。免费为农户提供测土配方施肥指导服务，在土地流转大户中创建新型经营主体科学施肥示范，示范面积1.5万亩。减少不合理化肥投入，降低施肥成本，亩均节本增效30元以上。完成机械深翻20万亩、机械普翻90万亩，进一步改良土壤，提高土壤肥力和肥料利用效率。采用政府补贴、企业让利、群众不出钱的方式为全县各乡镇安排残膜回收机械150台，每个乡镇投放农用残膜回收机械5台以上，确保了残膜回收工作顺利开展，全县共投入各类机械180余台、人员400余人，回收农用残膜235吨。

【散乱污企业排查整治】 2018年，海原县国土资源和环保局提请下发《县海原县“散乱污”企业排查整治行动实施方案》（海政办发〔2018〕40号），完成了全县170家“散乱污”企业排查摸底，按照“先停后治”“谁主管，谁负责”“谁许可，谁负责”的工作原则，年底前完成整治清零工作。

【土壤污染防治】 2018年，海原县国土资源和环保局积极开展土壤污染状况调查工作，聘请专业检测机构对新发现一处疑似污染地块土壤进行采样检测，经检测未对土壤造成污染。

【中央环保督察反馈问题整改】 2018年，海原县国土资源和环保局对中央环保督察“回头看”反馈的20件（共转办21件，移交原州区1件，实际办理20件）信访问题，全部按时办结。后续整改工作持续推进，已全面整改到位10件，其余10个转办件的后续整改工作正在有序推进。整改工作涉及企业（业主）45家，责令立即整改企业2家，停产整改21家，立案查处13起，查封非法采砂2起，关停取缔4家，公安机关立案侦查1起，责任约谈3人，罚款金额36万元。

【环境执法】 2018年，海原县国土资源和环保局对海原县供暖有限公司采用不合格煤质导致污染物排放不达标罚款95万元，海兴开发区人工湿地未批先建罚款59万元，海兴开发区2017年集中供热项目未批先建罚款49万元，县第二污水处理厂水污染防治设施不正常运行罚款10万元。全年开展环境执法监察36次，下达污染源现场监察意见书17份，处理信访、电话投诉案件13件，办结率100%。

【农村环境综合整治】 2018年，各乡镇(管委会)均组建了环境卫生保洁队伍，配套完善了垃圾收集设施，有农村环境保洁员560余人。重点对福银高速公路、银平公路、中静公路、海同公路、黑海公路、小红公路、潘西公路、红李公路等13条主干道路及集镇街道、城乡接合部等进行了集中整治，大力推行垃圾“户分类、村收集、乡镇转运(处理)、县处理”模式。共出动机械3200余台次，清理卫生死角9200余处，清理“五堆”7850处，清理垃圾、杂物4.6万余吨，整治工作成效显著。

【宣传教育】 2018年，海原县国土资源和环保局充分利用“4·22”地球日、“6·5”环境日、“6·25”土地日、网络、标语和媒体等，多渠道、多途径向全县广大干部群众进行宣传教育，提升耕地资源、生态环境保护意识。同时，坚持以案说法，对集中拆违行动情况，在县电视台滚动播放，并进行一系列宣传报道，提高打击违法占地整治行动宣传效果。组织开展各类培训3次，培训人次160人次。编制发放《国土资源宣传手册》1.6万份、宣传单2.2万份，全县广大干部群众的耕地保护意识进一步增强。以全国第二次污染源普查为契机，强化生态环保宣传，积极营造良好的国土资源合理开发利用和生态环境保护社会氛围。

【党风廉政建设】 2018年，海原县国土资源和环保局制定《年度党建工作计划》《年度国土资源和环境保护环局党风廉政建设和反腐败的工作安排》《关于加强党风廉政建设落实“一岗双责”实施方案》等，成立由主要领导任组长的工作领导小组，将责任层层分解落实到人，定期组织召开专题会议研究部署，做到与业务工作同安排、同部署、同实施、同检查，层层压实责任。扎实开展理论学习教育，开展中心组学习13次、党员集体学习32次、集中研讨6次、讲党课2次，完成调研报告3篇，严格发展党员工作，确定发展对象2人。严格落实“两个责任”和“一岗双责”，深入开展党风廉政建设和反腐败工作，坚持从制度建设入手，围绕治腐关键环节，不断完善集教育、监督、预防和惩治于一体的反腐倡廉机制。坚持问题导向，在全局各股室开展岗位风险大排查活动，深入查找剖析廉政风险点，下发党风廉政建设责任制函告书，明确各项风险点处置措施和责任人。制定《重大事项集体决策制度》《党组会议事规则》《首问负责制度》《责任追究制》等制度，推进党建工作和业务工作制度化管理。以深化作风转变为抓手，把纪律和规矩挺在前面，进一步梳理整合各股室工作职责，细化职责分工，将工作制度“上墙”，做到责任到人、制度上心。强化关键岗位人员交流机制，对在一个岗位长时间工作或是不能胜任岗位工作要求的及时进行了调整，全局上下的工作衔接更加默契、协调，工作作风持续转变。

南华山自然保护区

【概　况】 2018年，南华山自然保护区管理处承担着南华山20100.5公顷的森林资源管护任务，保护森林资源安全是重中之重。共完成天然林保护工程33万亩，完成投资448万元，完成生态公益林工程7万亩，完成投资62万元。

【森林防火】 2018年，南华山自然保护区管理处层层签订防火责任书，严格落实责任制，确保在防火紧要期做到山有人管、林有人护、火有人防、责有人担，按照“属地管理、责任到人”的原则，一级抓一级，一级促一级，全方位落实责任，针对春节、清明节、五一等节假日，管理处领导和机关干部深入基层站协助做好防火工作，从而形成上下联动，齐抓共管的工作格局，有效地促进了防火工作的开展。抽调人员组成防火宣传队，深入周边30多个村组、学校、清真寺，采用播放宣传录音，刷写标语，发放宣传册等方式开展森林防火宣传，出动宣传车辆60余辆次，发放宣传材料40000余份（件），防火宣传面达100%，从而使森林防火工作家喻户晓，人人皆知。投入30余万元对海西公路南华山段及重点林区道路两侧20米范围内的约1500亩杂草进行了清除。在主要路口张贴“禁火令”，设立了两个防火检查站，对进入林区从事副业生产的人员、车辆认真进行了检查登记并收缴火种发放防火宣传材料。同时投资10.8万元，在马场梁、鸭儿湾路口、水冲寺拱北新建了3处防火门禁系统，对可能进入林区的火源进行了有效管控。10月10—11日，组织全体干部职工在县委党校进行2018年森林防灭火业务培训，并聘请了自治区林业厅防火专家进行防火知识讲座机具使用及维修培训，并进行了防火扑救演练。加强技防能力建设，整合资金328万元，在保护区核心区安装防火预警视频监控系统1套，投入试运行。投资35万元采购（智慧林业）森林管护巡检系统，发放给护林员，强化人防措施。

【保护区建设】 2018年，南华山自然保护区管理处根据“绿盾2018”活动要求，及时成立南华山自然保护区“绿盾2018”活动工作领导小组，投资50万元对2017年整治区进行二次治理，同时督促华电风电投资55万元对62处风电设施场进行治理。对灵光寺林区防火道路进行硬化，对马万山管理站场部进行维修，新建水冲寺防火物资库，并将场部院坪进行硬化，共投资80万元。完成病虫害防治15万亩，投资20万元。为更好宣传保护区，新建天然林资源保护工程宣传牌6个，投资6.8万元。

【精准扶贫】 2018年，南华山自然保护区管理处通过帮扶和推介，共帮助帮扶村输出务工人员1500多名，创收2000余万元，饲草种植128户1950亩，收入补助款30.3万余元；秋杂粮种植2157亩，收入补助款30万余元；羊只补栏268只，收入补助款13万余元；筹措资金2万元，对贾塘乡贾塘村、贺川村的村部办公条件进行了改善。

【信访及安全生产】 2018年，南华山自然保护区管理处接上级部门交转办信访案1起，已办结1起，办结率100%。通过开展安全生产月活动，发放安全生产知识及宣传材料20000余份，签订各类安全责任书12份。按要求每月上报安全生产月报表，各基层站每月向管理处上报森林安全隐患排查表，并制定完善了防火实施方案和防火应急预案，坚持领导带班、分组巡查、不定期督查和工作人员24小时值班制度。

【依法治理】 2018年，南华山自然保护区管理处坚持事前预防和目标防范相结合，每半月“拉网式”排查，将排查结果进行梳理、登记、建立台账，一月一汇总一报告一通报，实行“零报告”制度。认真实施“七五”普法规划，积极推进依法治理进程，扎实开展“七五”普法教育，教育广大干部群众自觉“学法律、讲权利、讲义务、讲责任”，组织开展普法讲座2次，普法考试2次，每人撰写10000字的学习笔记。

教育 体育

教 育

【概　况】 2018年,海原县有各级各类学校326所。其中:小学278所(教学点141个);中学22所(高级中学2所,完全中学1所,初级中学12所,九年一贯制学校7所);职业技术学校1所;特殊教育学校1所;幼儿园24所(公办幼儿园16所,民办幼儿园4所,公建民营幼儿园4所)。全县共有在校学生86391人,其中,小学在校学生40038人(特教学校61人),初中在校学生19795人,普通高中在校学生7472人,职业技术学校在校学生2630人(非全日制753人),学前幼儿16456人。有教职工4738人(在编4520人,特岗218人),女教职工2419人,专任教师4722人。按学校类别分,幼儿园81人、小学2547人、初中1379人、高中学校493人、特殊教育学校13人、职中112人、局机关培训中心等113人。全县学前教育三年毛入园率81.5%(自治区定标准为80%)、小学六年巩固率100%(自治区定标准为96%)、初中三年巩固率99.11%(自治区定标准为95%)、高中阶段毛入学率91.31%(自治区定标准为91%),辍学率小学为0(自治区定标准为0.6%以下)、初中0.0051%(自治区定标准为1.8%以下),各项指标均达到或超过自治区教育厅下达的任务指标。

【学前教育】 2018年,海原县坚持“幼有所育”,加快乡镇、村级幼儿园建设,实现了常住人口比较集中的镇、村幼儿园全覆盖。为各幼儿园购置配备了必要的课桌凳、图书柜、文具架、玩具柜、玩具、户外大型活动器材和儿童绘画读本,为幼儿自主游戏和成长提供条件。推广“公建民营”办园模式,新开办的海原五幼、海原西湖幼儿园采用“公建民营”模式办成普惠性幼儿园,促进全县学前教育多元发展,有效扩大学前教育资源,提升办园层次和水平。全县学前教育三年毛入园率81.5%(自治区定标准为80%)。

【义务教育】 2018年,海原县有序开展城乡学校布局调整,加快实施校舍安全、薄弱学校改造等工程,全面提升义务教育阶段学校办学条件,新开办了海原五中、海原七小,有效化解了县城学校56人以上“大班额”。合理配置教育资源,在基础设施建设、设备配置、教师配置等方面向农村义务教育学校倾斜,不断优化农村学校的育人环境和教育质量。深入开展城乡学校结对帮扶工作,实现城乡学校捆绑发展,不断缩小城乡、区域、学校之间的办学差距，整体提升义务教育发展水平，推进义务教育优质均衡发展。

【高中教育】 2018年，海原县加强与自治区内优质高中联合办学，选派优秀高中教师到甘肃会宁学习，邀请自治区教研室专家、六盘山高级中学和中卫中学名师和学科带头人开展高考研讨活动，提高骨干教师业务能力，提升教育教学水平。强化高考备考，分解细化教学质量提升指标及高考目标任务，强化模拟训练和心理辅导，提升考生学业水平和心理素质，高考成绩持续攀升。积极应对高考改革和高中课程改革，规划建设与之相适应的高中学校，提升普通高中办学质量。

【职业技术教育】 2018年，海原县在职业中学举办普通高考强化班，提升学生文化课学业水平，让职业中学优秀毕业生同普通高中学生一样，参加普通高考，提升职业中学办学吸引力。加强“双师型”教师队伍建设，聘请自治区内中高职院校名师和行业企业能工巧匠、专业技术人员到职业中学兼职任教。突出联合办学，深化海原县职业中学与福建省龙岩华侨职业中专学校、漳浦职业技术学校结对帮扶。深化校企合作，与北京商鲲教育控股集团等企业开展联合办学，整合企业与职业中学的人才和办学资源，把职业中学的实训车间办成企业技术研发中心、职工培训基地和职业中学学生实训基地。采取校校结合、校企结合、长短结合等模式，开展技能培训，面向初高中毕业生和农村富余劳动力，开展技能培训，把中等职业教育打造成高中阶段教育新的增长点，切实发挥职业教育在脱贫攻坚中的作用。

【特殊教育】 2018年，海原县委、县政府大力扶持和发展特殊教育，将特殊教育纳入基础教育发展的总体规划，做到了与基础教育其他工作同规划、同部署、同实施、同督导。在保障残疾学生同等享受农村义务教育营养改善计划、高中生及县城初中寄宿生加餐工程的基础上，县残联、县民政等单位通过多渠道争取资助项目，对随班就读残疾学生给予生活补助。同时各学校加强“控辍保学”工作力度，把工作重点放在随班就读残疾儿童少年上，切实保障了残疾孩子有学上的问题。全县有随班就读残疾学生592人，其中义务教育学校495人。共有8~14周岁三残儿童少年346人，入学322人（特教学校就读42人），入学率93.06%。

【德育及校园文化建设】 2018年，海原县教育工作坚持以法为基，依法办学，健全完善现代教育治理体系，不断提升依法治教水平和能力。1. 学校章程建设。进一步指导各学校建立完善学校章程，推进学校依章管理、民主管理进程。2. 规范办学行为。严格控制中小学生在校时间，切实减轻学生课业负担；全面落实校务、政务公开，增强工作透明度，依法保障广大教职工的知情权和参与权；加大对中小学乱收费、乱订教辅资料、乱补课的整治力度。3. 依法治教。深入开展“七五”普法，加快依法治校进程。加强师生法治教育，让法律进校园、进课堂，组织开展普法知识竞赛和演讲比赛，引导广大师生增强法律意识，提高依法治教能力。4. 校园文化建设。大力创建“书香校园”，坚持戏曲等传统文化和经典文学进校园，积极开展丰富多彩的寓教于文、寓教于乐的教育活动，使广大师生在求知、求美、求乐中受到启迪和教育，陶冶情操，形成良好的校风、教风和学风，促进学校内涵发展。5. 创建文明和谐校园。加大校园周边环境整治和学校安全设施建设力度,提高学校安全人防、物防、技防整体能力和水平。加强防火、防交通事故、防溺水、防灾害天气、防不法侵害等教育,切实提高学生安全意识和自救自护能力。进一步落实安全工作目标责任制,层层分解安全责任。完善校园安全风险防范排查机制,强化安全预警机制。进一步加大食品安全、消防、道路交通、隐患排查整改力度,实行事故责任追究,推进学校安全管理工作规范化建设。

【高等教育考试】 2018年,海原县高考报名3761人(海原一中1058人,海原回中665人,兴海中学390人,职业中学418人,社会零星1230人)。其中:文科1030人、理科2304人、高职分类考试427人。普通高考全县设3个考点,109个考场。其中文史类34个考场,考点设在海原回中;理工类75个考场,1~45考场设在海原一中,46~75考场设在海原三中。高校录取3385人,其中一本录取347人,二本录取432人,三本录取451人,高职专科录取2155人。

【高中学业考试】 2018年,海原县高中阶段招生考试报名总人数为6235人,共设4个考点,208个考场。海原一中考点有50个考场1500人,海原回中考点有60个考场1800人,海原二中考点有60个考场1800人,海原三中考点有38个考场1135人。普通高中学业水平考试报名人数4286人,物理、化学、生物三科实验测试4246人,政治、历史、地理、物理、化学、生物六科文化课考试选考2216人。

【教师队伍编制改革】 2018年,海原县坚持城乡学校同等对待,适当倾斜农村的原则,不断强化教师补充。2017年以来,新聘教师221名,招收免费师范生30名,为教师队伍补充新鲜血液,有效缓解全县教师数量不足和学科结构性矛盾。

【教师队伍管理】 2018年,海原县出台《海原县加强中小学校长队伍建设实施意见》《海原县加强中小学教师队伍建设实施意见》,为加强校长、教师两支队伍建设提供了依据和遵循。落实乡村教师支持计划,对在乡村工作的教师,落实农村教师补贴和乡镇工作人员补贴,在乡镇工作满15年和25年的教师,在中级职称和副高职称评审上不受职数限制,对其他农村教师在职称评审职数上适度增加,在评审条件上适当放宽。在县级表彰奖励上优先考虑农村教师,不断激发和坚定广大教职员工立足本职、扎根农村的激情和信心,优化农村教师队伍结构。

【校长教师培训】 2018年,海原县坚持"按需施训、有训必派、确保质量"的原则,落实国培计划,开展了教师全员网上培训。组织校长、教师到江苏盐城等自治区内外教育发达地区跟岗培训500余人次,组织学校管理人员、骨干教师赴甘肃会宁及宁夏银川、平罗、吴忠观摩、学习交流400余人次,与会宁县建立教育协作关系,不断强化教师师德修养,提升教师业务素质。在县委党校举办了3期教育系统学习贯彻中共十九大精神暨业务能力提升培训班,近600名学校管理人员和财务人员接受培训,提高了学校管理人员的管理能力和政策水平。

【激励机制】 2018年,海原县强化引才稳才力度,对师范类研究生到海原县任教且签订五年服务合同的,一次性给予5万元安家费;对国家级优秀教师、自治区级特级教师、自治区学科带头人、师范类研究生等高层次人才，一次性给予10万元补贴，并设立“英才楼”解决其住房，吸引高层次教育人才到海原服务。实施“三名”工程，加大对办学效益好、教育质量高的学校的扶持，加大对学术有造诣、管理有成效的校长和师德师风好、专业知识强的教师的培训培养，树立培养一批示范性名校、专家型名校长、学者型名教师，发挥龙头带动作用，带动全县教育整体发展。提高优秀教师待遇，为自治区、市、县级骨干教师每人每月分别发放200元、150元、100元补贴。教师节期间筹措资金近190万元对贡献突出的优秀校长、优秀教师进行了表彰奖励。

【学校安全】 2018年，海原县精心安排部署学校安全工作，与乡镇政府、派出所协调沟通，构建安全防范体系。同时，继续采取局领导包片、干部包点制度和学校校长包校、教师包班级制度，县教体局与学校、学校与教师和学生监护人层层签订了安全工作责任书，夯实安全工作责任，形成了全县326所学校，校校都有责任人的校园综治维稳工作格局。2018年，各学校累计制作宣传板报1600余幅，组织学生参观防溺水挂图展10万人次。在寒暑假和其他节假日期间，发放《致家长一封信》80余万份，县电视台播放《致家长一封信》达108天，发送手机安全短信40余万条，办公联络群发送信息150条，时时提醒需要学校、家长注意防范安全隐患。加强门卫管理，严格出入人员登记制度，责成11所学校更换了13个年龄较大的门卫，新聘任门卫39人。拆除校园内外小卖部等经营场所2处，清理校园门前摊点31家，整治校园内食堂5家，清理校园周边200米以内文化娱乐场所1家。进行学校安全管理规范化建设大督查，在全县各学校逐步推行安全管理规范化建设，海原一小、三河中心小学初步通过自治区教育厅初步验收。

【控辍保学】 2018年，海原县乡镇、部门、学校通力协作，合力攻坚，落实“依法控辍、行政控辍、扶贫控辍、质量控辍、情感控辍”措施，加大劝返力度，全县摸底排查出近三年辍学学生796人（小学112人，初中684人），已劝返学生795人（小学112人，初中683人）。

【教育惠民】 2018年，海原县严格落实学前教育“一免一补”、义务教育“两免一补”、高中贫困生免学费、大学生“离土”计划等政策，推进教育精准扶贫。资助学前儿童3764人（春季1912人，秋季1852人）；免除119147人次（春季59314人次、秋季59833人次）义务教育学杂费、教辅资料费和教材费，落实中小学寄宿生落实生活补助38311人次（春季18917人次，秋季19394人次）；资助普通高中生8300人次（春季4000人次，秋季4300人次）；免除中职学生学费3070人次（春季1234人次，秋季1836人次）；农村学校营养改善计划惠及学生约69387人次（春季34805人次，秋季34582人次）。为1618名建档立卡户大学生发放“离土”助学金809万元，利用燕宝助学金资助二本以上大学新生813人，办理生源地助学贷款9346人次。真正实现了不因贫困让一名学生失学的目标。

【项目工程】 2018年，海原县利用“农薄改造”、普通高中建设、教师周转房等项目，投资3.5亿万元，新建、改扩建海原回中、海原三小、兴海中学、关桥乡贺堡小学、七营镇高崖小学、高崖乡三分湾小学、三河镇苋麻村幼儿园等60余所中小学及幼儿园，新建、改扩建校舍面积12.6万平方米，硬化运动场5万平方米，全县学校面貌焕然一新。投资8418万元，为全县义务教育阶段学校采购单人课桌凳7330套、高低床1200套、教师备课计算机2915台，触控一体机375套，及学校餐厅设备等。装备云教室8个、理化生实验室12个、科学实验室4个、音乐教室6个、美术教室6个、综合实践活动室6个、智慧教室23个。投资758万元，为乡村学校教师周转宿舍采购电视机1058台、办公桌椅1058套、床1058张、沐浴电热水器1058台等；投资1035万元，为海原县职教中心采购汽车车身修复实训设备1批，装备智能图书馆1个、平安校园安防系统1套及舞台灯光室外亮化等；投资478万元，为乡村幼儿园购置室外滑梯等大型玩具、幼儿桌椅、桌面玩具、幼儿床及必要的办公设备。

【党建工作】 2018年，海原县贯彻党的教育方针，坚持正确的办学方向，以党建统领教育工作全局、引领改革，促进发展。一是加强基层组织建设。深入学习中共十九大精神和习近平新时代中国特色社会主义思想，扎实推进“两学一做”学习教育常态化制度化，以“五型机关”创建和基层组织规范化建设为抓手，大力开展党建及党风廉政建设双示范点创建工作，逐步形成“东西南北中”五条示范带，海原二中、海原一小成功创建“五星级基层党组织”。要求全体党员“工作标准上高于一般教师，教育行动上早于一般教师，自我监督上严于一般教师”，充分发挥党员教师示范引领作用，引导广大教职员工坚定“四个自信”，树牢“四个意识”。扎实推进师德师风建设，选树“师德师风标兵”，开展宣讲活动，营造良好的干事创业氛围。加强教师和学生党的思想政治教育，深入推进社会主义核心价值观进校园、进教室活动，培养师生爱国、爱党热情，并采取小手拉大手的形式，宣传党的惠民、富民政策，传递正能量。二是落实全面从严治党。进一步严肃党内政治生活，强化党内监督，落实主体责任，深入开展了违反中央八项规定精神突出问题专项治理活动，清退违规资金。加强行风建设，大力开展“师德师风建设年”活动，提高广大教职员工思想政治素质。坚持纠正“四风”永远在路上，积极开展“清风校园”创建活动，落实“五个不分管”制度，规范财务管理，坚持预算、决算和“三公经费”公开，加大对违纪违规行为查处力度，促进学校学风、教风、校风不断优化。

【教育督导】 2018年，海原县落实局领导包片、干部包校制度，包片包校人员深入一线，帮助解决学校管理、教育教学质量等突出问题。优化教育督导队伍结构，加强督学培训，提升督学专业水平。进一步完善责任督学工作机制，明确责任督学区域，创新教育督导工作方法，围绕推进义务教育均衡发展开展工作，对各学校课程开设、课堂教学情况、教学设备配备、各功能室布设、布置和使用等方面进行了督导，发挥责任督学的督导作用，掌握全县教育发展中存在的困难和问题，为全县教育事业又好又快发展提供决策依据，推动全县教育工作再上新台阶。

体 育

【概　况】 2018年，海原县千方百计争取项目，筹措资金32万元，为各社区、文化广场和学校改善体育设施设备，配齐体育器材，满足师生开展体育活动的需求，改善群众健身环境，体育健身中心即将建成投入使用。大力开展全民健身活动，落实体育课程，保证学生每天一小时的体育锻炼时间，提高学生身体素质。加强体育协会和活动站（点）管理，贯彻落实《全民健身条例》，促进全民健身活动有序开展。

【学校体育】　2018年1月1日，海原县体育中心组织全县中小学生冬季长跑比赛。4月23日至5月10日，组织开展全县初中毕业生综合素质测试。4月28—30日，组织举办全县教职工排球运动会。5月3—5日，组织召开全县中小学生田径运动会。6月上旬，组队参加了全区中学生篮球运动会，获得了第六名。

【社会体育】　2018年1—3月，海原县体育中心组织了首届海原县农民篮球争霸赛，并组队参加自治区、市组织的首届农民篮球赛，获得中卫市首届农民篮球赛第一名，自治区首届农民篮球赛第二名。5月22—23日，组织开展2018年海原县体育健康精准扶贫公益性活动。对全县18个乡镇和各行政村的文体专管员进行了为期2天的培训。6月20—24日，组队参加全区百城千村交流展示系列活动暨第四届宁夏健身气功站点联赛，获得集体项目二等奖3个、三等奖1个。9月12—13日，刘先明等5名运动员代表宁夏参加在秦皇岛举行的全国健身气功站点联赛半决赛，海原县八段锦和十二法获集体三等奖。积极备战自治区第十五届全运会，组织青少年组和群众组，共参加10个项目的比赛，下发海原县参加自治区第十五届全运会实施方案，完成报名、运动员信息录入和反兴奋剂等各项工作。

科学技术

综 述

【部门帮扶】 2018年，自治区科技厅继续在海原县关庄乡高台村、关桥乡方堡村开展定点帮扶工作，通过下派自治区科技厅驻村人员担任第一书记，在关庄乡高台村建立马铃薯科技示范基地、家禽养殖示范基地，利用河床浅水机井和集水进行微喷灌技术建立马铃薯和蔬菜示范基地50亩，引导当地农民充分利用已有的资源进行产业脱贫。同时培育乌鸡养殖专业合作社、生猪养殖示范户、有效解决高台村资金空白的问题，切实为高台村的脱贫带来了生机。在关桥乡方堡村，结合该村水资源比较充足为建档立卡户建设蔬菜生产大棚20座，提升当地秋冬季蔬菜生产的技术水平，通过聘请自治区、市、县专家现场为农民进行温室蔬菜种植技术和香水梨栽培管理技术培训和指导，引导当地农民集中种植蔬菜和香水梨，为脱贫工作奠定了基础。

【马铃薯品种选育】 2018年，海原县科技服务中心在关庄乡庙湾村引进马铃薯原原种10万粒，品种为青薯9号，为庙湾村128户贫困户解决种薯需求，为当地马铃薯品种选育困难，品种混杂等现象提供了很好的品质更新换代。马铃薯脱毒种薯平均单产达到1000公斤，为下一年马铃薯生产提供了优质种薯。同时还开展以产业扶贫为主的科技培训2场次，受训建档立卡户农民达158人次，每间隔2周通过干部结对帮扶，入户走访53户贫困户，帮助他们提高自身科技水平和技能，增强他们脱贫致富的信心和决心。

【科技扶贫指导员】 2018年，自治区科技厅选派的科技扶贫指导员44名，深入海原县13个乡镇44个深度贫困村，争取到自治区级科技扶贫指导员专项资金249万元，围绕当地特色产业发展需求，组织开展农民科技培训和先进适用技术的引进、示范和推广，开展农村信息服务，提升农民科技素质，培育致富带头人，促进农民增收致富。共引进示范和推广马铃薯、西甜瓜、玉米、小杂粮、蔬菜、牛、羊、鸡、猪、牧草等新品种26个，推广“测土配方施肥”和“旱作高效节水”“病虫害综合防控”“肉牛快速育肥”“羊病综合防治”等新技术42项，种植各类试验示范田3791亩，培养科技示范户270户。采取分散指导和集中培训的方式培训农民155场次，培训贫困村农民3039人次，发放马铃薯原原种29.2万粒，其他种子128.2吨，发放各类复合肥、有机肥

1540袋(70.6吨),发放农药310袋(0.767吨)、营养舔砖1821块,配套农机具2台。

【人才服务】 2018年,“三区”人才65人是从全县90名科技特派员中筛选出来的,全部具有双重身份,既是科技特派员,又是“三区”人才。结合自治区科技扶贫计划,65名“三区”人才与自治区下派科技扶贫指导员按照1.5∶1的比例,派驻到全县44个深度贫困村,“组团”开展科技扶贫工作。“三区”人才结合贫困村实际,按照“示范引导、帮扶脱贫”的工作思路,通过邀请自治区相关产业专家举办培训班和现场指导,引进新品种,推广新技术,开展新技术展示等多方位进行扶贫指导。根据当地科技需求,提供专业服务,发挥自身专业特长开展创新创业和精准帮扶,带动农民增收和民生改善,组织开展科技培训,为受援地培养本土科技人才。“三区”人才工作正在有序进行中,引进和示范推广马铃薯、西甜瓜、小茴香、玉米、蔬菜、香水梨、小杂粮、牛、羊、鸡、猪等新品种21个,推广“测土配方施肥”和“旱作高效节水”“病虫害综合防控”“肉牛羊快速育肥”“饲草调制”等新技术65项,种植各类试验示范田14178亩,培育科技示范户265户。采取分散指导和集中培训的方式培训农民129场次,培训农民5935人次。发放各类种子121吨,有机、复合肥300袋(26吨),农药5070袋(0.1吨),铡草机10台,营养舔砖120块,各类宣传资料3464本。起到了示范引导和带动作用,有力地推进了科技扶贫工作的顺利进行。

【科技特派员创业行动】 2018年,海原县科技特派员重点围绕海原县特色优势产业(马铃薯、草畜、硒砂瓜等)开展工作。发挥自身专业技术特长、经营才能,引导农民增收致富。2018年争取到自治区科技特派员创业行动专项6个,项目经费30万元,通过科技特派员示范引领,带动项目农户进行科学种植养殖。科技特派员已基本完成项目任务书中要求的建设内容,累计完成新品种引进15个,推广高效节水、肉牛养殖、饲草青贮、病虫害综合防控等技术10项,培育科技示范户50户,建立科技示范基地1050亩。通过科技特派员示范引领,带动农民进行科学种养、加工、销售,从而促进产业链条的不断延伸,提升了科技在农业产业发展中的支撑作用。

防震减灾

【概　况】 2018年,海原县地震局创新完成《海原大地震》连环画丛书首发活动,中国(海原)防震减灾科普科研教育基地项目前期申报、海原大地震电影前期相关工作正在有条不紊地进行。

【宣传工作】 2018年,海原县地震局积极开展《中华人民共和国防震减灾法》《宁夏回族自治区防震减灾条例》的宣传活动。深化防震减灾科普知识“八进”活动,营造全民参与防震减灾宣传氛围。围绕国家“5·12”防震减灾日时间节点,集中开展宣传活动。结合中小学生的特点及学校实际,以地震基本知识、自救互救知识、应急避险知识等为重点,开展形式多样的防震减灾宣传教育活动。

【工作部署】 2018年3月,海原县制订《纪念海原大地震100周年暨建设“中国(海原)防震减灾科普科研教育基地”推进计划》,海原县政府召开常务会议进行部署，并成立以县人大常委会主任为组长，县委常委、宣传部部长，县人大常委会副主任，副县长、县政协副主席为副组长的中国（海原）防震减灾科普科研教育基地推进工作领导小组，从全县部门抽调精兵强将细化工作，落实责任，全面安排部署基地建设工作。

【《海原大地震》连环画丛书】 2018年，《海原大地震》连环画丛书创编人员从年初开始奔赴甘肃省会宁县地震局、静宁县地震局、华亭县地震局、庄浪县地震局、通渭县地震局、靖远县地震局、平川区地震局和自治区原州区地震局、隆德县地震局、西吉县地震局、同心县地震局等走访、查阅资料，并深入乡村采访大地震幸存者及后裔口述灾难发生前后地震奇闻轶事和互助自救的感人故事。聘请北方民族大学美术学院、宁夏教育师范学院美术学院、大路美术基地、尚艺美术工作室的画家和老师到海原进行采风，并根据丛书内容进行绘画创作。5月12日《海原大地震》连环画丛书首发式在银川成功举办。邀请自治区内外省、市、县政府和地震部门的领导参加首发式，邀请中央电视台科教频道、新华社、《人民日报》、《经济日报》、《中国民族报》、《中国旅游报》、《科技日报》、《香港大公报》、《宁夏日报》、《甘肃日报》、《新消息报》、《中卫日报》、宁夏电视台、中卫电视台以及腾讯、百度等网络媒体对首发式进行了全面报道。

气象科技

【概　况】 2018年，全县平均气温为8.0℃，年总降水量为493.3毫米，年日照时数为2342.5小时。与历年平均值相比，气温偏高0.3℃，降水偏多134.3毫米，日照偏少360.1小时。年一日最大降水量为45.7毫米，出现在8月21日。年极端最高气温为31.5℃，出现在7月17日，比历史最高值偏低4.1℃；年极端最低气温为-20.2℃，出现在1月29日，比历史最低值偏高5.6℃。2018年度2月、3月、9月、10月降水偏少，其余各月均偏多；3月、4月、5月、6月、8月气温偏高，11月持平，其余各月均偏低；2月、3月、5月、10月日照偏多，其余各月均偏少。年内出现7次大风天气、5次扬沙天气、2次浮尘天气。

2018年度总体平均气温偏高，降水偏多，日照偏少，未出现重大灾害性天气。

【制度建设】 2018年，海原县气象局修订《海原县气象局重大气象灾害和重大气象服务应急预案》、《海原县气象灾害应急预案》（海政办发〔2018〕103号）。修订完善了《海原县气象灾害预警信号发布制度》《海原县气象灾害应急联络员制度（修订）》，制定了《海原县气象局气象灾害预警信息制作发布双人审核制度》。3月上旬，印发《海原县人工影响天气与气象灾害防御指挥部办公室关于做好政府部门气象灾害预警信息服务对象信息更新、备案的通知》（海气防办发〔2018〕1号），要求各单位、各部门、各相关企业重新核实并明确2018年气象灾害预警服务联络员、应急联系人、重点服务用户信息，确保气象预报预警服务信息发布、传播的及时性和有效性。

【灾害天气预防】 2018年，海原县气象局印发《海原县人工影响天气与气象灾害防御办公室关于加强近期寒潮、大风沙尘和霜冻天气应对防范工作的通知》(海气防办发〔2018〕2号)、《海原县人工影响天气与气象灾害防御办公室关于切实做好大风沙尘、降温、降水、霜冻天气防范应对工作的通知》(海气防办发〔2018〕3号),加强了灾害性天气的防范应对工作。

【气象知识宣传】 2018年,海原县气象局利用"3·23""5·12""6·16""9·25""12·4"等时间节点组织开展气象灾害防御知识宣传,让百姓更加了解气象灾害防御知识,增强防灾减灾意识和自救互救能力。通过电子屏、大喇叭、微博等每天3次滚动发布天气预报,每周通过电子屏和大喇叭发布1个气象防灾减灾科普知识及农用天气预报信息。

【预警平台建设】 2018年,海原县气象局完成辖区8个农田小气候站、8个土壤水分站、5套骨干站的建设,气象预报预警监测、发布网络进一步完善,气象服务工作稳步推进。已形成国家突发事件预警信息发布系统、预报预警短信平台、微博、QQ、微信群等发布渠道,同时预报预警信息可在第一时间发布至全县各部门、乡镇、行政村、学校、防汛责任人、地质灾害群测群防员、中小型水库防汛责任人联系电话、建设项目负责人、重点单位应急责任人、农业合作社负责人、家庭农场负责人、贫困户等手中。预警信息发布已100%覆盖各部门、乡镇、行政村。

【气象服务】 2018年,海原县气象局编写各类气象服务材料242期,其中气象信息专报63期、农用天气预报73期、林火监测服务专报102期、马铃薯专题预报4期;发布各类预警信号146次,其中地质灾害预警信息6条、山洪预警信息4条;短信平台发布预警信息230余条,累计涉及115万人次,电话服务累计400次(单位);并利用电视、电子屏、大喇叭、手机短信、书面报告等多种形式提供公益气象服务。

【人工增雨(雪)】 2018年,海原县气象局制订《2018年海原县人工影响天气工作计划》,保证人工影响天气作业安全有效开展。在县电视台播放《人工影响天气作业公告》,并下发各乡镇进行张贴、宣传。制定完善了人工影响天气作业制度,岗位责任制度,设备、弹药登记档案,与各作业点所在乡镇联系签订人影安全责任书。3—5月,完成县域内火箭架年检、高炮巡检。5月中旬,组织作业人员参加了由市气象局组织的集中培训。2月20—21日大范围降雪、4月11—13日首场透雨等天气过程中,各作业点积极申请开展作业,有效增加各地降水量,为春播工作的开展及生态植被的恢复发挥了积极作用。2018年人影作业待命70次,增雨消雹作业61点次,发射人工增雨火箭弹160枚,为海原县经济社会发展作出了积极的贡献。

【精准扶贫】 2018年,海原县气象局制定《海原县气象2018年助推脱贫攻坚行动工作方案》《海原县气象局2018年脱贫攻坚任务清单》,将责任落实到人。以气象科技扶贫为助推,及时开展气象防灾减灾、气象为农服务信息等服务,每月对县域气候概况进行分析,提出意见建议,指导农户开展农事活动,有效减少因灾致贫、因灾返贫等现象。调派驻村工作队队员一名,制订了帮扶计划。驻村工作队员根据村委会实际,驻村队员及时联系局内为扶贫点捐赠打印机、制作路牌等。在气象日、防灾减灾日等节点,下发气象科普宣传资料400余份,使村民树立防火减灾意识。9月主题党日活动以“结对帮扶”为主题,海原县气象局主要负责人带领党员干部到郑旗乡老鸦村,开展了扶贫慰问活动。

【安全生产】 2018年,海原县气象局成立以主要负责人为组长的安全生产领导小组。制定了“党政同责、一岗双责、失职追责”的管理体系。主汛期前,联合市气象局法规科对全县易燃易爆场所防雷安全工作开展全面检查,共开展检查4次。与各人影作业点签订了安全生产责任书。修改完善了安全生产工作责任制度和方案。不定期召开安全生产会议。不定期对业务系统、网络运行、门卫、食堂、车辆等进行检查。制定了《海原县气象局开展“安全生产月”和安全生产万里行活动实施方案》,在安全生产月期间,开展了气象科普和防灾减灾宣传工作。联合县安全生产监督管理局对全县易燃易爆场所、危化企业防雷安全生产工作进行常规检查2次,检查单位14家。

【气象宣传】 2018年,海原县气象局先后利用“世界气象日”“防灾减灾日”“法制宣传日”等宣传日,宣传发放《中华人民共和国气象法》《宁夏回族自治区气象条例》《宁夏回族自治区气象灾害防御条例》《宁夏回族自治区雷电减灾管理办法》等气象法律法规及防雷小知识等宣传材料。

文化旅游

文化服务

【公共文化服务】 2018年,海原县深入贯彻落实自治区公共文化服务建设提升年工作要求,进一步加快文化服务基础设施建设。海原县文化馆项目已开工建设。投入资金450余万元,为全县16个乡镇文化站、150个村综合文化服务中心、部分文化大院采购文化和图书设备器材。同时为保证乡镇文化站、村文化服务中心服务更加规范、有效,成立由县委、县政府分管领导为组长的全县乡镇文化站、村文化服务中心运行情况督查领导小组,组织开展多次乡村文化站(中心)整改检查以及现场促评活动,乡村文化阵地管理使用进一步规范,使用率达100%。

【基层公共文化队伍建设】 2018年,海原县成功举办2018年公共文化服务能力提升培训班,对乡镇分管文化工作乡镇长、综合文化站站长、村综合文化服务中心专管员、文化志愿者共200余名人员进行设备使用、服务内容等业务知识和文化服务相关政策的培训。同时,组织50余人参加自治区非遗传承人培训班、吴忠市青少年校外活动中心培训班、自治区文化馆长及数字文化骨干培训班、"三区"人才舞蹈骨干培训班和自治区级非物质文化遗产代表性传承人、自治区非遗专干培训班以及旅游、文化执法等专项培训,进一步提高了基层专业人员的综合业务素质。

【群众文化活动】 2018年,海原县成功举办迎新春"百姓大舞台"才艺大赛、海原县2018年百姓春节联欢晚会、海原县元宵节社火巡展演活动、海原县首届"中国农民丰收节"暨第五届广场舞大赛、2018年海原县"不忘初心、牢记使命"暨社会主义核心价值观主题元宵节灯谜晚会、庆祝自治区成立60周年大庆等重大节庆文化活动。完成广场演出28场次;送戏下乡演出100场次,完成任务的100%;农村数字电影放映2390余场次,完成任务的101%。

【图书阅读服务活动】 2018年,海原县到图书馆的读者有9.1万人,持证读者5000人,读者外借人次3.97万人次,图书外借册次26228册次。累计发放数字图书馆推广工程读者卡5000张,方便读者阅读数字资源;在高崖乡、三河镇、李旺镇文化站和海城街道办利用农闲时间举办农业科普知识培训、党员远程教育、形式多样的读书演讲(诵读)活动,参与人数达3000余人次。成功举办"书香海原·全民阅读""迎新春·送春联"文化惠民活动,免费为群众书写春联3000多副。组织开展“4·23”世界读书日活动,活动现场举行了阅读宣传推介、“你选书、我买单”免费送书活动,共发放宣传材料3500份、宣传手提袋500个、图书、期刊1500册。组织完成全县第三届“书香之村(社区)”第四届“书香之家”推荐评选表彰工作。组织开展送图书“七进”活动。为海原县委、县政府、海原三中、三河镇六窑村、史店乡大川和前川村小学、高崖乡九年一贯制小学,海喇都广场群众,分8次送去图书5998册。为全县18个乡镇文化站、158家村级文化服务中心、8个社区、16个流动图书室总共配发图书88200册。全面推进公共文化服务场所免费开发工作,县文化馆、县图书馆、乡镇文化站、村文化服务中心全部免费开放。举办寒暑假少儿艺术培训班,培训学员260名。

【文化交流】 2018年,海原县积极参加“欢乐中卫”全市群众文艺会演、宁夏文化艺术节暨第十六届中国西部民歌(花儿)歌会、中卫市花儿传唱大赛及花儿歌会等自治区、市文化交流演出活动。

【文化下乡】 2018年,海原县将“送文化”变为“种文化”。结合“三区”人才培训开展的“菜单式”文化下乡服务,为全县18个乡镇综合文化站、150个村综合文化服务中心、224个农民文化大院、文化户、农村业余文艺团队的4000多名群众做到“手把手”地“言传身教”。

【非遗宣传与传承活动】 2018年,海原县举办举办全国第十三个“文化和自然遗产日”系列宣传展示活动。发放光盘3000余张,发放宣传材料3000余份。成功举办了宁夏首届花儿故乡——海原民歌“花儿”学术研讨会。开展戏曲进校园活动20余场,非遗文化传承点传承实现常年开展活动,培训刺绣剪纸技能人员440人。

【文化市场监管】 2018年,海原县在建设三河镇、三河镇六窑村、富陵村3个“扫黄打非”基层示范点的同时,年底完成7个乡镇和39个村“扫黄打非”基层站点规范化标准化建设,确保村(社区)站点规范化标准化建设覆盖率达到20%。对全县印刷行业进行集中整顿,促其合法经营。在整顿的过程中,对印刷制度落实不够到位的6家打字复印店下发了整改通知书,使海原县印刷行业经营秩序进一步得到有效规范。4—6月,集中开展派发“绿书签”集中宣传活动。全年文化市场综合执法大队共出动执法人员1015人次,检查各类文化娱乐场所3045家次,行政立案5宗,行政处罚关停3家,行政罚没款6500元,行政执法各项指标数据居中卫市前列。举办全县文化经营业主和管理人员培训班,签订责任书,增强了经营人员的法制观念。

【文化体制改革】 2018年,海原县完成文工团转企改制、图书馆文化馆总分馆制改革2个示范点建设、电视台改革创新等改革任务,全县18个乡镇文化站“公建民营公助”模式推广工作全部完成。

【文艺创作】 2018年,海原县创作编排完成庆祝自治区成立60周年花儿歌舞剧《花香新时代》和花儿剧《丝路情》等一批优秀剧(节)目22个,有序开展城乡文化互动,乡村文化活动有序推进。

文物管理

【概　况】 2018年年底,海原县文物管理所有编制5名，在编3名，其中领导职数1名(副科)，专业技术人员2名。机构设置在县宣传文化中心四楼。8月，宣传文化中心大楼因城市建设拆除，文物管理所迁至建设路原海原回中院内三楼。

【文物管理】 2018年，海原县文物管理所完成金佛沟石窟、天都山石窟的文字卷、图纸卷、照片卷、调查资料卷等卷本的档案“四有”建设。共检查全国重点文物保护单位3处、自治区文物保护单位及县文物保护单位71处，抽查一般文物遗址93处，检查文物藏品管理单位3家、社会团体6家。组织人员对单位文物藏品进行了细致的清理核查，完成藏品300件纸质档案的提取装订工作。

【古墓葬发掘】 3月5—6日，李旺镇杨堡行政村马家湾自然村村民在平整农田时发现古墓1座，海原县文物管理所及时向自治区文物局电话汇报墓葬暴露情况，在自治区考古研究所田野考古发掘工作专家的指导和参与下对墓葬进行了抢救性清理。因墓葬早期被盗，未清理出任何遗物。墓葬为海原县在清水河中游河套冲积台地上首次发现的唐代墓葬，其墓葬形制、葬式对研究唐代清水河流域的人类生活、葬式及自然环境有一定的历史参考价值。

【古墓葬迁移】 3月26日至4月15日，海原县文物管理所配合海原城市建设，安全有序地做好海城镇西湖社区周台清代周氏家族墓葬的迁移工作，与银川惠晟博钻探咨询服务有限公司固原分公司联合对墓葬进行了钻探和迁移清理发掘。共布探方9个，清理墓葬9座。墓葬清理发掘按照《田野考古工作规程》及相关条例做好文字记录、图片绘制、照片拍摄、出土器物造册登记等各项数据信息的采集。此次发掘出土黑釉瓷罐、酱釉瓷罐、铜帽饰、发箍、金耳环、银指环、提梁锡壶、瓷酒盅、铜烟锅、陶狮烛台、清钱币等各类陪葬器物30件(套)。

【文物保护宣传】 2018年，为着力提升社会民众对文化遗产的保护意识，做好元旦、春节及全国“两会”期间的文物安全工作，根据自治区文物局的通知精神、县文广局的总体安排，海原县文物管理所认真组织，周密安排，自1月下旬至2月中旬，在全县进行内容丰富、形式多样、注重实效的文物保护宣传工作，做到文物宣传进乡镇、进村庄、进农家。6月9—12日，先后在县城海喇都广场和西安镇、甘盐池等乡镇隆重进行了第十三个“文化和自然遗产日”宣传活动。活动期间，制作宣传文字、图片展板共28面。租用电子屏幕宣传车在县城主要街道巡回宣传。在县城、西安镇等乡镇悬挂宣传横幅，散发文物特刊报纸、文物保护法宣传单、文物法律法规宣传手册4000余份及宣传品300余件，在甘盐池中心小学进行了宣传进校园活动。

【文物安全检查】 2018年，根据自治区文物局《关于转发〈国家文物局关于明查暗访文物单位消防安全工作情况的通报〉的通报》(宁文物发〔2018〕18号)精神，为加强全县文物火灾防控、消除文物破坏因素，海原县对分布在田野的各级文物保护单位和一般不可移动文物，县地震博物馆、县档案局等文物收藏管理单位及社会团体的文物消防安全情况、文物破坏情况进行了全面检查。通过认真排查，全县文物安全总体上形势较好，未发生火灾和人为性破坏情况。对个别文物使用管理单位的消防安全不到位、疏于安全防范进行了督促整改。安全检查中，共检查全国重点文物保护单位3处、自治区文物保护单位及县文物保护单位71处，抽查一般文物遗址93处，检查文物藏品管理单位3家、社会团体6家。

【文物保护工程建设】 2018年，海原县文物管理所对全县各级文物保护单位和一般不可移动文物进行安全保护设施建设，对70余处各级文物保护单位和一般文物共设立保护界桩1200根。完成自治区文物保护单位撒台城址1650米钢丝围栏的工程建设。完成明长城单体建筑青湾2号敌台抢救加固维修工程建设。完成九百户清真寺抢救保护维修工程及环境整治。七营北嘴城址和柳州城址的基础设施建设方案已通过自治区和国家文物局的审定，按程序送报自治区住建厅批复，并报送市人民政府提请自治区人民政府批复。对明长城唐坡段落及单体建筑甘盐池城址等设立安全保护警示牌10块。文物"四有"建设完成金佛沟石窟、天都山石窟的文字卷、图纸卷、照片卷、调查资料卷等卷本的档案建设。

【文物藏品清理核查】 2018年，海原县文物管理所根据中卫市委宣传部《关于在全市宣传文化单位开展藏品清理核查工作的通知》精神，及时组织人员对单位文物藏品进行了细致的清理核查，于6月下旬，完成文物藏品实物清点、藏品目录编制、藏品登记系统录入、纳入固定资产账目登记等工作，共完成藏品300件纸质档案的提取装订工作。

【文物搬迁】 8月中旬至9月上旬，因城市建设，县影剧院和宣传文化中心大楼需拆除，海原县文物管理所对文物藏品按号码顺序集中装箱，装箱藏品搬迁至县城建设路"海原县非物质文化传承孵化基地（原海原县回民中学）"院内三楼，对存放文物的房间安装了防盗门窗及电子监控追踪防盗设备。

新闻传媒

【新闻报道】 2018年，海原县电视台共编播《海原新闻》1520条，围绕全县重点工作、重要会议、重大项目工程建设，先后开设了《新春走基层》《人大代表政协委员风采》《两会专题报道》《扶贫在行动 巾帼展风采》《2018·我们在落实》《我奋斗 我幸福》《新时代 新气象 新作为》《中国梦·劳动美》《为了民族复兴 英雄烈士谱》《文化旅游节系列活动》《中国农民丰收节》《辉煌六十年见证新发展》《安全在行动》等宣传专栏，围绕新春各项活动、扶贫攻坚、文化旅游节系列活动及庆祝自治区成立60周年等开展深度报道和系列报道。

【扶贫开发宣传】 2018年，海原县电视台以扶贫攻坚和乡村振兴发展内容为主，多层次、多形式广泛宣传党和政府的扶贫开发方针政策，充分利用电视新闻、专题栏目、网络等媒体，总结扶贫开发经验，展示扶贫开发成果，积极宣传扶贫开发典型，宣传帮扶典范、扶贫人、脱贫人、重点行动、产业扶贫、社会扶贫、专项扶贫和乡村振兴发展等先进典型和社会效应，充分展现广大群众勤劳致富、撸起袖子实干苦干脱贫致富奔小康的精神风貌，营造全社会关注、关心、支持扶贫开发的氛围。

【主题宣传】 3月开始，海原县电视台集中开展弘扬新时代奋斗精神主题宣传报道，在《海原新闻》节目中开设《我奋斗 我幸福》《新时代 新气象 新作为》《中国梦 劳动美》宣传专栏，组织县电话台记者深入海原县各乡镇、各部门和各行各业进行采访报道，从多领域、多侧面挖掘典型案例，多视角、多形式讲述奋斗故事，全面持续做好宣传报道。全体编辑记者充分发扬“走、转、改”精神，在讲故事、挖细节上花心思，在时、度、效上下功夫。通过电视节目、海原TV微信公众号平台、海原电视台新闻客户端进行同步转发推送，倾情呈现新时代的万千气象，令人感受到了中共十九大以来的扑面新风，感受到了海原县干部群众创造美好生活的热情干劲，也对外传递出了海原新时代的气息和民生温度。按照自治区党委宣传部《关于做好捍卫英雄烈士形象主题宣传报道的通知》，海原县电视台开设了《为了民族复兴 英雄烈士谱》专栏，每天推出一名(组)英烈人物，充分利用电视、微信、新闻客户端等媒体，大力弘扬传承英烈人物勇于献身、爱国奋斗的伟大精神。为充分展现海原独特的乡村旅游资源，8—10月，海原县电视台配合全县乡村旅游活动，以“绿色生态、民族风情、清凉避暑”为主题，先后推出《文化旅游节促乡村振兴》《清秋梯田美如画》《田拐河道越野挑战赛上演速度与激情》《农民篮球赛演绎美丽田拐》等系列报道。在自治区成立60周年期间，海原县电视台推出《辉煌六十年 见证新发展》系列报道，组织记者深入海原县各行各业采访，先后采写《托起明天的太阳》《兴水利民润厚土 人水和谐促发展》《发展生态经济 推动绿色富民》《守住绿水青山 打造生态海原》《推进医疗改革 铺就健康之路》等15篇报道。

【专题报道】 2018年，海原县电视台共制作完成各类专题片、纪实汇报片、宣传片4部。先后拍摄制作完成了全国基层政务公开规范县专题片《推行政务公开 打造阳光海原》，郑旗乡吴湾村专题片《罗忠诚的家国梦》，文广局文化服务惠民专题片《文化劲风吹和谐》；制作完成河长制河道治理专题PPT；开设“扶贫一线”专栏，先后制作播出史店乡田拐村扶贫纪实专题片《党建发力 汇聚力量拔穷根》《科技致富的带头人》《深山党旗红》《牛起来的脱贫路》等扶贫开发专题片；在《科技苑》栏目制作播出了马铃薯科学种植、西门达尔肉牛育肥养殖、及有关春耕生产的农业科技类节目14期。录制电视问政短片6个，县文广局广场舞大赛、县人事劳动局招聘会、教师招聘会等3个专场。

【微信公众平台】 2018年，海原县电视台微信公众号升级改版后的栏目包括国内头条、海原新闻、脱贫一线、清廉海原、微党课、文明新风、健康养生、生活视角、乡村科技、安全生产、荐读、经典歌曲等版块。“海原TV”微信公众平台共播发各类新闻1420条，推送健康养生132条，推送今日头条新闻180条。“海原TV”有固定粉丝1.8万人，累计点击量超过百万人次。

【海原手机台(手机App)】 10月22日，海原手机台正式上线，手机台与海原电视台官方微信公众平台、海原电视台门户网站同步运行，为宣传海原、推介海原增添了一个新的平台。“海原手机台”是海原电视台阿里云平台最新搭建的海原电视台新闻客户端(手机App)，是掌握海原动态、关注海原新闻资讯的新媒体平台。新闻客户端内设海原新闻、新闻回看、扶贫行动、公示公告、海原旅游、乡镇风采、部门动态、电视直播等多个版块。通过手机下载安装“海原手机台”App，就可以收看中央媒体、各省卫视、海原电视台的电视节目。各部门、各乡镇可以通过“海原手机台”发布最新消息，利用手机台的互动功能，进行民意调查、投票、报名等各项活动。同时，“海原手机台”将《海原新闻》进行逐条、即时推送，广大群众还可以单条进行分享，并通过点击手机台线索端口进行留言，提供新闻线索等，为上情下达、下情上达建立了便捷方便的通道。为方便受众下载安装，“海原手机台”已完成工信部、公安部备案，并在华为、OPPO、VIVO、腾讯、百度等主流应用市场上架。

【电视台门户网站】 2018年，原广播电视台门户网站已完成前期设计、栏目分类、版块布局规划等，进入试运行阶段。主要设置了时政新闻、文化、教育、扶贫、科技、文明新风、健康、法制、专题等版块。

【电视剧场及广告】 2018年，海原县电视台共播放各类电视剧75部、电影180余部、公益广告87条，播发县委、县政府公告、通告40个，各类标语170多条，游播广告270余条。

【激励机制建设】 2018年，海原县电视台通过设立《海原县广播电视台绩效管理办法》《海原县广播电视台岗位量化考核办法》《海原电视台大型活动绩效考核（试行）办法》《海原县电视台工作落实责任追究制度》《海原县广播电视台经济创收奖励管理办法》《海原县广播电视台月度好稿评选办法》《海原电视台外宣奖》等一系列激励政策，重奖在宣传工作中业绩突出者、新闻方面工作认真、业务能力强和大型活动、主题报道的“有功之臣”。

【新闻策划】 2018年，海原县电视台围绕县委、县政府工作大局，狠抓了台编委会主题策划，各栏目组的周策划和采编人员的动态策划三级策划机制，切实做到新闻宣传每月有重点，每天有亮点。2018年以来，围绕县委、县政府中心工作，组织策划了一系列主题宣传战役，高标准高要求地完成了中共十九大精神宣传、国务院总理李克强《政府工作报告》解读、全县扶贫攻坚解读、自治区及市“两会”精神、扶贫攻坚等重大宣传报道任务，为经济社会发展营造了良好的舆论氛围。

【典型报道】 2018年，海原县电视台先后开展道德模范、创业青年、寻找最美乡村医生、最美村支书、最美护士等系列典型人物报道。开办有《人大代表政协委员风采》《扶贫在行动巾帼展风采》《2018·我们在落实》《我奋斗我幸福》《奋斗的青春》等系列报道，先后宣传典型人物19个。

【新闻宣传】 2018年，海原县电视台利用天天快报、腾讯新闻、QQ浏览器、QQ看点，多渠道、多路径推送海原新闻，阅读量208.6万次，同比增长180%。手机公众号2017年以来增加用户数4000多人，阅读播放量234.2万人次，同比增长210%。5月11日，海原电视台视频新闻首次成功登顶腾讯视频新闻头条。海原电视台已覆盖全国的33个省、自治区、直辖市（除香港外），有效提高了海原的知名度。

【安全播出】 2018年，海原县电视台修订完善《安全播出应急预案》，健全《安全播出值班制度》《值机员管理制度》《机房设备保养检修制度》《设备使用管理制度》《机房管理规定》等一系列安全播出制度，加强日常防范值守、巡查维护和应急演练，强化人员技术培训，提高应急处置能力。对播出系统、有线前端机房、前端机房供配电线路进行深入细致检查，检查梳理设备和线路，粘贴醒目标签，便于及时查找原因，解决出现的问题，确保安全播出万无一失。

【宁夏广播电视网络有限公司海原分公司】 2018年，海原分公司总收入为89.5万元，完成目标的40.13%；主营业收入为73万元，完成目标的76.84%；多元化收入为10.73万元，完成目标的9.17%；续费率完成30%。新增用户298户、高清宽带用户2162户。预计到12月31日总收入为100万元左右，完成率为40.36%。完成海原县育才、文昌等9个小区FTTH光纤入户改造工程，覆盖用户9830户。截至11月30日，海原分公司累计完成18个乡镇130个行政村及自然村的光缆通达建设任务，完成机房装修14间，完成省道202的下线引接任务。

史志编纂

【地方志编纂】 2018年，海原县地方志办公室完成《海原年鉴(2017)》出版发行任务。年初，启动《海原年鉴(2018)》的编写工作，在全县各单位、各乡镇的积极配合下，年鉴资料征集工作顺利进行，已进入总纂阶段。圆满完成《中卫市志》海原资料编写工作，启动海原县村镇志编写工作。及时完成自治区、市年鉴海原资料的编写上报工作。

【地情图书编写】 2018年，海原县地方志办公室完成《海原红色记忆》一书的出版发行。该书被列为海原县为自治区成立六十周年献礼书籍。启动《海原史话》(连环画)编写工作。《海原史话》(连环画)文字稿编纂工作已经基本完成。启动《海原县革命老区发展史》编写工作。

【地方志宣传日活动】 在2018年5月18日地方志宣传日之际，海原县地方志办公室创新思路，在曹洼乡脱烈村开展了一次以“讲好海原故事，传承优秀文化”为主题的“地方志文化进乡村”活动，向脱烈村社区赠送史志、科普类书籍22种400余册，并在《中卫日报》、海原电视台及网络媒体进行宣传报道。

【党史研究】 2018年，党史研究课题成果《关桥堡会议在中共党史中的重要历史意义》一文在先后北《宁夏史志》《中卫日报》《宁夏师范学院学报》刊载，在党史研究中首次提出“红军长征三军会师关桥堡”的新观点。在全县开展“海原红色故事”征文活动，征集到红色故事文章30余篇，对挖掘整理海原红色文化起到了积极推动作用。

旅游产业

【旅游基础设施建设】 2018年，海原县实施天都山景区基础设施建设工程，进一步完善旅游基础设施，切实增强景区服务带动功能。景区游步道项目已竣工，完成投资120万元，投资260万元的景区游客服务中心正在进行建设用地审批。按照要求完成了县域各景区、重点道路、乡村旅游点等旅游导识系统建设19处。

【乡村旅游】 2018年，海原建成李俊乡旅游小镇，积极开展贾塘黄坪等旅游接待点和旅游扶贫村建设，打造九彩乡九彩村“民俗文化村”、史店田拐“特色林区”、红羊休闲农业“七彩梯田”观赏等各具特色的旅游乡村。

【休闲农业示范创建】 2018年，海原县发展

"农业+休闲+旅游+生态"扶贫生态休闲农业，强化农事体验，不断拓展农业多功能多业态，带动贫困户致富。建成小杂粮"七彩梯田"休闲观光示范园区1个，推荐自治区级休闲农业示范点建设项目2家，累计达到5家。

【文旅融合】 2018年，海原县完成"海原回绣"地理商标注册；举办"文化旅游+"系列活动、海原县乡村（史店田拐）文化旅游节、首届农民丰收节暨第五届广场舞大赛等文化旅游节事活动3次，群众发展旅游产业增加收入观念进一步转变；与中央媒体合作完成《中国影像志——海原篇》《神秘的西夏》《民族影像——海原》等系列宣传片，为《旅游客》《宁夏羊皮书》《知行宁夏——中卫》等旅游书籍组稿和拍送图片，宣传营销海原的旅游产品，策划编制完成《旅游海原》招商宣传手册等工作。组织刺绣剪纸企业参加"第十四届中国（深圳）国际文化产业博览交易会"、2018中国宁夏（沙坡头）第九届丝绸之路大漠黄河国际旅游节、陕甘宁（固原）刺绣剪纸展等旅游产品展示活动，促进文化交流，提升海原剪纸刺绣知名度，不断开拓销售市场。

卫生健康

综　述

【概　况】 2018年，县、乡、村三级有卫生计生服务机构294家，其中：县城医疗卫计机构5家，乡镇卫生院19家（撤乡并镇后保留卫生院2家），社区卫生服务站2家，村卫生室268家。县乡两级医疗卫计机构共核定事业编制1092个、备案管理编制483个。县、乡两级有在编专业技术人员929人。其中：按职称分，正高31人，副高175人，中级135人，初级309人，未定级279人；按学历分，在读博士1人、博士研究生2人，硕士研究生2人，本科478人，专科370人，中专及以下76人；按年龄分，35岁及以下有451人，36~45岁有224人，46~54岁有214人，55岁以上有40人。

【医疗阵地建设】 2018年，海原县初步建立了以4家自治区级医疗机构、3家市级医疗机构对口帮扶海原县2家县级医疗机构帮扶机制。建立了以宁南医院和县人民医院、县中医医院为中心，覆盖全县10个乡镇183个村卫生室的医疗共同体，通过盘活人力资源，下沉常见病，降低看病就医费用，规范基层卫生院诊疗行为，帮助乡镇卫生院开展了5项新业务，建立了糖尿病、针灸科等8个专科联盟，乡镇卫生院住院病人同比增加了10.2%，门诊病人同比增加了23.5%。

【取消药品加成】 2018年，全面落实取消县级公立医院药品加成政策，实施药品“零差率”销售，年让利群众600余万元，有效减轻了群众就医负担。建立公立医院补偿新机制，对县域公立医院进行二次调价，县人民医院价格实际补偿率为79.74%，县中医医院价格实际补偿率为74.35%，实际补偿率达到自治区、市规定70%的目标要求。

【人事工作】 2018年，建立了公立医院人事编制管理新制度，按照床位与人员1:1.4的比例核定人员总量（总量1008人，编制数573人，备案数435人）。招聘全科医生特设岗8名，招录专业技术人员25名，各卫计单位在县财政支持下备案自住招聘各类卫生技术人员545人，有效缓解了基层医护人员短缺问题。全县执业医师总数为507人，每千人拥有执业医师1.27人，总床位数为1503张，每千人拥有床位数为3.76张。

【薪酬制度改革】 2018年，逐步规范绩效收入分配制度，按照直接工作量（主要是科室执行的工作量，包括本科开单本科执行的工作量，其他科室开单本科执行工作量）和间接工作量(门诊、住院判读,书写病例,首诊、会诊)等方式进行的信息化绩效分配机制,设置了临床、医技、医辅、行政四类核算单元,提取医疗收入20%用于职工奖励性绩效工资发放,充分调动医务人员的工作积极性。

【分级诊疗】 2018年,依托"对口帮扶"及"医共体",通过实施学科、专业、人员"三对口"帮扶机制,2家县级公立医院的普外科、儿科、针灸科、肛肠科获全区重点专科建设项目单位,糖尿病科、肝胆外科获全市重点专科建设项目单位。李旺、海城、树台乡卫生院通过"国家级满意乡镇卫生院"验收。同时,建立了"上级检查、基层用药"机制,将二级医疗机构基本药物目录和150种非基本药物目录全部下沉乡、村两级使用,方便高血压、糖尿病等慢病患者及部分常见病、多发病和妇科疾病在基层医疗机构诊疗用药治疗,有效促进分级诊疗、双向转诊工作的落实,实现了90%门诊病人首选乡村两级医疗机构就医,90%住院病人留在县内就医,基层医疗机构门急诊人次占比达到39.65%。

【按病种付费】 2018年,印发了《关于推进按病种收付费工作的通知》,全面推进按病种付费制度,科学确定66个临床路径,把治疗效果明确的常见病、多发病和慢性病作为首次按病种收付费的病种,逐步建立起门诊按人头付费,住院按病种,按床日付费相结合,适应不同人群、不同疾病及医疗服务特点的复合型支付方式。县人民医院按病种收费发生病例1566例,较2017年同期增长47.35%;中医医院按病种收费发生病例1050例,较2017年同期增长72.1%。

【医疗服务价格改革】 2018年,县级公立医院以调整诊察费和护理费等技术、劳务收费项目为重点进行了二次调价,其中,县人民医院调整20项,调整幅度为7.24%,中医院调整23项,调整幅度为7.23%,逐步建立以成本和收入结构变化为基础的价格动态调整机制。2018年1—8月份,海原县医疗费用增幅为10.9%,较2017年增幅下降10.2%,公立医院医疗服务收入占比31.8%。

【家庭医生】 2018年,建立家庭医生签约平台,组建家庭医生服务团队139个,发挥"打包签约"优势,丰富和规范签约服务内容,通过合理分配签约服务费,调动家庭医生的主动性。全县一般人群、重点人群、贫困人群的签约覆盖率分别达到35.19%、60.23%、100%。

【先诊疗后付费】 2018年,县域内各医疗机构制定公示"先诊疗、后付费"流程,27家定点医疗机构设置了"一站式"服务窗口,全部实施"一站式"结算服务,极大地方便了患者就医。

【社会办医】 2018年,根据自治区人民政府办公厅关于转发自治区发展改革委、自治区卫生厅等部门《关于进一步鼓励引导社会资本举办医疗机构意见的通知》精神,制定印发了《支持社会力量提供多层次多样化医疗服务的实施意见》,对中医诊所,养老机构内设诊所实行备案制,备案管理中医诊所2家,备案养老机构内设医务室1家。按照"非禁即入"原则,新审批个体诊所6家,招商引资社会化办医2家,正在进行对接洽谈,进一步优化了医疗供给结构,满足人民群众日益增长的多层次多元化医疗服务需求。

【远程会诊系统全覆盖】 2018年,县人民医院建立了"远程影像、远程心电、远程会诊"三大中心,投入70万元为县医院、县中医院配备人力资源信息系统，进入数据分析阶段；人民医院正在对接安装自助挂号、自助缴费系统，力争在年底全面投入使用，通过自助挂号缴费，进一步简化患者就诊流程，缩短了患者就诊时间。同时，对全县DR或CR和心电远程完成接入工作，实现了县人民医院与各乡镇卫生院远程会诊系统互联互通，利用现代化信息技术为基层医疗机构确诊疑难病症、提供诊疗指导。三级医院帮助海原县开展病例讨论36份，上传心电资料268份，上传影像资料129份。县级医院帮助乡镇卫生院开展病例讨论11份，上传心电资料150份，上传影像资料316份。

【中医药传承】 2018年，在11家乡镇卫生院打造中医科，开设了中药房和康复室，全县80%以上的乡镇卫生院、65%以上的村卫生室能提供常规的中医适宜技术服务。县中医院在添置设备，加强治未病中心建设的同时，建立住院病人回访机制，促进了中医药的全面协调发展。

【互联网+医疗健康】 2018年，开通启用了“全区居民电子健康档案信息管理系统”，为全县36万名群众建立了居民电子健康档案，18个乡镇卫生院健康档案管理信息与县人民医院医生工作站实现信息互联互通。县人民医院开通了自助报告打印系统，极大地方便了就医患者对检查、化验报告的查阅调取；全面实施医疗机构、医师、护士电子化注册改革工作，全县医疗机构、医师和护士电子化注册率分别达到98.09%、75.34%、86%。为247家基层卫生计生单位接入光纤、宽带（VPN专线）或无线网卡，启动“一卡通”综合运用服务，方便了群众基层就医费用报销。2家县级医疗单位，19家乡镇卫生院、175家村卫生室启动了电子病历，实现了二级以上县级医院住院病人的标准化电子病历上传县级电子病历数据库。通过开发和升级信息系统，完成了疾病防控、妇幼保健等业务监管系统，实现公共卫生信息的区域共享。县级公立医院重点专科开通手机客户端预约，面向广大人民群众开展预约挂号服务工作和慢性病治疗咨询服务，利用有限资源为患者提供更优质的服务。

【卫生健康扶贫】 2018年，海原县建档立卡贫困人口中因病致贫11688人，需救治人数7764人，其中大病需救治人数1629人、慢病需救治人数6050人、重病需救治人数85人。已救治人数7548人，其中大病已救治1557人、慢病已救治5906人、重病已救治85人，救治率97.22%。全县健康扶贫患者住院救治3462人次，医疗总费用3652.7万元，基本医疗报销1892.3万元，大病保险报销249.3万元，大病保险财政补助231.9万元，民政救助362.6万元，扶贫保险244.8万元，政府兜底389.4万元，定点医疗机构承担0.2万元，个人自付282.2万元，个人自付比例为7.72%。

【基本建设】 2018年，继续扩大宁南医院办院规模，借助中央转移支付项目支持，先后投入3500余万元筹建了全科医生规范化临床培养基地楼和儿科综合楼，儿科综合楼正在进行室内外装修，全科医生规范化临床培养基地楼建设项目全部竣工。县人民医院妇儿综合楼项目已开工建设。县妇幼保健计划生育服务中心综合楼项目完成主体工程。县中医医院迁建项目已完成主体工程建设，正在进行室内砌筑。34所标准化村卫生室建设项目已全部竣工并投入使用,15家乡镇卫生院远程会诊系统规范运行。

【医疗设备配置】 2018年,自治区成立60周年时,中央代表团为海原县捐赠的23台心电监护仪和277台全科诊疗仪全部配发基层卫生计生单位,属全区最多。争取相关项目支持,为19个中医馆建设单位配备笔记本电脑19台,思源基金会为乡镇卫生院捐赠救护车3辆。

【优化服务】 2018年,成功创建了3家“国家级群众满意乡镇卫生院”、48家“自治区级群众满意医疗机构”。借助“千名医师下基层”对口支援活动,依托“凡晋必下”人才管理机制,保障每个基层医疗卫生机构平均拥有2名对口支援人员开展帮扶工作。持续推进重点专科建设,县人民医院儿科、中医院糖尿病科被确定为“自治区级重点专科”。

【医疗人才建设】 2018年,借助对口支援和“千名医生下基层”“全科医师培训”“基层之星”等项目,2家公立医院选送优秀专业技术人员赴自治区内外三甲医院进修学习20人次,其他各卫计单位选派专业技术人员到县级卫生计生单位进修50余人次,脱岗培训在读博士1人、博士研究生1人、硕士研究生2人。2家县级医院通过与北京市房山区人民医院、河南省解放军155医院、厦门市大学附属中山医院对接,按照协议引进1个领先团队,培养1名学科带头人、5名骨干人才,每年选派10名医务人员到帮扶单位进修学习,帮扶单位至少下沉资深专家10名,指导县人民医院开展腔镜下肾脏切除、胆道成像、膝髋关节置换术等10余项新技术,帮扶新开设了血液透析科,不仅提升了医院业务水平和服务能力,还填补了海原县十余项技术空白,医疗服务能力显著提升。同时,两家县级公立医院申报自治区级普外科、消化内镜先进技术引进项目、优秀博士研究生预引进计划、中青年人才赴自治区外开展中长期深造研修项目4个。通过全区事业单位公开招考平台为乡镇卫生院招录专业技术人员25名,通过全科医生特设岗位招聘计划招聘特设岗位全科医生7名,有效缓解了基层医疗机构缺员问题。先后举办了“2018年海原县和宁南地区上消化道早癌筛查基层培训会”“2018年海原县首届影像医学学术讲座”等大型学术论坛及培训班5期,组织全县专业技术人员全员参加继续教育网络学习,有效提升县乡村三级医护人员服务能力。举办了护理技能竞赛活动,通过初赛、复赛、决赛,获得全市护理技能竞赛集体优秀奖,2名队员个人竞赛获得优秀奖。

【妇幼保健】 2018年,实施母婴安全行动计划和健康儿童行动计划,加强出生缺陷预防与干预,积极争取国家卫健委——联合国儿童基金会新生儿安全项目落户海原县,并组织召开国家卫健委领导与专家参与的海原县新生儿安全项目启动会议。在县人民医院建立了“危重症孕产妇急救中心”和“危重症新生儿救治中心”,5岁以下儿童死亡率控制在10.92‰,0~6岁儿童健康管理率97.3%。规范实施“七免一救助”妇幼卫生妇幼保健干预项目,规范开展孕产妇产前、产中、产后服务,扎实推进高危孕产妇筛查和动员住院分娩工作,高危管理率达100%。农村孕产妇免费住院分娩率达到99.67%,补助率99.44%,补助资金135.72万元,实现了全县孕产妇零死亡。免费实施婚前医学免费检查率达99.49%,免费对35~64岁农村妇女开展宫颈癌筛查1.25万人,乳腺癌筛查3600人,筛查率分别达到98.46%和100%。确诊低级别病变3人、高级别2人、早期浸润癌1人、浸润癌1人,并给予了救助。免费新生儿四种先天性疾病筛查5926人,筛查率为97.74%。

【孕前优生健康检查】 2018年,免费为3940对服务对象提供了规范的孕前健康检查和优生指导服务,出生人口缺陷发生率控制在68.5/万,目标人群覆盖率达到87%以上,计划怀孕夫妇优生知识知晓率达到98.6%,高危人群再生育孕前优生健康检查率达100%,免费孕前优生健康检查结果及评估建议告知率达100%,早孕及妊娠结局随访率分别达93.2%和90%。

【贫困地区儿童营养改善项目】 2018年,发营养包98829盒,应服15788人,实际发放15607人,发放率98.85%,调查人数8575人,营养包有效服用人数7260人,有效服用率84.66%。

【生育服务】 2018年,落实“全面二孩”政策,深入推进便民服务,实施网上登记或申请审批制度,并将生育审批权限下放到各乡镇,最大程度方便群众办事。全面落实流动人口基本公共卫生和计划生育服务,提高流动人口妇幼保健服务能力,计划生育服务管理综合覆盖率达94%,基本实现了流动人口计划生育均等化服务。全面落实计生惠民政策,全县落实少生快富项目户170户,落实少生快富地方配套奖励资金53万元,“三项制度”奖扶资金360万元,独生子女保健费16万元。

【西医医疗】 2018年,在北京市房山区第一医院帮扶下,县人民医院血液透析室于2018年11月正式投入运行,成为海原县唯一的“血透中心”,极大地方便了县域内患者透析治疗需求,填补了海原县血透专业学科发展的空白,为广大患者带来了福音。县医院骨科已能独立开展膝髋关节置换术、股骨粗隆间骨折闭合复位PFNA内固定术、老年椎体骨质疏松骨折经皮球囊扩张椎体成形术、拇外翻矫形术。胃镜室开展了内镜下息肉电切术及EMR术、无痛胃(肠)镜技术。县医院普外科开展了腹腔镜腹膜外疝修补术、小儿腹腔镜疝囊高位结扎术、输尿管镜气压弹道碎石术;海原县人民医院眼科开展了白内障超声乳化术。新技术、新业务地开展极大地方便了群众就医需求,受益患者达2000余人次。依托自治区科技惠民项目带动,经过积极准备与申报,海原县人民医院骨科于2018年12月顺利通过自治区卫健委重点专科评审,促进了骨科专科的快速发展。

【中医医疗】 2018年,已初步具备对全县孕产妇、儿童、高血压、糖尿病等体质偏颇人群进行健康管理服务能力,并发挥治未病站功能,对全县乡镇卫生院开展“治未病”服务能力培训与指导工作。自治区级重点专科示范带动效应明显,针灸科、糖尿病科向疑难疾病诊治方向迈进,示范带动效应明显,新技术运用有了新突破,重点专科服务能力提升率为32.75%,同比增长35.55%。回医科、糖尿病科、骨伤科和标准化中药房已获得自治区中医药管理局重点专科专项资金,正在建设中。

【爱国卫生】 2018年,城乡生活垃圾无害化处理率分别达到80%和60%,城市生活污水处理率达到95%，农村卫生厕所普及率达到56.1%。城市、乡镇政府所在地及农村中小学校和幼托机构、医疗卫生机构、工厂、车站、旅游景区、公路沿线医院无害化公共厕所普及率达到80%。除害防病工作有序开展，城市四害密度符合国家标准要求，开展除四害消杀活动1次。

【健康素养促进行动】 2018年，组织召开全县健康素养促进行动项目启动培训会议，制定下发了《2018年海原县健康素养促进行动项目实施方案》，认真开展健康示范单位、家庭和健康基地创建活动。在大量的调查研究基础上，制定了健康家庭、健康社区、健康村、健康学校、健康企业、健康机关、健康医院健康促进单位指导评估(试行)标准。在全县创建健康村7个、健康促进机关23家、示范家庭258个(流动人口家庭20个)、健康餐厅29家和健康教育基地2处，带动公众学习健康知识，增强健康意识，落实干预措施，养成健康行为，强化公共服务，优化生活环境，有效提升了城乡居民健康素质和生活质量。

【健康教育】 2018年，海原县疾控中心结合工作实际在海原一中、回民中学、关桥中学等开展“学校传染病预防知识”“学生健康行为方式”“海原县朝觐人员健康教育”专题讲座6场次，培训朝觐人员及师生2600余人。利用“3·24”世界结核病日、“4·25”预防接种日、“5·15”碘缺乏病日、“12·1”艾滋病宣传日等卫生宣传日开展了健康宣传咨询活动，发放各种宣传材料15万余份，出动宣传车21辆次，制作展板44块，咨询群众达4万余人次。2018年中心制作健康教育宣传物品9种，共9万余元。

【依法行政】 2018年，先后查处违法行医31起，完成2家县级公立医院、4家民营医院、17家个体诊所、69家基层医疗机构依法执业监督检查。完成了全县146所学校、120家公共场所、2家自来水厂的传染病防控及卫生情况的监督检查工作，对检查中发现的问题督促有关单位及时进行整改，为“健康海原建设”营造了良好的发展环境。6月，县卫计局被评为“2017年度全区卫生计生办案先进单位”，查办的《韩某某非法医师行医案》获评全区十佳优秀案卷。

卫生监督

【药品供应保障卫生监督】 2018年，共检查了3家县级医疗机构、19家乡镇卫生院、21所村卫生室、2个社区卫生服务站。共查出近效期和过期药品及耗材35个品种，合计约1260元。未发现网下采购使用非招标药品和医用耗材，严格落实“两票制”管理制度。

【学校卫生监督】 2018年，完成了全县148所中小学校的日常卫生监督检查、30所完全小学的教学环境监测和10所学校卫生监督综合评价任务。“双随机”2018年共抽检了22所中小学校，其中乡镇学校4所，村级学校18所。截至年底“双随机”工作已全部完结，完成率100%，完结率100%。乡村两级卫生监督协管员按要求每季度对辖区学校开展1次巡查工作得以全面落实。

【医疗卫生监督】 2018年，对全县3家二级以上医疗机构、4家民营医院实行不良执业行为积分及医务人员执业不良积分监督管理。对

74家医疗机构的感染性疾病科、检验科医疗污水处理，口腔科、注射室、医疗废物处置、消毒隔离制度执行情况、实验室生物安全管理等重点环节进行专项监督检查并进行监督抽查，按要求抽查38家医疗单位的消毒效果抽检378份样品，合格378份，抽查合格率达100%。共检查持有放射诊疗许可证医疗机构14家，从事放射诊断活动的45名工作人员均已取得放射工作人员证，持证率100%。建立放射工作人员个人计量监测档案45人，实监测33人，监测率73.33%。全县共开设预防接种单位294家，持预防接种单位资质证的294家，持证率100%，监督检查覆盖率100%，未发现接种异常反应和其他非法渠道购进疫苗情况。对医疗机构进行“双随机”共抽检76家，其中医疗机构17家、传染病50家、放射机构7家、计划生育专业2家。完成率100%，完结率100%，处罚率100%。

【公共场所卫生监督】 2018年，在继续推行量化分级管理模式的基础上，按照国家2018年公共场所卫生监督重点抽检任务分配，截至年底，海原县公共场所共266家，其中住宿64家、美发148家、美容31家、沐浴9家，游艺厅12家、图书馆1家、商场1家。其中新许可64家，延续3家。截至12月已完成266家公共场所日常监督工作，15家公共场所(3家已关闭)“双随机”抽检工作任务，对无证及消毒设施设备不合格的20家公共场所给予行政处罚，18家已结案，处罚金额14400元。2018年共抽取公共场所15家(3家已关闭)，11家美容美发单位共采样68份，1家住宿场所采样22份，从检测结果看90份样全部合格，合格率100%。各类公共场所263家，监督覆盖率为100%。“双随机”抽检的13家公共场所，完成率和完结率均为100%。

疾病预防控制

【传染病防控】 2018年，全面落实传染病及人畜共患性疾病、地方病综合防控措施，全县报告法定传染病19种978例，报告发病率213.46/10万，疫情报告率、报告及时率、突发公共卫生事件处置参与率均为100%。及时有效处置人畜共患皮肤炭疽疫情6起，其中皮肤炭疽疫情5起，家庭聚集性手足口病疫情1起，疫情均按要求及时调查，并得到有效控制，无续发病例。

【结核病患者健康管理】 2018年，深入推进中盖结核病三期项目落实，持续完善肺结核患者免费筛查、转诊、治疗机制，集中开展了“终结结核行动，共建共享健康中国”和“世界防治结核病日”主题宣传及义诊活动，对全县寄宿制学生实施免费结核病筛查。

【慢性病患者健康管理】 2018年，组织全县卫生计生系统慢病管理从业人员进行了高血压防治管理指南在线培训，并完成注册和认证，进一步强化了慢病管理基础。全县高血压患者规范管理率83.05%，糖尿病患者规范管理率89.04%，确诊重性精神病患者健康管理率79.38%。

【预防接种】 全年冷链常规运转12次，各单苗接种率均达95%以上。其中乙肝疫苗第一针接种率99.81%、及时接种率99.39%，第二针接种率99.79%，第三针接种率99.79%；卡介苗接种率99.48%；脊灰第 针接种率

99.84%，第二针接种率99.83%，第三针接种率99.86%，第四针接种率99.64%；百白破三联疫苗第一针接种率99.87%，第二针接种率99.81%，第三针接种率99.83%，第四针接种率99.87%；白破二联疫苗接种率99.76%；麻疹类疫苗（含麻疹、麻风、麻腮、麻腮风）第一针接种率99.86%，第二针接种率99.82%；乙脑疫苗第一针接种率99.79%，第二针接种率99.81%；流脑A群疫苗第一针接种率99.80%，第二针接种率99.81%，流脑A+C群疫苗第一针接种率99.78%，第二针接种率99.72%；甲肝疫苗接种率99.83%。全年各接种单位累计接种二类疫苗9066剂次。其中，狂犬病疫苗接种4633剂次，乙肝疫苗接种2974剂次，水痘疫苗接种1049剂次。

【脊灰麻疹疫苗查漏补种】 2018年4—11月，分别在全县范围开展了0~6周岁儿童脊灰等免疫规划疫查漏补种活动，共补种1066人次。对外来人员集中的砖厂、建筑工地等区域进行重点巡查，并对漏种儿童及时补种。全县共摸底50666人，其中应种漏种287人，补种287人，补种率100%，无接种异常反应病例报告。

【疫苗针对疾病监测】 全年共报告疑似麻疹2例，调查2例，采样2例，经市疾控中心实验室检测排除麻疹2例；报告乙肝2例，调查2例；报告AFP 3例（海原县2例，外县转报1例），调查2例，采样2例，随访3例。

【学校预防接种证查验】 2018年，根据自治区卫计委和自治区教育厅《关于做好入托、入学儿童预防接种证查验工作的通知》要求，海原县教育、卫计各部门密切协作，于12月底完成了预防接种证查验补证工作。共查验学校和托幼机构257所，其中学校163所，托幼机构94所，覆盖率达100%。新入学入托儿童共14595人，查验儿童14595人，查验率为100%，其中有证儿童14559人，无证儿童36人，补证36人，补证率为100%。

【传染病网络直报】 2018年，报告法定传染病20种1279例，报告发病率为279.16/10万，死亡4人（艾滋病2人，狂犬病1人，炭疽1人）。其中乙类报告15种827例，占64.66%；丙类报告5种452例，占35.34%。报告发病前五位的传染病依次为：乙肝报告364例，占28.46%；其他感染性腹泻185例，占14.46%；肺结核报告166例，占12.98%；梅毒143例，占11.18%；手足口病报告118例，占9.23%；及时报告率为100%，及时审核率99.5%。传染病网络预警75次，经分析全部排除。所有预警都按要求及时进行处理，及时处置率达100%。

【疫情调查处理】 全年调查处置疫情13起，分别为皮肤炭疽疫情7起，手足口病疫情1起，聚集性猫癣1起，出血热1起，乙脑1起，狂犬病1起，麻疹1起。疫情均按要求及时调查处理，无续发病例。

【疾病监测】 1. 手足口病监测：全年共报告手足口病118例，采样63例，其中CoxA16阳性1例，其他肠道病毒53例，未检测到病毒9例。2. 中东呼吸综合征监测：对辖区内262名朝觐人员进行医学观察，未发现疑似病例。

【性病防控】 2018年，全县开展艾滋病病毒抗体筛查33748人次，检出阳性8人。其中术前检测12422人次（检出阳性1例），孕产妇检测5486人次，性病门诊检测503人次，阳性配偶检查11人次，自愿咨询检测168人次(检出阳性3例),羁押人员检测169人次,婚前检查4966人次,娱乐场所检测113人次,受血前检测258人次,其他就诊检测9652人次(检出阳性4例)。按住址管理艾滋病病人数为41人,随访干预41人,治疗33人,治疗率为80.49%。有专人负责管理,检测记录、随访记录等资料收集齐全,个人信息档案严格保密,做到了规范管理。全年共报告梅毒106人(一期梅毒22人、二期梅毒6人、隐性梅毒74人、胎传梅毒4人),淋病1人,其他性病无。

【结核病防治】 2018年,共登记初诊疑似肺结核患者478例,发现现治病人141例,其中涂阳49例,仅培养11例、涂阴69例、结核性胸膜炎12例。乡镇卫生院共转诊疑似肺结核患者1284例,其中主动到位1177例,主动到位率为91.67%,转诊确诊肺结核患者21例。

【公共卫生监测】 2018年,共上报食源性疾病监测个案调查130例,审核130例,处置食物中毒1起。对全县各医疗单位30名放射人员进行了个人放射剂量监测工作,全年共监测4次,其中第二季度县医院1名工作人员个人剂量超标(已进行调查落实原因),其余无个人剂量超标。全县有饮用水卫生监测供水工程68处,覆盖17个乡(镇)121个行政村,覆盖人口405678人。采集枯水期和丰水期水质监测点水样各59份(城区监测点水样各6份,乡镇监测点水样各53份)。通过枯水期和丰水期检验报告结果分析得出,监测城市饮用水水样6份,合格6份,合格率100%,监测农村饮用水53份,合格率83.04%。主要不合格指标为总硬度和硫酸盐。

【鼠疫防治与监测】 2018年,以海城、红羊、曹洼三个监测点为中心,形成了县、乡、村三级疫情报告网,在监测期间未发现自毙鼠、不明原因急死者和疑似鼠疫病人。4月、7月,海城、红羊、曹洼三个监测点共调查样方630公顷,捕获黄鼠200只,平均黄鼠密度为0.32只/公顷。4—8月,三个监测点共剖检活体黄鼠946只,蚤培养812组1020匹,血清检验901份,培养结果均为阴性。5月11日,县疾控中心举办了海原县鼠疫联防应急桌面推演,共计50余人参加了演练活动。

【碘缺乏病防治】 2018年,在西安、高崖、三河、李俊、海城等五个乡镇采集盐样300份,尿样300份(孕妇100份、学生200份),儿童甲状腺容积B超检测200人。现场半定量检测含碘盐样294份,碘盐覆盖率为98.00%。实验室检测含碘盐样295份,合格含碘盐样275份,盐碘合格率为93.22%,合格碘盐食用率为91.67%。孕妇尿碘中位数180.36微克/升大于150微克/升,尿碘含量小于50微克/升 的尿样比例小于20%(4%)。儿童尿碘中位数167.71微克/升,高于100微克/升,尿碘含量小于50微克/升比例仅占2.5%。B超检查儿童甲状腺容积未发现偏大者。

【饮水型氟中毒防治】 2018年,在贾塘、关庄2个乡镇3个行政村抽样检测,水氟含量检测结果均符合国家农村饮用水安全标准。检查8～12岁儿童氟斑牙143人,其中正常128人,可疑7人,极轻5人,轻度2人,中度1人。氟斑牙检出率5.59%,氟斑牙流行指数为0.108。

【包虫病防治】 2018年,包虫病B超筛查6884人,确诊为包虫病人5例(新发2例),采集血清308份,收集犬粪样828份。有包虫病患者102人,其中新增包虫病人18例。服药治疗86人(其中13人术后服药),手术治疗29人。随访结果治疗有效102人。手术申报项目救助14例。

【土源性线虫病监测】 2018年,在5个定点监测点采集3岁以上常住居民便样1011份,肛拭纸178份,土样50份。实验室检查便样1004份,检测出阳性粪便12份,虫卵38个,寄生虫感染度为0.038。其中检查出蛔虫卵11份,虫卵32个,感染率为1.1%,感染强度为0.032。蛲虫卵2份6个,感染率为0.20%,感染强度为0.006。检查肛拭透明胶纸178份,未检查到阳性拭纸。检测土样50份,未检出阳性土样。

【布病监测】 2018年,在全县7个乡镇开展了筛查干预高危人群680人,共同生活常住居民832人,采集血清1486份,现场虎红平板凝集筛检试验呈现阳性血清21份,实验室试管凝集试验检测,抗体滴度在1∶100及以上的血清5份,1∶50的血清3份,阳性血清检出率为0.54%。

慢病管理

【居民健康档案】 2018年,全县常住居民数是424466人,核拨款人数402479人,建档人数409835人,电子档案建档409835人,建档率96.55%,居民健康档案的建档率、档案质量有所提高,但部分新建档案内还存在基础信息填写不全,前后内容不相符等现象。

【65岁以上老年人健康管理】 2018年,全县应有65岁以上老年人31273人,已筛查建档的65岁以上老年人29473人,已接受健康管理的老年人17568人,健康管理率为56.18%,已接受健康年检的老年人有22842人,老年人体检率为73.04%,大部分年检的体检表中健康评价和健康指导栏错误较多,合格率较低。

【高血压及糖尿病患者】 2018年,全县累计检出高血压患者23721人,高血压规范管理率达到75%以上,任务完成率102.34%。累计糖尿病检出5927人,糖尿病规范管理率达到75%以上,任务完成率99.73%,但年检表中存在错项、漏项及逻辑性错误较多,真实性还有待提高。

【精神障碍及癫痫病管理】 2018年,全县累计筛查确诊患者1528例,已在管理1394人,累计检出率3.42‰,规范管理率84.84%。农村癫痫防治管理项目工作开展顺利,累计筛查复核癫痫患者1001例,累计确诊595例,入组治疗595人,累计死亡39人,累计退组134人,现项目药品治疗422人,已达到国家项目总人口1‰治疗率的要求。但全县普遍存在病人随访管理和化验检查不到位,随访患者癫痫发作次数与药物剂量调整不匹配,药品发放数量不准确,录入上报数据库存在缺项、漏项和错误及上报不及时。

妇幼保健

【妇幼健康行动】 2018年,海原县全面实施农村孕产妇免费住院分娩救助政策。为3393名农村孕产妇免费住院分娩补助金额135.72万元。积极开展免费婚前医学检查项目,婚检人数为2470对4940人,婚检率为99.8%,检出疾病424人,发病率为8.58%,其中指定传染病286人，性病13人，不宜生育3人（先天性脑瘫），严重遗传性疾病4人。

【新生儿疾病免费筛查】 2018年，海原县活产5431人，采血5400人，采血率99.43%。不合格血片27张，血片合格率99.5%；可疑阳性191例，确诊8例［其中苯丙酮尿症（PKU）1例、葡萄糖6磷酸脱氢酶缺乏症（G6-PD）1例、高苯丙氨酸血症6例］。听力筛查5244人，筛查率96.56%，初筛未通过人数178人，42天复筛103人，未通过32人，转诊31人。听力障碍确诊1例。

【"两癌"筛查】 2018年，海原县宫颈癌筛查任务12700人，完成15505人，完成率122%（2017年完成率102%）。乳腺癌筛查任务数3600人，完成3600人。阴道镜检查206人，活检30人，HPV感染198人，确诊宫颈癌3例；乳腺癌筛查钼靶检查101人，确诊乳腺癌1例，有82人待进一步确诊。

【妇儿保健】 2018年，海原县孕产妇总数5768人，保健管理5614人，活产5786人，孕产妇保健覆盖率97.33%，住院分娩率99.98%。7岁以下儿童42364人，保健管理40013人，儿童保健覆盖率94.45%；3岁以下儿童18728人，系统管理17222人，系统管理率91.96%。

【三项监测】 2018年，海原县共监测2855人，危重症孕妇14人，妊娠合并症并发病2170人，患病率76.50%，其中贫血患病率39.89%，妊娠期高血压类疾病患病率15.18%。筛选危重孕产妇1390人，高危筛选率24.02%，高危孕妇分娩1390人，住院分娩1390人，高危住院分娩率100%，孕产妇死亡率0。5岁以下儿童死亡17例，死亡率12.27‰，婴儿死亡48例，死亡率8.3‰，新生儿死亡23例，新生儿死亡率3.98‰。监测医院围产儿3070人，出生缺陷17例，出生缺陷率55.39/万。（2017年72.28/万）。

【预防母婴传播疾病咨询检测】 2018年，海原县14家产科机构产前保健孕妇3095人，孕期门诊接受HIV抗体、梅毒、乙肝检测5386人。查出乙肝表抗阳性232例，梅毒阳性6例，艾滋抗体阳性0例。住院分娩5324人，其中孕期咨询检测5038人，仅产时咨询、检测286人，孕期检测率94.63%。梅毒阳性产妇6人，梅毒阳性产妇分娩活产6人，乙肝表面抗原阳性产妇数286人，乙肝表面抗原阳性产妇分娩活产288人，免费注射乙肝免疫球蛋白新生儿287人。

【宣传和培训】 2018年，海原县结合"三下乡"和各种宣传日活动，发放各类宣传折页、宣传手册、宣传品等共27500余份。采取请进来和送出去的培训方法，定期邀请自治区市专家对妇幼保健计划生育工作进行技术指导和培训，全年共邀请自治区市专家12人次，进一步规范和提升了工作人员业务知识水平和服务能力。安排一名业务骨干到自治区人民医院进行中期培训，参加国家级培训班3期8人次，自治区、市级培训班38期78人次，举办县级培训班10期，培训县乡村三级人员630余人次。

【新生儿安全项目】 2018年1月25日新生儿安全项目启动会以来，海原县先后组织了8期EENC的培训，培训人次97人，覆盖了全县的助产机构，全县各级助产机构均在全面落实EENC，为确保新生儿安全项目的规范实施，县妇幼保健计划生育服务中心利用拍摄微电影，印发1万份新生儿早期基本保健措施的宣传折页，在母乳喂养周上街宣传及助产士面对面的宣教等方式进行新生儿早期基本保健的宣传，让广大的孕产妇及家属了解新生儿早期基本保健的好处，以便能很好地开展新生儿早期基本保健，提高她们主动寻求保健服务的意识和能力，降低孕产妇及新生儿安全风险因素，强化孕产妇和新生儿救治能力。项目开展后，全县新生儿的患病率及转诊率明显降低。

计生服务

【生殖健康】 2018年，海原县计生局在全县24家县乡医疗机构均设立计划生育工作门诊并配备专业技术人员，各村卫生室普遍开展生殖健康咨询服务，做到了群众生殖健康咨询有去处、有人员、全覆盖。同时，严格落实“一月经期访视，三月B超查孕、查环、查病”服务机制，大力开展计划生育技术服务，全年落实查孕4651人次，查病6313人次，上门咨询4598人次，门诊咨询7742人次。

【孕前健康检查】 2018年，海原县计生局在综合服务能力较强的李旺镇中心卫生院增设孕前优生健康检查点1处，负责距离县城较远的甘城、高崖、七营等乡镇的孕前健康检查工作。截至10月底，完成免费孕前优生健康检查3802对，其中早孕及妊娠结局随访率分别达93.2%和90%。

【优生优育干预】 2018年，海原县计生局与县妇计中心联合扎实开展妇幼保健项目，促进优生优育干预。先后发放叶酸19826瓶，服用人数为6316人，服用率为98.80%，出生缺陷发生率控制在75.11/万；发放营养包103642盒，发放率98.8%，应服15941人，服用率100%。

【计生家庭走访慰问】 2018年，海原县计生局大力开展计划生育困难家庭和基层一线计划生育工作者走访慰问，累计慰问计划生育困难家庭10户、失独家庭5户、空巢家庭5户、流出家庭22户、贫困母亲家庭5户，关爱女孩家庭5户、一线卫生计生工作者43人，发放慰问金3万余元。

【计划生育特扶】 2018年，共落实少生快富项目户170户（其中扩面117户），落实农村部分计划生育家庭奖励扶助对象439人，对17户（27人）独生子女死亡或伤残家庭等实施计划生育特别扶助制度，落实少生快富独生子女或纯女户提前奖扶对象2361人，对2户少生快富子女死亡家庭落实特困家庭扶助政策等，共计落实国家及自治区奖励扶助资金450万元。落实县级地方奖励资金120万元，其中少生快富配套奖励资金53万元，计划生育纯女户计生养老缴费补贴67万元。

【流动人口管理】 2018年，海原县计生局联合海城镇、海城街道办、县劳动就业局，组织海城镇卫生院、县城两个社区卫生计生服务站，在县城广场开展了2场次“把健康带回家、把健康送给你”宣传活动。同时，配合李旺、七营、三河、海城、街道办、关桥、九彩等乡镇在流动人口务工人员返乡和就业居住集中地等人口密集地区，同步开展主题活动7场次，县电视台播放1次，县内报登刊1次，县卫计健康平台报道2次，在全社会营造关心关爱流动人口健康社会氛围。与民政部门和各乡镇（管委会、街道办）配合，依据民政部门建立留守儿童信息库，以各乡镇计生办、卫生院为基本单位，对留守儿童实施免费健康体检，及时了解留守儿童生活的困难和需求，开展心理辅导等。全县为留守儿童免费实施健康体检257人次，为留守儿童开展心理辅导90余人次，为留守儿童联系父母32人次，对留守儿童家长开展培训辅导20人次。

【生育服务管理】 2018年，海原县计生局全面落实流动人口基本公共卫生和计划生育服务，提高流动人口妇幼保健服务能力，计划生育服务管理综合覆盖率达94%，基本实现了流动人口计划生育均等化服务。全面落实计生惠民政策，全县落实少生快富项目户170户，落实少生快富地方配套奖励资金53万元、“三项制度”奖扶资金360万元、独生子女保健费16万元。

脱贫攻坚

“有土”产业

【概况】 2018年，海原县扶贫办共有在编人员41名，其中扶贫办行政编制29名(含参公管理人员14人)，扶贫开发服务中心事业编制12名，另外有挂职副主任3名、借调人员1名。认真落实中央“三个新增”要求，聚焦44个深度贫困村和病老残特殊困难群体，持续加大资金投入，全年共安排44个深度贫困村扶贫资金7900万元。把具有传统优势的种草养畜、马铃薯、枸杞中药材、瓜菜“一主三特”产业，作为“有土”产业扶贫的重点方向，实施“四个一”示范带动工程，培育扶贫龙头企业12家、专业合作社110家、产业扶贫示范村12个，培养致富带头人612人。实施特色产业项目52个，带动建成以“三带两园六基地”为引领的产业布局，提升产业扶贫组织化程度。

【种草养畜】 2018年，向贫困村、贫困户免费发放优质紫花苜蓿种子，以草定畜促畜，全县优质紫花苜蓿面积达到70万亩。大力推行“华润基础母牛银行”模式，2014年以来累计引进西门塔尔基础母牛25199头，向7378户农户赊销23068头(其中2018年赊销9668头)，已产犊牛10810头，其中向7189户建档立卡贫困户赊销22090头，贫困户户均养殖3头。打造了10个高端肉牛养殖示范村，培育了800户示范户，全县高端肉牛存栏达到7万头。从品种改良、母畜扩繁、饲草料加工配送、科技服务、防疫体系、品牌和精深加工六大体系共同发力，建成高端肉牛研究院，启动建设华润高端肉牛精深加工项目，以“华润基础母牛银行”引领全县草畜产业向全产业链方向发展。

【马铃薯产业】 2018年，实施马铃薯产业提质增效计划，建成2个万亩脱毒种薯繁育基地，免费向建档立卡贫困户提供种薯和地膜，扶持建档立卡贫困村发展马铃薯产业，全县优良种薯覆盖率达到70%，马铃薯种植面积稳定在60万亩以上。

【枸杞中药材产业】 2018年，引进优良品种，实行统防统治，全县枸杞面积稳定在6万亩，黄芪、银柴胡等中药材2万亩。

【特色瓜菜】 2018年，围绕硒砂瓜、葱韭蒜、蔬菜等区域特色产业，向建档立卡贫困村优先安排项目资金、提供技术服务。全县种植富硒硒砂瓜5.5万亩、小茴香2万亩、葱韭蒜2.5万亩。同时，争取科技扶贫“东西部合作”项目，大力推进农机农艺融合、良种良法配套，建成小杂粮示范带3个、千亩示范区6个。协调自治区科技厅组织44名专家教授，对44个深度贫困村进行产业科技指导。争取自治区科技特派员创业行动专项6个，培养科技示范户120户，形成“一项产业一个团队”的科技服务体系。

“离土”产业

【概况】 2018年，海原人力资源相对丰富，劳动力总数达22.1万人。通过政策支持、技能培训、创业就业孵化等方式，引导青壮年劳力离开土地创业就业，培育形成了劳务输出、交通运输、剪纸刺绣、特色餐饮“四大离土品牌”。建成闽宁纺织品、麦勒电器等扶贫车间10个，解决就业1341人，其中建档立卡户414人。

【劳务输出】 2018年，实施技能拿证升级工程，通过“企业订单、培训机构列单、劳动者选单、政府买单”的培训方式，累计培训5.5万人(其中培训建档立卡贫困对象2.56万人)，每年转移就业约10万人，创收10亿元。2018年，突出汽车驾驶、特色餐饮、刺绣剪纸等特色工种，已完成培训10815人，转移就业8.9万人，创收13.25亿元，跨省就业2005人，省内就业5133人，县内就业6864人，增设公益性岗位583个，就业583人。每个贫困家庭平均有1名技能型务工人员在外稳定务工。

【交通运输】 2018年，组建成立汽车运输协会，配套建设汽修汽贸园区、物流园区、货运信息平台，设立200万元的重大交通事故救助基金，培育专业运输村5个，优先培训建档立卡贫困对象为汽车驾驶员、修理工，不断壮大货运车辆总规模和从业人员。全县群众自有货运车辆已经达到7600辆，带动1.6万人就业，走出一条短平快的脱贫致富之路。

【剪纸刺绣】 2018年，引进自治区外文化产业公司，开展研发、设计、包装、营销，做好前端市场。设立500万元的文化产业发展基金，建设孵化基地和电商平台，扶持专业合作社，组织培训家庭闲散妇女，开展订单式加工制作，打造前店后厂、合作社带动专业村、专业村带动贫困户的扶贫模式。有1381名贫困家庭妇女经过培训从事剪纸刺绣。

【特色餐饮】 2018年，海原人在各地开办的餐饮门店达到1300多家，1.53万人实现稳定就业，其中4700名建档立卡贫困对象经过培训加入餐饮大军之中。

专项扶贫

【金融扶贫】 2018年，围绕“有土”“离土”产业培育，设立风险补偿基金1.47亿元，创新乡村互助担保平台，落实金融扶贫扶持政策，建立信誉、贷款、担保、贴息、逾期清缴“五位一体”金融扶贫体系。累计投入扶贫资金4013.2万元，购买“扶贫保”产品，理赔3004.73万元，理赔率75%。截至9月底，已投入扶贫资金2007.937万元，理赔1315.13万元，理赔率65%。累计发放到款27.3亿元，涉及建档立卡户32157户，到期还款累计14.38亿元。截至11月底，发放贷款9.66亿，比上年同期增加10.4%，涉及建档立卡户21854户。

【生态扶贫】 2018年，实施生态立县战略，开展大规模国土绿化行动，加强生态保护与修复。实施新一轮退耕还林工程9.2万亩，以生态移民迁出区、主干道路等重点绿化项目为主，实施农村增绿工程16万亩，美丽村庄建设及乡村绿化5000亩，完成经济林建设6.4万亩，选聘建档立卡贫困户生态护林员980名，建档立卡贫困户年均增收1万元。

【文化旅游扶贫】 2016—2018年，投资4140余万元，实施文化服务中心建设工程，新建改造村级文化服务中心150个，实现全覆盖。实施中央广播电视节目无线覆盖工程，全县广播电视综合无线覆盖率达到100%。完成海原县非物质文化遗产创业孵化基地改造建设和海原非遗展馆布展，建设4个旅游扶贫村项目，培育发展旅游接待点和农家乐30个，拓展群众增收渠道。同时，举办海原县乡村旅游节、海原县"文化旅游+"系列文化活动，带动群众增收近200万元。

【电商扶贫】 以创建电子商务进农村综合示范县为契机，发挥电子商务优势，探索以"电商培训孵化+贫困户""电商服务站+贫困户"等多种扶贫方式，助力打赢脱贫攻坚战，累计完成电商普及培训4764人次，建成县级电子商务公共服务中心1个、村级电子商务服务站120个，其中2018年建设70个。累计服务建档立卡人次26.6万人次，网络销售476万元。创新"物流配送+贫困户"模式，实现快递业务进港量328万件，出港量3万件。

【教育扶贫】 2018年，围绕"义务教育有保障"的目标标准，排查出近三年义务教育阶段辍学学生796人，成功劝返795人，并建立辍学劝返报告制度、"七长"负责制、双线控辍责任制、扶贫助学机制等，有效巩固"控辍保学"成效，对152名智力、视力、听力存在残疾缺陷的适龄儿童进行"送教上门"。全面落实教育惠民政策，城乡幼儿园实行免除保教费和补助生活费，小学和初中实行"三免一补"，普通高中和职业高中实行国家助学金政策，对家庭困难高中学生免除学杂费，对1126名三本大学生每人一次性资助3000元，对2422名二本以上大学生，通过争取"燕宝基金会"，每人每年资助4000元，连续资助4年。对3109人次建档立卡贫困家庭中的在读大学生，每人每年增加资助5000元，建立从学前教育到高等教育全程资助体系，确保不出现因家庭经济困难导致失学辍学。

【健康扶贫】 2018年，全县乡镇卫生室达到19家，村级标准化卫生室达到155家，实现全覆盖。组成"1+1+1"家庭签约服务团队139个，全县重点人群签约覆盖率达到61.2%，普通人群签约覆盖率达到32.3%，健康扶贫患者签约覆盖率达到100%。通过专家下沉的办法，对全县大病患者进行集中救治，全县健康扶贫对象中，救治大病1288人，管理慢病5605人，兜底重病402人，救治率达97%。同时，对健康扶贫患者取消县内医院住院起付线，贫困患者大病保险报销起付线由9500元下调到3000元。增加"脱贫保"补偿渠道，为每个健康扶贫户落实每户100元、每人45元的意外保障，通过多种兜底措施，贫困患者年度内住院医疗费用实际报销比例不低于90%或当年住院自付费用累计不超过5000元，有效控制因病致贫、因病返贫机率。

【社保兜底扶贫】 2018年，建成3所敬老院，设置床位748张，供养特困对象296人。建成41个农村"老饭桌"，就餐老人870人。推行农村低保与扶贫政策两项制度衔接，将符合条件的27052名建档立卡贫困人口纳入最低生活保障范围，补助标准由每人每月265元提高到每人每月300元。对41076名农村低保、3778名高龄老人、7675名重度残疾人、748名孤儿、1295名五保户实施兜底保障。城乡居民养老、医疗保险参保人分别达到18.18万人、38.46万人,11.4万名建档立卡贫困人口全部参保。将符合条件的残疾人全部纳入低保救助范围,对11339名困难残疾人每月发放生活补贴100元。

【农村危房改造】 2018年,针对全县1.3万户农村存量危房,启动实施改造销号工程,提高危房改造补助标准,对4人以上建档立卡户每户补助3.96万元,3人每户补助3.5万元,1~2口人每户补助3万元,非建档立卡户每户补助2万元,极大地调动起了群众积极性。全县累计完成改造32932户(其中,2018年建成4000户),剩余农村危房将在2019年全部完成改造。同时,把农村危房改造与美丽村庄建设、整村推进结合起来,先后打造美丽村庄24个,乡村人居环境有了显著改善。

【道路通乡连村工程】 2018年,按照"四好"农村公路标准,建成农村公路127公里、"窄路加宽"65公里、巷道硬化130公里、生产路建设125公里,县内干线公路通车里程达369公里,农村硬化路里程达2280公里,全县群众出行难问题基本解决。

【农村安全饮水】 2018年,抢抓自治区实施中南部饮水连通、西海固脱贫饮水、西线扶贫引水、高效节水灌区建设等重点项目机遇,加快更新改造老旧水利工程设施,启动实施西海固脱贫饮水工程(甘城支线),实施脱贫销号村巩固提升工程和部分乡镇"互联网+农村饮水安全"试点,累计完成供水点34个(2018年新建15座),已完成1500户自来水补入,建室外取水井5037座,自来水入户率达88%。全县农村人畜饮水困难基本解决。

【易地扶贫搬迁】 "十一五""十二五""十三五"期间,海原县共完成移民搬迁安置17712户74738人。全县共建成35个移民安置区。"十三五"期间海原县计划移民搬迁安置4056户15183人(其中县内2772户10421人,县外1284户4762人),已完成搬迁安置3231户13453人。针对全县"十二五"生态移民遗留问题,制定实施《关于解决政策性移民发展问题暨移民迁出区遗留问题的实施方案》,努力解决"十二五"生态移民遗留问题。

【电力通信网络】 2018年,全县162个贫困村全部通生活用电,全部通动力电,动力电用户达10341户。所有行政村全部通光纤、宽带网络,农村4G网络基站累计达到1047个(2018年新建116个),覆盖151个行政村。实施广播电视直播星"户户通"工程,进一步扩大广播电视覆盖面。

闽宁对口扶贫

【产业协作】 2018年,争取闽宁扶贫资金,建成千亩以上小杂粮示范园区5个、连栋智能温室2500平方米、休闲观光农业基地2000亩、村级光伏扶贫电站30个。建设闽宁纺织工业园,又投入资金2500多万元,建成4幢共2.2万平米的标准通用厂房,可提供就业岗位1200人。3月,引进闽宁菌菇产业园项目,流转土地265亩建设日光温室141座,已引入赤松茸成功试种40亩。

【劳务协作】 2018年,在漳浦县设立海原县党政干部培训基地和劳务就业创业基地，已举办各类培训班34期，培训4762人。11月，一次性向福建省输送顶岗实习学生236名（其中建档立卡户95人）。

【人才交流】 截至2018年年底，福建支教团累计派遣44名教师到海原县支教，厦门大学研究生支教团累计派遣192名研究生到海原县开展支教。厦门大学附属中山医院与海原县人民医院、漳浦县职业学校与海原县职业学校结对帮扶，开展支医支教培训等活动。招商引资方面，引进落地7家闽籍企业，引导闽籍企业到海原县投资7.3亿元，帮助解决就业14002人，帮助销售我县农产品175万元。

【基础设施】 2018年，争取帮扶资金对全县755户农村D级危房进行改造，解决了3400名贫困群众安全住房问题。争取闽宁协作资金900万元，扶持建设6个闽宁示范村。

【县乡村三级交流协作】 漳浦县绥安镇党委书记杨艺明和大南坂镇镇长陈阳升分别挂任海原县委常委、副县长和县长助理，海原县也向漳浦县选派1名副县长和1名副科级干部，分别挂任漳浦县副县长和绥安镇党委委员，县级以上领导干部互访10次，2017年8月两县17个乡镇之间签订了乡镇对口帮扶协议，漳州市漳浦县安排了37个条件较好的结对海原县37个深度贫困村，漳浦县7家企业结对帮扶海原54个贫困村，形成了县乡村三级交流协作机制。

结对帮扶

【央企定点帮扶】 全面落实《华润集团定点帮扶海原五年规划（2014—2018年）》，深入推进产业、投资、公益、人才帮扶。产业帮扶上，围绕“华润基础母牛银行”模式，建立品种改良、基础母畜扩繁、饲草生产供给、科技服务、人才培养、品牌和精深加工六大体系，着力打造华润集团西北地区高端肉牛养殖基地。投资帮扶上，华润集团计划投资100亿港元，开发容量为100万千瓦的华润海原风电项目。其中，一期30万千瓦项目于2016年12月全部建成，累计发电11.2亿千瓦时；二期20万千瓦项目，计划近期开工建设，同时建设1座330千伏变电站，解决风电外送通道。公益帮扶方面，计划投资1.27亿元（其中华润集团捐赠0.8亿元，剩余由我县财政配套和群众筹工筹劳解决），建设关桥华润希望小镇，该小镇于2017年6月18日开工，已完成工程主体。人才帮扶上，华润公司2名中层干部挂职任海原县委副书记和县长助理，华润公司151名员工中海原籍49人，其中建档立卡户17人。

【部门结对帮扶】 截至2018年年底，自治区19个厅局、中卫市10个部门、海原县110个单位分别结对帮扶1个贫困村。自治区厅局下派11名优秀干部分别挂职海原县委副书记和10个乡镇党委副书记，市县部门分别向结对帮扶村下派1名“第一书记”和1名驻村工作队员。自治区农牧厅、自治区水利厅、自治区林业厅、自治区扶贫办、宁夏农林科学院27名厅局级领导分别结对帮扶海原县27个贫困村。

【企业结对帮扶】 2018年，积极落实“百企帮百村”行动，自治区分两批安排22家企业结对帮扶海原县24个深度贫困村，13家企业投资381万元，用于贫困村基础设施建设、产业发展等项目，助力脱贫攻坚。

【扶贫激励】 制定脱贫致富“以奖代补”实施办法，对主动脱贫、自愿脱贫、早日脱贫的，继续执行原有扶贫政策，并给予一定奖励补助。制定《海原县推进移风易俗促进脱贫攻坚奖励扶助办法》，评选奖励移风易俗示范户、最美家庭、道德模范、星级文明户、脱贫标兵，先后推荐自治区市表彰脱贫攻坚工作先进个人39人，县上表彰奖励脱贫攻坚奋进个人46人、脱贫致富先进个人100人，树立一批可学可跟的致富典型。扎实开展“推动移风易俗、树立文明乡风”活动，实施移风易俗“过筛子”行动，为19对青年举办“树文明新风、圆同心美梦”集体婚礼，印发《倡导移风易俗树立乡风文明倡议书》32万份，要求党员干部带头执行300元人情礼金标准，抵制高额彩礼和大操大办，营造脱贫攻坚良好社会氛围。

社会管理

人力资源和社会保障

【全民创业】 2018年，海原县人力资资源和社会保障局实施“创业培训+担保贷款+创新服务”“三位一体”创业模式，开展创业培训班10期，培训295人，完成目标任务的100%。发放3年期创业担保贷款504笔3627.5万元，完成目标任务的197.1%。培育创业实体355人、个(小老板241人、小企业114个)，创造新岗位912个，创业带动就业2215人，分别完成目标任务的118%、106%、100%。创建四季鲜市级返乡农民工创业孵化园区，入驻企业和个体户340家，其中返乡农民工83人，带动就业1100人(建档立卡户40人)，开展创业培训4期120人，发放创业贷款45户380万元，申报为自治区级创业示范园。

【职业技能大赛】 2018年，海原县人力资源和社会保障局成功举办“以赛促学、以赛促培”为主题的海原县第三届(2018年)职业技能大赛，500多人参加开幕活动，邀请了17名国家职业资格考评员担任大赛评委。共有109名选手参加装载机、电工、纺织工、刺绣四项职业技能比赛。通过专家评委认真、公正的考评，郭兴利等48名选手取得名次，并获得奖励。

【就业优惠政策】 2018年，海原县人力资源和社会保障局举办“春风行动就业援助月专场招聘会”和“2018年海原县闽宁劳务协作暨高校毕业生专场招聘会”，现场提供咨询服务约3000人次，达成签约意向1756人。开展就业失业登记1688件，申请灵活就业人员社会保险补贴521人，预计补贴资金164万元。2018年安置公益性岗位728人，其中城镇户145人，农村建档立卡户583人，发放岗位补贴1147.8万元，缴纳各种社会保险552.5万元。城镇新增就业1437人，完成目标任务的179%，登记失业率3.7%。

【职业技能培训】 2018年，海原县人力资源和社会保障局实施技能拿证升级工程，坚持项目整合，统筹培训的原则，加大对扶贫车间和企业订单培训扶持力度，对培训后就业率达60%以上的企业给予培训补贴和实习补贴，共完成各类培训12927人，其中精准脱贫技能培训9739人。

【劳动力转移就业】 2018年，海原县人力资源和社会保障局巩固提高内蒙古包头、青海诺木洪等22个500人以上劳务基地就业能力，就业吸纳就业人数4.8万人。加强闽宁劳务协作，鼓励劳务中介组织为闽宁纺织工业园企业招工并开展岗前培训400人，形成稳定就业334人。为扶贫车间、江苏南通森迈羊绒有限公司招录培训217人。向福建省各企业组织转移形成稳定就业80人。11月12日，组织向福建厦门天马微电子公司输送顶岗实习学生236名。截至年底，实现转移就业8.9万人，实现工资性收入13.63亿元。

【社会保险】 2018年，海原县职工养老、医疗、失业、工伤、生育保险参保人数分别达到了3.12万人、1.64万人、0.95万人、1.11万人、1.1万人，分别完成目标任务的106%、117%、101%、112%、123%。城乡居民养老医疗保险参保人数达到16.23万人、38.12万人，均完成目标任务的101%。其中，建档立卡贫困人员养老、医疗保险参保分别为6.03万人、12.4万人，参保率均达到100%。实施工伤保险"同舟计划二期"，新开工工程建设项目工伤保险参保率达到100%。

【社保待遇】 2018年，海原县人力资源和社会保障局开展健康扶贫医疗保障"一站式"结算服务，执行建档立卡户大病报销起付线3000元，报销比例不低于90%或当年住院自付费用累计不超过5000元政策，享受大病保险财政补助建档立卡户住院2623人次，报销4450.3万元，实际报销比例达93%，因病致贫、因病返贫问题有效缓解。调整退休人员养老金，企业、机关事业退休人员月人均分别调增173元、178元，城乡居民月调增22元，养老金社会化发放率为100%。降低社会保险费率，失业保险总缴费比例由2%再降至1%，为参保单位减负501万元。

【社保基金】 2018年，海原县完成企业及机关事业单位退休人员、享受养老保险待遇的城乡居民养老金领取资格认证，追回冒领养老金109.64万元。加强协议医疗机构监管，在海原大河医院、海兴开发区大河医院、闽宁医院、华山医院安装人脸识别住院签到系统，有效防止了挂床住院、冒名就医等现象。纠正5家协议医疗机构不合规医疗行为，查处违规医疗行为5970起，扣回医保基金28.8万元。

【社保经办服务】 2018年，海原县基本医疗保险实现异地就医住院医疗费用直接结算，已直接结算86例136万元。在政务大厅设立信用社窗口，安装便民设备，社保业务实现"一站式"服务，办理激活社保卡2万余张。

【人事管理】 2018年，海原县人力资源和社会保障局严格执行《海原县机关事业单位工作人员管理办法》等政策法规，深入开展考勤作风建设"四抓四比"活动和干部职工在编不在岗集中治理活动，全县组织人事管理进一步规范。坚决杜绝干部职工在编不在岗现象，严格执行党纪政纪处分决定，取消、降低、不予发放机关事业单位工作人员工资待遇7人次。

【人才工作】 2018年，海原县人力资源和社会保障局争取实施贫困地区专业技术人员培训项目2个，培训专业技术人员383人。认真落实公务员职务职级并行制度，年内晋升享受副处级工资待遇10人、科级工资待遇11人；专业技术人员聘任晋级58人；推荐上报高级职称105人、中级职称215人，对初级申报的214人正在审定当中。实行公立医院人员总量管理，优化岗位设置，卫计部门一线专业技术人员职称聘任问题得到缓解。推动实施《海原县人才引进培养暂行办法》，全县引进高层次人才8人。

【农民工工资保证金】 2018年，海原县人力资源和社会保障局开展农民工签订劳动合同"春暖行动"和清理整顿人力资源市场秩序专项检查，严格落实农民工工资保证金制度，账户累计金额7300万元，缴存率100%。全县工程建设领域在建项目农民工实名制管理率、劳动合同签订率、工资保证金收缴率、工资银行办卡率、分账管理率、22%进度款拨付率均达到95%以上。

【农民工工资清欠】 2018年，海原县人力资源和社会保障局推行劳动保障守法诚信等级评价，依法对31家规模企业劳动保障诚信等级进行公示，对拖欠工资企业实行"黑名单"管理。积极开展农民工工资清欠"百日攻坚"专项行动，累计接到欠薪举报投诉74起，通过协调、劳动保障监察立案、移送公安部门等手段均已化解，结案率达到100%。

【人事争议仲裁】 2018年，海原县人力资源和社会保障局进一步加强劳动人事争议仲裁办案质量管理，仲裁结案率达100%。推行争议案件化调解柔性化解，调解成功率60%，劳动人事争议仲裁终局裁决率（试行）35%。

【"不见面"审批改革】 2018年，海原县人力资源和社会保障局认真落实"放管服"改革任务，积极推行人社系统业务办理事项标准化、信息化、网络化，大力推进"不见面"审批改革，全县人力资源社会保障系统141项政务服务事项有115项实现"不见面、马上办"，可不见面率达81.6%。全系统进驻大厅事项107项，其中人社局58项，就业局13项，社保局36项。截至年底，县政务大厅人社窗口受理政务服务事项11.9万件，办结率100%。持续加强窗口单位作风建设，以"脱贫攻坚作风建设年"活动为抓手，成立作风建设专项活动领导小组，不定期对窗口单位进行督促检查，窗口单位作风显著提升。加强扶贫领域作风专项治理，大力开展信访突出问题排查化解工作，全县人社系统共接待群众来信来访89件次，涉及824人次，办结率达98%。

就业创业和人才服务

【就业服务保障】 2018年，海原县就业创业和人才服务局出台《海原县2018年就业创业脱贫富民实施方案》（海党办发〔2018〕61号），确定2018年就业创业各项目标任务，压实各乡镇、各部门的责任。建立县乡村三级就业服务体系，下发《就业创业实施细则》，将就业创业工作纳入乡镇效能目标考核，层层落实工作责任，做到任务清楚、责任明确。以"四抓四比"双争竞赛活动为契机，将技能培训、转移就业、园区招工等纳入双争竞赛活动实施范围，月月有进度，件件有回音，通过有力措施，形成工作合力，营造了良好的转移就业氛围，促进转移就业向好。

【转移就业】 2018年，海原县就业创业和人才服务局通过就业创业微信平台、电视、报纸、宣传材料等，大力宣传转移就业优惠政策，对星级劳务中介组织和劳务经纪人进行奖补，不断巩固提高内蒙古包头、青海诺木洪等22个500人以上劳务基地就业能力，就业吸纳就业人数4.8万人。对4个优秀劳务中介组织、8个劳务经纪人、1个驻外劳务服务中心、7个创业带就业典型进行了表彰奖励，激发就业创业热情。不断加大季节性务工扶持力度，兑现2017年度季节性务工交通补贴27.3万元，发布枸杞采摘信息15条，出台季节性务工奖补政策，鼓励劳务经纪人组织转移就业。开展就业失业登记1688件，其中完成就业登记1368件，失业登记320件。申请灵活就业人员社会保险补贴521人，发放补贴资金163.5万元，2018年安置公益性岗位728人，其中城镇公益性岗位145人，农村建档立卡公益性岗位583人，公益性岗位在岗人数1485人，其中建档立卡贫困劳动力1009人，城镇公益476人。截至年底，失业人员再就业415人，完成目标任务的138%；就业困难人员就业75人，完成目标任务的125%；城镇新增就业1437人，完成目标任务的179.6%；城镇登记失业率3.7%；城乡劳动力转移就业8.9万人，创收13.62亿元，分别完成目标任务的104.7%、113.5%。

【劳务协作】 2018年，海原县就业创业和人才服务局切实加强闽宁劳务协作，定向推动城乡劳动力转移就业。3月20—26日，海原县组织各乡镇劳务工作人员40人赴福建漳州科技学院培训，提升全县劳务工作人员脱贫攻坚能力，多渠道开发就业岗位，提高就业稳定性。5月25日，海原与漳浦签订对口扶贫协作协议，把“扎实推进劳务产业协作与就业创业”列为协作的重要内容；9月12日，福建漳浦县到海原县进行劳务对接，并召开了劳务协作座谈会，会上签订了劳务框架协议。10月7—12日，海原县有关部门和相关单位负责人在县委书记徐海宁带领下赴福建开展闽宁协作工作。成功举办“春风行动就业援助月专场招聘会”和“2018年海原县闽宁劳务协作暨高校毕业生专场招聘会”，近5000人参加了招聘，现场提供咨询服务约3000人次，发放就业创业及农民工维权宣传材料近8000份，78家企业提供就业岗位9355个，共达成签约意向1756人。多渠道加强与福建等地的劳务协作，鼓励劳务中介组织为闽宁纺织园区、扶贫车间、江苏南通森迈羊绒有限公司组织招录员工。为闽宁纺织工业园企业开展岗前培训400人，形成稳定就业334人；向福建省各企业组织转移形成稳定就业80人，其中建档立卡户11人。落实闽宁互学互助对口扶贫协作第22次联席会议精神，11月12日向福建厦门天马微电子股份有限公司输送顶岗实习学生231人，开展为期5个月的顶岗实习。

【技能培训】 2018年，海原县就业创业和人才服务局实施技能拿证升级工程，通过“企业订单、培训机构列单、劳动者选单、政府买单”的培训方式。制定下发《海原县2018年精准脱贫就业技能培训实施方案》，对精准脱贫能力培训作了进一步安排部署，明确了扶贫办、就创局等部门工作职责和措施，压实了驻村第一书记全程参与培训的工作职责，乡镇负责摸清建档立卡劳动力培训意愿，组织人员、提供场地、培训检查、跟踪管理等。切实加大对扶贫车间和企业“订单”培训扶持力度，已开展扶贫车间培训217人。结合城乡劳动者培训意愿和市场需求，有针对性的开展各类职业技能培训。全县共完成各类培训12927人(建档立卡贫困户9737人)，其中汽车驾驶员2749人，技能培训6988人，致富带头人520人，实用技术1821人，其他849人，完成目标任务的110%。10月17日，县政府召开精准脱贫能力培训推进会，对精准脱贫培训工作进行了再安排、再部署。3月，在县委党校举办了由200名劳务经纪人和中介机构法人参加的诚信法制教育培训班，发放《海原县就业创业优惠政策摘录》，讲解转移就业创业优惠政策和诚信法制等就业创业政策，鼓励劳务中介组织和劳务经纪人带动组织转移就业。10月25日，举办了各乡镇就业服务中心主任和工作人员38人参加的农村贫困劳动力信息平台业务知识提升培训班。成功举办了海原县第三届职业技能大赛，500余人参加，109名选手参加了装载机、刺绣、电工和纺织工比赛，48名选手取得了名次。

【创业扶持】 2018年，海原县就业创业和人才服务局认真实施“创业培训+担保贷款+创新服务”“三位一体”的创业模式，针对有创业要求、具备一定创业条件但缺乏创业资金的创业人员一律发放3年期创业担保贷款，共发放创业担保贷款504笔3941.5万元，完成目标任务的131.38%。培育创业实体355人、个（小老板241人、小企业114个），创造新岗位912个，创业带动就业2215人，分别完成目标任务的118%、106%、101%，创业带动就业效果明显。成功创建自治区级创业孵化园，四季鲜返乡农民工创业孵化园区，入驻企业和个体户340家，其中返乡农民工83人，带动就业1100人（建档立卡户40人），开展创业培训4期120人，发放创业贷款45户380万元。创建海原县非物质文化产业遗产市级创业园，入驻剪纸刺绣企业19家，稳定从业人员300多人。

【高校毕业生服务】 2018年，海原县就业创业和人才服务局共接收、登记，托管高校毕业生档案2272份，用人单位政审查阅档案14人，机要转出档案128份。认真做好离校未就业应届高校毕业生实名模版信息录入和跟踪服务活动，录入高校毕业生实名信息1573人，跟踪服务2369人次，离校未就业应届高校毕业生实名模版登记就业率95.8%。认真落实高校毕业生“三支一扶”和事业单位实习生服务项目。2月初，组织开展了2018年“三支一扶”高校毕业生新春慰问活动，召开了“三支一扶”新春慰问座谈会，为20名“三支一扶”服务人员发放慰问金6000元。上报2018年“三支一扶”岗位需求计划200人，通过初审、考试、复审，安排分配180人。认真落实普通高校毕业生到事业单位培训实习工作，按照自愿、所学专业及岗位需求，安排事业单位实习生249名，根据用人单位需求11月又补充安排事业单位实习生23名。9月1—30日，认真开展了海原县高校毕业生就业服务月活动，发放宣传材料5400份，实名登记527人，提供职业指导619人，推荐就业438人次。9月12日，举办了2018年“三支一扶”和事业单位实习生入职培训会，438名高校毕业生参加了入职培训。切实加强“三支一扶”和实习生管理。12月3—9日，开展了高校毕业生就业服务周活动，向海翼通信有限公司等企业推荐就业65人，达成就业意向15人。通过电话联系和实地检查对三支一扶和事业单位实习生进行督查，确保正常上岗。截至年底，全县有“三支一扶”在岗人数275人，实习大学生在岗人数240人。

【党建工作】 2018年，海原县就业创业和人才服务局坚持周一政治理论学习、重点工作安排部署雷打不动，全面扎实学习中共十九大精神和全国“两会”精神。严格执行和落实“三会一课”、发展党员、党费收缴、党员组织关系接转等基础工作制度。严格规范党内政治生活,认真开展组织生活会。扎实开展党员星级评定等活动。切实强化干部管理,制定下发了《关于进一步明确海原县就业创业和人才服务局领导及工作人员工作职责的通知》(海就创发〔2018〕17号),对全体干部职工定岗定责,进一步细化了分工,明确了职责,强化了管理。根据《自治区党委关于深入开展违反中央八项规定突出问题专项治理的通知》(宁党发〔2018〕15号)、《海原县委关于深入开展违反中央八项规定精神突出问题专项治理的通知》(海党发〔2018〕25号)精神,开展了关于违反中央八项规定精神突出问题专项治理活动。成立了就创局违反中央八项规定精神突出问题治理小组,重点围绕超标准公务接待、违规公款吃喝、违规公款送礼、外出公款旅游、超标准配备办公用房等五个方面突出问题,深入细致进行自查。自查中发现,超标准公务接待和违规公款吃喝767元,超标准报销差旅费3596元,违规发放节假日补助2000元。对违规资金全部追缴,对相关人员进行了批评教育,给予2人书面检查处理。

社会保险事业管理

【概　况】 2018年,海原县职工养老、医疗、失业、工伤、生育保险参保人数分别达到了3.12万人(其中企业1.89万人、机关事业1.23万人)、1.64万人、0.95万人、1.11万人、1.1万人,分别完成目标任务(2.93万人、1.4万人、0.94万人、1万人、0.9万人)的106.48%、117.16%、101.06%、111.94%、123.03%。城乡居民养老医疗保险参保人数分别为16.23万人、38.12万人,分别完成目标任务(16.06万人、37.77万人)的101.06%和101.11%。其中,自治区扶贫办推送海原县建档立卡贫困人员养老保险37570人,实际参保60314人(包括已脱贫人员、已享受待遇人员)。医疗保险124604人(包括不属于缴费范围人员),实际参保124265人,建档立卡人员养老医疗保险参保率均达到100%。工伤保险“同舟计划”稳步推进。巩固“先参保、再开工”长效机制,实现建筑项目工伤保险全覆盖。共有173个单位和项目(新建130个,续建43个)办理了参保,参保率为100%,参保职工5558人。

【城乡居民医疗保险补助标准】 2018年,城乡居民医疗保险财政补助由每人每年472元提高到502元,大病保险筹资标准由32元提高到37元,全年共筹集基金1420万元。

【社会保险扶贫】 2018年,全县建档立卡贫困标注未脱贫40756人享受政府代缴养老保险407万元,64320人享受医疗保险缴费补贴528.36万元。全面落实建档立卡贫困患者大病保险起付标准从9500元下调至3000元,建档立卡贫困人员年度住院医疗费用实际报销比例不低于90%扶贫政策,或当年住院自付费用累计不超过5000元。建档立卡贫困人口住院3603人次总费用3759.8万元,其中基本医疗报销1950万元,大病保险报销254.1万元,大病保险财政补助237.8万元,民政救助373.3万元,扶贫报销251.1万元,财政兜底102.3万元,个人自付291.2万元,个人自付比例为7.75%。实际报销比例达到92.25%,贫困人口因病致贫、因病返贫得到有效缓解。

【退休人员养老金】 2018年,企业退休人员月人均调增173元,机关事业退休人员月人均调增178元,城乡居民月增加22元,人均月养老金分别达到了1813元、4523元和167元。养老金社会化发放率为100%。

【工亡职工补助】 2018年,工亡职工一次性补助金从672320元提高到727920元,增长8.27%;工亡职工供养亲属抚恤金每人每月提高了100元。全年共发放工亡职工补助金及亲属抚恤金1615854元。

【政策性优惠】 2018年,养老保险单位缴费比例由20%降至19%。失业保险总缴费比例由2%降至1%,其中单位缴费比例由1.3%降至0.5%,个人缴费比例由0.7%降至0.5%。工伤保险企业在原有费率基础上降低20%,缴费减负9万元。因降低社会保险费率,为参保单位养老缴费减负156万元、失业缴费减负501万元,降基数减轻个体工商户养老缴费减负465万元。

【社保基金监管】 2018年,海原县社会保险局进一步规范了退休人员养老金发放流程,实现了养老金全区统发,取消了手工报盘发放模式,减少了中间环节,杜绝了人为干扰。通过现场、网络、手机App、上门服务等方式线上线下对全县9419名企业退休人员、3665名机关事业单位退休人员和34179名享受养老保险待遇的城乡居民进行了养老年检资格认证,对重复参保领取待遇和疑似死亡人员进行了实地认证和专项核查,追回冒领养老金109.64万元。先行在海原大河医院、海兴开发区大河医院、闽宁医院、华山医院医疗机构4家协议医疗机构安装人面识别系统,通过实地核查和委托第三方机构协查,对13名不符合医疗保险报销政策的外伤人员拒付了医疗保险待遇。开展打击欺诈骗取医疗保障基金专项行动,遏制侵占、套取、骗取医保基金的行为。共查处违规医疗行为5970起,追回医保基金28.8万元。全年共查处医疗保险不规范行为5起,拒付住院医疗费10.08万元。退休人员养老金领取资格实行手机App线上线下认证,组织工作人员赴山东、河南、甘肃等自治区内外退休人员居住地实地核查,防冒堵漏。查出死亡退休人员170人,追回冒领养老金168万元,确保了社会保险基金安全运行。

【优质服务】 2018年,海原县社会保险局开展"业务大讲堂"活动20场次,组织业务人员参加区内外培训45人次,对乡镇社保经办人员集中培训5场次,提高了业务人员的经办能力和服务水平。借鉴先进经验和做法,成立工作机构、明确责任分工、召开联席会议、强化经办培训,助推了6项业务下沉和网上申报工作,简化办事事项17项,精减申报材料32件,实现了线上线下同时办理,真正做到了让数据多跑路,让群众少跑路,参保人员足不出户就能办理各项业务。全年通过政务服务平台办理社会保险业务25128件,157个单位实现网上自助申报缴费。与信用联社对接,在社保大厅开设了社保卡挂失、激活和缴费服务窗口,社保卡的办理、挂失、激活和缴费实现了"一站式"服务,全年成功办理激活社保卡25782张,缴费11850人次。基本医疗保险实现了异地就医住院医疗费用直接结算,自治区内备案1454人次,自治区外备案543人,跨省异地就医费用直接结算86人次136.42万元。县乡联动开展集中宣传10次，深入乡村现场培训25场5000余人次，引导5000多名群众安装使用“掌上12333”手机App，发放宣传资料10万份，通过有线电视和公众媒体滚动播放宣传标语，使社会保险政策进千家入万户，进一步提高了群众和全社会对社会保险工作的关心和支持。

民 政

【社会救助】 2018年，全县城市低保对象12586人，共发放保障金4472.61万元，其中一类每人每月补助标准470元；二类对象每人每月补助标准390元；三类对象每人每月补助标准330元。农村低保对象42369人，其中一类每人每月补助标准300元，二类对象每人每月补助标准235元，三类对象每人每月补助标准205元。修订完善《海原县城乡居民最低生活保障管理试行办法》，规范完善了低保申请、办理、退出的条件和操作流程。对全县在册低保对象中25~65周岁有劳动能力的低保人员和符合条件申请的低保对象进行全面核查，做到精准识别，杜绝错保、漏保。2018年共取消低保对象5930人，新增农村低保对象3382人。对全县财政供养的干部职工及区市属企事业单位职工的直系亲属享受低保的全部实行备案。严格执行低保年检，低保对象必须在限定的时间内到户籍所在地乡镇（街道办、管委会）年检登记并拍照存档。对全县未脱贫建档立卡对象12268户44645人家庭收入及财产状况进行了调查摸底，海原县未脱贫建档立卡贫困户已纳入农村低保的建档立卡贫困户7817户13626人，占未脱贫建档立卡贫困户的25%。全县未脱贫建档立卡贫困户还需纳入农村低保兜底对象1493户2180人正在通过民政云救助管理系统审核审批纳入，到2018年年底，农村低保与扶贫建档立卡户的重合度提高到30.6%。制定《海原县城乡低收入困难群众医疗等临时救助实施方案》，形成以城乡最低生活保障制度为基础，以养老、医疗等专项救助为辅助，以其他救助、救济和社会帮扶为补充的社会救助体系，最大限度地保障困难群众的基本生活，临时救助困难群众8.5万人次，发放临时救助资金3080万元。截至11月底，医疗救助16.82万人次，发放医疗救助资金4426.03万元。2018年，公开招考了21名民政协理员，为每个乡镇配备1名，切实提高了乡镇社会救助经办服务能力。引进宁夏阅海养老产业公司对海原县第三、四敬老院及老年活动中心按照阅海管理模式，成立海原县阅海养老中心，实行“医养结合”管理运营模式，以医养融合养老服务标准进行运营管理，为特困供养人员提供更加优质、完善、安全的服务。初步建成了海原县阅海养老服务中心、县城中心敬老院、海兴开发区敬老院为支撑，南苑日间照料中心和41个“老年饭桌”为补充的养老服务体系。新建海原县老年养护院建设项目，总建筑面积5000平方米，设床位数100张，占地面积0.9994公顷，总投资2196.54万元，其中中央专项彩票公益金1900万元，县财政自筹296.54万元。新建海原县北坪社区日间照料中心建设项目，占地面积4.3亩，建筑面积800平方米，设床位12张，总投资264万元，自治区补助资金200万元，剩余资金由县财政自筹解决。于2018年9月7日开工建设。投资75万元，新建3个农村“老年饭桌”，已全部竣工。

【防灾减灾】 2018年，海原县继续修订完善救灾应急预案，促进救灾工作科学化、制度化和规范化。进一步落实重大信息报送制度，执行领导带班和24小时值班制度，开展“5·12”应急救助演练，坚持问题导向，不断完善防灾减灾应急预案，实现预警到乡、预案到村、责任到人，强化灾害应急救助机制，加大救灾救助力度，救灾救助8.3万人次，发放救灾救助资金1000万元。因灾倒塌房屋恢复重建35户，补助资金98万元。新建海原县救灾物资储备库建设项目，位于海原县街道办经二路西侧，纬三路北侧。项目占地面积0.3333公顷，总建筑面积800平方米，其中新建一栋一层钢架结构储备库房630平方米，附属用房170平方米，晾晒场400平方米，围墙及大门等附属。项目总投资262.4万元。项目实行合同制管理，于2018年7月1日开工建设，11月底竣工。

【双拥共建】 2018年，海原县成立双拥工作领导小组，制定实施方案，明确工作职责。制订国防教育计划，扩大国防教育宣传面。扎实开展双拥工作系列活动，确保拥军爱民成果显著，认真落实双拥政策法规，县财政筹措资金，确保双拥活动坚持经常性开展。驻军积极开展扶贫帮困活动，县人武部通过“双带双扶”活动形式，为贫困家庭献爱心、为孤寡老人送温暖，共救助失学儿童6名，慰问孤寡老人7人次，捐款捐物15万余元。消防大队为缺水乡镇出动消防车辆25辆次，送水150余吨，为辖区群众办实事、好事60余件。积极开展拥军优属活动，筹措11万元慰问驻地部队，慰问优抚对象。中秋节为优抚对象和下岗退役军人发放月饼。积极开展退役士兵安置和权益保障“清零”工作，对符合政策安置条件的退役士兵予以安置，筹措357.1万元对54名下岗失业人员开展社保接续工作，为下岗退役军人安排公益性岗位，将家庭生活困难的退役士兵纳入城乡低保范围。同时为驻海原消防武警官兵支持地方经济建设负伤住院费用进行兜底。2018年7月10日顺利通过创建双拥模范县自治区中期考评验收。

【基层政权建设】 2018年，海原县制定《关于加强乡镇政府服务能力建设的实施方案》（海党办发〔2018〕98号），明确任务目标，落实责任领导和责任单位，紧紧围绕乡镇政府服务管理体制机制改革和公共服务能力建设，相关部门和各乡镇密切配合，对照任务清单全面推进了乡镇治理体系和治理能力。印发《关于进一步加强村务公开和民主管理工作推进方案》（海政办发〔2018〕80号），组织对所辖行政村“两委”及村监会进行村务公开和民主管理业务培训，各乡镇完善改造公示栏，进一步规范村务公开的时间、形式、内容、流程，凡村重大事项和各项惠农资金通过政府网站、政务公开网站、“四化一满意”平台、电子屏等媒体全方位进行公开公示，加大督查检查力度。印发《海原县统筹推进城乡社区治理实施方案》（海党办发〔2018〕8号）。通过建立和谐社区建设联动机制、督查机制和资金保障机制，强力推动街道、社区职能转变，完善农村社区网格化建设、网格员管理等工作，各乡镇通过

"四化一满意"平台,建立农村社区网格化服务管理,由村民小组长担任网格员,明确网格员应负职责,由网格员负责所在责任区的所有民情事务,能处则处,不能办理则逐级上报有序推进网格化服务管理工作。制定《海原县民政局扫黑除恶专项斗争工作方案》、《海原县关于进一步推进民政系统扫黑除恶专项工作的通知》,以聚焦重点深挖涉恶涉黑线索、严格规范村(社区)"两委"换届选举、健全党组织领导下的村(居)民自治机制为主要任务、建立工作信息报送制度,对涉及把持基层政权涉黑涉恶线索进行摸排,并及时报送县扫黑除恶专项斗争工作领导小组办公室。强化农村基层阵地,2018年共建16个农村社区服务站。其中:县委组织部新建7个、改扩建7个农村社区服务站,县民政局新建11个农村社区服务站(5个农村社区服务站与县委组织部改扩建农村社区服务站整合建设),补建2017年调整建设农村社区服务站7个(因红羊乡建国村已撤并,不再补建)。

【社会事务】 2018年,海原县共有孤儿和困境儿童728人,其中父母双亡孤儿42人,事实无人抚养孤儿686人。救助标准为纯孤儿每人每月737元,事实孤儿每人每月531元,均按月足额发放,全年共发放307.41万元。2018年1月起,对机构养育孤儿、父母双亡孤儿、事实无人抚养孤儿和困境儿童养育津贴标准进行调整:机构养育孤儿每人每月1049元调整为每人每月1249元、父母双亡孤儿每人每月737元调整为每人每月937元、父母双亡孤儿和困境儿童每人每月531元调整为每人每月731元。加强农村"三留守"关爱督导员培训力度,投资495万元新建"儿童之家"99个,已完成53个,剩余46个计划10月底完成。加强婚姻登记规范化管理,共办理结婚手续3049对,离婚手续367对。儿童福利院项目已竣工验收。

【社会组织管理】 2018年,海原县共登记各类社会组织64家(其中社会团体35家、社会服务机构29家),备案20家。积极推进社会组织健康发展,加大社区社会组织培训发展力度,依托街道服务中心,有针对性地培育发展一批适应居民物质文化生活需求的社区社会组织,积极探索政府向社会组织转移职能、购买服务和奖励扶持政策措施。进一步完善备案管理制度,为社区社会组织参与社区服务提供平台和指引。加强社会组织负责人培训工作,制订培训计划,创新培训方式不断增强培训工作的针对性、时效性、可行性,确保培训质量。

【地名普查】 2018年,海原县开展第二次全国地名普查宣传培训,扩大地名普查工作的知晓率,提高工作人员素质。精心筹划运作,实施项目招投标,完成外业普查7822条和地名普查成果转换图录典志初稿。安装县城街道、路、巷标识牌,制定海原县24个美丽乡村和县城单位、商铺、住宅小区设立门牌方案。

【老龄工作】 2018年,海原县引进宁夏阅海养老产业公司按照"公建民营"管理运营,以医养结合养老服务标准为特困供养人员提供更加优质、完善、安全的服务。修订完善《海原县老饭桌管理办法》。整合专项补助资金,县财政全面兜底,将"老年饭桌"管理运营经费列入财政预算,县财政下拨100万元拨付41个老饭桌,降低用餐成本,实现"老年饭桌"

的正常运行,为农村“空巢”“独居”老人、散居五保户和重度残疾人提供日间照料服务。同时对长期用餐且家庭经济困难的给予临时救助。发挥商业保险的重要补充作用,积极开展“牵手国寿、共创和谐”老年人境外伤害保险工作,提高老年人抵御意外风险能力,保护老年人身心健康,县政府筹措资金56.7万元为18900名60岁以上的五保户、低保户、优抚对象购买一份保险。

退役军人事务管理

【概　况】 2018年11月29日,海原县退役军人事务局挂牌成立,整合县民政局退役军人优抚安置职责、县人力资源和社会保障局军官转业安置职责。办公地点暂设在海原县建设路民政局。县退役军人事务局设局长1名,副局长2名,核行政编制5名。县民政局划转2名从事退役军人事务的政府购买服务人员。

【工作职责】 主要负责军队转业干部、复员干部、退休干部、退役士兵移交安置工作和自主择业退役军人服务管理、待遇保障工作;负责组织开展军人教育培训、优待抚恤和指导拥军优属工作;负责烈士、退役军人荣誉奖励和军人公墓维护纪念活动;负责“双拥”工作。

【重要活动】 2018年11月29日海原县退役军人事务局挂牌成立,海原县副县长丁芳、县委组织部副部长王存栋参加挂牌仪式。12月20日,自治区退役军人事务厅副厅长王万虎调研海原县退役军人事务管理工作。

应急管理

安全生产

【概　况】 2018年，全县安全生产工作在县委、县政府的正确领导下，在自治区、市安委办的精心指导下，始终坚持“安全第一、预防为主、综合治理”的方针，牢固树立“红线”意识和底线思维，强化责任，夯实基层基础，加强执法检查，积极开展安全生产大检查和专项整治，确保了全县安全生产形势稳定向好。全县共发生一般生产安全事故5起，死亡4人(其中道路交通安全事故3起，死亡2人)，同比事故起数上升25%、死亡人数下降56%。

【安全生产责任制】 2018年，海原县共召开县委常委会会议10次、县政府常务会议9次，听取全县安全生产工作汇报，分析安全生产形势，研究解决突出问题。县安委会召开全体(扩大)会议5次、专题会议4次，及时传达党中央、国务院及自治区、市各级领导有关安全生产重要指示批示精神及各级安委会会议精神，并对全县各阶段安全生产工作进行总结和安排部署，落实安全生产会议制度。年初，县政府同各乡镇(街道办、管委会)、县安委会各成员单位签订了安全生产责任书，各乡镇、部门与各企业层层签订了责任书，推动安全责任制落实。县委、县政府主要负责人先后4次带队调研、督查检查安全生产工作，班子成员按照各自分工多次带队检查分管领域安全生产工作。县人大、县政协联系领导担任安全生产督查组组长，带队督查，落实“党政同责、一岗双责”制度。先后出台《海原县安全生产“一票否决”实施办法(试行)》《海原县县级党政领导安全生产包联责任制度》《海原县党政领导干部安全生产责任制实施细则》等制度，进一步落实各级党政领导干部“党政同责、一岗双责、齐抓共管、失职追责”安全生产责任制。制定《海原县安全生产网格化监管工作实施方案》和《海原县2018年遏制重特大事故工作任务及分工》，初步建成覆盖所有乡镇(街道)、村(社区)和监督管理对象的基层安全生产网格化监管体系，对各行业领域遏制重特大事故工作任务及分工进行了细化，促进“属地管理”和“行业监管”责任的落实。

【安全生产领域改革】 2018年，海原县安全生产委员会办公室根据《海原县推进安全生产领域改革发展的实施意见》的总体安排，按照5大方面、26项具体改革任务，制定了全县推进安全生产领域改革发展重点任务分工方案，明确了41条主要任务及相应的责任单位和完成时限。已完成健全安全责任考核机制、加大安全生产考核权重、制定安全生产“一票否决”制度、建立政府购买安全生产服务制度、推行安全生产责任保险、县级党政领导安全生产包联责任制度、地方党政领导干部安全生产责任制等23条。

【专项整治】 2018年，全县组织开展“除隐患、保安全”专项行动及“两节”“两会”等重大节会安全生产大检查，扎实推进道路交通、工程建设领域、人员密集场所、非煤矿山、危险化学品、特种设备、有限作业空间等七大行业专项整治。共检查生产经营单位448家次，排查整治各类安全隐患404条。6月以来，为做好自治区成立60周年和国庆期间安全生产工作，全县大力开展“百日安全”专项整治活动，各县级分管领导带队，牵头部门负责，相关部门配合，多次深入一线开展检查活动，各行业领域共开展安全检查107次，其中县级分管领导带队检查14次，累计检查企业671家次，共排查隐患359条，已整改354条，正在整改的5条，整改率为98.6%；执法立案24起，处罚金额20.5万元，在建筑施工领域联合惩戒安全生产失信企业共4家，扣罚相关企业诚信分值950分。

【危险化学品安全综合治理】 2018年，海原县安全生产委员会办公室按照第三方帮扶服务协议，重点对全县29家危险化学品经营企业进行安全风险源辨识和隐患排查，建立风险源分级管控和隐患治理数据库，制定管控措施和治理方案，设置了二维码，建立了“一企一图一表”，使每个危化企业有了自己的“身份证”“体检表”和“处方单”，帮助企业提高安全风险控制和隐患治理能力，提高隐患治理及时率和整改率，推动了危化企业安全综合治理工作。

【宣传教育培训】 1.“安全生产月”活动。以举办2018“拥抱新时代　开启新征程”广场文化艺术节暨“生命至上　安全发展”专场晚会、“6·16”集中宣传咨询日活动、全县领导干部安全生产理论大讲堂、全县安全生产管理人员行政执法能力提升培训班、县级加油站储油罐泄露着火应急救援演练、中小学生安全生产有奖征文竞赛、安全生产有奖知识竞赛、安全生产事故警示教育等8项活动为载体，全方位开展了“安全生产月”集中宣传，取得了良好的宣传效果。2.“百日安全”专项整治宣传。在海原县电视台开辟“60大庆百日安全——安监在行动”专栏，从8月下旬开始至10月底结束，每周对违法违规典型案件进行一次深度曝光，对安全生产法律法规及政策深入宣传，取得了良好的宣传效果，在全社会营造了浓厚的安全生产氛围。3.宣传教育“七进”活动。全县通过与普法相结合、与民族团结进步创建相结合、与包村脱贫相结合、与禁毒工作相结合、与创建政务公开示范县建设相结合，推动安全生产宣传教育“七进”活动。各学校设立安全教育课，聘请安全法制校长；各企业、重点建筑工程工地均设立了安全宣传墙；各脱贫销号村、主要社区设立安全宣传橱窗；各乡镇、各机关单位成立安全生产组织机构，定期开展安全生产学习教育；安委办印制安全生产应知应会手册、安全生产围裙、手提袋，分发到各家庭。4.安全管理人员专项培训。9月下旬至11月上旬，分3期组织对非煤矿山、危险化学品、烟花爆竹等行业企业共308名安全管理人员进行了安全资格培训。

【处置生产安全事故】 2018年，海原县安全生产委员会办公室对发生的3起生产安全事故进行及时查处，共罚款76.78万元，其中对事故责任单位行政罚款71万元，对事故责任人行政罚款5.78万元，建议政纪处分4人。

【队伍建设】 2018年，县委、县政府多方调剂，为安监部门新增2个事业编制，安排1名复转军人，成立海原县安全生产执法大队；各乡镇专门设立了安全生产监督岗，明确1名专职安全生产监管人员。将2辆原属于县安监局的公务用车明确为安全生产执法用车，由县机关事业服务中心统一管理，县安监局专门使用，在车辆运行费用上予以保障。同时为县安监局执法人员配备了近10万元的个人防护装备。4月，组织县安监局执法人员参加全区安全监管人员执法资格培训，实现全员持证执法。10月，组织全县17个乡镇、1个街道办、1个管委会共19名分管领导和19名安全生产管理人员参加全区安全生产执法人员的培训。

消防救援

【概　况】 2018年，海原县消防大队共接警出动83起，其中，火灾扑救37起，抢险救援45起，增援1起，火灾起数同比下降60.58%，无亡人、伤人火灾。全县共出动消防车131辆次，出动警力786人，抢救被困人员16人，疏散人员45人，抢救财产价值80.5万元。大队共出动警力3466人次，检查单位场所1712家，发现并督促整改火灾隐患或违法行为1514处，下发责令改正通知书861份，下发《重大火灾隐患整改通知书》2份，实施行政处罚47起（办理消防产品处罚案件2起），责令“三停”22家，罚款49.5万元。火灾调查77起（简易调查66起、一般火灾调查5起、移交火灾调查6起）、审核工程13项（不合格3项）、验收工程19项（不合格6项）、消防设计备案抽查15项（不合格9项）、竣工验收备案4项（不合格1项）。

【班子建设】 2018年，海原县消防大队党委班子坚持集体领导，落实会议制度，积极创建“学习型班子”，本着“缺什么、学什么、补什么”的原则，坚持每月至少集中学习一次，并加强平时自主学习。大队党委坚持每月召开党委会议、议教议训、重大开支和重大事项等集体研究决策，从而使大队党委发现和解决问题能力显著增强。大队召开党委会议35次，党小组会议11次，解决事项25项。中队团支部召开会议11次、武警委员会召开会议11次，发挥作用明显。大队党委被评为先进基层党组织，5名队员被支队评为优秀士兵。同时还发展入党积极分子2人，党员发展对象2人，预备党员2人，发展团员6人。

【工作部署】 2018年，海原县人民政府全年先后召开全县消防工作会议、联席会议、常务会议、春夏火灾防控工作动员部署会、今冬明春火灾防控动员会等14次（有3次会议县长许正清参加，并邀请县委、县人大、县政协有关领导参加），发文部署消防工作9次，研究解决重大消防工作难题4项。县委、县政府、县公安局主管领导多次对消防工作做出批示，县四套班子有关领导带队开展消防检查调研20次，有效促进各级消防工作责任的落实，消防工作责任体系日趋完善。

【行业部门监管】 2018年,海原县消防大队积极督促公安、教育、住建、文广、卫生、教体、市场监督、安监、供电等部门落实消防安全行业主体责任,加强对各系统、各行业消防安全标准化管理,健全行业部门消防安全情况通报、会商研判、联合检查等机制。提高行业部门认真履行各自消防安全监管责任意识,各行业部门对消防工作的参与度得到了明显提升,各行业主管部门主动与大队联系联合开展了电动自行车综合治理,文物古建筑、博物馆消防安全专项检查,商业综合体消防安全专项检查,电气火灾综合治理等一系列消防安全专项治理工作,形成了各司其职、齐抓共管、合力清患的社会化监督管理格局。各行业各部门联合开展检查20余次,形成了火灾隐患整治合力。同时,各行政主管部门通过专项整治,严格督促各行业单位落实消防安全主体责任,全县33家重点单位自主形成4个区域联防小组,全部开展消防安全重点单位标准化管理,深化消防安全"四个能力"建设,及时消除火灾隐患,提高火灾自防自救能力,社会单位主体责任进一步有效落实。定期组织街道办、派出所、社区网格员进行消防检查培训,大队深入街道办、社区、派出所指导25次,印发网格化管理手册400份。

【微型消防站】 2018年,海原县消防大队按照"有人员、有器材、有战斗力"和"救早、救小、3分钟到场扑救初起火灾"要求,实现100%的重点单位、100%的社区微型消防站建立并规范运行。组织全县微型消防站开展业务技能比武竞赛及随机拉动演练,全面提升微型消防站扑救初期火灾的能力。

【区域联防协作】 2018年,海原县消防大队以建成33家微型消防站为支点,按照"位置相邻"或"行业相近"的原则,划定范围完善消防联防区域,落实区域互查互检和通讯联络、应急响应机制,定期开展互查互检、应急调度、联合作战、战斗支援等演练工作,逐步实现联防区域内"一点着火,多点出动,邻里互助,协同作战",提高区域联防协作能力,强化区域消防安全保障。

【火灾技术防范】 2018年,海原县消防大队积极推广安装简易喷淋和独立式感烟火灾探测报警器,先后安装独立式感应火灾探测报警器121套,推动6家社会单位安装简易喷淋设备21套,全面提升社会单位自我扑救能力。

【公共消防基础设施】 2018年,县住建局已组织编制了县城消防规划,县政府正在进行规划的批转实施。同时,大队还督促住建局加强市政消火栓维修保养,建立健全公共消防设施建设维护管理责任机制,全县新增市政消火栓8个。建立自来水公司、住建、财政等部门的建设维护使用信息共享机制,切实提高城镇公共消防设施的维护管理水平。

【派出所监督】 2018年,海原县消防大队先后提请县公安局相继下发各类方案通知5份,督促派出所严格落实消防安全检查主体责任,加强消防监督检查工作,时刻紧盯"九小场所",确保了各类"九小"场所的消防安全。大队实地指导派出所8次,集中开展民警消防培训2次,促进派出所检查单位3185家,切实提高了派出所消防监督人员的执法水平。

【消防执法】 2018年,海原县消防大队不断规范消防窗口建设，所有消防监督业务做到网上受理、网上审批、网上办结，行政法律文书全部实行窗口送达。全年主动上门开展消防行政指导30余次，消除三未工程20个，帮助社会单位解决消防安全难题70余项，全面应用移动执法终端和执法记录仪，推进网上执法办案，消防监督管理系统基础数据采集率100%，全年未发生行政复议和行政诉讼案件。

【消防宣传】 2018年，海原县消防大队集中开展“3·15”消防产品宣传日、法治月、安全生产月、“11·9”宣传日等系列宣传活动，继续巩固电视、报刊、网络、手机“四位一体”的消防宣传阵地建设，全方位、多层次地开展消防宣传“七进”活动，与海原电视台签订协议，定期播放消防宣传短片和提示语，新开业社会单位全部开机显示消防宣传提示片，联合教育局在学校开展“开学第一课”及“消防进军训”活动，组织行业部门、重点单位负责人、保安人员开展专项培训，完成移动互联网消防信息服务平台微信关注人数3298人，持续推进公益性消防安全培训，在社会上营造了浓厚的消防宣传氛围。在各级电视台播放消防新闻50条，在各类报刊、网络、报纸刊登稿件30余篇，发送消防短消息5000条，各单位LED屏滚动宣传消防知识3000余条，共举办消防宣传活动20次，发放消防宣传资料6万余份，开展消防安全公益性培训30次，教育人群5416人，消防站开放34次，受教育2438人次，消防科普教育基地开放44次，教育人群1000余人次。

【消防安保】 2018年，海原县消防大队紧盯春节、全国“两会”、自治区成立60周年庆祝活动以及五一、十一等重要节日，不断加强消防安全保卫工作，重大活动和重要节日，主动联合各行政主管部门开展针对性防火检查，并督促各类单位、场所在重点区域实行“实名制”巡防看守。共组织各行政主管部门在活动、节日期间集中开展消防安全联合检查（夜查）40次。

【实战练兵】 2018年，海原县消防大队从难从严，结合大队人员实际，建立个人训练档案，聘请地方教练实地指导，做到因人施训。在夏季练兵中，大队党委高度重视，多次召开党委会研究部署夏训工作，大队开展周讲评、月讲评，总结训练经验，提升训练成绩。全年大队积极投入训练经费12.5万元，购买和制作训练器材，做到训练有场地、有器材。在大队党委、中队党支部的领导下，中队在10月总队夏训大比武中，取得了抽选组总分第二名的好成绩。

【灭火救援】 2018年，海原县消防大队每周开展辖区熟悉及实战演练不少于2天，个别重点单位熟悉演练5次以上，重点单位熟悉率达到100%，每日录入交接班信息达到100%，终端数据录入率达到100%，29家重点单位灭火救援数字化预案全部修订完毕。

【联勤联训】 2018年，海原县消防大队坚持每月提请县公安局通报各派出所消防监督工作和乡镇专职消防队的接处警情况，县公安局政委罗廷朝先后2次带队督察乡镇消防队运行情况，在全局大会通报乡镇消防队运行情况10次，派出所和乡镇消防队作用发挥显著提高。中队利用每周熟悉演练，实地拉动重点单位和社区微型消防站，加强联合演练，实地指导，提升微型消防站初期火灾防控能力。

【服务保障】 2018年,海原县消防大队积极拓宽经费争取渠道,加强与向县政府及财政局沟通协调,努力解决经费保障性问题。全年纳入财政预算的地方经常性经费392.5万元,争取专项经费30万元,同比2017年上升20.5%,为队伍建设打下了坚实基础。大队狠抓后勤规范化管理,大力推进科学预算、伙食保障、固定资产、招标采购、出入库登记、物资配发等后勤业务管理,建立健全常态化监督机制,完善党委理财程序,严格执行财经纪律,落实财务规章制度,全年共开展资产清查2次。

【装备建设】 2018年,海原县消防大队积极向县委、县政府多次汇报装备建设方面存在的困难,县委、县政府主要领导高度重视,投资40万元为大队购置器材装备,与此同时2018年县委议军会议研究决定出资320万元为大队购置举高喷射消防车1辆,极大地解决了装备建设制约大队发展的瓶颈问题。

乡镇(场)与街道

海城镇

【脱贫攻坚】 2018年,海城镇累计实现脱贫退出353户1347人,贫困发生率由2017年年底的9.4%下降至4.39%,下降5.01个百分点,脱贫攻坚工作取得了明显成效。

【农业产业】 2018年,海城镇全面完成山门村红葱种植基地建设,面积稳定达到7000多亩,产值1700多万元,扶贫专项补贴324.5万元。认真贯彻落实全县"以草养畜、以畜促草"的农业产业发展思路,打造万亩优质牧草基地1个,共种植一年生牧草10260亩,产值500多万元,扶贫专项补贴156.83万元。依托马铃薯基地,武塬村、段塬村和高台村积极发挥秋杂粮种植优势,种植荞麦1万多亩,产值203万元,试点种植黑豆1100亩,发展蔬菜拱棚50座500亩,实现全年农作物种植面积稳定在7万亩以上,农民收入实现了稳步提升。

【农村人居环境】 2018年,海城镇实施危窑危房改造471户,村道硬化18公里,砂化23公里,实施水洼双墩上下队、堡子大树根旧村改造和三岔河美丽村庄建设项目,拆除残垣断壁6.2万米,土改砖墙920米,安装大门67座。实施退耕还林3000亩,补植补造6000亩。扎实开展农田水利基本建设,整修生产道路27公里,残膜回收47.18吨,河道清淤整治2公里,极大地改善了群众生产生活条件,乡村面貌得到了明显改变。

【社会事业】 2018年,海城镇医疗保险购买率97%,其中建档立卡户达到100%。全面开展农村妇女"两癌"筛查、65岁以上老人健康检查,健康指数明显提升。发放贷款1.39亿元,其中建档立卡贫困户1.057亿元,有效解决了群众发展资金短缺问题。完成王井新村幼儿园项目建设,资助贫困大学生106人53万元,资助中高职贫困生164人49.2万元。设置公益性岗位86个,完成建档立卡户技能培训402人次,输出剩余劳动力5317人次,创收5967.27万元。对孤寡老人、重度残疾等弱势建档立卡贫困户实施兜底保障,共计兜底278户322人,有力地保障了弱势群体基本生活。

三河镇

【概　况】 2018年,三河镇经济社会持续健康发展,实现社会生产总值93001万元,比上年(89840万元)增长了3.5%。其中第一产业

35396万元，占比38.0%；第二产业44435万元，占比17.8%；第三产业13170万元，占比14.2%。实现农民人均纯收入9780元，较2017年（8900元）净增长880元，增长9.9%。脱贫146户566人，贫困面为6.38%（2017年为7.4%），为确保2020年与全国同步进入小康社会奠定了坚实的基础。

【扶贫宣传】 2018年，三河镇编印《习总书记关于精准扶贫讲话摘要》《三河镇脱贫攻坚政策宣传册》《华润赊销基础母牛宣传彩页》等政策宣传材料，组织镇村干部专题学习培训114次，建档立卡户专题培训39场次，刷写标语48条，印发宣传材料5000余份，培育党组织带头人13人、致富带头人35人，培育种养殖示范户50户，并对带头作用明显的20名示范户进行了表彰奖励。镇领导、第一书记宣讲政策35场次，在六窑村举办了1000人以上的中卫市2018年文化科技卫生“三下乡”助力脱贫攻坚大型现场宣传活动1次，举办以脱贫攻坚为主题的农民春晚1场，各村春节、三八期间举办脱贫攻坚文艺专场52场，协办送戏下乡活动2场，通过广泛宣传、表彰奖励，提高了群众政策知晓率，激发了建档立卡户自力更生脱贫致富信心。

【贫困户精准识别】 2018年，三河镇共稳定脱贫146户、563人，新增79户、325人，脱贫不享受政策处理19户、76人，返贫4户、18人，整户自然消减6户、14人，县外移民搬迁1户、3人，因出生、婚嫁、合户等原因自然增加人口364人，因死亡、婚迁、分户等原因减少90人，真正地做到了“应纳尽纳、应退尽退”。

【脱贫攻坚问题整改】 2018年，三河镇结合中央第八巡视组、自治区党委巡视组和县脱贫攻坚领导小组关于各类整改问题的文件精神，明确职责，制定督查制度，规范干部纪律，制定《三河镇2018年脱贫攻坚方案》《三河镇2018年脱贫攻坚重点工作安排》《三河镇2018年脱贫攻坚整改任务清单》《三河镇脱贫攻坚作风建设年实施方案和整改方案》《三河镇关于2017年省际党委和政府成效考核反馈问题整改方案》《三河镇关于自治区党委巡视组扶贫专项巡视反馈问题整改方案》，坚持问题导向，认真梳理汇总脱贫攻坚存在的突出问题，已经整改完成并将长期坚持。其中省际交叉考核反馈10项39条，在规范性文件上，全部回收、清理、整改。以“脱贫攻坚干部作风建设年”和扶贫领域“3+X”专项活动为抓手，开展扶贫领域专项整治，查处扶贫民生领域违纪问题2起，对分管领导给予诫勉谈话、残联干事行政记过、鹭海村支书和村主任及村监会主任党内严重警告、免去村会计职务。根据自治区党委巡视组对三河镇扶贫工作巡视督查反馈的10项突出问题，开展专门的整治工作，通过多种形式加强扶贫攻坚相关政策知识学习，不断加深对政策的理解掌握。狠抓资金兑付，加快扶贫资金支付进度，认真开展产业扶贫到户资金核查，收缴虚报冒领、超标准补贴资金65780元，违规发放资金全部如数收回。

【作风建设】 2018年，三河镇修订完善《三河镇驻村工作队及帮扶责任人管理办法》《关于加强包村干部工作的通知》，明确规定驻村工作队“双签到”和试行钉钉打卡签到制度，每周五下午召开驻村工作总结和问题梳理会议。镇脱贫攻坚办公室及时协调帮扶部门，调整更换帮扶责任人18名，完善帮扶责任人基本信息178条。从系统中导入贫困户信息,以责任人为单位制成入户核实表,各帮扶责任人对照表册核实基本信息879条,确保扶贫系统、扶贫手册与实际情况高度一致,为精准施策、精准管理提供了精准依据。先后分3期举办2018年脱贫攻坚帮扶责任人政策暨能力提升培训班,进一步帮助各部门帮扶干部准确掌握脱贫攻坚基本知识和最新政策。

【扶贫项目管理】 2018年,三河镇结合各村基础设施实际,按照自上而下、自下而上的原则,完成11个项目403个子项目的扶贫系统入库立项工作,编制完成2019—2020年项目库项目维护768项。2018年兑付扶贫项目资金889.2529万元(产业到户681.1729万元、贷款贴息208.08万元),兑付率91%。

【社会事业保障】 2018年,三河镇开展低保核查工作,清理不符合低保享受条件人员412人,将符合条件的760人(建档立卡653人)农村贫困人员纳入低保,有力地推进了农村低保与扶贫开发两项政策有效衔接。落实健康扶贫政策,开展家庭医生签约服务,大病救治142人,住院兜底146人,慢性病医生签约372人,大病兜底1户。

【金融扶贫】 2018年,三河镇小额贷款约2亿元,其中,建档立卡户贷款1499户6512万元,覆盖率89.23%。为建档立卡户购买"扶贫保"人身保险和财产保险,并积极对接人寿、人财保险公司开展理赔,共理赔96起。

【培训教育】 2018年,三河镇完成建档立卡户C照以上驾驶员培训124人,民族餐饮、刺绣、家政、电焊工、电商等其他技能培训328人,致富带头人培训30人,农业实用技术培训100人次。全镇今年共输出劳动力6035人次,其中建档立卡户1258人次。新建幼儿园1所,续建幼儿园5所。共落实雨露计划348人次52.2万元,大学生离土计划141人次70.5万元,高中生助学补贴享受177人次35.4万元,学前保教103人次24.72万元。

【易地搬迁】 2018年,三河镇在富陵村安置"十三五"移民270户1032人、"十二五"移民111户403人。完成海兴开发区"十三五"劳务移民安置49户152人。

【基础设施建设】 2018年,三河镇硬化道路29.1公里,砂化路8公里。实施危窑危房改造489户(建档立卡户128户)。安装太阳能路灯330盏、太阳能热水器9122台。新建大门254座,土改砖围墙8703.8米,屋顶换瓦20355.49平方米。自来水入户8413户(建档立卡户1533户),未入户2144户(建档立卡户144户),入户率79.69%,正常通水7738户,通水率73.29%,建档立卡户通水率91.41%。

【闽宁协作】 2018年,福建漳浦县分别为三河镇小河、富陵投入100万元帮扶资金,完善了两村的基础设施建设。积极引进福建农业嘉田开发公司,在黑城村投入136万元,盘活荒废闲置占地265亩用于建立141座日光温室园区,大力发展菌菇产业。

【单位帮扶】 2018年,中卫市委党校开展了七一党校慰问,为建档立卡户发放慰问金1.86万元,市工商联为小河村帮扶资金30万元为建档立卡户建设圈棚32栋,县农牧局为富陵、代店、小河村198户贫困户发放有机化肥1386袋,然尔特有限公司向坪路村落实"百企帮百村"扶贫资金12.7688万元。

【产业结构】 2018年,三河镇按照"企业+基地+贫困户"模式,积极引进宁夏新坐标现代农业连锁有限公司在四营村流转土地1070亩，建成千亩“宝石”核桃种植示范园区。按照“村集体+合作社+农户”模式，小河村成立众泽种养殖专业合作社，通过土地流转打造枸杞标准化种植示范基地1040亩。按照“种植大户+合作社”发展模式，坪路村积极发动群众注入资金20万元，建成枸杞标准化示范园500亩；辽坡、代店、富陵、鹭海、苋麻五村抢抓华润赊销基础母牛机遇，赊销华润基础母牛841头，初步建成基础母牛兼肉牛产业示范村。引导鼓励全镇建档立卡户种植玉米9618.8亩、枸杞1562.6亩、西瓜100.2亩、芹菜349.7亩、小秋杂粮5912.39亩、禾草3464.78亩、其他作物378.1亩；养殖牛868头、羊3597只、猪671头、鸡4240只。

【农田水利建设】 2018年，三河镇对辖区内所有水利设施进行维修养护，共完成清淤渠道11公里，维修渠道7公里，各类渠系建筑物24座。在小河村打造畦田建设、渠道清淤示范点1个。在辽坡村新建坡改梯田300亩，对富陵、辽坡已建成水毁坡改梯田进行田面整修、田坎加固，共维修1200亩，对富陵4000亩撂荒坡改梯田进行深翻耕作。建设自来水室外取水井1000座，加强人饮工程建设及管理，完善水费台账，规范水费收缴票据。对清水河、中河、苋麻河两岸及河道内垃圾进行全面清理，在清水河三河镇红城段建设河道治理示范点1个。全镇共计整修农路4条4.7公里，维修生产道路7公里。打造秋季覆膜示范点1000亩，完成秸秆还田5000亩，秸秆调制利用4.6万亩，秋施肥6万亩，机深翻29.3万亩，机普翻5.81万亩，在富陵、鹭海移民迁出区秋覆膜示范点1000亩，完成残膜回收5.78吨，残膜回收率达80%以上。

【农村人居环境】 2018年，三河镇重点围绕银平、黑海公路2条主干道，以老黑海路加油站至大转盘段、鹭海新村、苋麻安置点、黑城安置点为重点，开展环境整治工作。各村以村主干道为重点开展环境整治工作，积极开展植树造林，切实改善生态环境，以销号村为主战场，动用机械设备清理“五堆”5500余处，完成村庄绿化植树4.56万株。秋季完成杂草清除及树坑整修，涂红刷白树木2万株。

【森林草原护育】 2018年，三河镇完成银平公路、黑海公路及福银高速两侧树木管护抚育工作，配合海兴管委会对S101线海兴开发区一级公路两侧实施绿化。继续加大禁牧封育、秸秆禁焚工作力度，发动镇村组干部、所有护林员参与，实行分片包干，落实禁牧封育、秸秆禁焚工作主体责任，巩固退耕还林成果。加强森林资源管理维护，与143名护林员签订合同（建档立卡户护林员95名），明确各片区管护责任，常态化做好森林草原防灭火工作。

【河长制】 2018年，三河镇在开展“清河专项行动”中，按照“一提高、四到位、一评比”的工作思路，及时制定工作方案，成立领导小组，迅速动员部署。行动期间针对摸排发现的问题，联合环保、水务等部门开展了集中专项整治行动5次，共发动人力2300人次，累计出动411人机械62台，共清理垃圾1.3万吨。共关闭砖厂2家、砂场18家、预制厂2家、废料加工厂1家、废弃煤场1家。全面拆除砂场3家、小瓦窑32家。封堵生活排污口1个，排查禁养区养殖户不达标排污口1个，开展环境整治专项执法行动47次，共计整治河道岸线33.2公里。针对清水河流域，开展环境整治专项执法行动

15次，每月定期不定期督导检查2次以上，整治河道岸线8.8公里，清理垃圾1120吨，挂牌整治砂场2家，关闭砂场14家。其中，清水河六窑段挂牌整治采砂场1家，取缔关闭非法采砂场11家，清理垃圾560吨。

【政务服务】 2018年，三河镇设立镇政务公开办公室，制作政务公开栏及工作流程、政务公开工作相关制度。根据县政务公开乡(镇)政务公开事项标准目录及清单，在县人民政府网站及基层政务服务公开标准化规范化试点平台公开发布涉农补贴及扶贫项目相关内容共286条，微信、微博发布信息76条。同时按13个领域内容分类整理完善公开档案资料。组织开展三河镇“政府开放日”1次，组织公民代表进行座谈，发放公民意见登记表18份、政务公开满意度测评调查问卷200份，开展基层政务服务公开标准化规范化试点工作满意度调查活动，参与率达86.8%。运用政务新媒体微信公众号平台发布消息76篇，公示资金发放花名册，宣传扶贫相关政策、移风易俗最基本知识等，在公开政府信息的同时积极宣传，提高政府工作知晓率和影响力，推进服务型阳光型政府建设。

【信访工作】 2018年，三河镇网上办理信访案件18起，办理“12345”政务服务热线反映事项81起，未出现一起超期办理。充分发挥村级信访组织的桥头堡作用，严格落实“两排查一分析”制度，调动网格员、个人调解室和村级综治、信访组织的能动作用，111名村民小组长兼任网格员，利用微信、短信互动平台、电话沟通等方式，及时发出预警信息。在红城、团庄两个村试点实行个人调解室6个，将矛盾纠纷关口前移，做到小事早发现，早发现早处理，全年各村排摸各类矛盾纠纷和信访问题141起，成功调处化解120起，化解率80%以上。认真贯彻落实《信访工作责任制实施办法》，进一步落实党政机关及领导干部、工作人员信访工作责任，镇党委政府领导干部每天坚持接待来访群众，全年接待来访群众185人次，受理信访案件41件，已化解38件，化解率达95%以上。领导接访制度的推行，大大减少了群体事件的发生，基本实现了“大事不出镇”的目标。

【宗教场所管理】 2018年，三河镇为19所宗教场所设置国旗台，制作社会主义核心价值观宣传画13个，民族宗教政策宣传栏5个，征订《中卫日报》16份。将鹭海新村打造成民族团结示范村。依法规范大型宗教活动和跨地区宗教活动。基本完成“中卫统战信息化管理平台”建设，定期对宗教场所进行安全检查。

【社会保障】 2018年，三河镇及时兑付各项民政资金3949.25万元；有一、二级残疾人员796名，发放补贴(第四季度)42.718万元；有农村低保2503户3216人，发放低保金1432.22万元；有城市低保1816户5420人，发放低保金2006.29万元；发放临时救助资金52.77万元，救灾资金70万元，春节饺子费等补助457.4万元。建设老年饭桌4个。

【教育卫生】 2018年，三河镇新建鹭海、代店村社区和卫生室工程，坪路、代店、小河、富陵幼儿园已基本建设完成，申请增设学籍班尽快组织动员周边适龄儿童就近入学。加强义务教育控辍保学工作，逐户对未入学和辍学学生开展劝返工作，保障辖区内适龄儿童少年全部入学。全镇小学入学率连续达到100%，初中入学率达到95.7%。

【安全生产】 2018年,三河镇不定期开展厂矿企业安全生产大检查,加大安全生产隐患排查整改力度,确保安全生产,杜绝安全事故发生。认真排查辖区内道路交通安全,与各行政村、农户签订农机作业安全责任书,杜绝农用车非法载人。对全镇所有非煤矿山、砖瓦场全部关闭,杜绝厂矿企业生产造成环境和大气污染。

【党员管理】 2018年,三河镇发展积极分子45人,转预备党员11人,转正党员10人。严格党费收缴标准,督促党员自觉、主动、亲自、足额缴纳党费。针对全镇5个软弱涣散村党组织,成立5个工作指导组,专门指导各村开展软弱涣散基层党组织整顿工作。通过补选,成功配齐了富陵、小河、辽坡三个村"两委"班子成员。按照"123"人才培养计划,各村共培育后备干部78名。强化组织引领,从当地种养大户、专业合作社组织成员及农民企业家中培育致富带头人30名,继续从退伍回乡创业、愿为民办事、能为民办事的党员中培育农村党组织带头人队伍。

【服务型党组织创建】 2018年,三河镇新建、维修了全镇13个村党员活动室。按照"七个一"标准,建设了各村文化活动室、图书室、器材室、活动广场、乡村大舞台等场所。六窑村党支部争创四星级服务型党组织,红城、小河、黑城、四营4个村党支部争创三星级服务型党组织,唐堡、团庄、坪路、富陵、代店、鹭海6个村党支部争创二星级服务型党组织,苋麻、辽坡2个村党支部争创一星级服务型党组织。

【精神文明建设】 2018年,三河镇各村通过党员大会、村民代表会议、专题会议传达学习移风易俗13场次,悬挂横幅39幅,大学生假期入户发放倡议书3000份。在六窑、黑城、四营、唐堡、苋麻等村部墙面制作了移风易俗村规民约等内容宣传文化墙1000平方米。鹭海村制作发放移风易俗宣传挂历近300份,"共产党员户六带头"金属牌18个。全面建成并完善、运作1个镇综合文化站、13个村级文化服务中心、7个农民文化大院(兴荣、再安、玉琴、顺天、秉军、鸿源、秉宏)、62个农村业余文艺团队,黑城、团庄等6个村社火队。组织的和自发的各类文化活动共800场次。2支广场舞蹈队,参加全县农民健身广场舞大赛工,分别获得二等奖和优秀奖。组织92名人大代表联合签名,反对铺张浪费,提倡红白事简办。评选树立移风易俗、文明户等先进典型8户,组织了6对新人参加全县组织的集体婚礼。各村(社区)分别成立新时代农民(市民)讲习所,完成场所布设,确定3个制度和组织机构、讲习人员,通过深入农村和社区基层一线开展"讲""习",讲好习近平新时代中国特色社会主义思想,讲解党的路线方针政策和形势任务,讲深中央、自治区、市、县重大决策部署,讲透党和政府各项惠民、利民、富民政策,带动广大群众干有方向、干有目标、干有激情、干有效果,为决胜全面小康提供精神动力、理论支撑和方法指导。向部队输送有志青年12名。

【廉政建设】 2018年,三河镇制定下发《三河镇2018年党风廉政建设和反腐败工作任务分工》及《三河镇2018年党风廉政建设和反腐败工作实施方案》,镇党委与各村支部和班子成员签订2018年党风廉政建设责任书,强化目标检查和考核,压实班子成员履行党风廉政建设"一岗双责"责任。专题研究党风廉政工作

4次，制定党风廉政和反腐败工作方案及落实五定工作方案。逐级签订党风廉政和反腐败工作责任书，签订廉政承诺书79份，签订家庭助廉承诺书25份。深入开展违反中央八项规定精神突出问题专项治理，查摆了6个方面12条问题和不足，超标准公务接待方面问题107个，差旅报销方面问题152个，违规公款吃喝方面（加班就餐）问题13个，违规发放福利津贴方面问题15个，超标准配备使用办公用房方面，全部整改完成。积极查办案件，信访件6件，县上转办6件，没有自办案件。已初核了结4件，严格落实纪委工作“三转”。加强农村干部廉政管理，在13个行政村分别建立廉情诊所，以“巡”诊、“看”诊、“问”诊、“会”诊相结合的方式开展工作。

李旺镇

【概　况】 2018年，李旺镇党委、镇政府团结带领全镇广大干部群众主动适应新常态，积极应对新挑战，坚持以脱贫富民、乡村振兴战略统揽工作全局，以加快草畜、特色种植、交通运输、劳务输出四大产业发展为主攻方向，紧盯脱贫攻坚、产业结构调整等重点工作，较好地完成了全年预定的各项工作目标任务。全年实现社会总产值11.57亿元，比2017年增长8%，农民人均纯收入9278元，比2017年增长8.5%。

【特色产业】 2018年，李旺镇依托清水河产业带优势，在清水河沿岸种植优质枸杞0.5万亩；以李果园为中心种植红葱6000亩，以杨堡村为中心种植青贮玉米5000亩，以彦礼合作社为主力，种植中药材4000亩。传统玉米种植面积较上年压缩5000亩，中药材、枸杞、红葱、青贮玉米等节水型农作物种植面积较上年明显扩大。

【草畜产业】 2018年，李旺镇积极实施华润基础母牛赊销计划，大力推进良种母牛扩繁和基础母牛保护工程，打造杨堡、杨山、团庄养殖专业村3个，完成饲草种植5000亩、紫花苜蓿留床48000亩，建设标准化养殖圈棚120座。530饲草加工配送中心征地94.57亩，并完成“三通一平”工作。牛、羊饲养量分别达8920头、2.1万只，畜牧业产值达4465万元。加强动物防疫体系建设，改造维修镇畜牧站，动物防疫率达100%。

【二、三产业】 2018年，李旺镇积极开展装载机、挖掘机、汽车驾驶员等技能培训1000余人次，鼓励劳动力“离土”就业创业，对“建档立卡户”通过奖补方式鼓励其务工，全年实现劳务输出7600余人次，其中双到户外出务工2300余人次，累计创收8000余万元。全镇大型货运车辆6000多辆，从业人员8000余人，全年实现产值6.5亿元，同比增长29%，占全镇社会总产值的56%，从业人员人均纯收入约2万元；商贸物流稳步发展，镇域内个体工商户610户，明旺、天瑞等非公有制企业实现产值800余万元，同比增长6.8%。

【生态立镇】 2018年，李旺镇坚持镇、村、组三级联动工作模式，正常开展禁牧封育、秸秆禁烧等工作，禁牧、禁烧、护林执法队伍常态化巡逻。聘用32名生态护林员、18名天保护林员、2名乡村绿化护林员、1名生态修复造林护林员，共同管护全镇7.6万亩森林资源安全，有力巩固了生态建设成果，进一步加大禁牧封育、退耕补植、植树造林和森林草原防火工作力度，切实保障生态安全，实现生态立镇目标。全年完成10000亩生态修复造林，乡村绿化植树15262株，在福银高速两侧补植经果林28000株。

【产业扶贫】 2018年，李旺镇建档立卡户完成华润基础母牛赊销672头，自行补栏986头，建设棚圈290座；完成大蒜种植10.5亩、红葱种植729.13亩、中药材种植52.5亩；完成马铃薯种植815亩、秋杂粮种植2360亩、饲草种植2920亩。

【金融扶贫】 2018年，李旺镇完成贷款1856户7441.3365万元，其中：信用社1329户5054.3365万元；邮政储蓄银行1户4万元；农业银行525户2378万元；宁夏银行1户5万元。“扶贫保”覆盖率达到100%。为解决“单老”“双老”等贷款难问题，积极对接华润集团完成“养牛贷”151户755万元。

【教育扶贫】 2018年，李旺镇积极落实贫困村学生入学率、巩固率指标。实施建档立卡贫困家庭学生补贴政策。2018年经镇村两级对建档立卡户高职、中职学生认真审核、公示，全镇审核通过172人，每人每年补贴资金3000元，扶持资金51.6万元。

【易地搬迁】 2018年，李旺镇完成“十三五”易地搬迁316户1444人，其中银川兴庆区244户1147人，贺兰50户227人，海兴开发区22户70人。“十二五”简泉生态移民搬迁188户793人。

【技能培训】 2018年，李旺镇通过加强劳动技能培训支持“离土”就业创业。截至年底，组织装载机培训50人、电工培训50人、电焊工50人、挖机100个，致富带头人培训30人次。协调项目资金70万元，建设新源村扶贫车间，已基本竣工，正在联系相关企业入驻，预计可解决100人的就业问题。

【道路建设】 2018年，李旺镇投入资金70余万元，对北梁、九牛等村水毁道路27公里进行修复，完成砂砾路铺设11公里，村级道路通畅率达100%。

【农田水利建设】 2018年，李旺镇以农渠清淤、农路整修、渠道维修等为重点，投入劳力9000余人次，出动机械2000余台次，整修农路10条5.3公里，清淤支斗农渠14.4公里，畦田建设4.97万亩，打造完成韩府3000亩农建示范点1个；团庄20万亩蓄水池投入运行，解决了团庄村5000亩土地的灌溉难问题。自来水已入5064户，普及率达65%，开挖管沟23公里，建设自来水室外取水井260座。新建人饮蓄水池4座（2000立方米、1000立方米、200立方米、100立方米）。

【危窑危房改造】 2018年，李旺镇危房危窑改造已完成验收147户，申请另选他址新建房屋63户、原址翻建房屋40户。

【环境整治】 2018年，李旺镇完成中央环保督查组4起转办件整改，保持秸秆禁烧、禁牧封育力度不减，有效巩固大气污染防治及禁牧封育工作成果。全面落实河长制，大力开展清河专项行动，聘请了重点河道巡护保洁员13名，组织机械和人员对全镇8个行政村沟道和水域岸线乱建乱占、乱围乱堵、乱采乱挖、乱倒乱排等行为进行了6次集中规模整治，开展了17次河道卫生专项清理行动、5次河道岸线专项违建整治行动，清理河道岸线5.9公里。清理、打捞、转运多年来累积垃圾12367吨。整治侵占河道岸线建筑物4家，拆除违法建筑面积9平方米。推广农药化肥减害控量应用面积300亩。按照“绿、洁、亮、畅、美”的总体要求,以拆“违”、治“脏”、植“绿”、治“丑”、严“管”为重点,紧抓环境整治不放松。依法拆除主干道沿线违章建筑5处660平方米,乱搭乱建158处。治理垃圾沟9处,清理“五堆”90000余立方米,设置垃圾箱75个;清理加水点15处,补胎点8处,废品收购点2处,店外占道经营300余处。完成污染源普查工业12户、农业3户、大型锅炉4个,集中垃圾填埋场1个。

【民生工程】 2018年,李旺镇积极开展城乡低保专项整治工作,对家庭经济情况好转的低保户进行进一步核实,取消不符合条件的农村低保415人、城市低保54人,新增因患大病等符合低保政策条件的380户412人。启动团庄、红圈村老饭桌工程,有效地解决了孤寡老人、空巢老人吃饭难的问题;积极争取民政部门支持,足额为全镇3471户4138人农村低保、56户78人城市低保、751名二级以上重度残疾人、101名孤儿、159名五保户、361名80岁以上高龄老人、245名贫困大学生发放各类津贴和救助资金1545万元。搭建“四化一满意”服务平台和政务服务平台,在网上受理和审批低保、医保等25项民生事项,让群众足不出户就能办事,零距离服务群众,着力解决服务群众“最后一公里”的问题。在各村开设了医疗养老保险收缴终端机,最大限度方便群众。阳光沐浴工程已完成安装3956台。

【社会综合治理】 2018年,李旺镇共排查化解各种矛盾纠纷321件,调解处理318件,调处率达99%。接待信访789人次。市长信箱70件,信访转办案件17件,办结率达100%。同时,加强对刑满释放和解除劳教人员的安置和帮教,各种矛盾纠纷及时化解、解决在萌芽状态,有力地维护了一方的稳定。扫黑除恶专项斗争强力推进,召开专题会议,全面部署,全面摸排,强化宣传,共利用横幅、微信等媒介宣传200余次。以创建“无毒社区”活动为载体,以清真寺、学校为宣传教育基地,充分利用禁毒法治课、宗教集会日等活动大力开展宣传教育活动,提高了群众识毒、拒毒、防毒的能力,有效遏制各类人群新增吸贩毒率上升势头。全镇有在册吸毒人员210人,完成社区戒毒登记20人,社区康复登记15人。

【民族工作】 2018年,李旺镇对教职人员进行相关法律常识培训3场次。扎实开展民族团结进步创建工作和“四进”清真寺活动,积极推进国旗、宪法和法律法规、社会主义核心价值观、中华优秀传统文化“四进”清真寺活动。

【基层武装】 2018年,李旺镇不断加强基层武装规范化建设,对民兵连部、民兵之家、武装部进行全面布置,使武装阵地建设得到整体提升。同时,加强民兵整组工作,提高基层武装部力量。积极开展“双拥”工作,慰问退伍军人及军人家属,全面完成县人武部下达的年度征兵任务。

【安全生产】 2018年,李旺镇开展道路交通、非煤矿山、防火、防汛、防疫、食品安全、校园安全等方面的专项检查64次,其中农用车载人12次,非煤矿山安全检查12次,防火检查4次,食品安全检查24次,校园安全检查12次。发布防汛、防火、交通道路安全信息98条。

【文教卫生】 2018年,李旺镇充分利用新建的文化广场、文化活动中心及乡村大舞台,组织群众在元旦、三八妇女节、五一劳动节等节日期间参加活动。积极参加县举办的春晚、社火、广场舞大赛。举办文体活动5场次，放映数字电影150余场次。扎实做好农村义务教育控辍保学工作，辍学学生已全部劝返。认真落实人口和计划生育基本国策，完成孕前健康检查400例。

【青妇工作】 2018年，李旺镇健全了妇代会、工会、团委组织，设立“妇女之家”，教育、引导全镇广大妇女树立“自尊、自信、自立、自强”精神，切实发挥妇女半边天的作用。指导基层团组织开展团的活动。切实关心干部职工的物质和文化生活，充分利用节假日及闲暇时段组织干部职工开展文体活动10余次。

【村干部队伍建设】 2018年，李旺镇健全村级班子队伍，对因搬迁等原因辞职的九牛、北梁村委员进行补选，开展村干部培训5场次，并组织所有村干部在县党校进行为期3天的集中培训。注重在政策宣传、增收致富、矛盾调处、民生服务、依法治村和助力脱贫富民等6个方面对党员进行教育管理，加强基层党组织书记、驻村工作队、大学生村官的管理和培训.切实开展“学先进、见行动”“共产党员的信仰”等主题党日活动；开设“不忘初心、牢记使命”主题教育的微党课活动，建立非公企业党建工作“五个清”台账。签订公职人员不参与经商办企业承诺书。

【基层组织建设】 2018年，李旺镇新建九牛、中川、罗泉、韩府4个村党员活动室；确定入党积极分子26人，已接收预备党员15人，预备党员转正1人。开展“三大三强”促脱贫富民行动。进一步强化村级党组织领导核心作用，全面实施农村“两个带头人”工程，建立“两个带头人”信息库，开展了一期30人参加的农村致富带头人创业能力培训班。扎实开展动员部署、问题清单梳理、集中学习、专题讨论、谈心谈话等各项工作，已建立清单的重点整顿村19个。参加学习教育农村党员443人；已开展专题讨论党组织16个。参加专题讨论农村党员432人。已进行走访谈心活动农村党组织7个。

【党风廉政建设】 2018年，李旺镇对中共十八大以来的超标准公务接待、违规公款吃喝、违规公款送礼、外出公款旅游、超标准配备使用办公用房等5个方面的突出问题进行了全面自查整改，自查发现违规问题数278件，违规资金29080元，已全部追缴并上解到县纪委。开通16个行政村“村廉通”账户，着力打造杨堡、杨山、七百户、团庄、新源村“村廉通”阵地。扎实开展村干部违规纳入建档立卡户专项行动，对全镇村“两委”班子成员违规纳入建档立卡户的16人进行了专项清理，全镇共有3名村干部辞职，13名村干部退出建档立卡户，追缴上解违规享受建档立卡户各类补贴资金100574元。加大案件查办力度，自查上级交办案件5件，协查案件5件，自收案件2件，对17名镇村干部分别给予诫勉谈话、责任约谈、通报批评处理。

【精神文明建设】 2018年，李旺镇紧紧围绕贯彻落实中共十九大推动移风易俗树文明乡风的工作思路，以培育和践行社会主义核心价值观为根本，以推动移风易俗、树立文明乡风为主题，提倡尊重民俗、抵制庸俗、拒绝粗俗，形成崇尚文明、勤俭节约的良好风尚，制作社会主义核心价值观、移风易俗宣传牌50余块，修改完善各村村规民约，并张贴公示在各村显著位置，评选出“好儿媳、好公婆、好家庭”266

人(户)、星级文明户1900户。

西安镇

【概　况】 2018年,西安镇上下深入学习贯彻中共十九大精神、习近平新时代中国特色社会主义思想和自治区、市、县党委、政府一系列重要决策部署,抢抓机遇,实字为先,干字当头,较好地完成了年初确定的各项目标任务。全镇呈现出脱贫攻坚成效显著、社会经济平稳发展、民族宗教团结和睦、人民福祉不断改善、社会大局和谐稳定、人居环境持续改善的良好局面,为全镇如期实现2019年脱贫攻坚各项目标任务,全县2019年顺利脱贫摘帽,与全国2020年同步全面建成小康社会奠定了坚实基础。

【脱贫攻坚政策宣传培训】 2018年,西安镇编印《西安镇脱贫攻坚政策解读》,组织镇村干部集中学习扶贫惠农政策,督促各村广泛开展政策宣传培训会,全年共组织镇村干部脱贫攻坚专题学习100余次、新时代农民讲习所扶贫惠农政策专题宣讲18次、建档立卡户专题培训23场次、帮扶干部专题培训5期,刷写标语18条,印发宣传材料5000余份,深入开展"两个带头人"培育工程,培育党组织带头人27人、致富带头人60人。

【建档立卡贫困户动态调整】 2018年,西安镇新纳入建档立卡户15户64人。严格按照贫困户退出程序,清退不符合条件259户1120人,取消死亡嫁出人员105人,补录新生儿、嫁入等人员250人,确保"应纳尽纳、应退尽退"。全镇2018年年底建档立卡贫困户2369户9287人,脱贫306户1170人,累计脱贫2102户8461人,未脱贫267户826人,贫困发生率下降到2.73%。

【产业扶贫】 2018年,西安镇紧紧围绕"有土""离土"两篇文章,科学制定9个村产业规划,培育形成小茴香、草畜、蔬菜、枸杞、劳务五大产业,兑付各类产业补贴资金704万元,确保户户有产业、人人能增收。

【教育扶贫】 2018年,西安镇改扩建学校2所,落实雨露计划370人次111万元,为贫困大学生发放困难补贴234人23.4万元,"控辍保学"工作成效显著,实现了义务教育阶段零失学。

【健康扶贫】 2018年,西安镇新建卫生室1个,配齐9个行政村标准化卫生室,实现建档立卡户"扶贫保"实现全覆盖。落实健康扶贫"三个一批"政策,大病救治218人,慢性病医生签约130人,大病兜底26人,医疗保险实现全覆盖,对全镇残疾人建立了健康扶贫患者档案。

【金融扶贫】 2018年,西安镇累计发放扶贫小额贷款2355户9453万元,兑付小额贷款贴息602万元,为建档立卡户购买"扶贫保"人身保险和财产保险,完成建档立卡户理赔151人95.4万元。全年新增四季鲜贷款入股分红201户,累计达682户,养牛贷36户,拓宽建档立卡户增收渠道。

【易地搬迁与生态补偿】 2018年,西安镇完成"十三五"县内劳务移民搬迁72户294人。实施新一轮退耕还林1802亩,新增园河村退耕还草3700亩,聘用建档立卡户生态护林员58名。全镇医疗、文化、保险和社会兜底等扶贫工程扎实推进。

【产业结构调整】 2018年，西安镇始终坚持把培育壮大特色产业、劳务产业作为全镇建档立卡户脱贫、广大群众致富的支柱产业去抓，以打造瓜菜产业示范镇为目标，开拓创新，大力扶持，引龙头、建基地、树品牌，培育形成小茴香、瓜菜、枸杞、草畜、劳务等五大产业。1. 小茴香产业。主要以园河村5000亩小茴香基地为中心，辐射带动西安、小河等5个灌区发展小茴香产业，面积稳定在2万亩以上。2. 草畜产业。充分发挥“两个带头人”作用，先后成立天都民生种植养殖专业合作社和智通专业养殖合作社，带动当地贫困户和周边农户大力发展养殖业。完成贫困户生猪补栏2400头，赊销华润母牛673头，累计赊销1330头，其中智通合作社托管代养95头，带动建档立卡户32户，全镇猪、牛、羊饲养量分别达到5212头、5430头、5.4万只。3. 蔬菜产业。引进四季鲜公司建成3217亩现代蔬菜种植示范园区，带动682户贫困户参与贷款入股分红，200余人就近务工，贫困户实现“流转费+务工收入+分红”三项收入，走出了龙头企业联农带农富农的可持续发展路子。4. 枸杞产业。招商引进北京中沙绿城公司建成6000亩有机枸杞种植园区，带动当地农户发展高效节水有机枸杞种植，全镇枸杞种植达到1.2万亩，带动200多人就近务工。5. 劳务产业。完成劳务输出7200人次，贫困户驾驶员、建筑瓦工、剪纸刺绣、挖机装机等技能培训878人，实用技术培训274人，两个带头人培训48人，安置建档立卡户公益性岗位79个，建成园河、薛套2个扶贫车间，培训纺织工173人，探索出贫困群众就近就业的“造血式”脱贫攻坚新路子。6. 其他产业。扶持贫困户种植红葱3100亩、秋杂1.5万亩，养殖中蜂、肉驴等，形成了“家家有种养、户户有劳务”的长效收入增长良好局面。

【人居环境】 2018年，西安镇紧扣“三大攻坚战”，突出环境整治重点，统筹推进危房改造、美丽村庄建设、安全饮水、村道绿化、河道整治、水土流失治理、退耕还林草等工程。全面推进美丽村镇建设，持续推进镇村美化、亮化、绿化工程，全年开展人居环境集中整治18次，关闭、拆除非法采砂场、砖厂5家，深入开展禁牧封育和严禁秸秆焚烧工作，健全镇村河长制、地长制组织体系，严格耕地保护，完成小河美丽集镇建设，建成小河、西安小公园。2018年完成改造320户，累计完成危房改造3335户。完成村道硬化9.5公里，建设砂砾路13公里，自然村村道硬化实现全覆盖。新建范台村部，实现9个行政村“两室两中心一院一广场”为一体的综合服务体系全覆盖。完成人饮工程维修，新建人饮工程蓄水池4个，自来水入户率达95%。完成G341国道西安段建设。巩固美丽村庄建设成果，巩固提升小河脱贫销号示范村、付套、西安美丽村庄建设成果，大力开展农村环境整治工作，生态环境得到进一步提升，镇村面貌发生了显著变化。

【民生福祉】 2018年，西安镇大力开展文化惠民活动，成功举办西安镇第二届农民文化艺术节、“金牛杯”篮球赛、“欢乐过大年文化进万家”文艺演出等系列惠民活动，评选表彰脱贫先进个人10人、脱贫示范户50户、道德模范2人、星级文明户2户、先进文明典型1户，选优树强先进典型，群众脱贫致富内生动力得到进一步激发。大力开展城乡低保专项核查工作,清退不符合条件的低保人员348人,新增低保人员788人,其中建档立卡贫困户513户,两项政策融合率达80%以上,政策叠加效应进一步显现,全年发放民政救助资金、临时救助245万元,发放养老、低保、残疾补贴等资金1800万元,社会保障体系实现全覆盖。大力简化群众办事流程,在镇民生大厅张贴办事指南并设置政府信息查询点,全年共计接待群众3205人,办理事件6000余起,办结率达100%。大力推进政务公开,全年累计向县政府网站和县政务公开平台公开民政救助、扶贫补贴、惠农资金等信息200余条,确保公平公正。

【社会治理】 2018年,西安镇共办理中央巡视组反馈信访件1件、自治区党委第一巡视组反馈信访件4件、网上信访平台信访件28件、"12345"政务服务热线113件。大力宣传扫黑除恶专项斗争工作,悬挂大型横幅20余条,刷写标语18条,制作大型永久性广告标语2座,发放200余份宣传彩页,摸排初核涉乱线索13条、治安乱点1个,全镇扫黑除恶工作稳步推进。扎实推进"七五"普法,全年累计排查化解矛盾纠纷12起,接待处理来信来访162件次,基本做到了案结事了。全面落实安全生产"一岗双责制",道路交通、人员密集场所等专项整治取得实效,全镇安全生产形势总体平稳。同时,工会、共青团、妇联、人武、双拥等工作取得了新的进步。成功创建自治区级示范村1个(小河)、市级示范村2个(范台、胡湾)、自治区级和谐寺观1处、市级和谐寺观2处。

【党风廉政建设】 2018年,西安镇召开党风廉政建设及反腐败工作专题会议4次,全面推广"村廉通"、"廉情诊所"两大村级监督机制,实现9个村全覆盖,深入推进扶贫领域腐败和作风整治,2018年以来开展各类谈话85次,其中提醒谈话20次,谈心谈话60次,诫勉谈话5次。强化监督执纪问责力度,2018年立案审查2人,党纪处分2人,责令作出书面检查12人。政府公信力、执行力、落实力得到进一步增强,群众满意度不断提升。

七营镇

【概　况】 2018年,七营镇社会总产值4.56亿元,农民人均纯收入达到8841元,增长15.5%,呈现出经济稳步发展、民生持续改善、社会和谐稳定的良好局面。

【贫困户管理】 2018年,七营镇坚持贫困户动态管理机制,实行贫困户进出精准化、动态化管理,对56户219人符合条件的贫困户和2户因病返贫户按程序纳入建档立卡扶持管理系统,对58户有车、有商品房等的建档立卡户及时做了脱贫不享受处理。完成深度贫困村退出1个、贫困村出列2个、当年贫困户稳定脱贫225户933人,其中脱贫享受政策167户692人、脱贫不享受政策58户241人。

【产业化发展】 2018年,七营镇完成枸杞新品种改良2000亩,农作物种植5.8万亩,其中建档立卡户完成枸杞改良860亩、农作物种植2.19万亩;精心培育了马堡、南堡2个高端肉牛养殖专业村、35家养殖场、7家养殖专业合作社。

【移民搬迁】 2018年,七营镇扎实推进移民搬迁工程,全面解决农村不安全住房问题。新建盘河、马堡安置点2个，就近安置贫困户147户575人。

【金融贷款】 2018年，七营镇协调农行、农村信用社为七营镇符合条件的贫困户发放贴息贷款4000万元，切实解决了贫困户发展致富产业资金短缺的问题。

【技能培训】 2018年，七营镇组织举办各类实用技能培训班15期，培训建档立卡户农民900人，举办职业技能培训班5期，培训建档立卡户农民218人，引导26名贫困户青壮年劳动力参加了汽车驾驶培训。

【特色农业】 2018年，七营镇在张堡、五营、高崖等村完成了2000亩枸杞新品种栽植和1000亩老旧品种改良，培育枸杞专业合作组织3家，新建枸杞烘干包装厂2家，有效延伸了枸杞产业的生产链条。大力发展瓜菜、经果林套种红葱特色产业。在张堡、五营村打造了一个1000亩瓜菜种植示范基地，稳步扩大小甜瓜、蔬菜种植规模。在张堡、马堡村完成了2000亩经果林套种红葱示范基地，有效解决了经果林产业前期收益低的问题。在7个贫困村完成秋杂粮、马铃薯等农作物种植8000余亩。

【草畜产业】 2018年，七营镇积极推广华润母牛银行模式，在精心打造马堡养牛专业村的基础上，鼓励全镇贫困户赊销华润基础母牛，全镇牛存栏4600头、羊存栏1.93万只，其中建档立卡户牛存栏3360头（华润牛存栏2941头），标准化圈棚建设1200座，完成紫花苜蓿种植3000亩，优质牧草种植1万亩。全镇牛、羊、鸡饲养量分别达到4200头、2.8万只和10.5万羽。

【劳务产业】 2018年，七营镇当年累计输出劳动力5120人次，创收6160万元，其中建档立卡户家庭劳务创收920万元。全镇有各类运输车辆820辆，有各类商贸营业网点1280家，非农经济从业人员3860人，带动建档立卡户就业580人。

【生态治理】 2018年，七营镇全面开展村容村貌和环境整治工作，完善了银平路、中心村和镇区环卫保洁长效机制，贯彻落实“河长制”工作体系，对清水河流域进行全面治理，叫停非法采砂场25家、砖厂3家，责令6家非法采砂进行闭坑复垦。清理、转运清水河沿线垃圾400余吨，联合镇派出所专门成立秋冬季秸秆禁烧巡查工作组，建立综合治理长效机制。

【河长制】 2018年，七营镇制定“清河行动”责任分工方案，建立镇村两级河长责任体系，督促镇村两级河长、巡河员定期、不定期巡河1200余次。对全镇6个行政村沟道和水域岸线乱建乱占、乱围乱堵、乱采乱挖、乱倒乱排等问题进行11次集中整治，开展15次河道卫生专项清理行动、9次河道岸线专项违建整治行动。

【环境整治】 2018年，七营镇牢固树立“绿水青山就是金山银山”的理念，坚决打好污染防治攻坚战，完善环境卫生整治长效机制，推行网格化管理，大力开展环境卫生综合整治行动，大力开展清“四乱”行动，排查出“四乱”28处，销号整改25处。鼓励群众加大秸秆多元化利用和农用残膜回收加工转化，定期组织镇村两级保洁员清除道路两侧农用残膜、垃圾。清理、转运多年来累积垃圾5850吨。推广农药化肥减害控量应用面积360亩。

【社会保障】 2018年，七营镇新增低保212户

363人,取消不符合享受低保条件172人;高龄认证359人,新增42人,取消39人;取消特困供养人员5人;摸底上报困境儿童10人;新增残疾人生活补贴959人、护理补贴675人,并对全镇1520名持证残疾人进行实名制登记;向全镇1574户群众发放临时救助资金717260元。大力宣传"两保"政策,养老、医疗保险参保率分别达到95%以上,大病医疗保险实现全覆盖,社会保险覆盖范围不断扩大,群众的利益得到了有效保障。

【基础设施】 2018年,七营镇积极争取交通、水务、财政、扶贫、宗教等部门项目资金1200万元,完成新建党员活动室2个,村道硬化20公里,渠道维修4.5公里,太阳能路灯安装233盏,砌筑张堡、下套等贫困村群众院落围墙7700米,改造大门93个,新建马堡移民点附属工程1处,绿化贫困村村道14公里,有效改善了贫困村群众生产生活条件。

【文化生活】 2018年,七营镇各村以村委会、文化大院为活动阵地,组织开展群众喜闻乐见的文化活动达10余次.加大文化大院培育力度,新申报文化大院1所.加强文化阵地建设,对2017年建成的文化活动室、文化广场、文化舞台进行布设使用,为创建国家公共文化服务体系示范区工作开展奠定了基础。

【卫生计生统计】 2018年,七营镇14个村建成标准化卫生室,深入开展创卫宣传工作,实施卫生健康行动计划,创卫工作长效机制初步形成。完成孕前优生健康检查396对。积极开展第四次全国经济普查工作,对全镇的单位、企业、个体户逐个入户普查,已普查单位及企业248家、个体经营户1456户。

【平安创建】 2018年,七营镇制定扫黑除恶行动斗争方案,在各村设立扫黑除恶举报信箱,有力推动专项斗争的顺利开展。深入村组、街道进行反邪教宣传,发放宣传资料900余份,辖区内无邪教组织渗透。同时推行矛盾纠纷排查工作,发挥村"两委"、村监会、村治保会、村调委、村民小组的作用,做到了"小事不出村,大事不出镇",排查调处各类矛盾纠纷10起,其中婚姻家庭纠纷3起,土地争议纠纷5起,合同纠纷1起,其他纠纷1起,保持全镇社会稳定发展的局面。

【禁毒工作】 2018年,七营镇以创建"无毒乡镇"为目标,与各村签订责任书14份,落实禁毒工作责任制,实施三级网格管控机制,随时掌握、全面掌控吸毒人员的动态,组织社区民警、禁毒专干、卫生院医生、村干部、家属形成五级联合管控小组,确保吸毒人员不复吸。集中组织禁毒宣传活动20余次,累计发放禁毒宣传资料1万余份,实现毒品预防教育"零死角"目标。

【安全生产】 2018年,七营镇落实安全生产"一岗双责"制度,与各村、辖区企业签订安全生产协议254份。组织工作人员深入道路交通、危险化学品安全、水利防汛安全等领域,认真开展安全生产十大专项整治行动,全镇共累计检查生产经营单位90余家,累计查处安全隐患10处,完成整改10处,其中列入治理计划的重大隐患1项,已整改1项,全镇安全生产隐患整改率达100%,安全生产形势整体持续稳定。

贾塘乡

【概 况】 2018年,贾塘乡在县委、县政府的坚强领导下，在县人大、县政协的监督指导下，认真贯彻落实中共十九大、自治区第十二次党代会精神，紧紧围绕县委、县政府中心工作，以积极开展"四抓四比"双争竞赛活动为依托，大力实施脱贫富民和乡村振兴战略，超前谋划、狠抓落实，在产业结构调整、人居环境改善、脱贫攻坚、社会事业等方面实现了新突破。全年农民人均纯收入7930元，同比增长9.23%。

【建档立卡户动态管理】 2018年，贾塘乡积极开展精准识别及"回头看"工作，对建档立卡贫困人口开展了动态调整，通过建档立卡、逐级筛选、"回头看"、复查、比对、核查等多种形式，做到了"村不漏户、户不漏人"，确保扶贫对象精准。全乡建档立卡贫困人口1959户7166人，2018年动态调整新增建档立卡户19户62人，其中未脱贫人口1152户4146人，已脱贫人口807户3020人，贫困发生率为11.7%。

【离土脱贫】 2018年，贾塘乡实施"拿证升级"工程，培育有致富能力的劳务经纪人，累计完成劳务输出15320人(建档立卡户2714人)；完成各类技能培训1406人。为确保劳务移民"搬得出、稳得住"，加快移民安置区产业发展现状，投资125万元改造建设贺川村扶贫车间，彻底解决移民街住户就业难问题，力争实现贫困户如期脱贫。完成建档立卡户学生享受春季"雨露计划"共134人20.1万元。协调项目资金125万元，建设贾塘乡移民街扶贫车间1处，有效解决移民街常住户就业难问题。

【金融扶贫】 2018年，贾塘乡积极对接农村信用联社、农业银行、宁夏银行等5个金融机构，累计完成贷款17619.6万元，发放贴息资金1705783.18元。统一为全乡建档立卡户购买脱贫保及农业保险，做到全覆盖。

【草畜产业】 2018年，贾塘乡完成紫花苜蓿新种补种1.2万亩，全乡紫花苜蓿留床面积达到7万亩。依托华润集团帮扶，大力推广"母牛银行"扶贫模式，建设王塘、后塘等6个肉牛养殖专业村。2018年，后塘村万头肉牛养殖繁育基地已初步成型，园区内引进苏格兰优质肉牛品种安格斯1868头，生产纯种犊牛598头，全乡赊销华润基础母牛2420头，养殖量达到近1万头。全年完成见犊补母100头，建档立卡户基础母牛补栏659头，基础母羊补栏1006只，滩羊选育660只。建新棚圈350座，完成华润帮扶投放基础母牛1000头。

【种植业】 2018年，贾塘乡充分发挥"两个带头人"作用，建成马营村枸杞大蒜永久性蔬菜基地，引进优质新品种和高产栽培技术，完成马营村大蒜枸杞西芹1700亩，其中枸杞1000亩，大蒜500亩，西芹200亩；秋杂粮种植20718亩，覆膜玉米种植12070亩。完成产业兑付补助资金406.86万元。

【美丽集镇建设】 2018年，贾塘乡积极争取县委、县政府等相关部门支持，加快美丽集镇建设步伐，进一步完善提升城镇服务功能，推动城镇化建设，拆除乡旧街道1204米并重新建设，道路两侧铺设面包砖4820平方米，拆除旧水管道740米并重建，设置检查井13座，沉泥井6座，项目总投资489.44万元。

【整村推进】 2018年，贾塘乡按照"布局优先、村庄绿化、河道净化、道路硬化、建筑美化、卫生洁化、管理长效化"的要求，打造建设双河村(南台、西湾自然村)整村推进示范村，计划投资800余万元打造建设双河村(南台、西湾自然村)整村推进示范村,已完成危旧院落拆除工作,项目前期招标等工作正在有序开展。

【基本农田建设】 2018年,贾塘乡以贾双公路为轴心,建设后塘、双河、黄坪千亩覆膜示范点3个,完成堡台、南河、王塘及马营村坡改梯及机深翻工作。配合水务、环保等部门积极开展土地征收及工程协调工作,完成土地征收分解220亩,2个蓄水池建设工程及主管道铺设工程正在稳步推进。积极开展土地流转工作,完成三塘灌区王塘片区高效节水工程土地储备流转3715亩、高效农田节水灌溉配套设施建设工程正在实施。投入劳力5500余人次、大型机械620台次,完成秋季覆膜4500亩,新修、维修生产道路20.1公里。完成堡台村坡改梯田3000亩,南河村3000亩。完成秸秆还田1000亩,秋施肥3.66万亩,机深松1.47万亩,机普翻3.31万亩,残膜回收62吨。

【安全饮水】 2018年,贾塘乡建成双河村、堡台村300立方米蓄水池各1座,南河村200立方米蓄水池正在建设。完成双河村57户、南河村南川自然村63户及仁庄自然村23户安全饮水通户工程,保障全乡人饮工程正常通水。

【危窑危房改造】 2018年,贾塘乡严格按照危房危窑改造标准实施危房改造工程,已完成危窑危房改造205户(建档立卡户61户),签订危房改造协议303户。

【医疗卫生保障】 2018年,贾塘乡完成妇女孕前健康检查238例;爱茉莉太平洋"妆典生命"妇女"两癌"筛查450人。收录全乡建档立卡户,已核准因病致贫269户774人,按照"三个一批"实施医疗救助,上门签约"家庭医生"服务协议,并根据建档立卡户患病患者建立个体化治疗方案,对其中慢性病患者进行季度随访,实时观测患者病情;对重大疾病(9种大病)患者实施转诊机制。

【社会保障】 2018年,贾塘乡对2592户、2889名农村低保待遇人员、347名高龄老人、773名残疾人、35名孤儿、41名五保户实施兜底保障,做到"应保尽保",全乡建档立卡户为低保户有1548户1714人,政策享受融合度为59.3%。实施城乡居民基本医疗保险、大病医疗保险、大病医疗救助和"扶贫保"四种报销政策。

【文化教育】 2018年,按照"发展教育脱贫一批"的目标,对全乡建档立卡户、低保户、特困及残疾学生研究制订了"六扶"(扶资、扶德、扶教、扶智、扶特、扶志)帮扶计划;成立了马营村康乐舞蹈协会,喜闻乐见的群众文娱活动推动乡村文化繁荣发展。

【扫黑除恶】 2018年,贾塘乡照三年整治的目标任务,对辖区内信访案件、治安案件、犯罪案件和各行业、各领域的涉黑问题和违法犯罪问题进行全面排查分析、滚动摸排,建立起了10项重点集中整治案件库,集中摸排6条涉恶涉乱线索;依法依纪严格处置辖区内3名涉乱人员;在辖区内悬挂固定扫黑除恶宣传标语30余条,电子滚动标语2处,永久性墙体字宣传20处,制作开展扫黑除恶专项行动宣传栏10处;依托"农民讲习所",组织全乡万余人次专题开展学习"海原县曹洼乡白崖村铲除村霸"案例10次;围绕"七五"普法法治宣传月"6·26"国际禁毒日等主题宣传活动,发挥"互联网+法治宣传"的传播优势,大力开展新媒体法治宣传活动,集中开展扫黑除恶法治宣传活动。

【社会综合治理】 2018年,贾塘乡牢固树立"稳定压倒一切"的思想,集中精力梳理化解遗留信访积案5件,网上办结信访案件30件,办结"12345"政务热线案件82件,阳光政务电视平台现场答复1件,矛盾排查纠纷系统梳理化解17件。充分发挥村级调解委员会的职能作用,严格落实信访工作责任追究及信访案件包保制度,妥善解决信访问题。

【安全生产】 2018年,贾塘乡做好非煤矿山、河道、道路、校园、商场等场所的安全隐患排查70次。依法关停非煤矿山4处,关停非法运营砖厂1座。对辖区内200余家食品制作经营场所开展食品安全排查。做好冬春草原森林防火,确保安全生产各项任务落到实处。扎实开展了宗教场所安全隐患排查整改工作。

【基层组织建设】 2018年,贾塘乡始终坚持以党建为龙头,积极开展软弱涣散党组织整顿,将党建目标任务细化、量化,乡党委与各支部层层签订目标责任书,明确责任。贯彻落实"五联五促"专项行动任务,与党员开展谈心谈话,召开共产党员的信仰专题组织生活会10场次,诫勉谈话党支部书记9人次。摸排筛选后备干部27人,重点教育和培养,积极出智出力参与党务和村务。积极开展违反中央八项规定专项治理,追缴违规违纪资金94910元,批评谈话教育213人次。

关桥乡

【概　况】 2018年,关桥乡辖11个行政村91个自然村,有8891户33947人。全乡有建档立卡贫困户2993户11487人,2018年有904户3403人贫困人口脱贫,累计脱贫2616户10289人,全乡未脱贫377户1198人,贫困发生率为3.7%,实现3个贫困村(方堡村、罗山村、张湾村)和1个深度贫困村(王湾村)出列。

【扶贫产业】 2018年,关桥乡共种植硒砂瓜2.8万亩,拱棚甜瓜1200亩;种植糜子1.3万亩,引进宁夏大磨坊在八斗村建设千亩秋杂粮示范点1处;种植玉米1.1万亩、马铃薯3000亩、枸杞3800亩;种植芹菜3000亩,韭菜1200亩,建设蔬菜拱棚8座。在方堡村实施500亩科技扶贫香水梨示范基地前期规划和土地平整、挖窝,计划2019年春季进行栽植,实施退耕还林项目1000亩。大力发展种草养畜主导产业,种植饲草11362.5亩;实施退牧还草工程项目5000亩;赊销华润基础母牛184头,第二批867头花名册已上报;完成基础母羊补栏14000只,已补贴1101只。完成劳务输出5100人次,开展建档立卡户汽车驾驶员、实用技术培训808人次。

【公共服务】 2018年,关桥乡完成危房改造459户;实施道路硬化47.6公里;实施贺堡河整治与疏浚河道10公里,砌护河岸12公里;自来水入户370户,建设蓄水池7座。开展环境卫生大整治活动,涂红刷白树木15130株,清理垃圾200余处。安装太阳能热水器2140台。建成方堡、罗山2所幼儿园,贺堡小学主体完工。2018年共入库教育、金融、产业、基础设施4个模块320个项目,涉及产业资金2711.3万元,基础设施资金13807.8万元。2019年、2020年计划入库教育、金融、产业、基础设施4个模块685个项目,待和各部门对接后进行立项。建设关桥华润希望小镇特色小城镇样板街区,新改建农户危房72户,主街道拓宽1公里,巷道硬化8公里,完成给排水及绿化、亮化工程。

【资金兑付】 2018年,关桥乡已兑付3431.57万元,支付率为89.58%,共结余资金399.03万元。扶贫小额信贷贴息资金251.6万元,因部分贷款未到期,尚未进行结息清算,故尚未兑付,预计2019年1月完成兑付;产业资金63.7万元,主要是贺堡、马湾、冯湾三个行政村棚圈建设资金,项目已完成验收,正在审核中,审核完成后完成兑付;2017年示范村建设资金结余30万元,为冯湾村围墙建设资金,项目已完工,验收后予以兑付;项目建设质保金及监理费53.73万元,按合同约定到期后兑付。2018年,共拨入2331.73万元,累计完兑付816.96万元(技能培训资金8.87万元,扶贫小额贷款贴息117.7万元,少数民族发展资金227.28万元,脱贫销号村资金146.78万元,巩固提高村资金284.1万元,2019年销号村资金22.23万元,闽宁资金10万元),支付率为35.04%,结余1514.77万元(技能培训补贴资金33.13万元,劳务奖补123万元,扶贫小额贷款贴息资金325.54万元,少数民族发展资金17.72万元,脱贫销号村资金409.22万元,巩固提高村资金201.9万元,深度贫困村资金252万元,2019年销号村资金12.26万元,闽宁资金140万元),产业资金1338.49万元,已兑付463.12万元。

【教育医疗扶贫】 2018年,关桥乡共有627名大中专建档立卡家庭在校学生享受“雨露计划”,为关桥乡本科、大专、中专的236名新生给予一次性补助20.72万元。落实健康扶贫行动计划,全乡参加医疗保险32850人,建档立卡户实现100%参保,购买“扶贫保”12712人。完成低保核查工作,清退765人,新纳入254人。新增公益性岗位(含生态护林员)57个,解决57户建档立卡贫困户就业问题。

【金融扶贫】 2018年,关桥乡共有1878户建档立卡贫困户贷款8759.9万元,完成贷款贴息217.4万元,为100户建档立卡户办理了“养牛贷”,为全乡种养殖业购买农业保险58.13万元。

【易地搬迁】 2018年,关桥乡完成生态移民村八斗村192户547人遗留人口的摸底情况,完成186户“十二五”移民户籍迁转工作,对脱场、马湾安置点存在问题正在核查整改。

【贫困户动态管理】 2018年,关桥乡深入开展建档立卡贫困人口动态管理工作,累计清退“五类人员”441户1729人,新识别8户28人。

【移风易俗】 2018年,关桥乡充分发挥村规民约、红白理事会“一约一会”作用,推动移风易俗,有效激发贫困村和贫困群众的内生动力,不断提高自我发展能力。成功举办“推动移风易俗助力脱贫攻坚”群众文艺展演活动,表彰移风易俗、脱贫示范户等各类道德模范33人。

【致富带头人】 2018年,关桥乡实施“三大三强”行动和“两个带头人”工程,对方堡、张湾、罗山村部进行修缮,配置办公桌椅30套,完成旗台建设5个,培养村党组织带头人11人,集中培训致富带头人30人,切实筑牢基层脱贫攻坚战斗堡垒。先后举办9期培训班,完成市县乡29个单位500余名帮扶责任人扶贫政策能力专题培训。

高崖乡

【概　况】 2018年,高崖乡地区总产值达到7.29亿元,同比增长10.5%。其中,一产完成3.94亿元,同比增长7.9%;二产完成1.31亿万,同比增长8.2%;三产完成2.04亿元,同比增长17.6%。农民人均可支配收入达到10154元,同比增长10.0%。结合扶持政策,围绕群众需求,乡党委、乡政府在深入研讨和广泛征求各方意见的基础上,创造性地提出贫困户户均种植经济作物(覆膜西瓜、枸杞等)3亩以上,赊销基础母牛3头(羊20只)以上,向外输出1名壮劳力"331"扶贫模式,合力攻坚,精准施策。

【干部学习】 2018年,高崖乡组织中心组学习12场次、干部理论学习46场次,开展理论宣讲6场次、干部交流发言5次,完成心得体会5份,抄写学习笔记1万字以上,领导干部根据所分管的实际工作,深入调研,每人形成高质量调研报告1份。

【干部管理】 2018年,高崖乡修改完善《高崖乡干部绩效管理办法》,严格用制度管人。因干部不按时参会、落实工作进度慢问题,先后通报4次10人次,开展提醒谈话8人次,对2名干部不正常上班做出严肃处理,并上报县人社局。

【宣传教育】 2018年,高崖乡开展以社会主义核心价值观、移风易俗、扫黑除恶、政务公开、民族宗教、妇女权益、法律法规、禁毒知识等内容的宣传工作,印发宣传材料1万余份,制作宣传墙130米,悬挂横幅120条,开展普法宣传活动2次,组织大学生利用寒暑假开展移风易俗宣传活动2次,组织开展道德讲堂1次、禁毒宣传4次。

【意识形态】 2018年,高崖乡召开意识形态专题研究会议2次,利用集体学习、网络平台、宣传阵地等载体加强意识形态教育,提高干部政治站位,增强"四个意识"。

【政务公开】 2018年,高崖乡对粮食直补、草原奖补、良种补贴、低保金、救灾款、临时救助等惠农资金的配套、造册、拨付、监督等方面严格按照公开公示流程,全面落实"五公开"的内容,确保群众知晓率。政务公开工作开展以来,先后在宁夏回族自治区政府管理网站、海原政务公开智能管理等平台累计公开公示各种涉农补贴资金146次,发布政府信息82次。

【农业农村经济】 1.枸杞种植。以联合、红岸村已有枸杞产业结构为基础,在高湾、高崖、联合、红岸、红古村完成补植补造枸杞2400亩,逐步打造清水河流域枸杞长廊。全乡累计枸杞种植面积达8000亩以上,摘收枸杞1000万公斤(烘干后200万公斤),创造价值6000万元。2.苹果种植。充分发挥联合、三分湾村苹果种植技术优势,在联合村新增苹果600亩,对草场村南山1300亩经果林种植基地进行补植补造和抚育管护。全乡苹果种植面积达10万株5000亩,摘收苹果2100吨,创收1050万元。3.覆膜西瓜种植。在高湾、联合、草场集中种植覆膜西瓜3000余亩,零散种植1000亩,实现每亩3000元的高收益,为打造高品质硒砂瓜种植打下了坚实基础。4.其他作物种植。坚持因地制宜,种植玉米6.2万亩、甜瓜5000亩、黄豆800亩、蔬菜500亩、小麦3000亩、高粱400亩。5.农田水利建设。全乡机耕农田7万余亩，秸秆还田0.5万亩，秸秆调制利用5万亩，畦田建设4万亩，秋施肥6万亩，春秋季残膜回收57吨。在联合村建成高标准农建示范点3000亩，旨在打造枸杞特色产业经济带，大力推进产业扶贫，全面提高农建综合效益。

【道路交通建设】 2018年，高崖乡通过争取交通项目，在红岸村道硬化路24公里，联合村硬化道路1.6公里，振兴村硬化道路1公里，三分湾村硬化道路0.5公里；在新民村铺设砂砾路6公里，红岸村铺设砂砾路7公里，高崖村铺设砂砾路6公里。争取县宗教局项目，在香水村硬化道路6公里，极大改善了群众出行难问题。

【水利设施建设】 2018年，高崖乡维修渠道17处8.7公里，整修农路5条4.3公里；完成清淤主支渠道45条75.8公里，709主渠清淤8公里；对草场村木岔沟进行集中治理，砌护治理沟道3.2公里；在高湾村新建机井2眼；清理检查自来水联户井270座，新建自来水室外取水井112座，自来水立杆室外改移260户，自来水新入户343户；完成联合村张家树100立方米自来水蓄水池建设工程，完成高湾村1000立方米和2000立方米自来水蓄水池建设工程，解决了群众全年正常的安全饮水问题。

【美丽村庄建设】 2018年，高崖乡投资131万元，全面完成红岸村文化休闲广场建设、断头路硬化、面包砖铺设、村部绿化美化工程。全乡安装太阳能路灯130盏，安装太阳能热水器1687台。争取贫困村综合整治建设项目资金118.4万元，在红岸和高崖两个贫困村主干道两侧铺设面包砖各4000平方米，人居环境不断改善。完成危窑危房改造92户，其中，建档立卡贫困户26户，低保户27户，群众的住房条件得到进一步改善。

【设施农业建设】 2018年，高崖乡积极争取自治区农牧厅对口帮扶草场村旱作节水项目资金117万元，完成草场村园区117座日光温室拱棚保温棉被更换工作，进一步发展壮大甜瓜特色产业，不断提升农户经济效益。

【基层政权建设】 2018年，高崖乡通过积极对接县委组织部，彻底解决村部用房占地面积少的问题。在高崖村、红古村新建村部各196平方米。

【环境综合治理】 2018年，高崖乡建立“日保洁，周整治，月整改”环境治理长效机制，在全乡范围内开展清“四乱”专项整治行动。充分发动有劳动能力的低保户、建档立卡户、公益性岗位人员等义务工5000多人次，出动各种机械2000多车次，配备垃圾箱60个，对高兴公路和银平公路沿线及各村主干道两侧杂草进行全面清理，对乱堆乱放及建筑生活垃圾进行全面清除，在重要道路沿线两侧及各村村部补栽补种树木6000棵，完成辖区内3.5万株林木的涂红刷白工作，全乡环境卫生面貌得到进一步改善。

【扶贫政策宣传】 2018年，高崖乡先后为建档立卡贫困户发放《中卫市脱贫攻坚知识手册》《海原县2018年脱贫攻坚政策汇编》2000余本，发放高崖乡制定的《精准扶贫精准脱贫项目到户明白卡》4000余份，进一步加大贫困群众对扶贫政策的知晓率。研究制定《高崖村基础设施建设方案》《红岸村产业发展方案》《新民村巩固提高方案》《高湾村巩固提高方案》《红古村巩固提高方案》。“6361”和“1716”作战图喷绘上墙，完善《建档立卡贫困户脱贫工作台账》。通过建档立卡贫困户动态调整工作,新增贫困户24户103人,做到了应进则进,应退则退,实现动态调整的目的。2018年实现262户1077人预脱贫,贫困面降至7.2%。

【草畜养殖】 2018年,高崖乡新建标准化圈棚235座。全乡建档立卡贫困户赊销基础母牛695头,新增母羊补栏4500只。全乡牛存栏8000头,羊存栏35000只,家禽存栏12300只。

【资金兑付与金融扶贫】 2018年,高崖乡兑付基础母牛补贴资金157.4万元,基础母羊补贴资金86.1万元,特色种植补贴资金25.5万元,棚圈补贴资金82.25万元,共计涉及农户1050户。积极对接金融机构发放贷款1.25亿元,涉及3450户,其中,建档立卡贫困户贷款3200万元,涉及840户,贴息金额120万元。

【教育扶贫】 2018年,高崖乡认真贯彻实施教育扶贫项目,对全乡中高职87名学生实施"雨露计划"项目,补助金额26.1万元;积极对接县教育局,对新考入的83名三本以上大学生及时审核统计上报,补助金额41.5万元;积极对接县民政局,对全乡中高职及中高职以上270名学生进行审核统计上报,补助金额23.71万元。

【劳务输出和技能培训】 2018年,高崖乡加大劳务输出力度,加强技能培训,全力做好"离土"这篇文章。全年组织输出壮劳力5000人次以上。组织开展SYB创业培训一期30人次。组织举办烹饪等技能培训班2班次201人次。培养致富带头人38人,涉及劳务经纪人、运输、种养殖等多个行业,举办致富带头人培训班3班次78人次,不断引导建档立卡贫困户学手艺,懂技术,激发贫困户内生动力,加快由"输血式"向"造血式"转变步伐。

【综合治理】 2018年,高崖乡共摸排矛盾纠纷85起,调解成功80起,答复"12345"群众信访热线110件,成功处理群众信访件12件。

【社会保障】 2018年,高崖乡不断加强特困群众、弱势群体的最低生活保障和社会救助力度。对全乡因病、因学、因灾致使生活经济困难的家庭,发放临时救助49.037万元;新纳入低保户364户353人,其中,建档立卡贫困户143户150人;初步完成残疾人员重新摸底鉴定定级工作,已发放一二级残疾证书456个;充分利用"四化一满意"平台,实现为民服务办件量24450件,其中,办理失地农民养老保险金430人。通过一系列举措,全面保障困难群体的生活问题,为群众提供便民高效的热心服务。

【计划生育】 2018年,高崖乡积极宣传倡导生育政策,保持人口数量。免费孕前健康检查136对。

【安全生产】 2018年,高崖乡落实安全生产责任制,加大安全隐患排查力度,发现问题,及时责令整改落实到位;在重要路段、水库设立警示牌,并与相关责任人签订安全生产责任书,全乡无一例恶性安全事故发生。

【民族宗教】 2018年,高崖乡认真学习贯彻习近平总书记关于宗教工作的一系列主要论述,把握习近平民族团结思想的丰富内涵,牢固树立马克思主义宗教观。通过大力宣传民族团结政策,加强教职人员任职管理,组织开展教职人员政策培训班2次120人次,完成辖区内29座清真寺的"四进"活动,使宗教事务管理步入法治化轨道。创建完成新民村区级民族团结示范村,全乡形成宗教和顺、民族团结的良好局面。

【群众文化】 2018年,高崖乡积极组织群众组建文艺团队,利用春节、元宵节等重要节日开展文艺演出,先后组织草场村、联合村文艺队参加海原县首届农民丰收节广场舞比赛,组织参加新区和海原县春节联欢晚会,前往中卫市参加元宵节闹新春演出。自治区市县文工团开展文化下乡3场,举办庆三八文体活动1次。大力推广数字图书,发放图书卡400张,群众文化生活日益丰富。

【科教文卫】 2018年,高崖乡在三分湾村新建集完全小学和幼儿园于一体的综合学校一座,在红岸、联合两村分别建成一座幼儿园,为幼儿提供学习教育便利。控辍保学工作再上新台阶,积极与高崖学区对接,完成92名学生的劝学劝返工作,其中,中学生83名,小学生9名,全面落实教育均衡发展政策,提高农村办学水平。进一步加强村级卫生室及突发公共卫生事件医疗救治体系建设,落实医疗保障和养老保障政策。高质量完成全国第四次经济普查工作,五星级统计站验收合格。

【党的建设】 1.基层组织建设。严格按照县委组织部要求,制定基层党组织软弱涣散党组织整顿方案,明确时限和责任人。完成红古、新民、红岸、联合、三分湾、香水、高湾7个村党支部软弱涣散整顿前三个阶段整改整治工作。加强星级服务型党组织创建,创建二星级党组织9个。加强党费管理,缴纳党费16100元。落实党建例会制度,召开党建例会2次。加强农村党员活动室建设,新建高崖、红古两村党员活动室,对三分湾村党员活动室进行防水改造,换瓦、换顶,围墙维修。成立村“三委”办公室,完成各村党员活动室党建、农民讲习所的喷绘、制度、流程等上墙工作,党组织活动阵地进一步美化。2.党支部班子建设。积极开展“三大三强”工程,组织村干部业务培训2次,举办党支部书记专题培训3次,组织村党组织负责人谈心谈话9人16次。落实村干部坐班制度,建立村干部绩效考核制度,推动村“三委”班子成员履职尽责。3.党员队伍建设。开展毕业返乡大学生党员信息摸排工作,对全乡399名党员建立数字信息。在抓党员的学习教育上下功夫,利用“三会一课”、支部主题党日、“两学一做”学习教育等方式,组织各村党员认真学习中共十九大精神、习近平总书记系列重要讲话、党章党规及重温入党誓词,使党员结合工作实际学用结合、遵守党章,增强党员意识,充分发挥党员先锋模范作用。关怀关心困难党员,利用春节、七一建党节慰问困难党员56人。严把党员“入口关”,制订党员发展计划,规范党员发展流程,严把质量关,全乡发展入党积极分子29名,确定发展对象10名,发展预备党员1名。4.党风廉政建设。严格执行中央八项规定,严控“三公”经费,加强公车管理。自开展违法中央八项规定专项整治工作以来,乡党委对20余名干部职工进行了批评教育,并向乡党委做出书面检查,责令追回资金1.8万余元,并上缴国库。各村挂牌成立“廉情诊所”,采取“坐诊”“巡诊”“看诊”“问诊”“会诊”相结合的方式,对村干部履职及作风情况以及农村党员遵纪守法情况和其他损害党群干群关系侵害群众利益的问题进行“诊治”,不断加强农村基层作风建设,干部作风明显好转。加强重点环节的查处力度,尤其是扶贫领域贪污腐败方面,对一些违纪党员进行了立案查处,2018年高崖乡纪委共立案查处案件1件1人,起到了较好的震慑和警示教育作用。

树台乡

【概　况】 2018年，树台乡上下对标自治区、市、县委、县政府确定的各项目标任务，以强硬工作作风、以务实苦干精神，紧抓有土离土产业，统筹做好脱贫攻坚等各项工作，保持经济社会平稳健康发展。全乡实现脱贫人口2451户9889人，三个行政村（韩庄、红井、龚湾）实现脱贫销号。全乡社会生产总值达到1.56亿元，同比增长4.7%，农民人均可支配收入达到8530元，同比增长16.7%。

【产业扶贫】 2018年，树台乡完成牛补栏800头，见犊补母920头，母羊补栏3450只，滩羊选育1384只，巩固大嘴、相桐2个肉牛养殖示范村，培育龚湾、红井2个肉牛养殖示范村。建成大嘴村万亩秋杂粮基地，集中连片种植油菜、荞麦等杂粮1.08万亩，全乡种植秋杂粮种植达3.5万亩；集中连片推广马铃薯一级种薯1.5万亩、原原种300亩，全乡完成马铃薯种植约3万亩；完成黑豆1000亩、红葱635亩、百合253亩等特色种植。

【就业及搬迁扶贫】 2018年，树台乡培训建档立卡户1022人，转移就业8500人，创收1.25亿元，将184名建档立卡户纳入护林员和公益性岗位。完成“十三五”劳务移民200户857人，其中县外劳务移民19户78人，县内劳务移民181户779人。

【金融及社保兜底扶贫】 2018年，树台乡完成各类金融贷款2640户8675万元，其中建档立卡户1197户3778万元；兑付金融贷款贴息351.5万元；212户信用良好、丧失劳动能力的建档立卡户申请养牛贷。符合条件的建档立卡户全部纳入低保范围，单老户、双老户社会保障兜底。争取闽宁帮扶资金150万元，用于韩庄村500亩百合种植及2.5公里村道硬化项目。

【人居环境】 2018年，树台乡完成危房改造297户，其中建档立卡户184户，极度贫困户26户；完成韩庄示范村建设，为287户砌墙1.08万米、安装大门216座，粉刷外墙42325平方米；完成红井美丽村庄88户农宅、大门及5280平方米农宅外墙面改造等配套设施建设，硬化道路12250平方米，安装太阳能路灯60盏，绿化树木2200棵。完成树台美丽村庄341户农宅及村落配套设施建设，安装大门135户，铺设人行道3980平方米，改造围墙3100米，建设护坡3198平方米，安装太阳能路灯22盏。高标准硬化红井至小台子、大西沟10.8公里、红井至浪塘5.6公里村道，整合中央少数民族发展资金，硬化韩庄村道6公里，维修生产路37.5公里。全面维修改造红井灰条沟、二百户北山、小红水等村人饮管道及配套设施，大嘴南部人饮工程正常通水，全乡所有自然村人饮实现全覆盖，二百户、韩庄等村新建户外取水井275座，保障农户冬季取水方便。持续开展秋冬季农田水利建设，维修淤地坝291座，覆膜900亩，残膜回收88.56吨，树木抚育管护6.6万株等。安装太阳能热水器815台、太阳能路灯470盏。

【生态保护】 2018年，树台乡对小红公路沿线18公里绿色通道建设完成征地240余亩，种树14000棵，后续绿化管护工作正有序进行。村道绿化种树5000棵，其中韩庄至龚湾4公里

3000棵、二百户至小红水1.5公里1000棵、大嘴全境1000棵。

【环境专项整治】 1.河道整治。全面推行河长制工作,对全乡5家无证照非法采砂场集中整治关停,限期完成治理;对手续合法的沙场严格监管,要求停产整顿,恢复河道河床生态,验收合格后申请复工。2.水土流失治理。新增治理浪塘宋堡、二百户小红水水土流失13.65平方公里,新建水平梯田4万亩,配套生产路45.07公里、田间道路81.87公里。3.退耕还林还草。大嘴、二百户完成退耕还林1900亩,二百户、浪塘村完成退牧还草4500亩,确保林草休养生息。全乡配套垃圾箱60个,达到保护环境、净化环境的作用。

【文化建设】 2018年,树台乡在相桐村成功举办迎新春第十届"诚信杯"农民篮球运动会和"庆祝改革开放40周年暨自治区成立60周年"文艺会演,在大嘴村成功举办"赞美新时代 迎60大庆花儿颂家乡"农民演唱会,在红井村开展文化扶贫进村暨移风易俗宣传系列活动。组建35人的妇女广场舞队参加全县农民首届"中国农民丰收节"暨第五届健身广场舞大赛,并获一等奖。在树台村部打造传统农耕文化作品展览室,开展"百花争艳 多彩树台"民间文化作品征集展。评选表彰第二届"移风易俗示范户""脱贫攻坚先进个人"等各类典型示范户48户。红井等村打造以宣传中共十九大、社会主义核心价值、移风易俗和精准扶贫等为主题的移风易俗百米文化长廊。这些活动极大激发了全村群众致富靠己的思想,高额彩礼等得到有效遏制。评选表彰"移风易俗示范户""脱贫攻坚先进个人"等各类典型示范户48户、人,全乡9个村综合文化服务中心配备专管员。

【慰问关怀】 2018年,自治区成立60周年期间,树台乡贫困群体1456人享受中央代表团发放的慰问品,其中低保户516人、五保户92人、残疾人297人、建档立卡户503人。

【民政救助】 2018年,树台乡享受高龄185户185人,特困供养人员分散供养58户58人,集中供养21户22人;救助孤儿42人。开展低保核查,全乡取消低保346人,新增555人,审核通过498人,享受低保政策2912户3312人,其中建档立卡户1790人,融合率为54%。全乡持证残疾人1305人,其中一二级残疾人492人,三四级残疾人813人。

【教育帮扶】 2018年,树台乡"雨露计划"资助261名高职专科学生,每生1500元,累计支出资金39.15万元;为126户建档立卡户家庭学生享受"离土"产业扶持资金,每生5000元资助,累计资助63万元;对全乡2018年新入学100名二本以上大学新生发放助学金10万元。2018年共有32名学生辍学,在乡村两级干部努力下,全部劝返,确保适龄儿童都能接受九年义务教育。

【健康扶贫】 2018年,树台乡推广家庭医生签约服务,累计签约达1023人。建档立卡户"扶贫保"实现全覆盖。有标准化村级卫生室9所,村医15人。残疾人康复中心通过进村入户对全乡建档立卡户因病致贫、因病返贫进行精准识别,确定健康扶贫患者,建立健康扶贫患者健康档案。治愈建档立卡户患者236人,纳入慢性病签约管理治疗224人,接受治疗165人。

【综合治理】 2018年,为加强乡党委对综治工作的领导,成立"一把手"负总责领导机制,层层签订责任书，明确责任，严格落实“一村一警”警务机制和网格化管理机制，将9个行政村分2个大片区，并实行警情互动。同时坚持矛盾纠纷限期包案化解工作制度，坚持乡村两级干部坐班接访制度，大力排查矛盾纠纷，着力解决群众反映强烈的突出问题，信访案件化解成效显著。2018年共办理中央巡视组反馈信访件1件，自治区党委第一巡视组反馈信访件8件，网上信访平台信访件58件，“12345”政务服务热线102件。深入开展扫黑除恶专项斗争，大力宣传，在小红公路沿线刷写固定标语，悬挂宣传横幅，并设立举报箱，对全乡9个村45名村“两委”成员背景进行全面筛查，未发现涉黑涉恶势力，查处赌博案件6起，非法持有管制刀具2起，扰乱单位秩序拘留1起，查处殴打他人案件3起，进一步净化了社会环境。同时，工会、共青团、妇女、人武、双拥等工作取得了新的进步。

【自身建设】 2018年，树台乡认真贯彻落实“三大三强”“两个带头人”工程促脱贫富民战略，集中对30名“致富带头人”进行创业技能培训。主动接受人大依法监督，落实全面从严治党要求，持续推动“两学一做”学习教育常态化制度化。全面贯彻中央八项规定及实施细则，认真整改中央第八巡视组、2017年省级交叉考核、自治区党委第一巡视组反馈的突出问题，坚持不懈纠正“四风”。严格履行党风廉政建设“一岗双责”，大力开展“村廉通”“廉情诊所”创建工作，深入推进扶贫领域腐败和作风整治，立案审查5人，党纪处分5人，诫勉谈话5人，责令作出书面检查4人。政府公信力、执行力、落实力得到进一步增强，群众满意度不断提升。

红羊乡

【概　况】 2018年，红羊乡实现社会生产总值2.1亿元，全乡人均可支配收入达到6872元。稳定脱贫252户954人，累计减贫941户3782人，贫困发生率下降到4.1%，为如期脱贫摘帽迈出了坚实的一步。

【脱贫攻坚问题整改】 2018年，红羊乡严格对标党中央要求，认真贯彻落实全区脱贫攻坚突出问题整改推进会、全区深度贫困地区脱贫攻坚推进会精神，通过3次“回头看”，梳理出15个方面50个问题，建立整改台账，严格按照时间节点逐一进行整改。

【“有土”产业】 2018年，红羊乡主打马铃薯产业，共种植6.4万亩，带动户均增收2000元。在政策扶持下，大力发展秋杂粮产业，种植荞麦、油菜、胡麻等3.1万亩，实现总产值约1200万元，促进户均增收1500元。探索走“观光农业+乡村旅游”的路子，引进企业流转贫困群众土地2000亩，打造以秋杂粮为主的“七彩梯田”，带动当地贫困户种植秋杂粮4800亩。壮大草畜产业，新增饲草7000多亩，羊补栏2000多只，肉牛存栏1300头，其中赊销华润基础母牛213头。

【“离土”产业】 2018年，红羊乡扎实开展电焊、砖瓦、驾驶、刺绣、餐饮等技能培训，累计参加学员500余人次，新增创业就业人数300多人。组织劳务输出、群众自发务工3000多人次，劳务收入突破5000万元。向中卫金沙、贺兰暖泉、海原县城、海兴开发区等地，累计易地生态移民搬迁224户1008人，这部分群众搬得出、稳得住、逐步能致富正在实现。

【金融扶贫】 2018年,各金融机构共为731户发放产业扶贫贷款2896万元,撬动了群众发展生产的内生动力。积极引导建档立卡户参加“扶贫保”,全乡共投保基础母牛902头,投保金额179949元,其中建档立卡户投保基础母牛648头,覆盖率100%。争取合众人寿保险为1137户贫困户捐赠9000多万元的人身意外伤害险。

【教育扶贫】 2018年,红羊乡全面落实“三免一补”“营养早餐”“营养午餐”等惠民政策。93名贫困家庭的大学生得到资助,人均受助5000元。“雨露计划”惠及157名中高职学生,生均得到资助3000元。

【医疗扶贫】 2018年,红羊乡困难群众健康签约服务实现全覆盖,门诊报销、“一站式”服务等制度得到有效落实。新型农村合作医疗保险、大病保险参保率达到100%。因病返贫人数逐年下降。

【电商扶贫】 2018年,红羊乡以“本来味道”电商平台为龙头,建设村级电商服务站,主推红羊乡的农副特色产品。在宁夏广播电视台经济频道“一举三帮”助力下,以每公斤高于市场0.15元的价格,销售建档立卡户马铃薯400多吨。

【生态补偿】 2018年,红羊乡退耕还林面积7981亩、坡改梯8.7万亩,选聘生态护林员77人,年均增收近1万元。购买生态保洁员等公益性岗位125个,带动户均增收4800元。

【危房改造】 2018年,红羊乡紧盯“两不愁三保障”,下大力气补齐安全住房这一短板,2018年实施危房改造321户,其中建档立卡户186户,工作走在了全县前列,8月份在石塘村召开了全县危房改造现场会,经验和做法得到推广。

【社会帮扶】 2018年,红羊乡积极争取社会各界聚焦红羊,助力脱贫攻坚。华润集团托管代养的华润基础母牛惠及103户,年均分红4000元。振发光伏扶贫165户,年分红4000元。闽宁对口帮扶术川村的100万元扶贫资金已经发挥效益。

【基础设施建设】 2018年,红羊乡实施贫困村道路畅通项目,硬化村级主干道10.35公里,新修生产砂化路23.74公里,安装太阳能路灯132盏,群众的出行、生产、生活更加便利。杨明村移民集中安置点工程竣工,30户群众住进了统一规划的美丽小村庄。红羊村美丽村庄建设顺利完成,新修小游园2处、连心桥2座,小型文化广场1处,临街房屋的立面改造、屋顶换瓦、下水连接均已完工。投资200多万元的乡政府附属楼投入使用。乡农科站附属用房建设完成。新增自来水接入1889户,入户率达到89%。为贫困户安装太阳能热水器257台,普及率达到70%。所辖行政村全部建设了文化广场,并按照“七个一”标准配齐了文化活动设施。刘套、张元、建国3个村的村部、医疗室光纤专线实现接通,运转正常。建立完善常态机制,组织群众深入开展人居环境综合治理,保持村容村貌整洁,建设垃圾回收站2处,全年累计清除生活垃圾75吨。在认真落实河长制的同时,完成河道治理5公里。大力实施人工绿化造林,2018年共在村组巷道种植林木8000棵。

【民生事业】 2018年,红羊乡义务教育均衡发展通过初验,控辍保学工作成效明显,义务教育极端适龄儿童入学率达到99%以上。中心学校教师周转房投入使用，各村小学教学设备配齐率达到100%。自治区成立60周年时中央代表团赠送的11套全科诊断仪已经发挥效益。红羊、刘套等村的标准化卫生室全面建成，共配备电脑、药架、诊断床、健康体检一体机3套。对全乡所有贫困群众开展了1次免费健康体检。人人均等享有公共卫生服务、小病不出村、常见病不出乡的目标基本实现。坚持应保尽保，动态调整，全乡共有1405户1581人纳入农村低保，其中对23户86人建档立卡户进行民政兜底。27名五保老人全部进入县养老中心集中供养。285名重度残疾人护理费、补助及时足额发放，社保兜底功能进一步彰显。

【社会治理】 2018年，红羊乡认真贯彻落实党中央决策部署，强化组织领导，加大宣传动员，广泛发动群众。摸排黑恶线索，通过教育、训诫等措施，形成震慑。大力实施“七五”普法，发挥人民调解、司法调解等作用，建立健全各项工作制度，全面落实领导坐班接访制度，扎实推进矛盾排查调处工作。2018年，乡司法所有效调解矛盾纠纷多起。乡村两级及时解决办理信访案件。把“党政同责，一岗双责”扛在肩上，扎实开展经常性的隐患大排查工作，全年未发生一起安全责任事故。通过修订完善村规民约，成立红白理事会、道德评议会、禁毒禁赌理事会，充分发挥村民自治组织作用，树立文明乡风。以建设法治政府为总抓手，依法治乡、政务公开等工作得到人民群众的认可。

【文化体育旅游】 2018年，红羊乡成功举办“美丽乡村、多彩红羊”首届文化旅游节，全县庆祝自治区成立60周年文化旅游系列活动的启动仪式在术川村举行，随后开展的广场舞大赛、秦腔演唱比赛、自行车越野比赛、篝火晚会等系列活动，带动当地群众增加收入近100万元。庆祝首届中国农民丰收节海原主会场活动在石塘村举办，吸引周边近万名群众参加。旅游景点和服务实现零突破，杨明天都老庄景点的基础设施基本完善，术川“七彩梯田”为红羊乡探索走“乡村旅游+”的路子提出了有益尝试。举办红羊乡首届农民篮球邀请赛，有力地带动了群众性体育活动的开展。

【党的建设】 2018年，红羊乡扎实履行党委主体责任，落实意识形态领域研判会议制度。制定完善了红羊乡党委中心组学习、干部集中学习、村“三委”班子政治业务学习等一系列规章制度。以“两学一做”学习教育常态化制度化为载体，全年党委中心组集中学习20次，干部每周的集中学习得到有效坚持和落实。促使乡村各级干部更加牢固地树立了“四个意识”，更加坚定了“四个自信”，更加自觉地做到了“两个维护”。结合软弱涣散党组织整治工作，创建3星级支部2个，培育“两个带头人”21人。全面落实村干部坐班制度、第一书记和驻村工作队考核制度，打通了为民服务最后一公里。认真履行党委主体责任，制定党建工作“4个清单”和《党建目标责任书》，建立完善了领导包村制度。“三会一课”制度和党员领导干部党建联系点工作机制进一步加强。坚持把正风肃纪、反腐倡廉立起来，强化“两个责任”的落地见效。深入开展扶贫领域作风建设年活动，加强涉农和扶贫领域资金运行监督管理。坚决查处群众身边的违纪问题和腐败行为，共查办案件8起。

【群团工作】 2018年，红羊乡共刷写基层党建、脱贫攻坚、移风易俗宣传标语150余条。开办微信语音大讲堂,及时向广大群众推送党的惠民政策。开设了乡政府微信公众号,凝聚脱贫攻坚的正能量。所有行政村都建设了“新时代农民讲习所”,累计开展各种讲座30余场次。在乡党委的领导下,工会工作实现了正规化,青年志愿服务工作有了新的起色,妇联职能发挥得到了有效保障。

关庄乡

【概　况】 2018年,关庄乡共完成固定资产投入4886.7万元,实现社会生产总值3.35亿元,同比增长8.3%,农村居民可支配收入8332元,同比增长7.9%。

【贫困户底数】 2018年,关庄乡有建档立卡户847户3410人(其中2018年新纳入19户85人),已脱贫667户2747人,未脱贫180户663人(返贫6户18人);享受农村低保1025户1187人,其中建档立卡户832人,融合度为70.1%。有残疾人254人、单双老户50人,全家社会兜底17户,享受养老1440人、高龄补贴87人,有五保57人、孤儿8人、优抚对象8人。

【马铃薯产业】 2018年,关庄乡共争取自治区、市县各部门帮扶马铃薯原种及一级种889吨(县农牧局850吨,自治区科技厅27吨、自治区农林科学院12吨),原原种319.6万粒(县农牧局300万粒,自治区科技厅19.6万粒),种植马铃薯4万亩。其中在关庄村建设面积为960亩的马铃薯种薯繁育基地(种植原原种200亩、原种500亩、一级种260亩);在宋庄村建设一个1000亩的马铃薯一级种薯繁育基地和一个200亩的原种繁育示范点;在高台村示范推广种植原原种200亩、原种800亩;在窑儿村扶持20户建档立卡户种植100亩原种示范田。通过种植示范基地(点)科学种植的示范引领和产量效益对比算账,为全乡进一步做优做强马铃薯主导产业奠定了坚实的基础。通过验收,全乡建档立卡户种植马铃薯8601.9亩,需兑付补贴资金146.675万元。

【劳务产业】 2018年,关庄乡共有劳动力4886人,劳务输出2085人。主要从事煤炭掘井、电子、建筑、电焊、工程机械、餐饮等行业,重点在山西、内蒙古、江苏等省区以及灵武、银川、上海、广州等城市务工。共有劳务经纪人8人,其中:庙湾村的吕彦斌、张孝斌分别在上海、江苏成立了电子产品生产公司,组织关庄乡35人在公司务工;宋庄村的赵占杰、包宏成带动关庄乡64人,分别在灵武和吴忠煤矿务工;高台村的吕辉和常庆红带动30人在灵武煤矿务工;窑儿村的周国学和林福成带动26人,分别在榆林和内蒙古从事煤炭掘井和建筑行业。

【技能培训】 2018年,关庄乡计划开展技能培训412人,已培训59人(残疾人培训44人、驾驶员15人)。经摸底统计,全乡建档立卡户有培训意愿的共323人,其中刺绣76人、装机67人、电焊工35人、驾驶员46人、叉车36人、砖瓦工29人、钢筋工及挖机、挖机等共34人。同时,自治区科技厅、自治区农林科学院、宁夏国有资本营运集团、市科技局、市科协、县农牧局等帮扶单位先后开展种养殖业技能培训1618人次。乡党委、乡政府举办了“关庄乡聚焦打好精准脱贫攻坚战专题培训班”,对帮扶责任人、乡村干部及驻村工作队进行了为期2

天的培训，同时为每户建档立卡户印发了《2018年脱贫攻坚相关政策知识宣传手册》。

【养殖及种植】 2018年，关庄乡建档立卡户计划生猪补栏641头、基础母羊补栏2870只，兑付补贴资金共118.15万元。通过验收，建档立卡户生猪补栏411头，基础母羊补栏1682只，共需兑付补贴资金49.01万元。公示结束后正组织兑付。全乡建档立卡户计划种植秋杂粮9734亩，经过验收，实际种植7185.9亩，需兑付补贴资金96.1475万元。

【基础设施建设】 2018年，关庄乡对接县交通部门正在对全乡计划实施的7.8公里硬化路进行测量设计，胡儿岔—宋庄—高台6.95公里硬化路已开工建设；为窑儿村安装了40盏太阳能路灯；新建了窑儿村党员活动室和老年饭桌，开工建设9处垃圾收购点。实施“阳光沐浴工程”发放太阳能热水器288台。经第三方评估，2018年全乡有危房改造对象151户（建档立卡户99户）。已开工建设75户，其中已完工72户。同时，积极实施扶贫小额信贷。完成信贷676户2629.15万元，其中建档立卡户380户1613万元，完成全年建档立卡户扶贫小额信贷任务的53.3%（任务数为713户2523万元）。

【秋杂粮种植】 2018年，关庄乡种植秋杂粮2.1万亩（建档立卡户9734亩）。窑儿村采取“支部+合作社+农户”的模式，争取自治区农林科学院与宁夏国有资本运营集团公司帮扶资金共20.4万元（宁夏国有资本运营集团公司15.4万元，自治区农林科学院5万元），建成秋杂粮小作坊一个，计划吸纳建档立卡户10人，由裕亨种养殖专业合作社牵头，开展收购、加工、销售一体化服务，有效解决群众秋杂粮销售难问题；争取农科院帮扶资金60775元，购买化肥12吨、玉米种子185袋，组织107户群众（建档立卡户85户）示范种植玉米370亩。

【合作社经济】 2018年，高台村按照“科技+产业”脱贫思路，探索“党建+合作社+贫困户”的模式。由单一的马铃薯种植向“种薯繁育+劳务产业+小杂粮+畜禽养殖”的多元产业结构转变。坚持以合作社引领和龙头企业带动，先后注册和引进了海原县国辉养殖专业合作社、原州区长润种养殖农民专业合作社等4个合作社，流转土地1700亩，种植马铃薯800亩，小秋杂粮、蒜和西芹等900亩，养殖雁鹅2500多只、鸡15000只，合作社吸纳35户建档立卡户参与务工。建档立卡户在合作社务工收入户均达4500元。引进了冀张薯12号、陇薯10号、黑美人、大西洋、夏波蒂，及费乌瑞它早、晚熟等优质高产马铃薯新品种，示范推广种植原原种200亩、原种800亩。同时实验种植油用牡丹15亩。自治区科技厅投入帮扶资金80万元，建立科技示范户80户，发放马铃薯原原种15万粒、原种27吨，生猪补栏440头。通过示范带动，高台村发展乌鸡、珍珠鸡、九斤黄养殖户18户（建档立卡户12户），3头以上生猪养殖户86户（建档立卡户76户），规模化养猪80头以上的2家，10头以上10户。

【扶贫帮扶】 2018年，自治区科技厅机关党支部与高台村党支部开展联学共建活动，建立“一对一”结对帮扶机制，充分发挥科技部门资源优势，利用科技扶贫指导员、“三区”人才和科技特派员等科技力量开展对口帮扶，先后组织宁夏大学、宁夏职业技术学院及自治区农林科学院等专家开展马铃薯种植、畜禽养殖等方面实用技术培训400余人，发放培训手册400

多册,培育了15户脱贫致富带头人。同时村“两委”班子成员牵头,注册了众帮种养殖合作社,吸收22户农户入股(建档立卡户10户)发展生猪养殖,盈利后利润的15%作为村集体资金,85%按照入股比例分红给股民,实现了农民增收、集体经济创收双赢。宋庄村采取“支部+协会+农户”模式,争取宁夏乾坤兴臣农业科技有限公司帮扶红薯苗27万棵,组织40户群众(建档立卡户28户)示范种植红薯55亩;指导培育土蜜蜂养殖示范户13户(建档立卡户7户)。关庄乡与海原县李先生职业有限公司达成长期帮扶协议,每年为关庄学区资助8万元的取暖费。自治区科技厅联系自治区附属医院,在高台村、窑儿村开展了为期2天的义诊活动,接诊群众达600余人。

【生态林下经济】 2018年,关庄乡积极探索绿色生态林下经济发展新模式,高台村引进海原县绿谷生态农业发展有限公司,累计投入资金70余万元,承包土地3000多亩,种植云杉、油松、山杏等树种27000多棵,种植杂粮、饲草500多亩,养殖鸵鸟4只、野猪50头、朝那鸡珍珠鸡10000多只,吸纳了15户建档立卡户参与务工。

【社会事业】 2018年,关庄乡不断加强人口作用力、教育支撑力、文化软实力、科技传播力、发展竞争力,推动各项社会事业与经济建设同步发展。1.计划生育。围绕控制人口增长,稳定低生育水平,逐步形成“乡指导,村为主,组配合,户落实”的计划生育新机制;孕前检查53例,占任务数的100%,开展“三查”服务878人次。2.教育事业。新建学区食堂,配套集中供暖设备,实施素质教育,全乡学前入学率达到100%,小学、初中入学率达到100%。3.文化惠民。建设庙湾村、宋庄村文化服务中心1个,进一步推进关庄村老年饭桌规范化运行,为每个村配套电脑、打印机等办公设备,改善了办公条件。举办农民科技讲座17次,培训农民1400人次;放映农村数字电影80场次;举办了2018年度表彰大会,对全乡脱贫示范户、移风易俗模范、文明和谐家庭、致富带头人等35户、人进行了表彰。

【综合治理】 2018年,关庄乡紧盯“信息灵敏、防控有效、健康稳定、和谐发展”的社会治安综合治理目标,扎实推进“平安关庄”建设。1.教育调处。聘任了5名综治信息员、37名“民间义务调解员”,开展“校园周边环境整治”3次,组织干部“七五”普法学习17次,提供法律援助咨询4件,代写法律文书21份,矫正帮扶6人次,成功调处民事矛盾纠纷14起。2.信访工作。进一步完善了“五变”信访工作体制,即“变上访为下访、变事后处理为事前预防、变堵截为疏导、变一时息事为彻底解决,变稳控群众为服务群众”乡村两级干部深入群众回访、开门坐班接访、主动联系约访,积极稳妥处理信访案件23起。3.安全生产。落实“政府监管”责任,开展交通要道、建筑工地、食品药品、校园安全、消防、草原森林防火、防汛减灾等领域安全隐患排查89次,机砖厂、加油站点停业整顿7次,全年未发生一起重大安全生产事故。4.禁毒宣传。乡党委、乡政府将禁毒工作纳入重要议事日程,在禁毒工作中预防是关键,关庄乡一直把宣传教育作为重点,紧紧抓住青少年、学生等重点人群,通过召开会议、刷写宣传标语、散发宣传资料、举办培训班等方式,不断提高全民识毒、防毒和拒毒能力和意识,加深了广大群众对毒品危害的认识，在全乡形成了珍爱生命、拒绝毒品的浓厚氛围。

【基层党建】 年初，关庄乡乡党委与各党支部签订了年度党建工作责任书，明确了各支部的党建目标任务。在班子内部，靠实党建副书记、组织委员分管党建工作的领导责任，形成了党委书记为党建工作第一责任人、党建副书记为直接责任人、组织委员为具体责任人的工作格局。形成了集中统一、协调一致的党建工作格局，进一步明确班子成员履行党建工作的责任和要求，定期听取班子成员工作汇报，及时解决各项重点工作落实过程中存在的困难和问题。认真落实党委各项工作制度，努力构建按制度管人、按制度办事的工作机制，不断提高工作的能力和水平。截至年底，共召开乡党委会议17次，专题研究部署党建工作会议4次。按照《海原县基层党建工作要点》和党建目标管理责任书的要求，认真贯彻落实抓基层打基础，抓班子带队伍，抓亮点求突破的工作机制，扎实推进党建工作，为全乡经济社会发展和脱贫攻坚提供了坚强的组织保障。全乡各支部严格按照发展党员十六字方针，共培养入党积极分子13人，组织入党积极分子参加党性教育3场次，举办入党积极分子培训2次，计划发展党员6人，已发展5人。

【干部队伍管理】 2018年，关庄乡制定并落实《关庄乡机关干部职工绩效考核管理办法》《村干部坐班制度》《驻村第一书记及工作队员暂行管理办法》等规章制度，采取定期检查、定期通报的方式，使村干部坐班制度得到了有效落实。对各村干部坐班情况检查17次，抽查6次，共下发督查通报2次，对7名机关干部进行了通报批评，对2名村干部进行了提醒谈话。

【整治整顿】 2018年，关庄乡狠抓《深入推进“三大三强”行动集中整顿农村软弱涣散基层党组织》活动。共编印学习资料7册，流动党员学习资料100册。组织开展谈心谈话147人，乡党委对整治整顿工作形成了定期督促检查机制，针对活动开展过程中的逐个环节，逐个阶段进行督导检查，在检查过程中，对工作滞后，进展缓慢的村进行了重点谈话，针对存在的问题，均以问题清单的方式向各村党支部进行了反馈，并现场进行了业务辅导，狠抓了问题整改。

【精神文明建设】 2018年，关庄乡以培育和倡导社会主义核心价值观为目标，深入开展了移风易俗活动，破除陈规陋习、树文明新风，全面推进理论武装、新闻宣传、思想道德及精神文明创建，成立了乡自愿服务工作站，开展各类大型宣传活动8次，完善民风文化墙9处，涂刷宣传标语30条，表彰各类先进模范35人，引导群众自觉讲公德、树新风、践文明，促进了新农村建设质与量的同步提升。

【党风廉政建设】 2018年，关庄乡以建设“清廉关庄”为目标，坚决落实两个主体责任和纪委书记不分管其他业务工作的决定，严格实行领导干部廉政“三书两册两报告”制度和述职述廉、廉政承诺制度，完成了乡监察办公室各项建设，在各村推进落实了“廉情诊所”制度，不断加强廉政风险防控和村民监督委员会委会规范化建设，积极开展遵守纪律、转变作风、民生保障、经济发展等领域的督查检查。在全乡上下形成了干部清正、政府清廉、政治清明的发展环境，人民群众对反腐倡廉建设的满意度明显提升。

甘城乡

【概　况】 2018年,甘城乡大力实施脱贫富民、乡村振兴战略,确定了“1116”发展思路,即以脱贫攻坚为主线,以产业结构调整为抓手,以党员“543”管理为创新,主抓农业产业化、新型城镇化、交通建设、生态建设、民生服务、依法治乡等六项重点工作,脱贫攻坚工作有序推进。全年实现农村居民人均可支配收入7330元,同比增长13.2%。

【产业结构调整】 2018年,甘城乡继续加大产业结构调整力度,扩大马铃薯、西瓜、覆膜玉米保墒种植规模,覆膜种植面积1.82万亩(占总种植面积5万亩的36.4%)。全力打造了甘城村3200亩西瓜种植示范点1个,乔畔村2100亩黑膜马铃薯示范点1个,双井村3500亩玉米示范点1个。积极争取项目支持,发展壮大草畜产业。全乡紫花苜蓿留床面积4.5万亩,草原生态17.92万亩,全年共完成华润基础母牛赊销452头,年末牛存栏2179头,羊存栏1.89万只,猪存栏446头。同时,强化技术指导投入,加大技能培训力度,强制疫病全面免疫,全力保障养殖业高质高效发展。

【脱贫攻坚】 2018年,甘城乡对石景、严湾2个销号村和吴渠、乔畔、双井、三台、武堖、甘城、久坪7个巩固提高村制定了村庄规划和产业发展规划,分别实施“6361”和“1716”挂图作战,举全乡之力、攻脱贫之坚,经不懈努力,脱贫攻坚工作有序推进。顺利完成了755户2785人的动态调整工作,已对梳理存在的300余条问题完成整改,并已经在扶贫云系统完成调整。1.金融扶贫。全年完成金融扶贫贷款3597万元,贫困户贷款1559万元,贫困户贷款覆盖面74.24%,分别给予每户3万~5万元贴息贷款。“扶贫保”“住房安全保险”实现全乡建档立卡户全覆盖。2.技能培训及劳务输出。紧紧依托县业务部门大力开展农村劳动技能和“两个带头人”培训,全乡共完成各类技能培训500人次,涉及工程车辆驾驶、烹饪红梅杏种植嫁接技术、西瓜繁育种植技术、西瓜田间管理、牛羊养殖技术等方面的技术。组织26名劳务经纪人建立村级劳务站4个,外出务工2437人,预计实现劳务收入3500余万元,全乡上下形成了多渠道、全家庭,人人是劳力、全民动员的劳务产业格局。3.易地扶贫搬迁。“十二五”期间已搬迁移民709户3064人,“十三五”期间规划搬迁105户424人,2017年搬迁43户211人,2018年搬迁29户112人(其中兴庆区掌政镇9户37人,海原新区20户75人),后期陆续实施易地移民搬迁工作,让贫困户从根本上拔掉穷根。

【生态建设】 2018年,甘城乡在吴渠村完成新一轮退耕还林项目700亩。完成203省道甘城段、24公里盘甘公路和辖区内绿化树木及绿化树木的浇水、除草、涂红刷白等抚育管护工作。积极开展林业有害生物防治,有害生物无公害防治率达90%以上。建立健全群众自我约束、行政村属地管理、乡政府不定期巡查“三位一体”的禁牧封育工作新机制,层层签订目标责任书,严格落实责任制,充分调动全乡72名护林员的积极性,彻底扭转了禁牧封育的被动局面,全乡9个行政村杜绝了偷牧溜牧现象。

【文体计生】 2018年,甘城乡完成优生孕检

81对，全部完成各项指标任务。结合各村实际，大力弘扬社会主义核心价值观，继续开展丰富多彩的文化活动，做好数字电影进村服务工作，全年完成电影放映110场，完成总任务的100%，自乐班文化演出12场次。甘城乡文艺队在海原县首届“中国农民丰收节”暨第五届广场舞展演大赛总决赛中获三等奖。筹措资金7.18万元，对2018年81名中职以上困难学生进行资助。

【安全生产】 2018年，甘城乡强化安全生产责任制，狠抓落实，层层签订责任书，定期安排部署，经常督促检查。严把道路交通安全关，严厉打击无牌、无证车辆上路行驶，重点开展农用车、摩托车违法载客整治活动。加大对非煤矿山、危险化学品、消防安全、食品安全、森林草原防火、人员密集场所的安全隐患排查和整治，通过定期不定期巡查、警示教育，确保安全生产责任到位、工作成效到位。

【基础设施建设】 2018年，甘城乡计划实施硬化路22.02公里，砂砾路17公里，已开工建设；完成危窑危房改造46户，完成目标任务35户的131.4%；新建乔畔村、久坪村党员活动室2处。

【社会保障】 2018年，甘城乡不断扩大困难群体救助帮扶覆盖面，重点向836户1024名低保户、17户五保户、77名高龄老人、295名残疾人、17名孤儿、25名优抚对象发放民政救助资金62万元（其中救灾款42万元，临时救助20万元）。建立群众诉求月月清制度，集民生服务中心、信访维稳中心、公安派出所、司法所“四位一体”工作格局，每周安排1名领导带领2名干部接访，针对复杂疑难问题，集中接待受理，办理答复，使群众诉求得到合理、有效解决。全年处理群众来信来访129件，办结129件。

【基层组织建设】 2018年，甘城乡进一步完善农村党员“543”管理模式推广，为全县推行该管理模式奠定坚实基础。实施“三大三强”促脱贫富民行动和“两个带头人”工程行动计划。配齐村“两委”班子和村监会班子，抓好软弱涣散基层党组织整改，实行村干部全职化上班管理制度。全年培养入党积极分子18名，预备党员6名。执纪审查工作取得新突破，全年谈心谈话16人次，提醒谈话24人次，责任约谈4人次，纪律处分1人，完成转办案件3件。

郑旗乡

【概　况】 2018年，郑旗乡辖7个行政村100个自然村，有6309户23966人，其中：建档立卡户1944户7760人，已脱贫户1541户6466人，未脱贫户403户1294人，贫困发生率5.4%。移民搬迁996户3013人，自来水入户2580户，危房改造1776户，其中建档立卡户改造危房1076户。

【脱贫攻坚责任制】 2018年，郑旗乡建立了由乡党委书记全面负责、乡长督促落实，分管领导具体指导，各包村领导主抓，驻村第一书记、村党支部书记直接负责的脱贫工作责任机制，乡、村签订责任书，明确脱贫任务、时限及责任，形成一把手亲自抓、分管领导指导抓、包村领导具体抓的一级抓一级、层层抓落实的工作格局。乡党委定期召开扶贫工作专题会议，及时掌握各村开展情况和存在问题，查找薄弱环节、对症下药,跟踪促进,持续推进工作全面落实。

【扶贫问题落实整改】 2018年,郑旗乡结合2017年省际交叉考核、中央第八巡视组、自治区党委巡视组和县脱贫攻坚领导小组关于各类整改问题的文件精神,研究制定了《郑旗乡2018年脱贫攻坚实施方案》《郑旗乡关于2017年省际党委和政府成效考核反馈问题整改方案》《郑旗乡关于中央第八巡视组反馈自治区脱贫攻坚突出问题整改方案》《郑旗乡扶贫领域作风问题专项治理暨“脱贫攻坚作风建设年”活动问题整改方案》《郑旗乡关于落实自治区党委第一巡视组专项巡视海原县脱贫攻坚工作反馈问题整改方案》,认真梳理汇总脱贫攻坚存在的突出问题,已经完成整改并长期坚持。在不规范性文件、标语上,全部回收、清理、整改。在扶贫领域腐败和作风问题“3+X”专项治理行动中,共清理违规纳入建档立卡户的10名村党支部、村委会委员(涉及吴湾、撒台、撒堡、中坪、西沿和后山村7个村);收缴2017年兑付5户“三类人员”资金29430元。乡党委、乡政府严格履行主体责任,书记、乡长当好脱贫攻坚领导小组的“双组长”,及时研究解决脱贫攻坚中存在的突出问题和阶段性重点工作。同时全面梳理完善各类档案资料,使扶贫工作不断规范化、精准化。

【建档立卡户动态管理】 2018年,郑旗乡制定了全乡建档立卡动态调整方案、2018年度扶贫对象动态管理工作实施方案,对建档立卡户实施动态管理,进行再复查复核、再回头看,坚持做到应纳尽纳、应退尽退。组织帮扶责任人、驻村工作队、乡村干部,在全乡开展拉网式排查,全乡新纳入4户12人,返贫1户2人,标注脱贫不享受政策68户279人,整户清退2户4人,因婚迁、新生、死亡等原因增减家庭成员673人。更新建档立卡户信息数据1.2万余条。

【特色产业培育】 2018年,郑旗乡在中坪村有针对性开展了养殖、种植产业培育和基础设施建设。补栏基础母牛204头;种植马铃薯740亩、秋杂粮2900亩、饲草2600亩;新建养殖圈棚106座。兑付产业补贴123.67万元。

【基础设施建设】 2018年,郑旗乡主要实施道路硬化1.8公里、道路砂化8公里,安装太阳能路灯50盏,新打5眼机井,已全部钻水成功,并配套了管道与电力设施。完成土地平整1000亩,群众的生产生活条件得到有效改善。

【扶贫成果巩固提高】 2018年,郑旗乡对郑旗、吴湾、等9个村实施巩固提高,共投入资金741.53万元,其中基础设施127.18万元,产业培育614.35万元。补栏基础母牛763头、基础母羊1558只;培养特色养殖6家。种植蔬菜1600亩(其中设施蔬菜100亩)、马铃薯5300亩、秋杂粮12000亩、饲草8700亩;建成养殖圈棚70座,共兑付产业补贴508.84万元,支柱产业趋于完善,发展目标和后劲增强。完成南山、吴湾村道路砂化6公里,在撒台、吴湾村安装太阳能路灯70盏。

【民生保障】 2018年,郑旗乡建立健全自来水供水保障机制,逐管线逐户排查维修全乡自来水使用情况,自来水入户率达到94%以上。摸排低保享受情况,清理不符合低保享受人员575人,将符合条件的334人纳入低保,全乡享受低保2116户2920人,其中:建档立卡户1328户1814人。全乡实施危窑危房改造181户(建档立卡户118户)。落实健康扶贫政策,开展家庭医生签约服务，大病集中救治48人，重病兜底4人，慢性病签约305人。改扩建学校3所，享受“雨露计划”86人、中卫市“离土计划”99人。为建档立卡贫困人口提供公益性岗位40个。完成建档立卡户C照以上驾驶员培训127人，烹饪、刺绣、电焊工、装载机、砖瓦等其他技能培训304人，致富带头人培训30人，农业实用技术培训73人，全乡2018年共输出劳动力7210人，其中建档立卡户481人。

【金融支持】 2018年，郑旗乡认真贯彻落实《海原县2018年金融助推脱贫攻坚工作实施方案》，结合全乡养殖、种植实际，鼓励群众利用贷款发展特色产业，不断提升“造血”增收能力。建档立卡户扶贫小额贷款1691户、6696.6万元，户均贷款4万元。西沿、南山、撒堡3个村运行良好，西沿村运行100万元，南山、撒堡各运行30万元。国寿“扶贫保”人身意外伤害险和大病保险完成投保2075户、8358人，实现贫困人口全覆盖。完成贫困户基础母牛保险投保1197头，种植业保险投保19196.46亩。

【社会帮扶】 2018年，郑旗乡驻村第一书记积极与所在单位对接协调，为所驻村积极争取帮扶项目。宁夏军区帮扶吴湾村党建经费5万元，蔬菜种植补贴38.2万元，2眼机井50万元，增驾A照每人补贴1000元，大学生一本5000元，二本2000元，三本1000元。中卫市审计局帮扶撒堡村2万元用于维修村部，为贫困学生购买学习用品，为撒堡小学捐赠教学用品。县科协帮扶10万元建设科普示范基地及党建——科建活动室，为撒台村枸杞种植户培训、指导枸杞种植技术，组织种植、养殖大户赴银川等地学习先进技术。中石油海原分公司帮扶南山村25万元用于村部建设。中卫市接待办帮扶老鸦村1.8万元维修村道涵洞。中卫市统计局帮扶何庄村3万元维修党员活动室。众一集团帮扶西沿村20万元用于维修村部、基础母牛养殖补贴、60岁以上生活救助。宁夏交投集团帮扶中坪村1.2万元用于为部分困难群众送上米面油，对中坪村小学学生捐赠爱心书包、铅笔盒学习用品，为中坪村党员、驻村工作队发放太空被、厨具等用品，为儿子在外打工意外溺亡的北坪村民马广升送上慰问金1000元。

【移民搬迁】 2018年，郑旗乡通过实施生态移民和劳务移民易地搬迁安置，有效改善贫困群众生产生活环境，加快群众脱贫致富步伐。“十二五”生态移民搬迁685户2058人，生态修复拆除院落264户。“十三五”县内劳务移民260户712人，“十三五”县外劳务移民51户243人。

【自查自纠大排查】 2018年，郑旗乡通过对全乡1944户建档立卡户和120户非建档立摸底走访，共排查出存在问题28类2566条次，其中到户的是21类2496条次，到村的问题是7类70条次。1.扶贫对象动态调整方面：梳理问题6条涉及325户，错评4户；住房安全未保障错退9户，单老户、双老户错退36户；建档立卡基本情况和国办系统基础信息及时跟进、更新情况人口增减153户166人；有未退出的贫困人口当中存在应当剔除而未剔除的人员。对县扶贫办反馈的五类人员进行了核查，将不符合政策的128户五类人员未做了脱贫不享受政策处理。错清五类人员3户。2.精准帮扶方面：梳理问题2条涉及1060户。未制定、落实制定一户一策措施595户，无帮扶责任人465户。3.产业扶贫方面：梳理问题2条涉及

120户。2018年到户产业项目资金结余42万元,中坪棚圈建设资金120万元未到位。存在产业组织化程度低的问题。梳理问题1条涉及10个村。无到户帮扶计划。4.“三保障”政策落实方面:梳理问题8条,涉及390户。自来水入户1377户,未通水5户,未入户182户;辍学24人劝返18人,教育政策宣传不到位48户,需要特殊教育未得到妥善解决3人;签约服务流于形式7条,健康扶贫宣传不到位9条;危房存量129户,2019年改造计划125户。5.综合保障方面:梳理问题4条涉及99户。需要兜底的建档立卡户未纳入18户25人;71户189人未购买医疗保险;低保金未到位1户。存在贫困家庭残疾人扶持措施落实不到位的问题。三、四级残疾有低保可办理每月领取100元生活补贴政策知晓率低9户。6.易地搬迁方面:梳理问题2条,涉及353户。207户易地移民旧院落未拆除,两头跑;自发移民存在“两头跑”的现状146户。7.就业培训方面:梳理问题1条,涉及52户。存在贫困户劳动力转移就业技能培训学用脱节、“两张皮”现象,培训后未开展引导就业方向的问题52户。8.金融扶贫方面:梳理问题2条,涉及49户。存在金融扶贫政策和扶贫保政策知晓率不高的问题24户;再次新增贷款难25户。9.公共服务及基础设施方面:梳理问题2条,涉及48户、10个村。吴湾村巨湾安置点48户屋顶光伏未到位;10个村存在文化书屋未充分利用的问题,出现经常性关闭、图书借阅管理不到位的问题。10.激发内生动力方面:梳理问题1条,涉及10个村,存在对全县的脱贫攻坚先进经验、典型缺少总结推广,各项扶贫政策宣传不到位。11.农村软弱涣散党组织整治方面:梳理问题2条,涉及10个村。严格按照《关于深入推进“三大三强”行动集中整顿农村软弱涣散基层党组织实施方案》规定的6个阶段和排查梳理的整顿清单扎实开展集中整治工作成效不明显;严格按照《关于做好村“两委”换届“回头看”工作的通知》要求联审机制,分析研判现任村“两委”班子成员资格条件,对资格条件不符合的坚决予以清退,并依法依规配齐配强。12.脱贫攻坚作风建设方面:10个行政村存在脱贫攻坚主体责任落实不到位,重视程度、工作力度不够,有松懈厌战情绪。

李俊乡

【脱贫攻坚】 2018年,李俊乡制定下发《李俊乡2018年贫困人口动态调整工作实施方案》,在全乡各行政村进行核查摸底的基础上,新纳入建档立卡贫困户10户37人,并已经完成了系统录入。启动全乡三年脱贫行动计划的制定工作,明确今后三年攻坚战的时间表和路线图,计划2018年年底脱贫67户284人,确保到2020年剩余贫困人口全部脱贫。计划投资424万元,对蔡祥、红星、联合、团结、蒿滩、李俊6个村进行巩固提高。建设红星村过水路面2处,维修扬水站1处,金佛沟小流域治理项目已开工实施。计划实施基础母牛补栏680头,基础母羊补栏1950只,种植马铃薯2900亩,秋杂粮2080亩,特色作物3450亩,饲草1750亩,建设棚圈65座,安装太阳能路灯120盏。各村已完成产业补贴资金兑付花名册,已经开展资金兑付,前期兑付资金总额229.7281万元。鼓励群众利用金融扶持政策发展特色产业，不断提升增收“造血”功能。截至年底，全乡贷款农户达到1492户，贷款额度为5010万元，其中建档立卡户471户2080万元，妇女创业贷款78户450万元，完成华润基础母牛赊销577头，有力支持了贫困户各类产业的发展。完成低保兜底核查，取消不合格低保人员163人，新增低保兜底人员83人，其中建档立卡户中低保户476户，低保人口530人，低保融合度为53%。安置公益性岗位36个，聘用护林员76人（建档立卡户45人）。完成危房改造65户（建档立卡贫困户50户），兑付资金227.48万元，完成任务的50%。李俊村老年饭桌正式启动，正常就餐老人13人。制定印发《2018年脱贫攻坚到户项目扶持政策汇编》1200份，在各村主干道及乡政府驻地李俊村制作安装小型宣传牌匾150个、大型社会主义核心价值观宣传标志1个。举办驻村工作队、帮扶责任人及村组干培训班3期，培训136人，提高了各级干部对脱贫政策的了解，达到了“同频共振”宣传政策的目的。组织开展了“爱润万家、好家风好家教”宣讲活动，全乡140余名农村妇女和各村级妇联班子参加了宣讲活动。成功组织完成大型眉户剧《丁香花开》公开演出，参加观看的贫困群众达1000人以上，有力地助推了脱贫攻坚的顺利进行。按照“十二五”“十三五”移民搬迁政策，对团结、联合、永丰、蒿滩、红星5村实施了生态移民和劳务移民易地搬迁安置，共计完成搬迁安置367户1612人，其中惠农区简泉农场和贺兰县暖泉农场“十二五”生态移民336户1471人，银川市兴庆区“十三五”劳务移民25户112人，海兴开发区“十三五”劳务移民6户29人。为彻底摆脱贫困，实现长远发展奠定了基础。

【农业生产】 2018年，李俊乡完成沟道整治3.5公里，渠道清淤12.4公里，农路整修14.5公里，畦田建设0.46亩，生产道路新修10.2公里。根据县委要求，李俊乡多措并举，全面推行河长制工作，有序推进生态文明建设。境内3条河流全面建立河长制工作机构，构建乡、村两级河长制网络体系，明确水资源保护，河道堤防保护、水污染治理、水环境治理、水生态修复和执法监管等任务。全年共整治河道岸线39公里，清理打捞垃圾470吨。乡、村两级做好巡河，及时制止非法采砂、非法排污、垃圾乱倒等破坏河道行为。同时设立乡、村级“河长”，以河长制促进河水治理，实现河畅、水清、岸绿的目标。

【基础设施建设】 2018年，李俊乡完成砂化路19.2公里，硬化村道4.5公里。实施李俊村示范村综合治理项目围墙改造工程。在李俊村上街、中街和下街3个队进行围墙和大门改造，改造围墙194户6100米，改造大门152座。通过净化、拆除、砌护等方式，达到道路沿线环境明显改善，道路沿线景观明显美化，营造出更加文明、优美、舒适的城乡环境。美丽小城镇建设项目完成拆迁11户，S204线征地拆迁项目完成拆迁16户，华电风电征地项目完成拆迁179户，资金都已兑付。

【社会事业】 1. 社会保障。全乡有残疾人员794人，其中一、二级残疾人员（234人）享受补贴50.544万元。全乡有低保户952户，低保人口1076人，发放低保金346.21116万元。医疗保险参保人数9634人，养老保险参保人数2700人。李俊村老年饭桌正式启动，正常就餐老人13人，彻底解决空巢老人吃饭问题。2. 计划生育。全年完成孕前健康检查66对，完成任务的82.5%。3.安全生产。不定期开展企业安全生产大检查,加大安全生产隐患排查整改力度,确保安全生产,杜绝安全事故发生;认真排查辖区内道路交通安全,与各行政村、农户签订农机作业安全责任书,杜绝农用车非法载人。对全乡所有非煤矿山、砖瓦场全部关闭,杜绝厂矿企业生产造成环境和大气污染。4.人大政协武装等工作。人大代表、政协委员联络工作水平逐步提高,党管武装工作得到坚持和加强。完成了民兵训练任务预备役登记及征兵工作,工青妇工作有序开展。

【党的建设】 2018年,李俊乡共组织村"两委"班子成员34名参加了自治区、市、县以及乡上的各类培训,有效拓展了村干部的视野。全年共调整、撤换村党支部书记3名,下派1名驻村第一书记、1名乡干部担任村书记。举办致富带头人培训班1期,共培训致富带头人30名,选派2名优秀的带头人赴外省观摩学习,组织部分致富带头人参加县上培训2期。全年共培训有带动能力致富带头人18名。先后补选配齐了团结村、蒿滩村、蔡祥村、联合村村"两委"班子出缺人员12名,健全完善了村"两委"班子。全年共组织开展支部主题党日50余次,组织党员学习党的相关政策知识、开展义务劳动、重温入党誓词、缴纳党费、共产党员的信仰、升国旗等活动,有效提升了党员的政治意识,促进了党员先锋模范作用的发挥。

【社会治安】 2018年,李俊乡成立了以乡党委副书记担任综治中心主任,各包村领导、派出所所长、司法所所长、各站所负责人、中心工作人员为成员的李俊乡综治中心领导小组。全面开展矛盾排查和调处工作,全乡共排查出各类矛盾纠纷19起,化解13起,调处率68.4%以上,成功率100%;接待群众来访45人次,办结率100%;办理网上信访件6件,办结率100%;办理"12345"热线信箱件34件,办结率100%;矛盾排查信息录入8件,办结8件,办结率100%。建成李俊乡公共法律服务站,增强了辖区人民群众的获得感、幸福感、安全感。扎实开展李俊、红星"法治示范村"的创建,开展普法骨干暨法律明白人培训2次,多措并举,奋力争先,在全乡各站所形成了分工负责,各司其职,齐抓共管的普法新格局,在乡村振兴发展中全力推进更高水平的法治李俊建设。组织开展人民调解员培训2次,不断完善"两排查、一分析"制度。

九彩乡

【产业扶贫】 全年累计种植覆膜玉米3500亩,秋杂粮5926.4亩,马铃薯2300亩;赊销华润基础母牛505头,完成棚圈建设24座;开展乡、村两级干部教育培训3期214人,宁夏大学科技帮扶培训2期197人次,完成烹饪、家政等技能培训和农民实用技术培训262人。

【金融扶贫】 2018年,九彩乡发放贷款1093户4200万元,其中建档立卡户430户1801万元,妇女创业贷款48户233万元;完成建档立卡户"脱贫保"全覆盖,兑付贷款贴息资金27.1万元;动员35户建档立卡户参加"养牛贷"。

【移民搬迁】 2018年,九彩乡顺利完成4批128户559人县外移民。全乡县内外"十三五"移民累计完成509户2435人,拆除移民迁出区残垣断壁37处、房屋132座。

【生态补偿】 2018年,九彩乡完成移民迁出区生态修复6000亩，坡改梯8000亩，元套、马套村实施退耕还林2900亩；择优选定29名建档立卡贫困人口担任生态护林员，将38人聘为“40”“50”公益性岗。

【教育扶贫】 2018年，九彩乡先后对符合享受雨露计划政策的26名中高职学生和建档立卡贫困家庭在校40名本科大学生进行了核查上报，争取帮扶单位结对帮扶贫困学生32名，安排民政救济资金5万元资助大学新生50名。

【社会保障兜底】 2018年，九彩乡对符合国家残疾政策的330个残疾人全部纳入分档领取残疾补贴，做到了应保尽保；将核查出患大病的86个贫困人口纳入健康扶贫范畴，全年门诊累计报销1650人；将建档立卡户613人纳入社会最低保障，建档立卡户与低保户融合度55.1%。

【基础设施建设】 2018年，九彩乡积极开展基础设施建设，S204线过境3、4、5、6标段顺利完工，硬化村道14公里，铺设砂砾路3.5公里，安装太阳能路灯370盏，自来水累计入户719户，危房改造23户。

【主导产业】 2018年，九彩乡培育新庄、九彩、元套、马圈4个万亩优质牧草种植基地，新种紫花苜蓿2000亩，紫花苜蓿留床面积达7.5万亩。结合当地土壤及气候条件，积极引进甘肃“大红袍”花椒树，动员316户农户种植花椒树1777亩，培育种植大户11户。继续推行“稳羊扩牛”养殖思路，培育新庄和元套两个高端肉牛养殖示范村，牛、羊存栏分别达到了3900头和10008只。通过劳务奖补的方式输出2341名青壮年到新疆吐鲁番等劳务基地务工，年均创收4424万元。

【基础设施建设】 2018年，九彩乡完成中静公路升级改造征地345户392.75亩；对九彩村主街道集中打造融回乡文化、古典建筑和生态景观于一体的民族商业街，完成商住房建设28户。

【生态环境】 2018年，九彩乡退耕还林补植造林及生态修复造林成效明显，不断加大封山禁牧、草原森林防火巡查检查和处罚力度，确保“禁得住、不反弹”。成立保洁队，与保洁公司签订长期协议，重点对主干道沿线村庄进行拆违治乱和环境卫生整治，营造道路畅通、环境优美的人居环境。

【科教文卫】 2018年，九彩乡完成孕前优生健康检查51对。狠抓教育教学管理，全乡适龄儿童入学率达99.92%，适龄少年入学率达98.7%。大力发展文化事业，维修村级文化活动室5处。

【民生保障】 2018年，九彩乡全面落实强农惠农政策，严格兑现农资补贴、草原生态奖励补助等资金，严格落实低保救助、残疾人补贴、高龄补贴政策等，各项受益群众累计达1627人。全面实施新型农村合作医疗和新型农村养老保险工作，使全乡群众病有所医、老有所养。

【基层组织建设】 2018年，九彩乡先后对马套、马圈、元套、新庄村4个党员活动室进行了维修，办公条件和服务环境得到较大改善；有效落实为民服务发展资金17.5万元，村级办公经费30万元，进一步强化了基本保障。组织村干部开展乡级业务培训4期，参加县内外及自治区外各类培训32人次，基本达到了培训全覆盖。开展“两个带头人”技能培训1期30人次。通过开展专题学习讨论、全面走访谈心、选优配强村“两委”班子等措施，5

个软弱涣散基层党组织整顿整治工作成效明显。充分发挥乡民生服务中心和综治信访中心服务窗口作用,先后接待来访群众138起,排查调解各类矛盾纠纷35起,打造“法治宣传长廊”1处。4次党委会议进行了研究,加大了党务、政务、村务公开力度,社会主义核心价值观宣传全面推进,移风易俗、扶贫扶智工作不断深入。

史店乡

【概　况】 2018年,史店乡农民人均可支配收入8210元,同比增长12.7%。“四化一满意”平台高效运行,政务公开试点深入推进,20余项民生事项村内办理。深入开展法治政府工作,扎实开展民族团结进步创建工作,切实铸牢中华民族共同体意识。

【精准扶贫】 2018年,史店乡对照中央第八巡视组反馈问题、2017年省际党委政府扶贫成效考核反馈问题和区市督查反馈问题,全部制定整改清单,建立整改台账,其中中央第八巡视组反馈问题7大项15个具体问题,2017年省际党委政府扶贫成效考核反馈问题13类22个,自治区市督查反馈问题10个,均已完成阶段性整改任务。制定了《史店乡2018年贫困人口动态调整工作实施方案》,严格按照精准识别精准脱贫程序,共识别23户89人,拟脱贫112户348人,自然增加(遗漏)306户335人,自然减少309户414人。2018年,共为1595人发放金融贷款4500万元。

【产业发展】 2018年,史店乡不断发展壮大红梅杏、红葱、草畜、劳务等主导产业,重点建设了田拐村万亩红梅杏基地、苍湾村和史店村红葱产业基地、米湾村香水梨基地。打造了徐坪村肉牛养殖示范村、史店村交通运输树范村,不断夯实脱贫攻坚产业基础。种植红葱3000亩、玉米3600亩,牛羊鸡猪存栏分别达到2123头、10408只、6500羽、597头,2018年已兑付产业补助资金419.4万元。

【技能培训】 2018年,史店乡先后开设装载机、中式烹饪、砖瓦工、电焊工、家政服务、农业实用技术等专业10个班,培训400人,全面完成了各项技能培训任务。培训B2驾照驾驶员144人,全乡稳定就业的货车驾驶员达到1250人,重点打造了史店村交通运输示范村。33户133人劳务移民全部完成。推进劳务输出由体力型向技能型转变,年内输出6523人,其中建档立卡户1032人,预计总收入达到8441.4万元。

【乡村面貌】 2018年,史店乡危房改造已验收231户,其中建档立卡户113户。硬化村道7公里,维修生产道路35公里,安装太阳能热水器1534台。史店村移民集中安置点建成,163户移民搬迁入住。加大农田水利基本建设,打造千亩覆膜点两个,完成西套水库高标准节水灌溉项目1900亩,整治河道46.3公里,全乡自来水入户率达到93%以上。

【文化旅游】 2018年,史店乡举办了乡村文化旅游节,蹚出了全县文化旅游扶贫新路径。策划摄影采风、河道越野挑战赛、“红梅杏杯”篮球运动会、扶贫济困慰问、道德模范表彰等10余项活动。美景国际等6家旅行社先后2次组团,组织500余名游客到田拐村观光旅游。新华网、人民网等10余家媒体广泛报道,在社会各界引起了强烈反响。根据统计,田拐村6家农家乐、16家农家小吃院和各类小摊点销售达110余万元，纯收入34万余元。

【社会事业】 2018年，史店乡新建史店村、前川村、苍湾村三所幼儿园，控辍保学成效明显，义务教育阶段辍学学生全部返校，对考入大学的贫困学生全部予以政策帮扶。村级卫生室签约服务实现全覆盖。3个老年饭桌正常运行。推进农村低保与扶贫政策两项制度衔接，对691户农村低保、44名高龄老人、683名残疾人、1名孤儿、21名五保户做到了“应扶尽扶”和“应保尽保”，两项制度衔接率达到51%。

【精神文明建设】 2018年，史店乡以社会主义核心价值观为引领，把反对铺张浪费、反对婚丧大操大办作为精神文明建设的重要内容，推动移风易俗工作。利用农村文化骨干队伍发放倡议书、刷写标语、宣传栏、微信平台、农民讲习所等人民群众喜闻乐见的形式在全村深入宣传婚丧事大操大办的危害。结合“三会一课”、专题座谈会等形式给广大党员干部群众常打招呼、常敲警钟，及时对有婚丧事大操大办苗头的人员说服教育，进行正确引导。各村制定村民公约、婚丧喜庆公约，由村红白理事会全面监督工作落实，逐步改变原先大操大办、讲排场、比阔气的不良风气。评选最美史店人、诚实守信模范、爱岗敬业模范、脱贫致富模范、移风易俗模范26人，坚持用身边人、身边事教育大部分群众，引导群众争做新时代的道德模范。制定移风易俗工作方案，广泛发放移风易俗倡议书，悬挂移风易俗横幅24条。开展各类宣讲24场次，其中法治宣传17场次，教育7场次，发放宣传品（扇子等）2万份。8月29日，自治区文明办在史店乡田拐村举办了移风易俗培训。其他各行政村也举行了移风易俗培训。已建立“两个带头人”档案，有党组织带头人7人（各行政村党支部书记）、致富带头人20人。选树表彰各类道德模范和致富典型26人，用榜样的力量激发贫困群众脱贫信心和斗志。

曹洼乡

【脱贫精准识别】 2018年，曹洼乡严格按照“两不愁三保障”脱贫标准，坚持“五比五看”“四优先”“六不评”原则，切实抓好精准识别和精准退出工作，共对15户63人“三类人员”做不享受政策处理，清退不符合贫困户要求的贫困户10户30人，新增贫困户114户414人，脱贫退出245户954人。

【产业扶贫】 1. 华润基础母牛赊销。全乡完成母牛赊购163头，已兑付补贴资金138头27.6万元，兑付2016年基础母牛饲料补贴资金17.9万元。硝沟村投放种公羊30只。2. 棚圈建设。全乡计划搭建棚圈317座，已完成搭建验收92座；饲草种植方面，坚持以草稳畜，夯实精准扶贫养殖基础，在曹洼、脱烈村种植青储玉米4200亩，在冶套、硝沟、白崖3个村种植禾草9700亩。3. 技能培训。完成职业技能培训100人（抹灰工）、剪纸刺绣230人、电商50人，汽车驾驶培训46人，“两个带头人”培训30人。4. 劳务输出。全乡共完成劳务输出2353人，创收金额2502万元，其中建档立卡户315户572人。

【设施扶贫】 2018年，曹洼乡新建文化活动广场3个并配置钢化玻璃篮球板，制作文化宣传墙300米。其他基础设施项目正在招标落实。全乡危房改造任务856户,完成危房改造244户,兑付补助资金819.8万元。全乡整治了曹洼、脱烈和硝沟村,共投入劳力750人次,投入各类机械10台,共拆除危房306间、7715.65平方米,围墙37744.8米,圈棚203座、6483.12平方米,厕所150间、1189平方米,车棚22间、346平方米,大门93座、458.4平方米,车库25间509平方米。

【金融扶贫】 2018年,曹洼乡完成2016年贷款贴息资金兑付58650元,2018年金融扶贫贷款任务3232.5万元,计划贴息金额141万元。全乡建档立卡户完成金融贷款470户1911.88万元。2018年"农业保险"资金总额23万元。其中完成玉米投保7330亩,2.639万元;马铃薯3491亩,1.746万元;基础母牛680头,11.56万元;基础母羊4697只,7.05万元;能繁母猪308头,0.37万元。

【教育扶贫】 2018年,曹洼乡积极联系自治区文明办等5家单位,向白崖村学生和村民捐赠了价值26万元的爱心物资。同时,为白崖村争取了校园书屋等20万元爱心物资。自治区编办为困难家庭捐助衣物、学习用品等物资18人次350件,受益群众35户110人。宁夏原种场协调玉米良种1000公斤。农牧厅协调资金3000元对脱烈村5户困难党员进行了慰问。

【医疗救助】 2018年,曹洼乡"脱贫保"资金总额15.6105万元,其中建档立卡户户数投保5.85万元,建档立卡户人口数脱保9.7605万元。全乡建档立卡户医疗参合率实现全覆盖。

【民政兜底脱贫】 2018年,曹洼乡深入开展低保认定清理整顿工作,坚持将因病残、年老体弱、丧失劳动能力以及生存条件恶劣等原因造成生活常年困难的群众全部纳入低保范畴。通过低保认定清理整顿,清理出不符合条件的低保户61户61人,全乡符合低保条件的230户252人,其中,纳入社会保障兜底脱贫对象168户188人。

【美丽乡村建设】 2018年,曹洼乡完成了曹洼村美丽村庄项目编制和招标,给排水工程管沟开挖、填埋等一系列工作。完成拆迁49户、安置13户;商铺建设35户7500平方米,初步建起了具有特色风貌的二层商住楼一条街,街道面貌焕然一新。组建7人街道环卫队、14人村级保洁员,14个村(居)垃圾收集点已全面建成85个。坚持不懈抓环境卫生整治,街道环卫队坚持一日两扫,全天保洁。发动党员干部和广大群众,全面清理河道两旁、公路沿线、房前屋后等垃圾。严格村民建房审批程序和监督管理,对违法乱建行为,坚决做到发现一起、查处一起,全乡无违法乱建发生。S204线升级改造项目征地拆迁涉及征地297.26亩、290户,房屋及附属物拆迁131户。已完成征地287亩、380户,房屋拆迁129户,完成征地、拆迁任务的97%和95%,剩余2户房屋及附属物征收协议书正在签订当中,保证了工程建设顺利实施。

【农田水利和生态建设】 2018年,曹洼乡完成渠道清淤4.5公里、畦田建设2000亩、秸秆还田11000亩、机深翻4800亩、机普翻40500亩、秋施肥3万亩、秋覆膜3000余亩,完成农路整修3条7.5公里。大力开展春秋季植树造林和中静、曹黄公路绿色通道建设,累计种植树木1500株。扎实开展主干道路两侧绿化工作,涂红刷白6600株,修剪树木6600棵,出动车辆360余次浇水360次。

【禁牧封育防火】 2018年,曹洼乡组织乡村两级干部及时召开禁牧封育和草原防火工作会议，签订目标责任书，从各站所抽调专人对北石头梁及退耕还林项目区和移民搬迁区、中静公路沿线3个村等重点区域采用定期不定期地动态监管，偷牧、纵火反弹势头得到有效遏制。

【河长制和河道治理】 2018年，曹洼乡设立了河长制办公室，成立由乡党委书记任河长，乡长和分管领导任副河长的河长制工作领导小组，及时召开了党委扩大会议和乡、村干部参加的动员会，制定下发《河长制工作方案》，对全乡河长制工作进行了全面安排部署。深入宣传“河长制”工作，在各河段设立了“河长制”公示牌，多种形式宣传了河长制工作的重要性和必要性，切实增强了群众参与水环境保护的责任感和积极性。建立河道巡查巡护机制，成立乡、村河道巡查队，对乡域内河道进行巡护，及时掌握河道情况。积极开展河道清洁行动，对全乡4条河道重要节点部位，以及河道阻水障碍和沟渠进行清理，完成河道治理6公里，全面提升乡域河道水生态环境。实现29户自来水入户整改工作。

【计生工作】 2018年，曹洼乡孕前优生健康检查90对，完成率104%。社会保障体系日趋完善。发放救灾救助资金131.05万元，发放各类社会救助资金327.5万元，发放残疾人补贴62.6万元，完成危窑危房改造238户，其中建档立卡户183户、低保户22户、其他贫困户33户，共兑付资金819.8万元，已全部完成建设。

【社会管理】 2018年，曹洼乡妥善处置潜在的信访案件和社会矛盾，共接待前来咨询、办事群众479人次，接访群众157人次，当场答复151件。先后办理来信来访案件6件。共排查调处各类矛盾纠纷56件，化解矛盾纠纷54件，调处成功率达到96%。帮助社区康复人员15名，安置帮扶刑满释放人员14名，社区矫正3人。

【党的基层组织建设】 2018年，曹洼乡加大对村“两委”班子及驻村工作组管理力度，坚持每季度培训，组织了1次赴西安镇观摩学习，已经上级组织批准退回1名第一书记，调整1名第一书记。统筹推进村级活动场所修建，全乡4个村级活动场所面积均达到200平方米以上。认真贯彻落实“三会一课”，以支部为单位建立了党员微信群，对全乡党员关系进行了一次排查，对9名长期举家外出党员经多次劝说教育，已转入居住地，制定了流动党员定期双向联系制度，认真落实了不合格党员处置机制，对白崖村1名党员进行了除名，做到了分类管理。研究制定了发展党员“八步法”工作机制，在各党支部进行推行，全乡有入党积极分子9名，已开展入党积极分子培训2次。同时，定期组织党员按时按标准交纳党费。成立了软弱涣散党组织整治工作领导小组，制定了软弱涣散整治措施。白崖村认真落实“三会一课”制度，党员大会已召开6次，开展学习10次，通过集体学习、讲党课、讨论等强化对党员思想教育，把流动党员吸纳进各自支部微信群里，坚持推送微党课，并每月在全村党员大会上进行一次电话联系。党员发展工作已进入确定发展对象阶段，通过前期审核，拟确定2名。对2名不合格党员，其中1名经教育整改无效进行劝退除名处理，1名经过教育已坚持参加组织生活。

【党风廉政建设】 2018年，曹洼乡党委书记认真履行党风廉政建设第一责任人的职责，坚持定期听取班子成员和各村党风廉政建设责任制落实情况及个人执行廉洁自律情况。落实定期检查制度,做到重要工作亲自部署,重大问题亲自过问,重点环节亲自协调,重要案件亲自督办。按照班子成员分工和“一岗双责”要求,制定班子成员两个责任清单。乡纪委积极履行监督职责,对重点岗位、重点工作开展督查10次,下发通报4期,问责3人。开展各类谈话22人,其中谈心谈话13人,提醒谈话8人,诫勉谈话1人。2018年共受理信访问题线索7件,初核7件,了结3件,立案4件,给予党内严重警告处分2人。

甘盐池扶贫开发区

【组织领导】 2018年,甘盐池管委会按照《关于成立中共甘盐池种羊场工作委员会的通知》要求,成立种羊场党工委,明确了党工委的职能,选优配齐党工委班子成员。甘盐池管委会以习近平新时代中国特色社会主义思想为指导,深入学习贯彻中共十九大和自治区第十二次党代会精神。先后组织开展集体学习20次、主题党日活动6次、民主生活会2次、组织生活会2次。全面落实党工委主体责任、“三会一课”制度和党员领导干部党建联系点工作制度,建立完善领导包村制度,制定并落实党建工作“四个清单”和党建目标责任书。健全完善党建工作督查通报制度,推行半年促评和年底述职评议考核的党建工作考评机制,采取定期检查、平时督查的方式,加大对落实党建工作的经常性检查督办力度,对履职不到位的支部,视情况进行通报批评、诫勉谈话、限期整改。

【党风廉政建设】 2018年,甘盐池管委会严格落实党风廉政建设责任制,党工委和各党支部认真履行好党风廉政建设主体责任,确保主体责任层层传导力度不减。强化党支部书记管党意识、党风廉政责任意识,严格落实“一岗双责”。加强对领导干部,特别是关键岗位领导干部行使权力的监督。严格执行领导干部个人重大事项报告制度、诫勉谈话制度和党政领导干部问责制度。深入学习十九届中央纪委二次全会、自治区纪委十二届二次全会、市纪委四届三次全会和县纪委十四届三次全会精神,开展理想信念、宗旨教育、廉政法规和警示教育,引导党员干部廉洁从政,筑牢拒腐防变的思想道德防线。9月27日,管委会召开了村级“廉情诊所”监督工作机制启动会,在盐池村建立了“廉情诊所”监督工作机制,选优配齐了管委会“廉情诊所”监督工作领导小组和盐池村“廉情诊所”成员,明确了各成员的职责,为盐池村打赢脱贫攻坚战提供强有力的纪律保障。

【产业扶贫】 2018年,甘盐池管委会采取“因地制宜,因村实施,精准脱贫”的工作思路,盐池村实施基础母羊补栏91户615只,补贴18.45万元;382户农户发放马铃薯种薯50吨10万元;种植马铃薯120户429亩,补贴8.58万元;玉米190户1688.6亩,补贴25.329万元;新建羊棚65座,补贴22.75万元。

【劳务产业】 2018年,甘盐池管委会劳务输出1000人次,创收1200万元。年初已培训厨师、钢筋工、瓦工、铲车等350人次,致富带头人30人次,农村致富带头人20人,钢筋工、瓦工培训班于11月中旬开班。金融扶贫方面。

截至10月底,建档立卡户金融贷款139户617万元,共贴息13.4万元。大力推行“脱贫保”,为全部建档立卡户免费投保。

【教育扶贫】 2018年,甘盐池管委会为切实保障每名新录取大学生的基本生活,县民政局以临时救助的方式,资助34人3.1万元;雨露计划资助50名建档立卡户学生,每人3000元,发放150000元。

【异地搬迁扶贫】 2018年,甘盐池管委会顺利搬迁“十三五”兴庆区掌政镇劳务移民5户20人;向符合海原县老城区“十二五”“十三五”劳务移民搬迁条件的农户宣传动员,已完成摸底工作。

【基础设施建设】 2018年,甘盐池管委会投入30万元安装太阳能路灯60盏;投资106.72万元治理长度为0.75公里山洪沟1条。村道硬化1000平方米,高岘硬化广场1000平方米,投入18万元完成村综合文化活动中心基础维修工程,立了“公建民营”模式,使文化工作上了台阶。危窑危房改造11户,其中极度贫困户4户,建档立卡贫困户6户,其他贫困户1户。

【社会保障】 2018年,甘盐池管委会全面落实“城乡居民养老保险”“基本医疗保险”等制度,向群众积极宣传参保政策,“两险”缴费正在进行中,确保建档立卡户基本医疗参保率实现全覆盖。民政救助精准到位,困难群众全部实现低保兜底。

【生态绿化】 2018年,甘盐池管委会美丽村镇绿化工程总投资6.7万元,在盐池村公路两旁及村组道路两旁绿化苗木6944棵;森林生态效益补偿基金项目资金共3万元,纳入生态效益补偿,退耕面积2000亩,每亩补偿15元。

【乡村旅游】 2018年,甘盐池管委会成立盐池村、盐湖社区两家乡村旅游公司,充分挖掘当地历史文化、特色羊羔肉、海原大地震悲壮文化等优势资源,打造旅游景点;组织群众开展农家乐,发展乡村旅游,发掘新的群众增收渠道。

【综合治理】 2018年,甘盐池管委会深入开展平安创建活动,社会主义核心价值观、国旗、文化书屋、党报党刊进宗教场所得到有效落实。深入开展“七五”普法活动,加大普法宣传力度,组织干部职工和群众学习宪法等法律法规。以开展“打黑除恶”活动为契机,扎实开展各类矛盾纠纷大排查、大调解活动,全年共排查化解各类矛盾纠纷30余起。积极开展安全生产大排查、大整治活动,严格落实安全生产工作责任制,与企业签订安全生产责任书6份,集中关停非法采砂企业6家,捣毁陶土厂1家。全面做好信访工作,成立自治区成立60周年期间信访工作领导小组,深入排查各类矛盾隐患,接待群众来访30人次,办理“12345”市长信箱、书记、县长信箱转办信访案件11件,群众合理诉求全部得到有效解决。成立禁牧封育工作小组,充分发挥护林员作用,开展全天候巡查,禁牧封育工作取得了一定成效。

荣誉榜

人物简介

【倪　岩】 1973年2月出生，中共党员，海原农腾种养殖专业合作社理事长。他幼时因患小儿麻痹症双腿残疾，但坚持以残疾之躯致力公益，自强不息。十多年来，他手摇三轮车，拄着双拐，奔波于海原、同心、原州三县（区）扶困助残。他先后成立“宁夏农业科技服务110”“海原县农腾种养殖专业合作社”“阳光励志农民科技培训学校”“海原县阳光残疾人艺术团”等机构或团体，将扶残助残、扶贫帮困的爱心撒满西海固。曾获得全国道德模范提名奖，获全国优秀科技特派员、全国残疾人优秀工作者等称号。2018年9月，被评为自治区60年感动宁夏人物。

【王建鹏】 女，1979年12月出生，海原县三河镇妇联主席。1999年7月，在海原县三合镇政府参加工作，担任过镇“三提五统”出纳、统计员、党政办公室秘书。担任镇妇联主席后，她组织开展“最美家庭”“平安家庭”“五好文明家庭”“绿色环保家庭”等系列特色家庭创建活动，组织三河“和谐双星”好夫妻、好婆媳等评选表彰活动，开展和谐家庭幽默大赛才艺展示，唱响家庭文明和谐主旋律。依托“妇女之家”为有需求的84名妇女群众帮忙申请小额创业贴息贷款420万元，帮助她们实现创业就业梦。累计为32名农村“两癌”妇女申请每人1万元的“两癌”一次性资助。她先后被国务院第二次全国经济普查领导小组评为“全国第二次经济普查先进个人”，被宁夏第六次人口普查工作领导小组评为“宁夏第六次全国人口普查先进个人”，被宁夏第三次经济普查工作领导小组评为“宁夏第三次全国经济普查先进个人”，被中卫市总工会评为“优秀工会工作者”，被中卫市妇联和中国人寿保险股份有限公司中卫分公司评为2017年度“爱妮保”工作先进个人。被原国家统计局固原调查队评为优秀辅调员，被国家统计局固原调查队评为“先进工作者”，被中共海原县委员会和海原县人民政府评为2010年度“优秀妇联干部”，连续4年被海原县人事局考核为优秀。2018年，被评为自治区三八红旗手。

【田智梅】 女，1984年2月出生，海原县妇联干部。主要承担办公室各类文件的起草工作，制定《海原县关于开展乡镇妇联组织区域化建设工作的实施方案》《海原县关于开展村（社区）妇代会改建妇联工作的实施方案》，指导完成基层妇联改革。在妇女创业担保贷款方面，及时对接财政、经办银行落实贴息资金。2017年发放贷款11574万元，扶持城乡妇女2420户，落实贴息资金823万余元，扶持妇女发展剪纸刺绣特色产业及种养殖业。在关桥乡冯湾村、西安镇胡湾村举办“巾帼脱贫行动”手工艺技能和实用技能培训班，培训妇女200余人。通过寻、树、评、展等形式，在全县范围内开展了寻找“最美家庭”活动，共选树最美家庭50余户。组织巾帼志愿者向过往群众发放了《树清廉家风·创美好家庭倡议书》《注重家庭　注重家教　注重家风》《家和万事兴　家齐国安宁》宣传卡等宣传资料2000余份、宣传围裙3000条。节假日慰问孤寡老人、“两癌”患者、单亲母亲、贫困“留守妇女”、孤残儿童等贫困妇女儿童1000余人，争取“春蕾”救助资金27.6万元，救助女童336人。指导全县留守妇女1283人成立互助组、帮带组182个。推荐8名妇联干部担任人民法院陪审员一职，建立1个县级婚调委，在县养老院成立了海原县家庭暴力庇护中心，县法院设置妇女儿童维权合议庭。2017年，处理妇女来信来访43件，回复率100%。2018年，被评为自治区巾帼建功标兵。

人物名录

【先进人物】

表3　　2018年海原县先进人物一览表

单位	姓名	授奖时间	被授名称	授奖单位
海原县贾塘乡人民调解委员会	马百祥	2018.1	坚持发展“枫桥经验”实现矛盾不上交试点工作表现突出个人	司法部
海原县司法局	马娟娟	2018.5	全国人民调解工作先进个人	司法部
李旺镇人民政府	马建荣	2018.8	第三届全区民族团结进步十大模范人物提名奖	自治区党委宣传部、统战部和自治区民委
李旺镇人民政府	马建荣	2018.9	全区民族团结进步模范	自治区党委、自治区人民政府
海原县第二中学	卢俊才	2018.9	全区民族团结进步模范	自治区党委、自治区人民政府
海原县第二中学	田进军	2018.9	自治区师德标兵	自治区党委、自治区人民政府
海原县第三小学	王海霞	2018.9	自治区师德标兵	自治区党委、自治区人民政府
海原县郑旗中学	田学花	2018.11	自治区师德标兵	自治区党委、自治区人民政府
海原三中	马　琳	2018.11	自治区师德标兵	自治区党委、自治区人民政府
海原县三河镇中心小学	刘永霞	2018.11	自治区师德标兵	自治区党委、自治区人民政府
海原县第一小学	孟旭霞	2018.11	自治区教书育人楷模	自治区党委、自治区人民政府
海原县关桥中学	李　岩	2018.11	自治区教书育人楷模	自治区党委、自治区人民政府

续表3

单位	姓名	授奖时间	被授名称	授奖单位
海原县回民中学	李彦贵	2018.11	自治区教书育人楷模	自治区党委、自治区人民政府
海原县第一中学	吴岭山	2018.11	自治区教书育人楷模	自治区党委、自治区人民政府
海原县史店乡中心小学	王德荣	2018.11	自治区教书育人楷模	自治区党委、自治区人民政府

【2018年自治区优秀青年后备骨干人员】

田仕荣　海原县回民中学一级教师

赵金龙　海原县农业综合执法大队助理工程师

李　虎　海原县水务局助理工程师

【2018年"最美乡村教师"名录(自治区教育厅表彰)】

白　英　女,海原县红羊乡中心小学中级教师

马晓峰　回族,海原县贾塘乡中心小学中级教师

李满兵　海原县三河中学中级教师

马玉仁　回族,海原县李俊中学高级教师

赵彩莲　女,海原县七营镇中心小学中级教师

赵永春　海原县三河镇中心小学中级教师

王保东　海原县李俊乡蔡祥小学中级教师

杨廷忠　回族,海原县高崖乡下店小学中级教师

赵文贤　女,海原县七营中学中级教师

张本骞　海原县西安中学中级教师

李忠军　海原县关庄乡宋庄行政村井滩教学点

马耀国　回族,海原县李旺镇马堡教学点学中级教师

李秀芹　女,海原县海城镇王井小学中级教师

孟海霞　女,海原县甘盐池中心小学中级教师

马彦武　回族,海原县郑旗乡巨湾小学中级教师

李　毅　回族,海原县关桥乡贺堡小学中级教师

【教育系统受表彰人员名录(中卫市委、市政府表彰)】

一、优秀教育工作者(50名)

李玉成(海原一中)　田　珠(海原回中)

祁小平(兴海中学)　郭志宏(海原职中)

王　辉(海原二中)　杨淑芳(海原三中)

王秉明(海原四中)　马生勇(郑旗中学)

杨小燕(李旺中学)　罗明科(关桥中学)

黑正帮(三河中学)　万良全(七营中学)

刘思新(贾塘中学)　文建强(李俊中学)

何宁生(西安中学)　杨存宝(海原一小)

李玉杰(海原二小)　田治锋(海原三小)

罗　毅(海原四小)　穆风虎(海原五小)

马成虎(海原六小)　张宝海(海原七小)

但小风(海原回小)　杨世全(海兴小学)

程　杰(特教学校)　冯克东(海原一幼)

马春梅(海原二幼)　杜海燕(海原三幼)

李晓睿(文昌幼儿园)

马　强(树台学区)

顾世荣(关桥学区)

马建勋(甘盐池学区)

李风林（郑旗学区）　许宗顺（三河学区）
王语双（关庄学区）　杨继斌（甘城学区）
王正东（海城学区）　马兴国（高崖学区）
杨志有（贾塘学区）　宋永军（西安学区）
马德英（史店学区）　杜海荣（李俊学区）
马晓林（红羊学区）　田志虎（曹洼学区）
闫维元（七营学区）　杨军瑞（九彩学区）
撒彦林（李旺学区）　王　平（县教体局）
赵小强（县教体局）　田海燕（师培中心）

二、优秀班主任（20名）

陈丰博（海原一中）　李贵仓（海原回中）
田　荣（海原二中）　杨晓武（海原三中）
马小平（海原四中）　马忠华（郑旗中学）
门　杰（李旺中学）　贺宗文（关桥中学）
马应全（三河中学）　雷　琴（海原一小）
姚　梅（海原二小）　李　萍（海原三小）
苏义花（海原四小）　黑晓燕（海原五小）
杨生娟（海原回小）　李清彪（三河学区）
李彦花（高崖学区）　杨延春（贾塘学区）
马　萍（史店学区）　马国发（李旺学区）

三、安全工作先进个人（15名）

魏亚荣（海原一中）　马生祥（海原回中）
何智胜（兴海中学）　田正海（海原职中）
马　森（海原二中）　丁吉艳（海原三中）
黄生琴（海原三小）　卢彦珍（海原七小）
马治和（树台学区）　田　林（关桥学区）
赵永春（三河学区）　王　林（高崖学区）
马　军（贾塘学区）　马治川（七营学区）
余政委（李旺学区）

集体名录

【获省部级奖励的先进集体】

表4　2018年海原县获省部级奖励的集体一览表

单位	授奖单位	授奖时间	被授予奖励名称
海原县婚姻家庭矛盾纠纷人民调解委员会	司法部	2018.1	坚持发展“枫桥经验”实现矛盾不上交试点工作表现突出集体
海原县教体局	自治区党委、自治区人民政府	2018.9	全区民族团结进步模范集体荣誉称号
海原县健身气功站	国家体育总局健身气功管理中心	2018.9	2018年全国健身气功站点联赛半决赛（北部赛区）八段锦集体赛三等奖
海原县健身气功站	国家体育总局健身气功管理中心	2018.9	2018年全国健身气功站点联赛半决赛（北部赛区）导引养生功十二法集体赛三等奖

【获厅局（地市）级奖励的先进集体】

表5　2018年海原县获厅局（地市）级奖励的集体一览表

单位	授奖单位	授奖时间	被授予奖励名称
海原县司法局	自治区司法厅	2018.3	五星级司法所创建先进集体
李旺镇人民政府	自治区铁路护路联防工作领导小组	2018.4	全区铁路护路联防工作先进集体

续表5

单位	授奖单位	授奖时间	被授予奖励名称
海原县教体局	中卫市委、市人民政府	2018.9	教学成果突出先进集体
海原一中等15所学校	中卫市委、市人民政府	2018.9	教育工作先进集体
海原县教体局	自治区体育局	2018.6	2018年百城千村交流展示系列活动暨第四届宁夏健身气功站点联赛五禽戏二等奖
海原县教体局	自治区体育局	2018.6	2018年百城千村交流展示系列活动暨第四届宁夏健身气功站点联赛六字诀二等奖
海原县教体局	自治区体育局	2018.6	2018年百城千村交流展示系列活动暨第四届宁夏健身气功站点联赛八段锦二等奖
海原县教体局	自治区体育局	2018.6	2018年百城千村交流展示系列活动暨第四届宁夏健身气功站点联赛大舞三等奖
海原县教体局	自治区教育厅	2018.4	2017年度全区生源地信用助学贷款工作先进集体
海原四中	自治区教育厅、体育局	2018.11	2018年全区学生排球锦标赛初中组第五名
兴海中学	自治区教育厅、体育局	2018.11	2018年全区学生排球锦标赛体育道德风尚奖
海原县教体局	自治区教育厅	2018.11	第三届全国学生“学宪法 讲宪法”演讲比赛宁夏赛区复赛杰出组织奖
海原县	自治区社会体育服务中心	2018.9	2018年宁夏第四届全民健身节暨第五届全区社会体育指导员交流展示大赛太极养生杖集体二等奖
海原县教体局	自治区体育局	2018.11	2018年宁夏第四届全民健身节暨第三届自治区级全民健身联系站点交流展示大赛健身气功二等奖
海原县教体局	自治区体育局	2018.11	2018年宁夏第四届全民健身节暨第三届自治区级全民健身联系站点交流展示大赛太极拳二等奖
海原县财政局	自治区财政厅	2018.11	2017年度全区部门决算工作先进单位
李旺镇人民政府	中共中卫市委统一战线工作领导小组	2018.12	民族团结进步创建示范乡(镇)

附　录

海原县2018年国民经济和社会发展统计公报

海原县统计局

（2019年7月1日）

2018年是全面贯彻党的十九大精神的开局之年，是实施“十三五”规划承上启下的关键一年。面对复杂严峻的发展环境和艰巨繁重的改革任务，全县人民在县委、县政府的坚强领导下，坚持以习近平新时代中国特色社会主义思想为指导，深入贯彻十九大精神，坚决落实中央、自治区、中卫市决策部署，坚持稳中求进工作总基调，以新发展理念为引领，落实高质量发展要求，扎实推进“三大攻坚战”，着力推进稳增长、促改革、调结构、惠民生、防风险，全县经济实现平稳增长，生态环境日益改善，社会事业稳步推进，为决胜全面小康社会奠定了坚实基础。

一、综合

初步核算，全年全县实现地区生产总值52.68亿元，同比增长1.5%（可比价，下同）。其中，第一产业实现增加值13.23亿元，同比增长4.4%；第二产业实现增加值14.30亿元，同比下降3.8%；第三产业实现增加值25.16亿元，同比增长3.4%。从三个产业对县域经济的贡献来看，第一、二、三产业对地区生产总值的贡献率分别为73.0%、-76.2%、103.2%，分别拉动经济增长1.1、-1.1、1.5个百分点。按常住人口计算，全县人均生产总值13043元，同比下降0.8%。

年末全县户籍人口134709户453309人。其中：城镇户籍人口84357人，乡村户籍人口368952人。年末全县常住人口102512户403898人。其中：城镇常住人口123176人，乡村常住人口280722人，城镇人口比重为

30.50%。全年出生人口0.75万人,出生率为18.59‰,死亡人口0.19万人,死亡率为4.81‰,自然增长率为13.78‰。

全年全县城镇登记失业率为3.7%。全县共完成各类培训12927人(建档立卡贫困户9737人),其中:汽车驾驶员2749人,技能培训6988人,致富带头人520人,实用技术1821人,其他849人。发放创业担保贷款504笔3941.5万元;培育创业实体355个(小老板241人、小企业114个),创造新岗位912个,创业带动就业2215人。城乡劳动力转移就业8.9万人,创收13.62亿元。

全年居民消费价格总水平(CPI)比上年上涨3.3%,较去年同期提高2.4个百分点。其中,食品烟酒类、衣着类、居住类、生活用品及服务类、交通和通信类、教育文化和娱乐类、医疗保健类及其他用品和服务类分别上涨4.0%、4.0%、2.9%、2.2%、4.6%、1.7%、0.8%、7.9%。商品零售价格上涨3.7%;农业生产资料价格上涨6.5%。

二、农业

全年全县实现农林牧渔业总产值26.84亿元,同比增长4.3%。其中,农业产值17.34亿元,同比增长4.6%;林业产值0.47亿元,同比增长40.2%;牧业产值8.11亿元,同比增长2.3%;渔业产值3.6万元,同比下降96.0%;农林牧渔服务业产值0.91亿元,同比增长3.2%。实现农林牧渔业增加值12.70亿元,同比增长4.3%。

全年全县粮食作物播种面积124.05万亩,同比增长1.7%;粮食总产量25.51万吨,同比增长16.0%。其中,小麦播种面积12.90万亩,同比增长2.4%;小麦总产量1.69万吨,同比增长12.7%。玉米播种面积35.10万亩,同比下降0.9%;玉米总产量12.64万吨,同比增长23.1%。薯类播种面积41.00万亩,同比下降1.2%;薯类总产量38.00万吨,同比增长7.6%。全年全县油料播种面积8.76万亩,同比增长1.5%;油料总产量1.34万吨,同比增长6.2%。全年全县中草药材播种面积5.41万亩,同比增长13.9%;中草药材总产量0.56万吨,同比增长26.9%。全年全县瓜果类播种面积5.5万亩,同比增长6.9%;瓜果类总产量7.24万吨,同比增长5.5%。全年全县蔬菜及食用菌播种面积6.74万亩,同比增长6.3%;蔬菜及食用菌总产量8.54万吨,同比增长6.0%。

年末全县牛存栏7.08万头,同比增长22.3%。其中,肉牛存栏6.99万头,同比增长28.0%;奶牛存栏0.09万头,同比下降72.7%。羊只存栏43.77万只,同比增长22.1%。家禽存栏25.87万只,同比下降12.0%。全年累计牛出栏4.42万头,同比增长7.3%;羊只出栏34.06万只,同比增长5.8%。家禽出栏21.15万只,同比增长2.1%。全年肉类总产量达到1.51万吨,同比增长5.6%。

全年全县完成造林面积14.55万亩,同比增长42.93%。

三、工业和建筑业

年末全县共有规模以上工业企业5家,全年工业增加值同比下降22.0%。全年全县规模以上工业实现业务收入13.55亿元,其中主营业务收入13.50亿元;实现利税总额2.04亿元。全县规模以下工业实现增加值实现1.05亿元,同比下降1.0%。

全年全县完成建筑业总产值25.81亿元,

同比下降17.4%。全县三级资质等级及以上的建筑企业7家(其中三级资质等级6家,二级资质等级1家)。建筑业房屋建筑施工面积12.32万平方米,其中房屋新开工面积8万平方米;房屋建筑竣工面积8.58万平方米,竣工价值23.61亿元。

四、固定资产投资和房地产

全年全县500万元以上(不含农户)固定资产投资同比下降32.4%。其中,5000万元以上投资项目同比增长53.0%,5000万元以下投资项目同比下降42.7%。

(一)从投资主体看。国有经济控股投资同比下降51.8%,占总投资的21.6%,占比下降了8.7个百分点;民间投资同比增长2.7倍,占总投资的24.6%,占比下降了27.4个百分点。

(二)从产业结构看。第一产业同比下降42.0%,占总投资的2.9%,占比下降0.5个百分点;第二产业同比增长1.9倍,占总投资的19.9%,占比提高15.3个百分点;第三产业同比下降43.3%,占总投资的77.1%,占比下降14.8个百分点。第三产业始终是全县固定资产投资的主要支撑。

(三)从施工项目看。全年在库施工项目177个,同比减少47个,下降20.9%。其中投资项目155个,房地产项目22个。

全年全县房地产开发企业完成投资5.54亿元,同比下降44.8%。其中,住宅投资4.05亿元,同比下降47.8%;商业营业用房完成投资1.28亿元,同比下降35.0%。全县房地产开发企业房屋施工面积81.03万平方米,同比下降15.5%。其中住宅施工面积60.23万平方米,同比下降14.1%。全县房屋新开工面积23.68万平方米,同比下降28.6%。其中住宅新开工面积17.75万平方米,同比下降97.1%。全县房屋竣工面积16.13万平方米,同比增长36.1%。其中住宅竣工面积7.97万平方米,同比下降68.7%。全县商品房销售面积12.74万平方米,同比下降13.9%。其中,住宅销售面积10.84万平方米,同比下降10.6%;商业营业用房销售面积1.89万平方米,同比下降28.7%。

五、交通邮电电力

年末全县公路通车里程达3313.94公里,公路密度为51.30公里/百平方公里。按行政等级分国道265.39公里,省道540.93公里,乡道629.86公里,村道1877.76公里;按技术等级分高速公路186.23公里,一级公路15.30公里,二级公路173.31公里,三级公路552.82公里,四级公路2386.28公里。

年末全县有客运企业7家,在册营运客运车辆525辆,其中班车179辆、公交车79辆、出租车267辆。共开通客运线路193条,其中跨省4条、跨市26条、跨县9条、县内154条,日发班次192个,行政村通客车率99.6%。现有二级客运站1个,乡镇四级客运站13个,农村客运招呼站173个。有普通货运企业47家,在册货运汽车9238辆。有机动车综合性能检测站1家,二类机动车维修企业12家,三类维修业户218家,摩托车维修业户12家。有二类驾校2所,驾校教练场3个,总面积22.7万平方米,教练车177辆,教练员178人。全年完成机动车驾驶员培训5366人、从业资格证培训考试1257人、道路运输驾驶员继续教育2918人、从业资格证诚信考核6552件。

全年全县完成邮政业务总量770.75万元，同比增长15.4%；全年电信业务总量124032.93万元，同比增长89.3%；年末固定电话用户1.79万户，同比下降15.8%，其中住宅电话年末用户1.01万户，同比下降37.9%；年末移动电话用户达到33.41万户，同比增长0.4%；计算机互联网用户达到7.57万户，同比增长47.6%。

全年全县用电量5.07亿千瓦时。全行业用电量3.87亿千瓦时，其中：第一产业生产用电量0.05亿千瓦时，第二产业生产用电量3.18亿千瓦时（其中：工业生产用电量3.08亿千瓦时，建筑业用电量0.10亿千瓦时），第三产业用电量0.64亿千瓦时。城乡居民生活用电1.20亿千瓦时，其中：城镇居民用电量0.32亿千瓦时，农村居民用电量0.88亿千瓦时。

六、财政金融保险

全年全县地方一般公共预算收入完成2.42亿元，同比增长9.9%。其中：税收收入完成1.32亿元，同比下降18.0%；非税收入完成1.10亿元，同比增长85.2%。全县一般公共预算支出完成58.73亿元，同比增长13.1%。八项支出中：一般公共服务支出完成2.44亿元，同比增长17.8%；公共安全支出完成1.32亿元，同比增长10.8%；教育支出完成9.38亿元，同比增长10.9%；科学技术支出完成0.12亿元，同比增长55.1%；社会保障和就业支出完成7.85亿元，同比下降6.6%；医疗卫生和计划生育支出完成6.10亿元，同比增长14.2%；节能环保支出完成1.93亿元，同比增长45.1%；城乡社区支出完成4.44亿元，同比下降7.6%。

全年全县金融机构各项存款96.59亿元，同比增长10.3%。分部门看：住户存款余额为42.65亿元、非金融企业存款余额为7.16亿元、广义政府存款余额为46.78亿元。全年全县金融机构人民币各项贷款余额55.87亿元，同比增长19.5%。分部门看：住户贷款余额为37.76亿元；其中，短期贷款余额为30.67亿元，中长期贷款余额为7.09亿元。非金融企业及机关团体贷款余额为18.11亿元；其中，短期贷款余额为0.66亿元，中长期贷款余额为1.40亿元，票据融资余额为16.05亿元。

全年全县保费收入共计22252.53万元，同比增长11.7%；支付赔款共计9380.75万元，同比增长10.9%。

七、人民生活和社会保障

全年全县农民人均可支配收入8510.6元，同比增长11.1%。其中：工资性收入实现4247.6元，同比增长19.3%；经营净收入实现2850.9元，同比增长15.1%；财产净收入实现98.5元，同比下降11.8%；转移净收入实现1313.7元，同比下降12.9%。全年农民人均生活消费支出7542.6元，同比增长4.5%。

全年全县城镇居民人均可支配收入24046.5元，同比增长7.6%。其中：工资性收入实现20410.2元，同比增长11.7%；经营净收入实现1419.1元，同比增长14.6%；财产净收入实现726.5元，同比下降34.7%；转移净收入1490.7元，同比下降13.6%。全年城镇居民人均消费支出15302.6元，同比增长1.2%。

年末全县参加城乡居民养老保险人数16.28万人，城乡居民参保率达到99%。城镇职工基本养老保险参保人数3.15万人，同比增长51%。离退休人员1.24万人，同比增长34%。

年末全县参加基本医疗保险人数39.76万人，同比下降0.4%（移民搬迁导致人数下降）。参加城镇职工医疗保险人数1.65万人，同比增长13.0%；参加城乡居民统筹医疗保险人数38.11万人，同比降低0.9%。参加生育保险人数1.11万人，同比增长15.6%。参加工伤保险人数1.13万人，同比增长6.6%。

八、文教卫生

2018—2019学年，全县共有学校326所。小学278所（其中，县城小学9所、乡镇中心小学12所、村级小学116所、教学点141个）；中学22所（其中，高级中学2所、完全中学1所、初级中学12所、九年一贯制学校7所）；职业技术学校1所；特殊教育学校1所；幼儿园24所（其中，公办幼儿园16所、民办幼儿园4所、公建民营幼儿园4所）。全县共有教学班2315个，其中小学阶段1302个（特教学校5个）、初中395个、学前幼儿447个（其中幼儿园126个）、普通高中129个、职业高中42个。全县现有义务教育阶段大班额5个。全县现有教职工4738人（在编4520人，特岗218人），女教职工2419人，专任教师4722人。按学校类别分幼儿园81人、小学2547人、初中1379人、高中学校493人、特殊教育学校13人、职中112人、局机关培训中心等113人。全县共有在校学生86391人，其中女生42087人（占48.8%）、少数民族72633人（占84.1%）。其中：小学阶段在校学生40038人（特教学校61人）、女生19445人（特教学校23人）、少数民族34578人（特教学校47人）。初中阶段在校学生19795人，其中女生9688人、少数民族16780人。普通高中在校学生7472人（不含高三836人补习生），其中女生4009人、少数民族5697人。中等职业在校生2630人（其中，全日制1877人、非全日制753人），其中女生1202人、少数民族2046人。学前幼儿学生16456人（小学学前班11641人、在园幼儿4815人），其中女生7743人、少数民族13532人。全县有寄宿制学校33所（小学9所、一贯制7所、初级中学12所、高级中学2所、完全中学1所、职业技术学校1所、特殊教育学校1所），住校生27570人（小学3337人、初中16052人、高中8181人）。全县4~6周岁幼儿20192人，入学16456人，入学率81.5%；7~12周岁适龄儿童47485人，缓免入学1人，入学47484人，小学适龄儿童入学率100%；13~15周岁初中适龄人口22043人，入学21630人，初中适龄少年入学率98.1%；16~18周岁高中适龄人口21008人，辖区高中阶段在校学生19182人，高中阶段入学率为91.3%。

年末全县共有各级各类卫生计生机构315家，其中区级医疗机构分支机构1家（宁南医院），县级卫生计生机构5家，乡镇卫生院19家，社区卫生服务站2家，村卫生室268家，民营医院4家，个体诊所16家；共设置病床1388张，每千人拥有病床2.98张；县、乡两级卫生计生机构共核定事业编制1092个，目前有医护人员1543人，其中：在编人员1008人，聘用人员535人，每千人口拥有医护人员3.3人；全县有在册执业（助理）医师总数577人，每千人口拥有执业（助理）医师1.24人，在册护士495人，每千人口拥有注册护士1.05人，共有村医296人，其中大专学历村医290人，占比97.97%。5岁以下儿童死亡率为12.27‰，婴儿死亡率8.30‰，产妇住院分娩比例为99.98%。

九、能源、环境和应急管理

全年全县能源消费量34.24万吨标准煤，同比下降2.89%。分行业来看，第一产业能源消费总量3.52万吨标准煤，同比增长2.03%；第二产业能源消费总量10.50万吨标准煤，同比下降8.42%，其中工业能源消费总量7.85万吨标准煤，同比下降8.35%；第三产业能源消费总量10.75万吨标准煤，同比下降1.38%；居民生活能源消费总量9.47万吨标准煤，同比增长0.26%。单位GDP能耗同比下降4.32%。

全年全县县域空气质量好于和达到二级（当空气污染指数达0～50时为1级；51～100时为2级；101～200时为3级；201～300时为4级；300以上时为5级。其中3级属于轻度污染，4级属于中度污染，5级则属于重度污染）的天数为312天（剔除沙尘天气），达标率为93.9%。实测大气可吸入颗粒均值为0.065毫克/立方米，细颗粒均值为0.028毫克/立方米，二氧化硫均值为0.015毫克/立方米，二氧化氮平均值为0.016毫克/立方米，各项均值与去年基本持平，甚至优于去年，得益于对城市建成区20蒸吨以下燃煤锅炉的拆除，扩大集中供热面积以及集中供热锅炉完成脱硫、除尘、脱硝等升级改造。

全年全县共发生一般生产安全事故5起，死亡4人（其中道路交通安全事故3起，死亡2人），亿元GDP生产安全事故死亡人数为0.074，全县安全生产形势总体稳定。

海原县促进金融业发展十二条优惠政策

（海政规发〔2018〕2号）

为进一步加快推进我县金融业改革、创新和发展，构建适应我县经济社会发展需要的现代金融服务体系，支持鼓励金融机构引领创新发展，吸引更多金融机构落户我县，大力发展多层次资本市场，全面提升金融助推脱贫攻坚和经济社会发展的能力，根据《自治区人民政府关于改善金融发展环境支持金融业健康发展的若干意见》（宁政发〔2015〕92号）精神，结合实际，制定如下意见：

第一条　积极引进金融机构落户我县，对金融机构落户按所购置办公营业用房买价的10%给予补助，最高不超过100万元，并一次性给予50万元的开办费补贴。

第二条　支持各金融机构在我县8个金融服务空白乡镇设立物理营业网点，所设网点的办公场所由乡镇无偿提供，装修费用由县财政给予20万元的一次性补贴。同时支持各金融机构有效利用村级“两委”办公场所成立银行、保险等工作服务站点。

第三条　对在我县引进新设的银行、证券、保险、信托、期货、金融（融资）租赁、小额贷款、融资性担保等金融服务企业，按照《自治区人民政府关于改善金融发展环境支持金融业健康发展的若干意见》有关规定，经上级相关部门审核确认后，从其取得第一笔收入纳税年度起，免征企业所得税地方分享部分5年，激发金融业的创新动力和创造潜力。

第四条　为表彰对我县经济发展提供优质服务、支持重点项目建设、帮助企业发展做出贡献的金融机构和团队，县人民政府每年设立“金融机构贡献奖”和“金融产品创新奖”，奖项从银行、证券、保险、基金、融资性担保等金融机构中评选，对获奖金融机构和金融产品团队分别给予20万元和10万元奖励。

第五条　抢抓国家重点贫困县拟上市企业申报“即报即审、审过即发”的绿色通道机遇，积极引进区内外上市、拟上市和挂牌、拟挂牌的企业落户海原，对注册地和生产经营地落户我县且在主板（中小板）成功上市的企业，除享受自治区给予的支持外，县财政再一次性奖励300万元；在创业板成功上市的企业一次性奖励200万元；对在县域外上市并将公司工商注册地迁入我县，且连续经营三年以上的，县财政一次性奖励300万元。

第六条　上市公司董事长、总经理及高管的个人所得税上缴后的地方留成部分，上市后连续三年给予50%的奖励。

第七条　企业上市后，直接融资的60%以上用于投资我县的，融资额5000万元以上不足1亿元的，给予10万元奖励；超过1亿元的，给予20万元的奖励；每增加1亿元，增加奖励20万元，最高奖励额度不超过100万元。

第八条　支持我县企业进入多层次资本市场。对在全国中小企业股份转让系统（新三板）完成挂牌的企业，除自治区给予支持外，县财政再给予50万元的奖励；对在宁夏股权交易中心挂牌的股改企业（简称“四板”），县财政一次性奖励20万元。

第九条　对拟在全国性证券交易所（主板、中小板、创业板）上市或在全国股权交易场所（全国股权转让系统）挂牌的企业，因上市或挂牌改组为股份有限公司发生的补缴税款，地方留成部分的30%补贴给拟上市或挂牌企业。对企业成功发行公司债、企业债、可转债、集合债、中期票据、短期融资券、集合票据、中小企业私募债等债券的企业，按发债额度每年给予2%的贴息。

第十条　对为我县企业上市、挂牌提供保荐（推荐）、会计、法律等服务的证券公司、会计师事务所、律师事务所相关团队，在自治区财政给予奖励的基础上，实现企业上市的，县财政对每家再奖励30万元，实现新三板挂牌的给每家再奖励10万元，实现四板挂牌的每家奖励5万元。

第十一条　支持鼓励各金融企业在我县设立市场化运作的贫困地区产业投资基金、扶贫公益基金、私募股权基金等，并根据自治区有关规定享受税收优惠政策。

第十二条　本优惠政策自2018年2月1日起实施，有效期三年，并由县财政局（金融办）负责解释。

海原县人民政府工作规则

（海政发〔2018〕35号）

第一条 依据《中华人民共和国宪法》《中华人民共和国地方各级人民代表大会和地方各级人民政府组织法》，参照《宁夏回族自治区人民政府工作规则》和《中卫市人民政府工作规则》，结合海原县人民政府工作实际，制定本规则。

第二条 海原县人民政府是县人民代表大会的执行机关，是自治区和中卫市统一领导下的县级国家行政机关，在县委的领导下，按规定向县人民代表大会及其常务委员会报告工作。县人民政府各部门受县人民政府统一领导，并依照法律和行政法规接受自治区和中卫市主管部门的业务指导。

第三条 县人民政府工作的指导思想是：高举中国特色社会主义伟大旗帜，以马克思列宁主义、毛泽东思想、邓小平理论、“三个代表”重要思想、科学发展观、习近平新时代中国特色社会主义思想为指导，牢固树立“四个意识”，坚定“四个自信”，坚决维护以习近平同志为核心的党中央权威和集中统一领导，按照统筹推进“五位一体”总体布局、协调推进“四个全面”战略布局要求，坚决执行党的路线方针政策，认真落实区市党委、政府和县委的各项决策部署，坚持执政为民、依法行政、实事求是、民主公开、务实清廉，建设责任政府、法治政府、服务政府、效能政府和廉洁政府，努力实现经济繁荣、民族团结、环境优美、人民富裕，与全国全区同步建成全面小康社会的目标，努力开创中国特色社会主义现代化建设新征程。

第二章 组成人员

第四条 县人民政府由下列人员组成：县长、副县长、县长助理和政府各组成部门主要负责人。

第五条 县人民政府组成人员要模范遵守宪法和法律，认真履行职责，为民务实，严守规矩和纪律，勤勉廉洁。县人民政府组成部门必须依照法律、法规和规章行使职权，贯彻政府各项工作部署，转变政府职能，改进工作作风，创新管理方式，增强执行能力，提高行政效能。

第六条 县人民政府实行县长负责制，县长领导县人民政府的工作，副县长协助县长工作，其中负责常务工作的副县长协助县长处理政府日常工作。

第七条 副县长按分工负责处理分管工作；受县长委托，负责其他方面的工作或专项任务，并可代表县人民政府进行外事活动。对于重要情况，要及时向县长报告；对于重大事项，要在认真调查研究和充分论证的基础上，向县长提出解决问题的建议；涉及其他副县长分管的工作，要同有关副县长商量决定。

第八条　政府办主任在县长、常务副县长领导下，协助处理县人民政府的日常工作，领导县政府办公室工作。

第九条　县长离开海原期间，由负责常务工作的副县长主持政府工作。如负责常务工作的副县长在此期间也不在海原，按任职排序确定1名副县长主持政府工作。

第十条　县人民政府各组成部门主要负责人负责本部门的工作，并根据法律法规和县人民政府规章、决定，在本部门职权范围内履行职责。

第三章　行政职能

第十一条　县人民政府及其组成部门要按照党中央、国务院及区市党委、政府和县委的统一部署，全面履行经济调节、市场监管、社会管理、公共服务、环境保护等职能，形成权界清晰、分工合理、权责一致、高效运转、法治保障的机构职能体系，创造良好发展环境，提供基本均等公共服务，维护社会公平正义。

第十二条　认真履行经济调节职能，完善宏观调控体系，加强经济形势研判，科学研究调控目标和政策取向，主要运用经济、法律手段和必要的行政手段，引导和调控经济运行，强基础、保增长、调结构、重质量、保民生，促进国民经济持续健康高质量发展。

第十三条　认真履行市场监管职能，加强对涉及人民生命财产安全领域的监管，推进公平准入，积极创造公平、公正、公开和正义的法治环境，完善行政执法、行业自律、舆论监督、群众参与相结合的市场监管体系。建立健全社会信用体系，实行信用监督和失信惩戒制度，整顿和规范市场秩序，建设统一开放、公平诚信、竞争有序的现代市场经济体系。

第十四条　认真履行社会管理职能，推进社会治理改革和创新，合理调节社会利益关系。加强社会建设，完善社会治理方面的政策制度，依法管理和规范社会组织、社会事务，妥善处理社会矛盾，维护社会秩序和社会稳定，提高社会治理水平，促进社会和谐。加强城乡基层群众性自治组织和社区建设，培育并引导各类民间组织健康发展。依法建立健全各种突发公共事件应急机制，提高政府应对公共危机的能力，维护社会公平正义与和谐稳定。

第十五条　认真履行公共服务职能，完善公共政策，健全政府主导、社会参与、覆盖城乡、可持续的基本公共服务体系，增强公共服务能力，促进基本公共服务均等化。推进部分公共产品和服务的市场化进程，建立健全公共产品和服务的监管和绩效评估制度，简化程序，降低成本，讲求质量，提高效益，着力建设服务型政府。

第十六条　认真履行环境保护职能，坚持人与自然和谐共生的基本方略，树立和践行绿水青山就是金山银山的理念，强化绿色发展指数导向，实行最严格的生态环境保护制度，统筹推进山水林田湖草系统治理，打造天蓝、地绿、水净、空气清新的生态环境。

第十七条 认真贯彻实施行政许可法，进一步深化行政审批制度改革，推进政务服务体系化、标准化、智能化。全面实行告知承诺制，依托“互联网+政务”，构建“网上办、不见面”政务服务模式，简化服务流程，优化服务标准，公开透明、规范操作、全程监察，形成线上线下融合、多级联动的政务服务格局，营造良好的政务环境。统筹推进电子政务发展长效机制，采用新一代信息技术提高电子政务发展水平，提升政务系统协同能力。

第四章 依法行政

第十八条 县人民政府及其组成部门要带头维护宪法和法律权威，建设法治政府。按照职能科学、权责法定、执法严明、公开公正、廉洁高效、守法诚信的目标要求，加强对法治工作的领导，深入推进依法行政，把政府工作各个方面纳入法治化轨道，不断提高依法行政的能力和水平。

第十九条 县人民政府根据需要，适时制定规章和行政规范性文件，修改或者废止不相适应的规章、行政规范性文件、行政措施或决定。政府规章实施后要进行评估，发现问题，及时修订完善。

第二十条 县人民政府组成部门制定的行政规范性文件，必须符合宪法、法律、法规和国家的方针、政策及县人民政府的规章、决定，严格遵守法定权限和程序。涉及两个以上部门职权范围的事项，要充分听取相关部门的意见，并由县人民政府制定规章、发布决定，或由有关部门联合制定行政规范性文件。其中，涉及公众利益、社会关注度高的事项及重要涉外、涉港澳台、涉侨的事项，应事先请示县人民政府。部门制定的行政规范性文件必须依法报县人民政府备案，由县政府法制机构审查并定期向政府报告。

第二十一条 提请县人民政府讨论审议的政府规章草案，由政府法制机构审查或组织起草，政府规章的解释工作由政府法制机构承办。规章、行政规范性文件应定期清理，确保统一。

第二十二条 按照行政执法与经济利益脱钩、与责任挂钩的原则，理顺行政执法体制，加强行政执法队伍建设，依法科学设定行政执法机关的职责和权限，相对集中行政处罚权和行政许可权，推行综合执法。

第五章 政务公开

第二十三条 县人民政府及其组成部门要认真贯彻《中华人民共和国政府信息公开条例》，坚持以公开为常态、不公开为例外，围绕权力运行全流程、政务服务全过程，全面推进决策公开、执行公开、管理公开、服务公开、结果公开，加快推进政府治理体系与治理能力现代化。

第二十四条 完善重大决策预公开制度，涉及群众切身利益、需要社会广泛知晓的重要改革方案、重大政策措施、重点工程项目和地方性法规、规章、行政规范性文件等，除依法应当保密的外，决策前应向社会公布决策草案、决策依据，广泛听取公众意见，并以适当方式公布意见收集和采纳情况。

第二十五条 完善政策解读机制，按照

“谁起草、谁解读”的原则，推进政策性文件与解读方案、解读材料同步组织、同步审签、同步部署。完善政务舆情收集、研判、回应和处置机制，对涉及本地区的政务舆情、媒体关切、突发事件等热点问题，及时发布权威信息，认真回应关切，正确引导舆论。

第二十六条　建立健全利益相关方、公众代表、专家、媒体等列席县人民政府全体会议、常务会议和县长办公会议等制度，增强决策透明度。对涉及公众利益、需要社会广泛知晓的会议和事项，应通过新闻发布会、广播电视、网络和新媒体等形式向社会公开。

第六章　监督制度

第二十七条　县人民政府自觉接受县人民代表大会及其常务委员会的监督，认真负责地报告工作，接受询问和质询，依法备案政府规章和行政规范性文件。自觉接受县政协的民主监督，虚心听取意见和建议。

第二十八条　县人民政府及其组成部门要加强同县人大代表和政协委员的联系，认真办理建议、意见和提案，定期向县人民代表大会常务委员会报告和向县政协通报办理情况。

第二十九条　县人民政府及其组成部门要强化对行政执法活动的监督，严格实行行政执法责任制、评议考核制和行政执法过错责任追究制，切实做到严格、规范、公正、文明执法。

第三十条　县人民政府及其组成部门要自觉接受社会公众和新闻舆论的监督，重视群众反映和新闻媒体报道的问题，积极主动核查整改，并在一定范围内反馈或公布。重视群众和其他组织通过网络等多种方式对行政行为实施的监督。

第三十一条　县人民政府及其组成部门要重视人民群众来信来访，定期召开会议研究解决信访工作中的重要问题，健全、完善和落实好督查、考核等工作制度。进一步完善信访工作制度，畅通和规范群众诉求表达、利益协调、权益保障渠道，维护信访秩序。县人民政府组成人员要亲自阅批重要的群众来信和网上信访、定期接待群众来访，协调处理疑难复杂信访问题。

第三十二条　县人民政府及其组成部门要依照有关法律规定接受人民法院依法实施的监督，做好行政应诉工作，尊重并自觉履行人民法院的生效判决、裁定，同时要自觉接受监察委员会及审计部门的监督。对监督中发现的问题，要认真查处、整改并按程序和规定报告。

第三十三条　县人民政府及其组成部门要加强行政系统内部监督，严格执行政府规章、行政规范性文件备案制度，依法履行行政复议职责，及时发现并纠正行政机关违法或者不当的行政行为，依法及时化解行政争议。加大政府行政执法监督平台建设力度，充分发挥其监督作用。主动征询和认真听取各乡镇及群众的意见和建议。

第三十四条　县人民政府及其组成部门要加强效能建设，健全行政问责制度和绩效管理制度，加强对重大决策部署落实、部门职责履行、重点工作推进以及自身建设等方面的考核评估，明确问责范围，规范问责程序，健全纠错制度，严格责任追究，提高政府公信力和执行力。

第七章 决策机制

第三十五条 县人民政府及其组成部门应当坚持科学决策、民主决策和依法决策原则，完善公众参与、专家论证、风险评估、合法性审查和集体讨论决定的重大决策机制，健全重大决策的规则和程序。

第三十六条 县人民政府及其组成部门在重大决策过程中，要充分发挥智囊机构和专家学者的咨询参谋作用，自觉运用前期预测、效益评估、公开招标、比选择优等决策手段，确保决策理念的先进性、导向的正确性、内容的系统性、操作的可行性。

第三十七条 凡涉及全县国民经济和社会发展中长期规划和年度计划、发展战略、财政预算、重大改革方案和政策措施、社会分配调节、重大项目建设以及地方性法规草案和政府规章等，由县人民政府全体会议或常务会议讨论决定。

第三十八条 县人民政府组成部门提请政府讨论决定的重大决策建议，必须符合国家和区市县有关法律、法规、规章、政策规定和发展规划，进行充分调查研究，并经研究、咨询机构等进行必要性、科学性、可行性和可控性论证评估及法制机构合法性审查；涉及相关部门的，应充分协商；涉及全县性的，应事先征求意见；涉及重大公共利益和公众权益、容易引发社会稳定问题的，要进行社会稳定风险评估，通过社会公示或举行听证会等多种形式听取各方面意见。

第三十九条 县人民政府作出重大决策前，要及时向县委报告。对依法应由县人民代表大会及其常务委员会讨论决定的事项，要及时提请县人民代表大会及其常务委员会审议。对全局性的工作和政协委员普遍关心的重要问题，主动与县政协协商。根据需要，通过召开座谈会等形式，听取工商联、社会团体、专家学者、社会公众等方面的意见和建议。

第四十条 县人民政府及其组成部门必须建立健全决策信息反馈机制和决策后评估机制，及时跟踪和反馈重大决策执行情况，为决策的不断完善和优化提供客观依据。

第八章 会议制度

第四十一条 县人民政府会议包括全体会议、常务会议、县长办公会议和专题会议。县人民政府工作中的重大事项，必须经全体会议或常务会议讨论决定。对紧急和突发性重大事件，来不及召开会议而又必须及时处理的，分管副县长协调处理后，向县长报告。

第四十二条 县人民政府全体会议由县长、副县长、县长助理和各政府组成部门主要负责人组成。

根据需要可安排各乡镇(管委会、街道办)主要负责人，县政府直属事业单位、区市驻海原有关单位、派出机构主要负责人列席。必要时，可邀请县委、人大常委会、政协，监察委员会、法院、检察院，工商联、人民团体负责人和无党派人士列席。

县人民政府全体会议一般每半年召开一次，由县长召集和主持。主要任务是：

(一)传达贯彻党中央、国务院及区市

党委、政府和县委的重要指示、决定和会议精神；

（二）讨论和决定县人民政府工作中的重大事项；

（三）部署县人民政府的重要工作；

（四）通报全县经济社会形势。

第四十三条　县人民政府常务会议由县长、副县长、县长助理组成。

县人民政府办公室主任、县发改局、财政局、审计局及政府法制办主要负责人固定列席常务会议；根据会议内容需要，安排有关部门、单位和乡镇负责人列席会议。

县政府常务会议原则上每月召开2次，必要时由县长决定随时召开。主要任务是：

（一）传达党中央、国务院及区市党委、政府和县委的重要指示、决定和会议精神，县人民代表大会及其常务委员会的决议、决定，研究提出具体贯彻意见。

（二）研究向自治区、中卫市政府请示、报告的重大事项和提请县委审议的“三重一大”等事项。

（三）审议需提请县人民代表大会及其常务委员会审议的议案、重要的工作报告草案和讨论决定的重大事项；向县政协通报的重要事项。

（四）审议政府规章、重要的行政规范性文件。

（五）审议海原县国民经济和社会发展长远规划、年度计划、财政预决算及年度审计报告等；定期分析研判全县经济运行情况，研究事关经济社会发展、风险防范、脱贫攻坚、环境保护改革创新、社会管理、改善民生等方面的重大政策措施。

（六）审议政府重大投资、重大建设、重要资源配置、社会分配调节、国有资产监督管理等方面的重大事项，民生工作和关系公众切身利益或者社会关注度高的其他重大事项。

（七）审议政府部门和乡镇（街道办）的重要请示事项。

（八）审议其他重大事项。

第四十四条　县长办公会议由县长召集并主持，有关副县长、县长助理参加，主要任务是研究处理政府日常工作中的有关重要问题。

县长办公会议不定期召开。根据需要，安排有关部门、单位负责人参加会议。

第四十五条　县政府专题会议由县长、副县长、县长助理按照分工主持召开，根据需要，安排有关部门、单位负责人参加会议。

第四十六条　县人民政府全体会议议题由县长确定。县人民政府常务会议议题，报请分管副县长审签；县人民政府办公室根据分管副县长批示意见，汇总后按程序报办公室主任审核，报县长审定。尚未协调一致的议题，一般不提交会议审议；确需提交会议的，应提出倾向性意见。

第四十七条　县人民政府全体会议、常务会议、县长办公会议和专题会议的组织工作，由县人民政府办公室负责。

第四十八条　县人民政府组成人员因故不能出席全体会议和常务会议，应向县长或主持会议的常务副县长请假；如对议题有意见或建议，可在会前提出。其他人员不能按要求列席会议的，需会前向县长请假。因故不能参加政府专题会议的人员，要事先向会议主持人请假。

第四十九条 县人民政府全体会议、常务会议和县长办公会议纪要，经政府办公室分管副主任、主任审核后，由县长或主持会议的常务副县长签发；会议讨论决定的事项，宜于公开的，应及时报道。新闻稿须经政府办公室分管副主任、主任审定；如有需要，报县长或常务副县长审定。县人民政府专题会议纪要，经政府办公室分管副主任、主任审核后，分管副县长审签后，由主持会议的县长或副县长签发。会议纪要不作为对外作出行政行为的直接依据。

第五十条 实行会议计划管理，严格控制以县人民政府名义召开的全县性会议，确需召开的要列入年度计划，未列入计划的严格按程序报批，能不开的坚决不开，可以合并召开的坚决合并召开。可由部门召开的会议，不以县人民政府名义召开。县人民政府组成部门召开的全县性会议，每年不超过1次，特殊情况按程序审批。可采取小范围、小规模研究问题、协调解决问题的专题会议，不开泛泛部署工作和提要求的会议；能用电话、文件等形式部署的不再开会，能召开视频会议的不召开现场会议。从严把控副县长参会规格，副县长集中出席重要会议，由县人民政府办公室统一安排；一般性工作会议只安排分管副县长出席，其他副县长不陪会；副县长一般不出席政府组成部门召开的部门工作性会议。县人民政府召开的全县性工作会议，人数不超过200人，时间不超过1天；县长出席的会议，可要求与会议主题密切相关的乡镇和政府组成部门主要负责同志参加；副县长出席的会议，不要求乡镇和政府组成部门主要负责同志参加，确需参加的，报县长批准。带头开短会、讲短话，在全县性会议上讲话，时间一般控制在1小时以内。除有重要审议事项的会议外，一般不安排分组讨论。

第九章 公文审批

第五十一条 各乡镇（管委会、街道办）、各部门（单位）报送县人民政府的公文，应符合《党政机关公文处理工作条例》和《党政机关公文格式》的规定。除县人民政府领导同志交办事项和必须直接报送的秘密事项外，一般不得直接向县政府领导个人报送公文。各部门（单位）报送县人民政府的请示性公文，部门（单位）之间如有分歧意见，主办部门要主动协商；不能取得一致意见的，应列出各方的理由和依据，提出办理建议，并与相关部门负责人会签后报县人民政府决定。

县人民政府组成部门（单位）和各乡镇（管委会、街道办）报送县人民政府的公文，应按上行文的要求，由该单位主要负责人签发。

第五十二条 各乡镇（管委会、街道办）、各部门（单位）报送县人民政府审批的公文，由县人民政府办公室按照县人民政府领导分工呈批，并根据需要由副县长转请其他副县长核批，重大事项报县长审批。

第五十三条 县人民政府公布的规章、决定、提请县人民代表大会及其常务委员会审议的人事任免等议案，由县长签发，正文盖手写体个人印签。

第五十四条 以县人民政府名义制发的上行文，经办公室主任、分管副县长审核后，由县长或主持工作的副县长签发，涉及财政、审计、土地、环保、监察等重大事项必须报县长签发。以县人民政府名义制发的平行文和下行文,经政府办公室分管副主任、主任审核后,由分管副县长签发;如有需要,报县长签发。

以县人民政府办公室名义发文,一般事务性的,经办公室副主任、主任审核后,由分管副县长签发;涉及重点工作、重要任务、重大事项的,由分管副县长审核后,报县长签发。

第五十五条　县人民政府及其组成部门要按有关规定,进一步精简公文和简报。部门职权范围内的事务,由部门自行发文或联合发文,不得要求县人民政府批转或政府办公室转发。凡法律、行政法规已作出明确规定的,一律不再制发文件。没有实质内容、可发可不发的文件简报,一律不发。

属县人民政府主管部门负责的事项,其他部门或各乡镇(管委会、街道办)应当直接报送有关主管部门处理;县人民政府及政府办公室接到各单位报送此类事项,直接转送有关主管部门处理,需要时要求有关主管部门反馈处理情况和结果。

第十章　执行落实

第五十六条　县人民政府及其组成部门要加强工作的计划性、系统性和预见性,及时对年度工作进行安排部署,并根据形势和任务变化适时进行调整。

第五十七条　县人民政府及其组成部门要建立责任明确、协调有序、运行高效的工作机制。县人民政府的日常工作,属于副县长分管范围内的,由分管副县长负责处理;涉及跨分管范围的重点工作,原则上明确一位副县长牵头负责,相关副县长配合。涉及多个部门职责范围的事项,明确由一个综合部门或主管部门牵头负责,相关部门配合。

第五十八条　县人民政府对既定的工作目标、措施和确定的事项,实行目标责任考核制度,考核结果作为县人民政府奖惩和推荐使用干部的重要依据。

第五十九条　县人民政府组成人员应当带头执行政府决策,所有行政机关、公务员以及其他有关单位和人员应当认真执行政府决策。未经县人民政府同意,任何单位和个人不得擅自变更或停止执行政府决策。

第六十条　负责县人民政府决定事项落实的部门和单位,要以保证质量为前提,在规定期限内将落实情况向县人民政府报告;未能按要求落实的,必须书面递交详细的情况说明。县人民政府对有关部门和单位落实决定事项不符合要求的,要提出改进的意见和建议;对存在较大问题的,责成承办部门限期整改。同时,对决定事项的落实情况定期进行督查和分析,及时向政府报告,并视情向县人民政府各部门通报。

第六十一条　县人民政府要强化督查,下列事项应当纳入政府督查范围,由县政府督查室全程督查、及时催办,保证按要求时限落实到位:

(一)《政府工作报告》确定的工作任务和政策措施;

(二)全县重大决策和工作部署;

(三)县人民政府全体会、常务会、办公会和专题会决定的事项;

(四)自治区党委、政府及自治区各厅局

统一安排部署或者下发公文、签订责任书，要求县人民政府及各部门落实的事项；

（五）全县重大项目建设及重点工作落实情况；

（六）人大代表、政协委员反映的重要问题及新闻媒体对政府或者有关部门突出问题的批评和建议；人大代表建议、政协提案落实情况；

（七）县人民政府领导交办的事项。

通过对政府重要决策的督办检查，随时了解和解决决策实施中出现的新情况、新问题，对决策实施过程中出现的重要问题及解决建议，要及时报告县人民政府。

第六十二条 分管副县长、县长助理有督促检查有关责任单位落实政府决策的职责，应当定期过问决策执行情况，及时协调解决执行过程中出现的问题；涉及多位副县长分管且问题复杂的，可以提请县长或者常务副县长召开会议，研究解决存在的问题，完善落实决策的措施。

第六十三条 县人民政府应加强政府内部对决策执行情况的监督，对不执行或者推诿、拖延执行政府决策的单位及有关责任人给予通报批评，情节严重的要及时启动问责程序。

审计部门要将政府专项资金使用等决策的执行情况纳入跟踪审计或者效益审计范围，加强经济责任审计工作，并将审计报告报县人民政府。

第六十四条 县人民政府决策及执行各环节的行为主体均应纳入过错责任追究的范围。对违反有关规定作出的错误决策或者不执行、延误执行、擅自改变政府决策，造成重大损失或者严重不良影响的，有关责任人员应当承担相应责任。

第十一章 应急管理

第六十五条 健全应急管理体制机制，强化突发事件风险评估与隐患排查，完善应急预案体系，加强应急指挥平台建设，落实应急救援队伍和应急物资保障，注重应急宣传培训，加强应急演练，推进基层应急体系建设，提升突发事件预防和应急处置能力。

第六十六条 加强值班管理和值班检查，落实值班值守规定，严格执行节假日领导在岗带班制度。各乡镇（管委会、街道办）、各部门要落实突发事件信息报告制度，强化首报意识，即接即报、边核边报、阶段续报。重大以上突发事件发生后，必须在30分钟内向县人民政府电话报告、1小时内书面报告。

第十二章 纪律作风

第六十七条 县人民政府组成人员在调查研究、会议活动、改进文风、请示报告、公务接待、新闻报道、待遇管理等方面，严格执行《中共中央政治局贯彻落实中央八项规定实施细则》精神，以及自治区党委《关于深入贯彻中央八项规定精神进一步加强和改进自治区党委常委会作风建设的若干意见》、市委《关于深入贯彻中央八项规定精神进一步加强改进市委常委会作风建设的实施意见》、县委《关于深入贯彻中央八项规定精神进一步加强改进县委常委会作风建设的实施意见》，严守政治纪律和政治规矩，带头贯彻执行，有令必行，有禁必止。

第六十八条　县人民政府组成人员必须坚决执行政府决定，如有不同意见可在内部提出，在政府没有重新做出决定前，个人不得有任何与政府决定相违背的言论和行为。县人民政府组成部门发布涉及政府重要工作部署、经济社会发展重要问题、与群众利益密切相关事项的信息，要经过严格审定，重大情况要事先向县人民政府请示。

第六十九条　县人民政府组成人员要严格遵守保密纪律和外事纪律，严禁泄漏国家秘密、工作秘密或者因履行职责掌握的商业秘密等，坚决维护国家的安全、荣誉和利益。

第七十条　县人民政府组成人员必须严格遵守请假报备纪律。县长出访、出差和休假，按照中央、自治区相关规定，先向市委、市政府报告，并提前3天向自治区党委办公厅、政府办公厅报备；副县长出访、出差和休假，需先向县长请假同意后，再向书记报告，县长助理出访、出差和休假，需事先向县长或常务副县长请假。县人民政府组成部门主要负责同志出访、出差和休假，按县委规定履行请假手续，并报县委办公室、政府办公室备查。

第七十一条　县人民政府组成人员要严格执行领导干部廉洁从政有关规定，不得利用职权和职务影响或特定关系人谋取不正当利益，不得违反规定干预或插手市场经济活动，不断增强拒腐防变能力。在管好自己的同时，管好配偶、子女和身边工作人员。

第七十二条　县人民政府及其组成部门对职权范围内的事项，要按程序和时限积极主动地办理；对不符合规定的事项要坚持原则不得办理；对因推诿、拖延等官僚作风及失职、渎职造成影响和损失的，要追究责任；对越权办事、以权谋私等违规、违纪、违法行为，要严肃查处。

第十三章　附　则

第七十三条　本规则适用于县人民政府派出机构、直属机构、直属事业单位、部门管理机构。

第七十四条　本规则由县人民政府办公室负责解释。

第七十五条　本规则自公布之日起执行。

海原县打赢蓝天保卫战三年行动计划

（2018—2020年）

（海政发〔2018〕91号）

按照《宁夏回族自治区打赢蓝天保卫战三年行动计划（2018—2020年）》要求，深入实施生态立县战略，打赢蓝天保卫战，不断强化大气污染防治攻坚，持续改善我县环境空气质量，结合我县实际，制定本行动计划。

一、总体要求和主要目标

（一）总体要求。以习近平新时代中国特色社会主义思想为指导，全面贯彻党的十九大及全国和自治区生态环境保护大会精神，认真落实党中央、自治区和中卫市关于环境保护工作的重大决策部署，以海原县城、海兴开发区城市建成区和各乡镇政府所在地为重点，以改善大气环境质量为核心，以解决群众关心的突出环境问题为导向，以调整和优化产业结构、能源结构、运输结构、用地结构为抓手，深入实施生态立县战略和创新驱动发展战略，坚持全民共治、源头防治、标本兼治基本方针，强化区域联防联治联控，狠抓秋冬季污染治理，统筹兼顾、系统谋划、精准施策，坚决打赢蓝天保卫战，明显降低颗粒物浓度，明显减少重污染天数，明显改善大气环境质量，明显增强人民的蓝天幸福感。

（二）主要目标。到2020年，我县城市PM10年均浓度低于70微克/立方米，较2017年下降4%，PM2.5年均浓度低于31微克/立方米，与2017年持平，空气质量优良天数比率平均达到90%以上，空气质量稳步改善。

（三）重点区域。海原县城、海兴开发区城市建成区和各乡镇政府所在地。

二、调整产业结构，推进绿色发展

（四）优化产业布局。完成生态保护红线、环境质量底线、资源利用上线、环境准入清单编制工作，明确区域禁止和限制发展的行业、生产工艺和产业目录。落实国家《产业调整指导目录》和高耗能、高污染、能源型行业准入条件要求，严格准入门槛。积极推行区域、规划环境影响评价，新、改、扩建工业等项目的环境影响评价，应满足区域、规划环评要求。（县国环局负责落实，发改局、商经局及各乡镇、海城街道办、甘盐池管委会配合）

（五）深入推进“散乱污”企业综合整治

1. 深入开展“散乱污”企业排查。各有关部门、各乡镇要进一步深化供给侧结构性改革，结合产业结构调整、开发区优化整合和“僵尸企业”清理，全面开展“散乱污”企业专项整治行动，实行拉网式排查和清单制、台账式、网格化管理，实现阶段性清零。建立“散乱污”企业动态管理机制，坚决杜绝“散乱污”企业项目建设和已取缔“散乱污”企业异地转移、死灰复燃，确保取缔到位。（县发改局、商经局、国环

局、市场监管局按照职责负责落实，各乡镇、海城街道办、甘盐池管委会配合）

2. 实施“散乱污”企业分类处置。按照“先停后治”的原则，2020年底前，全县基本完成各类“散乱污”企业整治。列入淘汰类的，基本做到“两断三清”；列入整合搬迁类的，要按照产业发展规模化、现代化产业原则，搬迁至海兴开发区工业园区并实施升级改造；列入升级改造的，树立行业标杆，实施清洁生产技术改造，全面提升污染治理水平。（县国环局、发改局、商经局、市场监管局按照职责负责落实，各乡镇、海城街道办、甘盐池管委会配合）

（六）深入推进工业污染治理

1. 加速推进工业污染源全面达标排放，将烟气在线监测数据作为执法依据。加大超标处罚和联合惩戒力度。落实工业污染源自行监测和信息公开，严格执行国家制定的固定污染源排污许可制度，按行业分步完成固定源排污许可证发放工作，到2020年，完成排污许可管理名录规定的行业许可证核发。（县国环局负责落实）

2. 推进集中供热等重点行业污染治理升级改造。县城、海兴开发区建成区等重点区域二氧化硫、氮氧化物、颗粒物全面执行大气污染物排放限值。切实强化工业企业无组织排放治理，2018年底前，完成建材等行业和燃煤锅炉的无组织排放排查，建立管理台账；2020年底前基本完成对物料运输、装卸、转移和工艺过程等无组织排放实施深度治理。加强堆场扬尘污染治理，组织对工业企业大型料堆、工业固体废弃物堆场进行全面排查并建立清单，制定堆场扬尘整治计划，实行“一企一策”。（海兴开发区管委会、县住建局负责落实，商经局、国环局及海城街道办配合）

3. 推进工业园区绿色低碳循环发展。积极推进海兴开发区调整建设，到2020年，海兴开发区按照区块设定的主导产业值占比达到60%以上。大力推进企业清洁生产，推进园区循环化改造、规范发展和提质增效，对开发区进行集中整治，限期进行达标改造，减少工业集聚区污染。（海兴开发区管委会负责落实，县发改局、商经局、国环局配合）

（七）深入推进绿色环保产业发展。完善规划措施，大力发展节能环保产业、清洁生产产业、清洁能源产业，提高节能、环保、资源循环利用等绿色产业技术、装备和服务水平，推动壮大绿色产业规模。积极推行节能环保整体解决方案，加快发展合同能源管理、环境污染第三方治理和社会化监测等新业态，促进大气治理重点技术装备等产业化发展和推广应用。（县发改局负责落实，商经局、国环局、农牧局配合）

三、调整优化能源结构，推进能源清洁高效利用

（八）削减煤炭消费比重。制定煤炭消费总量控制工作方案，实行煤炭消费总量控制目标管理。加强煤炭洗选和清洁利用。严格控制耗煤行业煤炭新增量，所有新建、改建、扩建耗煤1万吨及以上项目一律实行煤炭等量或减量替代。加快发展清洁能源。切实降低燃煤消费，提高非化石能源消费比重，积极推进新能源项目建设，加大可再生能源消纳力度。（县发改局负责落实，市场监管局，国环局、住建局、财政局、商经局配合）

（九）深入推进清洁取暖

1. 调整优化县城集中供热规划。坚持从实际出发，宜电则电、宜气则气、宜煤则煤，确保群众安全取暖过冬。到2020年，城镇集中供热范围进一步扩大。制定印发《海原县清洁取暖实施方案（2018—2021年）》，并分年度组织实施。在集中供热管网确实无法覆盖的区域，依实际情况实施电代煤清洁供暖工程。对暂不具备清洁能源替代条件的区域，积极推广将洁净煤作为清洁供暖体系的有益补充措施。（县发改局、住建局按职责负责落实，市场监管局、国环局配合）

2. 抓好天然气供储销体系建设。落实《自治区天然气供储销体系建设工作分工方案》，加大天然气供应和推广力度。积极协调自治区争取我县天然气指标。坚持"以气定改"，在落实气源的情况下有序推进"煤改气"。加快储气设施建设步伐，2020年采暖季前，我县燃气企业的储备能力达到量化指标要求。坚持"民生优先"，建立完善调峰用户清单，采暖季实行"压非保民"，优先保障民生用气。（县发改局、商经局按职责负责落实，财政局、国环局、住建局配合）

3. 加快农村"煤改电"电网升级改造。电网企业要统筹推进输变电工程建设，满足居民采暖用电需求。鼓励推进蓄热式等电供暖。争取"煤改电"配套电网工程建设支持，统筹保障"煤改电""煤改气"建设用地。（县住建局、国环局、国网海原供电公司按照职责负责落实，市场监管局配合）

（十）强化散煤煤质监管。全面开展城中村、农村、县城周边等区域在用散煤消费情况和散煤经营单位排查，制定散煤削减替代方案及年度计划。全面禁止劣质散煤的销售。城市建成区加快清洁煤配送中心建设。按照网格化监管要求，市场监管局、国环局及各乡镇（甘盐池管委会）等要组织开展秋冬季民用散煤治理专项检查行动，加大抽测、抽检力度，对不符合自治区民用煤质量标准的，按照有关规定从严从重进行处罚，确保流通、使用的民用煤质达标。（县市场监管局、国环局按职责负责落实，发改局、财政局及各乡镇、海城街道办、甘盐池管委会配合）

（十一）强化燃煤锅炉整治

1. 淘汰不达标燃煤锅炉。城市建成区一律禁止新建35蒸吨/小时以下燃煤锅炉，以及茶浴炉、经营性炉灶、储粮烘干设备等燃煤设施，其他地区一律不再新建10蒸吨/小时以下的燃煤锅炉。2018年底前，城市建成区全部淘汰20蒸吨/小时以下燃煤锅炉。（县国环局、住建局按职责负责落实，商经局、市场监管局配合）

2. 实施锅炉环保升级改造。2018年底前，燃煤锅炉达到排放标准要求。2020年底前，鼓励65蒸吨/小时及以上燃煤锅炉全部完成节能和超低排放改造。加快供热管网建设，淘汰管网覆盖范围内的燃煤锅炉和散煤。存在现有多台燃煤小锅炉的，可按照等容量替代原则建设大容量燃煤锅炉，取消分散燃煤锅炉。（县住建局、国环局按职责负责落实）

（十二）切实提高能源利用效率。持续实施65%建筑节能标准，全面执行绿色建筑标准，加快既有居住建筑节能改造。2019年起城市建设用地范围内新建建筑全面执行绿色建筑设计标准，新建建筑设计阶段绿色建筑设计标准执行率达到55%；2020年新建建筑设计阶段绿色建筑设计标准执行率达到60%，有改造价值的既有非节能居住建筑低于城镇居住建筑总量的5%。（县住建局负责落实，发改局、国环局配合）

四、积极调整运输结构，发展绿色交通体系

（十三）加快老旧车辆淘汰。制定营运柴油货车和燃气车辆提前淘汰更新目标及实施计划。通过经济补偿、限行禁行、严格超标排放监管执法等措施，加快推进国Ⅱ及以下汽油车和国Ⅲ及以下营运柴油货车淘汰更新工作。到2020年，完成国家下达的国Ⅲ及以下排放标准营运中型和重型柴油货车淘汰任务。严格执行《机动车强制报废标准规定》，提高报废机动车回收拆解能力，做好老旧车辆淘汰报废回收（拆解）工作。（县公安局负责落实，交通运输局、商经局、国环局、财政局配合）

（十四）强化移动污染源防治

1. 强化车辆登记、检测、维修、报废全过程管理。严厉打击新生产销售机动车环保不达标违法行为，严格新车环保装置检验，在新车销售、检验、登记等场所开展环保装置抽查，保证新车环保装置生产一致性。（县国环局、交通运输局、公安局、市场监管局按职责分别负责落实）

2. 强化在用车监管。建立超标排放机动车销售企业、注册登记地、排放检验机构、维修单位等全链条监管制度。强化物流园区、工业园区、货物集散地、公共交通站场等车辆集中停放地的监督抽测，重点检查柴油货车污染、车载诊断系统（OBD）、燃油和车用尿素质量以及尾气排放达标情况。按照政府引导、企业负责、全程监控模式，推进高排放老旧柴油车辆深度治理。具备条件的安装OBD，配备实时排放监控终端。（县公安局、交通运输局按职责分别负责落实，国环局、市场监管局配合）

3. 严格排放检验及维修机构监管。机动车排放检验机构依法依规进行机动车排放检验，并与环境保护部门联网。2019年年底前，机动车排放检验机构全面实施新版ISO9001质量管理体系。督促指导维修企业建立机动车维修治理档案，严厉打击篡改破坏OBD系统、采用临时更换污染控制装置等弄虚作假行为。（县公安局负责落实，交通运输局、国环局、市场监管局配合）

4. 优化重型车辆绕城行驶。2019年，制定完善重型车辆绕城方案，完善城区环路通行条件，明确国Ⅲ（含）标准以下柴油车辆禁限行区域、路段以及绕行具体路线，严控重型车辆进城。（县公安局、交通运输局按职责分别负责）

5. 加强非道路移动机械污染管控。开展非道路移动机械调查摸底工作，2019年，完成非道路移动机械摸底调查、登记和环境标识发放，建立非道路移动机械排放情况数据库。公安、交通运输、城市综合执法等部门，组织开展高排放非道路移动机械禁用区专项执法行动，对违法行为依法实施严厉处罚，严格管控高排放非道路移动机械。（县公安局、交通运输局、农牧局、住建局按职责分别负责，国环局配合）

（十五）实施遥感监测及网络平台建设。完善机动车排污监管平台，实现环保、公安部门信息共享，全面推行使用机动车排污监管平台。2020年底前，要在城市主要进口、覆盖高排放车辆通行的主要道口安装遥感监测设备及移动式遥感监测设备，纳入自治区机动车排污监管平台并实现联网。对于通过遥感监测发现的超标排放车辆依法进行处罚，并要溯源车辆制造企业、排放检验机构、所属运输企业、注册登记地、行驶途经地等，并向社会曝光。（县公安局、交通运输局按职责负责落实，国环局配合）

（十六）加强成品油市场监管

1. 规范成品油市场秩序。全面加强油品质量的监督检查，定期对市售油品和车用尿素质量进行抽样检查，确保国Ⅴ汽、柴油全覆盖。推动实施国Ⅵ标准成品油升级计划，2019年1月1日起，全面供应符合国Ⅵ标准的车用汽柴油。（县商经局、市场监管局按职责负责落实，发改局、国环局配合）

2. 加强油气回收治理。2018年底前，县商经局、国环局联合开展加油站油气回收治理"回头看"，巩固油气回收治理成果。对加油站、储油罐、油罐车油气回收装置运行情况进行监管，对不正常使用油气回收治理设施的销售企业依法责令停产并限期整改，对设施损毁的限期维修。到2020年，我县油气回收治理率达到100%。（县商经局负责落实，国环局、市场监管局配合）

（十七）加快绿色交通体系建设。推进新能源交通体系建设。公交、环卫等行业和政府机关要率先使用新能源汽车，采取直接上牌、政府补贴等措施鼓励个人购买，提高电动汽车保有量。推广应用节能和清洁能源运输装备，扩大公共服务领域新能源汽车应用规模。逐步完善新能源汽车配套设施建设，到2020年，基本形成便捷的新能源汽车基础设施服务网络。（县交通运输局、商经局按职责负责落实，发改局、财政局、国环局等配合）

五、优化调整用地结构，深化面源污染治理

（十八）全力推进城市绿化建设。实施防风固沙绿化工程，推进南华山自然保护区植树造林及"退耕还林还草"建设，加大城市周边重点扬尘易发区绿化管控力度。推广保护性耕作、林间覆盖等方式，抑制季节性裸地农田种植区域扬尘。在县城功能疏解、更新和调整中，将腾退空间优先用于留白增绿。建设县城绿道绿廊，实施"退工还林还草"，严格落实城市建成区"300米见绿、500米见园"园林绿化建设要求，提高城市建成区绿化覆盖率，城市建成区绿化覆盖率达到44%。（县林业局、农牧局、南华山管理处按职责负责落实，国环局及各乡镇、海城街道办、甘盐池管委会配合）

（十九）全力推进露天矿山综合整治。全面完成露天开采矿山（含砂石料厂）摸底排查，建立整改整治矿山企业清单。对违反资源环境法律法规、规划，污染环境、破坏生态、破坏河道、乱采滥挖的露天矿山，依法予以关闭；对污染治理不规范的露天矿山，按照"一矿一策"制定整治方案，依法责令停产整治，整治完成并经相关部门组织验收合格后方可恢复生产，对拒不停产或擅自恢复生产的依法强制关闭；对责任主体灭失的露天矿山，按照"宜林则林、宜耕则耕、宜草则草、宜景则景"的原则，加强修复绿化，减尘抑尘。2019年底前，完成采矿区扬尘污染深度整治专项工作，完善长效监管机制，及时巩固深度整治成果。2020年底前，开展采矿区扬尘污染深度整治工作“回头看”。（国环局负责，水务局、林业局、农牧局及各乡镇、海城街道办、甘盐池管委会配合）

（二十）全力推进扬尘综合治理。全面提升施工扬尘管控水平。建立工地动态管理清单，将施工工地扬尘污染防治纳入建筑施工安全生产标准化文明施工管理范畴，建立施工扬尘控制责任制度，治理费用列入工程造价。建筑工地全面落实“六个100%”的扬尘防控措施，重点区域占地面积超过4000平方米或者建筑面积超过20000平方米的建筑工地安装在线监测和视频监控设备，并与住建局联网。对扬尘防控措施达不到要求的工地一律责令停止施工，依法予以行政处罚，记入企业不良信用记录，情节严重的，列入建筑市场主体“黑名单”。各类长距离的市政、公路、水利等线性工程，全面实行分段施工并落实扬尘防控措施。加强城市道路扬尘综合整治。建立“机械深度洗扫+人工即时保洁”的环卫工作机制，2020年底前，机械化清扫率达到60%以上。渣土车要安装密闭装置并严格规范管理，加强日常巡查和处罚力度。（县住建局负责，交通运输局、国环局配合）

（二十一）全面加强秸秆和氨排放管控

1. 全面加强秸秆综合利用。制定年度农作物秸秆综合利用项目实施方案，坚持堵疏结合，加大政策支持力度，全面加强秸秆综合利用，2018年农作物秸秆综合利用率达到83%，2020年底前秸秆综合利用率达到85%。全面加强秸秆禁烧监管，强化秸秆禁烧主体责任，按照网格化监管要求，建立行政区域内秸秆焚烧易发多发区域清单，落实乡包村、村包组、组包地块的分片包干工作责任制，对秸秆焚烧行为加强宣传教育，保持常态化监督检查，依法查处秸秆焚烧行为，建立秸秆禁烧长效监管机制。加强卫星遥感、无人机等现代化手段应用，对出现着火点的乡镇进行通报，并问责相关责任人。到2020年，农作物秸秆焚烧现象得到有效管控。（县农牧局、国环局及各乡镇、海城街道办、甘盐池管委会按照职责负责落实）

2. 控制农业源氨排放。减少化肥农药使用量，增加有机肥使用量，实现化肥农药零增长，提高化肥利用率，到2020年，我县化肥利用率达到40%。强化畜禽养殖业氨排放的综合管控，切实减少氨挥发排放，2020年年底前，基本完成畜禽规模养殖场氨源排放治理。（县农牧局负责，国环局及各乡镇、海城街道办、甘盐池管委会等配合）

六、实施重大专项行动，大幅降低污染物排放

（二十二）开展重点区域秋冬季污染治理专项行动。制定并实施我县秋冬季大气污染综合治理攻坚行动方案，以减少重污染天气为着力点，狠抓秋冬季大气污染防治，聚焦重点领域，将攻坚目标、任务措施分解落实到各责任部门及乡镇。围绕重点区域，统筹调配环境执法力量，实行联合执法、驻地督办，确保各项措施落实到位。（县国环局负责，发改局、商经局、财政局、住建局、农牧局及各乡镇、海城街道办、甘盐池管委会配合）

（二十三）开展柴油货车污染治理专项行动。制定并落实《柴油货车污染治理攻坚战行动方案》，统筹油、路、车治理，实施清洁柴油车(机)、清洁运输和清洁油品行动,确保柴油货车污染排放总量明显下降。加强柴油货车销售、注册使用、检验维修等环节的监督管理,落实国家天地车人一体化的全方位监控体系建设要求,实施在用汽车排放检测与强制维护制度。开展多部门联合执法专项行动。(县交通运输局、公安局负责,国环局、市场监管局、商经局及各乡镇、海城街道办、甘盐池管委会配合)

(二十四)开展挥发性有机物(VOCs)专项治理行动。制定挥发性有机物污染防治工作方案。严格涉VOCs排放的工业企业准入,新建项目实行区域内VOCs排放等量或倍量削减替代。开展重点行业VOCs排查工作,结合环境统计初步建立我县VOCs排放基数。加大餐饮油烟治理力度,有效解决恶臭问题,开展VOCs整治专项执法行动。继续保持对重点区域环境监管的高压态势。实施VOCs排放总量控制,完成自治区下达减排任务。(县商经局、市场监管局、住建局按职责分别负责,发改局、国环局及各乡镇、海城街道办、甘盐池管委会配合)

七、强化县域联防联控,有效应对重污染天气

(二十五)健全完善大气污染防治协作机制。以城市建成区为重点,建立统一规划、统一监测、统一监管、统一评估、统一协调的区域大气污染综合治理工作机制。定期组织召开会议,研究区域大气污染防治年度计划、目标、重大措施,以及区域重点产业发展规划、重大项目建设等事关大气污染防治工作重大事项,部署区域重污染天气联合应对工作。(县国环局负责,各相关部门配合)

(二十六)加强重污染天气预报预警。提高空气质量精准预测预报能力,加强环境一体化数值预报模式、大气污染气象预报预警系统建设,开展大气污染潜势中长期趋势预测、沙尘天气精细化监测和预报预警能力建设。强化国环、气象等部门联动,建立国环与气象部门信息共享、空气质量会商及重污染天气联合研判预警机制。充分利用自治区超级站及移动在线源解析等环境气象综合观测数据,为全县大气污染治理决策提供科学技术支撑。(县国环局、气象局按职责负责落实)

(二十七)细化落实应急减排措施。完善重污染天气应急预案,细化重污染天气应急减排清单,实施统一的区域防治措施,全力削减污染峰值。提高各级别应急预案污染物减排比例,黄色、橙色、红色级别减排比例原则上不低于10%、20%、30%。细化应急减排措施,落实到相关企业各工艺环节,实施“一厂一策”清单化管理。(县国环局、商经局按照职责负责落实)

八、建立健全制度体系,落实环境经济政策

(二十八)强化完善经济支持政策。严格落实《中华人民共和国环境保护税法》,落实环境保护税各项税收优惠政策,推动企业形成绿色发展模式。健全环保信用评价制度。建立财政政策与空气质量改善绩效联动机制,健全以质量改善为目标导向的大气污染防治资金分配机制,发挥财政资金引导撬动作用,财政支出要向蓝天保卫战倾斜,将城市空气质量达标工作经费纳入年度预算,要加大资金投入,每年保持适当增幅。鼓励社会资本通过PPP等模式参与污染防治,增强大气

污染防治基础建设的可持续性。落实国家“散乱污”企业综合治理激励政策。落实差别电价政策，对淘汰类和限制类企业用电进一步提高差别电价加价标准。建立并完善清洁供暖用电价格政策。（县财政局、发改局、国税局按职责分别负责，住建局、国环局配合）

九、加强基础能力建设，严格环境执法督察

（二十九）着力推进空气质量监测网络建设

1.加快大气环境质量监测网络建设。认真落实《宁夏环境空气质量监测站点全覆盖规划实施方案》要求，完成大气环境质量监测网络建设，构建大气热点网格监管平台，提升区域环境监管智能化水平。海兴开发区工业园区应结合园区排放特征，配置VOCs连续自动采样体系或符合园区排放特征的VOCs监测监控体系。（海兴开发区管委会、县国环局负责落实）

2.完善污染源监控体系。全面排查20蒸吨/小时及以上燃煤锅炉在线监控设施安装及运行情况，2018年底按照国家相关要求全部完成安装。继续扩大重点大气污染源监控范围，将排气筒高度超过45米的高架源纳入重点排污单位名录，安装烟气排放自动监控设施，2020年底前，全部完成。（县住建局、国环局按照职责负责落实）

3.加强移动源排放监管能力建设。结合机构改革，明确我县相关机构机动车污染防治职责。2019年底前建成机动车遥感监测系统并实现联网。推进工程机械安装实时定位和排放监管装置。（县公安局、交通运输局按照职责负责落实，国环局配合）

4.建立健全环境监测数据质量控制制度。加强对社会环境监测机构和运维机构监管，以“谁出数谁负责”“谁签字谁负责”为责任追溯基本原则，建立质控考核与实验室对比、第三方质控、信誉评级等机制。开展环境监测数据质量监督检查专项行动，严厉惩处环境监测数据弄虚作假行为。（县国环局负责落实）

（三十）严厉打击环境违法行为

1.加大环境保护执法力度。坚持铁腕治污，综合运用按日连续处罚、查封扣押、限产停产、移送拘留等手段依法从严处罚环境违法行为，强化排污者责任。未依法取得排污许可证、未按证排污的，依法依规从严处罚。深化落实网格化环境监管体系要求，各部门、各乡镇要进一步做细、做密网格，建立网格污染源档案。开展大气污染热点网格监管，加强工业窑炉、工业无组织排放、VOCs污染治理、扬尘管控等环境执法，严厉打击“散乱污”企业。加强环境执法能力建设，强化生态环境执法与刑事司法衔接。（县国环局负责落实，法院、检察院、公安局、司法局配合）

2.严厉打击销售排放不合格机动车和违反信息公开要求的行为。开展在用车超标排放联合执法，建立完善“环境保护部门检测、公安交管部门处罚、交通运输部门督促维修”的联合监管机制。严厉打击机动车排放检验机构尾气检测弄虚作假、屏蔽和修改车辆环保监控参数等违法行为。加强成品油质量监督检查，严厉打击生产、销售、使用不合格油品行为，禁止调和油组分以化工原料名义出售，严禁运输企业储存使用非标油，坚决取缔黑加油站。（县公安局、交通运输局、商经局按

职责负责落实,国环局、市场监管局等配合)

十、强化主动担当作为,层层压实责任

(三十一)压实领导责任。成立海原县蓝天保卫战工作领导小组,由县人民政府分管领导任组长,纪委监委、组织部、宣传部、县委办、政府办、发改、财政、国环、住建、商经、公安、交通、农牧、林业、水务、市场监管等部门(单位)负责人为成员,下设办公室于县国环局,罗成礼任领导小组办公室主任,加强蓝天保卫战工作的统筹协调和定期调度。按照"管发展的管环保、管生产的管环保、管行业的管环保"的原则,有关部门及各乡镇要根据本方案要求细化分工任务,制定配套政策措施,落实"一岗双责"。要把打赢蓝天保卫战摆在更加突出的位置,主要领导亲自抓,分管领导具体抓。建立完善"网格长"制度,压实责任,层层抓落实。提升督查检查工作力度,确保攻坚行动顺利推进。(县委督查室、政府督查室、国环局负责落实,各有关部门及各乡镇、海城街道办、甘盐池管委会配合)

(三十二)压实考核评价责任。制定考核办法,对各部门年度目标和终期任务完成情况进行考核。考核结果经县委、政府同意后向社会公布,并作为对部门及乡镇领导班子和领导干部综合考核评价的重要依据。对未通过年度考核或终期考核的部门单位,由县委、政府公开约谈有关部门主要负责人。发现篡改、伪造监测数据的,考核结果认定为不合格,并依法依纪追究责任。制定量化问责办法,对重点攻坚任务完成不到位或环境质量改善不到位的实施量化问责。持续抓好中央环保督察及"回头看"反馈问题整改落实。对打赢蓝天保卫战工作中涌现出的先进典型予以表彰奖励。(县委组织部、县委督查室、政府督查室负责落实,县国环局配合)

(三十三)压实环境信息公开责任。充分利用各种网络媒体,及时公布蓝天保卫战各项工作的主要任务和时间表、路线图。每月公布环境空气质量情况,公开重污染天气应急预案和应急措施清单,及时发布重污染天气预警提示信息。重点监控企业应及时公布自行监测和污染排放数据、污染治理措施、重污染天气应对、环保违法处罚及整改等信息,接受社会监督。(县国环局负责落实)

(三十四)压实舆论宣传责任。坚持全民共治,动员社会各方力量,群防群治。强化宣传引导,充分利用县电视及新媒体平台,大力宣传大气环境管理法律法规、政策文件、工作动态和经验做法等,发布权威信息,及时回应公众关注的热点、难点和焦点问题。畅通监督渠道,健全举报、听证、舆论和公众监督等制度,实施环境违法行为有奖举报机制,引导公众主动参与、积极作为。积极推进绿色采购,倡导绿色低碳生活方式。强化企业治污主体责任,引导绿色生产,加强大气污染防治科学知识普及,纳入国民教育体系和党政领导干部培训内容。(县委宣传部负责落实,国环局、文广局、教体局等相关单位配合)

本行动计划自印发之日起实施,有效期至2020年12月31日。

海原县推进"四好农村路"建设实施方案

（海政办发〔2018〕12号）

为深入贯彻落实党中央、国务院对"三农"工作部署，落实《自治区交通运输厅推进"四好农村路"建设实施方案》要求，加快推进农村公路建、管、养、运的协调和可持续发展，结合我县实际，特制定本实施方案。

一、指导思想

以党的十九大精神和习近平新时代中国特色社会主义思想为指导，深入贯彻习近平总书记对农村公路建设的重要指示精神，围绕国家、自治区、市建设"四好农村路"总体目标，明确海原县农村公路发展目标任务，进一步落实"四好农村路"建设责任制，完善政策机制，实现建养并重、管运协调发展，不断提升农村公路技术等级和建设、管理、养护、运营水平，适应我县经济社会发展、脱贫攻坚和与全国同步进入小康社会的要求。

二、目标任务

到2018年，全面完成我县农村公路急弯陡坡、临水临崖等重点路段（乡道不少于管养里程70%）的安全隐患治理。

到2020年，建制村通硬化路率达到100%，300人口以上的自然村实现通硬化路；县乡道路安全隐患治理率达到100%；新改建农村公路一次交工验收合格率达到98%以上；县乡农村公路管理机构设置率达到100%，农村公路管理机构、人员和养护经费纳入财政预算的比例达到100%，并建立稳定的增长机制；农村公路列养率达到100%，优、良、中等路的比例不低于75%，路面技术状况指数（PQI）逐年上升；农村公路管理法规基本健全，爱路护路的乡规民约、村规民约制定率达到100%；打造畅安舒美的通行环境；建制村通客车比例达到100%，城乡客运一体化发展水平达到AAA级以上；基本建成覆盖县、乡、村三级农村物流网络。

三、工作措施

（一）科学安排，因地制宜，全面建设好农村公路

1. 坚持因地制宜、以人为本，科学编制完善农村公路规划。做好项目储备，使农村公路建设与优化城镇布局、农村经济社会发展和广大农民安全便捷出行相适应。

2. 继续实施县乡道升级改造工程，提高农村公路通行能力和服务水平。

3. 扎实开展建制村通畅工程，重点推进扶贫整村推进村、脱贫销号村、易地扶贫搬迁安置点、美丽村庄主干道等通硬化路建设。

4. 有序推进农村公路延伸及联网工程建设，扩大农村公路覆盖范围，提高路网辐射带动能力。

5. 加大县乡公路超期服役路段改造力度，对不符合通班车要求的过窄村道中报白

治区交通运输厅实施拓宽改造。

6. 加强农村公路危桥和安全防护设施建设,提高安全水平和抗灾能力。按照安全生产"三同时"和保障畅通的要求,做到生命安全防护工程、交通安全设施与主体工程同时设计、同时施工、同时投入使用。

7. 切实落实农村公路建设"十公开"制度,着力打造公开透明的公路建设环境。

8. 加强项目管理,严格执行基本建设程序,做好项目立项、审批及施工图设计审查工作,严格项目招投标管理,依法依规报批公路建设用地,杜绝未批先建现象,营造公平竞争的氛围。

9. 进一步落实工程质量责任制,推行农村公路建设项目管理新模式,分解细化质量责任,并进行登记和公开,明确一线参建人员责任,提高参建各方的质量意识。

10. 加强质量安全管理,确保工程质量和使用寿命。加强工程质量管理人员培训,严格规范质量管理程序,健全质量保证体系,加强现场质量督查和项目实体质量、原材料抽检工作,认真做好建设项目的工地试验室管理工作,提升工地现场质量管理,确保试验检测数据的科学性和准确性。

11. 及时开展农村公路交竣工验收工作,严格验收程序,做到当年工程当年组织验收。到2020年,新改建农村公路一次交工验收合格率达到98%以上,重大及以上安全责任事故得到有效遏制,较大和一般事故明显下降。

12. 加强农村公路建设施工单位及人员的信用管理,加大对失信行为的处罚力度,加大责任追究力度。

(二)健全机制,规范管理,全面管理好农村公路

13. 完善县级农村公路管理机构、乡镇农村公路管理站和建制村村道管理议事机制,落实必要的管养人员和经费。到2020年,以公共财政投入为主的资金保障机制全面建立,乡镇农村公路管理机构人员配备齐全,农村公路管理机构经费纳入财政预算的比例达到100%。

14. 按照依法治路的总要求,加强农村公路法制和执法机构能力建设,规范执法行为,不断提高执法水平。完善农村公路保护设施,努力防止、及时制止和查处违法超限运输及其他各类破坏、损坏农村公法止路设施等行为。到2020年,农村公路管理法规基本健全,爱路护路的乡规民约、村规民约制定率达到100%,基本建立县有路政员、乡有监管员、村有护路员的路产路权保护队伍。

15. 大力整治农村公路路域环境,加强绿化美化,全面清理农村公路路域范围内的草堆、粪堆、垃圾堆和非公路标志。路面常年保持整洁、无杂物,边沟排水通畅,无淤积、堵塞,打造畅安舒美的通行环境。

16. 认真做好农村公路安全隐患排查和治理工作,明确工作任务和资金来源,实行挂牌督办制度,农村公路安全隐患排查整治率达到100%。

(三)多措并举,有路必养,全面养护好农村公路

17. 坚持政府领导、部门协作、分级负责、保障畅通的原则,全面落实养护主体责任,按照农村公路实际通车里程制定养管计划,落实养护资金,将日常养护经费和人员作为重

要考核指标，真正实现有路必养。将农村公路养护政府年度考核，落实养护责任制，巩固“有路必养”成果。

18. 加大农村公路养护机制体制改革力度，平稳有序推进农村公路养护市场化改革进程。以养护质量为重点，建立养护质量与养护经费拨付相挂钩的工作机制。农村公路大中修等专业性工程，需要通过政府购买服务的方式完成。

19. 以因地制宜、经济实用、绿色环保、安全耐久为原则，建立健全适应本地特点的农村公路养护技术规范体系，科学确定和实施养护计划，努力提升养护质量和资金使用效益。加大预防性养护和大中修工程实施力度，积极推广废旧路面材料、建筑垃圾等废物循环利用技术。加快农村公路养护管理信息化步伐，加强路况检测和人员培训，科学确定和实施养护计划，努力提升养护质量和资金使用效益。

（四）城乡结合，统筹发展，全面运营好农村公路

20. 坚持“城乡统筹、以城带乡、城乡一体、客货并举”总体思路，加快完善农村公路运输服务网络。以满足城乡居民出行需求为根本出发点，逐步消除城乡二元结构，加强城乡联动，有序衔接，促进城乡道路客运基本公共服务均等化。积极探索城乡道路客运一体化发展模式，借鉴外县（区）城乡客运一体化试点经验，进一步推进城乡道路客运一体化进程，建立城乡道路客运一体化发展长效机制。

21. 完善农村客运服务网络。整合农村客运线路资源，优化农村客运线网，通过新辟、改线、延伸现有农村客运班线，扩大农村客运的覆盖和服务范围，提高建制村通班车率。

22. 稳步推进农村客运片区经营模式，大力开通隔日班、周班、节日、赶集班或农村小公交。对实行公交化运行的农村客运线路，在保证基本服务质量和运输安全的前提下，根据客流变化进一步合理调整班次或运力。对城镇化水平较高，客流较稳定乡镇的农村客运线路，鼓励公交企业向农村发展，推行公交化运营。

23. 完善农村客运扶持政策。逐步将农村客运服务纳入政府公共服务范围，加大公共财政投入，通过奖励、补贴等方式，加快淘汰老旧农村客运车辆，全面提升客车性能，提高农村客运通达深度、广度和服务水平，增强农村客运可持续发展能力，满足城乡居民“行有所乘”的基本公共服务需求。

24. 坚持路、站、运一体化发展，农村客运站点（招呼站）建设应根据实际情况，尽可能与沿线设施合并设置，并与新建、改建、扩建农村公路项目同步设计、同步建设、同步验收、同步投入使用。全县通客车的建制村2公里范围内要建设农村客运招呼站。

25. 进一步提升农村客运安全保障能力。认真贯彻落实《交通运输部 公安部 安监总局关于进一步加强和改进道路客运安全工作的通知》（交运发〔2010〕210号），进一步明确乡镇的农村客运安全监管职责，落实“县管、乡包、村落实”的政策。认真贯彻落实《交通运输部关于印发农村道路旅客运输班线通行条件审核规则的通知》（交运发〔2014〕258号）精神，建立农村客运班线通行条件联合审核机制，制定农村客运班线通行条件审核细则，督促企业强化司乘人员的安全培训教育，

提高从业人员素质，确保农村客运班线安全运行、持续服务。

26. 按照“多站合一、资源共享”的模式，积极推广货运班线、客运班车代运邮件等农村物流组织模式，大力发展适用于农村物流的箱式、冷藏等专业化车辆。支持货物配送发展，统筹交通运输、农业、供销、邮政快递等农村物流资源，完善县、乡、村三级物流服务体系。

四、保障措施

（一）加强组织领导。为切实加强组织领导，成立海原县“四好农村路”建设工作领导小组，组成人员如下：

组　长：罗永珍　副县长

副组长：李　云　县交通局局长

成　员：任广业　县发改局局长

田晓育　县财政局局长

罗廷朝　县公安局党委副书记、政委

罗成礼　县国环局局长

刘风武　县住建局局长

马守玉　县安监局局长

郑海明　县农牧局局长

黄占斌　县林业局局长

李德军　县文广局局长

包兆武　县审计局局长

贾治林　县水务局局长

各乡镇乡镇长、管委会（街道办）主任

领导小组下设办公室于县交通局，李云任（兼）办公室主任。领导小组办公室负责制定政策措施，统筹协调和指导“四好农村路”建设工作，组织抓好各项目标任务落实和考核工作。县发改、财政、公安、国环、水务、林业、安监等部门和各乡镇（管委会）全力协调配合做好有关工作。

（二）落实工作责任。要积极研究出台适应我县实际的农村公路建、管、养、运协调发展的政策措施，将“四好农村路”建设纳入各乡镇和农村公路建设公路管理单位的考核范围。进一步明确责任，细化任务，落实资金、人员和保障措施，确保实现“四好农村路”建设各项目标。

（三）加强宣传引导。要高度重视“四好农村路”的新闻宣传和舆论引导，大力宣传“四好农村路”建设的好经验、好做法，切实把加强信息宣传作为营造氛围、凝聚人心、推动工作、树立典型、推广经验的重要手段和有效途径。

（四）加强资金保障。加快建立以公共财政分级投入为主，多渠道筹措为辅的农村公路资金筹措机制，建立根据物价增长、里程和财力增加等因素的建、管、养、运资金投入增长机制。逐步将农村公路建设规划纳入地方三年财政中期规划，确保项目配套资金落实到位。进一步发挥农村综合改革资金在农村公路建设养护中的作用，鼓励采取多种方式筹集社会资金用于农村公路开发和建设。

（五）加强监督考核。加大对“四好农村路”建设工作的监督考核力度，重点对责任落实、建设质量、工作进度、资金到位等情况进行监督考核，并建立健全考核结果与投资挂钩的奖惩机制，切实加强对各乡镇（管委会）的督导，充分发挥基层政府和组织在农村公路发展中的作用。

海原县银行业金融机构财政性资金存款管理考核暂行办法

（海政办发〔2018〕13号）

第一章　总　则

第一条　为加强银行业金融机构财政性资金存款管理，规范政府部门在金融机构存储资金的行为，发挥政府资金的杠杆、导向和激励作用，促进银行业金融机构更好地支持重大项目建设、脱贫攻坚和服务地方经济社会发展，根据我县实际，制定本办法。

第二条　海原县银行业金融机构财政性资金存款管理考核工作适用本办法。考核工作由县财政部门（金融办）负责，监察、审计等部门做好监督工作。

第三条　本办法中的财政性资金指由财政部门统一核算，其所有权属于政府和由政府行使管理职能的资金存款，包括政府非税收入汇缴专户资金、特设专户资金、社保基金、风险补偿基金、担保基金、偿贷准备金及其他财政性资金存款。

第四条　本办法中的银行业金融机构包括农业银行海原支行、邮政储蓄银行海原支行、宁夏银行海原支行、海原县农村信用联社以及后续进入我县的银行业金融机构。

对于支持海原县地方经济和政府性项目建设的其他金融机构，财政性资金存款按“一事一议”原则另行研究。

第五条　财政性资金存款管理，严格坚持“既有格局基本不变，增量资金考核调整，特种资金一事一议”的原则。

第六条　考核实行百分制（加分项除外），其中，银行业金融机构支持海原地方经济发展及金融扶贫工作占80%，代理财政业务占5%，特种资金管理占5%，日常服务占5%，配合政府开展金融工作占5%。

第七条　考核每年两次，时间为当年的7月份与次年的1月份。

第二章　考核细则

第八条　支持地方经济发展及金融扶贫考核基准分80分（以人民银行中卫市中心支行数据为准）。

（一）存贷比指标10分。以各银行业金融机构的存贷比除以存贷比中的最高值乘以10，即为该银行业金融机构该项分值。

（二）贷款余额占比指标5分。以各银行业金融机构的各项贷款余额占比除以贷款余额占比中的最高值乘以5，即为该银行业金融机构该项分值。

（三）新增贷款额占比指标5分。以各银

行业金融机构新增贷款额占比除以新增贷款额占比中的最高值乘以5,即为该银行业金融机构该项分值。

（四）贷款增幅指标5分。以各银行业金融机构贷款增幅率除以贷款增幅率中的最高值乘以5,即为该银行业金融机构该项分值。

（五）不良贷款率指标5分。以各银行业金融机构不良贷款率中的最低值除以不良贷款率乘以5,即为该银行业金融机构该项分值。

（六）小微企业及专业合作社、家庭农场、种养殖大户贷款余额占比指标20分。以各银行业金融机构小微企业及专业合作社、家庭农场、种养殖大户贷款余额占比除以小微企业及专业合作社、家庭农场、种养殖大户贷款余额的最高值乘以20,即为该银行业金融机构该项分值。

（七）金融扶贫指标30分（两项之和）

1. 建档立卡贫困户贷款覆盖率指标15分。以各银行业金融机构建档立卡贫困户贷款覆盖率除以建档立卡贫困户贷款覆盖率的最高值乘以15,即为该银行业金融机构该项分值。

2. 建档立卡贫困户户均贷款额指标15分。以各银行业金融机构建档立卡贫困户户均贷款额除以建档立卡贫困户户均贷款额的最高值乘以15,即为该银行业金融机构该项分值。

第九条 代理财政业务考核基准分5分。其中:国库集中支付2分、代理财政工资统发1分、非税收入收缴1分、配合推进公务卡等财政相关业务工作1分。以上每项代理业务如不及时、出现失误或不配合财政业务工作开展,每次扣1分,扣完该项业务分为止。

第十条 特种资金管理考核基准分5分。特种资金指政府安排的具有专项目标任务的资金,其保值增值、贷款放大效应要达到相关办法及协议的目标,由海原县融资担保公司、部门提供得分依据。

第十一条 日常服务考核基准分5分。其中各预算单位满意度调查2分,财政资金拨付、单据传送、拨款退回告知等日常服务工作及时到位3分,以上业务如存在服务不及时等现象,可视情况进行扣分,扣完该项业务分为止。

第十二条 配合政府开展金融工作基准分5分。积极参加县金融办组织开展的非法集资监测、宣传等相关活动,及时报送统计分析数据等,以上工作如不积极配合或统计数据不准确、及时,每次扣1分,扣完该项业务分为止。

第十三条 加分项目

1. 积极开展金融产品和服务模式的创新,取得成效并能够复制推广,每创新一项可加1分,最高5分。

2. 延伸服务触角,在县域内每增设1个物理网点加5分。

第三章 考核结果运用

第十四条 财政部门将依据年度考核结果,对新增财政存量资金优先存入总分前二名的金融机构（视开户情况统筹安排）。

第十五条 对考核总分倒数一、二名的银行业金融机构,分别核减财政性存款余额,连续三次排名末位的银行业金融机构,取消其代理财政性资金存款业务。

第十六条　财政对部门、单位账户审批管理与考核挂钩。新设立的预算单位选择考核排名靠前的金融机构开设账户。各预算单位不得选择排名靠后的金融机构调整账户。

第十七条　新增财政性专户选择考核排名靠前的金融机构，连续三次考核末位的金融机构不得选择开设财政专户。

第十八条　各考核对象对考核结果存在异议的，可向县财政部门提出复核。

第十九条　考核工作人员在考核中弄虚作假、隐瞒事实的，按照《财政违法行为处罚处分条例》进行处理。

第四章　附　则

第二十条　本办法自公布之日起施行。

海原县人民政府常务会议工作规则

（海政办发〔2018〕49号）

第一章 总 则

第一条 为推进县人民政府决策科学化、民主化、法治化、制度化，进一步提升县人民政府常务会议（以下简称常务会议）决策质量和行政能力，根据国家有关法律、法规规定和《宁夏回族自治区人民政府常务会议工作规则》《中卫市人民政府常务会议工作规则》《海原县人民政府工作规则》，制定本规则。

第二条 常务会议是讨论决定县人民政府工作中重大事项的决策性会议，坚持民主集中制，实行县长负责制。

第三条 依照宪法法律行使职权、履行职责、开展工作。坚决执行党的理论路线方针政策，坚决贯彻党中央、国务院和区市党委、政府的决策部署，全面落实县委、县人大及其常委会的重要指示、决议和决定，坚持依法决策、科学决策、民主决策。

第二章 会议组成

第四条 常务会议由县长、副县长、县长助理和政府办公室主任组成，由县长召集并主持。必要时，县长可委托常务副县长召集并主持。常务会议必须在组成人员超过半数时方能召开，原则上每月召开2次，必要时由县长决定随时召开。

第五条 县人民政府办公室主任、县发改局、财政局、审计局及政府法制部门主要负责人固定列席常务会议。邀请县人大、政协负责人列席。根据议题需要可安排乡镇（管委会、街道办）和有关部门（单位）主要负责人列席会议。涉及国计民生、经济社会发展规划等重大议题，邀请县监委、法院、检察院及人民团体等有关方面负责人，邀请利益相关方、人大代表、政协委员、公众代表、专家学者等列席，增强决策透明度。

第六条 常务会议由县政府办公室主任负责协调，县政府办公室负责会务组织、会议决定事项督促落实等工作。

第三章 议事范围

第七条 常务会议审议议题必须是带有全局性、宏观性、战略性、政策性、原则性的重大问题。

（一）传达党中央、国务院及区市党委、政府和县委的重要指示、决定和会议精神，县人民代表大会及其常务委员会的决议、决定，研究提出具体贯彻意见。

（二）研究向区、市政府请示、报告的重大

事项和提请县委审议的“三重一大”等事项。

（三）审议需提请县人民代表大会及其常务委员会审议的议案、重要的工作报告草案和讨论决定的重大事项；向县政协通报的重要事项。

（四）审议政府规章、重要的行政规范性文件。

（五）审议海原县国民经济和社会发展长远规划、年度计划、财政预决算及年度审计报告等；定期分析研判全县经济运行情况，研究事关经济社会发展、风险防范、脱贫攻坚、环境保护、改革创新、社会管理、改善民生等方面的重大政策措施。

（六）审议政府重大投资、重大建设、重要资源配置、社会分配调节、国有资产监督管理等方面的重大事项，民生工作和关系群众切身利益或者社会关注度高的其他重大事项。

（七）审议政府部门和乡镇政府的重要请示事项。

（八）审议其他重大事项。

第八条 下列情形之一的，不纳入审议范围：

（一）属各乡镇（管委会、街道办）和县政府职能部门职权范围内或者相关部门（单位）能够协商解决的。

（二）依照分工可由分管副县长独立处理的事项或副县长之间能够协商解决的。

（三）未按规定完成征求意见、公示、专家咨询论证、合法性审查、风险评估以及会前协调等重大行政决策程序的。

（四）各有关方面意见经协商后仍然分歧较大的。

（五）未经会议主持人同意而临时动议的。

（六）涉及机构设置和编制配备，应由县机构编制管理委员会按规定研究决定的。

（七）其他不符合常务会议议事范围的事项。

第四章 议题提交

第九条 提交常务会议审议的议题，提交部门应在深入调查研究、组织专家评审、广泛听取意见、主动协调会商和反复修改完善的基础上形成。议题在提交常务会议审议前，应按有关规定完成以下相关准备工作：

（一）涉及出台重大政策措施的议题，应由提交部门牵头，会同有关部门开展调查研究，广泛征求意见，拟定决策备选方案，并开展合法性审查。决策备选方案包括决策依据、利弊分析、效果预期、实施措施等内容，并附部门书面意见、听证报告、风险评估报告、合法性审查意见等书面材料，供决策参考。

（二）涉及全县空间规划、重大发展规划、产业规划、改革举措和重大投资、重大建设、重要资源配置、社会分配调节等专业性、技术性较强的议题，要按照有关规定组织决策咨询机构或召开政府相关部门、专家、群众代表参与的咨询论证会进行论证，并与空间发展规划、国民经济和社会发展计划等对照衔接。

（三）涉及城乡建设、交通运输、环境保护、文化教育、医疗卫生、社会公益、公共服务、价格调整等关系群众切身利益的议题，要通过新闻媒体、网络征集广大群众建议或举行听证会等形式，广泛征求社会公众意见。

（四）涉及法律问题的议题，应由县政府法制部门进行合法性审查，并出具书面意见。涉及重要规划和项目建设事项的，应征求县发改、财政、住建等部门的意见。涉及增加财政支出或新增支出项目的，应征求县财政部门的意见。涉及表彰奖励事项的，应征求县监察委员会及政法、卫计等部门的意见。涉及其他行政机关职权的，应征求相关行政机关的意见。

（五）涉及制定市场准入、产业发展、招商引资、招标投标政府采购、经营行为规范、资质标准等涉及市场主体经济活动的规章、行政规范性文件和其他政策措施，提交部门应当进行公平竞争审查。

第十条　提交常务会议审议的议题，提交部门主要负责人是第一责任人，原则上会前应协调一致。提交部门须事先按议题涉及范围，征求相关乡镇（管委会、街道办）和部门的意见，主动进行协商，取得一致意见。协商不一致的，报请分管副县长研究。涉及多位副县长的，由提出议题的副县长与其他副县长协调，取得一致意见。副县长协调后意见仍不一致的，又确需提交会议研究的议题，应报请县长审示。汇报材料要列明各方理由和依据，并提出倾向性意见后提交会议审议。

第五章　议题审核

第十一条　提交常务会议审议的议题由提交部门按常务会议议题格式填写，主要负责人签字，加盖公章后报县政府办公室承办，经分管副县长对议题是否成熟进行严格审核把关，并签署明确意见。县政府办公室根据分管副县长批示意见，初核后按程序提出县政府常务会议建议议题单，连同完整议题材料一并报政府办主任审核，报请县长审定。

第十二条　议题审核坚持成熟一个报一个，不允许临时动议或会前仓促报送。议题要件不齐、程序不完备的，退回提交部门完善后重新提交。如重大复杂问题，提交部门主要负责人或分管副县长提前向县长汇报说明，提高会议决策效率。

第十三条　分管副县长不能出席会议的，除上级有紧急时限要求的工作外，原则上不提交其分管工作议题上会研究。如议题有明确的时限要求须在规定时间作出决定，而分管副县长外出开会、出差、培训等原因无法出席的，要书面提出意见，经县长同意后可安排上会。特别重大或突发公共事件和紧急工作，经县长同意后可随时安排上会。

第六章　会议组织

第十四条　会议确定后，由县政府办公室负责起草常务会议通知，经分管副主任审核、主任审签后印发，并告知参会人员有关会议时间、地点、议题内容以及其他特殊要求等，认真做好会议通知记录。

第十五条　提交单位要按照政府常务会议要求，认真准备常务会议有关材料。主要包括：

（一）提交县政府常务会议议题单。议题单应内容清楚、依据明确、语言精练，表述准确，一般控制在600字以内，汇报时间原则上控制在5分钟以内。

（二）提交审议的正式文本。如请示、报告以及代拟的政府文件草案等。

（三）议题有关情况的说明。说明包括

议题的必要性和制定的经过，主要法律政策依据、议题主要内容，合理性和可行性，拟出台的措施对经济、社会可能产生影响的评估分析等，需公开的，必须同时提供相关解读材料。

（四）议题有关附件。如法律审查意见、社会公示和听证报告、调查论证报告、征求意见的说明、其他对决策有重要参考价值的资料等，尽量采用表格、图表、数据对比等形式，力求简明直观。

第十六条　议题单由县政府办公室审核，严把文字关、格式关、政策关、法律关、政治关，并按程序提前呈报县长审签。报经领导审定同意后的文稿材料，提交部门不得擅自改动。

第十七条　原则上应由提交部门主要负责人汇报，主要负责人因故不能参加会议的，应在会前向会议主持人报告，经同意后委托分管负责人参加会议。

第十八条　讨论时，会议主持人根据需要指定列席人员发言，列席人员的意见代表本单位的意见，不得发表与本单位此前最终书面意见不一致的意见。相同意见一般不再重复。

第七章　会议决定

第十九条　根据行政首长负责制的原则，县长或其委托召集会议的常务副县长在充分听取各方面意见的基础上，对审议议题最终作出通过、原则通过、不通过或其他决定。

第二十条　下列情形之一的，由县长或其委托召集会议的常务副县长决定不予通过或者暂不作出决定：

（一）议题重要内容论证不充分或者有遗漏，需要重新组织论证的。

（二）各方面意见较大，需要进一步协商和协调的。

（三）其他不宜立即作出决定的情形。

第二十一条　县政府办公室按照规范格式做好会议记录，详细完整地记录议题的讨论情况及最后决定，如有不同意见应当载明。常务会议纪要由县政府办公室起草，涉及法律的内容由县政府法制办公室严格把关，经办公室副主任、主任审核，各副县长审签后，由县长签发。县长委托常务副县长召集会议的，由常务副县长签发。常务会议纪要是各乡镇（管委会、街道办）、政府各部门、直属单位执行会议决定的内部文件，不作为对外作出行政行为的直接依据。除涉密内容外，根据相关规定，可依申请公开。

第二十二条　除特殊情况和议题外，常务会议一般安排县内媒体记者报道，重大事项视情邀请区市驻海原新闻单位报道。新闻稿一般须由政府办公室分管副主任或主任审定；如有需要，报县长或常务副县长审定。

第八章　会议纪律

第二十三条　县政府领导同志接到会议预通知或通知后，应事先安排好活动日程，保证出席会议。如不能出席会议，应及时向县长或委托召集会议的常务副县长请假。列席单位应由主要负责人参加会议，主要负责人因特殊原因不能参会的，应向县长请假，经同意后委派本单位熟悉议题情况、能够决定议题相关事项的负责人参加，并提交书面请假报告。已明确告知参会的列席人员，未经批准不得擅自缺席或更换。除提交部门负责人可带1名工作人员外，其他单位一律不得带副职或工作人员。列席人员名单要报县政府办公室备案。

第二十四条 与会人员要严格遵守会议纪律，不得办理与会议无关的事项，严格遵守保密纪律，未经同意，不得随意传播、散布会议内容，注意保管文件材料，标有“会后收回”或有密级的文件，会后应退还工作人员，无关人员不得随意进出会议室。

第二十五条 会务工作人员做好与会人员签到、分发会议材料、会议记录、会场服务等工作，确保会议秩序、列席人员应提前候会，根据会议议题顺序，服从工作人员引导，依次进入会场，议题结束后即行离会。

第九章 决策执行

第二十六条 常务会议决定事项以常务会议纪要为准，各乡镇，县政府各部门、直属机构必须坚决执行，不得擅自改变，认真落实会议决定事项，提高工作效率，在规定时限内完成办理工作，并按时报送办理情况，单位主要负责人承担第一责任人职责。分管副县长要全力推动相关部门抓好落实。除会议有明确时限要求外，一般在会后1个月内办理完毕，特殊情况需延期办理的，应提前说明情况。

第二十七条 有关部门要按照政府信息公开相关规定，加强文件公开解读工作、以县人民政府或政府办公室名义印发的可以公开的文件，于文稿正式印发2个工作日内在政府门户网站上公开；以部门名义印发或联合印发的可以公开的文件，于文稿正式印发2个工作日内在政府有关网站公开。牵头起草部门要会同有关方面同步做好政策解读和舆论引导。

第二十八条 县政府办公室要加强对会议决定事项的催办，督查室要加强对会议决定事项办理情况的督办，定期汇总和通报办理情况。

第二十九条 常务会议材料，包括会议通知、批示文件、会议文件、会议记录、参会人员名单等一并由县政府办公室立卷、归档，以备查询。

第十章 附 则

第三十条 本规则由县政府办公室负责解释。

第三十一条 本规则自印发之日起施行。

海原县居民营养实施方案(2018—2030年)

(海政办发〔2018〕142号)

营养是人类维持生命、生长发育和健康的重要物质基础,居民营养事关国民素质提高、经济社会发展和健康宁夏建设。为全面贯彻落实党的十九大精神,深入实施《"健康中国2030"发展规划》,进一步提高居民营养健康水平,根据《自治区人民政府办公厅关于印发宁夏回族自治区居民营养实施方案(2018—2030年)》(宁政办发〔2018〕70号)、《"健康海原2030"发展规划》要求,结合我县实际,制定本实施方案。

一、总体要求

(一)指导思想。全面贯彻党的十九大精神,以习近平新时代中国特色社会主义思想为指导,牢固树立和贯彻落实新发展理念,坚持以人民健康为中心,以普及营养健康知识、优化营养健康服务、完善营养健康制度、建设营养健康环境、发展营养健康产业为重点,立足现状,着眼长远,关注居民生命全周期、健康全过程的营养健康,将营养融入所有健康政策,不断满足人民群众营养健康需求,为健康海原建设奠定坚实基础。

(二)主要目标

到2020年,实现以下目标:

——降低人群贫血率。5岁以下儿童贫血率控制在15%以下;孕妇贫血率下降至18%以下;老年人群贫血率下降至10%以下;人群贫血率控制在10%以下。

——孕妇叶酸缺乏率控制在5%以下;0~6个月婴儿纯母乳喂养率达到85%以上;5岁以下儿童生长迟缓率控制在10%以下。

——农村中小学生的生长迟缓率保持在5%以下,缩小城乡学生身高差别;学生肥胖率上升趋势减缓。

——提高住院病人营养筛查率和营养不良住院病人的营养治疗比例。

——居民健康素养水平达到16%。

——居民蔬菜水果摄入量在现有基础上提高10%。

到2030年,实现以下目标:

——进一步降低重点人群贫血率。5岁以下儿童贫血率和孕妇贫血率控制在12%以下。

——5岁以下儿童生长迟缓率下降至7%以下;0~6个月婴儿纯母乳喂养率在2020年的基础上提高10%。

——进一步缩小城乡学生身高差别;学生肥胖率上升趋势得到有效控制。

——进一步提高住院病人营养筛查率和营养不良住院病人的营养治疗比例。

——居民健康素养水平达到30%。

——居民每人每日食盐摄入量不超过5克,居民超重、肥胖率的增长速度明显放缓。

——居民蔬菜水果摄入量在2020年的基础上提高15%以上。

二、实施内容

(一)完善营养政策标准体系

1. 推动营养政策落实。贯彻落实国家相关营养法律法规,根据我县实际情况,落实营养健康相关政策。积极推进建立全县各级营养健康指导委员会。落实临床营养管理、营养监测管理、基层相关单位营养工作等规章制度和营养规范。加强营养健康法规、政策、标准等的咨询和指导。(卫计局、农牧局、教体局、市场监督管理局、政府法制办按职责分工负责)

2. 落实标准体系。根据国家营养标准体系建设,落实宁夏地方营养健康相关标准体系。根据我县居民饮食习惯、特色食品等,推动营养健康相关标准的应用。(卫计局、农牧局、市场监督管理局按职责分工负责)

(二)加快推进营养能力建设

3. 加强营养科研创新能力建设。落实我区膳食营养相关疾病的防控技术及策略。加强营养与健康研究,促进我县营养健康工作能力提升。鼓励学校、医疗卫生机构与企业联合进行食物营养、营养健康、运动科学研究和成果转化,开展“三减三健”(减盐、减油、减糖,健康口腔、健康体重、健康骨骼)等适宜技术推广。(发改局、教体局、卫计局、农牧局、市场监督管理局按职责分工负责)

4. 加强营养人才培养及队伍建设。全县各级各类医疗卫生机构应根据有关规定配备满足工作需要的营养工作专(兼)职人员。强化营养人才的专业教育和高层次人才培养,加强各级各类医疗卫生机构的营养工作人员、临床医生及集中供餐单位配餐人员等的营养知识培训。开展营养师、营养配餐员、健康管理师等人才培养工作,推动有条件的餐饮企业、学校、幼儿园、养老机构等场所配备或聘请营养师或营养技师。积极开展营养教育培训。(卫计局、教体局、市场监督管理局按职责分工负责)

(三)加强营养和食品安全监测与评估

5. 开展人群营养状况监测。建立完善营养健康监测网络,建立食物营养与人群健康监测点,定期开展人群营养健康状况、食物消费状况监测,收集人群食物消费量、营养素摄入量、体格测量、实验室检测等信息。(卫计局、教体局按职责分工负责)

6. 加强食品安全监测工作。根据我县食物资源及分布,建立和完善海原食物成分数据库,并持续更新。建立实验室参比体系,强化质量控制。健全食品安全风险监测网络,完善全县食源性疾病监测报告系统。(卫计局、农牧局、市场监督管理局按职责分工负责)

7. 开展综合评价与评估工作。及时收集、系统整理各类监测数据,建立数据库。开展人群营养健康状况评价、食物营养价值评价等工作。建立食品中主要有害因素与慢性病关系的监测网络和评估体系,开展膳食营养素摄入、污染物等有害物质暴露的相关评价和评估,为制定科学膳食指导提供依据。(卫计局、农牧局按职责分工负责)

8. 强化碘营养监测与碘缺乏病防治。完善我县碘缺乏病监测体系,持续开展人群尿碘、水碘、盐碘监测,开展重点食物中的碘调查,根据我县人群碘营养状况,逐步扩大覆盖地区和人群，建立海原居民碘营养状况数据库。积极推进因地制宜、分类指导和精准补碘策略。（卫计局、农牧局、商经局、市场监督管理局、盐业局按职责分工负责）

（四）加快发展食物营养健康产业

9. 推进营养型优质食用农产品生产。根据区级食用农产品营养品质提升指导意见，提升优质农产品的营养水平，将“三品一标”（无公害农产品、绿色食品、有机农产品和农产品地理标志）在同类农产品中总体占比提高至80%以上。根据营养型农产品推广体系，促进优质食用农产品的营养升级扩版，推动我县安全、营养的农产品“走出去”。为全区建设农产品营养品质数据库及食物营养供需平衡决策支持系统提供数据支持。（农牧局、发改局、科技局、扶贫办按职责分工负责）

10. 规范指导食物营养健康产业发展。依托我县硒砂瓜、马铃薯、小茴香等优势特色产业，针对不同人群的健康需求，着力发展保健食品、营养强化食品、双蛋白食物等新型营养健康食品。鼓励开发营养型优质食用农产品和特色营养健康食品，开展硒砂瓜等海原富硒农产品的评估和推广。加强马铃薯等海原特色食用农产品地理标志的申请和营养健康效果评价。加强产业指导，规范市场秩序，科学引导消费，促进生产、消费、营养、健康协调发展。（卫计局、发改局、商经局、农牧局、市场监督管理局按职责分工负责）

11. 开展健康烹饪模式与营养均衡配餐示范推广。加强对传统烹饪方式的营养化改造，研发健康烹饪模式。结合人群营养需求与区域食物资源特点，开展系统的营养均衡配餐研究。创建国家级和自治区级食物营养教育示范基地，促进示范健康食堂和健康餐厅建设，推广健康烹饪模式与营养均衡配餐。（卫计局、市场监督管理局、就创局按职责分工负责）

12. 实施营养主食、双蛋白工程等重大项目。继续推进马铃薯主食产品研发与消费引导，以传统大众型、地域特色型、休闲及功能型产品为重点，开展营养主食的示范引导。以优质动物、植物蛋白为主要营养基料，加大基础研究与加工技术工艺创新力度，开展双蛋白工程重点产品的转化推广。（农牧局、商经局、卫计局、市场监督管理局按职责分工负责）

（五）大力发展传统食养服务

13. 加强传统食养指导。发挥中医药特色优势，利用枸杞、小茴香等特色资源，推广五味食养、药食养生等食养习惯。通过多种形式促进传统食养知识传播，推动传统食养与现代营养学、体育健身等有效融合。开展针对老年人、儿童、孕产妇及慢性病人群等特定人群的食养指导，提升居民食养素养。实施中医药治未病健康工程，进一步完善适合居民健康需求的食养制度体系。（卫计局、市场监督管理局按职责分工负责）

14. 开展传统养生食材监测评价。落实传统养生食材监测和评价制度，开展食材中功效成分、污染物的监测及安全性评价。筛选一批具有一定使用历史和实证依据的传统食材和配伍，对其养生作用进行实证研究，及时录入养生食材数据库和信息化共享平台。（卫计局、市场监督管理局按职责分工负责）

15. 推进传统食养产品的研发以及产业升级换代。将现代食品加工工业与传统食养产品、配方等相结合，推动产品、配方标准化，推进产业规模化，形成一批社会价值和经济价值较大的食养产品。建立覆盖全县养生食材主要产区的资源监测网络，掌握资源动态变化，为研发、生产、消费提供及时的信息服务。（卫计局、商经局、农牧局按职责分工负责）

（六）加强营养健康基础数据共享利用

16. 推动营养健康数据互通共享。加强营养与健康信息化建设，依托现有信息平台，建立完善食物成分与人群健康监测信息系统。依托我县政务大数据服务平台，构建信息共享与交换机制，推动农牧、食品药品、医疗卫生、教体等信息数据资源的协同共享，推进开展区域营养健康数据的整合和资源的汇聚应用。积极推动“互联网+营养健康”服务和促进大数据应用试点示范，带动以营养健康为导向的信息技术产业发展。（卫计局、教体局、农牧局、市场监督管理局按职责分工负责）

17. 深化数据分析和智能应用。建立营养健康数据资源目录体系，制定分级授权、分类应用、安全审查的管理规范，促进数据资源开放共享。开展数据分析应用场景研究，构建关联分析、趋势预测、科学预警、决策支持模型，推动整合型大数据驱动的服务体系，支持业务集成、跨部门协同、社会服务和科学决策，实现精准管理和高效服务。（卫计局、教体局、农牧局、市场监督管理局按职责分工负责）

18. 大力开展信息惠民服务。发展汇聚营养、运动和健康信息的可穿戴设备、移动终端（App），推动“互联网+”、大数据技术与营养健康融合发展，推广使用个性化、差异化的营养健康电子化产品，如营养计算器，膳食营养、运动健康指导移动应用等，提供方便可及的健康信息技术产品和服务。（商经局、卫计局、教体局按职责分工负责）

（七）科学普及营养健康知识

19. 提升营养健康科普信息供给和传播能力。围绕居民营养、食品安全科普宣教需求，结合我县食物资源、饮食习惯和传统食养理念，宣传推广适合于不同地区、不同人群的居民膳食指南等营养和食品安全科普资料，使科普工作更好落地。创新科普信息的表达形式，拓展传播渠道，建立免费共享的营养和食品安全科普平台。采用多种传播方式和渠道，发挥家庭医生与签约服务团队健康管理作用，定向、精准地将科普信息传播到目标人群。发挥媒体的积极作用，坚决反对伪科学，依法打击和处置各种形式的谣言，及时发现和纠正错误营养宣传，避免营养信息误导。开展舆情监测，回应社会关注，合理引导舆论，为公众解疑释惑。（县委宣传部、网信办，教体局、公安局、农牧局、卫计局、文广局、市场监督管理局、科协按职责分工负责）

20. 加强营养和食品安全科普队伍建设。建立全县营养科普专家库。有效发挥学校和各级各类医疗卫生机构作用，鼓励支持营养、食品安全专业人员积极投入科普创作和设计工作。（卫计局、教体局、农牧局、文广局、市场监督管理局、科协按职责分工负责）

21. 推动营养健康科普宣教活动常态化。以全民营养周、全国食品安全宣传周、“5·20”中国学生营养日、“5·15”防治碘缺乏病日等为契机，大力开展科普宣教活动，带动宣教活动常态化。推动将居民营养和食品安全知识知晓率纳入健康城市和健康村镇考核指标。将营养和食品安全纳入健康科普小屋，建立营养和食品安全科普示范工作场所。定期开展科普宣传效果评价，及时指导调整宣传内容和方式，增强宣传工作的针对性和有效性。（教体局、农牧局、卫计局、文广局、市场监督管理局、科协按职责分工负责）

三、实施国家营养计划重大行动

（一）实施生命早期1000天营养健康行动。“生命早期1000天”是指280天胎儿期到宝宝出生之后2周岁的720天。这1000天是人的体格和大脑发育最快的时期，这期间的营养状况与其一生的健康状况息息相关。

22. 开展孕前、孕产期和婴幼儿营养评价与膳食指导。规范孕产妇健康管理服务，推进宁南医院、县级妇幼保健机构对孕产妇进行营养指导，将营养评价和膳食指导纳入全县孕前和孕期检查。开展孕产妇和婴幼儿的营养筛查和干预，降低出生体重儿和巨大儿出生率。提高5岁以下儿童系统管理率，提高妇幼人群营养状况定点监测水平。宁南医院、县级妇幼保健机构建立生命早期1000天营养咨询平台，指导孕产妇养成科学健康的生活方式。（卫计局、妇联按职责分工负责）

23. 实施妇幼人群营养干预计划。继续推进全县育龄妇女补充叶酸预防神经管畸形项目，积极引导孕期妇女加强含叶酸、铁在内的多种微量营养素补充，降低孕妇贫血率，预防儿童营养缺乏。在合理膳食基础上，推动开展孕妇营养包干预项目。（卫计局、妇联、扶贫办按职责分工负责）

24. 提高母乳喂养率，培养科学喂养行为。进一步完善母乳喂养保障制度，改善母乳喂养环境，在公共场所和机关、企事业单位建立母婴室。宣传母乳喂养和婴幼儿科学喂养知识，掌握科学的喂养方法。加强爱婴医院管理，营造母乳喂养社会氛围，宣传引导合理辅食喂养。加强对婴幼儿腹泻、营养不良病例的监测预警，实施婴幼儿食源性疾病（腹泻等）的防控策略。（卫计局、妇联按职责分工负责）

25. 实施儿童营养干预计划。继续推进贫困地区儿童营养改善项目。为6个月~24个月龄婴幼儿发放营养包。开展社会宣传和健康教育，提高儿童看护人婴幼儿科学喂养知识与技能，改善儿童营养和健康状况，预防缺铁性贫血和生长迟缓等问题。（卫计局、妇联、扶贫办按职责分工负责）

（二）实施学生营养改善行动

26. 加强学生营养健康教育。推动全县各级各类学校加强营养健康教育，把营养教育纳入学生健康教育课程内容，结合不同年龄段学生的特点，开展形式多样的课内外营养健康教育活动。利用开展农村义务教育学生营养改善监测工作项目，推进“小手拉大手”方式，使学生家长掌握基本营养知识，养成合理的膳食习惯，达到膳食平衡。（教体局、卫计局按职责分工负责）

27. 落实学生营养配餐。鼓励学校因地制宜制定满足不同年龄段在校学生营养需求的食谱指南，引导学生科学营养就餐。制定并实施集体供餐单位营养操作规范。继续深入推进农村义务教育学生营养改善计划。（教体局、卫计局、市场监督管理局按职

责分工负责）

28. 实施学生超重、肥胖等营养不良干预。开展针对学生“运动+营养”的体重管理和干预策略，加强营养宣传教育，倡导学校开展抵制高糖饮料、高盐和高脂食品的主题班会活动。增强学生体育锻炼，加强对学生超重、肥胖等营养不良情况监测与评价，分析家庭、学校和社会等影响因素，提出有针对性综合干预措施。（教体局、卫计局、市场监督管理局按职责分工负责）

29. 开展校园及周边食品安全专项治理。严格落实《宁夏回族自治区食品生产加工小作坊小经营店和食品小摊点管理条例》，加大对校园及周边“三小”“三无”食品清理力度，减少高糖饮料、高盐和高脂食品的销售。（市场监督管理局、教体局按职责分工负责）

（三）实施老年人群营养改善行动

30. 开展老年人群营养状况监测和评价。依托相关研究机构和基层医疗卫生机构，建立健全老年人群营养筛查与评价制度，编制营养健康状况评价指南，推广应用适宜的营养筛查工具。试点开展老年人群的营养状况监测、筛查与评价工作并形成区域示范，逐步覆盖全县80%以上老年人群，基本掌握我县老年人群营养健康状况。（卫计局负责）

31. 建立满足不同老年人群需求的营养改善措施，促进“健康老龄化”。依托基层医疗卫生机构，大力发展社区和居家养老服务，为居家养老人群提供膳食指导和咨询。全面实施基本公共卫生服务项目和开展家庭医生签约服务。落实老年人群的营养膳食供餐规范，指导医院、社区食堂、医养结合机构、养老机构营养配餐。鼓励企业加大研发力度，开发适合老年人群健康需求的食品。对低体重高龄老人进行专项营养干预，逐步提高老年人群的整体健康水平。（商经局、民政局、卫计局、市场监督管理局按职责分工负责）

32. 建立老年人群营养健康管理与照护制度。逐步将老年人群营养健康状况纳入居民健康档案，实现无缝对接与有效管理。依托现有基础，在家庭保健服务中纳入膳食营养健康工作内容。推进多部门协作机制，实现营养工作与医养结合服务内容的有效衔接。（卫计局、民政局按职责分工负责）

（四）实施临床营养行动

33. 建立临床营养工作制度。通过试点示范，推进临床营养工作，加强临床营养科室建设，使临床营养师和床位比例达到1∶150。增加多学科诊疗模式，在二级及以上综合医院明确承担临床营养工作的机构，组建由临床营养师、临床医师、药剂师和护士组成的营养支持团队，开展营养治疗，并逐步扩大试点范围。（卫计局、人社局按职责分工负责）

34. 开展住院患者营养筛查、评价、诊断和治疗。逐步开展住院患者营养筛查工作，了解患者营养状况。建立以营养筛查—评价—诊断—治疗为基础的规范化临床营养治疗路径，结合患者营养状况，依据营养阶梯治疗原则对营养不良及高营养风险的住院患者进行营养治疗，并定期对其效果开展评价。（卫计局负责）

35. 推动营养相关慢性病的营养防治。推广应用高血压、糖尿病、痛风、脑卒中及癌症等慢性病的临床营养干预指南。对营养相关慢性病的住院患者开展营养评价工作，实施分类指导治疗。建立从医院、社区到家庭

的营养相关慢性病患者长期营养管理模式，开展营养分级治疗。（卫计局、农牧局、教体局按职责分工负责）

36. 推动特殊医学用途配方食品和治疗膳食的规范化应用。推广国家临床治疗膳食营养标准和治疗膳食配方的应用。加强医护人员相关知识培训，规范特殊医学用途配方食品在疾病治疗中的合理使用。（卫计局、市场监督管理局按职责分工负责）

（五）贫困人群营养干预行动

37. 将营养干预纳入健康扶贫，因地制宜开展营养和膳食指导工作。试点开展各类人群营养健康状况、食物消费模式、食物中主要营养成分和污染物监测。根据贫困地区食物供给情况和居民营养健康水平，制定切实可行、有效的膳食营养指导方案，开展区域型的精准分类指导和宣传教育。针对改善居民营养状况和减少特定污染物摄入风险，研究农业种植养殖和居民膳食结构调整的可行性，提出解决办法和具体措施，并在有条件的乡镇试点先行。（卫计局、农牧局、市场监督管理局、扶贫办按职责分工负责）

38. 实施贫困地区重点人群营养干预。继续推进实施农村义务教育学生营养改善计划和贫困地区儿童营养改善项目，覆盖全县。鼓励学校结合本地资源、因地制宜开展合理配餐，加强学校食堂标准化、规范化建设，改善学生在校就餐条件。持续开展学生营养健康状况和食品安全风险监测与评估。对营养干预产品开展监测，定期评估改善效果。（教体局、财政局、农牧局、卫计局、市场监督管理局、扶贫办按职责分工负责）

39. 加强食源性疾病监测与防控，减少因食源性疾病导致的营养缺乏。加强食源性疾病监测网络和报告系统建设，了解主要食源性疾病病种、流行趋势、对当地居民营养和健康状况的影响，重点加强腹泻监测及溯源调查，掌握食品污染来源、传播途径。针对食源性疾病发生的关键点，制定防控策略。开展营养与健康融合知识宣传教育。（卫计局负责）

（六）实施吃动平衡行动

40. 推广健康生活方式。积极推进全民健康生活方式行动，广泛开展以“三减三健”为重点的专项行动。提高居民整体健康自我管理能力和知晓水平，宣传科学运动理念，培养运动健身习惯，加强个人体重管理，对成人超重、肥胖者进行饮食和运动干预。（卫计局、教体局、文广局按职责分工负责）

41. 推广应用《中国居民膳食指南》。倡导平衡膳食的基本原则，坚持食物多样、谷类为主的膳食模式，提倡每人每日“一斤菜半斤果”，推动居民健康饮食习惯的形成和巩固。普及使用定量盐勺、油壶，量化用盐用油用糖，有效控制食盐、食糖和油脂摄入量，同时减少隐性盐糖摄入。推广家庭使用厨房秤，按需备餐，珍惜食物，提倡分餐不浪费。（卫计局、教体局、文广局按职责分工负责）

42. 推进体医融合发展。根据重点慢性病的分布特征，调查研究糖尿病、肥胖、骨骼疾病等营养相关慢性病人群的营养状况和运动行为，构建以预防为主、防治结合的营养运动健康管理模式。研究建立营养相关慢性病运动干预路径。构建体医融合模式，发挥运动干预在营养相关慢性病预防和康复等方面的积极作用。（教体局、卫计局按职责分

工负责）

四、实施步骤

第一阶段（2018—2020年）：以加强营养健康标准化建设为抓手，普及基本营养知识，提高营养工作能力水平，分步推进与分层次行动相结合，初步实现营养健康科学化、标准化。建立营养法规标准体系和营养工作制度，加强营养工作体系建设，促进食物营养健康产业、传统食养服务业快速发展。

第二阶段（2021—2025年）：借助云计算、大数据和互联网，大力发展营养健康产业，提供科学、便捷的营养服务，满足营养健康多元化需求，循序渐进和步步提升相结合，实现营养健康精准化和现代化。巩固完善营养工作制度，加强基层营养工作，大力提升营养健康信息化水平，普及吃动平衡的健康生活方式，努力提高居民健康素养，显著改善营养不良状况。

第三阶段（2026—2030年）：依靠科技创新驱动，推进营养健康与科技革命、新生物学革命、人工智能的融合创新发展，实现居民营养健康智慧化和个性化。健全营养法规标准体系，完善营养工作体系，持续发展食物营养健康产业，稳步丰富传统食养服务业，普遍推广“互联网+营养健康”智能化应用，全力提高居民健康素养，显著改善居民营养健康状况。

五、保障措施

（一）强化组织实施。结合我县实际，制定实施方案，细化工作措施，强化对居民营养工作的绩效考评，确保取得实效。各相关部门要密切协作，齐心协力，建立保障居民营养计划实施的工作制度、协作机制和营养工作体系，强化营养专业人才队伍能力建设，不断提升营养工作能力和水平。卫生计生部门会同有关部门，按照职责分工，加强督查评估，保证各项工作任务落到实处。

（二）保障经费投入。各有关部门要加大对居民营养实施工作的投入力度，充分依托各方资金渠道，引导和鼓励社会力量广泛参与、多元化投入，并加强资金监管。

（三）广泛宣传动员。各有关部门要加强舆论宣传，开展多渠道、多形式的主题宣传活动，做好居民营养政策的解读，增强全社会对实施居民营养计划的普遍认知，形成各方支持、全民参与，推动居民营养计划实施的良好社会氛围。

（四）加强合作交流。建立合作交流机制，通过项目合作、教育培训、学术研讨等方式，积极与区内外营养健康相关专业机构、科研院校的开展交流，提升我县营养健康水平。